A. Pfister

Denkwürdigkeiten aus der württembergischen Kriegsgeschichte

des 18. und 19. Jahrhunderts

A. Pfister

Denkwürdigkeiten aus der württembergischen Kriegsgeschichte des 18. und 19. Jahrhunderts

ISBN/EAN: 9783742896957

Hergestellt in Europa, USA, Kanada, Australien, Japan

Cover: Foto ©ninafisch / pixelio.de

Manufactured and distributed by brebook publishing software (www.brebook.com)

A. Pfister

Denkwürdigkeiten aus der württembergischen Kriegsgeschichte des 18. und 19. Jahrhunderts

Denkwürdigkeiten

aus der

württembergischen Kriegsgeschichte

des 18. und 19. Jahrhunderts

im Anschluß an die

Geschichte des 8. Infanterieregiments

von

A. Pfister,
Königl. württemb. Oberlieutenant.

Stuttgart.
Carl Grüninger.
1868.

Vorrede.

Nur wenige Worte sind vorauszuschicken nothwendig, um den Standpunkt zu kennzeichnen, den der Verfasser bei der vorliegenden Arbeit eingenommen hat. — Sein Streben geht vor Allem dahin, den kulturhistorischen Boden zu kennzeichnen, auf dem das Wehrwesen in naturgemäßer Weise zu einer gegebenen Zeit sich entwickeln mußte und das zu einem lebendigen Bild im Kleinen zu gestalten, was in seinen Resultaten und im Großen allerdings zum Theil schon an anderen Orten niedergelegt ist.

Früher schon beschäftigte er sich mit einer Zusammenstellung der Geschichte des achten Infanterieregiments. Das hohe Alter, die mannichfachen Geschicke dieses Truppenkörpers in verschiedenen Zeitperioden haben ihn unwillkürlich tiefer in die württembergische Kriegsgeschichte des 18. und 19. Jahrhunderts hineingeführt. — Die Geschichte eines Regiments zusammenzustellen, sezte sich der Verfasser nieder; bald konnte er der Versuchung nicht widerstehen, das reiche ihm zu Gebot stehende Material zu einer umfassenderen Darstellung zu verwerthen. In der Art entstand die vorliegende Arbeit, ursprünglich nur für knappe Grenzen angelegt, unter der Feder aber zu einem größeren Bilde angewachsen.

So stellt denn die Geschichte des achten Infanterieregiments nur noch den rothen Faden vor, an dem der Verfasser in die Geschichte des Wehrwesens der beiden Jahrhunderte mit seinen verschiedenen Systemen und seinen Wandlungen in Kriegführung, Organisation, Bewaffnung u. s. f. einführen will unter steter Kennzeichnung der politischen und socialen Momente, soweit diese auf Gestaltung des Wehrwesens von Einfluß waren. Als besonders häufig benüzte Quellen sind anzuführen: Kabinets- und Geheimerathsakten aus dem K. Haus- und Staatsarchiv.

Sie gehen mit wenigen Lücken durch das ganze 18. Jahrhundert; die allermeisten angeführten Aktenstücke sind ihnen entnommen.

Feldzugsakten des K. Generalquartiermeisterstabs (1793 bis 1818).

Regimentsakten.

Handschriftensammlung der K. öffentlichen Bibliothek.

Wenn für die allerjüngste Zeit die offiziellen Anhaltspunkte dem Verfasser zum Theil abgehen, so möge das gerade in Betracht der Neuheit der Ereignisse nachgesehen werden.

Von historischen Werken wurden besonders häufig benüzt: Stadlinger, Geschichte des württemb. Kriegswesens. Stuttgart 1856.

Pfaff, Geschichte des Militärwesens in Württemberg, Stuttgart 1842.

Eine Reihe von sonstigen Werken, Broschüren und Zeitschriften ist bei jedesmaliger Benüzung in den [Anmerkungen angegeben.

Inhalt.

VI

Beilagen.

Einleitung.

Die Grafen und Herzoge von Württemberg hatten durch eine geschickte Hauspolitik, Ausnuzung der Verhältnisse in Krieg und Frieden es im Lauf von Jahrhunderten dahin gebracht, daß ihr Land sich zu einem der bedeutenderen Kleinstaaten im deutschen Reich erhob, zum tonangebenden Stand im schwäbischen Kreis.

Die Angaben über die Größe des Herzogthums im 17. und 18. Jahrhundert weichen in auffallender Weise von einander ab. Der Flächeninhalt wird geschäzt von 68 Quadratmeilen bis 200*); die richtigste Annahme mag 150 Quadratmeilen sein**). Die Haupt= masse des Landes zu beiden Seiten des Neckars vom mainharbter und welzheimer Wald bis zu den jezigen Westgrenzen im Schwarz= wald, bei Hornberg und Skt. Georgen dieselben überschreitend; von den Hochflächen der Alb bei Münsingen bis an die Mündungs= gegenden von Kocher und Jaxt bei Möckmühl. Vielfach sind kleine Gebietstheile (Heidenheim, Tuttlingen, Balingen u. a.) getrennt vom Hauptkörper des Staats, der seinerseits wieder eine Menge von selbstständigen staatlichen Existenzen umschließt, vor Allem viele Reichsstädte.

Die Einwohnerzahl hatte der dreißigjährige Krieg auf eine unglaublich niedere Ziffer herabgebracht; troz manchfacher Stör= ungen vermehrte sie sich aber rasch wieder und Württemberg trat ins 18. Jahrhundert mit einer Seelenzahl von 300,000 ein; 2000 auf die Quadratmeile. Bis zum Ende des 18. Jahrhunderts sah

---

*) Spittler, verm. Schriften, I. 224.
**) Korn, Geographie und Statistik von Württemberg, Laibach 1787. Vergl. „das Königreich Württemberg von dem königl. statistisch=topographischen Bureau", Stuttgart 1863; Seite 313.

das Land selten einen Feind seinen Boden betreten; die Zahl der Be=
wohner mehrte sich stetig; im Jahre 1800 mag sie 600,000 wohl
erreicht, vielleicht überschritten haben; 1786 werden 579,321 Ein=
wohner angegeben, also über 3800 auf die Quadratmeile; 1754
zählte das Herzogthum 477,000 Bewohner. Uebrigens sind die
Angaben sehr schwankend und in der Regel mögen offizielle Arbeiten
eher zu hoch als zu nieder gegriffen haben.

Was die Lage des Volks zu Anfang des 17. und 18. Jahr=
hunderts betrifft, so ist diese insofern schwer zu kennzeichnen als
der Begriff eines sämmtliche Staatsbürger umfassenden, mit ge=
wissen Rechten und Verpflichtungen versehenen Ganzen, vollkommen
fehlt. Aller Orten in Europa war eine scharfe Scheidung zwischen
Regierenden und Regierten eingetreten. Die Resultate des dreißig=
jährigen Krieges hatten die Trennung noch deutlicher markirt.

Ueberall erscheinen die Regenten sammt den privilegirten Klassen
auf der einen Seite; auf der andern alle Regierten, die Unter=
thanen; erstere mit Rechten und sehr wenig Pflichten ausgestattet,
leztere fast nur mit Pflichten und sehr wenig Recht.

Die Abmachungen am Ende des dreißigjährigen Krieges hatten
dem centrifugalen Prinzip in Deutschland entschieden den Sieg
verschafft. Monarchie und Aristokratie waren Jahrhunderte lang
im Kampfe gelegen. Während in Frankreich Schritt um Schritt
die Aristokratie der Monarchie weichen mußte, wurde die kaiserliche
Oberherrschaft in Deutschland immer mehr in den Hintergrund ge=
drängt, schließlich nur noch geduldet als etwas von den Altvordern
Ererbtes. Von der Mitte des 17. Jahrhunderts bis zum Anfang
des 19. sehen wir das Selbstbestimmungsrecht, die Souverainetät
der einzelnen Fürsten und Stände in vollster Blüthe. Das Ueber=
gewicht der Landesherren ließ in den einzelnen Territorien das
monarchische und absolutistische Prinzip in möglichst weiter Sphäre
zur Geltung kommen, während die alten Gerechtsame und Freiheiten
der Einwohner entweder ganz illusorisch wurden, oder, wie in
manchen Staaten die Landesvertretungen, in starre, unfruchtbare
Formen übergingen. Auf die Persönlichkeit des Landesfürsten und
seine Umgebung kam schließlich Alles an; Wohlfahrt oder Ruin
des Landes ruhten ganz in seiner Hand. Daher auch der Zustand
der Gebiete auf dem vieltheiligen Boden ungeheuer verschieden und
wechselnd, je nach der Sinnesart und Laune des Landesherrn.

Die höchsten Instanzen im Reich boten wenig Schuz. Nur
gegen einzelne kleine Herren schritten die Reichsgerichte wegen zu

offenkundiger Schändlichkeiten ein; an größere wagten sie sich nicht; der Reichstag war zum Spott geworden.

Jeder einzelne Fürst hielt es für seine besondere Aufgabe, das Beispiel, das der große König jenseits des Rheins gab, möglichst getreu wiederzugeben und in seinem Theil den Glanz der Auto= kratie zur höchsten Vollkommenheit zu bringen. Die fürstliche Re= putation, der wahre Splendeur des fürstlichen Hauses bildeten auch in Württemberg durch das ganze 18. Jahrhundert Hauptrücksichten der Handlungsweise und der Ordnung im Staatshaushalt.

Die Stände des Herzogthums wurden zwar nicht müde, des Landes Rechte zu vertheidigen gegen alle Uebergriffe, allein nur besonders günstige Verhältnisse ließen ihre Einsprache gegenüber der Macht zur Geltung kommen.

Die Stände in Württemberg (14 Prälaten, 68 Vertreter von Städten und Aemtern) wurzelten seit lange nicht mehr im Bewußt= sein des Volks und vertraten in der That mehr die privilegirten Klassen und Kasten als die Regierten.

Getragen war das Institut hauptsächlich von den Beamten im Lande, so lange die Herzoge noch nicht alle Gewalt an sich gerissen hatten. Sobald aber die Beamten nur noch als Diener des Landes= herrn erschienen, wurden auch sie dessen dienstwillige Werkzeuge. Ihre Zahl wird ungeheuer vermehrt; fast jedes Nest bekommt seinen Amtmann oder Vogt. Wer dem Herzog nicht ganz zu Willen ist, wird ohne Recht und Urtheil aus dem Amte entlassen. Dabei sind alle schlecht bezahlt und somit auf Nebeneinkünfte angewiesen. Unauf= hörlich sitzen sie als rechte Dränger und Presser dem Bürger und Bauern im Nacken. Unter allen möglichen Namen wird Geld den Armen abgedrungen. Der Bauer sucht durch Geschenke Frieden mit den Herren zu machen; er weiß, daß sein Geld ihm beim Be= amten Alles erkaufen kann; daher die unglaubliche Korruption und Bestechlichkeit, über die der Bauer sich schließlich gar nicht mehr wundert, so wenig als über die prunkenden Feste der „Herrschaft."

Es fehlte im politischen und socialen Leben ein Band, das die so scharf getrennten Stände einander näher gebracht hätte, ein Gesammtgut Aller, — nationales Gefühl und nationale Ehre. Die Vielregiererei im deutschen Reich, das geistige Getrenntsein der Völker ließ Nichts aufkommen, was einem nationalen Streben gleichsah. Ueberall fehlte die Idee, das geistig Erhebende. — In rohen Materialismus versunken lebten die meisten Höfe sammt den besseren und bevorzugten Klassen des Volks. Künste und Wissen=

schaften wurden nur angebaut, um das Leben zu verfeinern; erst als sie sich zu größerer Geltung aufschwangen, veranlaßten Nachahmungstrieb und Freude an der Schaustellung viele Kreise an Höfen und unter den gebildeten Klassen, sich ihnen mit mehr Ernst zu widmen. Wie weit Frivolität neben dickem Aberglauben und Bigotterie an den Höfen ging, wie weit man es in der Darstellung der Sittenlosigkeit und in der Anregung zum verfeinerten Lebensgenuß brachte, zeigen alte und neue Schriftsteller an allen Orten. Das Beklagenswertheste an genannten Erscheinungen ist ihr Einfluß und ihr Ueberspringen auf die Masse des Volkes selbst. Die Mehrzahl freilich war gewohnt, mit starrer Verwunderung dem Schauspiel zuzusehen, wenn seine Herren sich einen vergnügten Tag machten. Die Klassen der Privilegirten, die Beamten, standen dem Treiben am Hof schon näher. Prunk, Hochmuth und Vornehmthun wußten sie sich in Bälde anzueignen; den Unterthanen behandelten sie mit derselben Rücksichtslosigkeit und Rohheit, die sie selbst von Höhergestellten am Hof und bei der Regierung zu erfahren hatten. Servilität nach der einen, Uebermuth nach der anderen Seite wurden ganz natürliche Eigenschaften; der blos zahlende Arme ließ am Ende Alles über sich ergehen; Stumpfsinn und Gleichgiltigkeit waren bei ihm das Resultat.

Die Presse, in ihrer Niedergehaltenheit und geringen Entwicklung bot bei noch so großen Rechtsverletzungen keinen Schuz.

An und für sich wäre sich der Bauer und kleine Handwerker in Württemberg nicht eben schlecht gestanden. Die Leibeigenschaft war selten und wo sie sich fand, war es in sehr gemilderter Form. Allein auch der freie Bauer fand sich in seiner Handlungsweise in manchfacher Art beschränkt. Zahlreich waren Frohnen, Servituten und Dienstleistungen aller Art in Feld und Wald, für die Herrschaft, die Kirche, die Jagd, das Militär.

Die Hauptnahrungsquelle in Württemberg bildete von jeher der Feld- und Weinbau. Das fleißige Volk brachte sich immer ordentlich fort; harte Steuern und Theuerungen drückten es jedoch stets auf viele Jahre zurück. War ein Ueberschuß an Getreide und Wein vorhanden, so war er bei der Beschränktheit der Verkehrsmittel, schwer zu verwerthen; gab es eine Mißernte, so war das Unglück groß; der gleiche Grund, der die Ausfuhr hinderte, erschwerte die Einfuhr aus entfernten Gegenden. Ein ungeheures Schwanken der Preise aller Bedürfnisse ist natürliche Folge des

Angeführten. Ein solider dauernder Wohlstand ist selten und schwer zu begründen. *)

Die Industrie hatte sich kaum über das kleine Gewerk erhoben; ihre weitere Entwicklung hinderte der Mangel eines großen Handels=wegs im Lande. Die politische Getrenntheit ließ es auch zu keiner Vereinbarung in Verkehrs= und Handelsanstalten kommen; in wenige Mittelpunkte flossen Güter und Gelder zusammen.

Am meisten wurde noch im Herzogthum gearbeitet in Leinen, Wolle und Baumwolle, auch Eisen. Salz fehlte noch dem alten Lande; die unbedeutenden Werke von Sulz konnten kaum einige Aem=ter damit versorgen. Das meiste Salz wurde aus Bayern bezogen.

In künstlicher Weise suchte Herzog Karl die Industrie durch mehrere hauptsächlich in Ludwigsburg errichtete Etablissements zu heben. Unternehmungsgeist und Selbstthätigkeit waren noch zu wenig im Volk vorhanden, um Verbesserungen in Landwirthschaft und Industrie aus eigenem Antrieb einzuführen.

Unter den gegebenen Verhältnissen konnte der Volkswohlstand kein hoher und kein dauernder sein; die Steuerkräfte des Landes sehr beschränkt.

Im deutschen Staate waren sonst nur direkte Steuern üblich gewesen; das französische Vorbild brachte die indirekten Steuern ins Land. Die Kunst des Finanzmanns bestand nun hauptsächlich im Aussaugen des Volks auf eine Art, daß dieses selbst kaum merkte, wie viel Geld ihm abgeschwindelt werde. Sporteln, Dispensations=gelder, Lotterieen mußten baares Geld schaffen; für Uebertragung von Stellen erlegten die Beamten eine gewisse Summe; viele Fürsten traten selbst als Kaufleute und Fabrikanten auf. Der Hofstaat, die Beamten, das Militär, die Geistlichkeit verschlangen bei Weitem den größten Theil der Einkünfte; für Förderung der Volkswohl=fahrt blieb so viel wie Nichts übrig.

Gegen Ende des 18. Jahrhunderts betrugen die regelmäßigen jährlichen Einkünfte des Herzogthums über 3 Millionen Gulden; eine ungleich größere Summe war in den unmittelbar vorhergehenden Jahren vom Lande erpreßt worden. Die Steuern selbst flossen in verschiedene Kassen, die Laudschaftseinnehmerei, Kammerschreiberei, geistliche und weltliche Kammer.

Die Vertheidigung des staatlichen Bestands war von jeher

*) R. Mohl, Beiträge zur Geschichte Württembergs, I., 2 ff.

Sache aller freien Männer gewesen. Wie sie mit ihrem Schwerte den Staat gründen halfen, so stand jeder mit Leib und Gut für seine Aufrechthaltung ein. Im Feudalstaat die Lehenfolge, Heer=bann. Bei größerer Konsolidirung der Staaten, beim Wachsen der Menschenmenge war es mit der Zeit nicht mehr Bedürfniß, alle Streitfähigen aufzubieten.

Eine durch Einführung der Feuerwaffen veränderte Kriegs=kunst erforderte ohnehin von dem Krieger mehr Fertigkeiten, als es bei den alten Waffen der Fall war. Der Mann an und für sich war bald nicht mehr zugleich auch als Soldat zu zählen; er mußte erst kunstgerecht dazu herangebildet werden, um den an ihn ge=stellten Anforderungen gerecht zu werden. Das steigende Ansehen der Fürsten trug mit dazu bei, das allgemeine Aufgebot in Verfall und Vergessenheit gerathen zu lassen. Ihre Person selbst als das Vaterland, als den Staat betrachtend, wollten sie auch ganz allein den Schuz von Land und Leuten übernehmen; Bürger und Bauern hatten nur noch das Material zu liefern, damit der Landesfürst seine Absichten in Ausführung bringen könne.

Dem Angeführten verdanken die geworbenen Heere, die in Krieg und Frieden nur für die Person der Fürsten aufgestellten Söldnerschaaren ihre Entstehung.

Schon im Anfang des 16. Jahrhunderts beginnen auch in Württemberg größere Söldnerheere aufzutreten. Als Herzog Ulrich 1504 in den Pfälzer Krieg zog, hatte er unter 22,000 Fußgängern 12,000 geworbene Knechte. Neben diesen bestand aber immer noch das Landaufgebot und zwar in drei Regimentern zu Pferd und vier Regimentern zu Fuß; schwarzes, gelbes, rothes, blaues Regi=ment. Eine kleine Leibwache der Herzoge existirte von jeher. Sie pflegten auch zu Zeiten einzelnen Edelleuten ein bestimmtes Wart=geld zu geben, wofür diese verpflichtet waren, im Bedarfsfall mit ihren Knechten zu Diensten zu sein; sie hießen Provisioner.

Das allgemeine Landesaufgebot war schon lange vom Grund=saz der allgemeinen Wehrpflicht abgewichen; höhere Stände und Gewerbe hatten sich ganz davon zu befreien gewußt. Gern hätten die kriegerischen Herzoge auch der noch bestehenden Miliz ihre Dienste erlassen, wenn nur die Landschaft sich herbeigelassen hätte, für die viel kostspieligeren Söldner die nöthigen Gelder zu bewilligen. Diese aber, eifersüchtig bewachend des Landes Gerechtsame gegen=über allen Uebergriffen einer entstehenden Hausmacht und allen

Abweichungen vom alten Herkommen, erschwerte in jeder Weise die Aufstellung von Berufssoldaten und stehenden Truppen überhaupt. Die gewaltigen Erschütterungen des dreißigjährigen Kriegs warfen endlich die so ängstlich beobachtete Hausordnung des kleinen Staats total über den Haufen. Mit Geld und Mannschaft mußten die Stände sich hart angreifen; beträchtliche Söldnerschaaren treten auf neben dem allgemeinen Landaufgebot.

Wie Kriege im Allgemeinen, mit Ausnahme ganz unglücklich geführter, die Macht der Regierungen stärken, so erweiterte namentlich der dreißigjährige Krieg die Befugnisse der lezteren ganz ungemein. Nach seinem Abschluß auf dem Reichstagsabschied 1654 wurde als Zusaz der alten Reichsexekutionsordnung beschlossen: alle Landsassen, Bürger und Unterthanen sollen schuldig sein, zu Besezung und Erhaltung der nöthigen Festungen, Pläze und Garnisonen ihren Landesherrn, Herrschaften und Obrigkeiten mit hilfreichem Beitrag an die Hand zu gehen.

Auf diesen Beschluß kamen die Landesherrn immer wieder zurück bei ihren Anmuthungen an die Stände um Geldverwilligungen für stehende Truppen. Die Stände ihrerseits stüzten sich auf ihre alten Freiheiten und das hergebrachte Recht, daß das Land nur im Kriegsfall dazu angehalten werden könne, mit Leib und Gut zum Fürsten zu stehen. „Denn geworbene Truppen seien im Frieden weder nöthig, noch nüzlich, noch herkömmlich, noch möglich."

Der miles perpetuus blieb ein Schreckenswort bei Bürger und Bauer; nur unter großem Widerspruch wurden einmalige Verwilligungen durchgesezt, Alles „ohne Consequenz und Präjubiz."

Die Charaktere der württembergischen Fürsten waren aber nicht von der Art, sich durch die Einreden der ängstlich wachenden Stände in ihren „gloriosen Intensionen" beirren zu lassen. — Er habe die Stände gar nicht um ihre Zustimmung zu fragen, erklärte Herzog Eberhard Ludwig, ob er Truppen halten dürfe oder nicht. Nur auf den gegenwärtigen Nuzen sehe der Bürger, während um des kleinen augenblicklichen Gewinns willen im Fall der Noth der Schaden um so größer sei. — Noch in seinen späteren Regierungsjahren läßt derselbe Herzog von sich hören, daß er lieber an seinen sonstigen Plaisirs sich Etwas versagen, als seinen Militärstaat vermindern wolle. *)

---

*) Handschrift:

Die Verhandlungen der Stände unter sich und mit dem Herzog drehten sich in der Hauptsache um Verwilligungen für die Truppen. Bis zum Ende des 17. Jahrhunderts bestand kein ordentliches Militärbudget; denn noch war die Gerechtsame des Fürsten, im Frieden Truppen zu halten, nicht anerkannt. Erst 1691 erscheint der erste regelmäßige Beitrag für die Kriegskasse in Gestalt der Tricesimen (Abgabe des dreißigsten Theils vom Ertrag aller Güter), im Betrag von etwa 100,000 fl. Alles Andere, was vor der an= gegebenen Zeit für den Militärhaushalt verwilligt wurde, oder was in den nächstfolgenden Jahren diese Summe übersteigt, ist außerordentlicher einmaliger Beitrag aus der Landschaftskasse.

Die zähe Beharrlichkeit Eberhard Ludwigs, die geschickte Be= arbeitung des Ausschusses, brachten es 1724 endlich dahin, daß jährlich für Unterhalt von stehenden Truppen 360,000 fl. verwilligt wurden, zunächst nur auf eine bestimmte Anzahl von Jahren. Auf verschiedenen Wegen mußte der Herzog aber immer wieder die Ver= abreichung auf eine weitere Reihe von Jahren zu erhalten.

Die eigenthümliche Einrichtung der Ausschüsse bot den Her= zogen stets erwünschte Gelegenheit, durch Gewinnung einzelner von den Mitgliedern wünschenswerthe Beschlüsse und Geldbeiträge her= auszuschlagen.

Neben der verwilligten Summe von 360,000 fl. bestanden die Tricesimen noch fort, bis am 18. April 1739 unter der Vormund= schaftsregierung Karl Friedrichs ein Landtagsabschied zu Stande kam, der an Stelle der Tricesimen ein Surrogat mit 100,000 fl. sezte; der ganze jährliche Beitrag wurde für die Zukunft auf 460,000 fl. normirt. Diese Summe blieb durchs ganze Jahrhun= dert hindurch der ordentliche Militärbeitrag.

Zur Zeit, als der genannte Abschied zu Stande kam erreichten die Kosten des Militärs nicht vollständig die ausgesezte Summe*), der Herzog=Vormünder hatte die Verpflichtung übernommen, das stehende Militär den Kräften des Landes und den Umständen zu proportioniren und von dem Militärbeitrag, in Friedenszeiten we= nigstens, Schulden abzutragen. Abstellung aller Excesse und Lasten, Unterbringung sämmtlicher Haustruppen in Kasernen war zugleich verabredet.

---

*) Betreffs der von 1682 bis 1739 von der Landschaft entrichteten Kriegs= kosten s. Beilage Nr. 1.

Unter Herzog Karl, besonders zur Zeit des siebenjährigen Kriegs, stiegen die Militärlasten aufs Doppelte und Dreifache. Finanzmaßregeln und Künste aller Art mußten die regelmäßigen Geldquellen ersezen; — Neduktion der Besoldungen an Zahl und Betrag, Bankschwindel, einseitig vom Herzog ausgeschriebene Steuern, Stellenverkauf, und ähnliche Maßregeln, die mit andern Krebsschäden eines Staatshaushalts durch das ganze 18. Jahrhundert hin von Zeit zu Zeit wieder auftauchen und jedesmal die tiefste Versunkenheit und Korruption der Gesellschaft kennzeichnen.

Der Protest der Landschaft war endlich ganz verstummt gegenüber dem Drang der Lage und der Zähigkeit der Regierung; ihr Ansehen war zusammengeschrumpft vor der immer rücksichtsloser auftretenden materiellen Macht.

So war es endlich den Landesherrn gelungen, das Recht der Waffen auf ihre Person zu koncentriren; das Volk als solches blieb vom Waffendienst ganz ausgeschlossen; es hatte nur das Geld zu liefern, für welches der Fürst dann die Verpflichtung übernahm, durch seine eigenen Leute die Unterthanen zu schüzen. Von lezteren wurden nur gewisse Bruchtheile ausgezogen (Auswahl, Spielen), meist nach Willkür, wenn freiwillige Knechte die Zahl nicht voll machten. Durch Landesgesez regulirte Auswahl, nach Art der Konskription, existirte noch nicht.

Natürliche Folge der prinzipiellen Abhaltung und Entwöhnung des Volks vom Waffendienst war, daß Abneigung und Widerwillen gegen den Kriegsdienst ganz allgemein wurden; die Wehrpflicht Aller, so alt sie war, verschwand fast vollständig aus dem Volksbewußtsein, um so mehr, als scharfe Trennung zwischen dem Militär und den übrigen Klassen der Gesellschaft bestand.

Der Umstand, daß die stehenden Truppen in ihrer Mehrzahl aus geworbenen inländischen und ausländischen Söldnern bestanden, die Eigenthümlichkeit der Kabinetskriege, welche alle Bedeutung von Begriffen wie Nationalität, Vaterlandsliebe und ähnlichen noch ganz unbekannten und unbegriffenen Hebeln verwischten; die Unmündigkeit der Völker, die Solidarität der Fürsteninteressen endlich — Alles dieß machte es möglich, daß der Landesherr nicht als Vertreter seines eigenen mehr oder weniger bedrohten Landes mit allen ihm zu Gebot stehenden Mitteln in den Krieg eingriff, sondern eigentlich als Kriegsunternehmer auch in solchen Fragen, die weder ihn persönlich noch sein Land oder Volk irgendwie berührten.

Es mag immerhin als ein Ueberrest der Denkweise aus der nicht gar zu weit rückwärts liegenden Zeit der Condottieri gelten, wenn die Theilnahme an einem Krieg als ein Geschäft betrachtet wurde, wenn Söldner aufgestellt wurden, um ihnen die Durchführung einer fremden, durchaus fern liegenden Sache anzuvertrauen. Jedenfalls bot die Maßregel, Truppenkörper in fremde Dienste zu überlassen, den kleinen deutschen Fürsten willkommene Gelegenheit, mit eigenem Militärstaat zu glänzen, ohne doch den Steuerdruck auf die zum Theil winzigen und armen Länder ins Unerträgliche zu steigern. Für die Privatkasse der Fürsten mag das Geschäft ein sehr vortheilhaftes gewesen sein, denn die Namen der meisten Landesherrn im vieltheiligen deutschen Reich finden sich unter den Truppenlieferanten. Die genannten Verhältnisse führten zu einer Reihe von Subsidientraktaten, die mit den kriegführenden und reichen Mächten nach den verschiedensten Seiten hin abgeschlossen wurden, so namentlich mit den Generalstaaten, mit Venedig, Frankreich, Oestreich. Sie gehören ganz wesentlich mit zu den charakteristischen Erscheinungen im 17. und 18. Jahrhundert und zu den Merkmalen, die in politischer, militärischer und sozialer Beziehung von Wichtigkeit sind. Ihre größte Ausschreitung finden diese Traktate in der kurz vor dem Umschwung alles Bestehenden noch stattfindenden Ueberlassung ganzer Heerkörper an die Engländer zum Unterdrückungskampf jenseits des Meeres.

Von württembergischer Seite aus wurde erstmals betreffs Ueberlassung einer größeren Anzahl von Truppen im Anfang des Jahres 1687 mit der Republik Venedig ein Vertrag geschlossen demzufolge der Herzog Administrator Friedrich Karl ein Regiment von 1000 Mann in venetianische Dienste überlassen sollte — Infanterieregiment Württemberg. Die Dienstzeit war auf zwei Jahre festgesezt. Am Ende desselben Jahrs überließ der Administrator noch weitere 3000 Mann „aus besonderer Anhänglichkeit an die Republik" in denselben Dienst. Auf dem blutgedrängten Boden des Peloponneses und auf Euböa kämpften diese Schaaren unter ihrem heldenmüthigen Führer, Prinz Karl Rudolph von Württemberg, manch ehrenvollen Kampf und kehrten, in ein kleines Häuflein zusammengeschmolzen, 1689 und 1690 ins Vaterland zurück.

Kurz nach dem Nymweger Frieden 1679 bestand das Militär in Württemberg aus folgenden Abtheilungen:

1) Geworbene Mannschaft:

3 Kompagnieen Infanterie . . . . . . 624 Mann

1 Schwabron Reiterei, zugleich Leibwache
des Herzogs . . . . 75 „

2) Landesdefensionsmiliz:

Infanterie:

Rothes Regiment . . . . 984 „

Blaues „ . . . . 984 „

Schwarzes „ . . . . 984 „

Gelbes „ . . . . 984 „

Reiterei:

1 Regiment . . . . 1000 „

5635 Mann

Im spanischen Erbfolgekrieg nahm Eberhard Ludwig selbst eifrigen, ehrenvollen Antheil an den kriegerischen Ereignissen. Außer seinem vertragsmäßigen Kreiskontingent hatte er noch eine ansehn= liche Hausmacht auf den Beinen, und zwar:

Leibgarde zu Pferd,

Gardegrenadiere à cheval,

Leibdragonerregiment,

Leib= und Gardegrenadierregiment zu Fuß,

Infanterieregiment v. Sternenfels,

Infanterieregiment v. Hermenn.

Die drei Infanterieregimenter und das Regiment Leibbragoner standen von 1704—1714 in Subsidien der Generalstaaten. Sie schlugen alle Schlachten mit an der Donau, am Rhein und in Flandern.

Nach geschlossenem Frieden war es nun eine Hauptsorge für den Herzog, wie die aus ihrem Subsidienverhältniß austretenden Regimenter unterhalten werden könnten, wie überhaupt der ganze Militärstaat mit den knappen Einkünften des kleinen Landes in Einklang zu bringen sei.

Der Ausweg, den der Herzog traf, um nach vorgenommenen Rebuktionen bei seinen Truppen (ein Infanterieregiment war sofort aufgelöst worden), die nunmehr großentheils broblosen, kriegs= geübten Offiziere, Unteroffiziere und gemeinen Söldner in seinem persönlichen Dienst zu behalten, leitet über zu der Errichtung des Subsidienregiments Altwürttemberg, mit der das zu besprechende Stück Kriegsgeschichte beginnen soll.

Die Namen, unter welchen das jezige achte Infanterieregiment in den verschiedenen Zeitperioden auftritt, mache nachstehende Tafel deutlich:

Erster Abschnitt.

1716.

Errichtung des Regiments Altwürttemberg.

Mit ganz Süddeutschland und den Ländern am Rhein hatte Unterhand-lungen mit dem Kaiser. Württemberg schwer gelitten unter den Drangsalen, die der spanische Erbfolgekrieg mit sich gebracht hatte. Nach dessen Beendigung mußte es Hauptaufgabe der Regierungen sein, den gesunkenen Wohlstand mit allen Mitteln wieder zu heben. — Wie die Landstände stets auf alle Weise die Haltung stehender Truppen in Friedenszeiten bekämpft hatten, so erneuerten sie namentlich jetzt ihren Protest aufs Kräftigste zu einer Zeit, wo die Segnungen des Friedens nicht geschmälert werden durften durch zu vermeidende Ausgaben, wenn anders das Land wieder emporkommen sollte.

Sofort nach dem Friedensschluß im September 1714, als die württembergischen Truppen aus den Diensten der Generalstaaten traten, hatte der Herzog sie in bedeutendem Maße reducirt; denn nur auf 1 Jahr war ihm ein außerordentlicher Beitrag von 225000 fl. verwilligt. War dieses Jahr verflossen, so mußten weitere Reductionen eintreten; die Menge der überzähligen Offiziere und Unteroffiziere mußte sich beträchtlich vermehren. Dazu waren alle diese Leute kriegsgeübt. — Um so mehr sträubte sich des Herzogs kriegerischer Sinn dagegen, seinen Militärstaat ganz in Verfall gerathen zu lassen. Ihn aufrecht zu erhalten, war nur mit Hilfe fremder Subsidien möglich.

Im Sommer des Jahres 1715 wurden zunächst mit Venedig Unterhandlungen gepflogen. Zwei Regimenter zu Fuß sollten dieser Republik überlassen werden.

Aus früheren Erfahrungen jedoch scheint der venetianische Dienst im Offizierskorps zum mindesten nicht eben sehr beliebt gewesen zu

1

fein. Denn als im Juni 1715 eine Anfrage an sämmtliche Offiziere erging, ob sie entschlossen seien nach Morea zu marschiren und in welcher Zeit sie mit der Rüstung fertig zu sein gedächten, da wurden gar vielfache Entschuldigungen laut. Vorgerücktes Lebensalter, geschwächte Gesundheit, Familienverhältnisse, der allzu kurz' angesetzte Termin, die noch rückständige Gage vom holländischen Dienste her, all' dieß wurde aufgeführt von Denjenigen, die der weitaussehenden Expedition sich zu entziehen suchten. Der Herzog gerieth hierüber in nicht geringen Unwillen; mehrere Dienstentlassungen fanden statt; den Uebrigen schärfte er ein, daß ihre Sache nichts Anderes sei als „schuldige parition" gegen die gegebenen Befehle.

Allein auch die Kommandanten der beiden Infanterieregimenter (Garbefüsilierregiment und Infanterieregiment von Gräventz), zur Aeußerung aufgefordert, machten ihrerseits Vorstellungen gegen eine sofortige Ueberlassung in fremde Kriegsdienste. Insbesondere hoben sie auch die großen Rückstände aus holländischen Diensten hervor. Die große Montur sei bereits verfallen und die ganze Ausrüstung nicht von der Art, „um einen so weiten und höchst bedenklichen Marsch ex abrupto antreten zu können."

Sei es nun, daß die angeführten Gründe Berücksichtigung fanden, oder seien es andere Umstände, die Ueberlassung in venetianischen Dienst wurde nicht realisirt. Vielmehr hatte der Herzog beschlossen, für den Kaiser ein Regiment aufzustellen. Hier durfte er jedenfalls auf willigeres Entgegenkommen von Seiten der Offiziere rechnen.

Mitte Oktober 1715 wurden die Obersten der Infanterie, von Mütschefahl und von der Streithorst nach Ludwigsburg berufen; der Herzog habe ihnen mündlich Etwas zu proponiren. Wenige Tage darauf erging Weisung an den Kriegsrath, Werbungen anstellen zu lassen sowohl auswärts als im schwäbischen Kreis und in den herzoglichen Landen; Werbpläze sollen in Vorschlag gebracht und Werbpatente ausgestellt werden; für kaiserlichen Dienst werde geworben.

Die nächsten Monate füllten Unterhandlungen über die Details der Kapitulation zwischen Kaiser Karl VI. und Herzog Eberhard Ludwig.

Am 24. Dezember kam folgender Vertrag zu Stande*):

Wir Karl von Gottes Gnaden erwählter römischer Kaiser u. s. w. bekennen öffentlich und thun kund Jedermänniglich, welchergestalten mit des durchlauchtig=hochgeborenen, Unseres lieben Vetters und Für-

---

*) Als Unterhändler fungirte in Wien der Geh.=Rath Frhr. v. Schütz.

ſtens, auch Unſeres und des heiligen römiſchen Reichs Feldmarſchalls und beſtellten Obriſten, Eberhard Ludwig ꝛc. Liebben wegen Stell= und Ueberlaſſung eines Intanterieregiments nach Unſerem kaiſerlichen Fuß folgende Kapitulation errichtet worden ſeie und zwar:

1) Nehmen Wir zu ſonderem gnädigſtem Gefallen auf, daß Se. Liebben ein kompletes, mit guten, des Kriegs wohl erfahrenen Stabs= auch allen anderen tauglichen Ober= und Unteroffi= zieren verſehenes Regiment von 2300 Mann, in 17 Kompag= nieen, nehmlich 15 Füſiliers= (deren jede 140), dann 2 Gre= nadierkompagnieen, jedwede von 100 Köpfen, alter wohlgeübter, mit gebührender Montur, auch Ober= und Untergewehr verſehe= ner Soldaten dergeſtalten gratis zu ſtellen ſich anerboten, und wirklich auf ſich genommen habe, daß ſelbes an dem akkordi= renden Lieferungsort zur beſtimmenden Zeit vorgemeldter Maßen in völligem Stand erſcheinen ſolle, dahingegen Wir

2) verwilligt haben wollen, daß Se. Liebben nicht allein Unſer wirklicher kaiſ. Obriſter ſein, ſondern auch ſothanes Regiment Alt Württembergiſch *) genannt, wie nicht weniger deroſelben die Proprietät zwar verbleiben, und dahero ſie die dabei von Zeit zu Zeit erledigt werdende Chargen auf Art und Weiſe, wie andere kaiſ. Obriſten, vergeben zu können befugt, ermeldtes Regiment aber während der Zeit, daß es in Unſeren kaiſ. Dienſten ſein wird, als ein Unſriges kaiſ. eigenthümliches Re= giment angeſehen, mithin alle vorfallende Dienſte zu verrichten und eine jede an ſelbes in Unſeren Dienſten ergehende Ordre punktual zu vollziehen gehalten und ſchuldig ſein ſolle, wobei Wir

3) Unſere gnädigſte Neigung noch Weiters dahin extendiren, daß und im Fall Gott der Allmächtige mittler Zeit, da ſolches Re= giment in Unſern Dienſten zu ſtehen haben wird, mit Sr. Liebben Perſon anders disponiren würde, ſelbiges Ihro allei= nigen Erbprinzen [ſo in der Regierung ohnedem ſuccedirt] verbleiben ſolle; und gleichwie

4) Dieſes Regiment, ſo lang es in Unſern kaiſ. Dienſten ver= bleibet, obgedachter Maßen ein Unſriges wirkliches kaiſ. eigenes Regiment ſein wird, alſo ſolle Uns ſelbes die gewöhnliche

---

*) Der Name des Regiments erleidet vielfache Variationen: Kaiſ. alt= württembergiſches Regiment; alt kaiſerlich württembergiſches Regiment; in der ordre de bataille ſtets: Infregt Alt Württemberg.

Pflicht bei der Uebernahme ablegen, und darauf hin alle Beneficia in Genuß des Soldes, der Quartiere, item in Administrirung der Justiz und in summa alle andere denen übrigen kaif. Regimentern zuständige Prärogativen zu genießen haben, wonächst aber

5) Wir hauptsächlich und expresse ausgedungen haben wollen, daß keine bei Unseren kaif. Regimentern verbotene Nationalisten, als Franzosen, Italiener, Polaken, Hungarn, Kroaten, auch alle andere, so nicht pure Teutsche sind, und in specie keine, so von andern Unsern kaif. Regimentern desertirt, bei der Musterung werden gestellt und angenommen werden können; da im Gegentheil

6) Wir eingestanden haben wollen, daß Sr. Liebben sowohl als denen übrigen Stabs= auch andern Ober= und Unteroffizieren, dann Gemeinen, mithin dem ganzen Regiment, wie solches ultimo Aprilis zu Ulm an dem Embarquirungsort wird gestellt werden, die gewöhnliche Verpflegung a medio Martii künftigen Jahrs anfangen und fortlaufen solle, was nebstdem und

7) Die Proviant= und Zelterwägen, Balkenkarren, Schweinsfedern, Zelter und dergl. anbetrifft, da wird es mit dem gleich mit allen übrigen Unsrigen kaif. Regimentern gehalten werden, daß nehmlich demselben von Sr. Liebben die Schweinsfedern, Balken und Zelter mitzugeben, von Unserem kaif. Aerario aber die Proviant= und Zelterwägen, auch Balkenkarren zu verschaffen seien; belangend

8) die künftige Rekrutirung, da nehmen Se. Liebben über sich, die von Jahr zu Jahr abgängig werdende Leute in ihrem Lande gegen Reichung 34 fl. auf Einen gebührend montirt und mit dem Obergewehr versehenen Mann anwerben und jedesmal den letzten Aprilis ohne Abgang nacher Ulm stellen zu lassen. Wollten aber Se. Liebben selbe gar nacher Preßburg liefern, so würde man ex aerario noch 6 fl. beitragen, folgsam 40 fl. für den Mann gut thun, wie zumalen auch auf diese anwerbende Mannschaft Kopf für Kopf einen zweimonatlichen Sold pr. 8 fl. passiren lassen; wonächst auch

9) stipulirt wird, daß mehrbesagtes Regiment 5 Jahr in Unseren kaif. Diensten verbleiben und nach Verfließung derselben [sofern inzwischen dieser terminus auf eine längere Zeit nicht verlängert worden] jedem Theil frei stehen solle, bei dieser Kapitulation zu verbleiben oder solche abzubrechen, da dann in casu

ultimo felbiges auf benen schwäbisch-östreichischen Confinen zu-
rückgestellt, oder aber 30 fl. für jeben von ber ersten Uebernahme noch realiter vorhanbenen Kopf, welchen man ohne ber
Stabs- und prima plana Personen zu bezahlen schuldig ist, gut
gethan werben sollen; wie bann auch Unsere kaif. Vasallen,
wann tempore restitutionis Einige bei mehrbesagtem Regiment
sich befänben, vorbehalten mithin uns wiederum zurückgelassen
werben und zumalen

10) Unsere gnäbigste Intention ist, Uns sothanen Regiments ber-
mahlen in bem Königreich Hungarn zu bebienen, so werben Wir
wegen bessen Transportirung [so ad primum Maji anzuorbnen
ber Antrag ist] die Unkosten aus Unserem kaif. Aerar bestreiten lassen. Alles getreulich und ohne Gefährbe.

Der neunte Punkt ber geschlossenen Kapitulation erfuhr im
Februar 1716 eine nähere Erläuterung bahin, baß ber Kaiser am
bestimmten Termin das Regiment entweber vollzählig zurückgeben
ober für jeben abgängigen Kopf [ohne Stabs- und prima plana
Personen gerechnet] 30 fl. Entschäbigung ausbezahlen werbe.

Die Aufbringung ber Mannschaft für neu zu errichtenbe Truppenkörper ober für Ergänzung schon bestehenber geschah unter gewöhnlichen Verhältnissen im Wege freier Werbung. Drängte aber die
Noth, so wurbe eine Landesauswahl angeordnet und, innerhalb be-
stimmter Altersgränzen, aus ihr die Abtheilungen kompletirt; bieß
jeboch nur in subsibiarischer Weise.

Die Werbung konnte eine öffentliche ober eine geheime sein;
öffentlich, wenn mit richtigem Werbpatent ber Werboffizier unter
Trommelschlag burch ben Plaz zog und bekannt machte, für wen er
werbe; wer Lust habe, solle sich bei ihm melben; — geheim wurbe
die Werbung vielfach im Ausland betrieben, wo man burch alle möglichen Verführungskünste die jungen Burschen ihrer Heimath ober schon
einrollirte Solbaten ihrem Regiment zu entfremben suchte.

In ben letzten Tagen bes Dezember 1715, kurz nach Schließung
und Ratifikation bes Vertrags mit bem Kaiser, erließ ber Herzog
Orbre an ben Oberst von Mütschefahl, es solle sofort tüchtige Mannschaft aus ben 2 Infanterieregimentern ausgewählt und die fehlenbe,
gegen 1100 Mann, burch Werbung aufgebracht werben. Zu bem Enbe
erhielt ber Oberst ex tricesimis 10000 fl.; ber Herzog fügte jeboch
bei, er lebe ber Hoffnung, es werben die Kompagniekommanbanten
und Offiziere bei bieser Gelegenheit und weil sie nunmehr in kaiser-

Aufbringung ber Mannschaft.

lichen Dienst und Verpflegung kommen, ihm auch ex propriis etwas an die Hand gehen und etwa 6 Mann per Kompagnie aufstellen.

Als Sammelplaz und Lieferungsort wurde Stuttgart bestimmt. Hier sollte die angeworbene Mannschaft dem Kommissariat präsentirt werden der Prüfung halber, ob sie die nöthigen Qualitäten habe [keine verbotene Nation*), keine Deserteure]. Die Angenommenen wurden sofort assentirt und eingekleidet. Nach Stuttgart wurden auch alle im Land verfügbaren Gewehre, Partisanen, Lederwerk, Trommeln, Degen gebracht, um in brauchbaren Stand gesezt zu werden.

Längstens bis Anfang März sollte das Regiment komplet sein. Demzufolge wurde eifrig bei den Regimentern geworben. Ins Land hinaus wurden einzelne Offiziere geschickt mit einer Anzahl Unteroffiziere und einem Tambour, um aller Orten die Werbung für den kaiserlichen Dienst zu betreiben.**)

Zu Werbpläzen waren bestimmt:

1) im Land: Stuttgart, Kanstadt, Blaubeuren, Heidenheim, Tuttlingen, Möckmühl, Brackenheim, Vaihingen, Lauffen, Sulz, Göppingen, Ebingen.

2) außerhalb der Landesgrenzen: Rottweil, Offenburg, Dinkelsbühl, Schwäbisch Hall, Memmingen, Dillingen, Ueberlingen, Biberach, Ravensburg, Kempten, Rothenburg an b. Tauber, Oehringen, Nürnberg, Hanau, Donaueschingen, Gmünd, Heidelberg, Mannheim, Frankfurt a. M., Worms, Aalen, Augsburg, Ulm, Heilbronn, Eßlingen.

An Handgeld wurde bezahlt im Ausland 9 fl. per Mann, im Herzogthum selbst 8 fl. Der Rekrut erhielt täglich bis zur Einlieferung auf dem Sammelplatz 8 kr. sammt einer Brodportion; vom Tage der Assentirung bis zur Uebernahme in kaiserlichen Dienst 5 kr. täglich nebst einer zu 2 kr. tarirten Brodportion à 2 Pfund.***)

------

*) Deutsche Schweizer könnten zur Noth passiren.

**) Ueber ihr gewöhnliches Traktament erhielten die auf Werbung kommandirten Chargen tägliche Zulage und zwar:

der Lieutenant oder Fähnrich . 86 kr.
Feldwebel . . . . . . 30 kr.
Korporal . . . . . . 20 kr.
Tambour . . . . . . 16 kr.

***) Der württemb. Verpflegungsfuß war zur Zeit etwas schmaler bemessen als der kaiserliche vgl. Seite 17.

Der Soldat bezog monatl. 3 fl. 30 kr. Sold, hatte aber davon Abzug für

Anfang des Monats März 1716 wurden der Regimentsstab und die Kompagnieoffiziere aufgestellt; theils aus den vorhandenen Regimentern ausgewählt, theils neuerdings in Dienst genommen.

Stab.

Oberst Ludwig v. Forstner.
Oberstlieutenant H. Wilh. v. Heldenbrand.
„ v. d. Streithorst.
Major J. Christ. v. Menzingen.
Auditor Abel Weinmann.
Regimentsquartiermeister Chr. Wolff.
Regimentsfeldscheer.
Kaplan.
Sekretär.
Adjutant Martin Luther.
Proviantmeister.
Wagenmeister.
Profos sammt Knechten.

1. Grenadierkompagnie.

Kapitän Reinh. v. Rothberg.
Erster Lieutenant Felix Ober.
Zweiter Lieutenant Grappentin.

2. Grenadierkompagnie.

Kapitän Aug. Fried. v. Geismar.
Erster Lieutenant Jsler.
Zweiter Lieutenant J. W. v. Millau.

Leibkompagnie.

Kapitän Graf v. Wittgenstein.
Fähnrich v. Stutterheim.

Oberst v. Forstners Kompagnie.

Lieutenant J. Chr. Bomburg.
Fähnrich Ludw. Bernh. v. Geyling.

Oberstlieutenant v. Heldenbrands Kompagnie.

Lieutenant W. Friedr. Strohmayer.
Fähnrich Martin Eberh. v. Jungten.

Major v. Menzingens Kompagnie.

Lieutenant J. W. Schurer.
Fähnrich Joh. Wendel Frank.

Großmonturgeld 45 kr. und 9 weitere Kreuzer für Verschiedenes; die Unter-offiziere hatten zwischen 4 und 12 fl. monatl. Sold, die Kompagnieoffiziere von 20—55 fl. nach ihrem Rang; die Stabsoffiziere von 40—130 fl., sammt der Hauptmannsgage.

Kapitän Bahms Kompagnie.
Lieutenant M. Friedr. v. Heldenbrand.
Fähnrich Wolfg. Glaſer.

Kapitän Duponds Kompagnie.
Lieutenant Georg W. Dietlen.
Fähnrich Franz A. Dupond.

Kapitän Schickhardts Kompagnie.
Lieutenant Otto Dietr. v. Penz.
Fähnrich Joh. Fr. Lepplin.

Kapitän Fehmanns Kompagnie.
Lieutenant Friedr. Chr. v. Sparr.
Fähnrich Friedr. W. v. Hohnſtedt.

Kapitän v. Roſtiz Kompagnie.
Lieutenant Joh. Jak. Schuhmacher.
Fähnrich Friedr. K. v. Eichelberg.

Kapitän Müllers Kompagnie.
Lieutenant Friedr. v. Dellwigl.
Fähnrich Joh. Seb. v. Keßlau.

Kapitän Schneiders Kompagnie.
Lieutenant Joh. Jak. Klagen.
Fähnrich Joh. Konr. v. Keßlau.

Kapitän v. Schlewiz Kompagnie.
Lieutenant Chriſt. Krompholz.
Fähnrich Ph. Albr. v. Oſtheim.

Kapitän Reichmanns Kompagnie.
Lieutenant Pankr. Brinkmann.
Fähnrich Eberh. H. v. Schleppegrell.

Kapitän Bells Kompagnie.
Lieutenant Rik. v. Hermann.
Fähnrich Joh. Fr. v. Herwarth.

Kapitän v. Heidenbreks Kompagnie.
Lieutenant Franz K. v. Bönighauſen.
Fähnrich Chr. Gottfr. v. Debſchliz.

Oberſtinhaber des Regiments war nach dem Vertrag der Herzog
ſelbſt und hatte alle Gerechtſame eines Regimentskommandanten aus=
zuüben. Die übrigen Stabsoffiziere ſtanden daher betreffs ihrer
Gage je um eine Rangſtufe niederer.

Mitte März wurde das Regiment als formirt erklärt und in Quartiere zusammengezogen in den Aemtern gegen Ulm hin, um hier bis zur Musterung und Uebernahme zu bleiben. Betreffs der Einübung der neueingestellten Mannschaft war angeordnet, es wenigstens dahin zu bringen, daß die Handgriffe in gleichförmiger Weise durchgemacht werden können. Zu solcher Uebung mag wohl die nächste Zeit in den Quartieren benützt worden sein.

Ueber Bekleidung, Bewaffnung und sonstige Ausrüstung des neuen Regiments ist Folgendes zu verzeichnen*).

(Seitennote: Bekleidung, Bewaffnung.)

Gleichförmige Bekleidung der Leute, welche zu einer und derselben Abtheilung gehörten, war erst Ende des 17. Jahrhunderts eingeführt worden. Zunächst bei den Franzosen, welche zugleich für diese uniforme Bekleidung den Namen! Montur schöpften. Kaiser Leopold I. folgte bei seinen Truppen diesem Beispiel. Nach damals geltendem österreichischem Reglement hatte der wirkliche Oberst die Hauptfarbe des Regimentskleids zu bestimmen. So auch bei unserem Regiment Altwürttemberg, das ja zunächst als ein vollständig österreichisches nach Ausrüstung und Formation zu betrachten ist.

Als Uniform des Regiments bestimmte der Herzog durch Dekret vom 8. Januar 1716:

1) für Offiziere, Rock und Kamisol ganz weiß mit rothem Aufschlag.

2) für Feldwebel, Fourier, Musterschreiber, Feldscheer, rothe Röcke und Kamisöler.

3) für die Mannschaft vom Korporal abwärts, weißer Rock mit rothem Aufschlag und rothes Kamisol.

Dazu kamen aufgekrempte Hüte mit weißen Borten und schwarzer Kokarde, Lederhosen, lange weiße Strümpfe und Schuhe; außerdem noch Kamaschen und Kittel; für die Grenadiere hohe Mützen**).

Einen Mantel führte der Infanterist nicht; dagegen war der Rock ziemlich lang. — Das Reglement schreibt vor, daß die Röcke allzeit egal getragen, im Sommer zurück und aufgeschlagen werden, damit sie im Marsche nicht hindern; der Hut ist wohl aufzuschlagen und die Haare in ein schwarzes Band einzuflechten; Rock und Hut darf nur im Dienst getragen werden. — Das Halstuch muß zwei-

---

*) Hauptquelle an dieser Stelle und im Folgenden ist Franz Müller, Gesch. der l. l. östr. Armee, Prag 1845; und die gleichzeitigen Reglements.
**) Preisverzeichniß s. Beilage Nr. 2.

mal um den Hals gehen, wird vom Gefreiten abwärts hinten, vom Korporal aufwärts vorn gebunden.

Die Kleidung scheint im Allgemeinen bequem gewesen zu sein. Offiziere und Unteroffiziere sind unter sich und von der Mannschaft durch mehr oder weniger breite silberne Borten am Hut ausgezeichnet. Außerdem tragen die Offiziere Schärpen.

Während und hauptsächlich nach dem 30jährigen Krieg hatte Pike und Hellebarde Schritt für Schritt weichen müssen. Mit der uniformen Kleidung war auch gleichmäßige Bewaffnung eingeführt worden und zwar die Flinte mit französischem Schloß. Alle Schuß= waffen waren weggefallen. Bei allen Grenabieren und Füsilieren (Musketieren) sehen wir so die Flinte mit Kugeln, deren 14—16 auf ein Pfund gehen. Zur Flinte gehörte das Bajonnet, zweischneidig, 1 Fuß lang. Es war erst seit Kurzem mit einer Dille zum Auf= pflanzen versehen worden, statt des hölzernen Stiels, mit dem es sonst in den Lauf eingesteckt worden war; hölzerne Ladstöcke*).

Die Grenabiere, wie die Füsiliere, sämmtliche Unteroffiziere und die Offiziere führten Degen. Die Offiziere der Füsiliere außerdem Partisanen (mit mehr oder weniger reichen Quasten je nach dem Rang, die Lieutenants ohne Quasten); die Füsilierunteroffiziere sind mit Kurzgewehren, erleichterten Hellebarden, bewaffnet. — Partisanen und Kurzgewehre die Ueberreste der alten Bewaffnung. —

Sämmtliche Offiziere und Unteroffiziere der Grenabiere jedoch führten Flinten. — Die Grenabiere in ihrer eigenthümlichen Ver= wendung hatte erstmals im Jahre 1634 bei der Belagerung von Regensburg der schwedische General Lars Kragge aufgestellt. Seit= her finden sie sich in allen Armeen eingeführt. Ihre Aufgabe ist, einpfündige Hohlkugeln zu werfen, um den Feind namentlich hinter Deckungen zu schädigen. Sie repräsentiren somit eine Art Regiments= artillerie. Später fiel diese ihre spezielle Aufgabe weg; sie erscheinen als bloße Elitetruppe.

Die Fouriere, Musterschreiber, Feldscheerer und Fourierschützen führten auch bei den Füsilieren Flinten.

Das wesentliche äußere Abzeichnen der Würde eines Vorgesetzten — bei Offizieren und Unteroffizieren — aber ist der Stock. —

Zur weiteren Ausrüstung gehörte dem Gemeinen ein Schnapp= sack (auch Ranzen, Darnister geheißen); Patrontasche, die ca. 24 Stück

---

*) Gegen die Mitte des 18. Jahrhunderts wurden die eisernen eingeführt; 1773, in Preußen wenigstens, die cylindrischen.

Patronen faßt; die Grenadiere haben etwas größere zur Aufbewahrung etlicher Stück Granaten; Pulverhorn mit Zündkraut; Oelfläschchen, zwei Raumnadeln, Luntenverberger; auch Lunten sollten nie vergessen werden, denn im Feld, wo man keine Uhr habe, müsse man öfters die Stunden mit den Lunten auszünden, um die Wachen danach ablösen zu können. In der Kamerabschaft soll Putzeug sein; die ganze Kleidung und Ausrüstung sollen sauber, die Gewehre stets blank gehalten werden.

Ende April hatte das Regiment eine vorläufige Musterung bei Kannstabt zu passiren, abgehalten durch den herzogl. Kriegsraths= präsidenten v. Boldewin, der bestimmt war, das Regiment in kaiser= lichen Dienst zu übergeben. Bei dieser Musterung zählte das Regi= ment vom Oberst abwärts — 2230 Mann*); zum kompleten Stand fehlten somit 70 Mann. Ausgemustert wurden als zu klein 11 Mann.

Musterung: Formation.

Zur Abhaltung der lezten Musterung und zur Uebergabe an den Kaiser hatte Oberst von Forstner das ganze Regiment, Stab und Kompagnieen, auf den 15. Mai bei Göppingen zu versammeln. An diesem Tag besichtigte der Herzog selbst das Regiment.**) Am 16. und 17. sollte die Musterung durch den bestellten kaiserlichen Kriegskommissär von Langscheibt Statt haben und die Uebernahme erfolgen.

Da stand denn das Regiment voll an Zahl, vollständig gerüstet und bewaffnet, um sofort ins Feld ziehen zu können. —

Der Stand der Offiziere und die Personen des Stabs finden sich oben verzeichnet.

Bei näherer Betrachtung der Kompagnieen sind in ihrer Zusam= mensetzung besonders zu unterscheiden die eigentlichen Kriegsleute und die Prima Plana. Leztere Benennung bezeichnet den ersten Plaz, oder die Personen, welche in der Bestallung auf dem ersten Blatte stehen. Zu ihnen gehören: Hauptmann, Lieutenant, Fähnrich, Feldwebel, Führer, Fourier, Musterschreiber, Feldscheerer, zusammen 8 Mann. Als eigentliche Kriegsleute zählten in der Füsilierkompagnie 6 Korporale, 4 Fourierschützen, 4 Spielleute, 12 Gefreite, 106 Ge= meine, im Ganzen —:· 140 Mann.

----

*) Ganzer Stand vom 5. Mai 1716 s. Beilage Nr. 3.
**) Als Verehrung ließ er jedem Feldwebel 1 fl. 30 kr., den übrigen Unter= offizieren und Gemeinen 1 fl. auszahlen.

Die Grenadierkompagnieen zählten blos 100 Mann, hatten einzelne Chargen gar nicht (wie Fähnrich und Führer), andere in geringerer Anzahl; sie hatten zwei Lieutenants.

Jede Füsilierkompagnie führte ihre eigene Fahne.

Aufgestellt war das Regiment wie folgt.

Formirung in 4 Gliedern; im ersten Glied die Gefreiten und ältesten Musketiere, im zweiten und dritten die kleineren und schwächeren Leute, im vierten Glied die längsten. Beim Feuern sind die Glieder eng aufgeschlossen, sonst haben sie vier Schritte Abstand von einander.

Auf dem rechten und linken Flügel des Regiments rangiren die Grenadierkompagnieen; an diese schließen sich die 3 Bataillone (jedes zu 5 Kompagnieen) der Füsiliere an und zwar vom rechten zum linken Flügel geordnet nach dem Dienstalter der Hauptleute, so daß das rechtsstehende Bataillon die ältesten Kapitäns hatte, das linksstehende die jüngsten.

Numern führen die Kompagnieen nie, sondern stets die Namen der Hauptleute; die Bataillone sind nach Numern benannt; jedoch ist diese Gliederung in Bataillone für taktische, wie für abministrative Zwecke noch unwesentlich.

Die Kompagnie zerfällt in zwei Züge. Die Unteroffiziere sind auf den Flügeln der Züge im ersten und vierten Glied eingetheilt.

Die Offiziere haben ihren Plaz vier Schritte vor dem ersten Glied; die Tamboure neben den Hauptleuten. Sechs Schritte vor der Mitte jedes Bataillons stellen sich die Fähnriche auf mit den Kompagniefahnen; jeder hatte den Führer rechts neben sich, drei Schritte hinter sich den Fahnenträger.

Die Fouriere, Musterschreiber, Feldscheerer, Fourierschüzen bildeten, im ganzen Regiment zusammengestoßen, zwei Züge und standen vor dem ersten Zug unter Kommando des Regimentsquartiermeisters.

Besonders eigenthümlich sind die Stabsoffiziere aufgestellt und verwendet. Vor dem rechten Flügel, die Partisane mit goldnen Quasten in der Hand, steht der Oberst; zu seiner rechten Seite der Major zu Pferd mit gezogenem Degen; der Oberstlieutenant zu Fuß vor dem linken Flügel des Regiments, links neben ihm der Regimentsadjutant zu Pferd. Bei dieser Stellung en parade und zum Exerciren ist nur beritten Major und Regimentsadjutant; ersterer kommandirt das Regiment. Im Gefecht sind sämmtliche Stabsoffiziere beritten und der Oberst kommandirt; auf dem Marsch reiten alle Offiziere.

Die Exerzirübungen beschränken sich auf Handgriffe mit Gewehr und Granate, Wendungen, Veränderungen der Glieder und Rotten; Chargiren zum Angriff in Linie; Vormarsch, Rückmarsch in Linie; Bildung von Vierecken. *Kommando's.*

Folgendes mögen Beispiele von Kommando's sein:

Präsentirt das Gewehr! — Spannt den Hahn und schlagt an! — Gebt Feuer! — Herstellt den' Hahn! — Faßt die Patron! — Oeffnet die Patron! — Pulver auf die Pfanne! — Schließt die Pfanne! — Schwenkt das Gewehr zur Ladung! — Die Patrone in Lauf! — Zieht aus den Ladstock! — Bringt den Ladstock in den Lauf! — Gebt der Patrone drei Stöße! — Den Ladstock heraus! — Bringt ihn an seinen Ort! —

Präsentirt das Gewehr! — Das Gewehr auf die Schulter! — Das Gewehr neben den Fuß! — Niederlegt das Gewehr! — Aufnehmt das Gewehr! — Verkehrt schultert das Gewehr! — Verkehrt vor dem Regen traget das Gewehr! —

Hängt das Gewehr über die Schulter! — Faßt die Granate! — Oeffnet die Branbröhre und bedeckt sie mit dem Daumen! — Faßt den Lunten! — Blast den Lunten ab! — Zündet und werft 'die Granate! — Den Lunten an seinen Ort! —

Präsentirt das Gewehr! — Schwenkt das Gewehr an die linke Seite! — Das Bajonnet an den Lauf! — Präsentirt das Gewehr! — Schwenkt das Gewehr an die linke Seite! — Das Bajonnet ab vom Lauf! — Das Bajonnet an seinen Ort! — Präsentirt das Gewehr! — Das Gewehr auf die Schulter! —

Duplirt eure Reihen mit halben Gliedern jedes Zugs! — Stellt euch aus vier Gliedern in drei her! — Macht den Kontremarsch mit Reihen! — mit Gliedern! — Schließt eure Reihen und Glieder!, — Schwenkt euch mit Zügen! — u. s. w.

Vorwärts schließt eure Glieder! — Das erste Glied das Bajonnet an den Lauf! — Die Oberoffiziere und Fahnen in die Glieder! — Chargirt mit ganzen Gliedern! — Das vierte, zweite, dritte Glied schlägt an!

Auf! Marsch! Halt!

Auf! Rechts um kehrt euch! Halt!

Mit Zügen aus der Mitte defilirt! — Formirt ein Bataillonskarree mit Hinterwärtsschwenken! —

Dieß bie steifen Formen unb Rahmen, in welche ber neuange=
worbene Rekrut mit bem oberflächlich Angelernten leicht zu zwängen
war, welche für Parabe unb Gefecht aus einerlei Guß, von bem
Führer jebe Kombination, von bem im Glieb stehenben Kriegsknecht
jebe Selbstthätigkeit fern hielten.

Abmarsch. Am Morgen bes 16. Mai kam ber kaiserliche Kriegskommissär
v. Langscheibt auf ben Musterplaz in Göppingen, bas Regiment zu
revibiren unb sobann zu übernehmen. Mit allen Ehren wurbe er vom ausgerückten Regiment em=
pfangen. Das Gewehr warb präsentirt, bie Offiziere salutirten, bie
Fahnen neigten sich, bas Spiel wurbe gerührt; ber Major ritt ihm
entgegen unb erstattete Melbung, baß Alles zur Musterung fertig sei;
benn er kam an Kaisers Statt.

Von württembergischer Seite war Kriegsrathspräsibent v. Bolbe=
win mit ber Uebergabe betraut. Zwei Tage währte ber Durchgang,
in Folge bessen 169 Mann ausgemustert wurben*). Namentlich be=
treffs ber Deserteure unb ber verbotenen Nationalitäten verfuhr ber
Kommissär aufs Strengste, so baß nur 2165 Mann in kaiserlichen
Dienst übernommen wurben**).

Um Vorsorge für bas Regiment zu treffen unb ein unb anberes
in Stand zu sezen bis zur Ankunft in Wien wurbe ber Regiments=
quartiermeister Wolff sogleich nach ber Musterung vorausgeschickt an
ben Freiherrn v. Schüz, württembergischen Gesanbten am kaiser=
lichen Hof.

Mit ben Angelegenheiten bes Regiments speciell beauftragt war
ber Bankier Isenflamm in Wien als herzogl. Agent für bas löbliche
in kaiserliche Dienste überlassene Regiment. Seine Aufgabe war bie
Negociirung ber Gelbbebürfnisse aus bem kaiserlichen Aerar für bie
laufenben Ausgaben bes Regiments sowohl, als namentlich für bie
Anwerbung von Ersazmannschaften. Er leistete Vorschüsse unb er=
stattete Berichte über alle wichtigen Vorfälle. Dergleichen Aemter

---

*) 1 Franzos, 3 Italiener, 4 Lothringer, 23 Schweizer, 16 Elsäßer, eine
große Anzahl Deserteure aus anberen kaiserlichen Regimentern, Schwächliche,
Invaliben.
**) Vermuthlich wurben an Stelle ber Ausgemusterten so viel als möglich
neue Rekruten angenommen unb Mannschaft aus ben alten Regimentern ge=
zogen, um wenigstens bie angegebene Ziffer zu erreichen.

waren von den Handelsleuten ungemein gesucht und der Herzog hatte viele Anerbietungen für die Agentie des Regiments erhalten.

Zu besonderer Empfehlung bei dem neuen obersten Befehlshaber, dem Führer der kaiserlichen Heere in Ungarn, dem glorreichen Prinzen Eugen von Savoyen, richtete der Herzog an diesen ein Schreiben des Inhalts:

„Gleichwie es nunmehro an deme, daß mein Kaiserliches Regiment Infanterie als morgen von hier aufbrechen und den Marsch weiters antreten solle, so habe aus einem in Ew. Liebben setzenden besonderen freundvetterlichen Vertrauen nicht umhin gewollt, dieses mein Regiment, als welches ohne Ruhm zu sagen, aus solcher Mannschaft bestehet, deren Bravour und Tapferkeit Ew. Liebben schon im vorigen Kriege experimentiret, deroselben solches hiemit bestens zu rekommandiren und gleichwie auch der Kommandant desselbigen, der Obrist von Forstner als ein ehrliebend und qualifizirter Offizier, an seiner Treu, Eifer und Applikation zur Beförderung Ihro Kais. Maj. Dienste, sowie es seine Schuldigkeit erfordert, das Geringste nicht erwinden lassen wird, also rekommandire Ew. Liebben auch denselben hiemit bestens und ersuche Ew. Liebben, demselben nicht allein dero hochschätzbare Gnade beständig zu reserviren, sondern auch jedesmals, da er in Regimentsangelegenheiten Ew. Liebben Assistenz von Nöthen haben würde, gnädiges Gehör und geneigte Hilfe zu leisten; für welche sowohl mir als dem Regiment erweisende freundvetterliche Gefälligkeit und Gnade Ew. Liebben Wir allezeit in aufrichtiger Ergebenheit und Danknehmung verbunden leben und stets beharren werden 2c. 2c."

Die nächste Bestimmung des Regiments war, nach erfolgter Uebergabe sofort nach Ulm zu marschiren, dort sich einzuschiffen und die Donau hinab ins Ungarland bis Baja zu fahren, um hier der kaiserlichen Feldarmee inkorporirt zu werden.

In der Frühe des 18. Mai wurde demzufolge in Göppingen aufgebrochen. Zunächst ging der Marsch nach Urspring; hier Nachtquartier. Am 19. wurde die Donau passirt und Offenhausen erreicht, bei welcher Gelegenheit der kais. Kommissär das Regiment nochmals Musterung passiren ließ und genau revidirte. Seine Stärke war am heutigen Mustertage 2138 Mann.

Das Uebel aller Heere aus den Zeiten des Werbsystems hatte die Reihen etwas gelichtet. „Die Explikation des Aydes, beßgleichen die vorgehaltene schwere Strafe des Meinaydes, schreibt Oberst von

Forstner, hat nicht sonderlich gefruchtet, indeme den Marsch über von Göppingen bis hiher (Offenhausen) 24 Mann desertirt seynd."

Am Mittwoch ben 20. Mai ging die Einschiffung vor sich. Drei-undzwanzig Schiffe und 16 Flöße trugen das Regiment mit seiner ganzen Habe. Mittags 11 Uhr wurde abgestoßen vom schwäbi-schen Lande und hinab gings die alte Völkerstraße, die Donau nach Ungarn, auf dessen Schlachtfeldern seit 200 Jahren die Völker des Ostens und Westens sich bekämpften. — Im 17. Jahrhundert war ganz Ungarn in den Händen der Türken gewesen auf den Thürmen von Buda wehte die Halbmondfahne und das Sichelschwert drang vor bis an die Mauern der Kaiserstadt. Erst ben großen Führern wie Karl v. Lothringen, Markgraf Ludwig von Baden, Prinz Eugen von Savoyen war es vorbehalten, auf ben blutigen Felbern von Mohacz, Salankamen und Zentha, das Land des heiligen Ste-phan von den östlichen Eindringlingen zu befreien.

An der Seite der Oesterreicher und Ungarn kämpften Freiwillige und Subsidientruppen aus aller Herren Ländern; im Mittelmeer waren die Venetianer ihre Alliirten. — Im Jahr 1699 schloß ben Kampf der Waffenstillstand von Karlowitz, 1703 in einen Frieden von dreißig-jähriger Dauer umgewandelt.

Die Einfälle der Türken jedoch in das von den Venetianern behauptete Morea beschworen ben Krieg aufs Neue herauf.

Als Mitunterzeichner des Friedens von Karlowitz und Alliirter Venedigs trat Oesterreich 1714 in den Kampf ein; allein erst 1716 warb bieser mit Energie geführt.

Verpflegung im kaiser-lichen Dienst. Nähere Untersuchung bedarf an dieser Stelle der Stand der kaiserlichen Verpflegung, in welche nunmehr das Regiment vollständig eingetreten war. — Die Säze für die höheren Chargen, insbesondere vom Hauptmann aufwärts, sind sehr reichlich bemessen; der gemeine Mann war immerhin nur kärglich verpflegt. Wie wenigstens die nachfolgenden Werbungen zeigten, übte der kaiserliche Sold ganz ge-ringe Anziehungskraft.

Den Verpflegungssäzen lag von alten Zeiten her die Kompe-tenz des gemeinen Söldners zu Grunde. Alle Chargen zählten ge-wissermaßen auch als Söldner, aber als Doppelsöldner, vierfache und mehrfache Söldner. In früheren Zeiten hatte der Oberst als hun-bertfacher Söldner gezählt.

Die Verpflegungsgebühren hatten gar vielfache Veränderungen zu erleiden. Zu der Zeit, als das Regiment Altwürttemberg in kaiserliche Dienste trat, war die Gebühr des gemeinen Mannes täglich 8 kr. —

Der Söldner hatte somit monatlich 4 fl. zu beziehen; die Grenadiere bezogen 5 fl. und die Chargen weiter hinauf von Stufe zu Stufe einen immer steigenden mehrfachen Betrag von der Gebühr des gewöhnlichen Söldners, welche eine vollständige Mundportion genannt wurde. Bei den Offizieren kamen noch Pferdsportionen dazu. Erstere, wie bemerkt, zu 4 fl. monatlich berechnet, letztere zu 3 fl. Das Gesagte mag folgende Tabelle veranschaulichen.

Eine Füsilierkompagnie.

Dienstgrad.	Mundportion. à 4 fl. p. M.	Pferdsportion. à 3 fl. p. M.	In Geld monatlich. fl.
Hauptmann	15	3	69
Lieutenant	5	2	26
Fähnrich	4	2	22
Feldweibel	3	—	12
Führer	2	—	8
Fourier	2	—	8
Musterschreiber	2	—	8
Korporal	1½	—	6
Fourierschütz	1½	—	6
Spielmann	1½	—	6
Gefreiter	1½	—	6
Gemeiner	1	—	4

Eine Grenadierkompagnie.

Dienstgrad.	Mundportion. à 4 fl. p. M.	Pferdsportion. à 3 fl. p. M.	In Geld monatlich. fl.
Hauptmann	15	3	69
Oberlieutenant	5	2	26
Lieutenant	4	2	22
Feldweibel	3	—	12
Fourier	2	1	11
Korporal	1½	—	6
Fourierschütz	1½	—	6
Spielmann	1½	—	6
Grenadier	1¼	—	5

2

Dienstgrad.	Mund-portion. à 4 fl. p. M.	Pferde-portion. à 3 fl. p. M.	In Geld monatlich. fl.
Oberst	50	12	236
Oberstlieutenant	13	8	76
Major	5	6	38
Regimentsquartiermeister	4	3	25
Auditor und Sekretär	5½	4	34
Kaplan	2½	2	16
Regimentsadjutant	2½	2	16
Regimentsfeldscheer mit zehn Gehülfen . .	34	3	145
Proviantmeister	2	2	14
Wagenmeister	2	2	14
Profos cum suis	4	5	31

Die angeführten Säze repräsentiren die ganze monatliche Gebühr; in ihr ist inbegriffen Alles, was Roß und Mann verzehrt,
kurz die ganze Naturalverpflegung, die davon abgezogen wird, jedoch
nach sehr billigen Säzen. — Zu der verzeichneten Kompetenz kommt
bei den Stabsoffizieren noch die vollständige Hauptmannsgage; denn
jeder hat seine Kompagnie eigenthümlich und leitet deren Admini-
stration, während ein Lieutenant (bei der Leibkompagnie ein Kapitänlieutenant) sie kommandirt.

Der Regimentsadjutant, auch Wachtmeisterlieutenant geheißen,
hat eine monatliche Zulage von 6 fl., die Fouriere und Musterschreiber beziehen eine solche von 30 kr. Auditor, Feldscheer, Kaplan
haben je nach ihren Funktionen beim Regiment einzelne nach bestimmten Taxen normirte Nebeneinnahmen.

Was bei jeder Charge von der monatlichen Löhnung abgeht, ist,
wie gesagt, die Naturalverpflegung des Manns. Bei den Offizieren
kommt noch dazu die Naturalverpflegung der Pferde. Diese in Natur
gefaßten Mundportionen werden jedoch nach dem sogenannten restin-
girten Fuß berechnet.

Die Naturalverpflegung selbst ist eine ganz verschiedene. Faßt
der gemeine Mann blos Brod aus dem Magazin, so wird diese Portion mit täglich 2 kr., monatlich also 1 fl., von seiner Löhnung abgezogen. Ihm bleiben somit noch 3 fl. Von diesen hat er aber an
den Kompagniekommandanten einen Abzug von 45 kr. für Anschaffung von Montur zu entrichten; ferner 9 kr. Regimentsunkosten,
3 kr. für Medikamente und 3 kr. Beckengeld *) —: zusammen 1 fl.

*) Bezahlung des Feldscheers für zweimal in der Woche vorgenommenes Rasiren.

Es bleiben dem Soldaten somit monatlich 2 fl.; er erhält diese an Löhnungstagen von 10 zu 10 Tagen mit je 40 kr.

Die angeführte Brobportion, mit monatlich 1 fl. berechnet, wird auch sämmtlichen Chargen bis einschließlich des Feldwebels abgezogen; dagegen ein etwas größerer Beitrag für die Montur je nach dem Rang. Dem Feldwebel bleiben noch an jedem Löhnungstag 3 fl. 30 kr., dem Führer, Fourier, Musterschreiber, Feldscheer je 2 fl. 20 kr., dem Korporal 1 fl. 20 kr.

Bei weiterer Dislocirung, namentlich im Winter in den Quartieren, bei langen Märschen aus und zu den Quartieren wurde bessere Verpflegung gereicht. Außer den täglichen 2 Pfd. Brob noch 1 Pfd. Fleisch; beides zusammen mit 2 fl. monatlich abgezogen. Dem Soldaten blieb somit nur noch 1 fl. baar.

Manchmal, namentlich bei der sogenannten etappenmäßigen Verpflegung, kam noch Getränk zur täglichen Gebühr und zwar 1 Maas Bier oder ½ Maas Wein.

Die erstere Art der Verpflegung mit bloßen Brobportionen aus den Magazinen trat stets ein bei Märschen und Lagern im Feld. — Die leztere reichlichere Art namentlich in Quartieren, wo der Quartierträger für gelieferte Hausmannskost den Abzug für Naturalverpflegung erhielt. Auf Märschen im Frieden erhielt der Mann ein etwas erhöhtes Taggeld, um alle seine Bedürfnisse selbst einkaufen zu können.

Zu Zeiten wurde auch in den Quartieren die Lage des Manns in Etwas verbessert durch einen Beitrag des Bezirks oder der Landschaft „Douceur" genannt.

Die Offiziere, vom Fähnrich aufwärts gerechnet, haben unter keinen Umständen etwas Anderes anzusprechen als Dach und Fach für sich und ihre Pferde. In den Quartieren, während der Winterverpflegung, haben sie Alles selbst anzuschaffen und beziehen ungeschmälert ihre volle Gage, die jeden Monat ausgefolgt werden sollte.

Während der Sommerverpflegung dagegen, im Feld und auf Märschen können sie tägliche Portionen fassen à 2 Pfd. Brob und 1 Pfd. Fleisch gegen Abzug von 2 fl. monatlich für jede gefaßte Portion; ebenso auch Pferdsrationen à 6 Pfund Haber, 8 Pfd. Heu täglich, 3 Bund! Stroh wöchentlich, mit 3 fl. monatlich von der Gage abgezogen. Und zwar können zu dem angeführten Preise monatlich fassen:

	Rund-Portionen.	Pferd-Portionen.	Werth in Geld, so in Abzug zu bringen.
	à 2 fl.	à 3 fl.	fl.
Ein Oberſt	20	12	76
Oberſtlieutenant	10	8	44
Major	8	6	34
Regimentsquartiermeiſter	2	3	13
Auditor und Sekretär	2	4	16
Kaplan	1	2	8
Regimentsadjutant	2	2	10
Proviantmeiſter	2	2	10
Wagenmeiſter	2	2	10
Profoß cum suis	3	5	21
Hauptmann	6	3	21
Lieutenant	2	2	10
Fähnrich	2	2	10

Was von den aufgeführten Portionen nicht in Natur gefaßt wurde, blieb zum vollen Betrag bei der Gage. Wurden alle Por=tionen, die gefaßt werden durften, auch wirklich in Natur bezogen, so blieben beiſpielsweiſe dem Oberſt von ſeiner Stabsgage zu 236 fl. monatlich 160 fl. übrig, dem Oberſtlieutenant 32 fl., dem Major bloß 4 fl., dem Hauptmann endlich 48 fl., dem Lieutenant 16 fl., dem Fähnrich 12 fl.

War für das ganze Regiment neue Montirung anzuſchaffen, ſo wurde der Betrag für ein vollſtändiges Regimentskleid dem Offizier an der Gage abgezogen. — Von den in Natur gefaßten Portionen waren auch Diener und Knechte zu verſorgen.

Chargen des Regiments und ihre Funktionen. Ein Blick in die innere Verwaltung des Regiments, in die Stellung und Funktionen der einzelnen Chargen, läßt in älteren Zeiten zunächſt den Kommandanten des Regiments faſt mit unumſchränkter Gewalt bekleidet, von ausgedehnteſter Machtſphäre erſcheinen. Eine imponirende Erſcheinung war der Oberſt über ein Regiment Fußknecht. Im Beſiz ſehr bedeutender Einnahmen, konnte er ſich mit einem Glanz umgeben, der Fürſten verdunkelte. In ritterlicher, oftmals abenteuerlicher Kleidung wußte er in troziger Haltung nicht nur nach unten bei den Knechten ſich in Reſpekt zu halten, ſondern ſich auch nach oben maßgebendes Anſehen zu ver=ſchaffen. Seine Mißſtimmung, Abneigung oder Troz machte den Höheren einzelne Unternehmungen, die er nicht billigte, unmöglich.

Das war mit der Zeit anders geworden. Anſehen und Gewalt

der Fürsten war unendlich gestiegen und mit diesem Steigen mußte anderer fremder Glanz nothwendig erbleichen. Als Repräsentanten der fürstlichen Macht, als Abglanz ihrer Hoheit, als wirkliche Diener und Knechte erscheinen nunmehr auch die höheren Befehlshaber. Doch blieben die Befugnisse und Gerechtsame des wirklichen Regimentskommandanten immer noch großartig genug. Die kaiserlichen Reglements vom Anfang des 18. Jahrhunderts verbreiten sich des Näheren hierüber. —

Er disponirt über die ganze Regimentswirthschaft, die Kasse ist ihm anvertraut. Nur zu den gewöhnlichen Musterungszeiten ist er verbunden, das Personelle und Materielle im Regiment vom kaiserlichen Kommissär mustern zu lassen. Zu anderer Zeit habe er nicht nöthig, Examiniren der Mannschaft und Untersuchung der Kasse zu gestatten.

Aufgabe des Kommandanten ist es, das Regiment in gehörigem Stand zu halten. Er ernennt und bestellt alle Chargen und Stellen vom Oberstlieutenant abwärts; er sorgt für die große Montur und Uniformirung; die Hauptfarbe ist ganz seinem Geschmack und Gefallen überlassen. Zur Bestreitung dient der Abzug für Montur. Die Art und Weise, wie er seine Mannschaft einüben will, steht beim Kommandanten. Allgemein giltiges Exercirreglement war nicht eingeführt. Bei den vielfach wechselnden Herrendiensten hatte aber der Gebrauch fast aller Orten so ziemlich die gleichen im Grund einfachen, starren Formen des Exercitiums geschaffen.

Was die Jurisdiction betrifft, so ist diese beim Oberst so ausgedehnt, daß ihm blos das entzogen ist, was Ehr, Leib und Leben eines Offiziers betrifft. Sonst kann der Regimentskommandant de placido sofort ohne Kriegsrecht entscheiden.

In seinem Namen werden Kriegsrechte eingesezt; die Exekution steht beim Oberst wie auch die Begnadigung.

Mit Bezug auf das Regiment Altwürttemberg ist hier zu bemerken, daß alle diese Gerechtsame dem jedesmaligen Oberst nicht zukamen; denn der eigentliche Regimentschef war ja der Herzog selbst, der über seine Befugnisse mit großer Eifersucht wachte. Im Rapport werden auch stets zwei Obersten aufgeführt; einer davon, der Herzog, als absens.

Was der Oberst im Regiment bedeutet, das der Hauptmann in der Kompagnie. In älteren Zeiten waren auch seine Befugnisse ausgedehntere. Behalten hatte er aber immerhin die ganze Kompagniewirthschaft. — Im Frieden hatte er Nebenerwerb dadurch, daß

er einen Theil der Mannschaft zeitlich beurlauben und selbst die Löh=
nung ziehen durfte.

Zu seinen Aufgaben gehört Anschaffung der kleinen Monturstücke
gegen billige Aufrechnung, Reparirung der Gewehre und Ausrüstungs=
artikel. Vom Feldwebel abwärts kann er Arrest und Strafwachen
als Disciplinarstrafen verhängen; Prügel jedoch darf er nicht über
fünfzig zuerkennen. Habe der Feldweibel sich ein Vergehen zu Schul=
ben kommen lassen, so solle er den in sein Quartier oder Zelt berufen
und allda selbst abstrafen.

Die Offiziere kann er mit Hausarrest belegen, auch zum Pro=
foßen schicken, doch muß er hievon dem Oberstwachtmeister Anzeige
machen. Heirathserlaubniß gegen Erlegung eines silbernen Löffels,
wie es früher geschehen sei, zu ertheilen, bleibe dem Hauptmann
verboten und stehe allein beim Obersten, zu bestimmen, wer heirathen
dürfe; denn es sei eine schändliche und üble Sache, wenn sich bei
der Kompagnie fast eben so viel Weiber als Männer befinden.

Ganz dieselben Rechte und Pflichten ihren eigenen Kompagnien
gegenüber hatten auch die Stabsoffiziere.

Im Besonderen hatte der Oberstlieutenant den Oberst bei
jeder Abwesenheit zu ersezen und die ganze Regimentsverwaltung zu
leiten. Alles aber, was bleibende Veränderungen im Personal und
Material bedingte, blieb dem Oberst reservirt. Seine Wirksamkeit
war, wenn kein Dienst vor dem Feind geschah, eine beschränkte.

Eigenthümlich ist die Verwendung des Oberstwachtmeisters*)
(Major).

Sein Dienst sei der fatigabelste, aber auch der schönste, wo=
durch sich ein Offizier zu weiteren Promotionen geschickt machen
könne.

Während der Campagne reitet er täglich in das Hauptquartier,
um die Parole zu holen. Alle Tage hat er einmal das Regiment
zu visitiren. Das Exercitium liegt ihm ob; das müsse er aus dem
Grunde verstehen und insbesondere auch die Ober= und Unteroffiziere
darin perfektioniren. Wenn das Regiment mit fliegenden Fahnen
zum Exerciren ausrückt, so hat er den Degen zu ziehen und es zu
kommandiren; dabei muß er zu Pferde sein, um schnell von einem
Flügel zum andern kommen und alle Fehler korrigiren zu können.

---

*) Wie der General einen Generalfeldwachtmeister (Generalmajor) aufstellte,
dem er die Vertheilung und Visitation der Feldwachen übertrug, so zu ähn=
lichem Dienst der Oberst im Regiment den Oberstwachtmeister.

Er führt ferner Aufsicht über die Lagerwirthschaften, Marketender und Fleischhauer; er sezt die Taxe fest, visitirt die Maaße.

Erst im 17. Jahrhundert waren die Chargen des Oberstlieute= nants und Oberstwachtmeisters etatmäßig bei den Regimentern ein= geführt worden; sonst hatte der Oberst mit deren Funktionen stets die ältesten Hauptleute betraut. — Wenn der Oberstwachtmeister das Regiment exerzirte, war sein Gehilfe der stets zu Pferd ausrückende Wachtmeisterlieute= nant (Regimentsabjutant).

Sein Rang ist der des ältesten Feldweibels. Die Dienstvor= schriften sagen von ihm: er stehe unter dem Stock aller drei Stabs= offiziere, aber nur der Regimentskommandant sei berechtigt, ihn in prima furia mit eigener Hand zu prügeln. Es sei aber sehr schändlich, wenn man einen Regimentsabjutanten prügle, maßen er die Befehle ausgebe und durch ihn das ganze Detail gehet.*) Sonst darf ein Offizier den Abjutanten im Geringsten nicht übel behandeln. Hiegegen soll der Abjutant gegen alle Offiziere höflich sein, und wenn er unter ihnen ist, den Hut nicht aufsezen und Kamerade machen wollen. — Bei Vorstellungen von Offizieren fungirt er; dem Offizier, der in Arrest kommt, hat er dieses anzubeuten, ihn in sein Quartier zu begleiten, ihm Degen und Stock abzunehmen. Ist der Arrest zu Ende, so überbringt er Degen und Stock wieder. Dafür gebührt ihm eine Diskretion.

Als Gehilfen in der Kompagnie, eventuell als Stellvertreter, hat der Hauptmann den Lieutenant. Ihm liegt ob, Disciplin in der ganzen Kompagnie zu handhaben. Er läßt die Kompagnie durch den Feldwebel exerziren; ist aber der Hauptmann gegenwärtig, so kommandirt er selbst.

Aufgabe des Fähnrichs war es in der älteren Zeit insbesondere den kriegerischen Geist in der Truppe lebendig zu erhalten. Wurde zum Gefecht oder zum Sturm angerückt, so ging er durch die Reihen und sprach den Knechten Muth ein, doch ließ er dabei sein Fähnlein flattern und ging bei aller Fährlichkeit voran. — Für die Delinquen= ten leistete er Fürbitte; durch seinen Fahnenschwung konnte er Ver= urtheilte wieder ehrlich machen; unter seiner Aufsicht stand die Pflege der Kranken, die er täglich zu visitiren hatte; er führte die Kom= pagnie zur Messe und Betstunde; strafen sollte er Niemand, darum führte er allein keinen Stock.

---

*) Beim Regiment Altwürttemberg findet dieß keine Anwendung, weil die Regimentsabjutantenstelle mit einem Fähnrich oder Lieutenant besezt war.

Die angeführten Obliegenheiten, welche der Stellung des Fähn=
richs einen gewissen Nimbus verliehen, fielen nach und nach weg und
er blieb einfach der jüngste Offizier der Kompagnie.

Der älteste von den Unteroffizieren der Kompagnie war der
Feldweibel.*) Die Ausbildung der Mannschaft und das Exerci=
tium ist besonders seine Sache. Gegen die Korporale soll er scharf
sein, und sie öfters am Tage visitiren; wenn sie etwas versehen, so
straft er sie auf frischer That ab; doch redet er die Korporale mit
Ihr an; diese dagegen haben den Hut vor ihm abzunehmen.

Der Führer war ursprünglich ein kolonnenführender Pionnier, der
die Wege für das Fähnlein und im Lager den Plaz für jede Charge
ausmittelte. In der Zeit, von der wir handeln, ist er dem Fähnrich
als Gehilfe beigegeben, hat auf die Wirthschaft des Feldscheers zu
sehen und im Bedarfsfall den Feldwebel zu ersezen.

Der Korporal ist der nächste Vorgesezte des gemeinen Söld=
ners. Er hat einen anstrengenden Dienst, Tag und Nacht keine Ruhe;
Alles soll er zuerst wissen. — Zu Korporalen sollen Leute gewählt
werden, die nicht brutal, nicht Räuber, Spieler und Säufer sind; sie
sollen lesen und schreiben können. Bei wiederholten Excessen wird
der Korporal zum Soldaten degradirt und marschirt als der lezte in
der Kompagnie; so auch wenn er auf die Mannschaft ungebührlich
zuschlägt.

Die Gefreiten müssen wackere und unverzagte Soldaten sein;
sie haben die Runde zu machen, die Schildwachen zu visitiren und
werden selbst auf die ausgesezesten Posten gestellt. Sie sind die Er=
sezenden der Korporale.

Der Regimentsquartiermeister besorgt die ganze Na=
tural= und Geldverrechnung. Beim Marsch geht er stets voraus, steckt
das Lager ab, weist die Pläze und Quartiere an. Seine Gehilfen
sind die Fouriere. Diese empfangen von ihm den Proviant und
theilen ihn aus; vom Hauptmann wird ihnen die gesammte Montur
anvertraut. Drum soll auch der Fourier ein verschwiegener, vertrauter
Mann sein. — Die Quartiere hat er zu numeriren; für die Offiziere
und die Prima Plana liest er die passendsten aus und läßt um die
übrigen von den Korporalen spielen. Darauf sieht er nach, ob die
Quartiere ordentlich bezogen worden sind. Zum Lagerausstecken nimmt
er stets zwei Fourierschüzen mit, die kleine Fähnchen tragen.
Der Name der lezteren Charge schreibt sich von der Zeit her, als

---

*) Von weibeln = sich bemühen, geschäftig sein.

die Hauptleute noch einige Mann zum persönlichen Schuz bei sich hatten, ihre Schüzen. Diese Leute wurden auch später beibehalten und dienten zu Verschickungen u. s. f., besonders aber zur Regulirung der Quartiere. Waren solche auszusuchen oder Lager abzustecken, so wurden die Schüzen zum Fourier herausgerufen; so entstand der Name. Sie bildeten die persönliche Bedienung des Hauptmanns; mit der Zeit sollten sie Unteroffiziere werden und dies könnten sie um so besser abgeben, da sie stets unter den Augen der Offiziere sich zu bewegen hätten und tüchtig abgehobelt werden könnten.

Der **Musterschreiber** hatte nach Angabe des Feldwebels die Tagzettel und Listen aufzusezen; er wurde auch auf Wachen zum Schreiben kommandirt.

Ein rechnungsverständiger Mann soll der **Proviantmeister** sein; ihm liegt die Fassung und Berechnung der Naturalien ob; bestimmten militärischen Rang nahm er nicht ein. Der **Wagenmeister** hatte den ganzen Troß des Regiments zu dirigiren; war zugleich Marketender.

Dem **Profoßen** war die Verwahrung der Arrestanten und die Obsorge für sie anvertraut. Er hatte zu seiner Unterstüzung mehrere Steckenknechte. Die Polizei handzuhaben im Lager und auf dem Marsch beim Troß war seine Hauptaufgabe. Wer ihm nicht folge, den soll er tüchtig durchprügeln. Der Scharfrichter steht unter seinem Befehl. Ueber die Weiber und ledigen Menscher hat er Aufsicht zu führen und leztere bei öfterem Betreten wegpeitschen, nach Umständen ausziehen, Haare und Augenbraunen abscheeren zu lassen.

Ursprünglich befanden sich als Musik beim Regiment nur Trommler und Pfeifer, unter dem Collektionamen Spiel zusammengefaßt. — Die Trommeln waren von ungeheurer Größe.

Die Franzosen begannen das Hautbois als Hauptinstrument der Militärmusik einzuführen; im Anfang des 18. Jahrhunderts stellten nach diesem Beispiel auch die östreichischen Regimentsinhaber, aus eigenen Mitteln, kleine Musikbanden von Hautboisten auf. Auf die Spielleute waren die jüngeren Offiziere, Lieutenants und Fähnriche, betreffs der Bedienung angewiesen.

Dem gemeinen Söldner, schlechtweg **Gemeiner** genannt, werden seine Pflichten in den Kriegsartikeln und den Dienstvorschriften scharf vorgehalten; er solle trachten, durch Avancement höher hinauf zu kommen, nicht nur mit Prügeln sich zu seiner Schuldigkeit anhalten lassen und gute Soldatenmanier annehmen. Gar schändlich sei es, wenn die Soldaten bei Bürgern und Bauern herumgehen und betteln.

Die Söldner waren in Kamerabschaften von 4 Mann eingetheilt, die ihre Portionen zusammenlegen sollten, damit sie gut kochen können, bes Tages zweimal. Nie sollen sie ausgehen ohne Seitengewehr; den Tag der Schlacht für ihren Ehrentag halten und niemals lassen von ihrer Fahne; an ihr hafte die Ehre des Kaisers, des Regiments und der Kompagnie.

Geist der Truppe. In seiner eben angeführten Zusammensezung zeigt das Regiment sich gleichsam als ein für sich bestehendes Staatsganze. Sein fast unumschränktes und unverantwortliches Haupt ist der wirkliche Regimentschef. Welches aber ist der Geist, der das Ganze belebt? Jedenfalls kein einheitlicher, kein gemeinsamer; die Zusammensezung ist zu verschieden, die Elemente sind zu frembartig.

Nach den langen Kriegen zu Anfang des 18. Jahrhunderts mochten gediente, handwerksmäßige Kriegsleute in ziemlicher Auswahl vorhanden sein. Immerhin aber mußte sich bei Altwürttemberg eine große Zahl jüngst angeworbener Leute finden, theils Landeskinder, theils Ausländer. Obwohl nun die Werboffiziere hauptsächlich auf tüchtige, kräftige Leute, Schmide, Mezger u. s. f. sehen sollten, so weisen doch die Listen aus, daß der Zulauf zu ihnen ganz besonders von weniger angesehenen Gewerben, von Gesindel aller Art statt hatte. Waren von Aemtern und Vögten Ersazmannschaften zu stellen, so benützten sie diese Gelegenheit mit Vergnügen, um den Bezirk von gemeinschäblichen Subjecten, von schlechten Haushaltern u. s. f. zu befreien.

Aus den gedienten Kriegsleuten mochten sich zumeist die Unteroffiziere rekrutiren und zurück blieb die träge, halb widerwillige Masse, von der die Geriebeneren, in aller Herren Dienste schon versucht, jebe Gelegenheit benützten, um zu befertiren, um bei neuen Herrn neues Handgeld zu erlangen.*)

Um auf Avancement zu dienen, traten da und dort wohl gebildete junge Männer in die Soldateska, denen der Boden der Heimath zu heiß, oder die hohe Schule und Schreibstube zu eng geworden waren, aber ihre Anzahl war jedenfalls nicht so bebeutend, daß sie hätten Einfluß üben können.

Zudem war das Bestreben eines jeden auf Avancement Die-

---

*) Cartels über Auslieferung von Deserteuren bestanden wohl zwischen den meisten Staaten; allein mit und ohne Wissen wurden doch auch stets Deserteure wieder einrollirt.

nenben ganz ausschließlich das, möglichst bald aus der großen Masse hinauszukommen in jene Regionen, wo alle Verhältnisse sich plözlich änderten; um geistige oder moralische Einwirkung auf die Menge kümmerte sich Niemand.

Dazu kein Patriotismus; denn wo sollte der herkommen bei Leuten, die Noth, Luft zum Wandern und zum Müßiggang, in den wenigsten Fällen Liebhaberei aus den verschiedensten Ländern zusam= men und den Werbern in die Hände getrieben hatte? Die Sache, für die sie fochten, war ihnen vollständig gleichgiltig; mußte ihnen gleichgiltig sein, wenn sie das willige Instrument abgeben sollten, das die Fürsten in ihnen erblicken wollten.

Ganz anders liegen die Verhältnisse bei den Offizieren. Wir begegnen hier dem glänzenden, flotten Kavalier, der mehr zu seinem Vergnügen, um der Luft der Abwechslung willen Soldat war; dem armen Edelmann, der schon jedes Herren Dienst versucht und fast alle Schlachtfelder Europa's gesehen hatte; einzelnen gebildeten Män= nern aus Adel und Bürgerstand, welche unterschiedliche Gründe zur Fahne geführt hatten und endlich einer ziemlichen Anzahl solcher, die aus den gedienten Kriegsknechten hervorgegangen waren und sich durch die Unteroffiziersgrade empor gearbeitet hatten. Man sollte vermuthen, daß hier eine Brücke, eine Verbindung zwischen Offizie= ren, Unteroffizieren und gemeinen Söldnern geschaffen wäre. Dem war aber nicht so. Die Kluft war stets ungeheuer und unausgefüllt. Denn vom Feldwebel abwärts war Alles unter dem Stock; die Offi= ziere allein führten den Stock, ohne von ihm je berührt zu werden; der Zusammenhang zwischen ihnen und der Mannschaft war ganz lose, ein Zusammenleben fand nie statt; die persönliche Ehre, die Herrschaft des Stocks schieden zu scharf. In derselben Weise fast hielten sich die Unteroffiziere wieder von den Söldnern fern.

Wo nun jeder Gemeingeist, jedes zusammenhaltende, gemein= same Gefühl fehlte, da mußte Erfaz dafür eintreten durch strengste Disciplin. Der Stock und eine reiche Auswahl ausgesuchter Strafen waren ihre Träger.

Wie der Soldat stets den Stock vor Augen hatte, so sprachen auch alle Geseze sehr zu den Sinnen. Um auf die rohe Masse Ein= druck zu machen, bestand ausgedachtes Ceremoniel in allen Verhält= nissen, namentlich den Vorgesezten gegenüber, bei Bestrafungen, Ver= pflichtungen u. s. f.

Diese Disciplin, die mit starren, unbeugsamen Formen den esprit de corps ersezte, war es auch, die in Verbindung mit dem

Beispiel der alten Kriegsleute und insbesondere der Offiziere das Schlagen ruhmreicher Schlachten und ehrenvolle kriegerische Thaten möglich machte.

War ein Regiment lang zu Felde, hatte es tapfer gestritten und seinen Namen zu einem Ehrennamen gemacht unter den anderen, dann mochte sich bei den Gedienten wohl ein Gefühl erzeugen, das wenigstens anstreifte an das Selbstgefühl jener Männer, die unter Wallenstein dienten.

Aber auch militärischer Ruhm läßt in der Abtheilung die Kluft zwischen Offizieren und Mannschaft offen. Nie wird einem gemeinen Söldner Anerkennung zu Theil wegen guten Verhaltens; es wird seiner gar nicht gedacht.

Der große Unterschied zwischen Hohen und Niederen im Regiment fand weitere Begründung in der Bezahlung und Equipirung.

— Der gemeine Mann, karg gehalten, führte seine ganze kleine Habe im Schnappsack; den Unteroffizieren wurde ihr Gepäck nachgeführt, bei der Reiterei hatte sogar der Korporal ein Packpferd. Von den Offizieren vollends waren wenigstens die oberen Stellen für damalige Verhältnisse ·sehr reichlich dotirt; die Transportmittel aber, die ganze Equipirung, theils gestattet, theils verlangt, waren von der Art, daß ihnen ein mit allen Bequemlichkeiten versehenes Leben auch im Felde gesichert war. — Die Art der Kriegführung erleichterte das. —

Keine gemeinsam zu tragende Noth, keine gegenseitige Aushilfe, nicht die kleinen Aufmerksamkeiten, die Herz zu Herzen ziehen, konnten, für gewöhnlich wenigstens, die Schranken niederwerfen, die das Ceremoniel, der Stock, persönliche Gefühle und äußere Stellung unabänderlich aufgerichtet hatten.

Um noch näher auf das Offizierskorps einzugehen, so ist natürlich der Bildungsgrad der Einzelnen, wie die ganze Lebensstellung, ein sehr verschiedener.

Die Stabsoffiziere des Regiments sind versuchte Kriegsleute. Oberstlieutenant v. d. Streithorst insbesondere hatte den Krieg schon in vielen Gestalten und Ländern gesehen. Er war in östreichischem Dienst gewesen als Hauptmann und Adjutant bei Prinz Alexander von Württemberg. Erst 1715 hatte ihn Herzog Eberhard Ludwig zum aggreirten*) Oberstlieutenant im Regiment ernannt und zugleich

---

*) Etatmäßig war im Regiment blos 1 Oberstlieutenant und 1 Major, trotzdem daß es drei Bataillone waren; diese hatten überhaupt keine bestimmt zugetheilten Kommandanten.

Aggreirt = charakterisirt.

zum Generaladjutanten, dem er verschiedene Aufträge nach Ungarn mitgab. — Von den Hauptleuten zeichnete sich besonders Reichmann durch militärisches Wissen aus; er war in der Befestigungskunst und Geniewissenschaft wohl erfahren und wußte sehr zierliche und deutlich ausgeführte Karten und Pläne von Stellungen und Belagerungen zu entwerfen. Eine hübsche Sammlung liegt noch vor. — Zahm, Dupond, von Nostiz, Schneider zählten zu den gewandtesten und zuverläßigsten Hauptleuten. Allgemeine, humanistische wie französische Bildung scheint ihnen nicht fremd gewesen zu sein. Bei den jüngeren Kavalieren, wie Graf von Wittgenstein, Lieutenant von Sparr und Anderen findet sich besonders französische Bildung; mit Vorliebe schreiben sie französische Briefe. Daneben aber tauchen von jüngeren Offizieren Schriftstücke im abscheulichsten Deutsch auf mit unendlich vielen Schreibfehlern. Ein Lieutenant wird sogar bezeichnet als ein Mann, der weder einen Buchstaben lesen noch schreiben kann.

Der Ton der Offiziere unter sich scheint ein ziemlich ungebundener gewesen zu sein, wenigstens außerhalb des Dienstes. Wie sie das Schicksal aus den verschiedensten Ländern und Stellungen zusammengeführt hatte, so suchte Jeder seine Heimath im Regiment selbst. — Als sie die Donau hinabfuhren, war es gewiß den Meisten nicht zu Muth, als müßten sie von der Heimath scheiden; denn ihre Heimath war eben da, wo sich das Regiment befand, im Quartier oder im Lager; in Flandern, in Ungarn und Italien, wohin der Dienst eben rief. In den meisten Fällen ging Weib und Kind mit zu Felde, die ganze Habe befand sich auf den Rüstwagen und Packthieren; Sofort auf jeder Stelle konnte der Offizier seine Hütte bauen, seine Häuslichkeit etabliren und die neue Heimath war fertig.

Im Dienst begegneten die Offiziere sich höflich; niemals fehlt die Anrede Herr oder Monsieur; auch der Herzog bediente sich ihrer den Offizieren gegenüber. Dem Landesherrn, in diesem Fall zugleich Regimentschef, standen namentlich die älteren Offiziere und die Edelleute ziemlich nahe. Privatschreiben werden hin und wieder gewechselt; Oberstlieutenant v. b. Streithorst schreibt in ganz kordialer Weise. Im Uebrigen sind die Schreiben an den Herzog offen in Darlegung aller Verhältnisse; in der Form häufig sehr niedrig, dabei breit im Ausdruck; die Devotion nimmt ungeheuerliche Wendungen zu Hilfe und ergeht sich in den abenteuerlichsten Wortarabesken.

Für alle Vorkommnisse interessirte sich der Herzog lebhaft; Berichte über die kriegerischen Vorgänge im Allgemeinen und die Verhältnisse des Regiments insbesondere verlangte er so oft als möglich. Daher erstattete auch Oberstlieutenant v. b. Streithorst sowohl als namentlich der Regimentskommandant von jeder Poststation aus eingehenden Bericht.

Zweiter Abschnitt.

1716—1718.

Der Feldzug im Osten.

Nach glücklicher Fahrt erreichte das Regiment am 28. Mai, Mittags 1 Uhr, Wien und wurde ausgeschifft, um besichtigt zu werden. Seit der Abfahrt von Ulm hatte es 46 Mann durch Desertion verloren; denn von den Nachtstationen, die am Ufer gehalten wurden, mußten die Leute sich wegzustehlen.

Am Morgen des 29. Mai hielten Prinz Eugen und Prinz Friederich von Württemberg Parade über das Regiment ab. „Der Kaiser sei selbst Willens gewesen, das Regiment in eigener hoher Person anzusehen, allein solche gnädigste Intention haben einige unverhoffte Affaires interrumpirt. Prinz Eugen aber sei dergestalten satisfait gewesen, daß er durch des Prinzen Durchl. und durch den geheimen Rath v. Schütz dem Oberst sein Kompliment habe machen lassen." Am 30. soll der Transport über Preßburg, Ofen nach Baja fortgesezt werden.

Hier in Wien schon beginnen die fortlaufenden Klagen des Regimentskommandanten über den schlechten Stand der Regimentskasse, über die Langsamkeit, mit der die Gage = und Löhnungsgelder eingehen. Die Kasse sei ganz leer und habe keinen Fundum, in Stuttgart habe sie nur 6000 fl. erhalten und in Wien gar Nichts. Baar Geld aber war für Offiziere und Mannschaft um so nöthiger, als zu wiederholten Malen vom Hofkriegsrath dem Oberst eingeschärft wurde, daß unter keinen Umständen Etwas von den Einwohnern verlangt werden dürfe, Alles sei baar zu bezahlen und das Brod aus den Magazinen zu fassen.

Widrige Winde erlaubten nicht, das Regiment vor dem 1. Juni in Wien wieder einzuschiffen. Auch in Preßburg mußte es 2 Tage wegen Ungunst des Wetters still liegen im Campement am Ufer. Ofen war am 6. Juni erreicht und einige Zeit hier gelagert. Am 19. Juni wurde in Baja gelandet, wo unter Feldmarschall-Lieutenant v. Falkenstein 4 Regimenter zu Fuß und 4 zu Roß im Lager stan= den. Das Regiment zählte hier noch 2076 Mann; es sei noch in ganz gutem Stand, berichtet der Oberst, und werde von allen Gene= ralen und Offizieren höchlich admiriret. Unter dem Abgang befand sich auch der Hauptmann Lehmann, der im Augenblick der Einschiffung zu Wien gestorben war. Seine Kompagnie wurde dem Oberstlieute= nant v. b. Streithorst, der bisher von den Stabsoffizieren allein keine eigene Kompagnie besessen hatte, übertragen.

Die gesammte kaiserliche Armee sollte sich nunmehr bei Peter= warbein concentriren; denn schon hatten die Türken, auf 120000— 200000 Mann geschäzt, die Sau überschritten und schickten sich an, Peterwarbein zu belagern. Am 24. Juni brachen die Regimenter aus dem Lager von Baja auf in der Richtung auf Peterwarbein über Plaffna und Bacs; ein Marsch von etwa 16 Meilen. Langsam schleppte der Zug sich fort durch die weite sumpfige, fast unange= baute Ebene zwischen Donau und Theiß. In kurzer Zeit hatte das Regiment 90 Mann Kranke hauptsächlich in Folge des schlechten, sumpfigen Trinkwassers.

Die Absicht Prinz Eugens war, über die Türken, ehe sie sich vor der Festung gehörig eingegraben und verschanzt hätten, herzu= fallen und sie so über die Sau zurückzutreiben. — Am 1. August schon hatte ein Reitergefecht zwischen kaiserlichen Dragonern und Tartaren stattgefunden, in welchem die ersteren durch die Uebermacht auf die Werke zurückgetrieben wurden. Die Infanterie kam nunmehr in die Außenwerke. Den Rücken an die Festung gelehnt sollte Prinz Alexander von Württemberg, der mit seinem Korps von Esseg herzog, erwartet und dann der Feind mit ganzer Kraft angegriffen werden.

Schlacht bei Peter- warbein. Am 2. August traf das Regiment auf dem Sammelplaz ein, passirte durch Peterwarbein aufs rechte Donauufer in die Vorwerke der Festung unter Kommando des Generals Regal. Schon begannen die Türken in den folgenden Tagen ihre Belagerungsarbeiten und Approchen. Allein am 4. August erschien Prinz Alexander und auf den nächsten Tag war die Schlacht anberaumt. Jeder Komman= dant sollte es in der Stille seinen Offizieren zu wissen thun.

Die Musketiere sollen 30 Patronen bei sich führen, diejenigen eingerechnet, welche sie schon in der Tasche haben; die Grenadiere

außerdem 4 Granaten. Alles Gepäck soll zurückgelassen, Nichts mitgenommen werden, als was zum Fechten erforderlich. Nach Gut-
befinden der Kommandanten seien auch die Röcke abzulegen.

Um 8 Uhr Morgens (am 5. August) begann die Schlacht [im
Grund ein Ausfall von großen Dimensionen aus den Vorwerken
Peterwardeins] auf dem linken Flügel.*) Zwischen 8 und 9 Uhr
griff auch der rechte Flügel ein und zwar hatte hier das Regiment die
Ehre, den Kampf zu eröffnen. Die Grenadierkompagnieen von Rothberg und von Geismar an der Spize, rückte das ganze Regiment aus
den Schanzen vor. „Als wir aber etwas zu hizig drauf losgegangen, und deßhalb nicht genugsam sekundirt worden, so haben wir uns
zurückziehen und die Retirade in die äußere Tranchee nehmen müssen;
da wir zwar wieder in dem Vortheil gestanden, allein die Türken
sind mit unbeschreiblichem Fureur auf uns losgegangen, daß es schon
sehr gefährlich ausgesehen, wofern nicht die Kavallerie, so unten an
dem Berg von Peterwardein gehalten, succurriret, welches uns auf-
gemuntert, daß wir mit größerer Hize als vorher angegriffen, daß
also nächst Gott durch deren Hülfe eine große Bataille gewonnen
worden. Die ganze türkische Armee hat sich nicht wissen geschwind
genug zu salviren, indem ihr Succurs durch unsern linken Flügel
abgeschnitten gewesen, daher sie auch ihr Lager sammt aller Bagage
stehen lassen müssen."

Nach großem Blutbad wurde die türkische Armee bis an die Sau
verfolgt; in dem zurückgelassenen Lager unendliche Beute gemacht an
schwerem Geschüz, Vorräthen aller Art, Ochsen, Kameelen und Schafen.
Zu den zahlreichen Trophäen an Fahnen und Roßschweifen lieferte
das Regiment 6 große und kleine Fahnen. Beide Grenadierhaupt-
leute insbesondere wurden ihrer mannhaften Haltung wegen belobt;
Hauptmann v. Rothberg habe dem ersten Türken sein Schwert entrissen und 18 Mann, Tartaren und Türken, damit niedergehauen.
Von General Regal und Prinz Eugen erhielt das Regiment ein
öffentliches Lob.

Oberstlieutenant v. b. Streithorst wird in einem eigenhändigen
Schreiben vom Kaiser Karl beglückwünscht. Dieser betrachtet ihn als
Kommandanten des Regiments.

Der Inhalt des kaiserlichen Handschreibens ist folgender:

„Lieber Getreuer. — Wir haben aus Unseres Generallieutenants, Prinzens Eugeny von Savoyen Liebden, eingelangten Bericht-

---

*) Vgl. Martens, Allg. Gesch. der Türkenkriege, II., 106 ff.

schreiben des Mehreren entnommen, was maßen Du sowohl für Deine Person, als das dermahlen Deinem Kommando anvertraute Alt = Württembergische Regiment in der ben 5. dieses bei Peterwardein mit der in ungemeiner Anzahl dahin angerückten türkischen Armee vorgefallenen Feldschlacht, und dabei mit dem Segen des Allerhöchsten erfochtenen herrlichen Sieg, eine sonderbare Tapferkeit und Standhaftigkeit erwiesen habest. — Wie nun Solches Uns sehr angenehm zu verstehen gewest, Dir aber und benen gesammten beigehabten Ober = und Unteroffizieren und Gemeinen zu immerwährendem Ruhm angebeihet; — als thun Wir Dir Unser besonderes Wohlgefallen hiemit darüber bezeugen, und anbei mit beständigen kaiserlichen und königlichen Gnaden, deren Du ebenfalls die oberwähnte bei dem Deinem Kommando anvertrauten Regiment befindliche Ober = und Unteroffiziere und Gemeine in Unserem Namen zu versichern hast, wohlgewogen verbleiben. — Gegeben in unserer Hauptstadt Wien ben 13. August 1716."

Derartige Anerkennungsschreiben mochten die Stelle von Ordensverleihungen vertreten zur Zeit, als diese Auszeichnungen noch nicht allgemein genug waren, um sich auf den gewöhnlichen Offizier zu erstrecken.

Nicht nur tapfere Thaten hatte das Regiment zu verzeichnen bei dieser seiner ersten Feuertaufe; namhafte Verluste hatten seine Reihen gelichtet. 58 Mann blieben tobt auf dem Schlachtfeld selbst oder starben kurz darauf. Unter ihrer Zahl befand sich der seitherige Regimentskommandant Oberst v. Forstner. Eine Gewehrkugel hatte ihn in die linke Schulter getroffen und war bis in die Brust vorgedrungen; am 7. August war er seiner Wunde erlegen.

Außer ihm war der Hauptmann Schlewiz verwundet in die rechte Hand, Hauptmann Reichmann in den Unterleib; ben Fähnrich Geyling hatte eine matte Kugel ins Gesicht getroffen. An sonstigen Verwundeten wurden 95 Mann gezählt.

Mit dem Tod des Obersten war somit die Feuertaufe des Regiments besiegelt.

Oberstlieutenant v. Helbenbrand kommandirte in interimistischer Weise nunmehr das Regiment. Durch Dekret vom 26. Aug. wurde er vom Herzog zum wirklichen Oberst und Regimentskommandanten ernannt.*) Es war ihm vorbehalten, das Regiment viele Jahre hin-

---

*) In der kaiserlichen Armee wird er übrigens nicht als solcher anerkannt und muß zu seinem großen Aerger stets noch Dienst mit den Oberstlieutenants thun, bis der Herzog Bestätigung seiner Ernennung vom Kaiser ausgewirkt hatte.

burch in ben schwierigsten, oft peinlichen Lagen zu führen; stets zeigte er sich als ein gewissenhafter und vorsorgender Kommandant, ber niemals bas Regiment verließ und unabläßig für sein Bestes sorgte.

Durch biese Beförderung hatte jezt das Regiment seine etat= mäßige Anzahl von Stabsoffizieren; bie erlebigte Kompagnie bekam ber bisherige Kapitänlieutenant Graf Wittgenstein.

Zur Feier bes Siegs wurde am 7. mit größter Solennität ein Te Deum abgehalten auf ber Stelle bes Lagers, wo sämmtliche Tro= phäen als Wahrzeichen bes Siegs aufgehäuft waren.

Die Orbre be Bataille*) ber ganzen seit bem 4. Aug. vereinig= ten kaiserlichen Armee ist am 8. folgenbe:

Erstes Treffen: 84 Schwabronen, 36 Bataillone.
Zweites Treffen: 78 „ 26 „
Reserve: 25 „

Summa: 187 Schwabronen, 62 Bataillone.

Das Regiment steht im ersten Treffen auf bem rechten Flügel unter Kommando bes Prinzen Alexander von Württemberg.

Außer ben in ber Orbre be Bataille aufgezählten Schwabronen und Bataillonen kommen zur Armee auf bem ungarischen Kriegsschau= plaz ba und bort zerstreut noch bie Raaßen und bie Grenzmiliz (auch Granißamiliz genannt) als leichte irreguläre Truppen.

Wohl versehen ist bie Armee ferner mit Positions= und Bela= gerungsstücken, weniger mit Felbgeschüz.

Der Hauptbestanbtheil und Kern ber türkischen Armee ist in bem Korps ber Janitscharen zu suchen; ausgewählte Infanterie; an sie schließen sich bie leichtbewaffneten Völker zu Roß und zu Fuß, aus Asien und Europa an, bie Spahi und Tartaren. Letztere, bie irre= gulären Truppen sinb es insbesondere, bie mit ihren losen, schwär= menben Haufen unversehens ba und bort auftreten, nicht sonberlich gefährlich, aber wesentlich bazu beitragenb, bie Stärke ber Armee in bedeutenb vergrößertem Maßstab erscheinen zu lassen.

Zahlreich und wohl bedient ist bie Artillerie ber Türken, bie sich auch aufs Miniren und anbere Belagerungsarbeiten meisterhaft verstehen.

---

*) Die Verhältnisse im Gefecht, bie Beschreibungen ber Stellungen sinb in ben Berichten häufig sehr unbeutlich; nirgenbs Orientirung zu finben, bie Ramen ber Himmelsgegenden werben nie gebraucht; stets nur bie Bezeichnung mit rechts und links, von ber jebesmaligen Front ausgehenb. Auch bie Zeit= bestimmungen eigenthümlich, z. B. zwei Vaterunser lang.

Durch den Sieg bei Peterwardein war nunmehr der Süden Un= garns befreit von den Feinden. Noch aber hatten diese festen Fuß und mächtige Stellung in dem starkumwallten Temesvar, seit lange schon in ihrem Besize, umflossen von den Wassern der Bega und der Temes, unzugänglich durch Moräste.

Marsch gegen Temesvar. Nachdem die Infanterie kurz nach der Schlacht wieder aufs linke Donauufer zurückgegangen war, erhielten 12 Bataillone sammt 10000 Reitern Befehl über Zenta aufs linke Theißufer zu marschi= ren. Das Regiment Altwürttemberg war für die Theilnahme an diesem Zug bestimmt und stand in der Brigade des Prinzen Alexan= der. Am 10. August Morgens 2 Uhr wurde in aller Stille aufge= brochen und nach einigen Märschen Zenta erreicht, der Ort des Ueber= gangs über die Theiß. Die Reiterei sezte sofort über und faßte Fuß auf dem anderen Ufer, die Infanterie lagerte bei Zenta.

Das Lager wurde stets in Schlachtlinie bezogen. Dem Regiment voraus ging der Quartiermeister mit den Fourieren. Vom General= quartiermeister erhielt er Weisung, wo und wie Lager bezogen wer= den sollte. — Kam das Regiment auf die Lagerstelle, so wies der Quartiermeister den Plaz an; es wurde aufmarschirt, Befehle wurden ausgegeben; die Wachen zogen auf, weniger übrigens zur Sicherung, welchen Dienst fast durchweg die zahlreiche Reiterei versah, als zur Verherrlichung der höheren Kommandanten und Generale, zur Ver= hinderung von Desertionen und zur Aufrechterhaltung der Ordnung im Lager. Die Gewehre wurden abgelegt und die Zelte aufgeschla= gen. Dann mag wohl Brod gefaßt worden sein; wurde kein Fleisch gefaßt, so blieb natürlich die Löhnung um 2 Kreuzer täglich größer; Fleisch und andere Lebensmittel konnten dann um feste Taxe im Lager selbst gekauft werden; denn zahlreich waren die Marketender und Fleischhauer.

In den Zelten lagen je vier Mann beisammen; jeder Unter= offizier hatte aber ein eigenes Zelt. Die Zelte selbst hoch und luftig.

Das ungewohnte Klima, der sumpfige Charakter der Gegend machte sich am Krankenstand des Regiments sehr fühlbar. Haupt= sächlich war es die Ruhr, welche die Spitäler füllte. Ihr war auch der evang. Feldprediger M. Kieser erlegen. Das löbliche Regiment trage aber nunmehr großes Verlangen nach einem anderen Feldpre= diger, damit die armen Leute zur Erbauung ihrer Seele des Gottes= dienstes pflegen könnten. Es möchte doch ein anderes tüchtiges Sub=

jectum von gefunder Leibeskonstitution sobald als möglich wieder zum Regiment geschickt werden, schreibt der Oberst an den Herzog.

Der Krankenstand im Ganzen ist 251 Mann und zwar liegen im Spital zu Bacs 60 Mann; in Peterwardein 93, in Zenta 51, im Lager selbst sind krank 47 Mann. — Unter der angegebenen Zahl sind übrigens auch die Verwundeten mit einbegriffen.

Allmählich sammelte sich bei Zenta die ganze kaiserliche Armee um Prinz Eugen. Der Feldherr überschritt am 18. die Theiß mit der Reiterei; am 19. folgte die Infanterie nach, bezog jenseits Lager und hielt Rasttag. Am 21. ging es über die Moräste der Arranka auf vier Brücken; im Morast selbst wurde Nachtlager gehalten.

Am 22. August Morgens 3 Uhr Aufbruch zum Marsch über die weite, ausgebrannte Haide bei unmäßiger Sonnengluth. Kein Berg, kein Baum, kein Stein, nirgends ein Tropfen Wasser, glühende Sonnenstrahlen, glühender Boden; — die ungarische Puszta.

Bis tief in die Nacht hinein wurde marschirt, matt und kraftlos fielen die Leute um; ins Lager bei Hetya endlich rückten die Regimenter noch mit 150—200 M. ein; die andern Alle zurück auf dem weiten mühevollen Weg. Erst um die Mitte des folgenden Tags fanden die Nachzügler sich wieder bei ihren Abtheilungen ein. Drei Mann waren dem Regiment verloren; ob sie desertirt waren, ob todt, Niemand wußte es; die gewöhnliche Marschordnung und Aufsicht hatte sich vollständig gelöst. Sonst pflegte der Oberstlieutenant die Kolonne der Mannschaft zu schließen, damit Alle in gehöriger Weise nachkämen. An der Spize marschirte der Oberst und die Parteien des Stabs. Der Troß, unmittelbar hinter dem Regiment, unter Aufsicht des Profoßen und Wagenmeisters, hatte seine bestimmte Fahrordnung, in welcher die Zeltwagen, die Proviantwagen sich zu folgen hatten. Eine ungeheure Menge von Wagen, Pferden, Ochsen, Knechten, Weibern und Kindern muß hier beisammen gewesen sein. Denn außerdem, daß jede Kompagnie ihren eigenen Proviantwagen, mit vier Ochsen bespannt, hatte, führten Hauptleute und höhere Offiziere häufig mehrere Wagen mit sich; fast einem Bild aus der Zeit der Völkerwanderung mochte der Anblick gleichen.

„Bei Hetya bezogen wir ein gar verdrießlich Lager, welches mit hohem Schilfrohr bewachsen, daß kein Mann den andern wohl hat sehen können."

Am 24. Aug. wurde wieder aufgebrochen und am 26. im Angesicht von Temesvar gelagert bis zum 29., an welchem Tage erst der Stadt näher gerückt wurde, um sie einzuschließen auf beiden

Ufern der Temes. Das vordere Treffen behielt seine Front gegen
die Stadt bei, das hintere aber machte Kehrt und war auf der Hut
gegen den äußeren Feind.

Am 1. September werden die Approchen eröffnet, Nachts zwi=
schen 11 und 12 Uhr unter Leitung des Generalingenieurs Elster.
Dreitausend Arbeiter mit den nöthigen Offizieren werden aus ver=
schiedenen Abtheilungen kommandirt.

In der Festung sollen 15000 Mann liegen, darunter aber blos
2000 Janitscharen; sonst Gesindel aller Art; die Stärke der Stadt
bestehe in ihren Wassergräben und den Morästen. Vor der Stadt
im Osten, wie im Westen befindet sich eine Palanka; hinter ihnen
die innere Stadtbefestigung und als deren Mittelpunkt die Citadelle.

Das Regiment ist mit einem wirklichen Stand von 1990 Mann,
— die Kranken und Verwundeten eingerechnet — vor der Festung
angekommen; an Offizieren großer Mangel; der Major v. Menzingen
ist schwer krank in Petermardein; ebenda liegen noch an ihren Wunden
darnieder Hauptmann Reichmann und Schlewiz; im Lager bei
Temesvar ist krank Hauptmann Bell; in Szegedin Fähnrich v. Gey=
ling und v. Keßlau.

Während des Fortgangs der Belagerungsarbeiten von beiden
Seiten heftige Kanonaden; doch war der Lärm dabei viel bedeutender
als der angerichtete Schaden; schwerere Stücke wurden noch von
Szegedin erwartet. Am 10. September unternahmen einige hundert
Spahi und Janitscharen einen Ausfall, der viel Schaden hätte an=
richten können, wenn die Feinde sich nicht durch ihr Geschrei verrathen
hätten. — Der Dienst bei den Arbeiten und den Trancheewachen
ist sehr streng. Bis zum 11. September zählt das Regiment 5 Todte,
17 Verwundete. Mehr werden die Reihen gelichtet durch Krankheit
und dadurch herbeigeführte Todesfälle; im Ganzen 300 Kranke beim
Regiment.

Dazu beginnen die Nahrungsmittel theuer und rar zu werden.
Die Lieferungen, wohl der schlechten Verkehrswege halber, verspäten
sich, es vergehen oft mehrere Tage, ohne daß ein Bissen Brod zu
haben ist. Ganz schlecht steht die Kasse des Regiments; während des
ganzen Sommers ist vom kaiserlichen Aerar kaum ein Monatssold
ausgezahlt worden. Die Anstalten zur Belagerung und die Arbeit
nennt der Oberst konfus und langsam im Vergleich mit denen, die
man in Brabant gesehen habe im lezten Kriege.

Bis zum 11. Sept. waren die Approchen auf 11 Schritt an

die Palanka vorgetrieben; vor diesem Vorwerk befand sich ein Graben von bedeutender Breite, mannstief mit Wasser gefüllt. Zur Ausfüllung wurden Faschinen vorbereitet. Sobald der Grabenrand mit den Trancheen erreicht war, wurde der Sturm angesagt. Dreißig Bataillone und dreißig Grenadierkompagnieen fanden sich am Abend des 30. September in die Laufgräben kommandirt und am Morgen des 1. Oktober mit Tagesanbruch wurde unter Kommando des Prinzen Alexander von Württemberg der Sturm eröffnet. Vom Regiment nahm das 2. Bataillon unter Führung des Hauptmanns Schneider Theil daran. Der Graben wurde durchwatet, der Wall erstiegen und nach längerem Hin- und Herwogen eines hartnäckigen, blutigen Kampfes in der Palanka selbst wurden die Türken daraus vertrieben. Hauptmann Bell ward dabei durch die Schläfe geschossen, Lieutenant Schuhmacher starb nach einigen Stunden an einer harten Wunde, Fähnrich Glaser schwer verwundet. Todt sind ferner vom Regiment 2 Korporale, 3 Gefreite, 18 Gemeine; verwundet 51 Mann.

Früher schon, auf Trancheewache, war Lieutenant v. Sparr verwundet worden.

Von der Palanka aus wurden die Arbeiten gegen die eigentliche Stadtbefestigung fortgesezt. Diese bestand hauptsächlich in äußerem und innerem Wassergraben, mit Balken ausgefüttert, versehen mit Rondelen; dahinter der Stadtwall mit pallisabirter Berme.

Bis auf 5 Schritte vom Stadtgraben waren die Trancheen getrieben, neue Batterieen erbaut und die Stadt wurde nun aus 42 halben Kartaunen und 40 Mörsern stark beschossen. Alles machte sich noch auf einen harten Sturm gefaßt, als am 12. Oktober um die Mittagsstunde ein Aga sammt dem Mufti zum Prinz Eugen verlangten. Zugleich sah man auf den Thürmen Temesvars die weiße Fahne flattern. — Am folgenden Tage schon kam eine Kapitulation zu Stande dahin gehend, daß in den nächsten Tagen die Türken sammt den Einwohnern der Stadt, die sich ihnen anschließen wollten, mit ihrer ganzen beweglichen Habe aus der Festung ziehen sollten, gegen Belgrad hin, wohin kaiserliche Truppen sie eskortiren würden.

Das lezte Bollwerk der Ungläubigen war gefallen; gegen die Wallachei hin hatten sie nur noch einige unbedeutende Punkte besezt. Die Aufgabe der Armee war für diesen Sommer zu Ende; sie hatte geleistet, was sie sollte; nunmehr konnte sie sich auflösen und Winterquartiere beziehen zur Erholung für Roß und Mann, zur Herstellung und Instandsezung der ganzen Rüstung.

Bis zur endgiltigen Repartition der Quartiere und Winter=
postirungen durch den Hoftriegsrath aber mußte die Armee in ihrem
Lager vor Temesvar verharren.

In der Stadt selbst traf nebst der türkischen Streitmacht fast
die ganze Bürgerschaft Anstalten zum Abzug. Die Stadt war arg
zerschossen; die mit Balten belegten engen Gassen seien fast nicht zu
passiren. Erst am 17. fand der Auszug statt. Prinz Alexander v.
Württemberg, den Pascha zu seiner Linken, ritt dem Zuge voraus
durch eine doppelte Reihe von 12 Bataillonen und 12 Grenadier=
tompagnieen mit aufgepflanztem Bajonnet.

In größter Unordnung und Confusion wie eine Heerde Schaafe seien
Spahi und Janitscharen durcheinander gelaufen, so daß man ihre
Anzahl durchaus nicht habe angeben können. Ueber 1000 Wagen,
eine Menge Kameele und Ochsen folgten dem Zug. — Fünfhundert
taiserliche Reiter bildeten die Escorte bis Belgrad. — Die Stadt
selbst blieb vollständig leer zurück, schwere Geschüze ausgenommen.

Oberst v. Forstner's ganze Feld=rüstung und Hinter=lassenschaft. Des verstorbenen Oberst v. Forstner's Verlassenschaft war seither
noch beim Regiment mitgeführt und jezt erst im Lager versteigert
worden. Da hier ein ganz eingehender Blick gestattet ist in die üb=
liche Feldrüstung und in andere Verhältnisse, so sei etwas näher auf
die Art dieser Hinterlassenschaft eingegangen.

Zum Zweck der Liquidation der Aktiva und Passiva, insbesondere
auch für die Versteigerung der fahrenden Habe wurde durch eine
Kommission, aus 3 Offizieren und dem Auditor bestehend, ein genaues
Inventar aufgenommen.

An Geld hatte der Verstorbene nur einen doppelten spanischen
Louisdor hinterlassen. Dagegen zahlreiches silbernes Geräth, als
Lavoir, Kannen, Büchsen, Becher, Leuchter, eine Tabatiere, Uhr,
Schnallen, Besteck. Eine Menge Küchengeschirr wird aufgeführt aus
Messing, Zinn und Eisen; Mörser, ein Duzend Schüsseln, drei Duzend
Teller, Kannen, Flaschen, Kessel, Kasserole, Pasteten=, Torten=,
Bratpfannen, Theetessel.

An Schreinwerk finden sich ein Duzend Sessel, Tafeln und Tische,
Kisten, ein Flaschenteller, an Kleidern ein Regimentstleid: weißer
Rock, rothes Kamisol und Hosen, mit Silber bordirt, massive Knöpfe,
das Ganze angeschlagen zu 75 fl. 30 tr., außerdem Kleidungsstücke
der verschiedensten Art, Schlafrock, blonde Perrücken, seidene Strümpfe
und Sacktücher u. s. f., eine Menge Weißzeug, Tafeltücher und Ser=
vietten, vollständiges Bett.

Der Oberſt hatte im Ganzen acht Pferde beſeſſen; einen ſpaniſchen Wallachen, einen ungariſchen Schimmel (lezterer zu 100 fl. an-
geſchlagen), drei Wagenpferde, ein Packpferd und einige andere Reit-
klepper. Pferdszeug in reicher Auswahl.

Von Fahrzeugen finden ſich verzeichnet: eine Küchenkaleſche, zwei
Rüſtwagen mit je ſechs Ungarochſen beſpannt; an Zelten: ein grün-
gefüttertes Tafelzelt mit Marquiſe, ein blaugefüttertes Schlafzelt mit
Marquiſe und äußerem Mantel.

Der Oberſt ſcheint franzöſiſche Bücher geliebt zu haben, er hatte
mit ſich geführt: L'histoire de Mazarin; Odes de la Motte; Guerres
d'Espagne et de Bavière; Pensées diverses; Les Commentaires de
César und viele andere Werke.

Unter ſonſtiger Fahrniß ſind auch 35 Pfund Haarpuder aufge-
führt. An Vorräthen finden wir Erbſen, Rindszungen, Speck, eine
Menge Geflügel, welſche Hühner und Enten, endlich noch 132 Maas
Neckarwein.

Hatten die übrigen Offiziere ſich nur mit einem Theil dieſes
Troſſes und dieſer Erforderniſſe verſehen (Oberſtlieutenant v. Streit-
horſt ſpricht von ſeinem vierſpännigen Wagen), ſo mag ſich eine
Vorſtellung von der unendlichen Bagage auf dem Marſch und im
Lager leicht bilden; die ganz ungeheure Schwerfälligkeit der Heerkörper
erklärt ſich von ſelbſt.

An Dienerſchaft hatte der Oberſt 8 Knechte gehabt, darunter
einen Koch; ferner eine Küchenmagd.

Seine Paſſiven ſcheinen bedeutend geweſen zu ſein; namentlich
machten ihre Rechte als Gläubiger geltend die Wittwe des Hauptmann
Bell, die ſich im Lager befand, der Hauptmann v. Noſtiz und der
Wagenmeiſter. —

Während das Regiment noch vor Temesvar lagerte, ging das
Sterben ziemlich um unter den Kranken; Ende Oktober war der
wirkliche Stand des Regiments 1885 Mann und ſtellte ſich der Abgang
um ſo bedeutender heraus, als ſchon am 22. September der Fähnrich
Lepplin mit 93 Rekruten als Erſazmannſchaft aus Württemberg beim
Regiment eingetroffen war. — Von den verwundeten Offizieren befand der Hauptmann Reichmann ſich ziemlich ſchlecht; Ende Oktober
ſchreibt der Oberſtlieutenant von Streithorſt: „under anderem läßt
der arme teuffel, der Haubtmann Reichmann Ew. Hochfſtl. Dchl. be-
müthigſt Erſuchen und bitten, die hohe Gnade vor ihn zu haben und
Ihm zu Erlauben, daß er dieſen wintter ſich baß Wildbaad zu gebrauchen börffte, indeme er ſonſt hiernach wohl brauff gehen börffte,

weillen Er sich schon nach empfangener schwehrer blessur dreimal hat müssen schneiden lassen und solche grausame schnitte, daß ich mir mahl bekennen muß, daß es wunderbar ist, solches ausstehen zu können und finden sich täglich noch unterschiedliche stückhlein Duch vom hembd und Camisohle, das ihm täglich herausschwären thut."

Die Winter-
quartiere. Große Besorgniß herrschte im Regiment wegen Zutheilung der Winterquartiere; man fürchtete, daß man gar am Ende auf Winter-postirung komme. Der Oberst bat den Herzog, er möge doch ein gutes Wort einlegen in Wien, daß das Regiment sich guter Winter-quartiere zu erfreuen habe, nicht gar zu entfernt vom Reich.

In den lezten Tagen des Oktober löste die Armee vor Temes-var sich in der That auf; die Generale gingen ab nach Wien. Die Repartition für die Regimenter war abgeschlossen; ein Theil kam auf Winterpostirung längs der Donau und an der siebenbürgisch-wallach-schen Grenze; die übrigen wurden eingetheilt in die ungarischen Komi-tate. — Dem Regiment war das Honther Komitat in Oberungarn angewiesen. —

Während des ganzen Sommerfeldzugs hatte das Regiment Verlust im Gefecht: 119 Todte, darunter 3 Officiere (Oberst v. Forstner, Hptm. Bell, Lieut. Schuhmacher); 233 Verwundete, worunter 6 Offi-ziere (Hptm. Schlewiz und Reichmann; Lieut. v. Sparr u. Stroh-maier; Fähnr. v. Geyling und Glaser.)

Bei den meisten anderen kaiserlichen Regimentern, die bei den gleichen Aktionen betheiligt waren, findet sich ein ziemlich kleinerer Verlust verzeichnet.

Am 31. Oktober brach das Regiment auf, in die Winterquar-tiere nach dem Honther Komitat abzumarschiren. Ein Marsch von etwa drei Wochen stand ihm bevor. — Nach manchen beschwerlichen Märschen wurde zunächst Czongrad erreicht und hier die Theiß passirt. Nun führte der Weg weiter durch das Pesther, Heveser, Neograber Komitat.

Jezt begannen Marschbeschwerden und Unzukommlichkeiten sich recht fühlbar zu machen auf weitgedehnten, wasserlosen, fast un-bewohnten Steppen, „maßen von dem löblichen Kommissariatamt die Marschroute also eingerichtet worden, daß zum öftern drei bis vier Regimenter in ein Dorf zusammen gekommen, davon hernach eines mit dem anderen den Brodmangel leiden müssen. Solchem Uebel nun zu steuern und damit ein Regiment dem andern vorkomme, ist man oft um Mitternacht, ohne ein Spiel zu rühren, aufgebrochen und so lang marschirt, bis man ein Dorf angetroffen, welches das Regiment mit Brod fournirt."

Während dieser anstrengenden Märsche war ein ziemlicher Abgang an Mannschaft zu beklagen; Einzelne verloren sich, Andere starben in Folge von Erschöpfung aus Mangel an Brod und Wasser. Die Grenzen des angewiesenen Quartierbezirks wurden am 21. November erreicht. Ungemein auseinandergezogene Dislokation von Gran an der Donau bis in die Bergstädte Kremniz, Schemniz und Neusohl, wohl 30 Stunden von Süd nach Nord. Das Regimentsstabsquartier befand sich zu Kemenze, „ein kleines Dorf und so elend in die Erde gleichwie auch die übrigen alle, gebaut, daß hier das beste Haus der allergeringsten Bauernhütte in bero hochfürstlichen Landen bei weitem nicht gleich kommt; überdieß hat man noch das Inkommobum, daß Niemand mit denen Leuten reden, noch dieselben verstehen kann."

Alle bedeutenderen Orte, namentlich die Städte, scheinen von Einquartierung ganz befreit gewesen zu sein. — Der Oberstlieutenant v. Streithorst lag in dem sogenannten kleinen Honther Komitat, 20 Stunden von Kemenze entfernt; der Oberstwachtmeister von Menzingen, der am 1. November vom Spital in Peterwardein einrückte, in Lisko, 4 Stunden vom Stabsquartier. — Die einzelnen Offiziere lagen mit kleinen Abtheilungen auf den elenden Dörfern.

Am 25. November hat jede Kompagnie ihre Station bezogen. — Der Stand des Regiments wird einige Wochen später auf 1780 Mann angegeben. —

Zur näheren Charakterisirung der Quartiere schreibt Oberstlieutenant v. Streithorst in seiner derben Weise: „ich muß bekennen, so lang als ich Soldat, niemalen kein fataler Teufelsland für mich gefunden hab, als dieses ist." Und ein andermal: „hiesiger Orten weiß ich nichts Neues zu berichten, indem wir auch platterdings von der ehrlichen Welt hinweg sind, und kann kein Teufel mit dieser Nation zurecht kommen."

Er nahm öfter Gelegenheit, an den Herzog zu schreiben, da er von ihm einige Privataufträge hatte, besonders Ankauf von türkischen Pferden betreffend*). — Die türkischen Reiter seien so rasch mit der Flucht, daß man keines ihrer Pferde habhaft werden könne und werde je einmal ein schönes Beutepferd gemacht, so werde es stets um allzu hohen Preis verkauft. So sei ein schöner türkischer Schimmel in

*) Auch der Einkauf von einem Centner türkischen Kaffee war ihm übertragen.

Peterwarbein um 600 fl. versteigert worden und er könne sich nicht erinnern, daß er so viel in seinem Besitz gehabt habe. Nie unterläßt es der Oberstlieutenant in seinen Schreiben, den Herzog an die Dürftigkeit seiner Stellung und an die vielen Ausgaben, die der Dienst für ihn mit sich bringe, zu erinnern.

Wie viele andere Offiziere, bat er um Urlaub auf zwei Monate, um ein und andere Angelegenheiten in Stuttgart zu besorgen und von da in seine Heimath zu reisen.

In Urlaub gingen Oberstwachtmeister v. Menzingen, Hauptmann v. Rothberg, Zahm, Schneider, Reichmann, Lieutenant Isler, Fähnrich Balleisen und v. Hohenstedt. Einzelne von diesen fanden bei den Werbungen im Lande Verwendung, die vorgenommen wurden, um das Regiment für die nächste Campagne wieder zu kompletiren.

Der Hofkriegsrath brang beim Herzog energisch auf Vornahme alsbaldiger und ausgiebiger Werbungen. Der Kaiser beabsichtige, im kommenden Frühjahre den Krieg bälber als im Vorjahre geschehen, anzufangen; möglichst bald seien die Rekruten einzuliefern. Anfang Januar 1717 wird durch den kaiserlichen Kommissär die gewöhnliche Wintermusterung vorgenommen; dem Regiment gehen hiebei ab 533 Mann; Anfang März fehlen gar 610 Mann. — Weniger sind es Desertionen, welche die Reihen so sehr lichten, als Todesfälle in Folge von Krankheiten, deren Keim der Sommerfeldzug und seine Strapazen gelegt. Die schlechten Quartiere, insbesondere die ganz primitiven Heizeinrichtungen, mögen das Ihrige beigetragen haben.

Laut der Kapitulation erhält der Herzog baar für jeden Mann, den er dem Kaiser für das Regiment nach Ulm stellt, 34 fl. — Zahlreich sind in den Werbangelegenheiten die Verhandlungen zwischen dem Herzog und dem Kriegsrath zu Wien. Das kaiserliche Aerar ist säumig mit Auszahlung der Werbgelder; im Lande gehen die Werbungen schlecht; so kommt es, daß die außerdem durch stete Desertionen geschwächten Rekrutentransporte sehr verspätet beim Regiment eintreffen und dieses niemals auch nur annähernd den kompleten Stand erreicht.

Avancements-Verhältnisse. Im Offizierskorps sind außer den schon angeführten folgende Veränderungen zu verzeichnen: Der bisherige Regimentsquartiermeister Hauptmann Wolff hatte des gefallenen Hauptmann Bells Kompagnie erhalten; an Lieutenant Schuhmachers Stelle war Fähnrich v. Stuterheim zum Lieutenant und ein Feldwebel Balleisen zum Fähnrich befördert worden.

Im Allgemeinen wurde im Regiment fortlaufend avancirt; doch kam es vor, daß der Herzog von anderen Abtheilungen Einzelne ein=schob. So wurde ein Hauptmann Bornstedt von den in Württem=berg zurückgebliebenen Haustruppen durch Dekret vom 6. Septem=ber 1716 zum Regiment versezt, „als aber solches den Lieutenants im Regiment kund worden, so sind sie fast inkonsolable geweßt und haben mich gebeten, Ew. hochfstl. Dchl. unterthänigst vorzutragen, wie sie ihr Gut und Blut um Erlangung einigen Avancements in diesem Krieg darauf sezten."

Das Amt eines Regimentsquartiermeisters wurde dem seitherigen Wachtmeisterlieutenant Martin Luther übertragen, der kein Trinker und Spieler sei und ferm in der Feder; an seine Stelle trat Fähn=rich v. Junglenn.

Die Sitte brachte mit sich, daß um jede erledigte Stelle sich die derselben zunächst Stehenden beim Herzog bewarben mit gar flehent=lichen Worten, „damit sie sich endlich einer höheren Stellung und einer besseren Gage zu gaudiren hätten." Für übertragene Stellen wurden Danksagungsschreiben abgelassen.*) Maßgebend waren meist die Vorschläge und Empfehlungen des Obersten, der sich, ganz be=sondere Fälle ausgenommen, streng an die Anciennetät band. Re=kommandationen von andern Seiten, wie sie häufig vorkamen, verbat sich der Kommandant zu wiederholten Malen.

Fähnrichsernennungen aus der Zahl der Feldwebel waren häufig, indeß finden wir eine spätere Aeußerung Heldenbrands dahin gehend, daß es nöthig sei, mit den Feldwebelspromotionen einzuhalten; um den Lustre der Offiziers aufrecht zu erhalten, sollten auch einige Fähnrichs=stellen durch hübsche junge Edelleute besezt werden. Von Zeit zu Zeit schickte der Herzog junge Kavaliere als Offiziersaspiranten zum Regi=ment**); andere junge Leute, die schon gedient hatten, wurden sofort zu Fähnrichen ernannt.

Ein kaiserliches Patent schärfte ein, die Stellen nicht nach Gunst, im Wege der Schenkung oder um Geld zu vergeben, sondern nach dem Verdienst.

---

*) Ein Beispiel von einem Bewerbungsschreiben. s. Beil. Nr. 4.
**) Insbesondere vom Pagenkorps und von der Garde du corps.

Die Befugnisse Heldenbrands, als des stellvertretenden Obersten, dem Offizierskorps gegenüber waren sehr beschränkt. So stand es nicht bei ihm, die Lieutenants*) in den Kompagnieen zu versezen; Erlaubniß zum Heirathen konnte er dagegen ertheilen. — Freie Hand in der Wahl von geeigneten Individuen ließ ihm der Herzog bei solchen Stellen, denen kein eigentlich militärischer Rang zukam. Die Stellen des Proviantmeisters und des Regimentfeldscheers wurden in dieser Weise neu besezt. Von dem ersteren hatte Heldenbrand geklagt, daß er auch nicht die geringste Quittung, viel weniger eine so wichtige Rechnung verfertigen könne, sondern Alles so konfus traktire, daß großer Schaden für das löbliche Regiment zu befürchten sei. Der Regimentsfeldscheer erhielt das Zeugniß, daß er in seinen Kuren sich so schlecht und unerfahren erwiesen, daß kein gemeiner Soldat mehr, geschweige denn ein Offizier, Vertrauen auf ihn seze.

Die gleichzeitigen Dienstvorschriften bestimmen über den Regimentsfeldscheerer, daß er ein solcher ausgemachter Chirurgus sein solle, daß er seine Feldscheerergesellen etwas lehren und sie in Perfektion bringen könne; weßhalb erforderlich sei, daß er ein habiler Anatomikus sei, ohne welche Wissenschaft keine große Operation gelingen könne. Auch soll er die Medicin etwas verstehen, wenigstens soviel, was zu den gewöhnlichen Krankheitszuständen der Soldaten erforderlich sei, als Fieber, Dyssenterie, Koliken u. s. f.

Seine Gesellen müssen im Feld den Dienst von Krankenführern und Verwundetenträgern versehen.

Die Gerichtsbarkeit, die Handhabung der Kriegsartikel in den Kriegsrechten, ist dem Auditor anvertraut in Verbindung mit einer Kommission von Offizieren. Die Disciplinarbefugniß erstreckt sich in der Regel blos auf zweimaliges Gassenlaufen durch 300 Mann; was darüber hinaus geht, fällt in die Kompetenz der Kriegsrechte. — Die älteren Strafarten, wie Ohren= und Nasenabschneiden, sind noch nicht ganz außer Gebrauch gekommen. — Streng wird gegen Deserteure verfahren. Im Lager von Plaffna waren vom Regiment deren fünf eingefangen und eingeliefert worden. Die Rädelsführer und ein

---

*) Lieutenant Delwigk, der mit seinem Kompagniechef, Hauptmann Müller, sehr schlecht gestanden zu sein scheint, bat wiederholt um Versezung zu einer anderen Kompagnie. Delwigk scheint zugleich das unwürdigste Mitglied des Offizierskorps gewesen zu sein. In schimpflichster Weise desertirte er aus den Winterquartieren, hielt sich eine Zeit lang in Breslau auf; später ließ er sich wieder in Württemberg sehen, wurde ergriffen und auf Hohenneuffen gesezt, wo ihm der Prozeß gemacht wurde.

anderer, breifacher Deserteur wurden mit dem Strang vom Leben zum Tode gebracht, die Uebrigen als Verführte mit mehrmaligem Gassenlaufen angesehen.

Als Geistliche finden sich im Regiment ein katholischer Feldpfaff Erasmus Wehrlin und ein nach M. Kiefer's Tod angestellter evang. Prediger, der Stipendiarius Maber.

Auditor und Feldgeistlicher hatten bei besonderen Vorfällen manch= fache Gebühren anzusprechen. So bekam der Auditor bei Versteiger= ungen im Lager vom Gulden des Erlöses 3 Kreuzer, außerdem In= troductionsgebühr für neu in's Kriegsrecht eintretende Offiziere und Anderes; der Feldgeistliche sprach ein Douceur an für Kopulationen und Begräbnisse, Strafgelder für versäumte Beichten u. s. f.

Eigenthümlich waren die Gebühren bei Sterbfällen. Ganz abge= sehen von den Erben fiel von einem verstorbenen Hauptmann das beste Reitpferd sammt Sattel, Zeug und Pistolen an den Oberst; auf andere Ausrüstungsgegenstände, wie Degen, Partisane, Stock hatten der Regimentsadjutant, die Tambours und der Profoß An= spruch. —

Die Wittwen gefallener Offiziere hatten ein Anrecht auf den Fortbezug einer vierteljährigen Gage, wie sie ihren Gatten zustand; die sogenannten drei Wittwenmonate. Der für den Verstorbenen avancirte Offizier hatte sich einstweilen mit seiner bisherigen Gage zu begnügen. Um Ausfolgung der Wittwenmonate wendete sich in gar kläglichen Bittschriften die Frau des gefallenen Hauptmanns Bell und die des Lieutenant Schuhmacher an den Herzog. Weitere An= sprüche hatten Wittwen nicht zu machen; zu Zeiten erhielten sie kleine Gratiale.

Was die Kriegführung im Allgemeinen betrifft, so muß vor Allem zweierlei als eigenthümlich in die Augen springen: Die Tren= nung der Waffen und der Werth der vorbereiteten Stellungen.[*] *Art der Kriegführung.*

Im Mittelalter waren die Gefechte wesentlich Reitergefechte ge= wesen; die Reiterei entschied Alles; erst in zweiter Linie kam der Haufe des Fußvolks in Betracht. Eine bei weitem höhere Stellung hatte das Fußvolk sich errungen nach den Thaten der schweizerischen,

---

[*] Vgl.: Ueber die Veränderungen der Kriegskunst seit 1700 bis 1815 von Marq. v. Chambray, S. 8 ff. S. 13.: „Man kriegte mehr, wenn man so sagen darf, gegen Festungen, verschanzte Lager und Positionen, als gegen die Truppen selbst."

deutſchen, engliſchen und ſpaniſchen Fußknechte, die für ſich allein
Schlachten durchkämpften und entſchieden. Seitdem war die Infan=
terie eine der Reiterei ebenbürtige Waffe. Beide exiſtirten neben
einander, aber auch im ſtrengſten Sinne nur neben einander, ohne
einander anzunehmen und zu durchbringen.

In der Armee beſtehen beide Waffen unabhängig für ſich, ſie
treten durchaus in keinen engeren Verband ein. Jede Waffe ſchlägt
ihre eigene Schlacht, wie ſie in der Gefechtsſtellung ihren geſonder=
ten Plaz, auf dem Marſch ihren beſonderen Weg hat.

In der Stellung zum Gefecht ſind die Flügel der Reiterei auf
den beiden Enden beider Treffen gleichmäßig aufgeſtellt; zwiſchen
ihnen ſtehen die beiden Flügel der Infanterie; in Reſerve noch einige
Reiterei. Die Artillerie iſt gewiſſermaßen auch ohne Zuſammenhang
mit den anderen Waffen, blos mit Rückſicht auf das Terrain ver=
theilt. Der Mangel an eigentlichem Feldgeſchüz, die Wichtigkeit, die
man doch der Waffe und dem durch ſie hervorzubringenden Effekt zu=
ſchrieb, der Umſtand, daß man nur durch eine Anzahl Poſitionsge=
ſchüze dieſer Wichtigkeit gerecht werden konnte, erklärt viele Eigenthüm=
lichkeiten. Was die Mangelhaftigkeit der Artillerie nicht als erklärt er=
ſcheinen läßt, das wird vollends ganz natürlich, wenn die Schwerfällig=
keit der Infanterie, ihr Ueberladenſein mit allen erdenklichen Hinder=
niſſen des Marſches und der Beweglichkeit in Rechnung gebracht wird.
Die Schwäche der Armeen an und für ſich liegt zu Tage. Dieſer
Schwäche wird abgeholfen durch Verhältniſſe, die zunächſt außerhalb
der Armee liegen, durch mehr oder weniger verbreitete Stellungen.

Die Wichtigkeit, die man einer guten Stellung beimaß, ging
ſoweit, daß eine Armee überhaupt erſt dann und dadurch Werth be=
kam, wenn ſie in eine gute Stellung eingeführt war, ſtatt daß um=
gekehrt die Armee gerade dem Ort Wichtigkeit verleihen ſollte, an
dem ſie eben ſteht.

Die Thätigkeit der Armeen, an deren Thaten das Regiment
Altwürttemberg Theil nahm, bleibt ſtets gefeſſelt an gewiſſe wichtige
Punkte; entweder an eine im eigenen Beſiz befindliche Feſtung oder
an Belagerungsarbeiten, die gegen eine feindliche Feſtung aufgeführt
ſind, die aber gegen den äußeren Feind hin ſelbſt wieder die Stärke
einer Feſtung darſtellen.

Dieß Kleben an einzelnen Punkten, das den ganzen Krieg zu
einer Reihe von Belagerungen macht, erhält ſich durch das ganze
18. Jahrhundert, wird im 7jährigen Krieg ſchon bedeutend abgeändert,
endgiltig aber erſt in den Kriegen mit Frankreich über Bord geworfen.

Fallen alle Anhaltspunkte einer Aufstellung weg, wie auf dem Marsch, so erscheint die Armee in einem Zustande, der an Wehrlosigkeit grenzt. — In gesonderten Kolonnen marschirt Infanterie und Reiterei für sich; in der Mitte zwischen beiden die Artillerie mit den Munitionskolonnen und dem ganzen Troß. Sowohl Infanterie als Reiterei theilt sich in mehrere Marschkolonnen. Ein sofortiges Insgefechttreten vom Marsch aus gehört zu den Unmöglichkeiten.

Ueber die besondere Verwendung der Infanterie ist zu bemerken, daß sie stets nur geschlossen und in Linie (Schlachtlinie) ins Gefecht geführt wird. Ein zerstreutes Gefecht ist nicht bekannt. Zum Sicherungsdienst werden zu Zeiten die Grenadierkompagnieen beigezogen; hier ist wenigstens der Anfang zu systematischem Plänklerdienste zu suchen.

Neben ihren besonderen Verrichtungen des Granatenwerfens erscheinen überhaupt die Grenadiere als die Elitetruppe; nicht aber in der Reserve für die lezte Entscheidung zurückgehalten, sondern meist den Füsilieren vorangehend, sei es im Gefecht oder im Sicherungsdienst als leichte Truppen verwendet.

Von Uebungen während der Wintermonate als Vorbereitung für den in Aussicht stehenden neuen Feldzug war keine Rede; die in kleine Abtheilungen zerlegten Kompagnieen lagen zu weit auseinander, als daß ein Zusammenzug möglich gewesen wäre, ohne zu viele Umstände zu verursachen. Dann lagen die vielfachen Uebungen auch gar nicht im Wesen der Zeit; die Art der Kriegführung und Verwendung der Truppen machte dieselben überflüssig.

Die Wiederinstandsezung der Ausrüstung mag als die einzige Vorbereitung für den zu eröffnenden neuen Feldzug betrachtet werden und wird zu diesem Ende Oberst v. Heldenbrand wohl die in den ungarischen Bergstädten vertretenen Gewerke benüzt haben. — Ganz abhanden gekommen waren dem Regiment während des Sommerfeldzugs folgende Rüstgegenstände:

247 Röcke, 269 Kamisöler, 17 Grenadierkappen, 17 Kurzgewehre, 296 Flinten, 9 Trommeln, 194 Patrontaschen, 333 Kuppeln, 436 Bajonnets, 229 Degen.

Der starke Abgang an Mannschaft machte es überflüssig, daß neue Ausrüstungsartikel angeschafft wurden; an einzelnen Gegenständen war sogar noch ein Ueberschuß vorhanden. — Bei Baja im Juni 1716 war das Regiment gelandet mit 2076 Mann; im März 1717 zählte es noch 1690 Mann.

Ersaz und Kompletirung des Regiments mit neuen Kräften, so-

wie die Erholung der alten Mannschaft wären eigentlich die noth=
wendigsten Vorbereitungen gewesen. — Was den Ersatz betrifft, so
verzögerten sich die Rekrutenwerbungen und Transporte sehr; wäh=
rend des Feldzugs im Sommer 1717 wird darauf eingegangen werden.
Bei der Dürftigkeit der Bewohner und der Fremdartigkeit der
Lebensweise im Honther Komitat mag auch die Erholung der alten
Mannschaft keine sehr vollständige gewesen sein. Gegen Abzug von
4 kr. von seiner täglichen Löhnung hatte der Mann an der gewöhn=
lichen Kost des Quartierträgers Theil zu nehmen. Wie oben schon
verzeichnet, blieb bei derartiger Verpflegung dem Söldner monatlich
noch 1 fl. in der Tasche für seine anderweitigen Bedürfnisse.
Oberst v. Helbenbrand suchte von der Kongregation des Komi=
tats einen Beitrag zur Aufbesserung der Verpflegung der einquar=
tierten Mannschaft herauszuschlagen und bewarb sich angelegentlich um
ein „Douceur", ohne daß aber seine Bemühungen Erfolg gehabt hätten.

**Wiederum
ins Feld.** Es schien in der That beim kaiserlichen Hoftkriegsrath die Ab=
sicht vorzuliegen, den Feldzug so frühzeitig als möglich zu eröffnen.
Schon in den ersten Tagen des März 1717 erhielt der Oberst v. Hel=
benbrand Befehl, sich zum Abmarsch ins Feld fertig zu halten. Noch
Ende des Monats oder Anfang des nächsten solle der Feldzug er=
öffnet werden. Der Termin scheint sich aber verzögert zu haben.
Erst am 15. April sehen wir das Regiment zur Musterung
vor dem kaiserlichen Kriegskommissär ausgerückt zu Kemenze und
Dregel. Der ohnehin bei weitem nicht vollzählige Stand wurde noch
weiter vermindert durch etliche Desertionen unmittelbar vor der Mu=
sterung und durch Ausrangirung von 30 Invaliden.
Bemerkenswerth ist hier und ganz dem Geist der Zeit ent=
sprechend, daß für Versorgung von Dienstuntüchtigen so gut wie gar
keine Anstalten bestanden. Einzelne Regimenter führten zwar Inva=
validenkassen, in welche gewisse Abzüge und Gebühren fielen; allein sie
konnten nur ganz wenige und kleine Beiträge verwilligen, waren mehr
auf kleine Verhältnisse im Frieden als zur Linderung zahlreichen und
großen Unglücks berechnet. — In Württemberg wurden die Ver=
stümmelten und Arbeitsunfähigen meist auf Kosten der Aemter und
Spitäler unterhalten. — Im kaiserlichen Dienst können die nicht
vollständig zu jeder Leistung Untauglichen auf den zahlreichen festen
Plätzen und Garnisonen absterben, die Andern aber mögen gehen,

wohin sie wollen, sobald mit ihnen abgerechnet ist. — Tradition und Lied haben solch trauriges Schicksal alternder bewährter Krieger treu aufbewahrt und haben immer wieder Nahrung erhalten durch die Jammerscenen, welche auch den Kriegen der Neuzeit folgten.

Allgemeiner Aufbruch aus den Winterquartieren am 17. April. Die Richtung des Marsches geht auf Peterwardein, wo die Armee sich zu sammeln hat, mitten durch das Steppenland Ungarns zwischen Donau und Theiß.

An Veränderungen im Offizierkorps vor der neuen Kampagne ist zu verzeichnen die Versezung des Grenadierhauptmanns v. Rothberg an den herzoglichen Hof. An seine Stelle tritt Hauptmann Graf v. Wittgenstein, dessen Kompagnie der Lieutenant Klagen erhält. Zu Lieutenants (für Hauptmann Klagen und den entwichenen Lieutenant Dellwigk) werden befördert die Fähnriche Lepplin und v. Hohnstedt; ein Herr v. Kronek findet sich als Fähnrich.

Bei dem Abmarsch des Regiments klagt der Oberst sehr über Mangel an Offizieren. Viele sind noch auf Urlaub und Werbung in der Heimath. Erst Anfangs April erhalten diese Befehl, sich zum Abmarsch zum Regiment bereit zu halten. Major v. Menzingen soll den ersten Rekrutentransport nachbringen, Hauptmann Reichmann den zweiten und Zahm den dritten. — Auf vielfaches Drängen des Hofkriegsraths hin wird die Werbung mit besonderem Eifer sowohl bei den Regimentern als auch überall im Lande bei Aemtern und Vögten betrieben.

Ein anstrengender Marsch von 4 Wochen Dauer führte das Regiment ins Feldlager bei Peterwardein. Feldmarschall Prinz Alexander, der den Oberbefehl über die sich sammelnde Armee bis zur Ankunft Prinz Eugens hatte, empfing das Regiment seiner Landsleute und sprach sich bei der Besichtigung über den Zustand sehr günstig aus. Es sei in der That auch, schreibt der Oberst, mit allen Feldrequisiten wohl versehen, großer und kleiner Montur; die Mannschaft sehe frisch und gesund aus, marschire wohl daher, trage das Gewehr recht gut und gleich. Mit der Desertion stehe es gar leidentlich, allermaßen seit der Ausrückung aus den Winterquartieren blos 7 Mann desertirt seien, dahingegen bei andern Regimentern 150—200 durchgegangen.

Wenige Tage nach Eintreffen des Regiments im Lager bezog auch Prinz Eugen sein Hauptquartier zu Futak oberhalb Peterwardein. Am 22. Mai hielt er Parade ab über die ganze Armee, 85 Bataillons, 9 Regimenter Reiterei. — Ueber die Maßen wohl

habe dem Prinzen Regiment Altwürttemberg gefallen, das aber
habe er gar übel vermerkt, daß der große Abgang an Mann=
schaft noch nicht im mindesten ersezt sei; auf's flehentlichste ersucht
Oberst v. Heldenbrand den Herzog, er möchte doch baldigst recht
zahlreiche Ersazmannschaften schicken, daß Ehre und Reputation des
Regiments nicht in Gefahr und dieses ganz in Verfall gerathe. Bei
dem Exerziren im Feuer, das jezt täglich ein = bis zweimal vorge=
nommen werde, erhalte das Regiment stets das Lob von der ge=
sammten Generalität, daß es das beste, schönste und akurateste sei
in der ganzen Armee sowohl in der Salve und im Gewehrtragen,
als auch im Marsch; bei einer Bataille aber laufe es Gefahr, daß
die alte Mannschaft ganz aufgerieben und das bisher erworbene
große Lob verloren werde.

Die Armee stand nunmehr längs der Donau von Futak über
Titl bis Pancsowa, wo General Mercy ein betaschirtes Korps von
20,000 Mann kommandirte. Die Donauflotte, aus Galeeren be=
stehend, sammelte sich bei Titl; Hauptmann Bornstedt ist auf vier
Wochen auf die Schiffe kommandirt. Mit Ausgang des Monats
Mai wird ein Uebergang über die Donau erwartet.

Anfang Juni liegt aber die Armee noch bei Peterwardein im
Lager, wohl in Erwartung der gar langsam anrückenden Artillerie.
Erst in der Frühe des 9. Juni wird aufgebrochen, um ostwärts ab=
zumarschiren gegen Pancsowa hin. Zwei Tage vor dem Abmarsch
war Major v. Menzingen eingetroffen mit einem Transport von
160 Rekruten sammt den beurlaubten Offizieren; der Stand des
Regiments weist nunmehr 1860 Mann aus.

Ganz ungewöhnliche Hize macht den Marsch längs der Donau hin
zu einem der beschwerlichsten, welche das Regiment je gehabt. Zur
Vermeidung der ungünstigen Tageszeit jedoch werden Nachtmärsche
nicht beliebt, vielmehr wird der Marsch stets erst mit Tagesanbruch
angetreten.

Die Art und Weise des Marschirens mag das Beispiel eines
Marschbefehls verdeutlichen.

Marschroute auf den 9. Juni 1717.

Morgen, geliebt es Gott, bricht die kaiserliche Armee auf und
marschirt nach Cobila in das neue Lager. Die neue Wacht (Vor=
wache) und sämmtliche Quartiermeister und Fouriere versammeln sich
nach Mitternacht um 2 Uhr vor dem holsteinischen Regiment auf
dem rechten Flügel des Vordertreffens, allwo sie den Generalquar=

tiermeiſter erwarten. Morgen mit anbrechendem Tag wird Por=
tuſell*) geblaſen und Figaber**) geſchlagen und in einer Stunde
darauf der Marſch angetreten.

Die Kavallerie marſchirt von dem rechten Flügel ab, ſowie ſie
im Lager ſteht in zwei Kolonnen; die Infanterie gleichfalls in zwei
Kolonnen, ſowie ſie im Lager ſteht vom rechten Flügel an zu rech=
nen, linker Hand der Kavallerie.

Die Artillerie bricht zu gleicher Zeit aus dem Lager auf und
formirt eine beſondere Kolonne auf der großen Straße. Mit und
neben der Artillerie folget meine und der Stabs = und Generalsper=
ſonen, ſodann der Regimenter Bagage nach der Rangordnung.

Die Tragbagage, wie auch der Troß von den Regimentern
marſchirt neben der Bagage her, die alte Wacht (Nachtwache) be=
ſchließt Alles, was zurückgeblieben und bringt Solches in das neue
Lager ein.

Wenn die Armee bei dem neuen Lager ankommt, rückt jedes
Regiment in die nach der neuen ordre be bataille für daſſelbe aus=
geſteckten Diſtanzen. — Sowohl auf dem Marſch als im Lager ſoll
man die Frucht und alle angebauten Felder ſchonen und weder da=
durch marſchiren, noch Futter holen laſſen. Alle Zuwiderhandelnde,
ſie mögen Namen haben, welche ſie wollen, werden mit hoher Strafe
belegt, zu welchem Ende der Generalgewaltige mit Kommandirten
ausgehen und diejenige, ſo wider meine ordre handeln, auf der
Stelle abſtrafen ſoll.

Eugenio von Savoy.

Hauptquartier bei Peterwardein, den 8. Juni 1717.

Bei Titl ging es über die Theiß, dann längs der Temes hin
ans Donauufer; eine Stunde oberhalb Pancſowa am Abend des
14. Juni wurde das Lager geſchlagen. Zwei Mann vom Regiment
waren der außerordentlichen Hize erlegen.

Auf den Galeeren wird am 15. ein Theil der Infanterie ans
rechte Donauufer geſezt, ohne daß die Türken irgendwie es zu
hindern verſuchen. Bis zum Abend deſſelben Tages wird an der
Brücke über die Donau gearbeitet; denn

Vor Belgrad.

---

*) Korrumpirt aus dem italieniſchen Ausdruck: butta sella, lege den
Sattel auf.

**) Durch eigenthümliche Umformung entſtanden aus dem Holländiſchen ver=
gabering (engl. gathering), Verſammlung; jetzt noch Bergatterung benannt.

So ging aus verſchiedenem Herrendienſt ein vollſtändiges Rothwelſch hervor.

Er ließ schlagen einen Brucken,
Daß man konnt' hinüberrucken
Mit der Armee wohl vor die Stadt.

Artillerie, Reiterei und der Rest der Infanterie folgt am 16. Juni
nach; ohne jedes Gefecht werden die Türken gegen Belgrad hin
gedrängt.

Nachdem das nächstliegende Terrain, dessen man nicht allzuwohl
kundig, einigermaßen rekognoscirt war, marschirt die Armee über
die Hügel und Berge des rechten Donauufers bis vor Belgrad.
Ohne einen Schuß zu thun, lassen die Türken die kaiserliche Armee
anrücken auf dieß ihr ersehntestes Ziel.

Auf dem Vorsprung zwischen Sau und Donau liegt die Stadt;
gegenüber in der Donau die Kriegsinsel, wie die Stadt stark be-
festigt durch Mauern und Erdwälle, mit ihr verbunden durch eine
große Anzahl von Tschaiken, flachen Fahrzeugen mit 2 Geschützen.

In doppelter Reihe legt sich die kaiserliche Armee um die Stadt
von der Donau bis zur Sau; das erste Treffen Front gegen die
Stadt, das zweite Front auswärts gegen die in nächster Zeit erwartete türkische Feldarmee. Das Regiment steht auf dem linken Flügel
der äußeren Linie unter Kommando des Prinzen Alexander zusammt
mit den Regimentern Regal, Alexander von Württemberg, Guido
Stahremberg, Ahumada, Braun, Virmond, Gschwind.*)

Uebrigens zählte das Regiment hier blos zwei Bataillone, indem Oberstlieutenant v. d. Streithorst mit dem zweiten Bataillon
kommandirt war zu einem Detaschement unter General Diesbach,
dessen Bestimmung war, die Zufuhren und Verbindungen auf dem
linken Donauufer offen zu halten; später war dieß Detaschement
zum Angriff auf die Kriegsinsel ausersehen.

Im Ganzen stehen 62 Bataillone und 176 Schwadronen vor
Belgrad; Verstärkungen und schwere Geschütze werden erwartet. —
Ueber die Sau wird ebenfalls eine Brücke geschlagen; die Donau-
brücke weiter aufwärts transportirt, so daß vom rechten wie vom
linken Flügel Verbindungen mit den kaiserlichen Grenzlanden bestehen. —

Die Feindseligkeiten beschränken sich beiderseits auf unfruchtbare
Kanonaden und kleine Gefechte zu Wasser zwischen den kaiserlichen
Galeeren und den Fregatten und Tschaiken der Türken. Die Haupt-

*) Ueber die Belagerung vgl. Martens, allg. Gesch. der Türkenkriege in
Europa, II., 111 ff.

forge der Kaiserlichen ist, sich in Contre= und Circumvallationslinie fest zu sezen, um von diesem Rückhalt aus die Belagerung sowohl eröffnen, als dem äußeren Feind Widerstand leisten zu können. Schanzkörbe, Faschinen, Pallisaden werden in Masse vorbereitet.

Ein Zwischenfall von Bedeutung ereignete sich am Morgen des 17. Juli.

Um das Flankenfeuer der Tschaiken zu beseitigen, sollte am rechten Sauufer hin eine Linie gezogen und eine Redoute erbaut werden. Unter dem Schuz von 3 Bataillonen und 6 Grenadierkompagnieen hatten am 16. Juli Abends 1600 unbewaffnete Arbeiter das Werk zu beginnen. Unter den Grenadierkompagnieen befand sich die Kompagnie v. Geismar von Altwürttemberg.

Die Schanzen waren bis zum anderen Morgen troz des Feuers aus den Tschaiken ziemlich weit vorgerückt, doch noch nicht vertheidigungsfähig, als unversehens die Türken in großer Anzahl an drei verschiedenen Punkten landeten, rasch sich am Lande formirten und mit dem Säbel in der Hand unter Führung des Paschas von Rumelien in größter Furie auf die Kaiserlichen einbrangen. — Generalmajor Marquis v. Marsigli, Kommandant der Bedeckungsmannschaft, war troz der Aufforderungen der übrigen Stabsoffiziere, nicht zu bewegen gewesen, die Türken mit aller Macht anzufallen, während sie noch im Aussteigen begriffen waren. — Die unbewaffneten Arbeiter flohen sofort und rissen die drei Bataillone mit sich; von den 6 Grenadierkompagnieen konnten nur 3 zum Feuern kommen; v. Geismar feuerte zweimal; der Feind war aber schon zu nah gekommen und jagte Alles vor sich her.

Erst drei Schwabronen unter Oberstlieutenant Duval brachten Unterstüzung. „Als der Lieutenant v. Milkau von der geismarischen Kompagnie die anrückenden Reiter erblickte, nahm er mit 16 Grenadieren wieder Stellung und machte wieder Front, wozu sich noch viele Mann geschlagen, die der Lieutenant in Ermanglung anderer Offiziere wider den Feind angeführt, daß endlich die Türken, nachdem sie vorher schon Viele von uns niedergemezelt, sich zurückzogen und von den genannten Schwabronen bis in ihre Tschaiken verfolgt, auch Viele in die Sau versprengt wurden. — Von dem Regiment ist der Kapitän v. Geismar nebst 13 Mann todt und 5 verwundet. Dieser gute und tapfere Kapitän hat sich zu seinem unsterblichen Ruhm so standhaft wider seinen Erbfeind erwiesen, daß er endlich, nachdem er drei erbärmliche Hiebe in das Genick und Hintertheil des Kopfes, wie auch in die Arme, Hände und Schenkel, insgesammt 15 harte

Wunden gehabt, seinen Geist als ein rechter Märtyrer auf der Wahlstatt aufgeben müssen, dessen Leichnam gestern Abends in Begleitung seiner Kameraden und der ganzen Kompagnie allhier vor den Fahnen des löblichen Regiments zur Erde bestattet wurde."

Lieutenant v. Milkau wurde seines braven Verhaltens wegen vom Herzog besonders ausgezeichnet; fern in Sicilien aber ereilte ihn der Tod, ehe die Tapferkeit noch ihren Lohn gefunden hatte.

Die erledigte Führerstelle der geismar'schen Kompagnie fand manche Liebhaber, die ihre Wünsche in submissester Form dem Herzog zu Füßen legten. So ein Graf L'Esperance de Coligny und ein vormals schwedischer Hauptmann v. Wöllwarth. Beide Caudidaten befanden sich unter der großen Anzahl von Volontärs, die aus aller Herren Länder zusammenströmten, den Feldzug mitzumachen. Das Hauptquartier sei oft zu klein gewesen, um sie Alle fassen zu können.

Der Herzog scheint aber auf die Wünsche der genannten Herrn nicht eingegangen zu sein, denn er nimmt die Beförderungen genau nach dem Dienstalter im Regiment vor. Hauptmann Bornstedt erhält die Grenadierkompagnie; an seine Stelle tritt Lieutenant Bomburg; Fähnrich Frank wird Lieutenant; die Feldwebel Maierhofer und v. Geismar werden zu Fähnrichen ernannt.

Die Lage der Armee vor Belgrad war Ende Juli nicht eben die angenehmste. Die Verpflegung, ohnehin schmal bemessen, ließ viel zu wünschen übrig; oft blieb das Brod mehrere Tage aus; an Fourage war bei der ganz unverhältnißmäßig großen Anzahl der Reiterei sehr fühlbarer Mangel; der Preis für einen Scheffel Haber stieg auf die unerhörte Höhe von 6 fl. Ein heftiges Ungewitter hatte eine Menge Proviant- und Fourageschiffe auf Donau und Sau versenkt oder beschädigt. Dazu waren die Dienste — Arbeits- und Wachdienst — streng; kaum sei der Mann von einem Dienst abgekommen, so werde er schon in einen neuen gerufen. Die immer mehr um sich greifende Dyssenterie verringerte täglich den dienstthuenden Stand.

In den ersten Tagen des August zeigten sich die Vortruppen der türkischen Feldarmee; kleine Scharmützel zwischen diesen und den Raatzen und Volontärs. Auch die Grenadierkompagnie Graf Wittgenstein erhielt einige Todte und Verwundete in einem solchen Vorpostengefecht.

Sehr erwünscht war es dem Oberst unter solchen Umständen, daß am 1. August der Hauptmann Reichmann mit 191 Rekruten ankam. Das Regiment erlangte nun wieder die Stärke von 2012 Mann.

Eigenthümliches Mißgeschick hatte den Hauptmann auf seinem Transport begleitet. Zu Urach hatte er seine Rekruten gesammelt und sie nach Ulm eskortirt, wo sie 239 Mann stark am 26. Juni vom kaiserlichen Kriegskommissär Leiz übernommen wurden.

Zwei Schiffe je mit 110 Mann beladen gingen sofort ab; mit ihnen ein Floß, das Burgunder= und Neckarwein für die Offiziere trug. — Eine Stunde oberhalb Lauingen stieß das eine der beiden schwer beladenen Schiffe gegen einen Baumstamm und wurde leck. Schrecken und Rathlosigkeit brachte unselige Verwirrung hervor. Lieutenant v. Hohnstedt, der im andern Schiffe war, kam sofort zu Hilfe. Dennoch kamen 4 Weiber, 3 Kinder und 47 Mann um; leztere sowohl von dem leck gewordenen Schiffe als von dem, welches zur Hilfe herbeieilte. Hauptmann Reichmann selbst war erst einige Stunden später in einem dritten Schiffe abgefahren; er ließ sofort landen, die Mannschaft in Lauingen unterbringen und gegen die Schiffer eine Untersuchung einleiten.

Am andern Tage waren die Leute zum Weitertransport kaum wieder in die Schiffe zu bringen. Am 7. Juli kam Reichmann in Wien an und erreichte am oben gedachten Tage das Regiment.

Während bei der kaiserlichen Armee auf dem rechten Donauufer das Hauptaugenmerk nunmehr auf die anrückende Feldarmee gerichtet war, nahmen auf dem linken Ufer die schon früher aufgenommenen Belagerungsarbeiten ihren Fortgang. Wie oben bemerkt, befand sich hier bei den detachirten Korps das zweite Bataillon des Regiments unter Oberstlieutenant v. Streithorst. Anfänglich war man des Glaubens, die auf dem linken Ufer gelegenen Schanzen im ersten Angriff nehmen zu können; allein die vorliegenden Moräste machten den Angriff, dem alle weiteren Vorbereitungen fehlten, unmöglich. Deßhalb Anlegung von Approchen, Ausfüllen der Sümpfe mit Faschinen. Die Kanonaden hin und wieder kosteten dem Hauptmannn Schickhardt das Leben; eine achtzehnpfündige Kugel hatte ihm das Bein weggerissen.

Die Arbeiten wurden insbesondere auch erschwert durch das Feuer der Tschaiken, die an der befestigten Donauinsel (Kriegsinsel) einen geschickten Anhalt fanden.

Fünf Bataillone, 6 Grenadierkompagnieen waren für den 11. August bestimmt, die Insel wegzunehmen. Den Oberstlieutenant v. Streithorst mit seinem Bataillon finden wir dabei. Lang anhaltendes trockenes Wetter hatte die Moräste auf der Insel trocken gelegt und die Schanzen der Türken zugänglich gemacht. Ohne Widerstand auf der Insel gelandet, stürzten sich die Grenadiere sofort auf den Feind; ihnen auf dem Fuß folgend die Bataillone. Nur eine Salve hielten die Türken aus; in Eile räumten sie die vordere Schanze, warfen sich in die weiter rückwärts gelegenen und sofort auch hier angegriffen, in die bereit liegenden Tschaiken. Ohne großen Verlust erlitten zu haben, konnten sich die Bataillone auf der Insel festsetzen und aus den Schanzen mit den zurückgelassenen türkischen Geschützen die Flußfahrzeuge beschießen. — Der Verlust des zweiten Bataillons betrug 4 Todte, 2 Verwundete.

Reiche Beute hatte man auf der Insel vermuthet in dem Glauben, die Türken hätten aus der Stadt ihr Bestes auf die Inseln geflüchtet. Es fand sich aber für die Sieger nicht das minder Werthvolle vor. Die einzige Beute von einigem Werth machte Oberstlieutenant v. Streithorst in Gestalt eines schönen jungen Mohren. — Am 11. August nach der Einnahme der Insel hatte das Bataillon einen Stand von 599 Mann in 5 Kompagnieen; im Dienst standen jedoch nur 412 Mann, indem 36 Mann abkommandirt waren auf die Schiffe, in die Schanzen nach Titl, ins Lazareth u. s. f., 131 Mann waren endlich krank und verwundet.

Das Bataillon blieb auf seinem Posten bis zu völliger Uebergabe der Stadt.

Inzwischen wird die Lage der Armee auf dem rechten Donauufer von Tag zu Tag mißlicher. Sie kommt in die Gefahr, selbst belagert zu werden. — Auf dem Wege von Semendria her scheint die ganze türkische Feldarmee angelangt zu sein; auf den südlich von Belgrad gelegenen Höhen hat sie ihr Lager geschlagen. Die kaiserliche Armee steht auf den weit niedrigeren Anhöhen unmittelbar vor Belgrad. Eine Einsenkung scheidet beide Heere. — Von ihren Höhen herab steigen allmählig die feindlichen Vortruppen und plänkeln mit den Patrouillen der Kaiserlichen. An den Hängen werden von den Türken Schanzen errichtet in mehreren Reihen übereinander, von beiden Flanken her suchen sie sich mit ihren Werken der Circumvallationslinie zu nähern. Mitten in die Reihen der Kaiserlichen fliegen ihre Geschosse. Durch Traversen und Epaulements sucht man die Mannschaft und den unendlichen Troß zu schützen vor den feindlichen Kugeln und Bomben. Eines Ausfalls der Besazung, kombinirt mit einem Angriff der Feldarmee, ist man im kaiserlichen Lager stets gewärtig. Manche Nächte hinburch stehen sämmtliche Regimenter an beiden Linien unter Gewehr, scharf ausschauend auf die zahlreichen

Wachfeuer und die Bewegungen des Feinds, von dessen fast ununter-
brochenem Geschrei die Höhen wiederhallen.

Am 15. August war der Feind mit seinen Approchen schon ganz **Schlacht bei Belgrad.**
nah an den Schanzen; es war zu besorgen, daß diese durch Minen
zerstört werden. Eine Entscheidung der Lage sollte der 16. August herbeiführen.

Für den Tag der Schlacht gab Prinz Eugen folgende Disposition
(Destr. Mil.-Zeitschr. 1811—1813 I. 115 ff.): „Im Lager verbleiben
7 Regimenter Kavallerie unter dem Feldmarschallieutenant Graf
Viard und den Generalmajoren Lanthieri und Orsetti. In den
Tranchéen bleiben 6 Bataillone und 4 Grenadierkompagnieen unter
dem Feldmarschallieutenant Graf Brown und dem Generalmajor
Wobeser. Bei dem Backhaus auf der linken Flanke 2 Bataillons; —
auf der rechten Flanke zwei Bataillons; — in der Circumvallationslinie unter dem Feldmarschallieutenant Seckendorff und den Generalmajors Diesbach und Marulli 15 Bataillons, von welchen auch die
Flesche an der Sophieenmoschee die nöthige Besazung erhält. Die
unberittenen Kavalleristen an der Circum- und Contravallationslinie
werden an die genannten Generale der Infanterie angewiesen.
Vom rechten Flügel des ersten Treffens marschiren 15 Bataillone,
17 Grenadierkompagnieen und 6 Kavallerieregimenter; vom linken
Flügel dieses Treffens 15 Bataillone, 5 Grenadierkompagnieen und
6 Kavallerieregimenter. Vom zweiten Treffen marschiren 22 Batail-
lone, 21 Grenadierkompagnieen und 12 Kavallerieregimenter. Die
Artillerie muß ihre völlige Bespannung bereit halten; um zehn Uhr
Abends müssen 30 Regimentsstücke mit einigen Falkaunen auf die
Flügel der Infanterie, 6 Stücke auf dem linken und 4 auf dem
rechten Flügel der Kavallerie vertheilt sein, um sie nach Erforderniß
zu verwenden. Auf jedem Flügel sollen Munitions-, Granaten- und
Schanzzeugwagen, dann eine Anzahl Ober- und Unteroffiziere und
Büchsenmeister zu Bedienung der eroberten feindlichen Kanonen bereit
gehalten werden. Bei dem Geschüz in den Tranchéen und Verschanzungen des Lagers sind eine hinlängliche Anzahl Ober- und Unteroffiziere der Artillerie, um dasselbe nach Beschaffung der Umstände
gut zu bedienen.

Die Kavallerie rückt mit ihrem ganzen berittenen Lokostande um
Mitternacht aus und formirt sich außerhalb dem Retranchement. Die
Infanterie richtet sich nach den beiden Flügeln der Kavallerie; doch
rückt der dem Feind nächste Flügel im Verhältniß später aus.

Die Generale der Infanterie und Kavallerie, welche gegen die Stadt kommandirt sind, haben sich mit einander wohl zu verstehen und die gemeinsame Hand zu bieten, im Fall der Feind aus der Festung Etwas gegen sie unternehmen sollte.

Der Feldmarschallieutenant Seckendorf hat sich mit seinen bei sich habenden Bataillonen und Kavalleristen zu Fuß in der Circumvallationslinie dergestalt zu postiren, daß er dem Feind aller Orten, wo er Etwas unternehmen könnte, gewachsen, auch bei entstehender Konfusion, sowohl bei der Infanterie als Kavallerie und Artillerie, solche in Zeiten zu remediren im Stande sei.

Die Generalfeldmarschälle belieben ihre nachfolgenden, mithin diese die übrigen Generale und sodann weiter ein jeder die seinem Kommando unterstehenden Subalternen umständlich und deutlich von all und jedem zu unterrichten, damit Jedermann, sowohl Offizier als Gemeiner, was er zu thun und zu lassen habe und die eigentliche Intention des Vorhabens wisse. — Gedachte Intention besteht darin, daß man vor Tags mit den Truppen formirt sei, bei anbrechendem Tag tapfer und standhaft attakire, auch so viel als möglich, ohne den Feind vorläufig zu allarmiren angreife.

Mit dem linken Flügel wäre zu trachten, die große Anhöhe auf des Feindes rechtem Flügel, auf welchem derselbe eine Batterie hat, zu gewinnen und ihn zugleich sowohl von dort, als von seiner ersten Tranchee herwärts des ersten Grabens bis an die Flesche, wegzujagen, sodann nach den Umständen weiter zu sehen, ob man zu Gunsten des rechten Flügels die Höhe zwischen den zwei Wassern, mithin die vom Feinde daselbst befindlichen Batterieen, besezen könne.

. Es wird bei Leibs= und Lebensstrafe verboten, daß Keiner sich von seiner Fahne oder Standarte entferne, sondern dabei beständig bleiben und sterben solle. Sobald die erste feindliche Tranchee erreicht ist, muß die Infanterie sich darauf postiren, den Graben vor sich lassen und Keiner hineingehen, bis man wohl rekognoscirt und die Generalität befohlen habe, und wenn auch die feindlichen Batterieen auf dem rechten Flügel besezt würden, so hätte man doch ohne weiteren Befehl nicht weiter zu gehen, sondern sich in guter Kontenance zu halten.

Außer obgedachtem von der Artillerie auf den Flügeln der Infanterie in Bereitschaft zu haltendem Schanzzeug hat auch der Trancheemajor eine Quantität Faschinen, Pflöcke und Schanzkörbe an bequemen Orten vorräthig zu halten.

Ich überlasse das Uebrige, so nicht vorgesehen werden kann, der guten Konduite und erworbenen Kriegserfahrenheit der Generalität und ihren nach Beschaffenheit der Umstände zu ertheilenden Befehlen und hoffe mittelst göttlichen Beistandes einen glücklichen Ausgang des allgerechten, kaiserlichen und allgemeinen Vorhabens."

Feldlager bei Belgrad den 15. August 1717.

Eugenio von Savoy.

Morgens um 2 Uhr ließ Prinz Eugen die gesammte äußere Linie aus ihren Werken ausrücken und sich zur Schlacht formiren. Zwischen 4 und 5 Uhr mit anbrechendem Tag ging es auf die feind= lichen Approchen los. Ein dichter Nebel, der nicht weiter als zehn Schritte sehen ließ, löste auf beiden Seiten den Zusammenhang der Schlachtordnung. Manche Regimenter fanden sich ganz abgetrennt und vom Feind auf allen Seiten umschlossen. Eine halbe Stunde währte es, bis die zwei Bataillone von Altwürttemberg sich in das Schlacht= korps wieder eingefügt hatten. „Während der Zeit habe ich dem Feind stets nur die zwei Grenadierkompagnieen da wo er mich hat anfallen wollen, opponirt, und das Regiment rechts reihenweise be= filiren lassen, da ich mit selbigem allemal, wo mir der Schwarm zu stark auf den Hals gekommen, bald hinterwärts, bald vorwärts Front machen konnte, wo ich wollte, da dann die Grenadiere die Flügel bedeckten und wo es nöthig, auf den Feind chargirten, bis wir end= lich so glücklich durchgekommen. Viele haben schon geglaubt, ich würde mit den zwei Bataillonen zu Grunde gegangen sein; da ich aber wieder in guter Ordnung anmarschirt kam, hat man sich über die glückliche Echapade verwundert. Der Generalfeldmarschalllieutenant Graf Daun, der das Kommando über unsere Brigade gehabt, hat sich zum zweitenmal bei mir bedankt, daß sich das Regiment und in Specie die Herren Offiziere so tapfer und standhaftig erwiesen, wie denn auch der Major v. Menzingen durch seine Vigilanz sich sehr distinguirt hat."

Sobald die Schlachtlinie wieder hergestellt war, ging es, ohne einen Schuß zu thun, auf den Feind los bis unmittelbar vor dessen Linien, wo dann das Feuer vom rechten bis zum linken Flügel fort= laufend bei vier Stunden dauerte. Die kaiserliche Reiterei suchte die Linien der Janitscharen zu erschüttern, erlitt aber sehr große Ver= luste und wurde an manchen Punkten zweimal zurückgeschlagen. „Es hat sehr lange gedauert, bis es gebrochen, indem die Janitscharen sich tapfer gewehrt, und wenn unsere Infanterie nicht so gute und ferme Contenance gehalten, dürfte es wohl übel mit uns abgelaufen sein." Endlich mußte der Feind vor dem anhaltenden Feuer zurück=

weichen; Infanterie und Reiterei saßen ihm auf den Ferſen, jagten ihn aus einer vortheilhaften Stellung in die andere und ließen ihn nim= mer zu Athem kommen; die feindlichen 130 Geſchüße wurden ge= nommen und gegen die Weichenden gekehrt, die in völliger Auflöſung durch ihr Lager ſtürzten und nur Weniges von ihrer Habe retten konnten. Die Reiterei verfolgte weiter, mußte aber der Unwegſam= keit und der Wälder halber bald wieder umkehren.

Es war noch nicht Mittag, als die Schlacht — das vollſtändige Bild eines frontalen Feuergefechtes — gewonnen und das ganze wohlverſorgte Lager der Feinde in den Händen der Kaiſerlichen war.

Das Regiment oder vielmehr die beiden betheiligten Bataillone zählte etliche und fünfzig Mann Todte und Verwundete, unter Lez= teren Lieutenant Bomburg, ſchwer in den Unterleib getroffen, Fähn= rich v. Geyling ins rechte Knie; leicht verwundet Lieutenant v. Helbenbrand und Fähnrich Frank. Belobt wurden vom Oberſt, dem ſelbſt ein Pferd unter dem Leib erſchoſſen wurde, ſämmtliche Kapi= täns, insbeſondere Hauptmann Schneider und Hauptmann Graf Wittgenſtein.

Ein Roßſchweif ward vom Regiment zu den Trophäen geliefert. Am 19. Auguſt wurde das Dankfeſt gefeiert mit dreimaliger Löſung von 102 Kanonen und dreimaligem kleinen Feuer durch die ganze Armee ſammt den Galeeren, dann in Prinz Eugen's Zelt unter Trompeten= und Paukenſchall Te Deum laudamus geſungen.*)

Mit der Schlacht war auch die Feſtung gewonnen worden; ſchon am 17. Auguſt räumten die Türken die Sauinſel und am gleichen Tag zogen ſie zu Belgrad die weiße Flagge auf und ſtellten Geiſeln. Am folgenden Tag kam eine Kapitulation zu Stande, nach welcher die ganze Garniſon mit Sack und Pack, mit fliegenden Fahnen und klingendem Spiel ausziehen und auf verſchiedenen Wegen zu Waſſer und zu Land abgehen ſollte, ihre geſammte Munition und Artillerie den Siegern überlaſſend.

Zwanzig Grenadierkompagnieen und ſechs Bataillone beſezten ſofort die Thore und am 21. erfolgte der Auszug der ganzen muha= mebaniſchen Einwohnerſchaft, bei 50,000 Menſchen, darunter 15,000 Bewaffnete.

Dreizehn kaiſerliche Bataillone haben die Garniſon von Belgrad

---

*) Ueber die Schlacht ſ. Martens, allg. Geſch. der Türkenkriege in Europa, II, 114 und Deſtr. mil. Zeitſchr. 1811—1813, I, 118 ff. Hienach todt bei den Kaiſerlichen: 1 General, 87 Offiziere, 1767 Mann.
Verwundet: 8 Generale, 223 Offiziere, 3179 Mann.

zu bilden; jedes Regiment, das drei Bataillone zählt, gibt eines zur Garnison ab. Vom Regiment trifft es das dritte Bataillon, das am 23. August unter Kommando des Hauptmann Schneider in die Festung einzieht. Ebendahin läßt der Oberst auch 200 Kranke bringen.

Am 1. September wird das Lager vor Belgrad, wo namentlich Mangel an Fourage sich sehr empfindlich geltend macht, verlassen, die Sau passirt und bei Semlin ein neues Lager bezogen.

Hier im Lager wie in der Festung werden von der Generalität in den ersten Tagen des September noch die üblichen Musterungen vorgenommen, ehe die Armee vollständig auseinander geht.

Die Verpflegung in dem ausgefressenen Land läßt Vieles zu wünschen übrig; man fürchtet, daß das Regiment für den Winter in Serbien auf Postirung bleiben müsse. — Krankheiten nehmen im Lager überhand, vielfach mit tödtlichem Verlauf.

Der Abgang des Regiments im Laufe des ganzen Sommerfeldzugs, 1. Mai bis 8. September, berechnet sich auf 208 Mann, und zwar:

Desertirt	12	Mann,
An Krankheit gestorben	72	„
An Wunden „	12	„
Erschossen	48	„
Vermißt	14	„
Ertrunken	47	„
Quittirt	1	„
Justifizirt	1	„
Abgegeben	1	„
	208	Mann.

An der Donau waren die Feindseligkeiten vollkommen eingestellt; die türkische Hauptarmee war bis Sophia zurückgegangen. Nur in Bosnien und Siebenbürgen wurde die Belagerung einzelner fester Punkte und der kleine Krieg mit den von den ungarischen Rebellen unterstützten türkischen Irregulären fortgesezt.

Am Saustrom kommandirte General Petrasch. Seine Truppen, hauptsächlich aus Grenzmiliz, Husaren und Raaßen bestehend, auf die kein Verlaß, wurden durch Kommandirte aus der Armee verstärkt. Schon im Anfang des Sommers war Lieutenant von Stutterheim mit 54 Mann vom Regiment zu Petrasch abgegangen auf die Postirung längs der Drau, als er gegen Schabaz operirte. Jezt war der General weiter in Bosnien vorgedrungen und marschirte das Drinathal aufwärts, um Zwornik zu belagern. Am 6. September ging zu seiner Verstärkung ein neues Detaschement regulärer Truppen aus dem Lager bei Semlin ab, darunter Hauptmann Müller mit 16 Mann von Altwürttemberg.

Die Repartition der Winterquartiere ließ wieder lange auf sich warten; doch versicherte man dem Oberst, daß er ein leibliches Quartier erhalten solle und zwar oberhalb Ofen gelegen. Es wurde daher sofort ein Transport Kranker, 250 Mann mit Hauptmann Wolff, Lieutenant Brinkmann und Fähnrich v. Eichelsberg in einem eigenen Schiff nach Ofen vorausgeschickt.

Nach Vollendung der Musterung bei sämmtlichen Regimentern begannen die Generale die Armee zu verlassen. Denn die ganze Art der Kriegführung und die Stellung der Vorgesezten brachte es mit sich, daß kein General nach geschlossenem Feldzug bei seiner Abtheilung blieb. Zudem hatten die Generale gar keine bestimmt zugewiesene Truppe;*) von den übrigen Offizieren waren sie ebenso getrennt und standen ihnen so fern wie diese selbst den Unteroffizieren und Sölbnern.

Wurde aus den Winterquartieren abgerückt und die Kampagne für eröffnet erklärt, so erschienen auch die Generale, nachdem der Karneval die Freuden der Kaiserstadt geschlossen, wieder im Feld, um die Kommandos einzelner Theile der Schlachtlinie oder Detaschements zu übernehmen.

War der Feldzug beendigt, so hatten die Generale keine Thätigkeit mehr und gingen sofort wieder nach Wien ab. Der eine oder andere blieb zurück als Kommandant der Postirungen am Saustrom, an der Donau oder der siebenbürgischen Grenze. Die Armee löste sich auf in die einzelnen Regimenter, jedes dem angewiesenen Bezirk zustrebend.

So auch im Lager bei Semlin, wo Oberstlieutenant v. Streithorst den nach Wien Abreisenden nachruft: „und wünsche ich den Herrn Generalen eine bessere Bataille mit ihren Maitressen zu Wien."

Als Winterquartier war dem Regiment das gömörer Komitat angewiesen. Der weite Marsch wurde am 6. Oktober in Verbindung mit mehreren anderen Regimentern aus dem Lager bei Semlin an-

---

*) Marq. v. Chambray, über die Veränderungen in der Kriegskunst seit 1700—1815, S. 10.

getreten von dem ersten und zweiten Bataillon des Regiments, wäh= rend das dritte in Belgrad blieb.

Einige Wochen vor dem Aufbruch in die Winterquartiere war der lezte Rekrutentransport von 110 Mann unter Hauptmann Zahm angekommen.

Die Art und Weise der Aufbringung der Rekruten und des Transport dieses lezten Zuzugs bietet ein zu sprechendes Zeitbild, um übergangen werden zu können.

Die Rekrutirung war etwas spät begonnen worden, erst im April; die eigentliche „Saison" *) war im Verfließen. Die ersten Trans= porte unter Major v. Menzingen und Hauptmann Reichmann waren mit Mühe und Noth zusammengebracht worden. Das geeignete Material wurde immer seltener und theurer.

Auf der einen Seite bat Oberst v. Helbenbrand aufs dringendste um weiteren Zuwachs; der Hofkriegsrath zu Wien machte Vorstellun= gen wegen der späten Werbungen; auf der anderen Seite beklagte sich der Herzog über die Saumseligkeit und Kargheit, mit der vom kaiserlichen Aerar die Rekrutengelder ausgefolgt würden.

Hauptmann Zahm, dem die Rekrutirung vollends übertragen, konnte troz aller Mühe und aufgewendeten Geldes die nöthige Anzahl im gewöhnlichen Wege nicht aufbringen. Er bat wiederholt, man möchte doch den Aemtern und Vögten aufs schärffste aufgeben, ihren Theil an Rekruten richtig einzuliefern; er könne nur aufs tiefste beklagen, daß er durch so unangenehmes Geschäft vom Regiment fern= gehalten werde.

Um die angesezte Quote von Rekruten zu liefern, gaben die Vögte zum Theil sehr hohes Handgeld und waren den scharfen Monitorien gegenüber voll Entschuldigungen. So schreibt der Vogt Röser aus Leonberg vom 1. August 1717:

„Zu Anwerbung von Rekruten habe ich 1) im Amt alle Be= stellung gethan; 2) hier in loco Leute dazu aufgestellt; 3) die Stadt Weil ersucht, mir die Werbung zu gestatten, welche mir es in der Stille zu thun erlaubt; 4) wo Kirchweihtänze gehalten werden, habe ich Leute dahin geschickt; 5) habe ich gesammte junge Leut, Söhne und Knechte, hieher beschieden, deren gegen 300 hier gewesen; denen habe ich zur Annehmung von Handgeld von 15—20 fl. zugeredet;

Marginal note: Rekrutenwer= bung in Württem= berg.

---

*) Der Winter, die beschäftigungslose Zeit für die niederen Stände, war insbesondere bei den Werbern günstige Saison.

es hat sich aber von diesen Allen keiner dazu persuadiren lassen wollen, und obwohl ich diese Zusammenkunft auf einen Nachmittag angestellt, in der Meinung, daß sie hernach in die Wirthshäuser gehen werden, so sind sie doch Alle ohngezecht wieder heimgegangen.

6) Ist kein Handwerksbursch, der fechtend herumgegangen, unangeredet geblieben; da aber Solches einigemal geschehen, hat sich seither Keiner mehr sehen lassen; also daß ich dießfalls gethan, was immer möglich gewesen, und noch thue; allein weil keine gezwungenen Leute angenommen werden, so habe ich auf diese Art nicht handeln können. — Ich kann wohl sagen, daß sich die Leute vor Ungarn wie vor dem Feuer scheuen: es hat erst vor fünf bis sechs Tagen meiner bestellten Männer Einer eine Anzahl Schnitter zu Annehmung von Kriegsdiensten angeredet, allein es hat sich Keiner dazu resolviren wollen."

Aus Waiblingen wird unter dem gleichen Datum geschrieben: „Auf Ew. hochfstl. Dchl. ergangenes gnädigstes Rescript haben wir, der Spezialis und Vogt, zwar die amtlichen Ausschreiben ergehen lassen, die unnützen Haushalter, bei welchen alle Gradus Korrectionis Nichts verfangen wollen, und die wegen ihres ärgerlichen Wandels dem gemeinen Wesen mehr schädlich als nützlich, specifice einzusenden, damit solche zu Kriegsdiensten employirt werden könnten. Es sind aber die Berichte deßwegen nicht allein spät und langsam angelangt, sondern auch nicht ein Einziger, der auf solche Weise zu Kriegsdiensten employirt werden könnte, spezifizirt worden, deßwegen in heut dieser Ursachen halber expreß gehaltenen gerichtlichen Sizung Ich der Vogt gleichwohlen 3 Personen, die mir privatim als unnüze Haushalter beschrieben worden, vorgeschlagen u. s. f." —

Waren die Rekruten endlich beisammen, so fing die schwierigste Aufgabe des kommandirenden Offiziers, ihr Transport zur Einschiffung nach Ulm und die Ueberbringung zum Regiment, erst an.

Anfangs August brach Hauptmann Zahm mit seinen Leuten von Urach auf und brachte sie glücklich ins erste Nachtquartier Blaubeuren. Von hier auf dem Marsch nach Ulm machte ein zu der Bagage kommandirter Vizekorporal den Anfang mit der Desertion, die in Aufhausen, wo der Transport zwei Tage warten mußte, bis der kaiserliche Kommissär in Ulm die Leute übernehmen wollte, größere Dimensionen annahm. Hier ging Nachmittags kurz nach dem Einrücken der erste Rekrut durch. Mit vertrauten Unteroffizieren und aufgebotenen Bauern machte der Hauptmann sofort Anstalt, den

Deserteur einzufangen. — Im Dorfe selbst wurden die Rekruten durch Trommelschlag vor des Hauptmanns Quartier versammelt, der ihnen schwerste Bestrafung in Aussicht stellte, wenn Einer sich gelüsten lasse, durchzugehen. „Es stehet keine Viertelstund an, wird angezeigt, daß wieder zwei Rekruten um 9 Uhr fortgegangen seien, von denen, ob ihnen auch gleich in Punkto nachgelaufen worden, Nichts erfahren können. Item ist ein Vizekorporal, dem man ver= meint, daß am besten zu trauen sei, um 10 Uhr mit zwei Rekruten durchgegangen; ich wurde mithin genöthigt, selbst mit den zwei Lieutenants und übrigen Unteroffiziers die ganze Nacht durch ver= theilt zu patrouilliren, da ich nun selbst in die Quartiere gekommen, ihres Versprechens, das sie mir Abends gegeben, erinnert, doch Nichts helfen wollen, sondern gehet wieder ein vermeint vertrauter Vizekorporal mit einem Rekruten Nachts um 12 Uhr von seinen an= vertrauten Rekruten fort und mir das Nachsehen gelassen. Es ist mir eine betrübte Zeit und Nacht gewesen; ob auch an Sorgfalt das Wenigste gemangelt, hat doch bei so alten, gewiegten Kerls nicht genug Augen haben können."

In Ulm vereinigte sich der Transport Jahm's mit den anspachi= schen Rekruten, die auch auf den Kriegsschauplaz fuhren, und kam ohne besondere weitere Erlebnisse am 6. September ins Lager nach Semlin.

————————

Nach einer Reihe außerordentlich anstrengender Märsche hatte das Regiment am 6. November den angewiesenen Quartierbezirk im Gömörer Komitat erreicht.

Während der Sommercampagne in den Sumpfniederungen der Donau und Sau hatte sich reichlicher Krankheitsstoff angesammelt. Die starken Märsche, das immerwährende Kampiren, beförderten den Ausbruch und tödtlichen Verlauf manchfacher Krankheiten. Bei dem Einrücken in die Quartiere hatte so ziemlich jede Kompagnie 30 Kranke. — Außerdem befanden sich noch zwei starke Krankentrans= porte unterwegs auf der Donau nach Ofen, um von da in die Quartiere befördert zu werden; der eine, wie schon oben angeführt unter Führung des Hauptmanns Wolff, der andere unter Fähnrich Münzmaier. Vom ersten Transport starben 176 Mann; von des Fähnrichs Münzmaier 117 Kranken allein 85 Mann.

Vom Kommissariat waren so gut wie gar keine Anstalten zum Fortbringen der Kranken getroffen. Der Wassertransport durch den feuchten, nebligen Donaugrund bei herbstlicher Witterung mußte den Zustand der Kranken nothwendig verschlimmern; manche Schiffe seien total ausgestorben und völlig leer in Ofen angekommen.

Die beiden Bataillone im Gömörer Komitat zählten Ende November nur 1132 Mann; es waren die beiden Grenadierkompagnieen Graf v. Wittgenstein und Ober; die Leibkompagnie, die Oberst= und Oberstlieutenantskompagnie, die Kompagnieen Hauptmann Zahm, Dupond, v. Nostiz, Müller, v. Schlewiz, Reichmann, Wolff; zwölf Kompagnien.

Die Quartiere waren etwas besser beschaffen als im verflossenen Jahr, die Verpflegung vollkommener.*) — Das Offizierskorps im Besonderen betreffend ist zu bemerken, daß für den gefallenen Hauptmann Schickhardt der Hauptmann Bornstedt die Kompagnie übernommen hatte; Lieutenant Ober war Grenadierhauptmann geworden; zum Fähnrich war ernannt Feldwebel Dolb und von den Haustruppen zum Regiment versezt der Fähnrich Kieffer an des entlassenen Fähnrichs v. Ostheim Stelle.

Die verwundeten Offiziere Hauptmann Bomburg und Lieutenant v. Heldenbrand sind wiederhergestellt; Fähnrich v. Geyling gebraucht das Bad in Ofen.

Auf Urlaub sind in die Heimath abgereist Oberstlieutenant v. Streithorst, Hauptmann Graf Wittgenstein, v. Schlewiz und Wolff, Lieutenant v. Hermenn und Fähnrich Dolb.

Um Werbungen vorzunehmen und die Rekrutentransporte dem Regiment zu übermitteln, sind ins Herzogthum kommandirt: Hauptmann Dupond, Lieutenant v. Milkau — den der Herzog besonders zu sich herausbefohlen hatte —, Lieutenant Lepplin; ferner 3 Feldwebel, 3 Führer, 1 Fourier, 13 Korporale, 3 Tamboure. Die Werbungen — im Ganzen waren an 800 Mann aufzubringen — sollten noch im Januar mit allem Eifer begonnen werden, um frühzeitig das Regiment wenigstens annähernd zu kompletiren.

Ueber die Leistungen des Regiments im Allgemeinen und speziell des Offizierskorps im verflossenen Feldzug spricht sich der Oberst sehr anerkennend aus; von den gefallenen Hauptmännern von Geismar und Schickhardt sagt er: man wird lange brauchen, bis man wieder zwei solche Kapitäns zusammen bekommt.

Auch mit den Militärbeamten, namentlich Auditor und Regimentsquartiermeister, ist v. Heldenbrand ganz wohl zufrieden; Ver=

---

*) Das Stabsquartier befindet sich zu Kömi.

druß mache ihm nur der katholische Feldpater Erasmus Wehrlin; er beklage sich über schlechte Behandlung von Seiten des Obersten. Oberst v. Forstner habe ihm freilich hie und da einen Rausch ange= hängt, was bei ihm jezt nicht mehr passire; der Pater erhalte sein vertragsmäßiges Traktament, es werde ihm höflich begegnet, während er in aller Weise den evangelischen Gottesdienst zu stören suche. Er prätendire, auch die Evangelischen· im Regiment müßten Kopulation und Taufe bei ihm vornehmen lassen. Das Singen beim Gottes= dienst suche er zu verhindern; er sei sogar in des Obristen Zelt ein= gedrungen, „habe das Gesang unterbrochen und den Gottesdienst durch Fulminiren zu turbiren gesucht." Damit es nicht scheine, als ob er im Regiment keinen katholischen Pater leiden möge, wolle er ihm seinen Abschied nicht ertheilen.

Während das erste und zweite Bataillon des Regiments nun=^{Garnison in Belgrad.} mehr in Ruhe in den Quartieren lag, hatte das dritte Bataillon zu Belgrad unter Hauptmann Schneider neben dem strengen Dienst in der Festung noch eine Expedition in die serbischen Berge mit= zumachen.

Wie oben gemeldet, war das Bataillon am 23. August in Bel= grab einmarschirt in der Stärke von 582 Mann, und zwar die Kom= pagnieen des Oberstwachtmeisters v. Menzingen *), des Hauptmann Schneider, v. Heidenbreck, Bornstedt, Klagen.

Um den Winterpostirungsbezirk zu erweitern, namentlich um der zahlreichen Reiterei neue Bezugsquellen für Fourage zu eröffnen, ging am 25. Oktober unter Kommando des Generals v. Battée von Belgrad ein Detaschement ab, bestehend aus 5 Küraffier= und 5 Husarenregimentern, 7 Kompagnieen Grenadiere und 5 Bataillonen, worunter das des Hauptmann Schneider. Uschitza, tief im Innern Serbiens, südsüdwestlich von Belgrad gelegen, sollte besezt werden.

Der Marsch führte zunächst über Selesenic, Plesgerhan nach Borosowic, das am 28. Oktober erreicht wurde. Hier mußte die Infanterie 3 Tage warten, bis es der Artillerie, aus 8 Stücken be= stehend, und der Bagage gelang, sich über Berge und durch unweg= same Wälder hindurchzuarbeiten. Von Smerlikowa aus, der näch= sten Station, schickte General Battée etliche Rittmeister aus, den Weg zu rekognosciren. Es sei aber unmöglich für Mann und Roß, noch

---

*) Für seine Person befand sich aber dieser beim Regimentsstab im Gömörer Komitat.

mehr für Stück und Wagen, weiter vorzubringen. Ueberall dicht verschlungener Buschwald, hohe Berge, steile Felsenstürze, von gangbaren Wegen keine Spur.

Die Grenadierkompagnieen gingen zwar mit dem General selbst noch eine Strecke Wegs vor, allein am 3. November ließ dieser doch vom ganzen Expeditionscorps den Rückmarsch antreten. Am 10. November traf Hauptmann Schneider wieder in Belgrad ein.

Auch hier scheint das Sterben unter den Kranken der Besazung stark umgegangen zu sein. Von des Hauptmann Zahm's Rekrutentransport hatte das Bataillon 37 Mann Zuwachs erhalten; dennoch hatte sein Bestand bis 31. Oktober sich auf 541 Mann vermindert.

Dritter Abschnitt.

1718—1720.

Der Feldzug im Süden.

Zwei Waffengänge gegen die Ungläubigen hatten nunmehr die Aufbruch aus den Winterquartieren. Württemberger mitgemacht an der Seite der Oesterreicher, der Ungarn, der halbwilden Grenzvölker und der Subsidientruppen aus dem deutschen Reich. Zum dritten Waffengang wurde gerüstet.

Das eben gehörte mit zu den Erscheinungen der ganzen Kriegsweise, daß mit jedem neuen Jahr auf's Neue sich die Kriegsfackel entzündete, daß durch eine Reihe von Jahren hindurch die Kriege sich fortschleppen konnten. Ein Hauptschlag wurde ja selten oder nie geführt, die Armee des Gegners war zum Mindesten nicht das Hauptobject des Kampfes; der Anspruch Sieger zu heißen, gründete sich am Ende auf die Summe der genommenen Stellungen, der eroberten Festungen, die mit den Theilerfolgen des Gegners zusammengehalten und gegen diese abgewogen wurde.

Größere Rüstungen als je hatte Haus Habsburg im Anfang des Jahres 1718 zu machen, wollte es seinen ausgedehnten Besitzstand nach allen Seiten hin gehörig wahren. Während an der Donau und an der Sau die Fahne Mahomeds zu sinken begann, waren an den Küsten des Mittelmeeres neue Feinde erschienen. — Den Spaniern galt's, die Zeit des Türkenkriegs zu nützen und den alten Bestand ihres Reichs wiederherzustellen. In Oesterreichs Interesse mußte es liegen, schnell den Türkenkrieg zu endigen, sei's auf kriegerischem, sei's auf friedlichem Weg und mit ganzer Kraft dem westlichen Gegner in den Weg zu treten.

Das im Gömörer Komitat liegende Regiment erhielt Mitte des Monats März 1718 Befehl sich marschfertig zu halten. Am 1. April solle abmarschirt werden ins Feld mit vollständiger Rüstung. — Um alle Requisiten, die dem Regiment im Feldzug des verflossenen Sommers abhanden gekommen waren, zu ersezen, hatte der Oberst von Köwi aus den Regimentsquartiermeister nach Wien geschickt, wo er die nöthigen Einkäufe besorgen sollte.

Erst am 20. April aber wurden mit Sack und Pack die Winter=quartiere verlassen. In der Richtung auf Szegebin ging der Marsch über Miskolcz und Czolnok; von da über die große Haibe durch Peterwarbein auf das Rendezvous Semlin, wo das Regiment am 26. Mai eintraf. — Die Märsche waren zum Theil sehr anstrengend, die Verpflegung schmal; nur das rauhe Futter war vom Lande zu erheben; Brod und Haber lieferten die Magazine.

Krankheit, Erschöpfung verbunden mit der Desertion während des Marsches brachten den ohnehin geringen Stand des Regiments noch mehr herunter; mit kaum 1500 Mann, das bisher in Belgrad garnisonirende dritte Bataillion eingerechnet, wurde ins Lager von Semlin eingerückt. Am 7. Juni endlich kam ein Rekrutentransport von 205 Mann an, der den Stand wenigstens wieder bis auf 1696 Mann erhöhte.

Täglich kamen neue Regimenter an und die Generale, die in der neuen Kampagne Kommandos übernehmen sollten. Am 8. Juni landete Prinz Eugen, der die Donau herabgefahren kam, unter drei=maliger Salve der Kriegsschiffe und der Geschütze auf den Wällen der kaiserlichen Festung Belgrad.

Bei den nun vorgenommenen Musterungen bekam Oberst v. Hel=benbrand einen schweren Stand gegenüber den visitirenden Generalen wegen des großen Abgangs am kompleten Stand. „Es haben Prinz Eugeni, hochsstl. Durchl., wie auch noch Viele von der hohen Gene=ralität sich nicht sowohl über die späte Ankunft als vornehmlich über die geringe Zahl der Rekruten verwundert und dabei gefragt, wann dann der andere Transport eintreffen werde; worauf benenselben, in unterthänigster Zuversicht, daß Ew. Hochsstl. Durchl. den zur De=cadence bero löblichen Regiments gereichenden großen Abgang be=herzigen, zur Antwort gegeben, daß selbiger innerhalb Monatsfrist in größerer Anzahl anlangen dürfte, wobei auch zugleich die Excuse eingewandt, daß die Werbegelder von dem hochlöblichen Hoftkriegs=rath noch nicht bezahlt wären; allein diese ist von benenselben in Zweifel gezogen und mir zugleich bedeutet worden, daß solches nicht sein könne, indem das Dekret schon längstens dahin ergangen; und falls die Zahlung nicht geschehen, so müßte nur derjenige, so die Gelder zu sollicitiren gehabt, die Schuld haben, daß er sich um solche nicht besser beworben.

Es ist Jammer und Schade, daß die noch wenige alte Mann=
schaft, welche noch ziemlich wohl aussiehet, durch die vielen und har=
ten Feldbdienste so sehr zu Grunde gehen solle, welches augenscheinlich
geschehen muß, wann dieselbe nicht bald wiederum mit einem zahl=
reichen Transport erfreuet wird, als warum Ew. Hochfstl. Durchl.
ich nochmalen in tiefster Submission höchstflehentlich angehe, und um
Gottes Willen bitte, dero löbliches Regiment, welches ja eben so
wohl, als dero Haustruppen, eigenthümlich ist, mit der Conservation
in allen Gnaden zu bedenken.

Das Bataillon, so noch zu Belgrad in Garnison liegt, sieht
nach dessen geringer Anzahl der noch übrigen wenigen alten Mann=
schaft noch recht wohl aus und ist dießfalls des Hauptmanns Schnei=
der bei dessen Kommando erwiesene gute Conduite lobenswürdig,
wie denn der Herr General und Kommandant D'bwyer ihm in meiner
und vieler Offiziere von der Garnison Anwesenheit seine bezeugte
Vigilanz öffentlich angerühmt, mit Vermelden, daß ihm wohl noch
ein Mehreres anzuvertrauen wäre, wonebst er sich auch mit dem
Bataillon vollkommen satisfait bezeuget."

Dem Ausbruch der Feindseligkeiten waren in diesem Frühjahr Friedensun=
terhandlun=
gen.
die Friedensunterhandlungen zuvorgekommen. Nur gegen unbedeu=
tende Streifereien der türkischen Irregulären war die Grenze zu
schüzen. So wurde gegen Woloya hin ein Detaschement abgeschickt,
bei dem sich auch der Major v. Menzingen befand mit 28 Mann
von jeder Kompagnie.

Während die Armee in zuwartender Stellung blieb, hatten zu
Passarowiz auf der einen Seite die österreichischen und venetianischen,
auf der andern die türkischen Bevollmächtigten ihre Zelte geschlagen,
zwischen beiden Theilen das Konferenzzelt, sich zu einigen über den
Friedenstraktat. — Rings um Passarowiz, auf 2 Meilen im Umkreis
war das Gebiet neutral; Erdhaufen und verkehrt eingesezte Bäume
bezeichneten die Demarkationslinie.

Das Gelingen des Werks hatte um so mehr Aussicht, als der
neue Vezier Ibrahim Pascha seiner guten Eigenschaften wegen im
besten Rufe stand und zum Frieden sehr geneigt war; dem Prinzen
Eugen sei er zu vergleichen an Sanftmuth und Generosität, an
Treue und Glauben, während der frühere Vezier seiner Lebtage
Nichts gewesen sei als ein Gärtner und Hurenhüter.

Sobald der Friede gesichert sei an der Donau, so solle der
Krieg in Italien mit aller Energie betrieben werden und eine große

Anzahl der Regimenter in Ungarn an die Gestade des Mittelmeeres abmarschiren.

„Der Gesandte von Anjou in Verbindung mit dem Fürsten Rakoczy geben sich bei der ottomanischen Pforte alle Mühe, dem Großsultan die Avantage der Diversion in Italien vorzustellen und wie man sagt, sollen sie alle Kräfte daran strecken, den Frieden zu hintertreiben, allein diese ihre Propositionen finden keine Statt, weilen die Türken sich wohl einbilden, daß sie keine Seide dabei spinnen, sondern vielmehr durch Fortsezung des Kriegs ruinirt werden, zumalen das Verlangen des gemeinen Volks zu Nichts Anderem als zum Frieden gerichtet ist. Allem Ansehen zufolge werden wir Alle zusammen nicht mehr lange hier stehen, maßen die Fourage bereits anfängt rar zu werden, wozu die Dürre und heiße Zeit, so wir von April an bis daher haben, dergleichen auch seit vielen Jahren dahier nicht erlebt worden, großen Anlaß gibt. Dann die zwei verflossenen Kampagnen, so wir hier gethan, sind in Consideration der heurigen Hize und Dörrung nicht zu vergleichen."

Oberstlieutenant v. Streithorst macht seinen Gefühlen in einem Schreiben vom 4. Juli an den Herzog Luft. „Der Friede ist leider mehr als zu gewiß und wollen die Türken ganz und gar Nichts mehr mit uns zu thun haben, ist auch der dermalige neue Großvezier nicht des Teufels werth, doch aber halte ich ihn vor den allergescheidtesten, sonsten würde er vielleicht seinen Kameraden ablösen, der vor einem Jahr hat henken müssen. Wollen Ew. Hochfstl. Durchl. ein Paar Pferde haben, müssen Sie dem Heldenbrand schreiben, damit er mir Geld gibt, so werde einen guten Stallmeister überkommen, der mit mir dahin gehet, um selbige kaufen zu können, ich untersteh' es mich alleine nicht; was den bewußten Goldfalben anbetrifft u. s. f. Uebrigens so rekommandire meinen Lieutenant Sparr Ew. Hochfstl. Durchl. zu hohen Hulden und Gnaden; dabei versichere, daß er ein rechter tüchtiger Kerl ist und Nichts in der Welt verlangt, als seinen lezten Blutstropfen mit Freuden für Ew. Hochfstl. Durchl. herzugeben. Glaube einmal für gewiß, daß unser Regiment mit ehestem nacher Italien abmarschiren wird, wo ich sonsten gewesen bin, da mir nicht viel Gutes widerfahren ist u. s. w." *)

Am 15. Juli 1719 wurde definitiv Friede mit der Pforte geschlossen und noch am selben Tage Nachts 12 Uhr brachen die nach Italien bestimmten Kolonnen aus dem Lager von Semlin auf.

----

*) Schreiben von Lieut. v. Sparr s Beil Nr. 5.

Es waren vorerst 6 Regimenter zu Roß und eben so viele zu Fuß, eingetheilt in drei Kolonnen. Regiment Altwürttemberg mar= schirte zusammen mit dem Regiment Holstein unter Führung des Prinzen von Holstein und in dessen Abwesenheit des Kommandanten vom holsteinischen Regiment, Oberst v. Gettendorff.

Ueber Beczke und Karlowitz ging der Marsch zunächst nach Futak, das am 20. Juli erreicht war.

Ursprünglich war das Regiment bestimmt, über Baya nach Ofen zu marschiren, um von hier des Weiteren nach Italien instradirt zu werden. In Futak erhielt der Oberst Abänderung des Marschbefehls dahin gehend, daß das Regiment mit Vermeidung des Umwegs über Ofen, sofort ins Steiermärkische nach Radkerspurg marschiren solle, wo es weiteren Befehl erhalten werde.*)

Der Stand, mit dem das Regiment aus dem Lager von Semlin zog, war 1594 Mann [in drei Bataillonen; denn das dritte zog eben= falls mit zu Feld]; von diesen gehen jedoch 112 Mann ab vom aus= rückenden Stand als Kommandirte, Abwesende, Kranke.

Den Marsch zu erleichtern, ließ der Oberst alle überflüssigen Ausrüstungsgegenstände gegen Bescheinigung in den kaiserlichen Ma= gazinen zurück.

Von Futak brachen beide Regimenter, Holstein und Altwürt= temberg, am 22. Juli auf, marschirten die Donau aufwärts über Palanka und kampirten am 23. zu Bukin beim Provianthaus. — Um das Brobfassen vorzubereiten, wurden die Fouriere immer den Tag vor dem Eintreffen des Regiments vorausgeschickt, den betreffen= den Magazinsbeamten die nöthige Anzeige zu machen.

„Am 24. und 25. wurde bei Bukin gerastet, am 26. längs der Donau hinaufmarschirt und zwei Stunden unterhalb Bukovar bei Novosello die Mannschaft auf Schiffen, die Bagage aber auf Plätten, über diesen Fluß gesezt, womit wir zwei ganze Tage zugebracht, welches dann auch verursacht, daß beide, das Durlachische und Braunsche Regiment, welche doch erst den 20., also 4 Tage nach uns von Semlin aufgebrochen, aber allezeit diesseits der Donau ge= blieben, uns den 27. eingeholt, auch den 28. um 1 Uhr nach Mitter= nacht aufgebrochen und gleich vor uns her durch Bukovar marschirt, auch nahe bei diesem Orte neben uns das Lager geschlagen. — Den 29. sind wir bis Tallya gekommen, allwo wir einen Rasttag gehalten und den 31. bei Esseg angelangt, woselbst wir den 1. Au=

---

*) Marschroute s. Beil. Nr. 6.

gust die Drau passiren müssen, und also Durlach und Braun, welche der Marschroute von Hessen und Anspach gefolgt, und erst bei Warasbin über die Drau sezen werden, verlassen haben.

Den 2. August haben wir bei Racskalu, den 3. bei Siklos kampirt, und den 4. gerastet, worauf wir den 5. auf Bagoba, allwo wir den 6. geblieben und den 7. hieher ins Lager eine Stunde von der kleinen Festung Szigeth gekommen, da wir dann heute wiederum aus Mangel des Wassers allhier bei Szigeth einen Rasttag gehalten und morgen unweit Szigeth kampiren werden.

Den 9. August ward durch Szigeth marschirt nach Darany, den 10. auf Babocza, allwo wir den 11. gerastet, den 12. auf Berzencze, den 13. auf Patro gekommen, wo das löbliche Regiment einen Rasttag gehalten, da indessen das Regiment Holstein, welches die Avantgarde gehabt, selbigen Tages bei Legrab auf Schiffen die Mur passirt und auf der Insel, welche die Drau und Mur formiren, kampirt, dem wir sodann am 15. nachgefolget und bei Dubrawa das Lager geschlagen. Den 16. sind wir bei Fetewecz und den 17., nachdem wir durch Czakatur marschirt, zwischen Nova Kuria und Maros zu stehen gekommen, allwo wir den 18. gerastet; den 19. haben beide löbliche Regimenter angefangen, sich zu separiren, so daß wir eine Stunde weit besser rechts gegangen und bei Wernsee, das Regiment Holstein bei Lottenburg kampirt, woselbst auch, als in dem Steiermarkischen, der Anfang mit den Etappen gemacht worden. Den 20. bin ich mit dem löblichen Regiment auf Radkerspurg gekommen, allwo ich heute einen Rasttag gemacht und morgen, geliebt es Gott, mit dem sämmtlichen Regiment in corpore den Marsch durch das Steyrische fortsezen werde, inzwischen aber ist Holstein liegen geblieben und wird uns auf dem Fuß nachfolgen. — Die Etappen, welche in zwei Pfund Brod, einem Pfund Fleisch nebst einer Halbmaas Wein oder Bier bestehen, werden dem gemeinen Mann für jezo noch in Natura gereicht; dem Offizier aber wird für eine Mundportion 8 Kreuzer bezahlt."

In 36 Tagen war der Weg von Semlin bis Radkerspurg zurückgelegt. Im Allgemeinen betrachtet sind die Märsche mäßig, ihre Länge von 2–4 geogr. Meilen; neben 27 Marschtagen finden sich 9 Rasttage. — Die Verpflegung scheint, in Folge der getroffenen Maßregeln, eine sehr regelmäßige gewesen zu sein. —

Von Radkerspurg an marschirte das Regiment an der Spize der Kolonne, Holstein folgte. — Viele nach Italien zu dirigirende Regimenter, aus den Ebenen Ungarns hermarschirend, drängten sich

gegen die Päſſe Kärnthens und Tyrols zuſammen. Deßhalb eine
Menge Stockungen und Aufenthalt während des Marſches. Zudem
duldete die Tyroler Landſchaft es nicht, daß Maſſen wie Regimenter
ungetheilt durchs Land paſſirten; der Durchzug mußte bataillons=
weiſe geſchehen.

So ſehen wir die Regimenter Anſpach und Heſſen, ihnen fol=
gend Altwürttemberg und Holſtein in langer Reihe das Drauthal
aufwärts gegen Lienz hin nach dem Puſterthal ziehen, um hier ſich
in Bataillone aufzulöſen und ſo durch Tyrol nach Oberitalien zu
marſchiren.

Am 22. Auguſt 1718 wird von Radkerspurg aufgebrochen
gegen Muregg; am 23. iſt Leibnitz erreicht, am 24. wird Raſt=
tag gehalten. Die Märſche vom 25. und 26. führen das Regi=
ment über die hohen Felſenberge, die hier Steiermark und Kärnthen
ſcheiden, ins Drauthal hinab nach Unterbrauburg; am 27. wird
hier geraſtet; der 28. führt bis Lavamund. Zwei Tage bleibt das
Regiment hier liegen wegen Stockungen des Marſches; am 31.
Auguſt wird Völkermarkt erreicht; am 1. September Klagenfurt; am
3. Villach.*)

Sei es die größere Nähe des Heimathlandes oder die Abneigung
vor dem Dienſte in Italien, — Oberſt v. Heldenbrand hat eben
jezt wieder mehr als je über einreißende Deſertion zu klagen. „Seit
dem 8. Auguſt ſind 20 Mann ausgeriſſen, ſechs ſind wieder attra=
pirt worden, wovon nach dem im Kriegsrecht geſprochenen Urthel
zwei gehenkt und einem Naſe und Ohren abgeſchnitten, der Dritte
aber, welcher auch zu dem Strang condemnirt geweſen, auf Inter=
ceſſion Ihro Durchl. des Prinzen von Holſtein Frau Gemahlin wegen
ſeiner bezeugten Einfalt pardonnirt und die Uebrigen mit einer ſcharfen
Regimentsſtrafe angeſehen worden. — Dieſem einreißenden Uebel
vorzubeugen, habe ich nicht allein bei dem ganzen löblichen Regiment
verſprechen laſſen, daß wer ein Komplott von einiger angeſponnener
Deſertion hören und anzeigen würde, der ſolle ſich einer Belohnung
von zwei Piſtolen getröſten, ſondern ich habe auch gegen andere
hinter uns marſchirende Regimenter ſowohl als vornehmlich auch
gegen die Landleute und Einwohner die Verheißung gethan, daß wer
einen Deſerteur von dem löblichen Regiment anzeigen oder einliefern
würde, derjenige ſoll zwei Dukaten von mir erhalten, welches dann
auch ſo viel gefruchtet, daß wirklich zwei herbeigebracht worden, und

*) Tabelle des ganzen Regimentsſtands ſ. Beil. Nr. 7.

will ich hoffen, daß hiedurch dieses Laster ziemlich gehemmt werde, wiewohlen doch an dem Tag der Exekution, nachdem solche vollzogen gewesen, gleich wiederum drei durchgegangen. Indessen ist es in Ansehung anderer Regimenter und in Specie Holstein noch leident= lich, allermaßen von diesem öfters in einer Nacht 10—15 ausge= rissen, daß es auch bereits 80 Mann in solchem Abgang erbulbet. Man sagt, daß noch viele Leute von unterschieblichen Regimentern zu Graz seien, die aufgefangen worden."

In Fortsetzung des Marsches gegen Spital hin ist das Regi= ment getheilt in zwei Kolonnen; die erste unter des Obersts eigener Führung bestehend aus den zwei Grenadier= und sieben Mus= ketierkompagnieen; die zweite mit dem Rest des Regiments unter Oberstlieutenant v. Streithorst. — Ueber Greiffenburg ward am 10. September Oberbrauburg erreicht und am 12. nach vielen von den Tyrolern gemachten Diffikultäten in Lienz eingetroffen. Weiter ging der Marsch das Pusterthal abwärts durch den wohl befestigten Paß über Silian, Brunneken nach Mühlbach, wo die erste Kolonne am 18. September eintraf.

Nun gings südwärts der italienischen Grenze zu hinab das Ei= sack= und Etschthal über Brizen und Klausen, am 21. auf Botzen; von hier über Neumarkt, Lavis, Trient, Roveredo, Borghetto; am 30. September ward die Grenze erreicht und bei Campara stand das Regiment auf venetianischem Boden.

Allgemeine Kriegslage in Italien. In den Friedensschlüssen zu Utrecht, Rastabt und Baden, welche den österreichischen Erbfolgekrieg endigten, sah sich Spanien aus der präponderirenden Stellung, die es in den vorangegangenen Jahr= hunderten, wenn auch in stets sich mindernder Weise, behauptet hatte, vollends ganz und gar verdrängt. Sein Besitz in den Niederlanden und in Italien war großentheils auf Oesterreich übergegangen, An= deres war an andere Mächte gefallen. Am meisten hatte Oesterreich seine Grenzen erweitert; das Gebiet von Mailand, das Königreich Neapel, die Insel Sardinien war mit der habsburgischen Krone ver= einigt; die Insel Sizilien stand unter Savoyens Scepter.

Machtlosigkeit hielt zunächst Spanien zurück, das Verlorene durch einen Gewaltstreich wieder zu gewinnen. Als der Türken= krieg jedoch, in den Oesterreich verwickelt war, günstige Chancen ver= sprach, lag die Aufforderung für Spanien nahe, dem gekränkten Ehrgeiz und der Herrschsucht, die in seinem Minister, dem Kardinal Alberoni, ihren entschiedensten Ausbruck fanden, Rechnung zu tragen.

Alberoni gehörte mit zu den Diplomaten jener Zeit, die göttliche wie menschliche Geseze verachtend, voll Frivolität, Schamlosigkeit und Gemeinheit die energielosen Könige sowohl wie die unmündigen Völker unumschränkt beherrschten. Unter dem Vorwand, dem Kaiser beizustehen gegen die Ungläubigen, hatte er Heer und Flotte gerüstet. Mit Viktor Amadeus, dem schlauen König von Savoyen, hatte er Verabredung getroffen, daß er für ihn das Gebiet von Mailand gewinnen werde; dafür sollte das spanische Heer ungehindert Besiz von der savoyischen Insel Sizilien nehmen dürfen, um von hier aus das Königreich Neapel zu bedrohen. Im Juli 1717 landeten die Spanier auf Sardinien, besezten die ganze Insel, und verstärkt durch ein neues Heer und eine neue Flotte sezten sie sich in Sizilien und auf den liparischen Inseln fest.

Die weitaussehenden Plane des „kolossalen Karbinals" zu hintertreiben, war eine Trippelallianz geschlossen zwischen England, Frankreich und Holland, die durch den Beitritt Oesterreichs zu einer Quadrupelallianz wurde.

Die Flotte der Engländer unter Admiral Byng sollte die österreichische Landarmee, deren Führung dem General Grafen Mercy übertragen war, in ihren Operationen gegen die vom Feind besezten Inseln sekundiren.

Dieß die allgemeine Lage der Dinge zu der Zeit, als Regiment Altwürttemberg italienischen Boden betrat, um an einem Feldzug sich zu betheiligen, der mit zu den blutigsten und aufreibendsten im ganzen Jahrhundert gehört.

In Campara erhielt der Prinz von Holstein die Dislokation für Garnison in Oberitalien. die in Italien einrückenden Regimenter. „Zu meinem Leidwesen habe ich erfahren müssen," schreibt Oberst v. Heldenbrand, „daß diejenige Garnison, welche ich jederzeit befürchtet, das löbliche Regiment betroffen (nehmlich Mantua). Um diesen ungesunden und beschwerlichen Ort nun abzubitten, habe an möglichen Vorstellungen Nichts ermangeln lassen, sondern gleich von Campara aus einen Kapitän, nehmlich den Schneider, mit einem Schreiben an den Fürsten von Löwenstein nach Mailand geschickt, worin ich folgende Umstände mit zu erwägen gegeben, daß nehmlich das löbliche Regiment einen großen Abgang hatte, und noch dazu hier viele Kranke wären, auch ein anderer Krankentransport in dem Marsch von Semlin anher begriffen und mithin die noch übrige Anzahl der alten Mannschaft viel zu gering wäre, die vorfallenden schweren Dienste zu bestreiten;

es möchte also Se. Fstl. Gnaden dem löblichen Regiment in Regard
Ew. Dchl. eine leibentlichere Garnison angebeihen laffen,*) zumalen
hier, als an einem fehr ungefunden Ort, zu beforgen ftünde, baß
nicht allein die große Anzahl der Kranken nicht wieder genefen, fon=
bern die noch wenigen Gefunden auch erkranken und mithin das
löbliche Regiment keines Wlederauffommens fich getröften dürfte. —
Diefen Brief hat nun der Hauptmann Schneiber des Fürften von
Löwenftein Gnaden, als biefe mit anderen Generaur in Conferenz
gefeffen, behänbigt, auch noch fernere weitere Vorftellungen münblich
gethan, worauf biefelben den Brief einem andern General kommuni=
cirt und die Verficherung ertheilt, baß es nicht also bleiben, fonbern
noch eine Aenberung folgen werde.

Von Campara find wir den 1. Oktober in das mantuanifche
Gebiet auf Goito gekommen, allwo ich die Orbre erhalten, mit ber
erften Kolonne die zweite bafelbft abzuwarten und nach beren An=
kunft mit dem ganzen Regiment in Mantua einzurücken. Weil aber
bas hier in Garnifon liegende Heydukenregiment Giulay von hier
nach Neapolis zu marfchiren beorbert worden, fo ift ben 3. Oktober
früh die Contreorbre eingetroffen, baß ich mit ber erften Kolonne
ungefäumt von Goito aufbrechen und nach Mantua ziehen folle,
welches auch gefchehen und nunmehr heute, ben 6. Oktober, bie
zweite Kolonne barauf nachgefolgt, baß alfo bas ganze Regiment
allhier in biefer fehr ungefunden und befchwerlichen Garnifon liegt,
allwo nicht allein ftarke Wachten gegeben, fonbern auch an anbere
auswärtige Orte, als Goito 30 Mann, Miranbola 120, Comacchio
400, Pontacholin 24 unb auf bie hiefige Citabelle 300 Mann, beta=
chirt werben, zu beren Beftreitung nicht mehr bann bas löbliche
Regiment unb bas Traunifche allhier ftehen, welches leztere nur in
zwei Bataillonen befteht, unb fobalb bas Durlachfche Regiment an=
fommt, abmarfchiren unb von biefem abgelöst werben wirb.

Beim Einrücken in Mantua haben bes Herrn Generalfelbmar=
fchalls Lanbgrafen von Heffen=Darmftabt fürftl. Dchl. bie erfte Ko=
lonne in Augenfchein genommen unb ein großes Wohlgefallen bar=
über fowohl wegen ber Mannfchaft als auch wegen ber Ausrüftung
bezeuget."

<hr />

*) Ende September fchon hat Herzog Eberharb Lubwig an ben Fürften
von Löwenftein, Gouverneur von Mailanb, unb an ben Prinzen von Heffen=
Darmftabt, Gouverneur von Mantua, fich gewenbet mit bem Anfuchen, fein
Regiment betreffs ber Garnifon thunlichft zu berückfichtigen.

Wenige Wochen nach dem Einrücken des Regiments in Mantua hatte der Krankenstand sich schon von 50 Mann auf 130 erhöht; eine Reihe von Todesfällen begann den ohnehin schwachen Stand zu vermindern. Erwünscht war es unter diesen Umständen, daß schon Anfangs Oktober der Hauptmann v. Schlewiz mit 166 Rekruten eintraf, wodurch das Regiment auf 1706 Mann kam. Eine weitere Gelegenheit zur Ergänzung der Mannschaft bot sich in dem Umstand, daß Venedig, das im Verein mit Oesterreich seinen Frieden mit der Pforte gemacht, nunmehr begann, seine deutschen Regimenter als: Waldeck, Jung-Dettingen, Alt-Dettingen und andere, die unter General Graf Schulenburg in Morea gefochten, zu entlassen. An der venetianisch-tyrolischen Grenze bei Borghetto fand die Abbankung statt, für Werber eben der rechte Platz. Die Lieutenants v. Stutterheim und Grappentin wurden sofort abgeschickt, um möglichst viele Mannschaft für das Regiment zu gewinnen. Später ward die Werbung verboten, da der Kaiser beschlossen habe, die ganzen aus Venedigs Sold austretenden Regimenter zu übernehmen; doch waren im Ganzen 116 Mann auf diese Weise ins Regiment eingestellt worden. *)

Der bienstthuende Stand wurde noch des Weiteren vermehrt durch Eintreffen eines aus 66 Mann bestehenden Transports von solchen Leuten, die im Spital zu Semlin genesen waren.

Der Mannschaftsstand im Regiment hielt sich so auf einer Höhe, wie es der Oberst kaum gehofft hatte. In anderer Beziehung aber waren es schlechte Auspicien, unter denen das Regiment den Boden Italiens betrat. — Stets war das kaiserliche Aerar sehr säumig gewesen mit Auszahlung der Gelder; im verflossenen Sommer aber waren gar nur zwei Monatgelder ausbezahlt worden, alles Andere befand sich noch im Rückstand.**)

Innere Verhältnisse des Regiments; Kasse.

---

*) Der Oberst gratulirt dem Herzog zu diesem Geschäft, da ihm daraus ein Avantage von mindestens 1000 fl. erwachsen dürfte, gegenüber einer gleichen Anzahl von Rekruten, die man erst aus dem Vaterlande anher transportiren müßte.

**) Die Abrechnung des Regiments mit dem kais. Aerar vom 1. Mai 1716 bis 30. November 1718 gestaltet sich so:

Gebühr	357,145 fl. 35 kr.
Baar erhalten	220,587 fl. 58 kr.
An Naturalien im Feld, auf dem Marsch, im Quartier	92,684 fl. 4 kr.
Rest	43,873 fl. 33 kr.

Bei dem unbedeutenden Stand der Kasse kam der Oberst eben jezt schwer ins Gedränge. · Die Feldzüge, die langen Märsche hatten die Ausrüstungsgegenstände *) und namentlich die Bekleidung in hohem Maße mitgenommen. Auf dem lezten Marsch hatte jeder Soldat ein Hemd, ein Paar Schuhe und ein Paar Sohlen zerrissen; die kleine Montur mußte vollständig neu ergänzt werden. Die große Montur war meistentheils verfallen und in üblem Stande; um Tücher zu besorgen, wurde Hauptmann Schneider nach Wien und Iglau geschickt. Endlich waren auch die Fahnen so zerrissen, daß in Bälde neue angeschafft werden mußten, und zwar befahl der Herzog, daß die neuen Fahnen von derselben Form und Farbe sein sollen wie die alten, daß der kaiserliche Adler in der Mitte nicht anzubringen sei.

Die Auszahlung der längst fälligen Gelder vom kaiserlichen Aerar zu betreiben, begab sich der Oberst Anfangs November selbst nach Mailand zum Fürsten von Löwenstein, und erhielt dort die Versicherung, daß sich das Regiment alles Guten vom kaiserlichen Kommissariat zu versehen habe; was er an Geld davon trug, war um so weniger.

Auch von Seiten der Offiziere werden sehr beredte Klagen laut über ihre schlechte finanzielle Lage. Unregelmäßig und verzögert erhalten sie ihre Gage; nicht wenig haben sie auf den weiten Märschen an ihrer Equipirung eingebüßt; Lebensmittel, Fourage und Holz finden sie in Italien über die Maßen theuer.

Von Veränderungen im Stand des Offizierskorps ist nur anzuführen, daß Lieutenant Ißler vom Herzog zu seinen Haustruppen abberufen wurde. Die Ernennung des Fähnrichs Kieffer an seine Stelle bringt unter sämmtlichen Fähnrichen nicht geringe Aufregung

---

Von den baar empfangenen 220,587 fl. 53 kr.
    sind in 2½ Jahren ausgegeben für Sold,
    Montirung und Feldrequisiten . . . 183,587 fl. 58 kr.
Zur Werbung vorgeschossen . . . . 4,000 fl. — kr.
Verbleiben in Kasse . . . . 33,000 fl. — kr.

*) Verschiedene Ausrüstungsartikel, die das Regiment auf dem Marsch mit sich geführt, waren in Bozen in des Sonnenwirths Haus zurückgelassen und zwar:

    689 Degen,
    448 Bajonnets,
    294 Patrontaschen.
    193 Kuppeln,
    95 Flintenriemen.

hervor. Der sonst gewöhnliche Gang des Avancirens nach dem Dienstalter war in zu verlezender Weise verlassen worden. Die älteren Fähnriche hatten den ganzen ungarischen Feldzug mitgemacht, alle werden übergangen und der neunte dem Dienstalter nach, erst kürzlich von Garde du corps hervorsezt, wird zum Lieutenant ernannt. *)

Fähnrich v. Geyling trug die Sache der Fähnriche dem Oberst vor, der sich ihrer dem Herzog gegenüber in würdiger Weise annahm. Besonders warm empfahl er den Fähnrich v. Geyling, der ein so wackerer und braver Kavalier sei, wie man nur einen finden könne, der bei jeder Aktion sich ausgezeichnet und sich die Anerkennung seiner Vorgesezten erworben habe, wie er denn auch schon mehrfach verwundet war.

Auf diese Vorstellungen hin wurde v. Geyling zwar ebenfalls zum Lieutenant ernannt: allein in scharfer Weise fügte der Herzog bei, daß die Offiziere sich aller Remonstrationen und Raisonnements bei derartigen Promotionen zu enthalten hätten, sonst würde er auf eine ganz empfindliche Art einschreiten.

Zur Vornahme neuer Werbungen wurden in die Heimath kommandirt der Lieutenant v. Hohnstedt, Fähnrich v. Schleppegrell mit etlichen Unteroffizieren und Tambours. Außerdem gingen mit Erlaubniß ins Herzogthum ab der Oberstwachtmeister von Menzingen, die Hauptleute Zahm und Müller.

Indessen waren mit Ausgang des Jahres 1718 von den in Oberitalien stehenden Regimentern viele nach Neapel beordert worden,

*) Die Liste des Dienstalters der Fähnriche ist folgende:

L. W. v. Geyling . .	1. Jan. 1715.
J. E. v. Keßlau . .	12. März 1716.
J. v. Keßlau	12. März 1716.
F. A. Dupond . . .	13. März 1716.
E. H. v. Schleppegrell	14. März 1716.
J. F. v. Herwarth . .	15. März 1716.
C. G. v. Debschüz . .	17. März 1716.
F. R. v. Eichelsberg .	18. März 1716.
R. R. Kieffer . . .	6. April 1716.
M. Balleisen	16. Dezbr. 1716.
J. Münzmaler . . .	1. Febr. 1717.
R. R. v. Kroneck . .	1. Mai 1717.
R. R. Koch	16. Juni 1717.
R. R. Dolb	26. Juli 1717.
R. R. Mayerhofer . .	9. Aug. 1717.

um von da nach Sicilien übergesezt zu werden. Mit dem Frühling 1719 sollte der Krieg dort mit aller Energie geführt werden. Auch Regiment Altwürttemberg erhielt in den ersten Tagen des Dezembers Ordre, sich marschfertig zu halten, um sofort abgehen zu können; seine Bestimmung sei Sicilien.

Mit Zurücklassung von 150 Kranken rückte am 6. Dezember 1718 das Regiment aus Mantua mit der Ordre, zunächst nach Lodi zu marschiren, um daselbst Garnison zu beziehen. Schon in Cremona aber, das am 9. erreicht war, erhielt es Befehl, anzuhalten und sich zum Marsch nach Neapel fertig zu machen. *)

Mit dem Regiment zugleich nach Unteritalien zu marschiren waren noch Holstein und Hessen bestimmt unter Führung des Prinzen von Hessen und des Generals v. Diesbach. Jedes der angeführten Regimenter hatte sich in drei Kolonnen zu theilen. Bei Altwürttemberg führte die erste Kolonne Oberst v. Helbenbrand, die zweite Hauptmann v. Nostiz und die dritte Oberstlieutenant v. Streithorst.

Am 20. Dezember hatte die erste Kolonne aufzubrechen; mit je 2 Tagen Zwischenraum folgten die anderen vom Regiment nach und hierauf die von Holstein. **)

Durch das Gebiet von Parma, Modena führte der Marsch bei Bologna in den Kirchenstaat. Allenthalben vom besten Wetter begünstigt, hatte der Mann nur darüber zu klagen, daß keinerlei Zulage an Naturalien, so wie in Steiermark und Tyrol die Etappen

---

*) Marschroute s. Beilage Nr. 8.

**) Die Regimenter, welche zur Zeit in den Königreichen Neapel und Sicilien standen, waren folgende:

Reiterei:

Gronsfeld,	Tige,
Hannover,	Anspach,
Biskonti,	Roma.

Infanterie:

Guido Stahremberg,	Obwyer,
Baireuth,	Joseph v. Lothringen,
Max Stahremberg,	Nesselrob,
Königsegg,	Anspach,
Zumjungen,	La Marina,
Wezel,	Alt Württemberg,
Wallis,	Holstein-Bel,
Toldo,	Hessen-Kassel.

es boten, zu dem Magazinsbrod gereicht wurde. Alles mußte um baares Geld gekauft werden.

Im Uebrigen waren die Märsche mäßig berechnet, die Rasttage zahlreich. — Ein besonderes Uebel lag namentlich auf päpstlichem Gebiet darin, daß hier eine Menge heimlicher Werber für den Herzog von Anjou sich aufhielt und durch hohes Handgeld von den durchmarschirenden Regimentern Manche zum Ausreißen verleitete. So gingen zu Ankona in einer Nacht 18 Mann vom Regiment durch.

Die Via Aemilia verlassend ging der Marsch des Regiments von Macerata aus nach Südwest den Apenninen zu, deren Kamm zwischen Serravalle und Casenuove überschritten wurde; von Foligno aus südwärts nach dem Tiberthal. Bei Narni wurde dieses erreicht, dann drehte sich der Marsch ostwärts um Rom; einen kleinen Tagmarsch zur Rechten lag die ewige Stadt.

Am 3. März rückte der Oberst mit der ersten Kolonne in Neapel ein; an den folgenden Tagen kamen die übrigen nach; das Regiment fand sich zusammen in der Stärke von 1664 Mann.

In Sizilien, wo der einzige Ort Melazzo noch von den Kaiserlichen gehalten wurde, seien diese in übler Lage; eng eingeschlossen in ihr befestigtes Lager haben sie schwere Verluste durch Krankheiten sowohl als durch die Angriffe der Spanier zu leiden. Nur eiligst abgeschickte Verstärkungen können ihnen Luft machen und die kaiserliche Sache auf der Insel wieder in Aufnahme bringen. — Binnen Kurzem glaubte daher Oberst v. Heldenbrand einer Einschiffung entgegen sehen zu dürfen. Die nöthigen Vorbereitungen jedoch waren Grund zu längerer Zögerung.

Während der Monate März und April sammelten sich zu Neapel und Bajä allmählich die Transportschiffe, dreihundert an der Zahl, und zu ihrer Bedeckung 24 Kriegsschiffe unter Admiral Byng.

Am 16. April erhält das Regiment Befehl, sich fertig zum Abmarsch zu halten; die schwere Bagage hat über Kalabrien zu gehen; auf die Schiffe soll möglichst wenig Gepäck und Troß mitgenommen werden; einem Oberst sind blos 3 Pferde mitzunehmen gestattet, den übrigen Stabsoffizieren zwei, dem Hauptmann eines; Lieutenant und Fähnrich dürfen keine Pferde einschiffen. Ende April kommt General Graf Mercy in Neapel an, um das Kommando über das Expeditionskorps zu übernehmen. Alle Vorbereitungen gehen aber mit unglaublicher Langsamkeit vor sich, von Tag zu Tag wird die Einschiffung verschoben.

Der Hafen von Neapel ist für die Reiterei bestimmt;*) die Infanterie soll in Bajä die Schiffe besteigen und wird allmählich von Neapel her näher an diesen Hafen gezogen. — In Folge hievon erhält das Regiment am 15. Mai Befehl, mit Sack und Pack Neapel zu verlassen und bei Pozzuoli, anderthalb Stunden von Neapel, zu kampiren.

Faschinen in großer Anzahl werden angefertigt, um auf die Schiffe verladen zu werden; jeder Grenadier erhält 4 Granaten; Schweinsfedern sollen in Bälde ausgetheilt sein. Da nun diese in Ungarn in den Zeughäusern zurückgelassen waren, so wird an ihrer Beschaffung zu Neapel über Hals und Kopf gearbeitet. — Bereits sind die Transportschiffe an die einzelnen Regimenter vertheilt; das Regiment bekommt 8 große Schiffe nebst 4 kleinen Tartanen. Jeden Tag sieht man dem Befehl zur Einschiffung entgegen.

Angesichts solcher Lage der Dinge hatte der Oberst nur zu beklagen, daß obwohl der Regimentsquartiermeister Luther in bringendster Weise zu Mailand beim kaiserlichen Aerar die Sache des Regiments vertrat, doch nicht einmal Abschlagszahlungen an den Rückständen vom ganzen Winter her zu erhalten waren. Eine einzige

---

*) Die zur Expedition bestimmten Regimenter sind:

Reiterei:

Anspach,		
Gronsfeld,		
Hannover,		
Visfonti,		
Lige,		
—————:	. . . .	3,550 Mann.

Infanterie:

Alt Württemberg . .	3	Bat.
Toldo	1	„
Holstein	3	„
Seckendorff . . .	1	„
Hessen	3	„
Löffelholz	1	„
Ottokar Stahremberg	1	„
Wezel	1	„
Traun	3	„
	17	Bat.
—————:		11,200 Mann.

Monatsgage hatten die Offiziere im lezten halben Jahre erhalten. „Es ist mit Auszahlung der Regimenter hier schlecht bestellt, und will nirgends kein Geld heraus."

An Ergänzung des Regiments durch Rekruten war in der näch= sten Zeit nicht zu denken. Hauptmann Dupond hatte zwar schon im März 1719 vom Herzogthum über Augsburg, Füssen, Reuti, Insprud marschirend, Mantua erreicht. Hier wurde er jedoch längere Zeit zurückgehalten, damit ein größerer Transport von verschiedenen Regi= mentern mit Einem Mal nach Unteritalien expedirt werde könne. Von Mantua ging er erst um dieselbe Zeit ab, als das Regiment sich in Neapel zur Einschiffung fertig machte.*)

Kurz vor der Abfahrt trafen die Hauptleute Zahm und Müller aus ihrem Urlaube beim Regiment ein. Major v. Menzingen fehlte noch und war dem Oberst zur Zeit sein Aufenthalt nicht bekannt. In Neapel blieb zurück Lieutenant Lepplin mit den Kranken.

In der ersten Frühe des 20. Mai 1719 endlich ward vom Lager bei Pozzuoli an die bei Bajä ankernden Schiffe marschirt. Mit höch= ster Eile wurde den ganzen Tag über die Einschiffung betrieben. Nachts 11 Uhr war das Geschäft vollendet; Alles war zur Abfahrt fertig. — In der Vorhut befanden sich auf kleineren Fahrzeugen sämmtliche Grenadierkompagnieen, die zuvor alle kompletirt worden waren, unter Leitung des Obersten von Neuberg und des Oberstlieute= nants von Streithorst. Sie waren zur ersten Anlandung bestimmt und sollten zunächst festen Fuß fassen auf der zu erobernden Insel.

Widrige Winde verzögerten die Abfahrt; erst am 22. Mai Nach= mittags 5 Uhr rollte vom englischen Admiralschiff herüber der Kano= nenschuß, das Signal für die Schiffe zur Abfahrt, die Losung für Tausende von Streitern, mit deutschem Blute noch einmal zu käm= pfen um den Besiz der edeln Insel.

Der Boden weniger Länder mag von so verschiedenartigen Fein= den zerstampft worden sein, wie der des ehrwürdigen Sikeliens. Hin= geworfen zwischen zwei Erdtheile war es der Tummelplaz der fremd=

---

*) Nicht ohne Interesse mag die beiläufig von Hauptmann Dupond gemachte Notiz sein, daß ihm zu Urach der sogenannte krumme Jäger, wegen Wilderei zur Ablieferung auf die Galeeren verurtheilt, nach Italien mitgegeben worden sei. Zu Mantua nun habe er ihn um das Höchste, das hat geschehen können, um 13 Gulden, an einen venetianischen Hauptmann abgegeben, sei auch ver= sichert worden, daß der Verurtheilte sein Lebtage wohl aufgehoben sein werde.

artigsten Elemente. Griechen, Römer und Karthager hatten dort um die Herrschaft gerungen. Sarazenen und Normannen hatten Reiche gegründet. Könige aus deutschem Blute*) hatten dort glanzvoll ge= thront; Franzosen und Spanier, die Häuser Anjou, Arragon und Bourbon hatten, unter blutigen Kämpfen, mehr oder weniger lang dauernde Herrschaften gegründet.

Alle Völker, obwohl längst verschwunden und verweht, haben ihre Denkmale auf dem blutgetränkten Boden zurückgelassen. Neben den Säulen, die die heiligen Hallen von Roms und Hellas Göttern trugen zu Akragas und Tauromenium, stehen die Reste der sarazeni= schen Schlösser und Minarets; die Burgen der Normannen liegen in Trümmern; in ihren Tempeln aber und in den kühnen Bogen der deutschen Gothik, die sich über dem Grabe des Großartigsten aller deutschen Könige wölben, sehen wir noch die Erinnerungszeichen und die Marksteine deutscher Herrschaft und deutschen Schaffens.

Noch einmal war deutsches Blut bestimmt, in reichem Maße zu fließen um den Besiz des vielumworbenen Landes.

Die Seefahrt und die Landung in Sicilien beschreibt Oberst v. Heldenbrand wie folgt:

„Der Wind war zwar bei der Abfahrt von Bajä nicht allzu gut, doch avancirten wir allgemach und währte dieses bis den 23. gegen Nachmittag, da es wieder ganz windstill wurde, und wir uns vorerst bei der Insel Capri, so ungefähr 15 deutsche Meilen von Neapolis ist, befanden; die Windstille dauerte also bis den 24. gegen Mittag um 11 Uhr; da fing der Wind an, uns ziemlich zu favori= siren, daß wir selbigen Tag noch einen großen Weg avancirten, gegen die Nacht aber wurde es wieder ein wenig kalme; doch segelten wir die ganze Nacht allgemach fort.

Den 25. früh erhob sich der Wind wieder stärker und blieb den ganzen Tag favorable, daß wir noch vor Mittag die Vorinsel von Sizilien, Stromboli, zu Gesicht bekamen. Obwohl nun der Wind sich in Etwas gelegt und nicht mehr so stark war, so avancirten wir doch die ganze Nacht durch so weit, daß wir den 26. früh an der Insel Stromboli waren, die wir linker Hand liegen ließen.

Etliche Stunden hernach bekamen wir die liparischen Inseln zu Gesicht, welche wir gegen den Abend vorbei segelten und rechter Hand liegen ließen.

---

*) Von Heinrich VI. ab bis Manfred.

Den ganzen Tag über hatten wir durchaus guten Wind; gegen Abend um 10 Uhr legte sich selbiger in Etwas. Hier nun kamen die aus Kalabrien abgegangenen Schiffe und Galeeren mit der allda embarquirten Reiterei auch zu uns gestoßen.

Den 27. Mai Morgens früh kamen wir in die Nähe von Melazzo, ließen diesen Ort links liegen und segelten solchen um den Mittag vorbei, machten aber vorerst Miene, als wollten wir hier anlanden. Auf einmal aber schwenkten wir uns wieder etwas rechts in die hohe See und gingen mit favorablem Wind weiter bis in die hohe See und machten hier abermals Miene, als wenn wir über den Kapo d'Orlando und nach der Küste unweit Palermo gehen wollten. Auf einmal aber wandte sich unsere Flotte wieder links und liefen wir in den Golf von Patti ein; allwo wir des Abends um 7 Uhr ankamen.

Eine Stunde darauf ungefähr wurde von dem Admiralschiff durch einen Kanonenschuß das Signal gegeben zum Ankerwerfen, worauf alle Schiffe sich, soviel wegen Windstille möglich gewesen, gegen das Land näherten und den Anker warfen.

Wegen einfallender Nacht aber konnte die Landung nicht vorgenommen werden, sondern wir mußten diese Nacht vor Anker liegen bleiben.

Den 28. aber des Morgens früh um 5 Uhr, wurde das erste Zeichen gegeben sich zum Debarquement parat zu halten, worauf die hiezu bestimmte, benöthigte und beim Admiral in Bereitschaft gestandene kleine Schaluppen und Feluken von da zu jedem Transportschiff abgeschickt worden, in welche auf das gegebene zweite Signal die Mannschaft sich eiligst einließ und das dritte Zeichen zum Anlanden erwartete. — Dieß geschah zwischen 6 und 7 Uhr mit zwei Kanonenschüssen, worauf die Grenadiere zuerst und dann die erste Linie der Infanterie, darauf die zweite und hernach die Reiterei gleichfalls folgte und da um 8 Uhr die erste Linie auf dem Land mit vor sich aufgepflanzten Schweinsfedern schon völlig formirt war und die Grenadiere auf den nächsten Anhöhen, Bergen und Pässen postirt standen, so wurde keine Zeit versäumt, solchen mit der ersten Linie nachzufolgen.

Dieses geschah mit dem linken Flügel, also daß das löbliche Regiment die Ehre hatte, nach den Grenadieren das vorderste zu sein. Der General von Wallis und der Prinz von Hessen-Kassel hatten das Kommando über das erste Treffen. Man marschirte, wie oben gemeldet, links und zwar reihenweis, doch langsam ab auf die zu un-

(Marginalie: Landung in Sicilien.)

ferer linken Hand gelegenen hohen Berge, allwo wir uns postirten, da inzwischen die zweite Linie der Infanterie, welche der Prinz von Holstein und der Graf von Porcia kommandirten, sich auch formirte und uns nachfolgte.

Von dem Feind hatten wir nicht die geringste Opposition; einige hundert Bauern aber hatten sich zusammengezogen und zwei Berg=schlösser rechts und links unseres Marsches besezt, welche sich auf Annäherung unserer Truppen gleich feindlich bezeigten und fünf Gre=nadiere, worunter einer vom löblichen Regiment, verwundet und einen todtgeschossen, worauf der Herr General v. Mercy sogleich etliche hundert Mann dahin kommandirte, bemeldte Schlösser aufzufordern, anbei den Bauern und den Anführern allen Pardon nebst ihren Frei=heiten und Privilegien schriftlich versicherte; wofern sie sich aber fer=neres feindlich bezeigen werden, sollte kein Pardon für sie zu hoffen sein. Worauf die Bauern sowohl zu Fuß als zu Pferd, die sich mit Trommeln, Trompeten und Pauken hören lassen, sich submittirten und die Schlösser verließen.

Nachdem nun die Reiterei auch völlig debarquirt und wir von den Anhöhen auch gänzlich Meister waren, so marschirten wir diesen Tag weiter über das Gebirge der Seite gegen Melazzo hin, in einer Fläche an der See, allwo das erste Treffen mit sinkender Nacht, das zweite Treffen aber sammt der Reiterei erst den 29. Mai mit anbrechendem Tag ankamen.

Hier war nun unser völliger Transport beisammen. Um 6 Uhr früh geschah der Aufbruch wieder und marschirten wir geraden=wegs an dem Meer bis Melazzo, allwo wir Nachmittags 1 Uhr ein=trafen.

Der Feind aber hatte, nachdem derselbe unser Debarquement bei Patti, allwo er es gar nicht vermuthet, vernommen, um Mitternacht in höchster Bestürzung sein Lager vor Melazzo verlassen und seinen Marsch in aller Stille und Eile über das hiesige Gebirge genommen, und obwohl einige Reiterei ihm nachgeschickt worden, so hat man ihn doch in dem Gebirge nicht können einholen.

Von dem hier in der Nähe herum liegenden Landadel, sowohl als von den Dorfschaften kommen täglich Einige an, um sich unter Schuz und Botmäßigkeit des Kaisers zu begeben. Ingleichen kommen auch täglich viel feindliche Deserteure mit völliger Montur, Ober= und Untergewehr und Pferden dahier, welche einhellig berichten, daß der Feind zu Francavilla zwischen dem Berg Aetna und Taor=mina stehe.

Wir sind dermalen vor Melazzo*) mit Einreißung der feindlichen
Werke und Approchen beschäftigt, wozu täglich 1 Oberster, 1 Oberst=
lieutenant, 1 Major und 1800 Mann kommandirt werden. Allem An=
sehen nach dürften wir hier noch einen Tag oder acht bleiben. Sonst
passirt bei dem löblichen Regiment dermalen nichts Veränderliches ꝛc."

Die Schwerfälligkeit der Kriegführung machte es unmöglich, dem
Feind stets auf den Fersen zu bleiben und ihn im Auge zu be=
halten.

Mehr als zwei Wochen ließ man ihm Zeit sich zu sammeln und
in seinen Stellungen sich zu verstärken.

Die kaiserliche Armee auf der Insel mochte sich einschließlich der Der Zustand
Besazung von Melazzo auf 22000 bis 24000 Mann belaufen. Die auf der Insel.
Spanier unter Marquis be Lebe waren etwas schwächer, gegen
18000 Mann. Als Hilfstruppen jedoch standen auf Seiten der
Spanier die Irregulären zu Roß und zu Fuß, von den Einwohnern
der Insel selbst gestellt. — Wie den Eingeborenen der Insel durch
Mischung des Bluts, durch Wechsel der Herrschaft jeder nationale
Charakter benommen war, so waren sie durch die unaufhörlichen Zwi=
stigkeiten im Innern, durch die Gewaltthätigkeiten von Außen, an be=
wegtes, unstetes Leben gewöhnt. Als Guerrilleros waren sie bereit
stets dem Mächtigsten zu folgen, der ihnen einige Freiheit ließ, ohne
daß sie aber dem von ihnen bekämpften Feinde in Wirklichkeit ge=
fährlich gewesen wären.

Im Lager bei Melazzo (Mylä) traf in der ersten Hälfte des
Juni die kaiserliche Armee ihre Vorbereitungen zur Expedition über
die südwärts gelegenen Gebirge, um den Feind aufzusuchen. Insbeson=
dere war es nothwendig, eine bedeutende Anzahl von Tragthieren
aufzubringen, da die Wege ein Fortbringen der Bagage in gewöhn=
licher Weise nicht erlaubten.

Längst war Sicilien durch Einwirkungen aller Art in den Rang
eines halbcivilisirten Landes herabgedrückt worden. Was an Cultur,
an Wohlstand und Thätigkeit übrig geblieben war, hatte sich in die
großen Städte der Küste geflüchtet. Primitive, urwüchsige Wildniß
herrschte im Innern**); das apathische Landvolk, die Klöster, die

---

*) Stärke des Regiments vor Melazzo s. Beil. Nr. 9.

**) So lesen wir bei Seume in seinem „Spaziergang nach Syrakus", als
er von Palermo nach Agrigent reiste:

Barone fanden nicht das minbeste Interesse daran, bei der Unsicher=
heit aller Dinge diese Lage zu ändern. Beschränkt mußten daher
die Subsistenzmittel sein; mit Ausnahme der Küstenstraßen fanden
sich kaum die nothbürftigsten Verkehrswege im Innern, bei dem ge=
birgigen Charakter des größten Theils der Insel nur eben für
Saumthiere ausreichend.

Am 16. Juni enblich brach das Expeditionskorps unter Kommando des Generals Mercy aus dem Lager von Melazzo auf.
Südwärts führte der Marsch zunächst nach Castro reale. Von hier
ab begann der beschwerliche Theil des Weges, der über die Gebirge in die Ebene am Nordfuß des Aetna führte.

Expedition ins Innere.

Das Thal von Fontagelli, in welches der Marsch zunächst ging,
fand sich durch Verhaue und Abgrabungen gesperrt, auf den Höhen
standen mehrere tausend Guerrilleros. Um die Armee nicht aufzu=
halten, und den eigentlichen Zweck am Ende ganz zu verfehlen, ließ
General Mercy sofort umkehren und quer durchs Gebirge über Serra
Scorzone, Serra bi latri, Serra be Cavalleria, Serra Antalo, Serra
be Fontagelli, Serra belle tre fontane unmittelbar auf Francavilla
marschiren. Eine Welt von Bergen that sich auf, „man sah ihrer kein
Ende und mußten wir von einem zum anbern klettern wie die Gemsen.“

Ursprünglich war die Armee abmarschirt in drei Kolonnen, rechts
Reiterei, links Infanterie, in der Mitte Munition und Bagage.
Allein gar balb mußte die Marschordnung sich lösen, Reiterei und
Bagage blieb zurück; nur die Husaren blieben stets in der Vorhut,
emsig den Feind ausspähend und die Gegend aufklärend.

Fast ohne Unterbrechung wurde fortmarschirt den 18. unb 19. Juni.
Nur von Zeit zu Zeit machte die Infanterie Halt, um den Troß
und die Reiterei wieder etwas näher kommen zu lassen.

Am Abend des 19. Mai enblich war die Höhe im Norden von

„Nie habe ich eine solche Armuth gesehen und nie habe ich mir sie so ent-
setzlich benken können. Die Insel sieht im Innern furchtbar aus. Hie und da
sind einige Stellen bebaut; aber das Ganze ist eine Wüste, die ich in Amerika
kaum so schrecklich gesehen habe.“
Zu der Zeit, als Seume reiste, 1802, mag der Verfall der Insel wohl
sich in noch grelleren Farben gemalt haben als im Anfang des 18. Jahrhunderts.
Weiteres: Oestr. mil. Zeitschr. 1811—1813, I., 187 ff. unb ebenb. 1838,
III., 157, der Krieg in Sicilien 1734—1735 von Hptm. Heller.

Francavilla erreicht; die Stadt selbst sammt dem Lager des Feinds bekam man hier zu Gesicht. Auf den Höhen begann die kaiserliche Armee sich zu sammeln im Angesicht des Aetna, dessen Riesenpyramide sich südwärts erhob, den Nordfuß umschlossen vom Thal der Alkantara. Unweit dieses Flusses in einem nach Nordwesten aus= biegenden Nebenthal liegt Francavilla zwischen dem kleinen, in die Alkantara fallenden Gewässer und dem Fuß der vom Norden her streichenden Berge.

Reichlich hatten die Spanier Zeit gehabt, sich hier festzusezen. Ihr rechter Flügel lehnte sich, durch Schanzen verstärkt, an das Ufer des Bachs, ihr Centrum war insbesondere stark durch ein vollständig befestigtes ausgedehntes Kapuzinerkloster; der linke Flügel endlich um= faßte das Städtchen selbst und dehnte sich die nächsten Anhöhen hinauf, Fuß fassend in den dortigen Pflanzungen und den Terrassen der Weinberge.

Dieser festen Stellung gegenüber stand nun General Mercy mit etwa 17,000 Mann, darunter ziemlich viele Reiterei, die ihm hier durchaus Nichts nüzen konnte; was aber das Bedenklichste war, — er hatte nicht ein einziges Geschütz. Dennoch war es sein fester Ent= schluß, unverweilt den Feind anzugreifen und ihm namentlich die Verbindung mit der See abzuschneiden, die für ihn selbst von höch= stem Werthe war.

Betrachten wir zunächst den Gang der Schlacht im Allgemeinen, um hernach des Näheren den Antheil des württembergischen Regi= ments zu würdigen. Schlacht bei Francavilla.

Noch am Abend des 19. Juni nahmen die Generale Rekognos= cirungen der feindlichen Stellungen vor, was zu Zusammenstößen einzelner Patrouillen führte.*) — Die folgende Nacht und die erste Frühe des 20. sollte dazu benützt werden, in 3 Kolonnen von den Höhen ins Thal hinabzusteigen. In der bis jezt innegehabten Stel= lung war die ganze Bagage unter Bedeckung der beiden Reiter= regimenter Viskonti und Roma zurückzulassen.

Die rechte Seitenkolonne, gegen den linken Flügel der Spanier auf den terrassirten und befestigten Anhöhen gerichtet, unter General= feldmarschallieutenant Baron Seckendorff begann in aller Frühe gegen die von irländischen und wallonischen Bataillonen sammt den Irre=

---

*) Ueber die Schlacht vgl. Oestr. mil. Zeitschr. 1811—1813, I., 160 ff.

gulären besezten Höhen vorzurücken. Auf dem linken Flügel zog mit einer weiteren Kolonne Feldmarschallieutenant Baron Zumjungen am linkseitigen Thalhang hin. Das Mitteltreffen, — bei dem Regiment Altwürttemberg sich befand, — 8 Bataillone, 6 Grenadierkompagnien sammt der Reiterei unter General Wallis, stand schon früh Morgens im Thal, dem Centrum der feindlichen Stellung gegenüber.

Vorpostengefechte füllten den Morgen aus. Auf dem rechten Flügel bei Seckendorff begann das Gefecht. Langsam zogen sich vor ihm die Spanier von einer Stellung in die andere zurück, immer wieder aus dem Lager vom Thal aus sich verstärkend, so daß es lange dauerte, bis er an sie kommen konnte.

Von der Mittagszeit an zog der Feind sich vollständig in seine Verschanzungen zurück; Seckendorff gewann eine Anhöhe um die andere; Nachmittags um 5 Uhr begann er von den Höhen gegen das Lager im Thal herabzusteigen.

Auf dieß entschloß sich Mercy, „das angefangene Werk in Gottes Namen zu sekundiren." Er selbst mit dem Mitteltreffen rückte zum Sturme an unter ungünstigen Umständen namentlich auch in so fern, als die linke Kolonne unter General Zumjungen, welche den beschwerlichsten Weg zurückzulegen hatte, viel zu spät in's Gefecht eingriff.

Scharf war das Zusammentreffen an den Mauern des Klosters und der Stadt, wie an den Schanzen des Lagers. Mit der den Spaniern und ihren Soldvölkern eigenen Zähigkeit hielten sie jeden Abschnitt bis auf das Aeußerste; zu dem hatten sie auch einige Geschüze.

Was die Kaiserlichen troz dreistündigen Kampfes an Vortheilen errangen, war zu unwesentlich und nicht auf die Dauer zu halten. Als die einbrechende Nacht beide Theile getrennt, lagerte Mercy mit seiner todesmatten Armee vor den Werken der Spanier keinen Flintenschuß von ihnen entfernt. Aeußerste Erschöpfung und die ganz bedeutenden Verluste verhinderten die Fortsezung des Kampfes. Ueber 4000 Mann betrug der Verlust auf Seiten der Oesterreicher; kaum die Hälfte sollen die Spanier verloren haben.

General Mercy sagt über die Haltung der Truppen: „man kann hiebei nicht umgehen, unseren gesammten Truppen das billigste und rühmliche Zeugniß zu geben, was maßen sowohl Infanterie als Kavallerie und zuvorderst die Offiziere mit unaussprechlicher Standhaftig-, Tapfer- und Herzhaftigkeit gefochten haben."

Scharf waren sie in der That an einander gewesen, die Epigo-

nen der Landsknechte; die Spanier und die Landsknechtsvölker der
katholischen Mächte Irländer und Wallonen auf der einen, die
Deutschen und Ungarn auf der anderen Seite. Was die Württemberger gethan und gelitten, ist ersichtlich aus den Berichten von Heldenbrand und Streithorst.

Ersterer schreibt wie folgt:

„Wir erwarteten im Thal, bis der Herr General v. Seckendorff
die Attake von oben auf dem Berg anfing. Der Feind hielt sich
inzwischen in seinem vortheilhaftigen, bis an die Zähne verretran-
chirten Lager ganz stille und erwartete unseren Angriff. Solcher geschah des Nachmittags um 5 Uhr, wozu der Herr General v. Seckendorff auf dem Berge den Anfang machte und den Feind von oben
herunter gegen die Weinberge jagte. Hierauf nun geschah gleichfalls
der Angriff mit unserem Flügel unter Befehl des Herrn Generals
v. Mercy, unten im Thal, auf die Mauer und Retranchement, so
den Fuß des Berges umschloß und vom Feind dick besezt war.

Ich that mit zwei Bataillonen von dem löblichen Regiment,
weil es das erste auf dem Flügel war, nebst einem Bataillon von
Königsegg allhier den ersten Angriff unter Kommando des Generalwachtmeisters von Diesbach. Der Oberstlieutenant mit dem 3. Bataillon und einem Bataillon von Tolbo mußte weiter linker Hand
attakiren und die anderen Regimenter so folgend.

Wir marschirten mit geschultertem Gewehr und ganz geschlossen
bis auf dreißig Schritt nahe an die Mauer, ohne einen Schuß mit
den Bataillonen zu thun; es waren aber vor jedem Bataillon zwei
Pelotons, die fünfzig Schritt vor solchem marschirten. Diese mußten
so lange auf den Feind chargiren, bis wir, wie gemeldet, auf dreißig
Schritt nahe gekommen; mußten aber, ehe wir dahin gelangt, ein
grausames Feuer von der Seite des Bergs ausstehen.

Hiernächst ging unser Feuer auch an; die Aktion war sehr
scharf und hizig; der Feind konnte uns von allen Orten aus beschießen, machte auch so ein entsezliches Feuer, als ich mein Lebtage
noch nie gehört und gesehen habe und ist das schellenberger*) Feuer

---

*) Die Erstürmung der von Franzosen und Bayern vertheidigten Ver-
schanzungen des Schellenbergs, 2. Juli 1704, hatte der englisch-deutschen Armee
enorme Verluste bereitet. Bei einer Stärke von 72 Bataillonen und 153 Schwadronen zählte sie 343 Offiziere und 4362 Mann an Todten und Verwundeten;
unter letzteren befand sich auch Herzog Eberhard Ludwig, als Kommandant der
Reiterei des rechten Flügels.

kein Vergleich gegen dieses gewesen. Nichtsdestoweniger, so bemeisterten wir uns der Mauer, welche wir recht bestürmten und überstiegen, und den Feind zurück in ein anderes Retranchement jagten. Hier aber war das non plus ultra, indem der Feind hier erst recht Stand hielt und ein unaufhörliches grausames Feuer machte und konnte man selbigen aus seinen vortheilhaftigen à triple étage verschanzten Posten weiter nicht herausbringen.

Der linke Flügel wurde auch vom Feind mit einem entsezlichen Feuer empfangen und konnte demselbigen auch Nichts abgewinnen. Unsere Reiterei hat wegen Enge des Terrains wenig oder schier gar Nichts richten können. — Der Feind hat uns auch mit seinen 4 Feldstücken, die er auf der Höhe postirt gehabt, ziemlichen Schaden gethan; dahingegen wir gar keines gehabt, da doch der Feind durch solche mittelst einer großen Kanonade hätte müssen bezwungen werden.

Die scharfe Aktion oder vielmehr dieser Sturm, währte wohl drei Stunden lang, bis gegen Abend, wo ein Jeder in seinem Vortheil blieb, wiewohl wir uns hier von keinem Vortheil zu rühmen haben; und fing man unsrerseits auch an, sich gegen den Feind einzuschneiden und zu verschanzen."

Den Verlust des Regiments gibt der Oberst vorläufig auf 500 Mann an Todten und Verwundeten an; er war selbst bei Bestürmung der Mauer durch einen Schuß in die rechte Schulter verwundet worden. Mit den übrigen Verwundeten war er wenige Tage nach der Schlacht nach Rheggio gebracht worden; Oberstlieutenant v. Streithorst führte für ihn das Kommando und berichtet im Spezielleren vom 30. Juni 1719:

„Wir fanden einen Feind, der uns mit einem solchen Feuer begegnete, dergleichen ich mein Tage nicht gesehen und schien es nicht anders, als sollte der Himmel von dem erschrecklichen Donnern und Blizen einfallen. Ja es hat das löbliche Regiment dergleichen wohl empfunden, indem es fast totaliter ruinirt und bei 500 todt und blessirt bekommen; wenn Ew. hochfstl. Durchl. nicht sonderbare fürstliche Gnade mit der Rekrutirung haben, so wird es das künftige Jahr nicht im Stande sein, ins Feld zu gehen. Die Offiziere wurden auch ziemlich hart mitgenommen und blieb der Lieutenant v. Heldenbrand, der Lieutenant Nebel und der Fähnrich v. Kronek gleich auf der Wahlstatt todt. — An Blessuren sind gestorben: Hauptmann v. Heidebreck, die Lieutenants Dietlin, Strohmaier und Fähnrich

Dupond; und finden sich noch blessirt: Oberst von Heldenbrand
Kapitän v. Schlewiz [was wird wohl die Fräulein Wenzin hiezu
sagen?], Wolff, v. Sparr, Lieutenant Penz, v. Stutterheim, Kieffer,
Fähnrich Münzmaier, Maierhofer, v. Warnsdorf, Jordan und von
Eichelsberg."

Die genannten Verwundungen*) waren sämmtlich leicht; nur der
letztgenannte Fähnrich hatte eine schwere. Erst mehrere Wochen
später konnte der Verlust des Regiments betaillirt festgestellt werden
und fanden sich an Todten im Ganzen 131 Mann (darunter 7 Offiziere, 18 Unteroffiziere); verwundet sind noch 338 Mann (darunter
12 Offiziere, 41 Unteroffiziere).

Der Verlust des Regiments war in der That ein ganz enormer.
Der wirkliche Stand vor der Schlacht war 1616 Mann; davon
gehen aber gegen 300 Mann ab an Kranken, Kommandirten und
Abwesenden; in's Gefecht rückte es somit mit wenig mehr als 1300
Mann. —

Kurz nach der Schlacht war sein wirklicher Stand 1485 Mann;
davon gehen ab 338 Verwundete, 318 Kommandirte und Kranke, so
daß der dienstthuende Stand sich blos noch auf 829 Mann belief.

Mit einem dem Ernst der Lage wenig angemessenen Humor
fährt Streithorst in seinem Bericht an den Herzog fort: „Ich und
der Hauptmann v. Nostiz sind von unseren Blessuren bereits wieder
kurirt, und habe ich die erste Blessur auf dem Rücken, welche ich
wohl wegen vielen bei Hofe und sonsten vor die Dames gethanen
Bücken und Neigen werde verschuldet haben; die andere traf die
Füße, mit welchen im Stehen Vieles, auch manch ehrliches Glas
Wein mein Lebtage stando ausgetrunken habe. Diesem Allem aber
ungeachtet bitte die Fräuleins Wenzin, Schokurin und Wilkin schön-
stens zu grüßen; weder der Buckel noch die Füße machen hiezu
Nichts."

Zum Schluß bittet der Oberstlieutenant, wie auch sonst von
Zeit zu Zeit, den Herzog um Geld, „sonst weiß ich nicht, wie ich
diese Campagne als ein ehrlicher Kerl durchkommen werde."

Dem Beurtheiler der geschilderten Schlacht kann in der That
nicht entgehen, daß Mercy, nachdem er dem Feind Zeit gelassen,

---

*) Aus der Art der Verwundungen geht hervor, daß trotz der Enge des
Kampfplazes und der Nähe, in der beide Gegner sich bekämpften, von der blanken
Waffe kein Gebrauch gemacht wurde; nirgends ist die Rede von einer Hieb-
oder Stichwunde.

sich einzuschanzen, den Stier gerade an den Hörnern packte, auf ihn los ging da, wo er ihn gerade traf, mit viel Bravour, aber wenig Einsicht. — Er mußte vor Allem sich die Verbindung mit der See öffnen gegen Taormina hin und auf diesem Weg Geschüze beziehen, um mit diesen die Stellung des Feinds einigermaßen zu erschüttern, wie auch Oberst von Helbenbrand ganz richtig urtheilt.

Am Tage nach der Schlacht bestand das Hauptgeschäft der Kaiserlichen darin, sich den feindlichen Werken gegenüber einzuschnei= den und zu verschanzen. Nur einen halben Flintenschuß von ein= ander standen beide Theile, unaufhörlich hinter den Deckungen sich beschießend.

Nach Messina. Außer der Verstärkung seiner Stellung Francavilla gegenüber war es Mercy hauptsächlich daran gelegen, seinen linken Flügel immer mehr gegen die See hin auszudehnen. Am 22. Juni ward daher das Städtchen Motta besezt, die Bagage von den rückwärts gelegenen Höhen sammt den Reiterregimentern hieher verlegt. Emsig wurde an der Herstellung von Wegen gearbeitet, welche die Verbin= dung mit der Küste eröffnen sollten. — Bald konnten die Husaren= patrouillen die See erreichen, am 25. Juni wurde Schiffo besezt und am Tage darauf Taormina erreicht, das sich aber erst am 30. Juni ergab. —

Vielfach waren bei diesem Linksschieben der Armee die Zusam= menstöße mit den Irregulären; nirgends aber, weder im freien Feld, noch in den Ortschaften traf man auf einen ernstlichen Widerstand. Die Ebene und die Städte verlassend zogen sich die kleinen Besazun= gen meist in die unzugänglichen Bergschlösser zurück.

Eine ganz eigenthümliche Erscheinung war es, daß die Spanier in Francavilla dem Treiben der Kaiserlichen ruhig zusahen in so fern wenigstens, als ihr ganzer Einspruch in ziemlich unfruchtbarem Feuern gegen die Deckungen der Kaiserlichen bestand.

Für leztere war es eine Lebensfrage gewesen, die See zu ge= winnen. Der Proviant drohte auszugehen, die Menge der Verwun= deten war nirgends unterzubringen.

Groß war Elend und Noth bei Kranken und Verwundeten; ihre Menge war so groß, daß weder hinreichend Medizin noch Aerzte für sie vorhanden waren. Oberst v. Helbenbrand berichtet, daß die Hilf= losen weder Brod noch Fleisch, noch Wein erhalten konnten; eine Feldmaas Wein, die sonst 10 Kreuzer gekostet, habe er um drei und einen halben Gulden kaufen müssen. — Von einem Regiment wurden sie zum andern geschoben, ohne irgendwo bleibend untergebracht werden zu können. Am 1. Juli endlich kam der ganze Transport an Verwundeten und Kranken nach Taormina, von wo sie durch die Transportflotte nach Rheggio gebracht wurden.

Auch die, welche dem Feind noch gegenüber standen, hatten schwere Strapazen zu ertragen. Stets eines Angriffs gewärtig hatten sie hinter den rasch aufgeworfenen Schanzen niemals Ruhe, die Nächte verbrachten sie acht Tage lang ohne Zelte, ohne andere Bedeckung als den gewöhnlichen Rock. Erst die Eröffnung des Weges an die Küste brachte wieder bessere Tage und zur Verstärkung die längst ersehnten Feldstücke, sechs an der Zahl.

In der ersten Hälfte des Juli sehen wir die ganze kaiserliche Armee an der Seeküste bei Taormina lagern. Allmählich war sie aus ihren Schanzen auf dem rechten Flügel links abgezogen, unbehelligt vom Feind, der seinerseits weiter ins Innere der Insel gegen Palermo hin abzog.

Nichts Wünschenswertheres konnte sich eben jezt für das Regiment ereignen, als ein Zuwachs an Rekruten. Hauptmann Dupond war von Mantua nach Neapel und weiter nach Rheggio marschirt, dem Oberst die ersehnten Ersazmannschaften zuzuführen. Ende Juni hatte er Rheggio erreicht; am 3. Juli sezte er nach Schisso über und die 299 Rekruten seines Transports füllten wenigstens zum Theil die Lücken, die Krankheit und das Schwert der Feinde geschlagen.

Auf sofortige Besezung der Offiziersstellen, welche durch die lezte Aktion vakant geworden, drang General Mercy mit aller Energie. In Folge davon wurden provisorisch ernannt: zum Hauptmann der Lieutenant v. Sparr; zu Lieutenants die beiden Fähnriche von Keßlau, Schleppegrell und Herwarth; als Fähnriche finden sich ein früherer Fähnrich Jordan wieder ernannt, ferner die Feldwebel Ribel, Mährlen, Nehm, Schmid und ein Volontär, der die Universität absolvirt, Sibert.

Oberst und Oberstlieutenant baten den Herzog um gnädigste Ratifikation dieser provisorischen Ernennungen, da es bei dem Zustand der Posteinrichtungen*) und bei der großen Entfernung im Drang der Umstände nicht möglich gewesen Vorschläge einzusenden. Im ersten Augenblick sah der Herzog nicht sehr gnädig zu den eigen-

---

*) Die Postanstalten fanden sich in Italien ganz unzuverläßig; so war das Dienstschreiben an den Herzog, die Relation über die Schlacht bei Francavilla

mächtig vorgenommenen Beförderungen, doch bestätigte er die Er=
nennungen, weil sie „in flagranti und vor dem Feind geschehen."
— Für die Zukunft solle der Oberst die Vollmacht haben, vorbehält=
lich der herzoglichen Ratifikation und mit Einhaltung des Dienstalters
Beförderungen vornehmen zu dürfen, damit ja die kaiserliche Gene=
ralität in das Offizierskorps sich nicht mische und vielleicht einen Ein=
schub vornehme; der Herzog wünscht, daß Lieutenant v. Milkau, der
bei Belgrad sich ausgezeichnet, die nächste vakante Hauptmannsstelle
erhalte. —

Am 17. Juli verließ die kaiserliche Armee ihr Lager bei Taor=
mina. Durch das Küstengebirge hinziehend kam sie am 20. nach
Skaleta und am 21. hatte sie ihr nächstes Ziel, Messina, vor Augen.
— Zur Verbindung mit dem Festlande war dieser Hafen gerade
von größtem Werth. Die an der tief ins Land einschneidenden Bucht
liegende Stadt ist rings mit einem Kranz von Kastellen und Thür=
men umgeben, deren Stärke in der außerordentlich festen Citadelle
zusammenläuft. Ehe deßhalb an die Belagerung der Citadelle ge=
gangen werden konnte, mußten die vorliegenden Werke angegriffen
werden.*) General Mercy traf sofort seine Anstalten durch die
Transportflotte sein Belagerungsmaterial beziehend.

Belagerung. Eine kleine halbe Stunde von den Werken der Festung lagerte
die kaiserliche Armee, während die Spanier, der Entfernung wegen
ohne Wirkung, zu kanoniren begannen. — Das Regiment hat seinen
Plaz auf dem linken Flügel des Einschließungskordons. Sein wirk=
licher Stand beläuft sich um diese Zeit auf 1625 Mann, wovon
übrigens kaum 1200 Mann als dienstthuend zu betrachten sind; die
Uebrigen sind krank und verwundet zu Rheggio und Melazzo.
Der nächste Angriff war gerichtet gegen die zwei weniger hoch
gelegenen Kastelle im Westen der Stadt. Am 26. Juli begannen
zwei Batterieen von je 6 Kanonen und einem Mörser gegen sie zu
spielen, während man durch Minen und Vortreibung von Approchen
die Kommunikation zu stören suchte. — In besonders übler Lage
befand sich die Stadt. „Den 28. Juli ist von dem Herrn General

---

enthaltend, verloren gegangen. Bis eine Antwort von Stuttgart nach Sicilien
kam, dauerte es zwei und einen halben Monat; nach Belgrad brauchte ein
Schreiben von Stuttgart 18 Tage.
    *) Drei Bergschlösser: Gonzaga, Matta Grissone, Kastellazo; die Citadelle:
San Salvadore. In sämmtlichen Werken mochten 5000 Spanier liegen. —
Oestr. mil. Zeitschr. 1811—1813, I., 166 ff.

Graf Mercy der Regimentstambour von Königsegg mit einem Brief in die Stadt geschickt worden, daß sich diese ergeben und die Schlüssel aushändigen sollte. Es hat aber der Kommandant, Marquis de Spinola, den Brief auffangen und die Stadt bedrohen lassen, wofern sie sich ergeben würde, er alle Stück umdrehen, auf sie richten und sie völlig zu Grund schießen wolle. Besagter Regimentstambour aber solle, wie man sagt, mit folgendem Kompliment wieder zurück geschickt worden sein, daß man ihn für dieses Mal noch passiren lassen wolle; der Erste aber, welcher wieder auf solche Art einkehren würde, solle aufgehenkt werden. — Woraufhin die große Batterie von 18 Stücken gegen die Stadt verfertigt und den 2. August der Anfang, solche zu kanoniren, gemacht worden.

Unsere Mineurs sollen am 1. August schon unter den Mauern des oberen Kastells gewesen sein und versichern, daß sie solches innerhalb zweier Tage, wenn die Generalität es befehle, dahin liefern wollen, daß es in die Luft gesprengt werde."

Nicht lange vermochten die kleinen isolirten Kastelle die bei Tag und Nacht fortgesezte Beschießung zu ertragen. Am 7. August ergab sich das am meisten bedrohte obere Kastell Gonzaga; seine Besazung von 105 Mann wurde gefangen nach Rheggio gebracht. Am folgenden Tage schon kamen das untere Kastell und die Stadt selbst diesem Beispiel nach; deren Besazung durfte abziehen in die Citadelle. Um Unheil von der Stadt abzuwenden, traf Mercy mit General Spinola die Verabredung, daß die Spanier von den Höhen der Citadelle und einigen anderen von ihnen besezten Punkten die Stadt nicht schädigen sollten, wogegen Mercy versprach, seinen weiteren Angriff auf die bisherige Front zu beschränken und nicht von der Stadtseite aus vorzugehen.

Neue Batterieen wurden von den Kaiserlichen erbaut gegen die Citadelle und das dritte, am höchsten liegende Kastell. Am 13. August konnte die Beschießung beginnen.

Die Spanier ihrerseits begannen ihre Kräfte alle in der Citabelle zu concentriren; bis zum 15. August hatten sie den Torre di Faro und das lezte isolirte Kastell übergeben, sich beschränkend auf die Vertheidigung der Citadelle und des Palazzo reale, der durch einen bedeckten Gang mit ersterer verbunden war.

Diese festen Werke erforderten langwierige kunstgerechte Belagerung. Am 16. August wurden die Approchen eröffnet und die Spanier bald darauf durch Unterbrechung der Kommunikation mit dem Palazzo reale zum Aufgeben des lezteren veranlaßt.

Es sollten ihrer 2—3000 Mann in der Citadelle sein und Spinola war entschlossen, sich bis aufs Aeußerste zu halten, wenn auch seine Lage, was Zufriedenheit der Mannschaft und Approvisionirung betrifft, keine ganz beruhigende war.

Das ungewohnte Klima, die außerordentliche Hize des Sommers ließ die Armee der Belagerer unendlich viel leiden. Zu der Dyssenterie war noch das Fleckenfieber gekommen; vom Regiment Altwürttemberg waren Anfangs August im Spital Rheggio 60 Mann gestorben. — Von Offizieren befand sich im Spital nur noch der Oberst selbst mit drei anderen; Ende des Monats August hoffen aber Alle wieder einrücken zu können.

Gegenüber den vielen durch die Epidemieen hingerafften Opfern ist die Einbuße durch Einwirkung des Feinds eine ganz geringe. Das beiderseitige Kanoniren that meist nur den Werken Schaden und im Feld war der Feind fast verschwunden. Seine Hauptarmee zog sich bei Palermo zusammen; was in den Bergen von Messina noch stand, waren meist Irreguläre, mit deren Fernhaltung stets einzelne Kommandos beauftragt waren. Uebrigens begannen auf die Kunde von der Kapitulation der Stadt auch ganze Schaaren bewaffneter Landleute sich in den Schuz des Kaisers zu begeben und in ihre Heimat abzuziehen.

Ende des Monats August wurden neue Batterieen angelegt; aus 23 Stücken die Kontregarden und deren Kavaliere beschossen; bis an die Pallisabirung der Kontregarde waren die Approchen vorgetrieben. An Zahl der Geschüze, an Nachhaltigkeit des Feuers war übrigens die Citadelle den Belagerern noch überlegen; kaum ist ein Geschüz demontirt, so wird schon wieder ein anderes in die Scharte geschoben.

Mit dem Näherrücken der Approchen und Demontirbatterieen an die Contreescarpe stiegen natürlicherweise die Verluste auf Seite der Belagerer, die ihrerseits sich immer mehr durch Brustwehr und Graben, durch Anlage von Redouten sowohl gegen den Feind im Feld, von dessen Anrücken zum Entsaz gerüchtweise verlautete, als gegen das Feuer aus der Citadelle zu schüzen suchten; manchen Tag gab es über 100 Mann an Todten und Verwundeten.

Der Ring der kaiserlichen Armee und ihrer Werke zog sich indessen enger um die Werke der Spanier; unterhalb der Stadt auf dem linken Flügel stieß Regiment Altwürttemberg unmittelbar an die See; oberhalb der Stadt auf dem äußersten rechten Flügel lehnte Guido Stahremberg sich ans Meeresufer.

„Man flattirt sich unsrerseits, daß man gegen den 25. September von der Citadelle Meister werden dürfte und sind bieserwegen auch schon viele importante Wettungen geschehen. Allein wann dieses erfolgen solle, so müssen andere Anstalten, als wie bisher, gemacht werden, indem es bei uns sehr langsam hergeht, daß auch der Feind zwei, öfters sogar drei Schüsse thut, bis wir nur einen zu wege bringen und ist auch nicht zu glauben, daß er Mangel an Pulver haben müsse, sonsten er nicht so heftig feuern könnte."

In ganz bedächtig berechneter Weise schreiten die Arbeiten langsam vor ganz der infalibeln Lehre folgend, wie sie die großen Festungsbaumeister und Festungszerstörer Ludwigs XIV. der Welt gegeben. — Was an Wissenschaftlichkeit im Soldatenstand existirte, waren einzig fortifikatorische Kenntnisse und Systeme. Wie sehr gerade diese Disciplin angebaut war, dafür legen die klug und scharf berechneten Entwürfe und die kunstreich ausgeführten Werke beredtes Zeugniß ab. — Für höchste militärische Leistung galt, nicht die Armee des Feindes zu schlagen, sondern ganz der Vorschrift gemäß eine Stellung befestigen oder einen Plaz Schritt für Schritt gewinnen. — Taktik und Strategie, als wissenschaftliche Systeme in der Folgezeit mehr entwickelt, tragen selbst noch eine Zeit lang das Gepräge fortifikatorischer Anlagen und Kombinationen.

Ein schwerer Verlust für die Oesterreicher vor Messina war es, daß ihre leitenden Ingenieure durch das heftige Feuer immer mehr zusammenschmolzen. Dem Hauptmann Reichmann von Altwürttemberg, der für einen sehr erfahrenen und gebildeten Offizier galt, seiner Kenntnisse in Mathematik und Fortifikation halber, wurde der Antrag gestellt, die Direktion der Arbeiten zu übernehmen; allein seiner angegriffenen Gesundheit halber war er außer Stande, dieser Aufforderung nachzukommen.

Gegen Ende des September war die Kontreescarpe erreicht und eine Breschbatterie von 16 Stücken angelegt, welche die linke Face des Ravelins und die Kontregarde bestrich. Anfangs Oktober war die Bresche so weit gangbar geworden, „daß wir am 8. Oktober Mittags zwölf Uhr den Sturm unter Kommando des Herrn Generalfeldmarschalllieutenants v. Seckendorff auf das Ravelin vorgenommen, allein durch das entsezliche Feuer vom Feind aus den Kasematten übel begrüßt und das erstemal gar repoussirt worden, bis wir endlich bei dem zweiten Anlauf unter beiderseitigem groß und kleinen Feuer oben auf der Bresche den Posten behauptet. Inmittelst hat sich der Feind troz des starken Feuers, welches bis in den späten

Abend gedauert, noch immerzu darin gehalten, will auch selbiges
nicht verlassen, sondern wehrt sich desparat und sucht uns das Ter=
rain Schuh für Schuh zu disputiren. Wir haben also weiter Nichts
als den Posten auf der Bresche behauptet und die folgende Nacht
gleich darunter an dem Parapet rechter und linker Hand gegen ihre
Traversen und Einschnitte Approchen mit Sappen gefaßt, welche ver=
muthlich continuirt werden, bis der Feind hinausgetrieben wird.

Den Verlust, so wir dabei erlitten, kann man noch nicht eigent=
lich wissen, indem Nichts abgelöst worden, sondern sowohl die alt
als neu Kommandirten in der Tranchee verbleiben müssen, jedoch
glaube ich, daß selbiger sich wenigstens auf 400—500 Mann belaufen
möchte, wie denn fast alle Offiziere,*) so dabei gewesen, entweder
todt oder blessirt sein sollen. Es ist auch leicht zu erachten, daß es
hart hergegangen sein müsse, indem von 26 Lieutenants nicht mehr
denn sechs unbeschädigt davon gekommen.

Gleichwie nun das löbliche Regiment allezeit das Unglück hat,
einen ziemlichen Verlust zu leiden, also hat es auch diesermalen
wiederum hart eingebüßt, indem, so viel wir anjezo schon wissend,
bei 18 Todte**) und 53 Blessirte sich eingefunden. Der Grenadier=
hauptmann Ober, welcher mit einer kleinen Kugel in das Hintertheil
des Kopfes geschossen worden, daß das Gehirn gänzlich läbirt und
die Kugel in dem Hirn gesteckt, ist gleich auf dem Plaz geblieben;
der Lieutenant v. Hohnstedt ist unterhalb des Ellenbogens in den
rechten Arm geschossen und ist die kleine Röhre entzwei; der Fähn=
rich Mährlin oberhalb des linken Augs und ist tödtlich, indem die
Hirnschale gespalten und die Kugel noch darin steckt.

Mit mir stehet es auch wegen meiner Wunde noch nicht zum
Besten; solche ist vor vierzehn Tagen wieder aufgebrochen und ver=
ursacht mir mehr Schmerzen als noch niemals.

Man hat auch diese verwichene Nacht eine von den neu ver=
fertigten Gallerieen auf die Kontregarde angelegt und glaubt man,

---

*) Die Arbeiten, die Trancheewachen, Sturmkolonnen wurden nie von ge=
schlossenen größeren Abtheilungen gegeben, sondern aus Kommandirten durch
alle Regimenter im Turnus zusammengesezt; in Wirklichkeit stellte der Verlust
sich später auf mehr als 1000 Mann heraus.

**) Wenige Tage später stellte sich heraus, daß nur 11 Mann gefallen
waren, indem 7 Mann sich wieder einstellten; sie waren vom kommandirenden
General auf einen besonderen Posten gestellt worden, ohne daß man sie wieder
eingezogen oder abgelöst hätte; drei Tage und drei Nächte hatten sie, ganz in
Vergessenheit gerathen, auf ihrem Posten ausgeharrt.

daß der Sturm darauf zwischen heut und morgen vor sich gehen dürfte, wobei es allem Ansehen nach ebenso scharf, als wie hier, ab= gehen wird.

Sonsten sind des Feindes Schiffe nunmehr alle in den Grund geschossen, wiewohlen er noch zuvor einige davon bedarkirt und die meiste Offiziersbagage auf kleine Schaluppen geladen hat, davon am 6. Oktober mit anbrechendem Tage sieben aus dem Hafen gelaufen, um sich zu salviren, worauf auch meistens Deserteure von unserer Armee gewesen. Es sind aber durch unsere Schiffe, nachdem zwei echappirt, vier in den Hafen hineingetrieben und eines gefangen worden, auf welch lezterem etlich und vierzig Deserteure gewesen, worunter sich auch zwei von dem löblichen Regiment befunden, welche bereits im Arrest sizen und nach gehaltenem Verhör in das Kriegs= recht gezogen werden sollen.

Es scheint, als ob der Feind es auf die lezte Extremität an= kommen lassen wollte, indem er nicht allein die Leute, denen er nicht wohl traut, nach und nach wegzuschicken sucht, sondern auch dem Vernehmen nach auf San Salvadore starke Abschnitte macht, welches auf kein anderes Absehen geschehen mag, als daß er uns dadurch aufzuhalten sucht, damit wir wegen der Saison, die auf dem Wasser gar nicht favorable, keine weiteren Operationen vornehmen könnten. — Es wollen sich zwar Einige die Hoffnung machen, als ob er zwischen heut und morgen Chamade*) schlagen würde, allein ich sage, daß es wohl noch mehr Mühe und Leute kosten wird, ehe wir hiezu gelangen.

Gestern ist endlich auch der Herr General von Bonneval mit dem schon so lang erwarteten Sukkurs, welcher in 8000 Mann be= stehen soll, glücklich angekommen."

Obwohl nun in den folgenden Tagen in die Kontregarde vollkommen gangbare Bresche gelegt und eine Ueberschreitung des Wassergrabens durch eine Brücke und eine Gallerie hergestellt war, wurde doch zunächst von weiterem Sturm abgesehen, indem man durch Miniren vor Allem den Feind aus seinen Kasematten zu vertreiben suchte. „Diese Arbeit aber hat einigen Generaux von allzulanger Hand geschienen, deßwegen noch den 16. Oktober in der Nacht wider alles Vermuthen ein Oberst, ein Oberstlieutenant, ein Oberstwacht= meister, 300 Grenadiere und 700 Füsiliere, ohne was schon in den

---

*) Ruf, Appell; als Signal mit der Bedeutung, auf etwas Wichtiges auf= merksam zu machen; hier als Vorzeichen der Erscheinung eines Parlamentärs.

Tranchéen gestanden, zu einem Sturm kommandirt worden, die sich eine Stunde vor Tag am 17. Oktober in der Tranchee einfinden mußten, worauf auch des Morgens um 10 Uhr der Sturm angefangen.

Es hat aber der Feind aus den verborgenen Flanken und Kasematten, wovon er die Bresche oben hat völlig rasiren können, abermals ein solch entsezliches Feuer gemacht, welches zwar nicht viel über eine Stunde gedauert, daß allemal durch einen Kanonenschuß wenigstens bis zehn Mann durch die Kartätschen niedergefallen und Alles, was nur auf die Bresche gekommen, entweder tobtgeschossen oder blessirt worden, und wie nun die Generalität gesehen, daß wo man nicht wollte etliche tausend Mann dabei sizen lassen, man nicht reussiren würde, so hat selbige, nachdem meist alle Offiziere und Gemeine tobt und blessirt waren, den Sturm wiederum abgefordert und zurückgezogen, ohne daß wir nur eines Schuh Breits behauptet hätten.

Der Verlust, welchen wir hiebei wiederum erlitten, belauft sich über 600 Mann*). Es sind unterschiedliche von der Generalität, welche in diesen Sturm nicht gewilligt, sondern den Vorschlag gethan, daß man wegen mehrerer Sicherheit mit dem Sappiren und Miniren fortfahren solle, welches auch nachgehends doch erst wiederum vorgenommen worden. Man suchte auch die feindlichen Stücke, welche nicht wohl gefaßt werden konnten, zu bemontiren. Allein der Feind hat uns dieser ganzen Mühe überhoben, indem er folgenden Tags, als den 18. Oktober, Mittags 11 Uhr, unverhofft Chamade geschlagen, einen Generalmajor und einen Obersten herausgeschickt, dagegen auch unsererseits der Generalmajor von Dießbach und Oberst von Wittgenau von dem heßischen Regiment als Geisel hineingesandt worden, mithin ist auch der Akkord getroffen und den 19. Oktober zu Stande gebracht worden."

Am Tage, an dem die Kapitulation abgeschlossen wurde, besezten sechs kaiserliche Grenadierkompagnieen die Außenwerke, nehmlich zwei Kontregarden, das Ravelin und Fauffebraye.

Der Kapitulation zufolge zogen die Spanier am 21. aus der Citadelle, um unter kaiserlicher Eskorte nach Taormina geschafft zu werden, wo sie zur Armee ihrer Landsleute stoßen sollten. — Sechs

---

*) Das Regiment hatte hiebei 4 Tobte, 39 Verwundete, 2 Vermißte. — An Offizieren waren Oberstlieutenant v. Streithorst und Hauptmann Zahm zum Sturm kommandirt.

Grenadierkompagnieen, zusammen 415 Mann und 6 Bataillone —
1944 Mann rückten aus in allen Ehren mit geschultertem Gewehr,
klingendem Spiel und fliegenden Fahnen; mit brennenden Lunten
folgten 48 Kanoniere; die Geschütze blieben an Ort und Stelle zurück. In Parade standen die kaiserlichen Regimenter bis zum Ein-
schiffungsplatz.

Eine häßliche Erscheinung in diesem Bild, wo zwei tapfere Gegner sich gegenseitige Achtung und Ehre erweisen, liegt in dem Umstand, daß gerade bei dieser Gelegenheit 200 Mann zu den Kaiserlichen, zum Sieger überlaufen. — Wie verächtlich muß doch eine
Menge erscheinen, deren Gefühle, — ohnehin fern von Allem Patriotismus und baar auch des gemeinsten Pflichtgefühls —, nicht einmal
durch den makellosen Glanz der Waffen, durch den Anblick der mann-
haft vertheidigten Fahnen in so weit zu einer Anhänglichkeit gesteigert
werden konnten, daß sie auch böse Tage mit den erprobten Führern
und den treuen Kameraden gerne ertragen hätte.

Erklären läßt es sich bei solcher Betrachtung der Dinge, wie
leicht der gebildete Mann, der chevalereste Führer dazu kommen
konnte, die ganze gemeine Menge überhaupt als aller Ehre baares
Volk gründlich zu verachten; wie sehr sein Streben in seinen Augen
gerechtfertigt erscheinen mußte, sich vom gemeinen Mann stets fern
zu halten.

Harte Tage hatte das Regiment vor Messina gehabt; die Erd-
arbeiten, Trancheewachen, Stürme, die Kommandos auf Vorposten
gegen die streifenden Irregulären erschöpften aufs Aeußerste die Kräfte
der Mannschaft. Zudem waren die Lebensmittel rar und theuer; die
Kleidung fing an schabhaft zu werden*); Dyssenterie und Nervenfieber
mit vielfach tödtlichem Verlauf hielten aller Orten Umgang. — Oberstlieutenant von Steithorst ruft am Schlusse eines Schreibens an den
Herzog aus: „indessen aber wollte ich, daß der Krieg ein End hätte
und anderwärts besser anfieng; keine härtere Kampagne habe ich mein
Lebtag nicht gemacht."

Ende Oktober 1719 war das Regiment auf den Stand von
1310 Mann herabgesunken; von diesen waren noch 292 Mann krank
und verwundet; an manchen Tagen waren 3—4 Mann dem Fieber
erlegen.

*) Hauptmann Schneider war zwar mit dem in Iglau gekauften Tuch zur
Erneuerung der Montirung schon in Neapel eingetroffen; der Oberst wagte aber
nicht, den Schatz dem eben jetzt sehr ungestümen Meer anzuvertrauen.

Ins Offizierskorps waren bedeutende Lücken gerissen worden. Außer Hauptmann Ober, der auf der Stelle todt blieb, war Lieutenant Milkau am 4. September gestorben, nachdem er zwei Tage vorher hart ins Gesicht getroffen wurde. Ein eben so mannhafter Kamerad, wie Milkau, erlag zu Melazzo seiner alten Wunde von Belgrad her, der Lieutenant von Geyling.

An ihren beim Sturm vom 8. Oktober erhaltenen Wunden starben der Lieutenant v. Hohnstedt und Fähnrich Mährlin.*)

Bei Wiederbesetzung der Offiziersstellen befand sich der Oberst in nicht geringer Verlegenheit, da kaum mehr „ein Subjectum im Regiment zu finden sei, welches zu des Landesherrn und des Regiments Gloire gereiche, wenn es zum Offizier befördert werde;" der Herzog möge geeignete Leute herausschicken, denn der tüchtigen Feldwebel sei man gerade jetzt am meisten benöthigt und könne sie nicht zu Fähnrichsstellen befördern.

Die Grenadierkompagnie Obers erhält Hauptmann Bomburg; Lieutenant Wehrlin wird Kapitän. — Den Nächstältesten zum Hauptmann, den Lieutenant Brinkmann, kann der Oberst nicht in Vorschlag bringen, unter Anderem, weil er „kein Wort weder lesen noch schreiben kann."

Die Fähnriche Balleisen, Debschütz und Koch rücken zu Lieutenants vor; Feldwebel Handel**), Wolff und Prener werden zu Fähnrichen ernannt.

Zur Feier des Siegs rückte am 29. Oktober die ganze Armee in voller Schlachtlinie aus; mit dreimaliger Salve von den Basteien und Schiffen wie vom Schlachtkorps wurde das Te Deum celebrirt.

So sehr es nach allem Ausgestandenen für die Armee erforderlich schien, sich vorerst gründlich erholen zu können, ehe mit Anfang der besseren Jahreszeit der lezte Schlag gegen die Feldarmee der Spanier geführt würde, so sezten dem doch die unaussprechlich schlechte Verwaltung***) des österreichischen Kriegskommissariats und die nun beginnende Regenzeit nicht zu beseitigende Hindernisse entgegen.

---

*) An ihren Wunden liegen noch immer darnieder der Hauptmann v. Schlewiz, Lieutenant v. Penz, Fähnrich v. Eichelsberg. Leichte Blessuren, zum Theil durch Absprengung von Steinstücken hatte eine Menge von Offizieren, so Oberstlieutenant v. Streithorst, Hauptmann Bornstedt, Gf. Wittgenstein und Andere.

**) Dieser Feldwebel war schon früher württembergischer Lieutenant gewesen und hatte im Regiment Sternenfels in Brabant gedient. — Es erregte gar keinen Anstoß, wenn frühere Stabsoffiziere als Subalternoffiziere und Subalternoffiziere als Unteroffiziere wieder Dienste suchten.

***) Neben dem langsamen Geschäftsgang stellte das Kommissariat im

Während Oberst von Heldenbrand klagt, daß beim kaiserlichen
Aerar vom Jahr 1718 her noch drei Monatsgelder im Rückstand
seien, daß er aus der Kriegskasse keinen Kreuzer erhalten, seit er
Neapel und Sicilien betreten, daß den Offizieren ihre Gage nicht be=
zahlt werden könne, daß Unteroffiziere und Soldaten eben nur knapp
ihre tägliche Löhnung bekommen, um nothdürftig leben zu können,
stellt Eberhard Ludwig an die Regimentskasse das Ansinnen, ihm ver=
schiedene Summen zu eigenem und der herzoglichen Verwandten Be=
darf anzuweisen; auf welches Anmuthen der Oberst freilich mit der
flehentlichen Bitte in ihn bringt, „das Regiment doch mit solchen
höchst beschwerlichen und unauftreiblichen Forderungen verschonen zu
wollen."

„Ich kann Ew. hochfstl. Dchl. nicht verhalten, schreibt er vom
Anfang November 1719, daß die Regimenter allhier miserabel stehen,
daß man die Leute nackt und bloß daher gehen lassen muß, worüber
der kommandirende General Graf von Mercy selbst schon geklagt,
daß man ihn verlassen und mit den benöthigten Geldern und Vivres
also, wie ihm versprochen worden, nicht sekundire.

Ich habe zwar bis daher noch Alles angewandt, daß den Leuten
an kleiner Montur Nichts abgehen möge, allein nunmehr fängt es
auch an, auszugehen, wiewohl ich in Unterthänigkeit versichern kann,
daß dero löbliches Regiment gegen andere noch wohl aussieht und
wäre nur zu wünschen, daß es bald mit einem zahlreichen Rekruten=
transport erfreut werden möchte. — Mit der neuen Montur, welche
in Neapel liegt, wird es nunmehr schon bis zum Frühjahr anstehen
müssen, indem solche ehedessen wegen feindlicher Operatiönen, nunmehr
aber wegen des ungestümen Wetters anher transportiren zu lassen
nicht getraut habe. Inmittelst suche der Verstorbenen Monturen
wieder zu employren und gegen die gar alten und schlechten zu ver=
tauschen, daß also das löbliche Regiment noch in passablem Stande
ist. — Denn alle Regimenter, welche vor uns hier gewesen, sind
ruinirt; diejenigen aber, so mit uns herüber gegangen und nachkom=
men werden, müssen sich als schon ruinirt schätzen; das anspachische
Dragonerregiment, welches vor anderen schön und mit Lust anzusehen
war, ist nunmehr auch, gleichwie die anderen, ganz dahin.

Nunmehr kommt auch die Zeit heran, daß nach des hiesigen
Landes Gewohnheit das continuirliche ungestüme Wetter unter ab=

Schreibereiwesen die pedantischsten Anforderungen; um die Monatsakten richtig
zu stellen, seien allein jedesmal 10 Tage erforderlich.

scheulichen Donnerschlägen und grausamem Plazregen anhält, wie denn vorgestern und gestern ein solch unerhörtes Gewitter entstanden, daß unser ganzes Lager im Thal unter Wasser gestanden und durch solches große Mauern eingerissen, auch die schwersten Quadersteine nebst vieler schwerer Bagage bis in das Meer geschwemmt worden, wobei vieles Vieh und 15 Menschen ertranken.

Es will verlauten, als ob der Feind sich in die zwischen hier und Palermo gelegenen Dörfer begeben hätte, um zu cantoniren; dahero man sich die Hoffnung macht, daß wir auch in die zwischen hier und zwei bis drei Stunden gegen Scaleta hin gelegenen Häuser verlegt werden dürften, welches, wann es eigentlich geschehen solle, man noch nicht wissen kann."

Ein großer Theil der kaiserlichen Reiterei wird nach Kalabrien verlegt, um sich dort wieder einigermaßen erholen zu können; einen Theil der Infanterie dagegen will Graf Mercy zu einer Expedition mit noch unbekanntem Ziel verwenden*). Am 12. November haben sämmtliche Infanterieregimenter Listen einzureichen über ihren noch unter Gewehr stehenden Dienst thuenden Stand. In Folge davon erhalten die Regimenter Löffelholz, Max Stahremberg, Königsegg, Hessen, Anspach, Wezel Befehl sich zur Einschiffung fertig zu halten, um, sobald es die Witterung erlaube, aus dem Hafen von Messina auszulaufen, was erst am 21. November zur Ausführung gebracht werden kann unter Kommando des Feldmarschalllieutenants Baron Zumjungen.

Expedition nach dem Westen der Insel. Die allgemeine Kriegslage Ende des Jahres 1719 ist auf der Insel folgende. — Marquis de Lede, auf die Nachricht, daß die Oesterreicher von Messina aus gegen den Westen der Insel stärkere Expeditionskorps aussenden, begann sich zum Schuz der Hauptstadt mit seinen noch übrigen 16000 Mann zu concentriren. Alle im östlichen Theil der Insel gelegenen Punkte, Francavilla, Agosta, Siragossa werden von den Spaniern geräumt, die Geschüze vernagelt und die Laffetten verbrannt.

Was indessen von der kaiserlichen Armee nach Auslaufen der Zumjungen'schen Expedition noch bei Messina zurückgeblieben, bezieht Anfangs Dezember Kantonirungen. Altwürttemberg kommt am 5. Dezember in die am Meer hin liegenden Häuser zunächst bei Messina zu liegen.

---

*) Die Expedition landete in Trapani, wo sie die savoyische Garnison ablöste und vorderhand unthätig an Ort und Stelle blieb.

Sein Stand ist dermalen ein ganz schwacher. Statt des Kriegsstandes von 2283 Mann *) zählt es nur 1272 Mann. Es gehen somit 1011 Mann ab. Dazu kommen noch 42 ganz oder theilweis Invalide, welche die Ziffer des Abgangs auf die Höhe von 1053 Mann bringen. — Im Gewehr stehen nur 1093 Mann; die Kompagnieen rücken aus mit 47 — 73 Mann; noch sind viele Kranke und Verwundete in den Spitälern zu Melazzo, Rheggio, Messina.

Wenige Wochen erst hatte das Regiment sich trockener Unterkunft in den Kantonirungen erfreut, als es Ausgangs Dezember Befehl erhielt, sich marschfertig zu halten, um sich einem neuen Expeditionskorps anzuschließen, das, elf Bataillone stark, unter General Mercy's eigener Führung **) mit dem ersten günstigen Wind ebenfalls gegen den Westen der Insel hin unter Segel gehen sollte. Außer Altwürttemberg nahmen Theil die Regimenter Braun, Ottokar Stahremberg, Lothringen, Diesbach und Giulay Heidukken.

„Wann die Einschiffung geschehen möchte, weiß man noch eigentlich nicht; doch glaube ich wohl, daß es sich noch bei sechs Tagen verweilen möchte, da insonderheit verlauten will, als ob nicht genug Schiffe vorhanden seien. Indessen mag es gehen, wann es will, so wird es einem Jeden schwer fallen, angesehen alle Offiziere so pauvre, daß sie von Nichts als ihrem Kommisbrod zu leben haben und sind viele von den alten kaiserlichen Offizieren, welche sagen, daß sie dem Kaiser noch niemals so arm gedient, als sie bereits jezo thun müssen."

Anfangs Januar 1720***) liefen einzelne Theile des Expeditionskorps aus. Die Absicht Mercy's scheint zu sein, die ganze Armee bei Trapani zu vereinigen. Am 12. Januar wurden die lezten Regimenter, darunter Altwürttemberg, eingeschifft; am 14. wurde in See gestochen. Kaum aber war der Faro erreicht, als ein Sturm die Flotte, 72 Schiffe, wieder in den Hafen von Messina zurück-

---

*) Der Kriegsstand war ursprünglich nach der Kapitulation auf 2300 Mann bestimmt. Im Jahr 1718 aber wurde der bei jeder Kompagnie befindliche Feldscheer zum Regimentsstab eingetheilt, welch lezterer bei Berechnung der Kriegsstärke niemals mitgezählt wurde.

**) Mercy hatte sich verstärkt auf 46 Bataillone und 8 Reiterregimenter, zusammen jedoch kaum 30,000 Mann stark, wovon auch alle Besazungen zu geben waren. — Oestr. mil. Zeitschr. 1811—1813, I., 174.

***) Gratulationsschreiben des Obersten an den Herzog, wie es bei jedem Jahreswechsel üblich war, s. Beil. Nr. 10.

warf. Am 20. Januar wurde der Hafen zum zweiten Mal verlassen, der Faro passirt und gegen Westen gesteuert. Vor einem neuen Sturm aber flüchtete die Flotte abermals von der Höhe der Insel Volkano in den Hafen von Melazzo.

Vor der Abfahrt von Messina kam ein Rekrutentransport unter Lieutenant Schulz mit 186 Mann an, der den Weg über Fiume und Manfredonia gemacht. — An Kranken waren zurückgeblieben im Spital Messina 159 Mann, darunter Hauptmann Reichmann, Lieutenant v. Stutterheim, die Fähnriche v. Warnsdorff, v. Nostiz und Schmid. Viele kranke Offiziere befanden sich auf den Schiffen; zu Melazzo wurden 58 Mann ins Spital abgegeben.

Nachdem vier Versuche zum Auslaufen am Ungestüm des Wetters gescheitert waren, verließ die Transportflotte endgültig erst am 27. Februar den Hafen von Melazzo. Bald einfallende Windstille hielt sie noch etliche Tage zwischen den Liparen fest; erst am 3. März erreichte sie den Hafen von Trapani.

„Endlich sind wir heute Abend, schon längst erwünschter Maßen, in Trapani angekommen, wiewohlen in so miserablem Zustand, daß es nicht zu beschreiben, indem es nicht nur an Allem, so Geld als Lebensmitteln, nunmehr fehlt, sondern auch der größte Theil sowohl von den Offizieren als Gemeinen in dem so langwierigen Schiffs=gefängniß entweder wirklich krank oder doch so entkräftet worden, daß sie mehr Todten als Lebenden gleichsehen."

Auf der Ueberfahrt war der Major v. Menzingen *) dem Fieber erlegen und wurde am 4. März in Trapani zur Erde bestattet. In Melazzo war Fähnrich v. Schleppegrell gestorben.

Dem Oberst ist bange vor einem neuen Feldzuge, da an Ort und Stelle durchaus Nichts aufzutreiben ist, um einigermaßen das Regiment wieder in ordentlichen Stand zu setzen, und seit der Lan=dung in Sicilien niemals Zeit und Gelegenheit war, Gewehr und Lederwerk zu repariren.

Es ist gewiß als ein großer Fehler zu betrachten, daß der kom=mandirende General mit der Sorge für die Truppen in keiner Weise betraut war. In selbstständiger Weise wird Alles vom Kriegskom=missariat besorgt und theilweis von diesem den Regimentskomman=danten überlassen. Die Absicht Mercy's ist, den Spaniern ihren lezten Posten auf der Insel, die Hauptstadt selbst, zu nehmen; seine

*) Während der Belagerung Messina's war er aus seinem Urlaub beim Regiment eingerückt und seitdem mehrmals fieberkrank gewesen.

Hauptsorge muß vor Allem dahin gehen, die Truppen vor Beginn des Feldzugs sich so erholen zu lassen, daß er von ihnen die Leistungen erwarten kann, die er bei der Eigenthümlichkeit des Kriegstheaters verlangen mußte.

Im Verlauf des Frühjahrs 1720 tritt zu Tage, wie unverantwortlich schlecht das österreichische Kommissariat seine Aufgabe löste. Die Verwaltung scheint ganz unabhängig von den Operationen ihre Geschäfte betrieben zu haben; für sie scheint kein Unterschied zu existiren zwischen der Verpflegung eines erschöpften und eines ganz intakten Heerkörpers; zwischen der Verpflegung in einem halbwilden Lande wie Sicilien und einer solchen in den besten Gegenden Deutschlands.

Schlechter Zustand der Truppen; ihre Concentrirung im Westen.

Ganz wie es die heiligen Säze des althergebrachten Schemas geboten, ohne Rücksicht auf Art des Kriegs und des Kriegstheaters, ohne das Gefühl der engen Verbindung und Zusammengehörigkeit mit der Truppe, deren Wohl und Wehe ganz gleichgiltig schäzend, ging die Abministration den breitgetretenen Weg und richtete so manche tüchtige Truppe zu Grunde bis in die neuesten Zeiten.

„Den 4. März haben wir mit Ausbarkiren zugebracht und alle Regimenter vor der Stadt in eines Klosters Kreuzgängen, welche von allen Seiten offen, daß Regen und Wind die Leute fast durchaus betroffen, verlegt worden, wodurch geschehen, daß sehr Viele, die ohnedem ganz entkräftet ans Land gestiegen, erst allhier recht krank geworden und ich daher gezwungen worden, bei dem den 7. März erfolgten Aufbruch an Offizieren und Gemeinen gegen 150 Mann, worunter vier Kapitäns, als Schneider, Bornstedt, Wolff, Bomburg, zwei Lieutenants v. Debschüz und Schulz, vier Fähnriche nebst dem Regimentsaubitor Weinmann, so auch hart bettlägerig ist, in Trapani zurückzulassen und zwar Viele in gefährlichem Stande.

Am erstbemelbeten Tag unseres Aufbruchs nun wurde der Marsch vom frühen Morgen bis gegen Abend fleißig fortgesezt; allein es war unmöglich, weil Alles ganz von Kräften gekommen, die bestinirte Station Marsala zu erreichen, sondern es mußte das ganze ausbarkirte Korps noch vier Meilen diesseits in einigen am Weg gelegenen kleinen Kasinen übernachten; allwo die Mannschaft mehrentheils (weil in Ermangelung der Tragthiere die Zelte von Trapani zu Wasser bis Mazzara fortgebracht worden) unter freiem Himmel liegen und vom einfallenden kalten Regenwetter so viel ausstehen müssen, daß, nachdem wir den 8. nach Marsala gekommen und den 9. allba Rasttag gehalten, bei dem den 10. wieder fortge-

8

sezten Marsch abermalen der Lieutenant v. Keßlau jr. mit 33 Mann krank müssen zurückgelassen werden.

Mit den übrigen damals gesund Geglaubten langten wir am 10. März zu Mazzara an, allwo wir auch den 11. unb 12. still liegen geblieben, aber in dieser kurzen Zeit sich wiederum so viele Kranke ergeben, daß aufs Neue der Lieutenant Frank mit dem Fähnrich Wolff unb 33 Mann allba verbleiben müssen.

Unterdessen langte am 12. vom kommanbirenden General die Ordre an, daß das löbliche Regiment sammt dem Diesbachischen weiter fortrücken, bie übrigen mit biesem Transport gekommenen Regimenter aber zu Mazzara verbleiben sollen. — Solchemnach sind wir ben 13. März zu Campobello, und ben 14. zu Castel Veterano, allwo bie kommanbirenbe Generalität nebst bem [größten Theil ber Armee schon längere Zeit her sich befinbet, mit biesen beiden Regimentern angerückt und nur auf eine Nacht in ben äußersten Häusern ber Stadt verlegt worden, allwo uns bie Ordre gegeben wurbe, gleich bes andern Tags unsern Zug nach einem Städtlein Namens Partanna, welches 4 Meilen lanbeinwärts gegen Palermo hin von vorgemelbetem Castel Veterano liegt, fortzusezen.

Dieses haben wir nun auch am 16. mit beiden Regimentern erreicht, allwo wir uns flattiren, einige Tage ausruhen zu bürfen, wiewohl die Leute abermals in ben Klöstern, jebo§ besser als in ben vorigen Stationen, einlogirt sinb und leiber noch von Tag zu Tag an benselben erst mehr unb mehr das Elend unb ber erlittene Mangel auf ben Schiffen burch Krankheiten ausbricht.

Bei all biesem Unglück bauert ber Gelbmangel nach wie vor, zumalen bie Offiziere seit bem neuen Jahr kaum mit großer Noth ein Monatsgelb erhalten mögen. Auf bie Gemeinen aber ist jezt schon über ein ganzes Jahr nicht ein Kreuzer weber zu großer noch kleiner Montur, sonbern nur bie bloße tägliche Löhnung hergegeben worden, welches allen Regimentern in einem so kostbaren Lanbe nothwenbig ben enblichen Ruin verursachen muß."

Den ganzen Monat März hinburch verblieb das Regiment in Partanna; die strengen Dienste jedoch unb die geringe Fürsorge für bie Truppen ließen keine wirkliche Erholung zu. Während allerbings Enbe bes Monats 80 Rekonvalescenten von Trapani, Marsala unb Mazzara einrückten, lagen an Ort und Stelle selbst wieber 150 Mann barnieber. Von ben Offizieren thaten zu Partanna blos 9 Lieutenants unb ein Fähnrich Dienst.

Dem Avancement war bie reiche Ernte bes Todes freilich sehr

günstig; zu den schon aufgezählten ist noch der Verlust des Hauptmann Schneider zu sezen, der im Spital zu Trapani dem Fieber erlag. An seine Stelle tritt Lieutenant Krompholz; Hauptmann Zahm wird Major für den abgeschiedenen v. Menzingen; seine Kompagnie erhält ein früherer Oberst Wunsch, der in venetianischen Diensten unter Schulenburg gedient. — Als neu ernannte Offiziere, die Lücken zu füllen, finden sich Lieutenant v. Schlotheim, die Fähnriche Lamotte, v. Tschammer, ein früherer Kadet vom Garde du Corps Kelsch und ein Page von Eichelsberg, leztere beide vom Herzog zum Regiment geschickt.

Der Stand des Regiments während seines Aufenthalts zu Partanna beläuft sich auf 1391 Mann; an Ort und Stelle befinden sich jedoch blos 780 Mann; 611 Mann, darunter 25 Offiziere, sind in den Spitälern von Neapel, Messina, Trapani u. s. f.

Es war wahrlich keine beneidenswerthe Lage, in der sich bei einem neu beginnenden Feldzug Oberst Heldenbrand mit seinem Regiment befand; in der That aber auch keine menschenwürdige Behandlung, welche die österreichische Regierung braven Truppen angedeihen ließ, die nun schon vier Jahre lang in ihrem Dienste fochten und siegreich ihre Feinde bekämpften. Dadurch, daß das Aerar keine Gelder auszahlte, benahm es den Kommandanten der Regimenter und Kompagnieen auf dem kürzesten Wege alle Mittel, für ihre Truppe zu sorgen. Bei irgend gutem Willen und halbwegs vernünftigem Geschäftsgang mußte eine so kleine Armee, wie die Mercy's war, bei den so sehr langsamen Operationen ganz leicht mit allem Nöthigen zu versorgen sein; denn die englische Flotte hielt die See offen und wie wir gesehen, standen Transportschiffe in großer Zahl zur Verfügung.

Es ist immerhin ein gutes Zeugniß für die Truppe, daß von Widersezlichkeiten oder gar Meutereien nirgends die Rede ist. Eine straffe Disciplin gehört in der That dazu, um ganz erschöpfte Truppen vorbei an wohlbevölkerten Städten, wie es die an der Westküste Siciliens sind, zu führen, um sie in feuchten, windigen Gängen eines Klosters unterzustecken. Der Feind stand in Palermo, taktische Rücksichten geboten ein so ängstliches Zusammenhalten der Truppen nicht; es gehörte eben mit zum ganzen Wesen und Geist, daß der Soldat und der Einwohner des Lands streng von einander geschieden gehalten wurden.

Nicht einmal desertiren konnten die Elenden; die Insel bot zu enge Grenzen und zu den Spaniern überzugehen, die fast noch mehr

Roth und Mangel litten, weil vom Heimathlande abgeschnitten, dazu war nur wenig Aufforderung vorhanden.

Am 5. und 6. April ließ Mercy sein Hauptquartier von Castel Veterano nach Sanct Nimfa vorrücken. Hier wurde die gesammte Armee concentrirt und vor dem weiteren Vormarsch an die einzelnen Abtheilungen noch etwas Medizin und Bandagen ausgetheilt.

Gegen Palermo.

Ueber Calatafimi war am 8. April Alkamo erreicht auf der Höhe westwärts von Palermo. Mit Mühe und Noth vermochte die Armee die an sich nicht großen Märsche zurückzulegen; jeden Tag blieben 20—30 Mann auf dem Wege zurück von jedem Regiment. Mitte April zählte Altwürttemberg im wirklichen Stand 1343 Mann; unter dem Gewehr jedoch standen nur 786 Mann, so daß die Kompagnieen zwischen 33 und 59 Mann ausrückten. — Oberst= lieutenant v. Streithorst und Hauptmann v. Sparr waren vor dem Abmarsch ins Spital nach Mazzara zurückgebracht worden.

Dem Gerücht zufolge waren schon längst Unterhandlungen zwischen dem Marquis de Lede und General Mercy im Gange, während auch von beiderseitigen Höfen Zeichen des Friedens ausgetauscht wurden. Der definitive Abschluß war bis jezt nur daran gescheitert, daß die Spanier Palermo nicht herausgeben, sondern gerade die Hauptstadt besezt halten wollten, um von hier sich ins Vaterland einzuschiffen.

Seine ganze Armee hatte Marquis de Lede bei Palermo zu= sammengezogen und sich vor den Thoren dieser Stadt ein festes Lager geschaffen; die Pässe gegen Alkamo hin hatten seine Vortruppen be= sezt. Hier sollte also die Frage, ob Bourbon ob Habsburg, zum lezten Austrag kommen.

Zehn Tage blieb Mercy in Alkamo stehen; erst am 18. brach er ostwärts, der alten Königsstadt zu, auf. Der Marsch geschah in zwei Kolonnen; die Reiterei sammt der Bagage zog am Meere hin, „besser landeinwärts das Gros über sehr mühsam zu erkletternde Gebirge,[*] welche vorher von keinem Menschen bewandert worden,

---

[*] Von der Generalität wird über diesen Marsch gesagt: „Man kann nun diesen Ihrer K. K. Kath. Maj. gesammten Truppen zu ihrem unsterblichen Ruhm das gebührende Zeugniß beizulegen nicht umhin, wie daß sowohl hoch und nie= dere Offiziere als Gemeine in den zurückgelegten Märschen von darumben große Klugheit, unermüdeten Fleiß, Eifer umb guten Willen erzeigt, angesehen die Gebirge oder besser zu sagen Steinfelsen, welche man zu übersteigen und folglich hieburch die Passage hieher zu gewinnen bemüßigt gewesen, von solcher unglaub= lich mühsamen und Beschwerlichkeit, nicht weniger in einigen Theilen dermaßen

daß enblich am 23. April die ganze Armee hier im Thale eine Stunde herwärts (westwärts) von Palermo zu kampiren gekommen, den linken Flügel gegen das Meer, allwo auch der Admiral Byng mit einer Eskadre vor Anker gekommen, extendirend."

Mit den Vortruppen der Spanier waren unbedeutende Zusammenstöße in den Engen der Berge vorgefallen. Bei einem derartigen Rencontre hatte die Grenadierkompagnie des Grafen Wittgenstein 11 Mann verloren. Mit seinen Grenadieren war er einem Detaschement beigegeben, dessen Aufgabe war, das Bergland zu rekognosciren, Höhen und Pässe zu besezen, ehe die Armee heranrückte. An der Queue des Detaschements marschirend sah er sich plözlich von versteckt aufgestellter spanischer Reiterei umringt, daß ihm ein Durchschlagen nur mit Verlust von 11 Mann an Todten und Verwundeten gelang.

Durch Vermittlung der Flotte bezog Mercy Belagerungsmaterial aller Art und begann in den lezten Tagen des April dem Feind näher auf den Leib zu rücken. Regiment Altwürttemberg befand sich mit Königsegg und Diesbach auf dem äußersten linken Flügel am Meer dem Monte Pellegrino zu. Gerade diesem Flügel gegenüber hatten die Spanier sich in den Kasinen festgesezt und Redouten aufgeworfen.

Eine Brigade Infanterie nebst 6 Grenadierkompagnieen, aus allen Regimentern kommandirt, unter Feldmarschalllieutenant v. Seckendorff nahm am 29. April etliche Kasinen unter ziemlichem Verluste weg. Gegen die übrigen Befestigungen wurden Batterieen errichtet und am 2. Mai war die höchstgelegene Redoute weggenommen.

Bei allen diesen Angriffen, welche stets vom linken Flügel ausgingen, mußte das Regiment als Unterstüzung ausrücken; in die wirkliche Aktion aber gab es, wie die anderen Regimenter, blos seine kommandirte Mannschaft, von der 16 Mann verwundet oder erschossen wurden; unter den Verwundeten befand sich Hauptmann Krompholz.

Am Morgen des 3. Mai kam an sämmtliche Regimenter der Befehl, die Feindseligkeiten einzustellen; denn der Friede sei nunmehr geschlossen.

„Die Ursach eines so gähen Changements wird der am 2. Mai

---

inpraktikabel waren, daß darüber zu seltsamen Zeiten nicht einmal ein Landeseingeborener zu begehen pfleget und was aber den Truppen anbei am härtesten gefallen, ist, daß die Tage dieses Zugs über auf den erwähnten von ungemeiner Höhe gewesenen Gebirgen man auch weder Holz noch Wasser angetroffen hatte."

eroberten Reboute zugeschrieben, weilen solche also situirt, daß wann unsere Kanons hineingebracht, der Feind davon das Lager zu verändern hätte können obligirt werden. Von spanischer Seite aber will man vorgeben, der Marquis be Lebe hätte am 2. erst die so lang erwartete Ordre, wie und wann er diese Insel evacuiren solle, erhalten. Dem sei nun, wie ihm wolle, so ist nun der Friede gewiß."

In einer zwischen beiden Lagern gelegenen Kasine kamen die Bevollmächtigten der beiden feindlichen Armeen und der englischen Flotte zusammen, um die Punkte des Waffenstillstandes und die Bebingungen der Räumung der Insel von Seiten der Spanier festzusezen. Palermo solle sofort geräumt werden; in Termini seien die spanischen Truppen einzuschiffen.*)

„Am 6. Mai wurde die Ratifikation des Armistitii und der Evakuation beider Königreiche Sicilien und Sarbinien Abends um 6 Uhr solemniter publizirt. Den 7. gab die spanische kommandirende Generalität allhier in unserem Lager die ersten Visiten unserem Herrn Chef, welcher den 8. darauf solche im spanischen Hauptquartier redressirte.

Gestern als den 9. Mai hat die Evakuation von Palermo ihren Anfang genommen und sind diesen Morgen unter Kommando des Herrn Generalwachtmeisters Grafen Ottokar v. Stahremberg zwei Bataillone von dessen eigenem Regiment, eines von Guido Stahremberg und zwei von Braun, zusammen fünf Bataillons, zur Besazung von Palermo eingezogen."

Ein Theil der übrigen Regimenter wurde in die Städte der Küste vertheilt; die anberen sollten in den Vorstädten Palermo's und den nahegelegenen Kasinen in Bälde Kantonirungen beziehen, um hier die vollständige Regelung der Dinge abzuwarten.

Der definitive Abschluß des Waffenstillstands brachte auch die kürzlich gefangenen Grenabiere wieder zum Regiment zurück; ebenso den Lieutenant Balleisen, der auf der Seefahrt von spanischen Kapern aufgegriffen und rein ausgeplündert worden war.

---

*) Die savoyischen Truppen, die sich noch auf der Insel befanden und die, den Weisungen ihrer Regierung gemäß, sich mehr auf die Seite der Spanier hinneigten, hatten ebenfalls abzurücken. In dem nun folgenden Frieden, den Philipp V. von Spanien annahm, als auch seine Flotte bei Cap Passaro von Admiral Byng geschlagen war, tauschte Oestreich den Besiz von Sicilien gegen Sarbinien vom Hause Savoyen ein.

Vierter Abschnitt.

1720.

Die Heimkehr.

Ehe noch der Krieg in Sicilien zu einem für die kaiserlichen Aufständi- Waffen glücklichen Ende geführt war, hatte Herzog Eberhard Lud- gung der Ka- pitulation. wig, der Uebereinkunft mit dem Kaiser zufolge, die vertragsmäßige Dienstzeit seines Regiments für in Bälde beendigt erklärt und rief solches aus österreichischem Dienst zurück in folgendem an kaiserliche Majestät gerichteten Schreiben:

„Nach der mit Ew. kaiserlichen Majest. unterm 24. Dezember 1715 errichteten Konvention habe ich im Majo 1716 mein der- malen in Deroselben Diensten in Sicilien stehendes nach Dero allergnädigsten Intention und Befehl in Conformität der errichteten Kapitulation mit guten Stabs- auch allen andern tauglichen Ober- und Unteroffizieren wohl versehenes Regiment zu Fuß, 2500 Mann stark, an den assignirten Assentirungsplaz Ulm, woselbsten es von dem kaiserlichen Oberkriegskommissario von Langscheid nach den zuvor an Ew. kaiserl. Maj. abgelegten Pflichten, übernommen worden, komplet gestellt, und den von Jahr zu Jahr geäußerten Abgang mit guten und tüchtigen, auch aller Zugehör versehenen Rekruten, von Zeit zu Zeit anwerben und ersezen lassen.

Gleichwie ich nun bei diesem meinem kaiserlichen Regiment, damit dasselbe Ew. kaiserl. Maj. Dienste unabbrüchig zu voll- ziehen im Stand verbleiben möchte, bis daher Nichts verwinden und ermangeln lassen, sondern so viel immer möglich gewesen, das- selbe in gutem Stand und Wesen erhalten, deßwegen aber sowohlen bei dessen Ueberlassung, als auch bis anhero durch die Rekrutirung nicht geringen Kosten und Schaden dergestalten empfunden, daß mich nicht im Stande befinde, mit dergleichen, wie ich nach meiner allerunterthänigsten Obliegenheit gern wollte, ferner zu continuiren;

als habe ich nicht allein diesen meinen solchen Regiments wegen bisher erlittenen großen Schaden Ew. kais. Maj. in aller Unter= thänigkeit vorstellen, sondern auch, weilen die stipulirten Capitula= tionsjahre bald zu End zu gehen beginnen, in alleruntertthänigster Submission hinterbringen sollen, daß ich intentionirt, dieses mein Regiment an mich zurückzuziehen u. s. s."

So stand denn dem Regiment nach geschlossenem Frieden für die allernächste Zeit der Austritt aus dem kaiserlichen Dienste, in dem es so viel gelitten, und die Rückkehr ins Vaterland bevor.

Fast auf die Hälfte seines kriegsmäßigen Standes zusammen= geschmolzen, war es ihm einstweilen vergönnt, unter dem blauen Him= mel Siciliens, inmitten der reich geschmückten Natur im Thale von Pa= lermo sich zu erholen von Allem, was es an Noth und Elend aus= gestanden. — Die wiederkehrende gute Jahreszeit führte einen Transport Kranker um den andern aus den verschiedenen Spi= tälern der Insel zurück *) zum Regiment in die Gehöfte und Ka= sinen am Strande der Bucht von Palermo, wo es seit dem 10. Mai Kantonirungen bezogen hatte.

Auch Oberstlieutenant von Streithorst war am 21. Mai wieder eingerückt. Er schrieb von Palermo aus an den Herzog: „Ich kann in Wahrheit wohl sagen, daß ich nicht geglaubt, auf dieser Welt mehr eine Feder anzusezen und im Himmel oder sonst wo wir hinkommen, wird es auch nicht nöthig sein.

Sonsten berichte Ew. hochfftl. Durchl., wie daß man hier versichern will, daß innerhalb acht Tagen die Spanier von Ter= mini nacher Barcellona transportirt werden sollen; vor mein Theil wünschte, daß sie schon fort wären; hier erwartet man täglich die Repartition vom Hofkriegsrath, in was für Pläze die Regimenter verlegt werden sollen. Vor mein Theil wünschte gerne, aus diesem infamen Lande herauszukommen, dann hier gehet es wohl nach dem alten Sprüchwort, Ehr und Redlichkeit hat hier ein Ende; sonsten sagt man hier allbereits wieder von einem neuen Krieg, der sich in Polen wiederum ereignen soll. Der Teufel weiß, wo die Kriege alle herkommen; jezt hätte ich schon auf ein paar Jahre genug und überließe es einem Anderen, den die Haut jucken thät. Ich bin hier in diesem Land genugsam gekrazt worden; wollte Alles gern verschmerzen, wenn mir nur Gott mein Gesichte wieder vollkommen geben wollte, woran ich einen großen Theil in der

---

*) Nur in Trapani blieben vorerst noch etwa 50 Kranke zurück.

hizigen Krankheit verloren, hoffe aber, daß es Gott mir wieder
geben wird, wo aber nicht, so wäre keinen Teufel zum Soldaten
Nuz mehr. Das wüßte ich doch hernach nicht, was ich anfangen
sollte auf dieser Welt. Ich habe zwar noch nie keinen blinden
Streithorst gesehen, also wird ja auch der Anfang nicht an mir
gemacht werden."

Am 5. Juni kam der Vizekönig von Neapel, Conte bi Monte *In Kantoni-*
Leone, von Neapel nach Palermo herüber, um Besiz von der Haupt= *rung bei*
stadt zu nehmen und beide Königreiche, diesseits und jenseits des *Palermo.*
Faro, in seinem Gouvernement zu vereinigen. Heldenbrand be=
schreibt seinen Einzug so:

„Verwichenen Mittwoch Abend ist der Vice Re von Messina
unter Begleitung fünf maltesischer Galeeren allhier in dem Hafen
angelangt, da er dann folgenden Morgens von dem komman=
direnden General Grafen von Mercy, und nachdem dieser sich wieder
beurlaubt, von dem hiesigen Stadtmagistrat auf der Galeere be=
willkommt, auch in des Präsidis von der Vikarie seiner Kutsche
bis nach seinem Palazzo geführt worden, wobei eine Kompagnie
Grenadiers à cheval voraus und die zweite Kompagnie hinter der
Kutsche marschirt, ich auch gleich darauf mit einer Grenadierkom=
pagnie und dem ersten Bataillon des löblichen Regiments gefolgt,
daß wir ihn also bis in seinen Pallast begleitet, da indessen die
dabei kommandirten fünf anderen Bataillons nebst zwei Eskadrons
längs der Straße hinauf auf beiden Seiten in der Parade ge=
standen und nachdem der Vice Re nach seinem Pallast gebracht ge=
wesen, sind alle Stück von Palermo dreimal gelöst worden, worauf
wir wiederum nach unserem Kantonirungsquartier eingerückt.

Ich habe noch das Glück gehabt, kurz vor diesem Einzug die
kleine Montur, als Hosen, Hemden, Halstücher, Hüte, Schuh,
Streifstrümpf u. s. f. wie auch die neuen Grenadierkappen, welche
auf die vorige Facon gemacht, von Neapel zu erhalten, womit die
Leute noch haben versehen werden können, daß sie also alle, in=
sonderheit aber die Grenadiercompagnie, recht wohl ausgesehen und
kann Ew. hochffstl. Durchl. ich in Unterthänigkeit versichern, daß
die ganze hohe Generalite vor andern allen ein großes Wohlge=
fallen daran verspüren lassen.

Ich wollte nur wünschen, daß ich die Gnade haben könnte,
Ew. hochffstl. Durchl. Dero löbliches Regiment, welches zwar in ge=
ringer Anzahl, dabei aber, ohne Ruhm zu sagen, recht wohl aus=

fieht, vorzuführen. Ich bin versichert, höchsterleuchtdieselbe würden satisfait damit sein, bevoraus wann die Leute erst ihre große Mon= tur erhalten, welche von Neapel herüber transportiren schon zum öftern nachgesucht habe; ich bin aber allzeit bis auf die Ankunft des Kouriers von Wien mit der Repartition, wo nehmlich die Re= gimenter hinkommen sollen, vertröstet worden, mit dem Bedeuten, daß die Transports viel kosten und wann je das löbliche Regiment wieder hinübergehen müßte, so wäre Alles nur umsonst.

Inzwischen habe, um die Grenadierkappen zu schonen, be= fohlen, daß diese niemals, außer wann die Kompagnie auf die Generalwacht ziehet, oder sonsten in Diensten stehet, aufgesezt, son= dern allezeit die alten noch gebraucht werden sollen."

Während der Frühlingsmonate und zu Anfang des Sommers war die Lage des Regiments eine vergleichsweise vortreffliche, der Gesundheitszustand ein sehr befriedigender. Die enorme Hize des Spätsommers unter der ungewohnten Breite änderte die Lage sehr zu Ungunsten. — Stets hatte Oberst von Helbenbrand gehofft, noch vor den heißen Tagen die Insel verlassen zu können, wie denn schon eine ziemliche Anzahl von Regimentern nach Genua und Ne= apel unter Segel gegangen war. Durch verschiedene Gründe wurde bis gegen den Herbst hin die Abfahrt verzögert.

Ein nicht uninteressanter Zwischenfall wird vom Ende Mai be= richtet, ein Duell zwischen zwei Offizieren des Regiments betreffend. — Im Allgemeinen scheinen Duelle*) selten vorgekommen zu sein; sie waren streng verboten und wurden nach Umständen aufs schärfste bestraft.

Wir erfahren über den in Rede stehenden Vorfall Folgendes: „In aller Unterthänigkeit habe ich zu hinterbringen, was maßen der Hauptmann v. Bornstedt am 19. Mai, als am h. Pfingstfest, mit dem Fähnrich von Warnsdorf in unnöthige Händel gerathen und von diesem in den Oberleib durch die Leber also hart verwundet worden, daß er in zwei Stunden darauf seinen Geist aufgeben müssen, mithin habe ihn nach vorher vorgenommener le= galer Inspection am 20. Mai Abends in aller Stille zur Erbe bestatten lassen.

*) Während des kaiserlichen Dienstes ist in den Berichten nur noch von einem einzigen Fall die Rede auf dem Marsch durch Kärnthen, wo Fähnrich v. Eichelsberg den Lieutenant von Stutterheim in den Leib stach und sich flüchtig machte, aber auf die Kunde von der Ungefährlichkeit der Wunde sich wieder beim Regiment stellte.

Wie eigentlich der Streit angegangen und was deſſen Ur=
ſache geweſen ſein möchte, kann man noch nicht wiſſen. Inmittelſt
erhellet aus allgemeiner Sage ſchon ſo viel, daß der entleibte von
Bornſtedt, der ſonſt ſehr zankſüchtig geweſen und dem löblichen Re=
giment mit ſelner übel geführten Conduite viele Verdrießlichkeiten
gemacht, es an den Fähnrich v. Warnsdorf mit Gewalt gebracht
und ihn gleichſam mit Haaren dazu gezogen haben ſolle, und kann
ich von dieſem Offizier mit Wahrheitsgrund nichts Anderes als
ſeine ſtille Aufführung und daß er ſeit der Zeit, daß er unter dem
löblichen Regiment ſteht, ſich gegen Jedermann honnet und fried=
ſam bezeugt, anrühmen, welches Prädikat ihm auch von allen Offi=
ziers beigelegt wird. Dieſer hat ſich ſogleich zu ſalviren geſucht
und vermuthlich ſeine Retirade in ein Kloſter allhier zu Palermo
genommen.

Inzwiſchen ſo werde in deſſen Abweſenheit die ſummariſche
Inquiſition vornehmen und bie etwa bei Anfang des Streits ſich
befundenen Perſonen eiblich abhören. Anlangend nun des entleibten
Hauptmanns Hinterlaſſenſchaft, ſo beſteht ſolche in weiter nichts
als Schulden, womit er dem löblichen Regiment und vielen Anderen
hin und wieder verhaftet iſt; ſein hinterlaſſenes, nunmehr vater=
und mutterloſes Söhnlein hat er noch auf ſeinem Todbett dem
Hauptmann Dupond zum zweiten und britten Mal anbefohlen, der
ſelbiges auch bereits zu ſich genommen."

Das Kriegsrecht, das endgiltig die Sache zu entſcheiden hatte,
beſtand aus einem Stabsoffizier als Präſes, zwei Hauptleuten, zwei
Lieutenants als Mitgliedern und dem Auditor. Am 19. Juni
fällte es ſeinen Spruch, dahin lautend:

Sententia condemnatoria.

In peinlichen Sachen wider den Inquiſiten, Herrn Johann
Ernſt v. Warnsdorf, Fähnrich unter dem löblichen Altwürttembergi=
ſchen Regiment zu Fuß, pcto homicidii necessarii wird in einem
ordentlich niedergeſezten und gehegten Kriegsgericht auf geführte Red
und Wiberred, auch anderweitig gerichtlich An= und Einbringen
nach fleißiger Verleſ= und Erwägung der Akten und der Sachen
Umſtänden nach den mehrſten Stimmen mit Urtheil zu Recht er=
kannt: baß Inquiſit wegen ſeines verübten Todtſchlags in Anſehung
der babei vorgeſchüzten Nothwehr, wozu er zwar genugſam Urſache
gehabt, mit der Orbinariſtrafe Leg. Cornel. de Sicar. verſchont,
allein weilen er doch bei ſothaner Nothwehr einen großen und un=
zeitlichen Exceß verübt hat, brei Monat lang in allen Dienſten

wie ein anderer Soldat, bei Musketierstraktament, auf die Schild=
wacht gesezt, der Ueberreft der Fähnrichsgage dem hinterlaffenen
Waifen zu feiner befferen Edukation auf diefe Zeit angewiefen und
er im Uebrigen zur Bezahlung der verurfachten Unkoften angehalten
werde. — Wozu er auch hiemit condemnirt wird, — ihm, dem Delin=
quenten, zu nachdrücklicher Strafe, Andern aber zum Abfcheu. V. R. W.
Urkundlich ift diefe Urthel secundum majora abgefaßt und von
dem Herrn Präfide und Auditor unterzeichnet worden.

So gefchehen im Kantonnement bei Palermo den 19. Juni 1720.

Z a h m, Obriftwachtmeifter als Präfes.

W e i n m a n n, Auditor.

Auf die warme Verwendung des Oberften hin wird die Strafe
des Fähnrichs vom Herzog gemildert auf acht Tage Sufpendirung
vom Dienft.

Je weiter der Sommer vorrückt und die ungewohnte Hize auf
die in der Plaine von Palermo kantonirenden Deutfchen drückt,
defto mehr nehmen wieder Krankheiten überhand. „Die Hize ift
allhier fo unerträglich groß, daß bei der ganzen Armee die Leute,
welche frifch und gefund find, in einem Augenblick ganz plözlich da=
hinfallen und in der hizigen Krankheit fabeln."

Anfangs Juli zählte man bereits wieder 60 Kranke im Regi=
ment; Ende deffelben Monats befanden fich 130 Mann im Spital.
Die Leute ftarben weg wie die Mücken; das Regiment fank in
feiner Stärke, nachdem es am 20. Juni noch 1198 Mann gezählt,
im Juli bis auf die Hälfte des Kriegsftandes herab.

An Offizieren ftarben und fanden im Boden Siciliens noch
ihr Grab der Hauptmann Klagen und der Lieutenant v. Keßlau fr.

Die erledigten Kompagnieen wurden den Lieutenants Grappen=
tin und v. Stutterheim übertragen; die Fähnriche Münzmaier,
Maierhofer, Dolb avancirten zu Lieutenants; als Fähnriche finden
fich v. Klimberg, ein Bruder des Hauptmann Reichmann und ein
früherer Feldwebel Schäffer.

Der Regimentsquartiermeifter Luther, von dem der Oberft
rühmt, daß er Tag und Nacht arbeite und für das Wohl des Regi=
ments forge, dem auch fchon wiederholt von anderen Regimentern
der Antrag geftellt worden, bei ihnen mit höherem Rang und
höherer Gage einzutreten, erhielt den Hauptmannscharakter in Be=
rückfichtigung des Umftandes, daß er, mit diefem Rang bekleidet,
bei den höheren Stellen „beffern Acceß und rafchere Expedition"
finde. —

Nicht ungewöhnlich scheint es gewesen zu sein, daß einem ein=
fachen Kompagniekommandanten bei vollständiger Belassung in seiner
Charge und Gage der Oberstlieutenantscharakter verliehen wurde.
Unter den anderen Promotionen dieses Sommers sah sich der
Grenadierhauptmann Graf v. Wittgenstein mit dem genannten
Titel ausgezeichnet. Oberst von Heldenbrand hat sich für ihn beim
Herzog verwendet mit den Worten:

„Ich unterfange mich, Ew. hochfstl. Dchl. einen getreuen Diener
in Unterthänigkeit zu rekommandiren, welcher sich bei bero löblichem
Regiment in zerschiedenen Okkasionen signalisirt hat, daß auch die
sämmtliche Generalität ein sattsames Begnügen über ihn bezeuget:
dieser ist der Hauptmann Graf von Wittgenstein, von welchem ich,
seitdem die Gnade habe, bero löbliches Regiment zu kommandiren,
nichts Anderes, denn alles Höchstrühmliche melden kann; er hat in
seinem Thun und Lassen eine Fermetö und eine so schöne Auf=
führung, daß er allen und jeden Kavaliers zu einem vollkommenen
Exempel dienen kann, wie er dann en partikulier von des Herrn
General Grafen v. Mercy und Feldzeugmeisters v. Zumjungen Ex=
cellenzen sehr wohl gelitten ist. Weilen nun also wohlgemeldter
Graf seine einzige Sorge dahin richtet, wie er sich um Ew. hochfstl.
Dchl. hohe Gnade von Tag zu Tag mehr meritirt mache und seine
unterthänigste Zuflucht dahin sezet, daß höchsterlaucht dieselbe ihm
zur Beförderung seines Glücks behilflich sein werden: — Als könnte
ihm keine größere Consolation geschehen, dann wann Ew. hochfstl.
Dchl. diejenige Gnade vor ihn hegten, welche dieselbe ehemals dem
Oberstlieutenant v. der Streithorst widerfahren lassen, daß er bei
bero löblichem Regiment als aggreirter Oberstlieutenant gnädigst
ernannt werden möchte, welches Avancement noch zu mehrerer Treue
und Gehorsam excitiren könnte."

Mit welchen Offizieren das Regiment von Württemberg aus= *Eintheilung*
gezogen, haben wir oben gesehen; wie es stand nach fünfjährigem *der Offiziere.*
Kriegsdienst, zeige die folgende Spezifikation.

In Sicilien allein hatte es durch Krankheit und Wunden
19 Offiziere verloren und zwar einen Oberstwachtmeister, fünf
Kapitäns und dreizehn Subalterne. Der Eintheilung der Kom=
pagniekommandanten nach dem Dienstalter in den Bataillonen zu=
folge waren somit sämmtliche Kapitänsstellen des 3. Bataillons,
das unter Hauptmann Schneider ehemals in Belgrad in Garnison
gelegen, erledigt und neu besezt worden.

Specifikation

derjenigen bei dem löbl. Kaif. Altwürttembergischen Regiment zu Fuß besindlichen Herrn Oberoffiziers, wie solche sowohl bei benen Kompagnieen als auch in der Ancienncte stehen.*)

Grenadierkompagnie v. Wittgenstein.
Hauptmann Graf v. Sain und Wittgenstein 14. Dezember 1713.
Premierlieutenant Glaser 1. Mai 1717.
Sekondlieutenant Münzmaier 17. Juni 1720.

Grenadierkompagnie Bomburg.
Hauptmann Bomburg 19. August 1717.
Premierlieutenant v. Penz 2. Dezember 1715.
Sekondlieutenant Schulz 8. Februar 1720.

Leibkompagnie.
Hauptmann Wehrlin 1. Dezember 1719.
Fähnrich Lamotte.

Obristskompagnie.
Lieutenant Koch 6. Februar 1720.
Fähnrich Wolff 1. Dezember 1719.

Oberstlieutenantskompagnie.
Lieutenant Kieffer 22. Juni 1719.
Fähnrich Dolb 10. September 1717.

Majorskompagnie.
Lieutenant v. Herwart 20. Juni 1719.
Fähnrich Perner 10. Februar 1720.

Dupondische Kompagnie.
Hauptmann Dupond 12. August 1708.
Lieutenant Keßlau 25. Juni 1719.
Fähnrich Schmid 3. Juli 1719.

Nostizische Kompagnie.
Hauptmann v. Nositz 12. Juni 1710.
Lieutenant vakat.
Fähnrich v. Kelsch 1. Dezember 1710.

Müllerische Kompagnie.
Hauptmann Müller 12. November 1711.
Lieutenant Lepplin 1. Mai 1717.
Fähnrich Riem 1. Juli 1719.

Schlewizische Kompagnie.
Hauptmann v. Schlewiz 25. März 1712.
Lieutenant v. Keßlau 25. Juni 1719.
Fähnrich Jordan 22. Juni 1719.

---

*) Die in jüngster Zeit durch den Herzog vorgenommenen Beförderungen von Lieutenants und Fähnrichen sind hier, als an Ort und Stelle noch nicht bekannt, unberücksichtigt.

Reichmannische Kompagnie.

Hauptmann Reichmann 25. März 1712.
Lieutenant Brinkmann 3. Mai 1710.
Fähnrich Nibel 29. Juni 1719.

Wolffsche Kompagnie.

Hauptmann Wolff 13. Mai 1716.
Lieutenant v. Schlotheim 13. Juni 1720.
Fähnrich v. Eichelberg 14. Januar 1720.

Sparrische Kompagnie.

Hauptmann v. Sparr 22. Juni 1719.
Lieutenant v. Bönninghausen 28. Juni 1714.
Fähnrich Handel 26. August 1719.

Wunschische Kompagnie.

Hauptmann Wunsch 5. März 1720.
Lieutenant Balleisen 1. Dezember 1719.
Fährich Maierhofer 9. August 1717.

Krompholzische Kompagnie.

Hauptmann Krompholz 12. Juni 1720.
Lieutenant v. Eichelsberg 1. Dezember 1719.
Fähnrich v. Nostiz 3. Juli 1719.

Grappentinische Kompagnie.

Hauptmann Grappentin 17. Juni 1720.
Lieutenant v. Debschütz 25. August 1719.
Fähnrich v. Tschammer 14. Juni 1720.

Stutterheimische Kompagnie.

Hauptmann v. Stutterheim 3. Juli 1720.
Lieutenant Frank 9. August 1719.
Fähnrich v. Warnsdorf 1. Jan. 1719.

Viele kaiserliche Regimenter verließen die Insel im Lauf des *Abfahrt von* Monats August; so auch Hessen-Kassel, dessen Kapitulationszeit um *Sicilien.* war. Am 12. August fuhr General Mercy ab nach Genua mit einem zahlreichen Geschwader zu seiner Begleitung. Als Generalwacht war zu ihm kommandirt der Hauptmann Graf Wittgenstein mit seinen Grenadieren und treffen wir diesen bei Regiment erst wieder bei der Ankunft in Como.

Der Gang der Depeschen von einem Hafen zum andern war eben zur Zeit des Hochsommers ungemein verzögert. Aus der Levante war die Pest in die Häfen Südfrankreichs eingeschleppt; Quarantäneanstalten hemmten nun aller Orten den Verkehr. So kam es, daß das Regiment den ganzen Monat August hindurch vergebens auf Befehl zur Einschiffung wartete.

In den ersten Tagen des September endlich wurden die nöthigen Schiffe angewiesen, drei englische, sieben genuesische und ein französisches, alle wohl bewaffnet wegen der in der italienischen See streifenden Korsaren aus den Barbareskenstaaten. — Unmittelbar vor der Abfahrt des Transports war es gelungen, von Neapel herüber die gesammte neue Montur sammt 61 Rekruten*) nach Palermo überzuführen.

Am 6. Sept. ward in die See gestochen gegen Norden hin, der Heimath zu und der Boden verlassen, der so viel tapfere Männer in seinem Schooße begraben.

Ungünstig war die Seefahrt; bald fesselte Windstille die Schiffe, bald zerstreute sie heftiger Sturmwind. Das Schiff, auf dem sich Oberst von Heldenbrand befand, mit einem zweiten flüchtete vor dem Sturm in den Hafen von Livorno, von hier aus erreichte die Mehrzahl der Schiffe am 17. September ihr Ziel Genua; andere waren in Babo eingelaufen; an beiden Orten mußte Quarantäne gehalten werden.

Nicht ohne weitere Opfer für das Regiment sollte Italiens Boden und Italiens Meer verlassen werden; kurz vor der Abfahrt von Palermo war der Fähnrich Lamotte seiner Krankheit erlegen; zwei der versuchtesten und tüchtigsten Offiziere ereilte der Tod auf der See; während der Fahrt wurde die Leiche des seit lange kränklichen Hauptmanns Dupond in die Wasser gesenkt; bei der Anlandung in Babo starb der Oberstwachtmeister Zahm und wurde in aller Stille am Lande beerbigt.

Erst am 10. September fanden sich alle Schiffe im Hafen von Genua zusammen und wurde hier die Mannschaft ans Land gesezt, um in der Vorstadt San Pietro d'Arena einige Rasttage zu genießen. Dann sollte der Marsch ins Mailändische fortgesezt werden.

Von Genua nach Como. Durch den von Neapel in den ersten Tagen des September nach Palermo gekommenen Rekrutentransport verstärkt, findet sich in Genua das Regiment in der Stärke von 1201 Mann. — Hauptmann Duponds Kompagnie erhält der Lieutenant v. Bönninghausen, an Zahms Stelle wird Hauptmann v. Nostiz Oberwachtmeister; seine Kompagnie übernimmt der Lieutenant v. Penz. Als

---

*) Dieser Rekrutentransport war 196 Mann stark im Herzogthum abgegangen; den ganzen Sommer über schon war er zu Neapel; durch Desertion und Krankheit war er auf die oben angegebene Zahl zusammengeschmolzen. Unter den Entwichenen werden eigenthümlicherweise auch solche aufgeführt, die unterwegs in ein Kloster gesprungen. Von den Mönchen scheinen derartige Leute stets beschützt worden zu sein.

Lieutenant wird zur Kompagnie versezt der bisherige Regiments=
abjutant Junkhenn, dessen Funktion der Feldwebel Kempf über=
nimmt; zum Lieutenant rückt vor der Fähnrich v. Warnsdorf und
zum Fähnrich der Feldwebel Böttiger.

Nachdem nun Oestreich mit seinen nächsten Feinden Frieden
geschlossen, war es für den Hofkriegsrath in Wien von Werth, um
seine ohnehin sehr lecke Kasse zu schonen, die Subsidienregimenter
möglichst bald abzudanken. Troz der vorgerückten Jahreszeit sollte
darum Altwürttemberg sobald als möglich über die Alpen an die
Grenzen Schwabens befördert werden sehr zum Leidwesen des
Obersten, der auf Erholungsquartiere gerechnet hatte.

Am 17. Oktober wurde von Genua aufgebrochen; über Ponte
Decimo, Marone, Voltagio war am 19. die Grenze von Mailand
erreicht, wo sich das Regiment durch die Gesundheitspolizei dieser
Provinz zu einer zehntägigen Quarantäne verurtheilt sah. Der
Oberst beschwerte sich zwar über diese Anordnung; denn die beste
Zeit zum Marschiren gehe so vorüber und bei ungünstigem Wetter
müsse man die Alpen überschreiten. Acht Kompagnieen lagen in
Pozzolo Formigaro, fünf in Serravalle, drei in Rivalta.

Während dieser Zeit unfreiwilliger Ruhe wurden die neuen
Monturen verfertigt und über die Hälfte des Regiments wurde neu
bekleidet. — Der Gesundheitszustand hatte sich sehr gebessert; da=
gegen litt das Regiment nunmehr, bei Annäherung an die vater=
ländischen Grenzen, immer mehr durch Desertion. Denn die Gren=
zen der Heimath wieder zu sehen, war für alle diejenigen gleich=
bedeutend mit Unheil und Strafe, welche von den verschiedenen
Ständen des Kreises desertirt waren, um unter den Fahnen Alt=
württembergs zu dienen. Deren waren es nicht wenige und um
ihr Bleiben beim Regiment zu ermöglichen, wirkte der Oberst einen
Generalpardon für alle in so fataler Lage Befindlichen aus.

Im höchsten Grade deprimirend und verlezend für jedes männ=
liche Gefühl mußte die Art und Weise sein, wie die hochgebieten=
den österreichischen Bureaukraten sich der wackeren Regimenter zu
entledigen für gut fanden.

„Sonsten gewinnt es das Ansehen, als ob man das löbliche
Regiment, welches doch in den beiden Kriegen hin und wieder ziem=
lich gebraucht worden, ohne die geringste Ergözlichkeit fortschicken
will, so Allen und Jeden schwer fallen wird, zumalen die Offiziers,
deren Gage meistens noch im kaiserlichen Aerario haftet, in unbe=
schreiblich pauvrem Zustand sind: welchem nach an Ew. hochfürstl.

Durchlaucht auch mein unterthänigstes Anflehen ergehen laſſe, höchſt=
erleucht dieſelbe geruhen vor dero hochfürſtl. Regiment die hohe
Gnade zu hegen, bei dem löbl. Kaiſ. Hofkriegsrath zu intercediren,
damit daſſelbe, wo nicht in dem Mailancſiſchen, doch wenigſtens in
den öſterreichiſch=ſchwäbiſchen Grenzen entweder mit einem Winter=
quartier oder doch mit einem kleinen Refraichirungsquartier annoch
conſolirt und dabei die rückſtändige Gage gereicht werden möchte."

Der Hofkriegsrath ließ ſich jedoch weder auf die Vorſtellungen
des Oberſten noch auf die des Herzogs ein; noch im Jahr 1720
ſolle das Regiment zurückgegeben werden. — So ſehr man ſich nun
von dieſer Seite mit der Abbankung des Regiments beeilte, ſo ſäumig
war das kaiſerliche Aerar mit der Auszahlung der nothwendigſten
Gelber ſowohl als mit der Berückſichtigung der längſt verfallenen
Rückſtände. Der Oberſt reiste ſelbſt nach Mailand zum kaiſerlichen
Statthalter, um für ſeiner Leute Beſtes zu ſollicitiren; ſtatt der
30000 fl., die er verlangte, erhielt er mit harter Mühe 8000 fl.,
die eben gerade von der Hand in den Mund reichten.

Beim kaiſerlichen Kommiſſariat in Neapel betrieb Lieutenant
Koch die Rückſtandszahlungen; er werde aber gar nicht angehört,
ſondern nur ausgelacht, während man allerhand unbillige Abzüge
troz der Einwürfe von ſeiner Seite zu machen ſuche. „Es iſt
unverantwortlich, wie man mit Ew. hochfürſtl. Durchlaucht löblichem
Regiment für ſeine ſo treu geleiſteten Dienſte verfährt, und gehet
die einzige Abſicht nur dahin, daß ſolches bald aus dieſem Lande
fortgeſchickt werden möge."

Nirgends kann ſich wohl die Mißachtung gegen die vater=
landsloſen, von gar keinen nationalen Gefühlen und Intereſſen
getragenen Truppen ſchärfer ausſprechen als gerade in dieſer nie=
drigen von der Schreibſtube ausgehenden Behandlung bei Beſei=
tigung einer Waare, die im Nothfall ſehr erwünſcht, zu anderen
Zeiten aber überflüſſig und läſtig erſcheint. Erſt die neue Ord=
nung der Dinge, die neue Cryſtalliſation der Welt in politiſcher
und ſozialer Beziehung hat dem Soldatenſtand eine würdigere
Stellung geſchaffen. Die Zeit des ſtraffſten Abſolutismus iſt ge=
rade die Zeit ſeiner tiefſten Erniedrigung.

Die mailändiſche Grenze wird am 30. Oktober überſchritten;
Tortona erreicht, hat das Regiment vordem kaiſerlichen Kriegs=
kommiſſär Leiz Muſterung zu paſſiren; über Voghera wird dann
der Marſch auf Pavia fortgeſezt. Nach hier gehaltenem Raſttag
trifft das Regiment, über Binasco und Chiavella, Ceſano, Boscone

und Cusago, Affori und Curmano, Barlasina und Meda marschi=
rend, am 10. November in Como ein.

Von hier soll sofort weiter marschirt werden; nur mit Mühe
schlägt Heldenbrand einen Aufenthalt von einer Woche heraus, um
die neue Montur vollends verfertigen zu lassen für einen Theil
der alten Mannschaft und für die Rekruten, die in Como dem
Regiment einverleibt wurden. — Der lezte Rekrutentransport, aus
375 Mann bestehend, war wegen des Anmarsches des Regiments
nicht mehr weiter befördert worden und lag schon lange in Ober=
italien; übrigens bestand dieser Zuwachs aus sehr unansehnlichen
Leuten und wurden nicht wenige durch den assentirenden Kriegs=
kommissär ausgemustert. Zu Como rückte auch Oberstlieutenant Graf
Wittgenstein mit seiner Grenadierkompagnie wieder ein.

Als Generalwacht (Stabswacht) hatte er mit dem General
Mercy nach der Landung in Genua Quarantäne halten und den
General weiter über Pavia nach Cremona begleiten müssen. Hier
seines Dienstes enthoben, hatte er über Lodi nach Como zu mar=
schiren, wo er sammt den Rekruten seit den ersten Tagen des
Oktober auf die Ankunft des Regiments wartete.

Zum weiteren Marsch durch das Graubündtnerland wird das
Regiment in vier Kolonnen zerlegt; eine fünfte Kolonne wird aus
der Bagage und den Kranken gebildet; ihr ist der Weg durch Tyrol
vorgezeichnet.

Kantonement in Vorarl= berg.

Erste Kolonne: fünf Kompagnieen und der größte Theil des
Stabs 406 Mann.

Zweite Kolonne: vier Kompagnieen 310 Mann.

Dritte Kolonne: vier Kompagnieen 304 Mann.

Vierte Kolonne: vier Kompagnieen und ein Theil vom Stab
321 Mann.

Die durchs Tyrol bestimmte Kolonne hat Hauptmann Müller
zu führen; sie ist 189 Köpfe stark; an kranken Offizieren befin=
den sich bei ihr der Hauptmann v. Stutterheim und der Fähnrich
Handel.

Am 18. November verläßt Oberst von Heldenbrand mit der
ersten Kolonne Como zu Schiff und landet nach glücklicher Fahrt
in Riva. Der weitere Marsch führt über Kleva (Chiavenna) am
20. November nach Campo Dolfino.

In vier Märschen soll das Bündtnerland durchzogen werden

unb die Kolonnen, je einen Tagmarsch von einander getrennt, haben sich im Vorarlberg zu sammeln.

Glücklich trifft es sich, daß trotz der weit vorgerückten Jahreszeit noch ziemlich günstige Witterung den Marsch förbert. Auf der Splügenstraße wird der Kamm der Alpen überschritten und rheinabwärts marschirt dem Sammelplatz Vorarlberg zu. Statt der sonst gebräuchlichen Etappen empfängt der Mann im Bündtnerland täglich 15 Kreuzer, für damalige Verhältnisse eine nicht eben karg bemessene Summe. „Wir werden aber dergestalten dabei durch die Hechel gezogen, daß ich froh sein werde, wann nur die Leute damit-auslangen, sintemalen Alles, zutheuerst auch die Liegerstatt, bezahlt werden muß, und wird dem gemeinen Mann nicht einmal erlaubt, zu kochen, sondern er soll Alles von dem Wirth nehmen, woraus leicht abzunehmen, daß es nur auf das Geld wieder abgesehen ist."

Am 27. November trifft die erste Kolonne in Dornbirn ein; sie hat auf dem Marsch durch Graubündten 10 Mann durch Desertion verloren. Die folgenden Tage bringen auch die übrigen Kolonnen an ihre Bestimmungsorte im Vorarlberg.

Was über die weiteren Schicksale des Regiments beschlossen war, enthält folgendes Schreiben des Hofkriegsraths an den Obrist v. Heldenbrand:

Wohledelgestrenger;

Sonderlich freundlich lieber Herr Obrister. Wir haben zwar demselben den 7. dieses bedeutet, wasgestalten das im Nacherhausmarsch begriffene, dessen Kommando anvertraute Altwürttembergische Regiment nacher Freiburg und Breisach ziehen, und bis zu dem Zurückgebungstag, nehmlich den 24. nächstkünftigen Monats Dezember allda verbleiben solle.

Nachdem aber solches an den mailändischen Confinen die Quarantäne machen müssen, und bannenhero nun ein und andere Wochen später als man geglaubt, in die vorderösterreichischen Lande eintreffen wird, und zwar dergestalten, daß solches vor besagtem Restitutionstermino nach gedachten beiden Festungen kaum anlangen kann, folgsam gleich wiederum nacher Ehingen, als dem Uebergabsort, fortziehen, mithin einen großen Umweg vergebens machen müssen; — Als haben Ihre Kaiserl. Majestät die vorherige Disposition dahin gnädigst abändern lassen, daß wiederholtes Regiment zum Theil zu Bregenz, Konstanz und Radolfszell oder wo es ionsten die barobigen Herrn Stände mit dem kaiserlichen Oberkriegskommissariat am thunlichsten zu sein befinden und veranlassen werden, verlegt werden solle, bis obgedachtermaßen der terminu restitutionis ankomme, folgbar solches zurückgegeben werden kann, gestalten deswegen Allerhöchst besagt Ihre Kaiserl. Majestät sowohl an des Herrn Herzogen zu Württemberg Liebden und hochfürstl. Durchlaucht das Gehörige schon rescribiren lassen, als auch von der löblichen kaiserl. Hofkammer die Veranstaltung bereits geschehen, daß mehrerwähntes Regiment Zeit seiner Haltmachung die gebührende Verpflegungsgelder nebst dem Brod, ingleichen wie es hätte in Freiburg und Breisach verpflegt werden sollen, an jedem Ort richtig zu empfangen haben wird.

Wir thun demnach dem Herrn Obristen Solches zu dem Ende hiemit bedeuten, auf daß derselbe hievon die erforderliche Nachricht haben, wie nicht weniger benenjenigen Anordnungen Statt zu thun möge, welche von obbesagtem daraußigen Oberkriegskommissariat, dann den Herrn Ständen respectu Verlegung öfters ermeldten Regiments werden veranlaßt und ausgestellt werden.

Wien, den 21. November 1720.

Des Herrn Obristen

freundliche und bereitwillige der Röm. Kaiserl. Majestät Hofkriegsrathspräsident, Vizepräsident und Räthe.

So lange, bis dem angeführten langathmigen Schriftstück zufolge die Stände sich über die Repartition geeinigt hatten, blieb das Regiment in seinen Marschquartieren im Vorarlbergischen und zwar: von der ersten Kolonne der Stab und vier Kompagnieen in Dornbirn; Kompagnie v. Sparr in Lustnau. Die zweite Kolonne war am 27. November in Götzis und Bauren, am 28. in Bregenz und Umgegend; die dritte Kolonne in Feldkirch und Altenstadt; die vierte in Rankweil, Sulz, Reiters, Klaus und Weiler.

Schon am 29. November waren übrigens die Stände mit der Verlegung fertig. — Die Kompagnieen v. Schlewitz und Grappentin sollten in Feldkirch Quartiere nehmen; der Oberst mit seiner Kompagnie, Graf Wittgenstein und Wolff in Bregenz; nach Konstanz wurden verlegt der Oberstlieutenant, die Leibkompagnie, Kompagnie Müller, Bomburg, v. Sparr, Wunsch, Krompholz, v. Penz; dem Oberstwachtmeister mit Reichmann, v. Bönnighausen und v. Stutterheim war Radolfszell angewiesen.

Am 30. November und 1. Dezember besteigen die nach Konstanz und Radolfszell verlegten Kompagnieen zu Bregenz und Fußach die Schiffe, welche sie über den Bodensee an ihre Bestimmungsorte tragen sollen.

Vom 7. Dezember 1720 meldet Oberstlieutenant v. Streithorst aus Konstanz:

„Ew. hochfürstl. Durchlaucht solle in Abwesenheit des Herrn Obristen v. Heldenbrand, welcher nebst Herrn Grenadierhauptmann v. Bomburg am verwichenen 3. Dezember von Bregenz nacher Wien abgegangen, in Unterthänigkeit zu rapportiren nicht ermangeln, wie daß dero löbliches Regiment zu Fuß in den Oberösterreichischen Städten als Bregenz, Feldkirch, Konstanz und Zell am Untersee bis ad terminum restitutionis verlegt worden und allda wirklich eingerückt ist; allwo aber besagte Städte auf die ertheilte Anweisung von dem kaiserlichen Kriegskommissario Jäger (welchen ich stündlich hier erwarte) die geringste Verpflegung nicht reichen, auch bis dato keinen Heller bezahlen wollen, — weßwegen, um den gemeinen Mann nicht nothleiden zu lassen, bei einem allhiesigen Kaufmann zu Bezahlung der Löhnungen auf Kredit einiges Geld bis zur Ankunft des kaiserlichen Kommissarii aufzunehmen bin gezwungen worden.

Der gemeine Mann ist zwar bei den Bürgern in den Häusern hin und wieder verlegt, hat aber außer dem bloßen Obdach nicht das Geringste von solchen zu gaudiren, auch müssen die Offiziere sich sowohl Losament, als auch Holz, Licht und Fourage vor ihr eigen Geld anschaffen; — welches also das löbliche Regiment, um des erlittenen Elends ein Ende zu machen, auf den Tag der Uebergab mit großem Verlangen wartend macht, wie ich denn für meine Person, auch nicht weniger das ganze Regiment sich die hohe Gnade baldigst zu haben wünscht, Ew. hochfürstl. Durchlaucht in allem Wohlsein wieder zu sehen und den Rock zu küssen und werden Ew. hochfürstl. Durchlaucht mir wohl vorderst eine achttägige Erholung von dem, was bishero passirt, sodann nachgehends eine Reise nacher Haus zu thun (welches anmit Ew. hochfürstl. Durchlaucht par avance zu wissen machen thue, als ich ohnedem dieselbe dieserwegen noch niemalen zu beschweren mich unterfangen habe) gnädigst erlauben.

Die Kranken thun auch wegen ermangelnder Medicin, deren man keine herausbringen kann, von Tag zu Tag sich dergestalten vermehren, daß sich wirklich bei die 40 Mann, so meistens Rekruten vom lezten Transport, allhier befinden.“

Oberkriegskommissär v. Langscheid zeigt dem Herzog an, daß

bis zum 24. Dezember (an welchem Tag gerade 5 Jahre seit Abschließung der Kapitulation um waren) das Regiment in Ehingen zur Uebergabe bereit zu halten sei. Bis zu diesem Zeitpunkt habe es in den eingeführten Quartieren zu bleiben.

Noch im Laufe des Sommers hatte Eberhard Ludwig angeordnet, daß ein Offizier des Regiments mit den nöthigen Dokumenten versehen nach Wien geschickt werde, um die Abrechnungen über alle Gebühren und Rückstände derart dort zu betreiben, daß die Richtigstellung der Ansprüche des Regiments und der Leistungen des kaiserlichen Aerars bei der Zurückgabe erfolgen könnte. — Als das Regiment im Vorarlberg einrückte, war der Regimentsquartiermeister noch in Como beschäftigt wegen der Verpflegung auf dem lezten Marsch; andere Offiziere waren mit dem bevorstehenden Geschäft nicht vertraut genug und so ging am 3. Dezember der Oberst v. Heldenbrand selbst nach Wien ab sammt dem Hauptmann Bomburg, der, ein geborener Wiener, ihm dort von Nuzen sein konnte.

Sofort nach seiner Ankunft in Wien am 13. Dezember betrieb der Oberst die Sache des Regiments in Verbindung mit dem württembergischen Geschäftsträger, dem geheimen Rath v. Schüz, mit allem Eifer; für den Anfang übrigens ohne den mindesten Erfolg. Die Weitläufigkeit und Schwierigkeit der Abrechnung über die lezten so sehr bewegten Jahre gaben dem kaiserlichen Hofkriegsrath erwünschte Gelegenheit, Weiterungen zu veranlassen und die Ausfolgung der Gelder zu verzögern. — Erst im Laufe des Januar 1721 war das Geschäft des Obersten so weit gediehen,[*] daß er eine Abschlagszahlung von 70—80000 fl. erhielt; das Uebrige sollte in vierteljährigen Raten ausbezahlt werden.

Wie zum Zweck der Uebergabe schon früher angeordnet war, befand sich das gesammte Regiment am 24. Dezember 1720 zu Ehingen an der Donau zur lezten Musterung. Vom Oberst abwärts zählte es 1472 Mann. — Die Männer, welche vor bald fünf Jahren in Göppingen die Uebernahme in kaiserlichen Dienst vorgenommen hatten, waren wieder mit der Zurückgabe betraut;

Zurückgabe des Regiments.

---

[*] Die vollständige detaillirte Abrechnung mit der kaiserlichen Kasse war im März 1723 durch den Regimentsquartiermeister Hauptmann Luther beendigt, der nachträglich noch wegen seiner guten Oekonomie vom Herzog aufs anerkennenbste belobt wurde.

von österreichischer Seite der Kriegskommissär v. Langscheid, auf württembergischer der Generalkriegskommissär v. Boldewin. — Lezterer berichtet über die Vorgänge bei der Zurückgabe:

„Am gestrigen Tage, als am 24. Dezember, wurde die Musterung vorgenommen, welche von Morgens vor 9 Uhr den Anfang genommen und bis Abends nach 4 Uhr continuirt; erstens die sämmtlichen Oberoffiziers vorgefordert, und denselben proponirt worden, weilen das Regiment nunmehr an Ew. hochfstl. Durchl. werde übergeben werden, ob von ihnen in specie und Regimentswegen in genere einige Klagen oder sonsten was zu klagen, da dann der Oberstlieutenant v. b. Streithorst nomine des Regiments respondirt, daß das Regiment Weiteres Nichts zu klagen hätte, als daß dem Regiment, weilen dasselbe Ihro kais. Maj. alle getreuen und ersprießlichen Dienste in Ungarn wider den Erbfeind und in Sicilien geleistet, mithin vor Ihro kais. Maj. Leib und Blut aufgeopfert habe, die noch ausständigen großen Prätensionen und zurückgebliebenen Monatgelder nunmehr möchten assignirt und verabfolget werden, worauf der Oberkriegskommissarius v. Langscheid vermeldet, daß von Regimentswegen solcher Prätensionen halber die monatlichen Alta aufzustellen wären, wornach er alsbann liquidiren und den weiteren Bericht an den kais. Hofkriegsrath dergestalten erstatten und trachten werde, wie dem Regiment zu dessen Ausstand verholfen werden möchte, zu welchem Ende dann der Hauptmann und Regimentsquartiermeister Luther dergleichen zu begreifen, von dem Regiment allhier zurückgelassen worden.

Auf Solches hin hat Er, von Langscheid, mit der Musterung der Schärfe nach progrebirt und exakt untersucht, wie die bei jeder Kompagnie stehende Prima Plana von Feldweibels, Führer, Fourier und Musterschreiber, die das kais. Kommissariat nicht zu stellen, beschaffen und ob der bisher beschehene Abgang von Rekruten oder alten Leuten erset worden, desgleichen die kaiserlichen Vasallen scharf untersucht, absonderlich bemerkt, ob solche katholisch oder evangelisch, auch ob die Zimmerleut mit Gewehr versehen und dabei, was die Desertirten und Verstorbenen anbetrifft, die Unteroffiziers bei ihren Pflichten examinirt, ob denselben bekannt, daß solche auf die in den Listen eingesezte Zeit desertirt und verstorben seien, auch die Deserteurs das Gewehr und Lederwerk mitgenommen oder zurückgelassen haben.

Nach Abends gegen 5 Uhr vollbrachter Musterung hat das Regiment einen Kreis geschlossen, da der von Langscheid proponirt, wie daß Ihro kaif. Maj. allergnädigft refolvirt, diefes Regiment, nachdem daffelbe von Ew. hochfftl. Durchl. revocirt worden, bei heutigen Tags expirirter Kapitulationszeit durch Ihn, kaiferlichen Oberkriegskommiffarium, an Ew. hochfftl. Durchl. und mich, als ben bazu gnädigft georbneten bevollmächtigten Kommiffarium ab- und übergeben zu laffen, mithin nomine Ihrer kaif. Maj. dem Re= giment wegen bisher geleifteter guter und getreuer Dienfte ben Dank abgeftattet, und daffelbe aller kaiferlichen Gnade verfichert, und alfo von demfelben den Abfchied genommen.

Darauf ich aus obhabender Kommiffion von Ew. hochfftl. Durchl. vermelbet, daß ob zwar die fünfjährige Kapitulationszeit noch nicht expirirt und Ihro kaif. Maj. folches Regiment bis ult. Aprilis 1721 in bem Solb und der Verpflegung zu unterhalten hätten, fo haben bennoch Ew. hochfftl. Durchl. mir bie gnädigfte Kommiffion gegeben, diefes Regiment zu übernehmen, über bie all= zufrühzeitige Uebergabe aber fich in dem höchften Grab befchwert befinbeten und bawiber proteftirten, nicht zweifelten, weilen bas Regiment nicht allein mit größten Koften geftellt worden und Ihro kaif. Maj. gute, getreue und erfprießliche Dienfte geleiftet, biefelbe werben Ew. hochfftl. Durchl. vor folches Regiment bis ult. Aprilis 1721, als zu welcher Zeit erft die kaiferlichen Dienfte und die Kapitulationszeit expirirte, ben Solb und Verpflegung nebft einem Marfchmonat allergnädigft verfchaffen und affigniren, auf welches Er von Langfcheib replizirt, daß weilen er bieferwegen keine In= ftruktion hätte, er ein Solches bei beffen erftattender Relation an feine gehörige Inftanz zu berichten nicht unterlaffen werbe.

Nach biefem ift bem Regiment nach Ew. hochfftl. Durchl. er= theilter Orbre berofelben gnädigfte Refolution, daß biefelbe biefes Regiment zu bero Leibregiment*) gnädigft ernannt hätten, mit biefem proponirt worden, daß baffelbe, wie es vorhero in Ew. hochfftl. Durchl. Pflichten geftanden, auch künftighin mit Eib und Pflicht zugethan verbleiben und nach ben jeberzeit ertheilenden Orbres wie andere bero Regimenter mit Solb und Verpflegung traktirt und gehalten werben folle, worauf baffelbe heutigen Morgens früh von hier abmarfchirt."

---

*) Schon burch Orbre vom 3. Dezember 1720 aus Kirchheim hatte Eber= hard Ludwig bas aus Italien zurückkehrende Regiment zu feinem Leibregiment ernannt und zugleich ben Wunfch ausgefprochen, baß bie Offiziere fich betreffs ber Degen, Stockquaften u. f. f. nach ber gegenwärtig bei ben Haustruppen geltenben Orbonnanz richten. —

Der Transport des Hauptmann Müller, durch Tyrol kommend, gelangte erst am 5. Januar 1721 zur Musterung nach Ehingen. Hiemit war die Zurückgabe vollendet, nachdem noch lange Streitigkeiten darüber geherrscht hatten, wer von der als invalid bezeichneten Mannschaft als wirklich dienstuntüchtig in Abgang zu bringen sei und wer zur Noth noch weiter dienen könne; wer die aufgewendeten Medikamente zu zahlen habe u. s. f.

Was das Regiment verloren. Nur Wenige von denen, die vor bald fünf Jahren die Donau auf ihren Wassern fortgetragen hatte von der Heimath, mochten jetzt heimischen Fluß und Berg wieder erblicken. Durch die zahlreichen Nachschübe war das Regiment mehr als erneuert worden.

Gerade die Langsamkeit und Bedächtigkeit, mit der die Kriege geführt wurden, waren Ursache, daß die Friktion vermehrt wurde. — Wie im Alterthum ein Krieg zur Entscheidung geführt wurde durch eine Reihe auf einander folgender Feldzüge, deren Anfang gar oft mit den Worten bezeichnet wird: zur Zeit, als das Getreide in die Aehren schoß,*) — so schleppt sich noch im 17. und 18. Jahrhundert die Entscheidung durch viele Jahre hin. — Die Pausen aber von einem Feldzug zum andern sind es, die Verderben bringen der Armee sowohl als auch zum Theil den Bewohnern des von dieser eben okkupirten Landes. Die Erschlaffung, das ganze ausgestandene Elend machen sich meist erst in den Tagen der Ruhe geltend. Die schlechten Verkehrswege und Verkehrsmittel, der mangelhafte Sanitätsdienst, die ungenügende Verpflegung thun das Ihrige, um einmal ausgebrochene Krankheiten und Epidemieen im großartigsten Maßstab erscheinen zu lassen.

Bei unserem Regimente zeigt sich das Angeführte am auffallendsten nach dem Ende des zweiten ungarischen Feldzugs und ebenso wieder in Sicilien nach der Einnahme der Citadelle von Messina. Die Hunderte, welche hier den Krankheiten erlagen, stehen in keinem Verhältniß zu den Verlusten dem Feind gegenüber.

Das blutigste Treffen, welches das Regiment mitmachte, ist das bei Francavilla; ihm gegenüber erscheinen die Verluste in den Schlachten von Peterwardein und Belgrad unbedeutend; bei weitem verderblicher schon die Belagerungen von Temeswar und

---

*) So in des Thukydides Geschichte des peloponnesischen Kriegs.

Meiſſna. — Im kleinen Krieg und Sicherungsdienſt treten nur ein einzigesmal Verluſte auf und zwar bei dem Marſch von Alkamo nach Palermo in der Grenadierkompagnie Graf Wittgenſtein.

Was die Offiziere im Speziellen betrifft, ſo kehren verhältniß= nißmäßig viele in die Heimath wieder zurück. Der Grund iſt ein= fach in der vortheilhafteren äußeren Lebensſtellung zu ſuchen, die ihnen Erholung und Ruhe in viel ausgedehnterer Weiſe zukommen ließ. — Auf dem Schlachtfeld finden ſich von todten Offizieren einer auf 18—20 Todte von der Mannſchaft; unter den Lebenden iſt das Verhältniß 1 Offizier auf 20—40 Mann, je nach der un= gemein ſchwankenden Stärke der Kompagnieen.

Mehr als zweitauſend Todte hatte das Regiment zurückge= laſſen auf den Schlachtfeldern an der Donau und am Fuße des Aetna, vor den blutigen Wällen von Temeswar und Meſſina und in den Friedhöfen der Spitäler, lauter Württemberger und andere Deutſche, die in einer dem deutſchen Namen durchaus fremden Sache dem eigenen Vaterlande entzogen wurden.

Für ein ſo kleines und wenig bevölkertes Land,*) wie das Herzogthum Württemberg im Anfang des 18. Jahrhunderts war, mußte es immerhin eine ſchwere Anlage ſein, durch vier Jahre zu einem einzigen Regiment je ungefähr 800 Rekruten zu ſtellen mit der Vorausſicht vollends, daß ſie für die Arbeit im Lande weitaus zum größten Theil verloren ſein würden. — Wurden auch zum Dienſte Ausländer ſtets in ziemlicher Anzahl beigezogen, ſo traten auf der andern Seite Württemberger auch ihrerſeits in fremde Dienſte; die übrigen Regimenter des Herzogs mußten alljährlich ebenfalls ergänzt werden und meiſt geſchah dieß durch Landeskinder; — es erhellt, daß der Ausfall von Arbeitskräften für das Land ein außerordentlich empfindlicher ſein mußte.

*) Vergl. Einleitung.

Fünfter Abschnitt.

1721—1752.

Friedensjahre.

Die Truppen in den Klein- staaten. Seit den Fehden der kleinen Machthaber unter einander durch Uebereinkunft der Mächtigeren nicht mehr Raum gegeben wurde, waren die Verhältnisse der Soldateska in ihrem Dienst ganz eigen= thümliche. Im Grund hatte das Militär bei ihnen neben etwaigen Polizeidiensten nur dekorativen Zweck. Eine Menge Regimenter mit hochstehenden Inhabern und zum Theil glänzender Erscheinung, ein Ueberfluß an Generalen und Stabsoffizieren. Dabei aber schlecht bezahlt und ausgerüstet troz des ganz schwachen Standes an Mannschaft; die Reiterregimenter ganz oder theilweise unbe= ritten; das Ganze ein zum Kriegführen total unbrauchbares In= strument. Daher denn auch im Kriegsfall stets der Eintritt in fremde Dienste und Subsidien. — Die Macht, welche das Geld zur Rüstung, den Unterhalt der Truppen und dem Landesfürsten ein gewisses Kopfgeld auszuwerfen im Stande war, durfte die kleinen Armeen zu den Ihrigen rechnen, gleichgiltig ob es eine deutsche Macht war oder nicht.

Der Bestandtheil einer so beschaffenen Kriegsmacht wurde nun das Regiment Altwürttemberg, als es zum herzoglichen Leibregi= ment umgeschaffen aus dem Verband einer großen Armee trat.

Die Haustruppen des Herzogs Eberhard Ludwig bestanden zu derselben Zeit aus:

Garde du Corps.
Garbecarabiniers.
Leibdragonerregiment.
Gardefüsilierregiment.
Graf Grävenitzisches Regiment.
Leibregiment.

Die Infanterieregimenter zählten 6 Füsilier= und 2 Grena= bierkompagnieen; das Leibregiment behielt noch kurze Zeit seinen

Stand auf kaiserlichem Fuß. Außer den angeführten Haustruppen waren noch zu unterhalten: ein Kreiskontingent zu Roß und eines zu Fuß; lezteres 12²/₃ Kompagnieen stark.

Untergebracht waren die Truppen sämmtlich nach hergebrachter Weise bei den Einwohnern der Dörfer und kleinen Städte gegen geringe Entschädigung; zum Dienst bei Hof und zu besonderen Gelegenheiten wurden sie abwechslungsweise beigezogen.

Erst neuerdings, im Jahr 1719, hatte man begonnen, Kasernen zu bauen zunächst in Städten, die man mit Einquartierung verschonen wollte, wie Stuttgart und Ludwigsburg; ferner auf dem Hohenasperg.

Nach seiner Uebernahme in herzoglichen Dienst findet sich das Leibregiment also vertheilt:

Nürtingen		2	Komp.
Blaubeuren		2	„
Münsingen Steußlingen	}	1	„
Magolsheim Ennabeuren Pfullingen	}	1	„
Tübingen	Stab u.	3	„
Herrenberg		2	„
Leonberg Sinbelfingen	}	2	„
Wildberg Wildbad	}	1	„
Neuenbürg		1	„
Kalw		2	„

Stab u. 17 Komp.

Was zuvörderst geschehen mußte, um das Regiment den übri- Reducirung.
gen Infanterieregimentern gleichförmig und der herzoglichen Kasse angemessen erscheinen zu lassen, war umfassende Reduction. Am lezten Tage des Jahres 1720 gab der Herzog dem interimistischen Kommandanten, Oberstlieutenant v. d. Streithorst, Befehl, die Reduction auf den württembergischen Fuß vorzunehmen; mit ihrer Leitung war der Generalfeldmarschalllieutenant v. Phull betraut.

Die Stärke des ganzen Regiments sollte in Zukunft blos noch 588 Mann betragen und zwar 2 Grenadiercompagnieen in der bisherigen Stärke beibehalten und 6 Musketierkompagnieen, je 64 Mann stark; das Ganze in zwei Bataillone eingetheilt.

Die Stabsoffiziere wurden beibehalten in der übernommenen Zahl; jede Kompagnie behielt dieselbe Anzahl von Offizieren; die überzähligen mögen wohl theils den württembergischen Dienst verlassen haben; zum Theil finden sie sich bei anderen Regimentern, so v. Bönnighausen, v. Stutterheim, v. Penz beim Gardefüsilierregiment.

Die nach Hause entlassenen noch kriegsdiensttüchtigen Leute sollten einen Gulden monatlich als Wartgeld erhalten unter dem Versprechen, daß sie im Lande bleiben, nicht heirathen und keine fremden Kriegsdienste nehmen wollten, — sie sollten in den Listen der Kompagnieen als Ueberzählige laufen. — Diese Maßregel, für den Bedarfsfall dienstbereite Leute zu haben, war schon früher wiederholt in Uebung gewesen (eine ähnliche Erscheinung sind die Provisioner*) und ist als der erste Anfang mit beurlaubten Reservemännern anzusehen zu einer Zeit, wo der Waffendienst in Friedenszeiten mit der Einübungspräsenz und den nothwendigen Einschränkungen noch durch kein Gesez festgestellt war.

Im Frühjahr 1721, als Oberst v. Helbenbrand wieder beim Regiment einrückte, konnte dieses in seiner neuen Gestalt seine Garnisonen im Unterland: Schorndorf, Backnang, Waiblingen, Hohenasperg beziehen.

Die Garnisonen wechselten ungemein häufig. Im Septbr. 1721 finden wir den größten Theil des Regiments in Stuttgart, von wo aus eine Offizierswache in's Schloß nach Ludwigsburg gegeben wurde. — Am Ende desselben Jahres kam der Stab nach Waiblingen und blieb dort mehrere Jahre; später nach Vaihingen a. d. E.

Verpflegung. Die Landschaft, welche das von jeher ungern gesehene und nur mit äußerstem Widerstreben von ihr zugestandene stehende Militär nunmehr noch um ein weiteres Regiment vermehrt sah, begann über die nicht zu erschwingenden Auflagen laute Klage zu erheben. Der immer lauter werdenden Stimme nachgebend sezte der Herzog eine Kommission nieder, bestehend aus dem General Graf Grävenitz, General v. Phull, Geheimerath Schunck und Generalkriegskom-

---

*) Vergl. Einleitung.

miffär v. Boldewin, ein neues Militärreglement auszuarbeiten mit möglichster Schonung der Unterthanen.

Die Kommission berechnete die jährlichen Ausgaben für den ganzen Militärstaat, einschließlich des Kreiskontingents zu Roß und zu Fuß, der Pensionen und der Gratialien auf 474,661 fl. und stellte dem Herzog vor, wie diese Summe weder durch die regel= mäßigen Steuern noch durch sonstige Anlagen vom Lande könne aufgebracht werden; denn die Mehrzahl der Unterthanen sei gänz= lich verarmt, kaum können sie ihr Taglohn, Brod und kümmerliche Nahrung erwerben; wenn den übrigen Unterthanen tempore pacis nicht einige Sublevation gewährt werde, so stehe zu befürchten, daß dieselben unter der beständigen Last endlich succumbiren werden.

Als Ausfluß des neuen Militäretats erschien im Frühjahr 1722 neben der Auflösung des Infanterieregiments Graf Gräveniß die Publikation eines mit aller Sparsamkeit durchgeführten Ver= pflegungsreglements.*) Niemand solle mehr prätendiren, als ihm zu fordern zukomme. — Die Offiziere haben für Quartiere, Holz und Licht selbst zu sorgen. Den Unteroffizieren und Gemeinen ist vom Quartiersmann täglich zu reichen die Hausmannskost, wie er sie selbst hat, nebst zwei Pfund Brod. — Die Brodportion wird vom Kriegskommissariat vergütet; für Hausmannskost wird dem Mann monatlich 1 fl. an seinem Sold abgezogen und dem Quar= tiersmann baar eingehändigt. Wird keine Hausmannskost gereicht, so sind täglich drei Kreuzer an den Soldaten zu bezahlen, der Quartierträger hat sich aber bennoch mit der monatlichen Entschä= bigung von 1 fl. zu begnügen.

Die Ration beträgt 6 Pfund Haber, 10 Pfund Heu; wöchent= lich 3 Bund Stroh.

Befinden sich die Truppen auf dem Marsch, so sind sie nur im äußersten Nothfall in die Ortschaften einzuquartieren, sonst haben sie stets auf dem Feld zu campiren.

Während des Sommers sollen die Soldaten nicht über 9 Uhr, Winters nicht über 8 Uhr in den Schenken gedulbet werden.

Auch Betreffs der Invalidentraktamente werden neue Bestim= mungen getroffen. — Die als dienstuntüchtig entlassenen Leute sol= len von den Aemtern unterhalten werden. Diese haben ihnen Obdach, täglich zwei Pfund Brod und wöchentlich 30 Kreuzer zu reichen. — Bei den Truppentheilen, die wie die Garde eigene Inva=

---

*) S. Beilage Nr. 11.

Übenkaffen hatten, konnten die Säze, namentlich für Unteroffiziere, noch etwas erhöht werden.

Die Pensionen für Offiziere finden sich folgenbermaßen bestimmt:

Oberst	50 fl.
Oberstlieutenant	40 fl.
Major	30 fl.
Kapitän	25 fl.
Kapitän reformé	20 fl.
Lieutenant	15 fl.
Fähnrich	12 fl.

per Monat.

Daß siebenzigjährige Lieutenants bei der Invalidirung vorkamen und Fähnriche mit starker Familie war eben nichts Auffallendes.

Nach den neuen Säzen für Verpflegung, Besoldung und Pensionirung berechnet sich der Bedarf für sämmtliche Haustruppen in sechs Monaten auf 77,323 fl.; das Kreiskontingent kostete für dieselbe Zeitbauer 41979 fl. — Mit etlichen anderen Posten beläuft sich das ganze Militärbudget für die Dauer von sechs Monaten auf 178,697 fl.

Das Leibregiment hatte während dieser Zeit zu erhalten:

1) Gage, Montur, Regimentsunkosten, Medikamente	18660 fl.	12 kr.
2) 103532 Brobportionen à 2 kr.	3451 „	4 „
3) Rekrutirungsgeld	50 „	— „
	22161 fl.	16 kr.

Bisher hatte das Leibregiment immer noch seine österreichische Uniform beibehalten. Als diese abgängig zu werden anfing, im Lauf des Jahres 1723, wurde erst die eigentliche württembergische Uniform angeschafft und zwar: gelbe Röcke mit karmoisinrothen Aufschlägen und weißen Schnüren, gelbes Kamisol, ochsenblutfarbene Hosen. — Der ganze neue Anzug kam für den gemeinen Mann auf 20 fl. 45 kr. zu stehen, für den Unteroffizier auf 32 fl. im Wege des Akkords mit Kaufleuten in Stuttgart.

Den Kompagniekommandanten ging bei dieser Gelegenheit ein Tarif zu über die Summen, welche für die einzelnen Monturstücke dem Mann angerechnet und an der Löhnung abgezogen werden durften.*)

*) Für gewöhnliche Verhältnisse hatte monatlich die Grenadierkompagnie Montirungsgeld 75 fl.; die Füsilierkompagnie 46 fl. 30 kr.

Ein Anfang zur Ausrüstung mit Mänteln erscheint in einer Ver=
ordnung vom Dezember 1724, wonach die 23 Posten im Schloß zu
Ludwigsburg während strenger Kälte „lange Kittel" erhalten sollen.
Zunächst mögen so die Wachmäntel in Gebrauch gekommen sein.
Erst mit dem Anfang des Jahres 1724 ist somit das Leib=
regiment ein nach seiner äußeren Erscheinung vollständig württem=
bergisches.

Ueber Lage und Geist der Unteroffiziere *) und Mannschaft Geist der
Etwas anzuführen, ist überflüssig. Eine Stelle finden hier nur Truppen.
zwei Dekrete hinsichtlich der Deserteure.

Im Jahre 1725 schreibt Herzog Eberhard Ludwig an die ge=
heimen Räthe:

„Unseren gnädigsten Gruß zuvor, Hochwohl= und Wohlgeborene,
Feste, Liebe, Getreue! — Demnach die Desertiones unter Unserer
Miliz eine Zeit her gar zu sehr einzureißen beginnen und die Er=
fahrung vielfältig bezeuget hat, daß unerachtet Unserer schon mehr=
malen in das Land publizirten Verordnung, die Beamten und
Schultheißen auf dem Land den erforderlichen Fleiß und Obsicht
bei Passirung besagter Deserteurs nicht abhibiren, gleichwohlen
aber zu künftiger Verhütung solchen Unheils nöthig sein will, alle
immer möglichen Präcautiones dagegen vorzukehren, zu dem Ende
dann durch ein in Unser Herzogthum und Landen auszulassendes
Generale bekannt machen zu lassen, daß alle und jede Vögte, Amt=
leute und Schultheißen in den Städten und Dörfern keinen ein
oder anderen Orts ankommenden Unteroffizier oder Gemeinen ohne
vorzuzeigen habenden Paß oder Beurlaubungszettel von ihren vor=
gesezten Oberoffizieren passiren oder sich in dem Ort seiner Hei=
math, es sei gleich bei dessen Eltern oder Anverwandten, über die
darin vorgemerkte Zeit aufhalten zu lassen, vielmehr aber, wenn
jene dergleichen Passeport oder schriftliche Erlaubniß nicht würden
aufweisen können, Solche dann alsgleich in Arrest genommen und
deren Regiments= oder Kompagniekommandanten der darunter sich
ereignende Vorgang angezeigt werden solle; — als gesinnen Wir
hiemit gnädigst an euch ꝛc."

*) Die Offiziere, vom Herzog vollständig als Privatdiener angesehen,
finden sich in ihrer Selbstständigkeit nach allen Richtungen eingeschränkt.
Ihnen ist verboten zu jagen bei Degradation und anderer Ahndung; Keiner
darf wagen, sich einen Hund zu halten und was dergleichen kleinliche Chikanen
mehr sind.

Schärfer noch spricht sich Herzog Alexander aus im Mai 1734: „Wir haben zwar verschiedentlich die ernstliche Erinnerung an Unsere sämmtlichen Beamte und Unterthanen durch Unser ganzes Herzogthum ausgehen lassen, daß sie alle Leute, welche sich nicht durch glaubwürdigen Paßeport legitimiren können, anhalten und verwahrt zu Uns bringen sollen, mit dem Anhang, daß Wir für jeden Deserteur, der Uns zugeschickt werden würde, einen Louisdor bezahlen; hingegen diejenigen, durch deren Nachlässigkeit ein solcher Deserteur durchkomme, mit harter Strafe unnachlässig belegen wollten.

Nichtsbestoweniger müssen Wir sehr mißliebig wahrnehmen, wie wenig Eifer von Unseren Beamten und Unterthanen zu Befolgung Unserer so ernstlichen Befehle bezeugt werde, da die noch häufig weggehenden treulosen Soldaten nicht allein nicht angehalten, sondern auch an vielen Orten, sonderlich bei Landeskindern, durch ihre Freunde und Bekannte zu ihrer sicheren Fortkommung aller Vorschub gegeben, und wohl gar von den Beamten selbst durch die Finger gesehen werde.

Gleichwie Wir aber Unseren einmal gegebenen Befehlen mit gerechter Strenge die schuldige Wirkung zu geben und die Uebertreter nicht nur an Ehre und Gut, sondern mit Leib und Lebensstrafe nach befindenden Dingen zu belegen gänzlich gedenken, — also wollen Wir aus besonderer landesfürstlicher Langmuth Unsere Beamte, Schultheißen und Unterthanen nochmalen gnädigst, dabei ernstlichst, erinnert haben, daß sie keinen verdächtigen Menschen passiren lassen, solchem Unterschlauf geben oder auf andere Wege forthelfen sollen, wann es auch ihre eigenen Freunde und Anverwandten wären.

Wir werden Uns deßwegen immediate an die Person Unserer Beamten halten, denjenigen, der sich nachlässig wird finden lassen, sogleich des Dienstes entsezen, und auf ein Jahr lang zur Festungsarbeit condemniren; die Schultheißen, Bürger und Bauern aber, denen hierunter Etwas zu Schulden kommen wird, mit dem Strang Andern zum Exempel, unnachlässig abstrafen, hingegen für jeden Deserteur, welcher Uns wird gebracht werden, ein Louisdor unfehlbar ausbezahlen lassen. Daher auch die Beamten an den Grenzen den benachbarten auswärtigen Beamten ein Solches notifiziren, mit ihnen fleißig kommuniciren und sobald ihnen Kundschaft von einem Deserteur zukommt, nicht allein in alle umliegende Orte davon schleunigste Anzeige thun, sondern auch des Nachts, sodann sonderlich gegen die Waldungen, worin sich dergleichen treulofes Gefind ben Tag über verſtecken möchte, Wachten ausſtellen, und Alles, was zur Ausfindigmachung ſolcher Deſerteurs nur er= dacht werden kann, vorkehren ſollen 2c.*)"

Karg in bes Worts verwegenſter Bedeutung iſt Bezahlung, Verpflegung, Bekleidung und Bewaffnung. Um nur einigermaßen in der äußeren Erſcheinung glänzen zu können, wird am wichtigſten Artikel geſpart, an den Waffen. Wiederholt hatte Oberſt v. Hel= denbrand über ſchlechtes Lederwerk und unbrauchbare Bewaffnung geklagt. Im Jahr 1739 ſagt er, die Gewehre des Regiments ſeien zwar 1728 als neu empfangen worden, in der That ſeien es aber blos ſchlecht reparirte alte Gewehre; man könne keine zwölf Schuß aus ihnen thun, ohne daß ein Unglück geſchehe, die Läufe werden alsbann ſo heiß, daß man ſie nicht mehr in der Hand halten könne; die Bajonnete verbiegen ſich bei jeder Gelegenheit.

Das Kriegskommiſſariat war mit den Zahlungen an die Re= gimenter häufig ſo ſtark im Rückſtand, daß es den Kompagniekom= mandanten unmöglich wurde, mit der Mannſchaft abzurechnen, mit Montirung und Verpflegung auf dem Laufenden zu bleiben; die Offiziere ſelbſt erhielten einmal elf Monate lang keine Gage.

Unter ſolchen Umſtänden war ein beſonderer Befehl nothwen= big, den Offizieren zu verbieten, ſich auf unerlaubte Weiſe Geld zu verſchaffen, daburch daß ſie gegen eine gewiſſe Taxe Erlaubniß geben zum Heirathen oder gar vollſtändige Entlaſſung aus dem Militärdienſt.

Der Perſonalſtand bes Regiments ergibt ſich nach der am 14. Febr. 1728 abgehaltenen Muſterung auf Hohenasperg folgen= dermaßen: **Stand bes Regiments 1728.**

Regimentsſtab.

Oberſt v. Helbenbrand,	Oberſtlieutenant v. Holle,
Oberſt v. b. Streithorſt,	Major v. Roſtiz,
Regimentsquartiermeiſter Lieutenant Koch,	Abjutant Fähnrich Kempff,
Regimentsfeldſcheer Seyffried,	1 Profos,
1 Regimentstambour,	8 Hautboiſten.

---

*) Neben bieſen förmlichen Jagden auf Deſerteure ging noch ein ganz ſyſtematiſches Auffuchen hochgewachſener Rekruten her, theils für preußiſche, theils für eigene Rechnung. — Es lagen förmliche Verzeichniſſe „langer Kerls, langer Unterthanen" vor; die Vögte hatten ſolche Perſönlichkeiten anzuzeigen und dann wurden von Militär= und Civilbehörden alle Mittel der Ueber= redung, der Liſt und Gewalt zur Anwendung gebracht, um den langen Kerl in den Soldatenrock zu bringen.

Grenadierkompagnie Bomburg.

Hauptmann Bomburg, Lieutenant Schulz,
Lieutenant v. Schlotheim, Lieutenant v. Warnsdorff,
  103 Mann.

Grenadierkompagnie v. Sparr.

Hauptmann v. Sparr, Lieutenant v. Nostiz,
Lieutenant v. Herwarth, Lieutenant v. Spiznas,
  104 Mann.

Füsilierkompagnie des Obersten Heldenbrand.

Hauptmann v. Junkhenn, Lieutenant v. Sponeck,
  64 Mann.

Füsilierkompagnie des Obersten v. d. Streithorst.

Hauptmann Glaser, Fähnrich v. Kaltenborn,
Lieutenant Kleffer, 65 Mann.

Füsilierkompagnie des Oberstlieutenant v. Holle.

Hauptmann v. Reßlau, Fähnrich v. Klimberg,
Lieutenant Reichmann, 65 Mann.

Füsilierkompagnie des Majors v. Nostiz.

Hauptmann Lepplin, Fähnrich v. Brettwitz,
Lieutenant v. Debschüz, 65 Mann.

Füsilierkompagnie Wunsch.

Hauptmann Wunsch, Lieutenant v. Hennig,
Lieutenant Jordan, 64 Mann.

Füsilierkompagnie Krompholz.

Hauptmann Krompholz, Lieutenant v. Linkersdorf,
Lieutenant v. Klimberg, 65 Mann.

In Allem:

12 Hauptleute,[*)]	4 Feldscheerer,
14 Lieutenants,	26 Korporale,
3 Fähnriche,	7 Pfeifer,
16 Feldweibel,	18 Tambours.
2 Führer,	51 Gefreite,
8 Fouriere,	434 Gemeine.

In der Folgezeit wechselt Stärke und Formation des Regiments häufig je nach seiner Verwendung in württembergischem oder öster= reichischem Dienst; bald dehnt es sich wieder zu 17 Kompagnieen aus nach österreichischem Fuß, bald schrumpft es wieder zusammen. Ebenso häufig ändern sich die Namen nach den jedesmaligen In= habern.

Neben Major v. Nostiz war der frühere Hauptmann Reichmann zweiter Major im Regiment gewesen; 1727 kam er als Plazmajor

---

*) Die Stabsoffiziere als Kompagnieinhaber eingerechnet.

nach Mömpelgard und starb dort 1728 im Januar. Der Oberstlieutenant Graf Wittgenstein war zur Karbiniersgarde versezt. Der
oben aufgeführte Oberstlieutenant v. Holle wurde 1731 Vicepräsi-
bent des Kriegsraths; an seine Stelle rückte Major v. Nostiz vor;
Hauptmann Bomburg wurde Major; seine Grenadierkompagnie erhielt Hauptmann Junkhenn; die ältesten Lieutenants v. Spiznas,
v. Herwarth, v. Debschüz rückten zu Hauptleuten vor; Hauptmann
Wunsch wurde Kommandant auf Hohentübingen.

Hatte Eberhard Ludwig schon versucht, in den Jahren 1721 Im Dienst
Oestreichs.
und 1727 durch Vermittlung des gewandten Prälaten Osiander
einen Theil seiner Truppen in den Dienst der Krone von England
zu bringen, hatte er sie nüzlich zu machen gesucht durch Arbeit an
der projectirten Umwallung von Ludwigsburg, so gelang eine wirkliche Verwerthung der fürstlichen Hausmacht erst seinem Nachfolger,
dem Herzog Carl Alexander, der im polnischen Erbfolgekrieg auf
Seite Oesterreichs trat und Ende des Jahres 1733 eine Kapitulation mit dem kaiserlichen Hofe schloß.

Kaum mag es einen Krieg geben, der in gleichem Sinne, zumal für die dabei betheiligten württembergischen Truppen, zu den
Friedensjahren gerechnet werden darf. Ein Krieg, welcher bei der hin-
siechenden Kraft alternder Monarchieen in Verbindung mit der Machtlosigkeit kleiner Fürstenhäuser zum Glück der Völker ohne jene gewaltigen Donnerschläge im Sand verlief, welche die Feindschaft von
Nationen zu kennzeichnen pflegen.

Das Stabsquartier des Regiments war eben zu Vaihingen an
der Enz, als es Befehl zur Marschbereitschaft erhielt zugleich mit
der Anordnung, sich vollständig auf kaiserlichen Fuß zu sezen. So
wie das Regiment bei seiner Gründung in Oesterreichs Dienste trat,
hatte es sich wieder zu formiren; in 2 Grenadier- und 15 Füsilierkompagnieen, eingetheilt in 3 Bataillone.

Als Offiziere finden wir den Oberst v. Heldenbrand, qua
Oberstlieutenant, als Kommandanten; ferner Oberstlieutenant v. Nostiz, Oberstwachtmeister v. Bomburg; Hauptmann Krompholz, Glaser,
v. Junkenn, v. Keßlau, Kieffer, v. Herwarth, v. Spiznas, v. Debschüz, Breitenbach, Koch, v. Gemmingen, Graf Zollern, v. Schlotheim, Schulz, v. Warnsdorff.

Der wirkliche Regimentsinhaber, Prinz Alexander Eugen,
dritter Sohn des Herzogs, war freilich erst ein Jahr alt; doch

wurde ihm die Oberstenstelle mit dem damit verbundenen Gehalt vom Kaiser übertragen und das Regiment hieß nunmehr: kaiser= lich Prinz Alexander württembergisches Regiment zu Fuß. — Im Februar 1734 starb übrigens der genannte Prinz und das Regiment ward dem Erbprinzen Karl Eugen verliehen und führte eine Zeit lang den Namen Erbprinz.

Die Umkleidung in weißen Rock und rothes Kamisol kenn= zeichnete auch äußerlich den Uebertritt in kaiserlichen Dienst. — Um die Regimenter voll zu machen, wie es die Kapitulation vorschrieb, auf 2300 Mann, wurden im Lande alle kriegstüchtigen Leute auf= genommen von 18 bis 40 Jahren; aus ihnen wurden die Ledigen zunächst ausgezogen, von den Verheiratheten die Armen. —

Dennoch ging die Kompletirung nur langsam vor sich. Am 16. Januar 1734 wollte der k. Oberkriegskommissär Baron v. Wim= mers das Regiment übernehmen; allein Offiziere und Mannschaft waren für den nöthigen Stand noch weitaus nicht vorhanden. Na= mentlich klagt auch Oberst v. Heldenbrand, daß keine Gelder aus= bezahlt werden, daß für die Offiziere wie für das Regiment im Allgemeinen eine Feldausrüstung anzuschaffen unmöglich sei. In Folge der Zwangsaushebungen war es im April 1734 so weit ge= bracht, daß am vollen Stand blos noch 94 Mann abgingen.

In den lezten Tagen des Jahres 1733 erhielt das Regiment Befehl, vereint mit dem Gardefüsilierregiment in den Schwarzwald zu marschiren. Die Gegend zu relognosciren und die Pässe zu be= sezen, war die nächste Aufgabe.

Am 2. Januar 1734 sind die beiden Regimenter in Nagold, Altensteig und Simmersfeld eingerückt, weitere Befehle erwartend. Die österreichischen Truppen am Oberrhein kommandirte bis zur Ankunft Prinz Eugens der Herzog von Braunschweig=Bevern; die Brigade, in welcher unser Regiment stand, der Erbprinz von Hohen= zollern.

Erst Mitte März wird aus den Quartieren aufgebrochen. Durch das Regiment soll zunächst das Kinzigthal gegen Streifereien sicher gestellt werden. Die Franzosen hatten Kehl besezt und den Rhein überschritten. — Vor dem Abmarsch bittet der Oberst noch= mals aufs dringendste, man möchte ihm doch die Mittel an die Hand geben, um nur die Löhnung wenigstens ausgeben zu können; an Munition sei großer Mangel; von der alten Mannschaft habe der Mann 30 scharfe Patronen, die zahlreichen, erst eingesteckten

Rekruten aber seien nur mit 8 Schuß Pulver versehen, Kugeln und Feuersteine fehlen.

Am 15. März befindet sich das Regiment in Nagold, Berneck, Wildberg; am 16. in Freudenstadt; am 21. wird in Quartiere marschirt um Alpirsbach, Schiltach und Umgegend; an den folgenden Tagen kommen Detachements nach Villingen, Hornberg, Furtwangen; vom Feind sei übrigens nirgends etwas zu entdecken.

Während die Kaiserlichen im Schwarzwald sich mit Recognoscirungen und Verschanzungen abgaben, zog die französische Armee rheinabwärts. Die Oesterreicher mit ihren Bundesgenossen concentrirten sich auf dieß hin bei Heilbronn unter Prinz Eugens Kommando. Aber nicht mehr der Held, wie ihn die Schlachtfelder Ungarns gesehen, trat hier auf den Schauplatz, sondern aller Manneskraft baar, eine gebrochene Erscheinung, recht dazu angethan, einen thatenlosen Krieg zu führen.

Von Pforzheim her fielen französische Streifkorps ins Land. Allenthalben herrscht Angst durch ganz Schwaben; alle Dinge von Werth werden nach Hohentwiel, Hohentübingen, Neuffen geflüchtet. Der Hof flieht ins österreichische Hauptquartier. Eine provisorische Regierung in Stuttgart hat sich hauptsächlich mit der Repartition der französischen Forderungen auf die verschiedenen Aemter zu beschäftigen. — Lebensmittel und Fourage, Vorspann in ungeheurer Menge müssen gestellt werden. Die Linien von Ettlingen sollen demolirt werden; nachdem die Oesterreicher mit Mühe sie hergestellt, muß das Land 6000 Schanzer stellen, sie zu zerstören.

Während die Franzosen Philippsburg belagern, marschirt die kaiserliche Armee in der Richtung auf Frankfurt; den Sommer über hat sie bald in Heilbronn, bald in Heidelberg, bald an der Bergstraße ihr Hauptquartier. Die Zwecklosigkeit des Hin= und Hermarschirens und die Kopflosigkeit der Leitung drückt ein Tagbuch aus mit den häufig sich wiederholenden Worten: „die Armee bleibt wieder stehen und ist dato dubios, ob man hinaufwärts oder wieder den Rhein hinunter gehet."

Die Zeit des Exils suchte sich der württembergische Hof zu versüßen durch Veranstaltungen wie das „magnifique Traktament," das zu Heidelberg den im Lager befindlichen Prinzen und andern Personen von Auszeichnung gegeben wurde. — Ueberwintert ward zu Heilbronn.

Das folgende Jahr brachte den Frieden von Wien, für das

entkräftete Oesterreich das Aufgeben seiner Herrschaft in Italien und Abtretung Lothringens.

Noch vor Schluß des Feldzugs war es dem soldatischen Herzog von Württemberg gelungen, durch außerordentliche Anstrengungen seine Truppenmacht ansehnlich zu vermehren. Aus dem Leibbataillon des Erbprinzinfanterieregiments wird ein weiteres Regiment mit dem Namen Leibregiment zu Fuß gebildet und auf drei Bataillone gebracht. Unsere Geschichte geht mit dem neuen Regimente weiter. Ein viertes Infanterieregiment erscheint, das von Remchingen. Neben diesen Regimentern bestehen noch ein Kürassier=, ein Dragonerregiment, ein Husarenkorps, Karabiniers und Grenabiers à cheval. Für ein so kleines Land wie Württemberg eine unverhältnißmäßige Anstrengung. Nimmt man dazu die unaufhörlichen Durchmärsche der kaiserlichen Truppen, der Reichsvölker, die Razzias der Franzosen, so ist das Bild eines von allen Seiten gemarterten Volkes fertig.

Die Unzulänglichkeit der bestehenden Vorschriften, die Excesse aller Art, von befreundeten Truppen begangen, die zunehmende Verarmung riefen folgende Verordnung hervor, deren Zweck besonders war, bei dem langsam sich hinschleppenden Feldzug den Troß zu vermindern, dessen Unzweckmäßigkeit und Hinderlichkeit für die Armee anerkannt wird. — „In was für eine höchst bedauerliche Unordnung das Marschwesen, aller dagegen vielfach gemachten heilsamen Dispositionen und Reglements ungeachtet, verfallen und wie dannenhero bei einem solchen grundverderblichen Uebel zu Aufrechterhaltung des armen Landmanns eine nachdrucksame Remedur äußerst von Nöthen sei, solches ist aus den bisherigen Erfahrungen vorhin allschon genugsam bekannt. Wenn man sich denn nun sothaner leidigen Umstände halber bei der in des heil. Reichs Stadt Regensburg fürdauernden allgemeinen Reichsversammlung veranlaßt gesehen, bei Gelegenheit der in materia belli gepflogenen Consultationen auf die Abstellung dieses schändlichen Unwesens den sorgsamen und ernsten Bedacht zu nehmen, fortan beßhalb einen gemein bündigen Reichsschluß dahin abzufassen 2c." Folgen Anordnungen über Erlassung ordentlicher Requisitionsschreiben, Voranzeigen von Durchmärschen, Berufung von Kommissarien, Regelung von Verpflegung, Entschädigung für Vorspann u. s. w.

Reductionen im herzogl. Dienst. Nach dem Austritt aus kaiserlichem Dienst finden sich die württembergischen Regimenter im Anfang des Jahres 1736 am oberen Neckar.

Seinen Oberſt v. Helbenbrand der ſeit bald zwanzig Jahren der Führer war, hatte das Regiment verloren. Kommandant war ſeit 1735 der Prinz v. Walbeck; 1736 trat an die Spize des Regiments der aus öſterreichiſchen Dienſten kommende Marquis Puebla deʒPortugal.

Im gleichen Jahr fanden umfaſſende Rebuktionen ſtatt; die Infanterieregimenter wurden auf zwei Bataillone geſezt, die über= zähligen Leute beurlaubt; ein Theil der Reiterei iſt unberitten. Bei Gelegenheit der großen Beurlaubungen ſuchte der Herzog einem Gedanken, der an Einführung oder vielmehr an thatſächliche Wiederherſtellung allgemeiner Wehrhaftigkeit erinnerte, Verwirklich= ung zu verſchaffen. Er mochte dabei wohl an die Verhältniſſe in den öſtreichiſch=türkiſchen Grenzlanden denken. — Eine Verordnung vom 17. Auguſt 1736 lautet: „Weilen Wir ſelbſt mißliebig wahr= genommen haben, wie daß verſchiedene von denen lezthin bei Unſerer Miliz beurlaubt worbenen Landeskindern ihren regulirten ſoldaten= mäßigen Einhergang nicht gebührend beobachten, vielmehr aber ohne Kittel und mit uneingeflochtenen Haarzöpfen wie die Bauernburſche erſcheinen und daburch in eine unanſtändige und faſt lieberliche Fahr= läſſigkeit gerathen; — Als iſt Unſere Meinung, daß ſie ſofort zu ihren Regimentern einberufen werden." Weiter folgt noch das Dekret: „daß all' und jede Bauernburſche von 12—40 Jahren, auch wenn ſie nicht einrollirt ſind, zu Einführung einer beſſeren und anderwärts auch gebräuchlichen Zucht mit rückwärts gebunde= nen Haaren und orbentlich aufgeſchlagenen Hüten zu allen Zeiten wandeln; alle Burſchen von 7—20 Jahren ſollen zu den Kriegs= exercitiis gewöhnt und zu bereinſt beſſerer Habilitir= und Be- ſchüzung des Vaterlandes angehalten werden."

In dem Project des Herzogs ſind für das Jahr 1737 die Koſten für ſämmtliche Truppen auf 760000 fl. berechnet, während nach der Berechnung des ſtänbiſchen Ausſchuſſes „ber Funbus, auf den ſoliber Staat zu machen wäre," blos 460000 fl. betrage.

Der am 12. März 1737 erfolgte Tod des Herzogs Alexander hatte für das Land bedeutende Erleichterungen im Gefolge. Die für den minderjährigen Erbprinzen nach einander regierenden Vormün= ber und Adminiſtratoren Karl Rubolph und Karl Friedrich nahmen großartige Rebuctionen vor und überließen einen Theil ihrer Regi= menter in fremde Dienſte. Ihnen verbankte das Land auch die Abſtellung mancher Exceſſe, beren Grund im militäriſchen Ueber=

muth, in der Rohheit und Gewaltthätigkeit der Zeit lag eben so sehr wie in der Schamlosigkeit und Korruption des ganzen Beamten= stands. Hieher gehört das Verbot der Pressung hochgewachsener Leute, der aus eigener Machtvollkommenheit von einzelnen Offi= zieren vorgenommenen Exekution gegen Städte und Aemter, wenn die bei diesen angewiesenen Gelder nicht zur Zeit eingingen, Rege= lung des Schuldenwesens der Offiziere, Einschärfung einer genauen Musterung der Mannschaft, Abrechnung der Kompagniekomman= danten alle sechs Monate, genaue Einträge in die Mannschafts= büchlein, Verbot bei Unteroffiziersernennungen Geschenke anzuneh= men und Anderes.

Wiederum in kaiserl. Dienst. Ein neuer Türkenkrieg verlangte die Sammlung aller öster= reichischen Heereskräfte an der Donau. Aus den vorderösterreichi= schen Besizungen zogen die Regimenter ab nach Ungarn. Sie zu ersezen nahm der Kaiser zwei württembergische Regimenter in Dienst. Das Regiment Landprinz sollte die Besazung in Freiburg, bilden, das Leibregiment war für Altbreisach bestimmt. Doch sollten beide Regimenter nicht vollständig auf kaiserlichen Fuß ge= sezt, sondern nur bis auf 1200 Mann ergänzt werden. Der Be= fehl zur Marschbereitschaft erging am 30. März 1737. Das Leib= regiment passirte am 25. April Musterung vor dem General von Gaisberg zu Vaihingen a. d. E.; die Uebergabe in kaiserlichen Dienst erfolgte sofort; am 26. April ward abmarschirt an den Rhein.

Ueber die Thätigkeit des Regiments in Altbreisach ist wenig zu sagen; der Garnisons= und Festungsdienst sei überaus anstren= gend gewesen. Die Verhandlungen der beiden Regimentskomman= danten, Oberst Marquis de Portugal in Alt=Breisach und Oberst v. Nostiz in Freiburg drehten sich fast lediglich um den bedauer= lichen Stand der Regimentskassen. Vom österreichischen Aerar sei durchaus nichts zu erhalten als leere Versprechungen.

Marquis de Portugal reiste selbst nach Wien, um die Rück= stände zu betreiben, da sie sonst in Noth und Armuth leben müßten.

Neben diesen Verhandlungen gingen andere her zwischen dem Konsistorium und dem wiener Hofkriegsrath über Gewissensfreiheit und exercitium religionis bei den überlassenen Regimentern. Von jeher war der Gottesdienst der in kaiserliche Dienste übernommenen Kezer der österreichischen Geistlichkeit ein Gräuel gewesen.

Die Lage der Regimenter wird näher gezeichnet in einem Memoriale der beiden Kommandanten an den Herzog-Administrator, worin sie das Elend des kaiserlichen Dienstes darlegen und um Abhilfe bei dem Landesherrn bitten.

"Wann auf unsere qua Kommandanten beider löblicher in allerhöchst kaiserlichem Sold und Dienst stehenden herzogl. württb. Leib- und Landprinzregimenter an einen hochlöblichen kaiserl. Oberkriegsrath unaufhörlich beschehene Vorstellungen unseres miserablen Zustandes der unrichtigen, ja gar für die Offiziers nunmehr ganz ausbleibenden Bezahlung halber und allerbeweglichstes Sollicitiren dießfalls dato noch keine Hilfe erscheinen will, und all' unsere Mühe und Fleiß um Erhaltung desjenigen, was wir in so vielen wiederholten Expositionen und Klagen sowohl dahin als bei dem kaiserl. Oberkriegskommissariat und Kassenamt in Freiburg angewendet haben, fruchtlos auslaufet, und den so höchstnöthigen Erfolg noch so ferne von uns sehen müssen, dergestalten, daß wo wir noch länger also zusehen würden, wir unserer gegen Ew. hochfstl. Durchl. tragende unterthänigste Pflicht und Schuldigkeit nicht eingedenk wären, als welche besagte beede löbliche Regimenter zu kommandiren uns gnädigst anvertraut haben, wann wir selbige dem völligen Ruin exponiren wollten.

Ew. hochfstl. Durchl. sollen wir daher fordersamst in Unterthänigkeit vorstellen, wie daß wir in kaiserlich allerhöchste Dienste, ohne einen Kreuzer in der Kasse zu haben, eingetreten sind, folglich je länger je weniger nur das Geringste zu kleiner Montirung der Unteroffiziere und Gemeinen, geschweige zur Konservirung unserer Oberoffiziere anzuschaffen und vorzustrecken im Vermögen haben; dannenhero nothwendigerweise dieser beeden löblichen Regimenter Zustand dahin kommen muß, daß wir bei dermaliger so unrichtiger Bezahlung den gemeinen Mann besonders bei bevorstehendem Winter nächsthin der Blöße und einem gänzlichen Untergang übergeben müssen, anerwogen, daß bereits anderthalb Jahre verflossen sind, daß wir in allerhöchstbesagten Dienst eingegangen, mithin durch diese Zeit, zumalen hier in diesen bergigen Orten, viele Schuhe und andere kleine Montirungsstücke haben zu Grunde gehen müssen, geschweige daß man einem kranken Soldaten mit Nichts mehr kann unter die Arme greifen und ihm zu seiner besseren und bälderen Rekolligirung nicht das Mindeste ex cassa vorstrecken.

Gleichermaßen sehen wir uns auch außer Stand, weder an

ein und anderen Feldrequiſiten noch an anderen Regimentsnoth=
wendigkeiten nicht das Geringſte repariren, geſchweige ein und
andere Stücke, wie ſolche oftmals leichtlich zerbrechen und zu Grunde
gehen, neu anſchaffen zu können. Eben dieſe Bewandtniß hat es
mit den Unteroffizieren, welche gleichen Mangel an kleiner Montur
haben und bei ausbleibender Beihilfe auch bloß gehen und verder=
ben müſſen.

Mit Einem Wort, dieſer beeden löblichen Regimenter der=
malige Situation iſt alſo beſchaffen, daß wir nicht anderſt, als
deren totalen Ruin bei längerer Hilfsentſtehung vordeuten können.

Wann nun der Unteroffiziere und Gemeinen Zuſtand betrübt
und empfindlich iſt, ſo iſt es gewiß noch mehr der unſerer meiſten
Oberoffiziere. Dieſe haben nun kein Mittel vor ſich, ſich länger
ehrlich durchzubringen, anerwogen die Mehrſten von Haus Nichts
zuzuſezen haben, ja ſich indeſſen genöthigt geſehen, zu ihrem noth=
wendigen Unterhalt ihre ſelbſteigenen hardesen anzuwenden, der=
geſtalten daß ſie nach und nach auch an benöthigter Aufführung
ſelbſt Mangel leiden und lezlich in eine ſolch tiefe Schuldenlaſt ge=
rathen müſſen, woraus ſie ſich ſo bald und leichtlich nicht zu retten
wiſſen werden, zumalen hiebei die ſchlimmſte Sache iſt, daß da ſie
nunmehr in den fünften Monat keinen Kreuzer erhalten, dennoch
je länger je mehr der Werth der Viktualien hierum anwachſet,
keinen Kredit nirgends wo finden können und wann ſie auch dieſen
erhalten, ſich Alles gedoppelt müſſen anrechnen laſſen und bezahlen,
wodurch nothwendigerweiſe ſolche Offiziere lezlich in Grund ver=
derben müſſen ꝛc.“

Altbreiſach, 22. Oktober 1738.

Oberſt v. Noſtiz von Landprinz.
Oberſtlt. v. Penz vom Leibrgmt.

Der Rückſtand allein für das Leibregiment betrug 39396 fl.

Als die Zeit der Zurückgabe an Württemberg herankam, im
Auguſt 1740, baten die Regimentskommandanten nochmals drin=
gend um Ueberſendung der allernöthigſten Gelder, nur um die
Reputation des Offizierskorps einigermaßen zu wahren.

Neue Forma-
tionen im
Herzogthum. Das Leibregiment wurde in württembergiſchen Dienſt zurück=
geführt durch den Oberſt v. Penz, nachdem der bisherige Kom=
mandant Marquis Puebla be Portugal ſchon 1739 Erlaubniß er=
halten hatte, den Krieg in Ungarn mitzumachen; 1741 trat der

Marquis, zum Generalmajor beförbert*), aus württembergischem
Dienst in den Oestreichs über.

Ins Herzogthum zurückgekehrt kam das Regiment auf den
Hohenasperg und nach Ludwigsburg in Garnison. Es behielt
seine Formation in 12 Kompagnieen bei, doch nur in der beiläufi=
gen Stärke von 660 Mann.

Für die Dienstleistung in der Garnison Stuttgart war die
Einrichtung getroffen, daß die beiden noch bestehenden Infanterie=
regimenter und das Kreiskontingent zu Fuß von ihren Quartieren
aus abwechselnd je auf sechs Monate nach Stuttgart verlegt wur=
den, um dort den Dienst zu geben.

In den folgenden Jahren wurde das Regiment nicht unbe=
beutend vermehrt; das 1. Bataillon bis zur Stärke von 590 Mann,
das 2. auf 585 Mann. Die Dislokation in den Quartieren findet
sich im Sommer 1743 wie folgt:

1. Bataillon.	Stuttgart	298	Mann.
	Teinach	100	„
	Göppingen	100	„
	Hornberg	25	„
	Neuffen	10	„
	Königsbronn	7	„
	Weiltingen	50	„
2. Bataillon.	Ludwigsburg	314	Mann,
	Stuttgart	100	„
	Stetten	50	„
	Neckarweihingen	50	„
	Weiltingen	30	„
	Hornberg	25	„
	Neuffen	10	„
	Königsbronn	6	„

Im Jahre 1742 hatte das Regiment seine Quartiere im hei=
benheimer Amt gehabt, war aber auf Bitten der Bewohner, welche
zur selben Zeit den Durchmarsch französischer Truppen **) zu
tragen hatten, von dort zurückgezogen worden, wenigstens zum
größten Theil.

---

*) Sein Patent s. Beilage Nr. 12.
**) Der österreichische Erbfolgekrieg führte 1740 die französischen Kolonnen
durch Württemberg auf das Kriegstheater in Böhmen; 1743 und in den fol=
genden Jahren lagen abwechselnd und wiederholt Oesterreicher und Franzosen
im Lande.

Die Kosten für sechs Monate beliefen sich auf 38642 fl.

Mit dem Regierungsantritt Karl Eugens erfuhr der Militär=
staat, in den lezten Jahren ziemlich niedergehalten, bald umfassende
Erweiterungen.

Im Sommer 1744 wird das Leibregiment getheilt. Zu einem
neu aufzustellenden Infanterieregiment Prinz Louis, das der Her=
zog in der Stärke von 1690 Mann in Subsidien des Kreises über=
lassen will, wird der Stamm ausgezogen. Der Rest wird zusam=
mengestellt zu einer Garde zu Fuß.

Mit lezterer geht die Spezialgeschichte weiter. Der Herzog ver=
wendete besondere Sorgfalt*) auf sie. Die gesammte Garde er=
hielt hohe Grenadiermüzen, gelben Rock mit weißen Schnüren,
rothes Kamisol, weiße Hosen.**)

Zunächst bestand die Garde aus einer Leibkompagnie, 103 M.
stark, und 5 Füsilierkompagnieen zu 65 Mann. In der Folge, als
Prinz Louis wirklich in Kreisesdienste übergetreten war, wurde die
Garde um ein weiteres Bataillon vermehrt. Ihr Chef war der
Oberst, später General, v. Werneck.***)

Klagen über
Militär=
lasten.

Zur Kompletirung sowohl der Garde zu Fuß als auch des
neu errichteten Regiments wurde im ganzen Kreis geworben, sehr
häufig um hohes Handgeld. Denn preußische Werber vertheuerten
aller Orten den Markt; sie sowohl als andere Fremde machten
wetteifernd mit den Württembergern Jagd auf lange Bursche.
Das Handgeld steigerte sich auf 60—70 fl. Ebenso oft aber als
Verlockungen durch hohe Geldsummen wurden Gewalt und Nach=
stellungen aller Art zur Gewinnung des wünschenswerthesten Ma=
terials angewendet.

Ein Anbringen des engeren Ausschusses gibt einen Einblick in
die Ausschreitungen bei dem üblichen Rekrutirungsverfahren. Es
lautet so:

„Gleichwie Ew. hochfstl. Dchl. glorwürdige Regimentsvorvor=
dern der treugehorsamsten Landschaft bießfalls theuer erworbene
Privilegien und Freiheiten je und allwegen gnädigst erkannt und

---

*) Den Offizieren bei der Garde verlieh er den Rang je um eine Stufe
höher als bei den übrigen Truppentheilen.

**) War auf die Kleidung viel verwendet, so mögen die Gewehre um so
schlechter gewesen sein; im Akkord kam das Stück nur auf 7 fl. zu stehen.

***) Vergl. Beilage Nr. 13.

beſtätigt, auch ſonderheitlich bei Errichtung einer Landesbefenſion und Auswahl mit der Landſchaft gnädigſte Kommunikation pflegen laſſen; — als verhoffen und bitten auch Subſignirte hiemit gehor= ſamſt, Ew. hochfſtl Dchl. den dermaligen nothgebrungenen Vorgang alſo einrichten zu laſſen gnädigſt geruhen möchten, daß die unter das löbliche Regiment ſtoßenden Landeskinder nicht länger allba zu bienen gehalten werden, als bis die erforderliche Mannſchaft durch öffentliche Werbung, deren beſtmögliche Beförderung man unterthä= nigſt bittet, beigebracht ſein wird; inzwiſchen aber denen Landes= kindern die gnädigſt zugeſagten Kapitulationsſcheine ausgeſtellt, und wann die Kreisbienſte nach zwei oder drei Jahren ausgehen, ſolche unentgeltlich wieder dimittirt und an keine fremde Potenz über= laſſen, noch ſonſten anders wohin geſchickt werden ſollen.

Anbei und da das lange Meß, ſo dieſe Leute alle gleich haben ſollen, nothwendigerweiſe vieles Ungemach, Confuſion und Prägra= vation bei denen armen Unterthanen machen muß und gleichwohlen dieſes löbliche Regiment nur zur Noth und Beſchüzung des hoch= löblichen Kreiſes und Landes angeſehen iſt, ſo werden Ew. hochfſtl. Dchl. Weiteres unterthänigſt gebeten, auch darinnen gnädigſte Mo= beration vorkehren zu laſſen und nicht zuzugeben, daß allein um der Länge willen ein Unterthan vor dem andern beſchweret, ſondern alle tüchtige Mannſchaft gleichlich traktirt werde.

Es will auch verlauten, als ob einige Offiziers wider Ew. hochfſtl. Dchl. gnädigſte Willensmeinung und Befehl theils lange Leute mit Gewalt oder Liſt, ob ſolche auch gleich nach denen hoch= fürſtlichen Verordnungen beſonders privilegirt ſind, hinwegzunehmen, theils durch Auswechslung und Anderer Einſtellung ſich Acciden= tien zu machen ſuchen, theils auch, wann Ew. hochfſtl. Dchl. auf unterthänigſtes Suppliciren einen Mann gnädigſt wieder frei ſpre= chen, dennoch der Laufzettel mit einem Stück Geld bezahlt werden müſſe.

Ob man ſich nun dieſes Orts hierüber mit keinem Beweis zu beladen gedenkt, dabei aber unterthänigſt verſichert iſt, daß all' ſolcherlei Unordnungen der hochfſtl. gnädigſten und landesväterlichen Intention ſchnurſtracks entgegenlaufen, ſo lebet man doch des wei= teren gehorſamſten Zutrauens, daß Ew. hochfſtl. Dchl. ſolcherlei Exceſſen vorbeugen zu laſſen von Selbſten gnädigſt geneigt ſein werden.

Uebrigens gedenken unterthänigſt Subſignirte durchaus nicht, bem frühen unzeitigen Heirathen der jungen Leute das Wort zu

sprechen, sondern halten die dießfalls ergangenen hochfürstlichen Ver=
ordnungen allerdings für heilsam, nöthig und nützlich. Dieweilen
aber doch sich öfters Umstände ereignen, welche nothwendig erfor=
dern, daß ein junger Kerl vor seiner Volljährigkeit heirathen soll
und muß, — als ersuchen Ew. hochfstl. Dchl. gehorsamst Unter=
zogene dießfalls unterthänigst, nach dem glorwürdigsten Exempel
dero in Gott ruhenden Herrn Vaters und dero der Landschaft
gethanen landesväterlichen Zusage, solche Verheirathungen, da der
Parteien besonderes Interresse von den Beamten verificirt wird,
ohne auflegende Tax gnädigst zu gestatten und vorgehen zu lassen.
Endlich ist Ew. hochfstl. Dchl. Selbsthöchsterlaucht bekannt, daß
die Unkosten des Militaris dermalen dem Lande fast unerträglich
fallen und solches in die Harre zu ertragen schlechterdings nicht
vermag; dannenhero treugehorsamste Prälaten und Landschaft zu
der angestammten hochfürstlichen Milde und preiswürdigsten landes=
väterlichen Gesinnung das bevoteste vollkommene Zutrauen haben,
daß dieses Regiment, sobald die Kreiskapitulation zu Ende sein
wird, wiederum werde abgedankt und die Landeskinder nacher Haus
gelassen werden.

— Empfehlen sich damit zu beharrlichen hochfürstlichen Hulden
und Gnaden und verharren in tiefster Devotion."

Stuttgart den 27. März 1745.

Ew. hochfstl. Dchl.

unterthänigst gehorsamer
enger Ausschuß.

Sechster Abschnitt.

1752—1760.

Im Dienste Frankreichs.

Gab es irgend einmal Vorzeichen im Gang der Weltgeschichte, welche ganz untrüglich auf den Untergang alles Bestehenden hinwiesen, so gilt dieß in besonderem Sinn von der zweiten Hälfte des 18. Jahrhunderts.

In allen Verhältnissen zeigte sich der tiefe Zerfall der alten Monarchieen und alten Staatenbünde. Zum Spott war das deutsche Reich geworden. Ein kümmerliches Dasein fristeten Frankreich und Oesterreich. Nirgends Frische und Lebenskraft im politischen Treiben. Nur die immer zahlreicher und mit immer hellerem Glanze auftauchenden geistigen Lichter wiesen auf eine bessere Zukunft und ließen den Glauben an Völker= und an Staatenglück nicht ganz ersterben.

Wie ein hinsiechender Körper nur künstlich noch seine Existenz erhalten kann, so auch die alten Staaten. Selbst der kraftvolle Aufschwung Preußens war nur ein künstlicher Bau; fehlte der geistreiche Werkmeister, so mußte auch sein Werk zusammenstürzen.

Abgefeimte und durchdachteste Staats= und Finanzkunst führten das Scepter. Es war so recht die Zeit für die Experimente jener politischen Abenteurer, die wir in allen Staaten, großen wie kleinen, auftauchen sehen. Nirgends freie Bewegung, freies Schaffen der Völker; der Zwang und die Unnatürlichkeit geht durch von den größten Verhältnissen bis herab auf die Erscheinung der einzelnen Person. Die ganze Bedeutung des Staats liegt allein in der Person des Fürsten. — Herzog Karl von Württemberg verstand das Wort des französischen Königs wohl zu übersezen, wenn er ausrief: Was Vaterland! — Ich bin das Vaterland! —

11

Wie in Allem, zeigte sich die Unnatürlichkeit ganz besonders im Kriegswesen.

Je nach der Laune des Herzogs wird das Militär in einen Stand gesezt, der die Leistungsfähigkeit des Landes um Vieles übersteig; — der Herzog will glänzen und ein großes Wort mitsprechen im Rathe der Fürsten; bald finden sich die Truppen vollkommen vernachläßigt; weder nach Zahl noch nach Ausrüstung sind sie im Stande, nur das gewöhnliche Kreiserforderniß zu repräsentiren; — der Herzog verwendet seine Gelder zu anderen Liebhabereien und will eine Zeit lang Frieden haben mit den Ständen des Landes; sind große Feste zu geben und Lustlager abzuhalten, so werden alle möglichen Truppengattungen zu Roß und zu Fuß aufgestellt und zum Theil mit großem Luxus equipirt, um die heiteren Tage zu verherrlichen.

Mehr als je wechseln so in den Regierungsjahren Herzog Karls Zahl, Stärke und Namen der Abtheilungen, wie sie allemal nach den oft geänderten Militärplanen festgestellt wurden.

Mit großen Erwartungen blickte das Land auf den Herzog, als er im Winter 1744 in seinem sechszehnten Lebensjahre für volljährig erklärt, die Regierung selbst übernahm. Die Urtheile der Zeitgenossen, namentlich des großen Friederich, sagten das Beste von ihm aus. Er selbst versprach: „er wolle als ein rechtschaffener wahrer Vater des Vaterlands treuherzig handeln und nach den Rechten und Ordnungen des Landes herrschen." So waren die Grundsäze eines wohlwollenden, allen guten wie schlechten Einflüssen leicht zugänglichen Jünglings.

Das Land selbst, obwohl nicht allzuweit entfernt vom Schauplaz der schlesischen Kriege, warb doch mit neuen Lasten ziemlich verschont und befand sich auf dem besten Wege, von allem erlittenen Elend sich vollkommen zu erholen.

Auf die persönlichen Einflüsse, denen der Herzog sich hingab, kam es vor Allem an, ob das Glück des Landes von Dauer sein sollte.

Von Natur war der junge Fürst durchaus nicht mit soldatischem Sinn begabt. Erst mit wachsendem Ehrgeiz, mit der Sucht nach Ruhm erwachte seine Vorliebe für das Militär. Die von ihm ausgearbeiteten Militärplane zeugen aber stets weniger von militärischem Verständniß als von der Kunst, schön aussehende, ihrem wahren Zweck möglichst fern stehende Truppenkörper aufzustellen.

Bis zum Anfang der fünfziger Jahre blieb der Stand des Militärs sich vollkommen gleich. Die Last für das Land bei der kargen Bezahlung *) war durchaus nicht drückend.

Erst Ende des Jahres 1752 arbeitete der Herzog selbst einen neuen Militärplan aus, der eine ganz bedeutende Vermehrung der bestehenden Truppenmacht zur Folge hatte. Anlaß dazu gab dem Herzog der Subsidienvertrag mit Frankreich, welcher zur Auflage machte, daß für den Bedarfsfall 6000 Mann württembergische Truppen der Krone Frankreich zur Verfügung stehen sollten.

Seinen Militärplan übersandte der Herzog dem Geheimenrath zur Begutachtung nebst einem Begleitschreiben, das mit den Worten beginnt: Si jamais travail m'a fait plaisir, s'est celui, que je viens d'achever et qui servira de règle pour l'avenir à mon Etat militaire."

Außer dem Regiment Leibgarde zu Fuß und dem Infanterie=regiment Prinz Louis wurden noch errichtet Infanterieregiment Spiznas und ein Füsilierregiment; die Reiterei wurde vermehrt durch eine Schwadron Grenadiere à cheval.

Sämmtliche Kosten waren berechnet auf 540,000 fl. jährlich; auf die Garde zu Fuß entfielen davon 52,000 fl.; auf Kasernen=bauten wurden verwendet 10,000 fl. **)

Als Gage bestimmte der Herzog jährlich dem

Oberst	840 fl.	⎫
Oberstlieutenant	396 fl.	⎬ Stabsgage.
Major	294 fl.	⎭
Regiments=Quartiermeister	540 fl.	
Auditor	300 fl.	
Grenadier=Hauptmann	612 fl.	
Musketier=Hauptmann	540 fl.	
Premier=Lieutenant	300 fl.	
Grenadier=Lieutenant	276 fl.	
Musketier=Lieutenant	252 fl.	
Feldwebel	84 fl.	⎫ nebst einer
Korporal	60 fl.	⎬ Brodportion
Gemeinen***)	42 fl.	⎭ täglich.

---

*) Vergl. Beilage Nr. 14.

**) Schon 1740 wurde in Stuttgart eine große Kaserne gebaut, jetzt Schloßnebengebäude; später die Rothenbühlthorkaserne, das Büchsenhaus und 1763 die Legionskaserne.

***) Unteroffiziere und Soldaten hatten an der angegebenen Löhnung auch noch Abzüge für Montirung u. s. w. zu erleiden.

Seine Antwort auf die Vorlage des Herzogs leitet der Ge=
heimerath in einem Schreiben vom 23. November 1752 ein mit
den Worten:

„Mit unterthänigstem Respect haben gehorsamst Subsignirte
des von Ew. Hochsstl. Dchl. unterm 20. hß. an sie erlassene gnä=
digste Schreiben erbrochen und aus demselben sowohl als aus dem
beigelegten Militärplan nicht ohne zärtliche Gemüthserregung eines=
theils das mit so zärtlichen Ausdrücken bezeugende Vertrauen und
anderntheils die ganz ausnehmende Bemühung und Akuratesse er=
sehen, welche Ew. Hochsstl. Dchl. angewendet ꝛc." —

In der weiteren Ausführung wird übergegangen auf die
Belastung des Landes in Friedenszeiten, die eine Anstrengung
im Kriege schon zum Voraus absorbire; stets werde Rechnung auf
die französischen Subsidien gemacht und es lasse sich doch voraus=
sehen, daß diese gar nicht oder doch zu spät ausgefolgt werden bei
der bekannten schlechten Finanzlage Frankreichs; sicherer Staat sei
nur zu machen auf 410,000 fl., welche das Land aufzubringen ver=
möge; zum Schluß wird noch bescheiden gezweifelt, ob die Summe
des Voranschlags in Wirklichkeit überhaupt ausreichen werde.

Aller Vorstellungen ungeachtet wurde der Plan sofort ins Werk
gesezt. — Um den Anforderungen des französischen Vertrags näher
zu kommen, wurde 1754 sogar noch ein weiteres Infanterieregiment
errichtet.

Zu gleicher Zeit wurden jedoch die Grenadiere à cheval auf=
gelöst und die Husarenschwadron reducirt bis auf 11 Mann.

Ueberhaupt zeigte sich der Herzog noch stets geneigt, den Vor=
stellungen, die meist vom ständischen Ausschuß ausgingen, Gehör
zu schenken. Manchen Beschwerden half er ab.

Erst später wurde der Gegensaz zwischen ihm und seinem Lande
schärfer, als die Stände der Verwirklichung seiner ehrgeizigen Plane
immer neue Schwierigkeiten entgegen sezten.

Von der Stunde an, wo der Subsidienvertrag mit Frankreich
abgeschlossen war, wo das protestantische Württemberg bestimmt
war, an der Seite von Frankreich und Oestereich gegen den Fürsten
in Deutschland zu kämpfen, den man als den Vertreter der evan=
gelischen Interessen anzusehen gewohnt war, traten Herzog und
Volk immer mehr auseinander.

Die Landschaft steifte sich auf die Verfassung und die Privilegien,
der Herzog war erfüllt von dem Bewußtsein seines von Gott ver=
liehenen absoluten Herrscherrechts. Bald zeigte er in herrischer,

zorniger Rede ganz den Despoten, bald versicherte er seine Unter=
thanen wieder seiner landesväterlichen treuen Gesinnungen, die ent=
fernt seien von aller Sucht nach absoluter Herrschaft.

War es nun aber auch der aufrichtige Wille Karls, als ein
guter Landesfürst zu regieren, so konnten doch die einmal gegen
Frankreich eingegangenen Verbindlichkeiten zu ihrer Verwirklichung
nur durch Härten gegen die Unterthanen gebracht werden.

Ehrgeiz, vielleicht auch Habsucht hatten den Vertrag mit Frank=
reich diktirt, Härte und Gewaltthätigkeiten gegen die Unterthanen
mußten ihn zur Ausführung bringen.

Das fühlte aber der Herzog wenig, weil er dem Volke immer
ferner gerückt wurde; zwischen ihn und seine Unterthanen drängten
sich seine zu jedem Dienst willigen Berather und die Beamten,
die in ihrer Mehrzahl jedem Wink der Vorgesezten auch in unge=
rechter Sache Folge leisteten und in ihrem Amtseifer keine Rücksicht
und keine Schonung kannten.

Für den Krieg gegen Preußen hatte Württemberg eigentlich Was von der Volksbewaffnung übrig geblieben.
Nichts aufzustellen als sein ordnungsmäßiges Kreiskontingent zur
Reichsarmee.

Tiefen Unwillen mußte es daher im Lande hervorrufen, als so
bedeutende Truppenmassen, wie sie der Vertrag mit Frankreich fest=
sezte, durch Auswahl im Lande aufgebracht werden sollten, ohne
daß doch die Landesgrenzen irgendwie bedroht waren.

War sonst, wenn das Land in Noth und Bedrängniß war,
das allgemeine Landaufgebot nach dem Grundsaz der allgemeinen
Wehrpflicht ergangen, so konnte doch Herzog Karl zu seinem Krieg
im Verein mit den katholischen Mächten gegen die Glaubensgenossen
der Württemberger, entfernt von den Landesgrenzen, von diesem
Mittel keinen Gebrauch machen.

Erinnerungen an die ursprüngliche Einrichtung einer allgemei=
nen Wehrpflicht finden sich zu verschiedenen Zeiten in der Geschichte
Württembergs.

Als Herzog Karl Alexander im Begriff war, im Jahr 1734
das Land zu verlassen und zu der österreichischen und Reichsarmee
an den unteren Neckar abzugehen, erließ er folgendes Schreiben
an den Geheimenrath:

Unseren gnädigen Gruß zuvor,

Wohlgeborene, Veste, Liebe, Getreue!

Wir lassen euch zur Nachricht unverhälten, daß nachdem die

kaiſerliche Generalität nach Erforberniß der gegenwärtigen mißlichen
Umſtände die Armee in die Nähe zuſammengezogen, baburch aber
ſowohl die ettlinger Linie als die Paſſages in dem oberen Schwarz=
wald ſehr entblößt unb in Gefahr ſtehen, baß man bie auf dem
Kreiskonvent zu Ulm auf 8000 Mann determinirte Landesaus=
wahl *) auf das Förberſamſte regulire unb zwar bergeſtalten, baß
die erſten 4000 Mann ohnverweilt ausrücken können.**)

Wir haben ſowohl bem Kriegsrathsvicepräſidenten v. Holle
als auch der Kreisgeſanbtſchaft bie gemeſſene Jnſtruction, auf was
für einen Fuß bie Partikulareinrichtung zu beſtellen, wirklich zu=
gehen laſſen unb werdet ihr benöthigten Falls bieſes ſo heilſame
als nöthige Werk auch eures Orts kräftiglich zu ſekunbiren wiſſen.

Wir rekommanbiren euch insbeſondere, ihr möchtet ben Bebacht
nehmen, baß benjenigen, beren Söhne bishero unter bie Regimenter
geſtoßen wurden, ober noch zur Landesauswahl gezogen werben,
an ihrem Lanbbau unb Nahrung kein Schaden zuwachſe, ſonbern
von der Kommun wegen behörig ſukkurriret werben mögen, wo=
rüber ihr euch mit der Lanbſchaft zu berathen habt.

Jhr wollet auch unſeren ſämmtlichen Unterthanen kund thun,
baß wir bafür halten, baß bas Nieberfallen auf die Kniee keinem
Menſchen zukommt, unb dieſe Gott allein ſchulbige Ehrerbietung
bei Menſchen ein ärgerlicher Mißbrauch iſt, wie Wir bergleichen
bei Unſeren Unterthanen gänzlich abbeſtellt wiſſen, auch biejenigen,
welche vor Uns einen Fußfall thun, ungehörter Dinge abweiſen
wollen.

Schorndorf, ben 23. April 1834.

Carl Alexanber H. Wg.

Wie oben gezeigt, waren auch die Uebungen der wehrfähigen
Mannſchaft unter der Regierung bes kriegeriſchen Herzogs Karl
Alexander wieber aufgenommen worden. Jn den Folgejahren bis
1747 beſchäftigte ſich Geheimerath Bilfinger damit, ein Syſtem
auszuarbeiten unb die allgemeine Wehrbarmachung ben Finanz=
kräften bes Landes anzupaſſen. Mit Männern wie Harbenberg,
Zech, Georgii, Joh. Jak. Moſer gehörte Bilfinger zu benen, bie

---

*) Eine Zahl, welche faktiſch bem Aufruf aller Wehrfähigen ziemlich
gleich kam, ba über 6000 Mann Lanbeskinder bei ber kaiſerlichen unb Reichs=
armee außer Lanbs ſtanden.

**) Die Sache ſelbſt wurde übrigens nie ins Werk geſezt.

mit Einsicht und Rechtschaffenheit das allgemeine Wohl zu fördern suchten, bis ihre Stimmen schweigen mußten im Rathe des Herzogs, wo kriechende Schmeichler und Politiker, die für das Land kein Herz hatten, obenan standen.

Bilfinger stellt in seiner „Generalidee über den würrttembergischen Militäretat" den Gedanken voraus, daß vor Allem klar sein müsse der Zweck der Truppenaufstellung; davon könnten bestimmte Regeln abgeleitet werden.

Es sei natürlich: mehr Truppen, mehr Ansehen; mehr Truppen, mehr Schuz.

Auf der andern Seite: weniger Truppen, weniger Auflagen; weniger Soldaten, weniger Leute, die dem Feldbau und den Handwerken entgezogen werden.

Diese beiden streitenden Ansichten zu vereinigen, sei die wahre Weisheit des Fürsten.

Bilfinger geht dann zu der jederzeit viel erörterten Frage über, ob es besser sei, eine reguläre Soldateska zu halten oder nur eine Landmiliz aufzustellen. Sicher ist, sagt er, daß reguläres Militär bessere Dienste leistet als ein Landaufgebot, aber bei der Miliz werde am Ende durch die Anzahl ersezt, was an Akkuratesse abgehe.

Den Vortheil regulärer Truppen gegenüber einem zusammengerafften Landesaufgebot, den Vortheil verhältnißmäßiger Wohlfeilheit bei doch sehr starker Anzahl glaubt er zu vereinigen in seinem Vorschlag einer exerzirten Landmiliz.

Ueberall in allen Aemtern solle man die Männer von 18 bis 30 Jahren, ledig und verheirathet, aufnehmen*) und die Tüchtigen auslesen; dann werde man wohl 12—15000 Mann bekommen.

Gut bezahlte, stets präsente Offiziere und Unteroffiziere sollen die Leute einüben, ohne sie zur stehenden Truppe zu machen. Das Ganze soll in 4 Regimenter eingetheilt sein; bei jedem Regiment einige Kompagnieen Dragoner. Wie in alten Zeiten, so solle man den Regimentern wieder die alten Namen und Farben geben. Der Wohlfeilheit wegen wird weißer Rock vorgeschlagen und die Aufschläge nach den Regimentern schwarz, gelb, blau, roth. Doch sei das Nebensache.

Die Abtheilungen sollen nach ihren Städten und Aemtern eingetheilt sein. Die Einzelexercitien haben in den Ortschaften

---

*) Vergl. Beilage Nr. 15.

selbst Statt zu finden in den Zeiten, wo der Feldbau dadurch am wenigstens gestört werde; später werden mehrere Orte zusammengezogen und des Jahres mindestens einmal sollen Uebungen im Regiment sein. Die volle Ausrüstung und Kleidung auf den Kriegsstand hat stets vorräthig gehalten zu werden. Die aufzustellenden Offiziere berechnet Bilfinger wie folgt:

4 Obersten	. . . à	1000 fl.
4 Oberstlieutenants	à	800 fl.
4 Majors	. . . à	600 fl.
48 Kapitains	. . . à	400 fl.
48 Lieutenauts	. . à	250 fl.
48 Fähnriche	. . . à	200 fl.

Werden alle Kosten für sämmtliche Militärausgaben zusammengehalten, so können von dem ordentlichen Fundus von 460000 fl. noch 50000 fl. jedes Jahr zurückgelegt und für Nothfälle aufgespart werden.

Stehende Truppen neben der Landmiliz sollten nur sein das Kreiskontingent und die Leibgarde des Herzogs.

Herzog Karls neue Formationen. Das Eingehen auf die Vorschläge Bilfingers entsprach freilich durchaus nicht den Absichten Karl Eugens *). Der Abschluß des französischen Subsidienvertrags wies auf ganz andere Mittel hin, eine stets verfügbare Truppenmacht aufzustellen. — Werbung und Auswahl, Loosen der jungen Leute durchs Würfelspiel waren die Wege **) der Rekrutirung. Fälle von gewaltsamer Wegführung besonders großer Leute kamen im Anfang der fünfziger Jahre selten, später häufig vor. Die „langen Kerls", auf die der Herzog nach preußischem Beispiel ein besonderes Auge hatte, kosteten unverhältnißmäßig hohes Handgeld.

Die ungemein große Anzahl von Offizieren sowohl bei den 4 Infanterieregimentern als bei der Garde zu Fuß verschlang ungeheure Summen. Nach den Bestimmungen des Subsidienvertrags kam auf dem Kriegsfuß ein Subalternoffizier auf 20 gemeine Soldaten; im Frieden, wo das Regiment kaum 500 Mann zählte, war das Verhältniß noch ungleicher. Die Husaren, Garde

---

*) Nicht früher als bis zum Jahre 1794 taucht die Idee der allgemeinen Wehrpflicht wieder auf, wiewohl niemals in der vollen rechtlichen Ausdehnung wie heutzutage.

**) Beispiele von Auswahlbefehlen an die Aemter s. Beilage Nr. 16 und Nr. 17.

bu Corps, Generalstab waren noch viel kostspieliger, auf die Ar=
tillerie wurden dafür wenig mehr als 2000 fl. verwendet.

Hatte der Geheimerath schon 1752 bei Vorlegung des vom
Herzog ausgearbeiteten Militärplans gezweifelt*), ob auch die an=
gegebene Summe von 540,000 fl. zureichen werde, so zeigten sich
schon im folgende Jahre seine Bedenken gerechtfertigt. In einem
Schreiben an den Herzog äußerte er sich: „es sei vom fürstlichen
Kriegsrath die unterthänige Anzeige geschehen, was maßen an dem
fundo militari auf die zu Ende gehenden Wintermonate annoch
70,000 fl. abgehen. — Wie nun Ihre hochfstl. Durchl. sich gnädigst
zurück zu erinnern geruhen werden, daß von Seiten dieses treuge=
horsamsten geheimen Rathskollegii gleich bei Anfang der vorgenom=
menen Truppenaugmentation die unterthänige Vorstellung wieder=
holt dahin gemacht worden, daß es an dem zur Unterhaltung so
vieler Mannschaft unumgänglich erforderlichen fundo ohnfehlbar bald
gebrechen werde, höchstdieselbige dagegen damals gnädigst zu äußern
geruht, wie Sie die Sachen bergestalten einzurichten gnädigst be=
dacht sein werden, daß kein Mangel erscheinen solle; — also sehe
ein treugehorsamstes geheimes Rathskollegium bei dermaligem
emergenti kein Mittel vor sich, wie das abseiten der Militärkasse
desiderirende Quantum aufzubringen sein möchte, sondern möchte
dießfalls weitere gnädigste Verfügnng in Unterthänigkeit gewär=
tigen.“ —

*) Bei den ersten Berathungen über die Ausführbarkeit eines Vertrags
mit Frankreich hatte der Geheimerath (Hardenberg, Georgii, v. Wallbrunn,
Zech, Korn) sich nicht gerade dagegen ausgesprochen; er sei den Reichsgesezen
nicht zuwider, Aehnliches sei längst durch Vorgänge von Seiten bedeutender
Reichsmitstände legitimirt. Für das Ansehen des Fürsten und eventuell für
Zuwachs an Land könne der Vertrag ersprießlich sein. Außerdem komme
eine considerable Summe Geldes dadurch in das Land. Bei einem Krieg
stelle sich die Nützlichkeit noch um so mehr heraus, als man doch nicht isolirt
sei und man von vornherein wisse, an wessen Freundschaft man sich zu hal=
ten habe.

Doch wurde in einer Zuschrift an den Herzog auch nicht verschwiegen,
daß durch ein Zusammengehen mit Frankreich in den Augen Vieler die Re=
gierung sich eine Blöße gebe.

Das Verlangen wurde noch gestellt, daß die Subsidiengelder nur auf die
Haltung der vertragsmäßigen Anzahl Truppen verwendet werden und diese
selbst niemals durch Auswahl, sondern stets durch freie Werbung aufzubrin=
gen seien.

Der ursprüngliche Vertrag vom Februar 1752 lautete blos auf 3000
Mann in zwei Regimentern.

Der Herzog gab sofort den Ausweg an, — eine Aufnahme von 70,000 fl., damit wenigstens die tägliche Löhnung bezahlt werden könne. — Die Kriegskasse gewann am Ende eine Menge solcher Schuldposten theils für Geldvorschüsse, theils für Lieferung von Ausrüstungsartikeln sowohl bei den Kaufleuten in Stuttgart als auch bei israelitischen Handelsleuten in und außer Lands.

Reglement nach preuß. Muster. Herzog Karl, persönlich für den König von Preußen und seine militärischen Einrichtungen eingenommen, führte zugleich mit dem neuen Militärplan ein nach den preußischen Vorschriften ausgearbeitetes Reglement ein.*)

Zunächst änderte sich die äußere Erscheinung der Regimenter. Bis jetzt war die Hauptfarbe der Röcke weiß, gelb oder roth gewesen; gleichmäßig wurden nun bei der ganzen Infanterie dunkelblaue Röcke eingeführt; die Garde zu Fuß mit rothen Aufschlägen. Als Kopfbedeckung behielten die Musketiere ihre Hüte, die Grenadiere erhielten hohe spize Müzen mit breiten Blechschilden vorn; darauf der Namenszug des Fürsten.

Wie durch die preußische Disciplin, so fanden die Truppen sich schon durch die Kleidung eingeengt bis zur Unnatürlichkeit. Mit Pappe ausgefütterte Gamaschen und Stiefeletten, in Gala und im Dienst weiß, sonst schwarz, sollten der Mannschaft in ihrer Haltung ein sauberes, egales Aussehen verleihen zusammt den engen weißen Beinkleidern, die nur mit Hülfe eines Hakens angezogen werden konnten. Manschetten und Halskrausen, mit Aengstlichkeit zusammengelegtes Haar und sorgfältig gewickelter Zopf, gesteifter künstlich angesezter schwarzer Schnurrbart vollendeten die steife Erscheinung eines wohlabjustirten Parabesoldaten. Strengste Disciplin verbunden mit ängstlich beobachteten, aber meist ganz geistlosen Formen des Dienstes gaben die Mittel ab, um den einmal bei der Fahne Stehenden zur bloßen Maschine abzurichten.

Preußische Offiziere und Unteroffiziere kamen ins Land, um

---

*) Reglement vor die Würtembergische Infanterie-Regimenter, worinnen enthalten: die Evolutions, das Manual und die Chargirung, nicht weniger, wie der Dienst in denen Garnisons und Festungen geschehen soll und wornach sämmtliche Offiziers sich sonsten zu verhalten haben, dann auch, wie viel einem jeden an Traktament bezahlet und die Montirung gemacht werden solle. Alles dieses in gewisse Theile, Titul und Artikel eingerichtet. Stuttgart, den 1. Januar 1754.

ben neuen Dienſt zu lehren. Manche von ihnen traten vollſtändig
in württembergiſche Dienſte über, andere Ausländer kamen dazu.

Dem angeführten Reglement iſt Folgendes zu entnehmen:
Die taktiſchen Formen, das eigentliche Exerciren, ſind beſchränkt
auf die Formirung des Bataillons, auf Handgriffe, Chargirung,
Marſch.

Der erſte Artikel lautet: „im Frühjahr, und zwar den 1. Apri⸗
lis, wenn es nicht expreſſe anderſt befohlen wird, ſobald die Beur⸗
laubten zurückgekommen ſind, ſollen alle Kompagnieen akkurat ge⸗
meſſen, nicht weniger und auch nicht mehr angegeben und friſch
rangiret werden, wovor der Chef und Kommandant reponbiren ſoll.“

Die Musketiere des Bataillons, 8 Schritte vom linken Flügel
der Grenadiere entfernt, werden in 8 Züge und 4 Diviſionen ein⸗
getheilt, Rangirung auf 3 Glieder, zu den Handgriffen geöffnet,
zum Chargiren und Schwenken eng aufgeſchloſſen.

Der Oberſt ſteht vor der Mitte des Bataillons, der Oberſt⸗
lieutenant hinter ihm; zu Pferde ſind der Major und der Adjutant
als Gehilfen des Oberſten, der als Vorbereitung zum Exerciren
kommandirt: Ober⸗ und Unteroffizier, marſchirt auf eure Poſten!

Bewaffnet ſind die Gemeinen mit dem bisher üblichen Feuer⸗
gewehr *) und Seitenwaffe, die Unteroffiziere mit dem Kurzgewehr,
die Offiziere, die nicht beritten ſind, mit Espontons.

Das Kommando: das Bataillon ſoll exerciren! bildet die Ein⸗
leitung zum Durchmachen ſämmtlicher Handgriffe. — Als Vor⸗
erinnerung iſt gegeben: „Es muß zuvorderſt wohl darauf geſehen
werden, daß, ſo oft ein Kerl im Gewehr, und abſonderlich auf dem
Exercirplaz iſt, ſich ein gutes Air gebe, nehmlich den Kopf, Leib
und Füße recht ungezwungen halte und den Bauch einziehe.“

„Gleichwie im ganzen Exerciren und Marſchiren das Schönſte
iſt, wann ein Kerl ſein Gewehr gut trägt, alſo ſoll er ſolches ꝛc.“

„Das Erſte im Exerciren muß ſein, einen Kerl zu dreſſiren,
und ihme das Air von einem Soldaten beizubringen, daß der
Bauer herauskommt.“

„Zwiſchen den Tempo’s in den Handgriffen muß wohl und

---

*) Weder bei den Gewehren noch bei der Chargirung ſcheinen bisher
Aenderungen eingetreten zu ſein. 1742 wird erwähnt, daß Generalmajor
v. Gaisberg nach ſeinem Kommando 12 Tempo bei der Ladung erſpare, wo⸗
durch man zwei Schuß ſtatt Eines thun könne, welche Neuerung beim Leib⸗
regiment in Anwendung kam.

egal angehalten werden, und zwar so lange, bis man 10 zählen
kann."

„Die Griffe sind frisch zu machen, und es muß stark an das
Gewehr oder an die Tasche geschlagen werden, deßgleichen sollen
die Leute bei allen Tritten die Beine wohl aufheben und stark
zutreten."

Das Gewehr hoch! — Spannet den Hahn! — Schlagt an!
— Feuer! — Den Hahn in Ruhe! — Ergreifet die Patron! —
Oeffnet die Patron! — Pulver auf die Pfanne! Schließet die
Pfanne! — Links schwenkt das Gewehr zur Ladung! — Die
Patron in den Lauf! — Zieht aus den Ladstock! — Den Ladstock
in den Lauf! — Den Ladstock an seinen Ort! — Das Gewehr
auf die Schulter! — Präsentirt das Gewehr! — u. s. f.

Rechts um kehrt euch! — Links herstellt euch! —

Die Handgriffe der Offiziere mit dem Esponton namentlich
beim Salutiren sind sehr komplizirt.

Besondere Aufmerksamkeit ist der Chargirung gewidmet.

Kommando: Das Bataillon soll chargiren! — Das Gewehr
flach! — Pfanndeckel ab und geladen!

Befehle sind vorhanden, dahin zielend, daß die Ladung recht
geschwind ausgeführt werde.

Mit Pelotons auf der Stelle chargiret! Der rechte Flügel
fangt an! — Chargiret! —

Das vorderste Glied fällt nieder, die beiden hinteren rücken
nah auf; es wird peloton= oder divisionsweise gefeuert, und zwar
auf der Stelle, im Avanciren und Retiriren.

Zum Marsch wird abgeschwenkt mit Zügen; der Major reitet
an der Spize; ihm folgen die Grenadierzüge; auf diese die Mus=
ketiere, an ihrer Spize der Oberst; der Oberstlieutenant schließt
die Kolonne.

Das Wort Kolonne kommt übrigens noch nicht vor.

„Die Leute müssen sich im Marschiren ein gutes Air geben,
den Kopf und die Augen nach der rechten Hand wenden, wann
sie bei Serenissimo vorbei marschiren, höchstdenenselben wohl in
die Augen sehen, den Leib gerade halten, nehmlich nicht gebückt
gehen u. s. f. Wann ein Kerl nicht auf vorstehende Art marschiret,
so steckt der Bauer noch in ihm." —

Zum Gottesdienst wird im Reglement fleißig angehalten.

„Es soll alle Sonn= und Festtage, auch an den Bußtagen Kirchen=
parade geschlagen werden; kein Offizier, Unteroffizier oder Gemeiner

darf dabei fehlen; der Kapitän muß nebst allen Offiziers, die
Kompagnie mag stark oder schwach sein, die Parade in die Kirche
führen." *)

Mit besonderer Weitläufigkeit ist das Verhalten auf der Wach=
parade, das Aufziehen und Ablösen von Wachen und Posten be=
handelt. Offiziere und Leute von Distinction überhaupt sind zu
begrüßen; an Thoren muß stets der Schlagbaum parat sein, die
Passirenden werden ausgefragt.

Bei der Parade sind alle Offiziere anwesend; wer fehlt, wird
mit Einzug eines Monatstraktaments zur Invalidenkasse bestraft.
Als Beispiel aus dem Garnisonsdienst stehe hier die Instruktion
für· die Ronde:

„Wann die Ronde an die Wacht kommt, die Schildwacht her=
ausgerufen hat und die Wacht im Gewehr ist, so muß der Offizier
einen Unteroffizier mit zwei Mann entgegenschicken, welcher die
Ronde examinirt und ruft: Wer da? Hernach, wenn er zur Ant=
wort gegeben hat: Ronde! so examinirt er ferner: Wer thut die
Ronde? Hernach, wenn die Ronde sich namkundig gegeben hat,
rapportirt er an den Offizier oder Unteroffizier, daß die Ronde
richtig ist. Worauf der Offizier an die Wacht kommandirt: Prä=
sentirt das Gewehr! und rufet an die Ronde: avancir Ronde!

Der Offizier, welcher die Ronde thut, ziehet den Degen, indem
er die Parole empfangt oder von sich gibt, und sezet die Spize
vom Degen dem Offizier von der Wacht auf die Brust, wohingegen
der Offizier von der Wacht der Ronde das Eisen vom Esponton
auf die Brust sezet und inzwischen der Unteroffizier mit den zwei
Mann, welcher die Ronde examinirt hat, stehen bleibet, damit die
Mannschaft mit der Ronde nicht an die Wacht avanciren kann,
lasset auch sodann das Gewehr mit der Wacht zugleich präsentiren,
bis die Parole gegeben und die Ronde abgefertigt ist."

Zur Aufrechterhaltung guter Disciplin dienen strenge Stra=
fen; der Stock spielt immer noch die Hauptrolle.

„Wenn ein Mann im Dienst sich besauft, auf Posten schläft,

---

*) 1759 wurde Fürbitte für das Militär auch ins Gebet aufgenommen:
„Da in dem gewöhnlichen großen Kirchengebet bisher aller Stände, den
Militärstand ausgenommen, gedacht worden, Se. herzogl. Dchl. aber für gut
und der dem militari, um eines Jeden mit dessen Erhaltung verknüpften
eigenen Conservation willen, gebührenden Achtung gemäß befinden, daß solcher
künftig ebenfalls mit eingerückt und in sothanem Gebet die Worte: „allen
hohen und niedern Offiziers und Soldaten" beigefügt werden sollen."

so soll er ohne Verhör und Kriegsrecht zehnmal durch 200 Mann Spießruthen laufen; zwanzigmal aber soll der durch 200 Mann Spießruthen laufen, der unter dem Gewehr gegen Offiziere oder Unteroffiziere raisonnirt; geschieht aber Widersezung, Bedrohung oder gar Thätlichkeit gegen einen Vorgesezten, so soll ein solcher Soldat sofort arkebusirt werden ohne Pardon."

In Betreff der Ergänzung des Offizierskorps ist folgende Verordnung sehr bezeichnend:

„Wann bei einem Regiment ein Offizier abgehet, so soll der Oberst oder Kommandeur vom Regiment einen Edelmann, welcher es am besten meritirt, zum Offizier Sr. Hochfstl. Dchl. unterthänigst vorschlagen; und der Obriste oder Kommandeur des Regiments soll dafür responsabel sein, wann ein solcher Unteroffizier nicht alle Qualitäten besizen wird, welche ein Offizier haben muß. — Es soll kein Unteroffizier zum Offizier Sr. Hochfstl. Dchl. vorgeschlagen werden, wann er nicht wenigstens drei Jahr bei dem Regiment gedient hat. — Wann ein Unteroffizier, welcher kein Edelmann ist, sehr große Meriten und eine noble Conduite, auch dabei ein gutes Exterieur besizet, und wenigstens zwölf Jahr gedienet hat, so soll selbiger zum Sekondlieutenant Sr. Hochfstl. Dchl. unterthänigst vorgeschlagen werden."

Die Offiziere im Verkehr unter einander werden zur Harmonie und zur gehörigen Subordination ermahnt; diese sei namentlich bisher sehr schlaff gewesen in dem Verhältniß der Subalternen zu ihren Kapitäns.

Allen Offizieren wird das Duelledict in Erinnerung gebracht; zwar wolle der Herzog lauter brave Offiziere haben, sie sollen aber alle Rencontres und Duelle vermeiden, „weil die meisten Händel aus Bagatell-Ursachen entstehen, wann die Offiziers etwa betrunken seind."

Wider die Deserteure findet sich nur die Verordnung, daß sie, wann sie wieder ertappt werden, ohne Gnade aufgeknüpft werden sollen; wer einen Deserteur einbringt, erhält 18 fl. Lohn.

Die monatlichen Bezüge werden aufs Neue regulirt und zwar:

Oberst . . . . 65 fl. — kr. Gage, 5 fl. — kr. Ortsgeld.
Oberstlieutenant . 30 fl. — kr. „ 3 fl. — kr. „
Major . . . . 22 fl. 30 kr. „ 2 fl. — kr. „
nebst zwei Pferdsrationen à 7 fl. 30 kr.

Regimentsquartiermeister 24 fl. — kr. Gage, 4 fl. — kr. Ortrgeld.

Abjutant . . . . . 18 fl. — kr. „ 3 fl. — kr. „

nebst einer Pferdsration à 7 fl. 30 kr.

Aubitor . . . . . 18 fl. — kr. Gage, 3 fl. — kr. Ortrgeld.

Regimentsfeldscheer . . 15 fl. — kr. „ 3 fl. — kr. „

Hautboist . . . . . 12 fl. — kr. „ 3 fl. — kr. „

Regimentstambour . . 6 fl. — kr. „

Profos . . . . . . 10 fl. — kr. „

Grenabierhauptmann . 46 fl. — kr. Gage, 5 fl. — kr. Ortrgeld.

Musketierhauptmann . 40 fl. — kr. „ 5 fl. — kr. „

Stabskapitän . . . . 26 fl. — kr. „ 4 fl. — kr. „

Premierlieutenant . . 22 fl. — kr. „ 3 fl. — kr. „

Sekonblieutenant . . 20 fl. — kr. „ 3 fl. — kr. „

Musketierlieutenant . . 18 fl. — kr. „ 3 fl. — kr. „

Fähndrich . . . . . 15 fl. — kr. „ 2 fl. — kr. „

Fahnenjunker . .	4 fl. 30 kr.	Gage, 1 fl. — kr.	Fleischgeld
Fourier	4 fl. 30 kr.	„ 1 fl. — kr.	„
Felbscheer . . .	4 fl. — kr.	„ 1 fl. — kr.	„
Feldweibel . . .	5 fl. 15 kr.	„ 1 fl. — kr.	„
Korporal	3 fl. 15 kr.	„ 1 fl. — kr.	„
Tambour . . .	2 fl. 45 kr.	„ — fl. 30 kr.	„
Gefreiter	2 fl. 45 kr.	„ — fl. 30 kr.	„
Gemeiner . . .	2 fl. 15 kr.	„ — fl. 30 kr.	„

(am linken Rand:) Bei den Grenadieren durchschnittlich um 30 kr. mehr.

Weitläufig sind noch die Bestimmungen, wie die Montirung passend und egal gemacht werden soll; wie alle die kleinen Zubehöre zu tragen und wie sie stets rein zu halten sind.

Zum Schluß findet sich die ernstliche Ermahnung, ja das vorstehende Reglement Niemand zu zeigen und es geheim zu halten.

Vier Jahre lang hatte der Herzog von Württemberg die Sub-sibiengelder Frankreichs genossen, *) als im Anfang des Jahres 1757 die Anforderung an ihn herantrat, seinen Verpflichtungen nachzukommen. Der siebenjährige Krieg hatte seinen Anfang ge-

(Marginalie rechts:) Neue Kriegslasten.

*) Schlosser, Geschichte des 18. Jahrhunderts und des 19., II., 316, gibt nach einem Auszug aus dem rothen Buch an: Württemberg erhielt vor dem Krieg von Frankreich 1½ Mill Livres; während des Kriegs 7½ Mill. — Weiter erhielten noch Subsidien: Pfalz, Anspach, Bayreuth, Bayern, Köln, Mainz u. s. f.

nommen und Frankreich rief seine Alliirten auf, ihre Schuldigkeit zu thun.

Der in Stuttgart residirende französische Kriegskommissär Potier drang energisch auf schleunige Maßnahmen. — Wohl war eine große Anzahl von Regimentern und sonstigen Abtheilungen vorhanden, aber alle in geringer Zahl; nirgends ein Vorrath von Waffen und Montirungen; das von Frankreich empfangene Geld war für die Liebhabereien des Herzogs daraufgegangen.

Hilfe mußte aber geschafft werden und in dieser Noth sprang dem Herzog sein Geheimer Kriegsrath Major Rieger bei, der Auswege genug wußte, um durch List und Gewalt Geld und Mannschaft zu erhalten. Denn auch das Reichskontingent mußte aufgestellt werden nach dem Beschluß des Reichtags zu Regensburg vom 17. Januar 1757, daß dem Kaiser Reichshilfe zu gewähren sei, um den durch den Markgrafen von Brandenburg vertriebenen Kurfürsten von Sachsen wieder in sein Land einzusetzen.

Ueberall im Herzogthum wurde geworben und nacheinander im Laufe des Sommers 1757 drei Auswahlen in den Aemtern angeordnet im Betrag von 2700 Mann.

Wie schwer dem Lande die Stellung so vieler Rekruten außer denen, welche sich freiwillig anwerben ließen, fiel, mag aus einer Bittschrift des Bürgermeisters, Gerichts und Raths zu Urach hervorgehen:

Durchlauchtigster Herzog!
Gnädigster Fürst und Herr!
Zu einer Zeit, da Ew. hochfstl. Dchl. treugehorsamste Unterthanen am wenigsten daran gedacht, ist es höchstdenenselben gnädigst gefällig gewesen, mittelst eines den 3. Mai 1757 in das Land erlassenen hochfstl. Generalrescripts eine Auswahl von 1000 Mann aus der jungen ledigen Mannschaft von 18—30 Jahren vornehmen zu lassen. Je weniger nun der neueste zwischen Ew. hochfst. Dchl. und der Landschaft unterm 22. September 1753 zu Stand gekommene Receß und das darauf sub dato 1. Juli 1754 in das Land emanirte Generalrescript solches vermuthen lassen, da vermög dererselben dem ganzen Land unter Anderem auch diese gnädigste Versicherung gegeben worden, daß keine Landauswahl in Zukunft mehr vorgenommen und von denen Landeskindern kein einziger mehr wider seinen freien Willen zu Kriegsdiensten gezogen werden solle, des Tübinger und anderer alter Verträge und Abschiede bermalen Kürze halber nicht zu gedenken; je unerwarteter war denen

Unterthanen diese starke Auswahl, als wodurch das ganze Land in nicht geringe Bekümmerniß und Schrecken gesezet worden.

Gleichwohlen und obwohl viele von den ausgewählten Landeskindern nicht unter die Kreis-, sondern unter andere hochfstl. Truppen, welche man in französischen Dienst und Sold überlassen, gestoßen worden, würden sich die Unterthanen aus der gegen Ew. hochfstl. Dchl. hegenden Devotion dennoch zufrieden geben und hierwider keine weitere unterthänigste Beschwerung geführt haben, wann es hiebei geblieben wäre.

Nachdem aber bald darauf, nehmlich am 7. Juli, ein anderwärtes hochfstl. gnädigstes Generale erfolgt ist, daß abermalen zu Ergänzung der hochfstl. Kreiskontingentien und zu Ersezung derer von andern hochfstl. Truppen ausgewichenen Leute eine Anzahl von 1000 Mann von den jungen ledigen Leuten von 17—30 Jahren im Land ausgewählt werden sollen, — so konnte es nicht anderst sein, dann daß das Klagen, Lamentiren und Schreien der Leute allgemein werden mußte, indem mancher Vater, manche im Wittibstand lebende Mutter ihren Sohn, den sie Alters, Gebrechlichkeit, ihrer noch übrigen kleinen Kinder halber, zur Bauung ihrer Güter oder um anderer wichtiger Ursachen willen zu Haus nöthig gehabt hätten, entweder durch die Auswahl, oder daß sie, aus Furcht vor derselben, sich von Haus hinweg und in die Fremde begeben, und anjezo da und dort im Elend herumirren, verloren: diese vielen und mancherlei bitteren Klagen und Seufzer sowohl von den Eltern als ihren Söhnen konnte man ohne Wehmuth nicht anhören und wir wären beinahe gedrungen worden, Ew. hochfstl. Dchl. schon dazumalen unterthänigste Vorstellung zu machen, wann wir nicht geglaubt hätten, höchsterleucht dieselben würden sich durch die von der Landschaft von Zeit zu Zeit gemachte triftigste, beweglichste und unterthänigste Remonstrationes endlich in Gnaden flectiren lassen, dero getreuesten und auf allen Seiten ohnehin bedrängten Unterthanen sich hierinnenfalls hilfreich zu erzeigen.

Nun sind aber leider die landschaftlichen Bemühungen allesammt fruchtlos und vergebens gewesen, ja es wurde vielmehr statt verhoffter Hilfe wider alles Vermuthen nunmehro auch vollends die dritte Auswahl durch ein unterm 27. abgewichenen Monats Oktobris an die Vogtämter erlassenes Rescript auf 700 Mann gnädigst demandirt, solche Auswahl auch von dem Vogt Georgii dahier wirklich zwar tentirt, aber nicht gar zu Stande gebracht, angesehen in ganz Stadt und Amt nicht mehr weiter, dann noch fünfzig dienst-

tüchtige Mann, welche das gnäbigst vorgeschriebene Meß haben,
auf das Papier gekommen und davon einige 12 Mann erschienen,
die Uebrigen aber des geschärften oberamtlichen Ausschreibens un=
geachtet, außen geblieben sind und sich auf die Seite gemacht haben;
— bannenhero können wir bei so betrübten und leidigen, in der
That nie erhörten Umständen, da in Zeit kaum eines halben Jahrs
bereits zwei Auswahlen jede zu 1000 Mann gemacht worden, und
die dritte auf weitere 700 Mann annoch vorgenommen werden
solle, einestheils Pflichten und Gewissens halber, anderntheils aber
auf inständiges Anbrängen und Verlangen der diesseitigen Stadt=
und Amtseinwohner, welchen unerträglich fallen will, daß, obgleich
dermalen in dem Land, — Gott sei ewig Dank! — keine Noth
vorhanden, sie sich ihrer taugentlichsten Söhne schlechterdings und
allermeist beraubet sehen sollen, dahero, wir wiederholen es, können
wir nicht anderst, dann Ew. hochfstl. Dchl. die Noth der armen
Unterthanen und das drohende Verderben des ganzen Landes so
submissest als beweglichst unterthänigst vorzustellen.

Es ist nehmlich an dem, daß schon seit einigen Jahren her
der Kern der schönsten und tüchtigsten jungen Leute unter allerhand
Prätext und auf mancherlei Art in das Soldatenleben gezogen und
unerachtet der ihnen gnädigst zugestandenen Kapitulation dennoch
Viele bisher nicht frei gelassen, dadurch aber ein mancher, sonst
wackerer Kerl, der mit der Zeit einen redlichen und braven Unter=
thanen gegeben hätte, zu dem unerlaubten Mittel der Desertion
zu seinem weiteren gänzlichen Verderben gebracht worden.

Sollten die gnädigst ausgeschriebenen 700 Mann unumgänglich
gestellt werden müssen, so würde in der That das Land von tüch=
tigen Leuten zum Feldbau gänzlich eröbet und mithin auch hiesige
Stadt und Amt bei dem angezeigten geringen Numero fast gar
entblößet, wie denn ohnehin allbereits Mangel daran erscheint und
kein tauglicher Knecht mehr zu haben ist u. s. f.

Ew. hochfstl. Dchl.
unterthänigst treugehorsamste Bürgermeister,
Gericht und Rath zu Urach, auch Deputati der
sämmtlichen Urachischen Amtsflecken.

Urach, ben 11. November 1757.

Stimmung der Truppen. Wie der Geist der so zusammengerafften Truppen beschaffen war,
zeigten die folgenden Ereignisse in den Garnisonen sowohl, als auf dem
Marsch und im Feld. Beredtes Zeugniß legen die Listen der Deserteure ab.

Die wenigen Monate, welche man darauf verwendete, die neue Mannschaft einzuüben, reichten nicht hin, in dem Grade jedem Einzelnen die Geseze der Disciplin einzuprägen, daß er alles Andere vergessen und gewohnheitsmäßig blind gehorcht hätte.

Um die vertragsmäßige Zahl*) der Regimenter voll zu machen, wurde die Garde zu Fuß als Leibinfanterieregiment dem General v. Werneck verliehen; die vier Grenadierkompagnieen des Regiments bildeten das erste Grenadierbataillon; mit diesem Bataillon geht die Geschichte weiter.

Die übrigen zur Kampagne bestimmten Regimenter waren: Prinz Louis, v. Spiznas, v. Röder, v. Truchseß; ihre acht Grenadierkompagnieen bildeten das 2. und 3. Grenadierbataillon.

Als bei der ersten Musterung in Stuttgart der General v. Werneck das Leibinfanterieregiment dem französischen Kommissär vorführte, da durchbrach der Troz der Leute alle Schranken im Angesicht des Repräsentanten der Nation, welche unzählige Male die Württemberger gequält und gebrandschazt hatte.

Von vielen Seiten her war an den Leuten geschürt worden, offen verweigerten sie nun den Gehorsam und liefen truppweise auseinander, durchzogen die Straßen der Stadt und die Umgegend unter Unfug aller Art. — Wie man ihnen zumuthen könne, gegen den Beschüzer ihres Glaubens zu kämpfen; gegen alles Recht seien sie ihren Familien entrissen worden; nicht zu ertragen sei die Härte, mit der man bei der Einübung des neuen Reglements verfahre.**)

Die Grenabierkompagnieen des Kreisregiments mußten in Stuttgart die Ordnung wieder herstellen. Gewaltmaßregeln und die Versicherung vollkommener Verzeihung für die, welche sich stellen würden, brachten den größten Theil der Ausreißer wieder zur Fahne zurück.

Auf dem Marsch nach dem böhmisch-schlesischen Kriegsschauplaz wiederholten sich Scenen dieser Art in Geißlingen und Linz; mit blutiger Strenge wurden sie aber hier vom Herzog niedergeschlagen.

Am 4. Juli war das ganze württembergische Auxiliarkorps zu Vermeidung weiterer Excesse zunächst aus den Kasernen und Quartieren in ein Feldlager bei Pflugfelden zusammengezogen.

Formation und Bezahlung. Wie die Feldregimenter formirt und ausgerüstet waren, zeige an dieser Stelle das Beispiel des Leibregiments. Die Bezahlung war durch Zuschlag der sogenannten Campementszulage etwas erhöht worden.*)

Regimentsstab.

		Gage.
1 Generalfeldmarschalllieutenant v. Werneck		153 fl. —
1 Generalmajor v. Roman		33 fl. —
1 Oberst v. Wolff		70 fl. —
1 Oberstlieutenant v. Rettenburg		39 fl. 30 kr.
1 Oberstlieutenant v. Larisch		33 fl. —
1 Oberstwachtmeister v. Bülow		39 fl. 30 kr.
und 2 Pferdsrationen		15 fl. —
1 Oberstwachtmeister N.		?
1 Regimentsquartiermeister Becht		50 fl. —
1 Auditor		26 fl. —
1 Feldprediger		25 fl. —

und rohen Landleute und bei ihrer Tüchtigmachung durch unsinniges Fluchen zu erschimpfen und zu erprügeln. — Daher mag es auch wohl kommen, daß der württemberger Offizier ungewöhnlich geübter im Fluchen vor den Offizieren andrer Truppen ist; daher mögen sich auch jene neuen Fluchzusammenfügungen, die einen Wilden am Ohiofluß und einen Samojeden in all seiner Rohheit verrathen, herleiten lassen. Wer mag sich also noch wundern, wenn in diesen Leuten aller Muth, alles Feuer und alle Lust zum Streiten erstarb, da sie schon ihre Feinde in der Garnison an den Offizieren erkennen mußten?"

Ueber die Stimmung wenigstens Einzelner im Lande vergl. Beilage Nr. 19, wo ein Anonymus sich in fast jakobinischen Auslassungen Luft macht.

*) Die französische Tabelle für Verpflegung s. Beilage Nr. 20.

3 Abjutanten, für jedes Bataillon einen.

1 Regimentsfeldscheerer.

2 Regimentspfeifer.

6 Hautboisten.

1 Wagenmeister.

1 Profoß mit Steckenknecht.

1 Stabswagen mit 4 Pferden und 2 Knechten.

3 Zeltwagen, 3 Karren mit 9 Knechten und 18 Pferden *)

1 Regimentsbüchsenmacher und 1 Schäfter.

Erstes Grenadierbataillon.

Erste Grenadierkompagnie: Gage.

1 Hauptmann, Oberstlieutenant

    v. Kettenburg . . . . . 51 fl. —.

1 Stabskapitän v. Lenzko . . 30 fl. —.

1 Premierlieutenant . . . . 25 fl. —

3 Sekondlieutenants . . . à 20 fl. —

1 Feldweibel . . . . 8 fl. —.

1 Fourier . . . . 6 fl. 30 kr.

1 Feldscheerer . . . . . . 6 fl. —

4 Korporale . . . . à 5 fl. 45 kr.

2 Fourierschützen . . . . à 4 fl. 15 kr.

2 Tambours . . . . à 4 fl. 30 kr.

2 Pfeifer . . . . à 4 fl. 30 kr.

81 Grenadiere . . . . . à 4 fl. 15 kr.

1 Proviantwagen mit 4 Pferden und 2 Knechten,

1 Stabswagen beim Bataillon.

Zweite Grenadierkompagnie:

Hauptmann v. Linkersdorff.

Dritte Grenadierkompagnie:

Hauptmann v. Marschall.

Vierte Grenadierkompagnie:

Hauptmann v. Scheler.

---

*) Für die kaiserliche Armee kam am Ende des Feldzugs 1757 eine auf viele Erfahrungen gegründete Verordnung heraus, deren Zweck war, zu Vermeidung von Unordnungen und Stockungen den Troß zu vermindern. Demnach konnte mit sich führen:

ein Oberst — einen Rüstwagen und eine Packkalesche,

ein Oberstlieutenant oder Major — einen Rüstwagen,

ein Hauptmann — eine Packkalesche mit drei Pferden,

ein Kapitainlieutenant oder Lieutenant — eine Packkalesche mit zwei Pferden.

Bei Unteroffizieren und Gemeinen kam zur Gage noch Montirungsgeld im Betrag von 30 bis 45 kr. je nach dem Rang.*)

Die Gage bei den zehn Musketierbataillonen, jede wie die Grenadierkompagnieen 100 Mann stark, war etwas niedriger bemessen; jede Kompagnie hat ihren vierspännigen Proviantwagen mit zwei Knechten.

Die Kompagniekommandanten in beiden Musketierbataillonen sind:

1. Kompagnie: General v. Werneck.
2. „ General v. Roman.
3. „ Oberst v. Wolff.
4. „ Oberstlieutenant v. Larisch.
5. „ Oberstwachtmeister v. Zülow.
6. „ Oberstwachtmeister N.
7. „ Hauptmann v. Schleicher.
8. „ Hauptmann v. Werneck.
9. „ Hauptmann v. Kessel.
10. „ Hauptmann v. Baroffsky.

Aufbruch ins Feld. Am 9. August 1757 gingen dem Auxiliarkorps am kompleten Stand noch 102 Mann ab.

Den Herzog an der Spize warb am 10. August aus dem Feldlager aufgebrochen. Ueber Göppingen und Geißlingen wird die Donau bei Ulm erreicht; in Günzburg und Donauwörth werden die Truppen eingeschifft; am 30. August steigen sie wieder in Linz an's Land.

Friederich von Preußen hatte nach der Schlacht bei Kollin Böhmen aufgeben müssen; vom Westen her drangen Franzosen und Reichsarmee vor, von Osten her die Russen; in diesem günstigen Moment wollten die Oesterreicher Alles daran sezen, um Schlesien zu gewinnen. Die Hilfsvölker aus Bayern und Württemberg waren daher auch dorthin bestimmt, um die Armee des Prinzen Karl von Lothringen zu verstärken.

Am 12. September wurde Linz verlassen und am 15. Oktober über Königsgräz Striegau erreicht.**) — Herzog Karl war in des Prinzen v. Lothringen Hauptquartier vorangegangen; an seiner

---

*) Die zurückgebliebenen Soldatenweiber erhielten täglich 4 kr.

**) Von hier marschirte das Korps nicht mehr mit verkehrt geschultertem Gewehr, sondern mit aufgepflanztem Bajonet und scharf geladen.

Stelle kommandirte General v. Spiznas das Auxiliarkorps, welches dem Korps des Grafen Nabasty, das eben im Lager bei Würben stand, zugetheilt wurde.

Dem General v. Spiznas hatte der Herzog noch besonders aufgegeben, er solle nie zulassen, daß das Korps getrennt und zerstückelt werde; wenn Winterquartiere bezogen werden, so solle er fleißig exerciren lassen, damit er aus der neuen Mannschaft tüchtige Soldaten bilde.

Die nächste Action, bei der die Württemberger Verwendung In Schlesten. fanden, war die Belagerung von Schweidniz. Nabasty zog am 23. Oktober mit seinem gegen 30,000 Mann starken Korps vor die Festung. Die Württemberger, das Leibregiment auf dem rechten Flügel, standen zwischen Weizenrode und Niedergiersdorf; die drei Grenadierbataillone befanden sich im großen Grenadierlager bei Boyendorf zusammen mit den kaiserlichen Grenadieren.

Nach einer wenig energischen Vertheidigung übergab General v. Seers die Festung, als bei einem Sturmangriff*) in der Nacht vom 11. auf den 12. November einige Vorwerke in den Besitz der Kaiserlichen gekommen waren.

Am 13. November zog die Garnison kriegsgefangen aus der Festung „und richtete ihre besondere Aufmerksamkeit auf das württembergische Korps, das troz der späten Jahreszeit noch weiße, leinene Hosen trug. Sie machten das Kompliment, daß es Schade wäre, daß so saubere Leute neben so schmuzigen stünden." **)

Kurz nach der Kapitulation von Schweidniz verließ Herzog Karl die Armee, um in sein Land zurückzukehren. — Seine Vorliebe zu Aufstellung neuer Truppenkörper begleitete ihn mit nach Hause.

Der Stamm zu einer neuen Garde zu Fuß, die er sofort errichten wollte, folgte ihm wenige Tage nach seiner Abreise nach; Kapitain v. Linkersdorff führte drei Kompagnieen vom Grenadierbataillon des Leibregiments nach Stuttgart, ***) wo die Garde zu

---

*) Die Grenadierkompagnie v. Linkersdorff des 1. Grenadierbataillons war dabei kommandirt.

**) Feldzugsjournal (Manuscript).

***) Derlei Ausziehungen von einzelnen Leuten oder Abtheilungen für den Dienst zu Hause veranlaßten bei den im Feld Zurückbleibenden stets große Unzufriedenheit; die Befehlshaber remonstrirten wiederholt gegen die angeführte Maßregel.

Fuß zu einem Bataillon in sechs Kompagnieen nächster Zeit formirt werden sollte.

Der Ausfall beim ersten Grenadierbataillon wurde durch Ausziehung tüchtiger Leute aus den anderen Abtheilungen ergänzt.

Die spezielle Geschichte geht nunmehr viele Jahre mit der neu zu Stuttgart formirten Garde zu Fuß fort.

Auf dem schlesischen Kriegsschauplaz gehen indessen die kriegerischen Ereignisse ihren Gang troz der späten Jahreszeit. Die Württemberger mögen sich schwer genug in das Ungewohnte geschickt haben in ihren gesteiften engen Kleidern mit den leinenen weißen Hosen. Das Leibregiment allein soll Anfangs December gegen 500 Kranke gehabt haben.

Noch befand sich Breslau in den Händen der Preußen; der Herzog von Braunschweig-Bevern hatte sich zur Deckung der Stadt in günstiger Stellung verschanzt. Um ihn mit überlegener Macht angreifen zu können, wurde Nadasty von Schweidniz ins Lager des Prinzen Karl beordert; am 20. November war dieses bei Klettendorf und Opperau erreicht. Seine Kranken und Verwundeten *) hatte General Spiznas sammt dem größten Theil der Bagage nach Striegau gesandt.

In der neuen Ordre de bataille befanden sich die drei Grenadierbataillone und das Leibregiment unter Führung der Generale v. Spiznas und v. Röder auf dem linken Flügel des ersten Treffens; rechts von ihnen die Bayern; die übrigen württembergischen Regimenter hatten ihren Plaz in der Reserve unter General v. Roman.

Am 22. Novbr. in der Früh, durch starken Nebel begünstigt, passirte die kaiserliche Armee die Lohe auf sieben Brücken, um der preußischen Stellung auf den rechtseitigen Anhöhen dieses Baches sich zu nähern. Eine heftige Kanonade und eine Reihe von Sturmangriffen auf die verschanzten Dörfer Höfchen, Kleinmochber und Gräbischen brachten die kaiserliche Armee etwas in Vortheil.

Dem Corps Nadasty's war die Aufgabe zugefallen, die Dörfer Krittern und Kleinburg zu nehmen. Fünf württembergische Grenadierkompagnieen betheiligten sich bei dem Angriff, der vorübergehend die genannten Dörfer in den Besiz der Kaiserlichen brachte. Gegen Abend wieder heftige Kanonade. General Spiznas sagt: „Sobald es die Distanz erlaubte, nahm das Kanonenfeuer diesseits

---

*) Es waren deren nur sehr wenige, denn bei Schweidniz hatten die Württemberger fast gar keine Verluste gehabt.

einen viſen Anfang, dahingegen das feindliche bald wieder nach=
ließ und ehe das Musketenfeuer einen förmlichen Anfang nehmen
konnte, zog ſich der Feind wiederum peu à peu zurück, indem ſich
der Abend zeigte. Wir halten keinen einzigen Todten."
Von den Regimentern bei der Reſerve kam nur das 1. Bat.
von Prinz Louis und das 1. von Spiznas ins Gefecht; ſie hatten
3 Todte und einige Verwundete.

Während der Nacht zog ſich die preußiſche Armee über die
Oder zurück, die Verbindung mit dem heranrückenden König auf=
zuſuchen. — Die Oeſtreicher blieben auf der Stelle. — Am 24. Nov.
kapitulirte Breslau; ein großer Theil der Beſazung, beſonders
Sachſen und Schleſier, traten in kaiſerliche Dienſte über.

Bei Breslau wurde von der ganzen Armee ein Feldlager be=
zogen; ganz Schleſien ſchien für Oeſtreich gewonnen.

Als in den erſten Tagen des Dezember die Nachricht einlief, Schlacht bei
daß die preußiſche Armee gegen Breslau rücke, wurde im kaiſer= Leuthen.
lichen Hauptquartier beſchloſſen, den Feind nicht in der Stellung
zu erwarten, ſondern ihm entgegen zu rücken. — Am 4. Dezember
ging die ganze Armee zurück über die Lohe und das Schweidnitzer
Waſſer auf den jüngſt geſchlagenen Brücken. Man glaubte, der
König ſei in Parchwitz; erſt am Abend erfuhr man, daß er ſchon
Neumarkt erreicht habe.

Die kaiſerliche Armee beſchleunigte darum ihren Marſch und
ſpät am Abend war die neue Stellung gewonnen, den rechten
Flügel an Nypern, den linken an Leuthen gelehnt. Die Württem=
berger, im Hintertreffen marſchirend, kamen erſt Nachts 11 Uhr
an ihrem Beſtimmungsort an.

Im Lager ſelbſt nirgends Ordnung und Plan; die Regimenter
lagerten, wie ſie gerade ankamen. Mit den bayriſchen Hilfsvölkern
und einigen öſterreichiſchen Bataillonen ſtanden die Württemberger
hinter dem linken Flügel der Armee in dritter Linie. — Die Ba=
taillone waren ſchwach geworden, weniger durch die in der That
ganz unbedeutenden Verluſte bei Schweidnitz und Breslau als
hauptſächlich durch Krankheiten in Folge der ſehr angeſtrengten
Märſche und der naßkalten Witterung, wie auch durch Abkomman=
birungen bei der Artillerie und Bagage.

Am 5. Dezbr. mit Tagesanbruch begannen die Preußen die
öſtreichiſchen Vorpoſten zurückzudrängen. Es hatte den Anſchein,
als wäre der rechte Flügel der kaiſerlichen Armee zum Angriffs=

object auserlesen. Vom linken Flügel wurden mehrere Regimenter nach dem rechten gezogen. Nadasty erhielt Befehl mit seinem Corps, den linken Flügel zu verlängern; er zog sich vor und nahm Stellung zwischen den Dörfern Leuthen und Sagschüz.

Dem König von Preußen war es indeß gelungen bei den Oestreichern alle Aufmerksamkeit, sowie einen bedeutenden Theil der Reserve, Reiterei und Artillerie, auf den rechten Flügel zu ziehen; der linke war unverhältnißmäßig geschwächt. Diesen Umstand be= nützte er, um gerade hieher seine Angriffslinien zu richten.

General Graf Nadasty machte auf die schlimme Lage seines Korps aufmerksam; allein schon zwischen 10 und 11 Uhr kamen die preußischen Linien auf der Höhe von Lobetinz zum Vorschein. An Artillerie und Reiterei waren hier die Preußen weit überlegen; wegen Mangel an Munition mußten die östreichischen Kanoniere langsam feuern. — Der zweite Kanonenschuß riß dem Hauptmann Keßel vom Leibregiment den Arm weg. Bald begann auch das Musketenfeuer. — Fünf kaiserliche Bataillone im Vorbertreffen, auf die zunächst attakirt wurde, gingen zurück und verbreiteten Ver= wirrung in den noch feststehenden Reihen der Württemberger und Bayern.

Das Leibregiment, mit einem Bataillon von Röder und ein= zelnen Bruchtheilen anderer Abtheilungen suchte kurze Zeit sich zu halten.

Vom rechten Flügel her rückten nun viele Regimenter gegen den linken, das Gefecht wieder aufzunehmen, aber ehe sie sich noch formirt oder vereinigt hatten, wurden sie vollständig über den Haufen geworfen.*)

Der nichts weniger als geordnete Rückzug ging durch die Ge= hölze am linken Flügel auf der Straße gegen Lissa hin über das Schweidnitzer Wasser und die Lohe zurück. — Die Aktion hatte bis halb 4 Uhr gebauert. — Der Feind verfolgte nur durch Kanonade. — Ueber Nacht fiel dem sehr geschmolzenen Haufen der Württem= berger die Aufgabe zu, die Lohebrücke bei Klettendorf zu besezen.

Einen besseren Kommentar zur Betrachtung der Schlacht als das gegenseitige Abwägen günstiger oder schlechter Stellung, ent= standener Lücken u. f. f. bildet der nachfolgende Bericht des Gene= ralfeldmarschalllieutenant v. Spiznas.

„Ew. hochsttl. Durchl. muß hieburch in dem allerblutigsten

---

*) Archenholz, Geschichte des siebenjährigen Kriegs.

Chagrin berichten, daß abgewichenen Dienſtag ben 5. Dezbr. auf
kaiſ. kön. Seite die Bataille verloren gegangen. Es mußte ſich
juſt ereignen, daß bes Königs von Preußen Majeſtät auf Ew.
hochſſtl. Durchl. Truppen, welche auf der Seite poſtirt ſtunden, die
allererſte und vigoureuſeſte Attaque machten. — Die Offiziere vom
erſten bis auf den niederſten bezeugten durchgehends eine ausneh=
mende Bravour und Tapferkeit und würde gewiß von Ew. hochſſtl.
Durchl. Auxiliarkorps ein Großes gethan worden ſein, wann nur
der gemeine Mann ſeine Schuldigkeit hätte thun wollen, allein
hatte derſelbe einen ſo ſchlechten Muth, daß deſſen Conduite auf
gewiſſe Weiſe der vormaligen Stuttgarter Hiſtorie vollkommen gleich=
kam, indem derſelbe größtentheils ſeine Schuldigkeit außer Augen
geſezt hatte. —

Der Verluſt bei dem hochſſtl. Corps iſt groß und beſonders
in Anſehung der Verlaufenen beträchtlich. — Wegen bes dermaligen
beſtändigen Marſchirens und da man Tag und Nacht unter freiem
Himmel im Gewehr ſein muß, vermag ich nicht die Partikularität
zu melden und beziehe mich auf den Ueberbringer dieſes, den ex=
preſſe abgeſchickten Hauptmann v. Altenſtein, welcher bei dieſer
Gelegenheit ein akkurater Augenzeuge mitgeweſen und mitangeſehen,
wie die Grenadiere am allerwenigſten ihre Schuldigkeit gethan und
weder die von mir angewandte Güte noch auch der bezeugte Zorn,
da drei von den Flüchtigen mit dem Degen über den Kopf hinein
gehauen, nicht ſo vielen Effekt haben mögen, daß dieſelben nur
wenigſtens wiederum ſich geſezt haben.

Auf gleiche Weiſe haben auch die Offiziere ſich alle Mühe ge=
geben und die Leute zurückzubringen geſucht, aber vergebens; aus
Gelegenheit deſſen viele von den Offizieren gefangen worden ſind.

Ew. hochſſtl. Durchl. kann in Unterthänigkeit nicht bergen, daß
durch dieſe faſcheuſeſte Begebenheit in den blutigſten Schmerzen
geſezt worden und untröſtlich bin, mich à la tête ſolcher Leute ſehen
zu müſſen, weßhalben mich allerdings gemüßigt ſehen muß, fürro=
hin das Kommando über derlei Leute mir abzubitten.

Zu Ew. hochſſtl. Durchl. fürſtlichen Hulden mich tiefniedrigſt
empfehlend mit lebenswierig bevoteſtem Reſpect

Ew. hochſſtl. Durchl.

Unterthänig gehorſamſter

v. Spiznas, Generalfeldmarſchalllieutenant.

Die Verluſtliſten laſſen nach ihrer Klaſſifikation in Todte, Ver=

wundete und Vermißte einen bedeutsamen Einblick in den Geist der Truppe und in die Disciplin zu.

Das herzogliche Corps zählte im Ganzen 134 Todte, 160 Verwundete, 124 Gefangene und 1832 Vermißte, von denen sich freilich wieder einige hundert einstellten. — Der General vermuthete, daß die Allermeisten die Verwirrung dazu benüzt hätten, unverweilt nach der Heimath zurückzukehren.

Am 19. Dezember war das ganze württembergische Corps noch 2846 Mann stark; das 1. Grenadierbataillon zählte nur noch 171 Mann.

Rückzug nach Böhmen. Der Rückzug der kaiserlichen Armee sollte nach Böhmen gehen. In der ausgesogenen, von Krankheiten inficirten Gegend drängten die Marschkolonnen sich in den armen Ortschaften zusammen, manchmal 50—100 Mann in einem Haus, nur um der Ungunst der Witterung und der Härte des Winters auszuweichen.

Schlimmer noch war die Lage, so lange die Preußen auf dem Fersen saßen. Viele Nächte lang mußten die Truppen in Regen und Schnee bivouakiren ohne Zelte; denn diese waren mit den andern Feldrequisiten bei den Württembergern wenigstens größtentheils verloren gegangen; die Beklagenswerthen hatten nicht einmal mehr Schnappsäcke, weil manche Regimenter sie im Gefecht abgelegt und in der Verwirrung nicht wieder umgehängt hatten.

Der Keim zu den Krankheiten, welche den Winter über noch viele Hunderte von dem kleinen Corps wegrafften, wurde hier gelegt.

Endlich am 8. Januar 1758 erreichten die Württemberger die ihnen angewiesenen Winterquartiere in Saaz und Umgegend.

Ein Feldzug, reich an Mühen und Strapazen aller Art, an Ruhmlosigkeit nur noch übertroffen von den nächstfolgenden, lag hinter den württembergischen Truppen, die freilich vom Soldaten Nichts weiter hatten als den Namen. — In abgeschmackter, nur für die Parade berechneter Kleidung, ohne Mäntel, schlecht bewaffnet, schlecht verpflegt, oft Tage lang ohne Brod, in der Eile zusammengerafft, mit Hast eingeübt, nicht einmal noch von dem militärischen Geist der Disciplin durchdrungen, — wie konnten die Leute vergessen, daß sie durch willkürliche Gewalt, nicht durch Gesez, ihrer Heimath entrissen und bestimmt seien, für eine Sache zu kämpfen, die ihnen, den Lutheranern, in der Seele zuwider war.

In Saaz wurde ein Hauptlazareth errichtet; über 600 Kranke

lagen dort, bei benen, nach dem Bericht der Aerzte, zu den Krank=
heitserscheinungen noch unnennbares Heimweh hinzutrat, was die
Fälle verschlimmerte; eine ungeheure Sterblichkeit riß ein.

Der Mangel an Aerzten und Medikamenten war sehr em=
pfindlich. — Um über den Zustand der Truppen und die Ursachen
der ungeheuren Ausbreitung der Krankheit Näheres zu erfahren,
schickte der Herzog den geheimen Kriegsrath Major Rieger nach
Saaz, der sich von den Abtheilungen und Medizinalbehörden ein=
gehende Berichte anfertigen ließ.

Daß der Sanitätsdienst nicht ganz, wie es das Bedürfniß
erheische, versehen werden könne, liege hauptsächlich daran, daß
gleich beim Ausbruch der Krankheit der Feldapotheker und der
dirigirende Feldarzt ernstlich erkrankt seien; der Mangel an tüch=
tigen Feldscheerern komme daher, daß die Bezahlung zu niedrig
sei, um erfahrene Leute anzulocken.*)

In Beziehung auf die Krankheit wird gesagt: „sie sei stets
als hitziges Fieber aufgetreten, trockene und brandige Hitz, deliria,
fast unersättlicher Durst, schwach Gehör, Gesicht und große Mat=
tigkeit, Viele bekommen starken Durchlauf, geschwollene Füße."

Als Beweis, wie von der Kriegsmacht, an welche die Truppen
überlassen waren, gesorgt wurde, diene ein Schreiben des Ober=
kriegskommissärs an den Herzog.

„Es ist weder von dem französischen Minister, Marquis de
Steinville, von Wien auf die von dem französischen Kommissär
Potier an ihn abgeschickte Estaffette, noch sonsten bis dato weder
Antwort noch Wechselbrief angekommen. — Und heute habe ich an
die Regimenter den lezten Heller der fürstlichen Kriegskasse ausge=
geben, was kaum auf 10 Tage zur Löhnung hinlänglich gewesen.

Wann nun diese wiederum ohne Erhaltung einigen Geldes
verstreichen, so weiß ich weiters weder zu rathen noch zu helfen.
— Frankreich hat uns auf den Januar und Februar noch keinen
Kreuzer gegeben und morgen nimmt auch der März seinen Anfang.
Bei keiner kaiserlichen Kasse will man uns Nichts mehr leihen,
kein Kaufmann oder Anderer in Prag will uns Nichts mehr vor=

---

*) Ein Regimentsquartiermeister schreibt in seinem Gutachten über die
Krankheit, daß sie vielfach ihren Grund in der mangelhaften Kleidung gehabt
habe. Die Kompagniekommandanten liefern gar oft, damit sie selbst ihre
Rechnung dabei machen, die Kleinmontirungsstücke unzureichend und von
schlechter Qualität.

strecken und hier ist es unmöglich, den geringsten Credit zu machen und weiß ich keine andere Rettung als Ew. hochfstl. Durchl. noch= mals fußfälligst anzuflehen, höchstdieselbe geruhen doch gnädigst, sich dero fürstlichen Korps in Gnaden zu erbarmen u. s. f.

Ew. hochfstl. Durchl.

Saaz, den 28. Februar 1758.

unterthänig gehorsamster
Philipp Ludwig Becht,
Oberkriegskommissär.

Unter der Zahl der Gestorbenen befand sich auch der General v. Spiznas; an seine Stelle tritt Generalmajor v. Roman.

Ende März erhielten die Württemberger in ihren Kantoni= rungen Befehl sich zum Marsche ins Herzogthum bereit zu halten.

Neue Rüstun= gen und Aus= wahlbetrete. In Württemberg selbst hatte indessen der Herzog Alles vor= bereitet, um die Truppen zu ergänzen und die Regimenter wieder in feldmäßigen Stand zu sezen. Denn die Fortsezung des Kriegs war vorauszusehen und noch ein Jahr lang war er durch den Subsidienvertrag an Frankreich gebunden.

Am Schluß des Jahres 1757 erging an alle Beamte ein her= zogliches Rescript des Inhalts:

Von Gottes Gnaden, Karl, Herzog ꝛc.

Lieber Getreuer!

Demnach Wir nicht ohne Mißfallen bei Unserer Zurückkunft aus der Kampagne wahrnehmen müssen, daß die gnädigst anbe= fohlene Werbung freiwilliger Rekruten von Unseren Beamten nicht mit gleichem Eifer bewerkstelliget wird, so ist Unser gnädigster Be= fehl, daß hierauf mit mehrerem Ernste gedrungen werde ꝛc.

Die Anwerbung selbst betreffend, so ist Unser gnädigster Befehl:

1) Daß kein Rekrut unter 5 Fuß 9 Zoll angenommen wer= den soll.

2) Daß ein Rekrut inclusive Anbring=. Verzehrungs=, Hand= gelder und überhaupt inclusive aller und jeder Kosten bis zur Stunde seines Engagements nicht mehr als so hoch wie folgende Tax festsezt, zu stehen kommen soll, nehmlich:

1 Mann von 5 Fuß 9, 10, 11 Zoll 5 Rthlr.

„ „ 6 „ — — 6 „

„ „ 6 „ 1" 8 „

„ „ 6 „ 2" 9 „

„ „ 6 „ 3" 15 „

„ „ 6 „ 4" 20 „

„ „ 6 „ 5" 25 „

„ „ 6 „ 6" und darüber, ist zu berichten und bis zu Einlangung gnädigster Resolution bei Handen zu behalten.

3) Das Alter eines Rekruten betreffend, gehet solches von 17—35 Jahren, und wenn ein Rekrut noch gute Miene, auch gute Zähne hat, allenfalls bis ins 40. Jahr.

4) So wenig und selten als möglich denen Rekruten das Heirathen bei dem Engagement einzubingen; sollte aber ein Mann von 6 Fuß, zwei und mehr Zoll nicht anderst als mit dieser Kondition sich engagiren wollen, so ist ihm Solches zuzusagen.

5) Kapitulation kann den Ausländern auf 6 Jahre akkordirt und ihnen der Kapitulationsschein sogleich gegeben werden, weßwegen Wir dir einige Exemplarien gnädigst zugehen lassen; was aber Inländer sind, kriegen keine Kapitulation.

6) Alle Deserteurs können und dürfen angenommen werden, ausgenommen keine Kaiserliche.

7) Nationalfranzosen und Italiener, wann sie schön, wohl gewachsen und 6 Fuß vier und mehr Zoll groß, auch nicht über 30 Jahre alt sind, dürfen angenommen werden.

8) Hübschen Leuten von 6 Fuß, sieben, acht und neun Zoll und mehr kann die Versicherung der Reception unter die Garde du Corps ertheilt werden.

9) Ein Rekrut hat von dem Tag des Engagements an und bis er auf den Generalsammelplaz anher kommt täglich 15 kr. zu empfangen.

10) Bei Anherosschickung eines Rekruten wird von dem Beamten eine ordentliche Nationalanzeige mitgeschickt, worin der Name, Vaterland, Größe, Religion des Rekruten, ob er beweibt oder nicht, wo er vorhero gedient und wie er da weggekommen, ob und auf wie lang er kapitulirt habe, was für Profession und wie viel er nach oder unter der gnädigst vorgeschriebenen Tax gekostet, auch an Traktament empfangen habe. — Diese Unkosten werden Dir

von Unſerem geheimbben Kriegsrath Major Rieger, an welchen Du
bich beßhalben zu adreſſiren haſt, ſogleich baar erſtattet werden.

11) Preußiſche Deſerteure, ſo Landeskinder ſind, ſollen wie
Wir Dir ſchon vor Unſerer Zurückkunft gnädigſt befohlen haben,
sans façon angehalten und an die nächſte Garniſon oder Station
zum Transport anhero geſchickt werden, wie Du in Anſehung der
fremden Deſerteure die weitere Erläuterung aus Unſerem Deſer=
teurattrapirungsreſcript zu erſehen haben wirſt.*)

12) Diejenigen Beamten, ſo z. B. Reichsſtädte in ihrer Nach=
barſchaft haben, oder gar darinnen wohnhaft ſind, werden vor=
nehmlich wohl davon zu profitiren nicht aus der Acht und darinnen
durch ihre guten Freunde und Bekannte ſich an die Hand gehen
laſſen, zumalen alle und jede Reichsſtädte ſchon oft und ein für
allemal beßhalb requirirt und bekanntlich ſehr geneigt ſind, ihre

---

*) Deſerteurattrapirungsreſcript vom 15. Dezember 1757. — Alle der
Deſertion Verdächtige aufzufangen, ſei hauptſächlich Aufgabe der Forſtleute,
Nachtwächter, Dorfpatrouillen und der Leute, die den Spieß haben. „Damit
auch Unſere getreuen, lieben Unterthanen ſehen mögen, wie gerne Wir ſie in
allen und jeden Dienſtleiſtungen unterſtüzen und konſoliren wollen, ſo wollen
Wir ihnen auch darinnen ein gnädigſtes Merkmal geben und befehlen hiemit,
daß ihnen jedes Ausrücken und Aufpaſſen auf einen Deſerteur für eine wirk=
liche Frohn gerechnet und an denen Frohndienſten gut geſchrieben werden
ſolle, wollen ihnen überdieß außer den ordentlichen 18 fl. noch 3 fl. Douceur
extra gnädigſt zufließen laſſen, wann ſie einen Mann auf dieſer ihrer Poſtirung
attrapiren und einliefern werden."

Das Attrapirungsreſcript mußte von 4 zu 4 Wochen von allen Kanzeln
im Lande verkündet werden und hatte ſowohl der pastor loci als die weltliche
Obrigkeit über pünktliche Vollziehung dieſes Befehls zu berichten.

Alle Berichte in Deſerteur= und Werbangelegenheiten gingen an den ge=
heimen Kriegsrath, Major Rieger. Die Amtleute wetteiferten in Darlegung
ihres Eifers für Attrapirung und Werbung. Vergl. auch Beilage Nr. 21.

Gaben Kanonenſchüſſe oder das Läuten der Glocken das Signal, daß
ein Deſerteur entwichen ſei, ſo hatte in Dorf und Stadt die bezeichnete
Mannſchaft auszurücken, alle Wege, Flußübergänge u. ſ. f. zu beſezen. Von
Kirchthurm zu Kirchthurm durchs ganze Land tönte die Allarmglocke. — Der
Vogt von Waiblingen hatte eine genaue Inſtruktion ausgearbeitet: „Sobald
das Signal mit der Glocke auf dem kleinen Thurm gegeben wird, ſo iſt es
das Kennzeichen, daß Deſerteure von der herrſchaftlichen Milz aufgeſucht
werden müſſen; dahero die an hienach benannte Gegenden beſtellte Mannſchaft
ſich allſogleich vor der Vogtei verſammeln und mit einander auf ihre beſtellten
Pläze abgehen ſollen." Folgen die Namen der für jeden einzelnen Poſten
beſtimmten Bürger — Ein bedeutender Triumph war es für die Vögte, wenn
ſie einen tüchtig abgehezten Deſerteur beibringen konnten.

Devotion gegen Uns barunter bezeugen und förderlich sein zu können.

13) Gleichwie Wir dieses Werbgeschäft mit aller Lebhaftigkeit und unermüdeten Sorgfalt betrieben wissen wollen, so wollen Wir gnädigst indulgiren, daß, wann Du Kränklichkeit, hohen Alters, Schwächlichkeit halber oder wegen vieler ordentlicher und außerordentlicher weitläufigen und pressanten Amtsgeschäfte, legaler Abwesenheit und dergl. nicht selbst beständig solches besorgen kannst, Du ein und mehrere dazu schickliche, vigilante Männer, z. B. Bürgermeister, Stadtschreiber, Amtspfleger, Spitalvorsteher, Unteramtleute, Stadtwachtmeister und dergl. substituiren, anbei aber sorgfältig vigiliren sollest, damit darunter Nichts verabsäumt werde.

14) Ist Unser gnädigster Befehl, Du sollest von vier zu vier Wochen an Unsern geheimen Kriegsrath, Major Rieger, specifice berichten, was für Progressen Du in der Werbung machest, wie viel Du angeworben, auch wo Du sonst einigen Anstand und Hinderniß habest, maßen Wir ihn von Unseren höchsten Gesinnungen hierunter des Mehreren instruirt haben.

Was den Transport der Rekruten selbst betrifft, so ist aus mitkommender Tabell deutlich zu ersehen, wie solche geschehen und wie Einer den Andern darunter subleviren, mithin zum Besten des Ganzen kooperiren und der Transport und Marsch sowohl in den geraden als Nebenstationen geschehen solle, als welch leztere jedesmal der Hauptstation, auf die sie passen, annektirt und zur Seite gesezt sind. Der Transport geschieht durch sichere Frohnleute, Stadt- und Amtsknechte, oder auch Stadtsoldaten, wo solche sind und denen Wir aus besondern höchsten Gnaden täglich 10 Kreuzer auf dem Marsch reichen zu lassen gnädigst befohlen haben wollen.

Gleichwie Wir aber dieses Werbgeschäft mit allem menschenmöglichen Fleiß und Eifer betrieben haben wollen, so hast Du Dich dessen nach Pflichten zu unterziehen und Deinen Dir gnädigst anvertrauten Amtsunterthanen zu erkennen zu geben, daß je mehr sich freiwillige Rekruten finden und deren Anzahl zunehmen werde, je weniger Wir durch die Auswahl zu fordern und zu nehmen nöthig haben werden, mithin jeder Unserer treugehorsamsten Unterthanen, die Wir nach Unserer väterlichen Gesinnung in allen Stücken möglichst soulagirt wissen wollen, für sich und seine Landsleute zum Besten thut, was er zur Förderung dieser Werbung beitragen und kooperiren, mithin dadurch nicht nur Unsere gnädigste

Intention erfüllen, sondern sich selbst den meisten Vortheil schaffen wird.

Wornächst Wir gnädigst geschehen lassen wollen, daß Du für jeden Rekruten für Dich einen Gulden als Douceur nehmen und in Rechnung bringen dürfest und sollest ꝛc.

Stuttgart, ben 14. Dezember 1757.

Bei solchem Dekret liegt zu Tage, wie groß die Bahn war, welche hier bem Ehrgeiz, der Habgier und der niedrigen Gefallsucht der Beamten gelassen war, in deren Händen das gemeine Volk sich vollkommen befand. — Bei Feierlichkeiten und Tänzen wurde geworben; *) namentlich auch an Wochenmärkten in Stuttgart und Ludwigsburg schallte die Werbetrommel durch die Straßen, für die gutgewachsenen jungen Bursche ein Zeichen, das nur zu oft Schrecken verbreitete, benn wo der freie Wille fehlte, da mußten List, Intriken aller Art und enblich Gewalt nachhelfen, damit der eine Beamte in Lieferung von Mannschaft nicht hinter dem anderen zurückbleibe.

Wie viel Noth und Groll sich im Lande ansammelte, davon wurde wenig Notiz genommen; die Beamten selbst, überhaupt die bessere Gesellschaft gingen ja ohnedies frei aus.

Die schon geworbenen Rekruten in sich aufzunehmen und neue anzulocken, marschirten am 2. April 1758 die 13 in Saaz und Umgegend kantonirenden Bataillone nach Württemberg. Die Furcht vor dem eben in Franken eingefallenen Streifkorps des preußischen Generals Mayer beschleunigte den Marsch; am 28. April war Waiblingen erreicht. — Wenig mehr als 1900 Mann führte General v. Roman zurück.

Werbung und Auswahl hatten soviel Leute geliefert, daß die neuerrichtete Garde zu Fuß in 6 Kompagnieen formirt werden konnte. Die übrigen Regimenter sezten sich allmählich auf benselben Stand, mit dem sie im Vorjahr ausmarschirt waren. **)

Die Stände des Herzogthums und der Kaiser. Das Vorrücken preußischer Korps in Franken benüzte der Herzog zu dem Ende, seiner vermehrten Truppenaufstellung das Ansehen einer höchst bringenden Vertheidigung des eigenen Landes zu geben. Alle Hebel wurden in Bewegung gesezt, um

*) S. Beilage Nr. 22.
**) Auch neue Kriegsartikel wurden der Armee gegeben. Vergl. Beilage Nr. 23.

Geld und Mannschaft vom Lande zu erhalten. Als Beispiele
dienen folgende Dekrete an den Geheimenrath und das Con=
sistorium.

An den Geheimenrath:

Nachdem den eingekommenen so privaten als sonstigen Nach=
richten nach verlauten will, daß die königlich preußischen Truppen
in dem fränkischen Kreis sich immer mehr ausbreiten, auch wohl
gar dem schwäbischen Kreis sich zu nähern beigehen lassen könnten;
— als haben Se. hochfstl. Dchl. dero vor das Wohl und die
Sicherheit der herzoglichen Lande und gesammten treugehorsamsten
Unterthanen jederzeit unwandelbar hegenden landesväterlichen
Vorsorge allbereits solche Maßnahmen genommen, um unter Got=
tes Beistand alles entstehen könnende Ungemach abzuwenden und
dero liebe Unterthanen gegen alle ohnvorhergesehene Fälle zu
schützen.

Da aber, wie leicht zu erachten, diese zur Landesbefension
gereichenden Anstalten mit ziemlichen Kosten ohnvermeidlich ver=
knüpft sind, so wollen Se. hochfstl. Dchl., daß fürstl. Geheimerath
gleich nach Empfang dieses an eine treugehorsamste Landschaft das
Ansinnen ergehen lasse, eine Summe von 50,000 fl. und zwar
ohne einzige Widerred herzuschießen und solche zu Handen des
Geheimerath Major Rieger zu bezahlen, als welchem höchstdieselbe
wegen deren Verwendung die weiteren gnädigsten Befehle ertheilen
werden.

Se. hochfstl. Dchl. versehen sich hierunter um so mehreres
einer schleunigen, willfährigen Erklärung von Seiten der Land=
schaft, als dieses Ansinnen alleinig die Erhaltung der höchstbenen=
selben jederzeit am Herzen liegenden Wohlfahrt und Ruhe in dem
lieben Vaterland zum Zweck haben und verhoffen, daß die Land=
schaft die hierinnen beweisende höchste Sorgfalt und Wachsamkeit
Sr. hochfstl. Dchl. vor dero treue Unterthanen mit unterthänigstem
Dank erkennen werde.

Dekretum Ludwigsburg, den 6. Juni 1758.

An das Consistorium erging nachfolgendes Schreiben mit dem=
selben Eingang:

Die gnädigste Verfügung sei an alle fürstlichen Beamte er=
gangen, daß alle diejenigen, welche seit 1744 von den herzoglichen
Regimentern sich verabschiedet befinden und noch unter 55 Jahren
oder sonst nicht ganz außer Stand gesezt sind, in bgl. frangenti

annoch ihre Dienste zu des Landes Rettung und Defension auf
kurze Zeit zu präftiren, in eine Konsignation gebracht, zum Marsche
fertig gehalten und nach dem befohlenen Sammelplaz auf die er=
haltene Ordre abgeschickt werden sollen; so verordne Se. herzogl.
Dchl. hiemit gnädigst, daß bei einem allsofort expresse zu haltenden
Gottesdienst jeder Prediger seiner Gemeinde diese zum Schuz dero
lieben Vaterlands abzielende Verordnug auf diejenige liebreiche
Art, womit höchstdieselbe mit dero treugehorsamsten Unterthanen
umgegangen wissen wollen, überzeugend erklären, zu Leistung ihrer
theuren Pflichten gegen ihren Landesherrn und ihre Mitbürger
erinnern und überzeugen solle, wie hoch und wie viel es einem
jeden daran gelegen, zu benen zeitig vorzulehrenden Hilfsmitteln
die Hand willigst zu reichen und mit all schuldigstem Gehorsam
sich an den ihnen bestimmten Ort um so eher zu verfügen, als
dadurch unter der persönlichen höchsten Anwesenheit und Direktion
ihres Landesvaters der feindlichen Gefahr und dem damit sonsten
unausbleiblich verknüpften ohnübersehlichen Ungemach, Schaden
und Verderben alleinig vorgebogen werden kann und wird.
Dekretum Ludwigsburg, den 6. Juni 1758.

Die Landschaft stellte auf die erlassenen Schreiben hin vor,
daß ja noch nicht einmal die gewöhnliche Sommeranlage verab=
schiedet sei; der Herzog möge doch auf verfassungsmäßigem Wege
den Haushalt ordnen lassen und des Jammers im Lande gedenken.
Die verlangten 50,000 fl. sollten als ein Vorschuß auf die Som=
meranlage ausbezahlt werden. Davon wollte der Herzog Nichts
wissen, und damit die Stände beim Kaiser keinen Rückhalt fänden,
zog er diesen bei Zeiten auf seine Seite. *)

---

*) Kaiser Franz ließ die württembergischen Stände so an:
Franz von Gottes Gnaden, erwählter römischer Kaiser, zu allen Zeiten
Mehrer des Reichs ꝛc.
Liebe Getreue! — Bei Uns haben des Herzogs zu Württemberg Liebden
allerunthänigst angezeigt, in welch gute Verfassung er sich gesezet und welche
rühmliche Vorkehrungen derselbe weiter angegangen habe, um bei den gegen=
wärtigen, allenthalben gefahrvollen Läufen nicht allein dessen Lande und ge=
treuen Unterthanen wider alle solchen sich zubringen mögende Vergewaltigung
zu schützen und die weitere Verbreitung der von dem König von Preußen,
Churfürsten von Brandenburg, angegangenen Empörung, durch welche so viele
und ansehnliche Lande, auch ganze Kreise des deutschen Reichs in das äußerste
Verderben allschon sind gebracht worden, von denen dasigen Gegenden abzu=
halten, sondern auch dero Mitständen eine förderliche Hilfe und Beistand

Hatte einmal der höchste Schiedsrichter im Deutschen Reich sich so ausgesprochen, wie unten angeführt ist, so gab es für den

leisten zu können und sonst der gemeinen Sache und dem Vaterland zum Besten zu verwenden. Alle diese von seiner Liebden veranstalteten Vorkehrungen sind löblich und gereichet es Ihme, Herzog, zum vorzüglichen Ruhm, daß er in diesen gegenwärtigen gefährlichen Läufen und des Vaterlands allgemeiner Anliegenheit, das es um die jetzmalige Abtreibung und hiernächstige Abstellung alles eigenthätigen landesfriedbrüchigen Gewalts, somit um die jetzt- und künftige Sicherstellung des Reichs und die Bewahrung eines Jeden bei seiner Freiheit und bei dem Seinigen zu thun ist, sich allem dem so vorsichtig und standhaft unterzieht, was da von einem für das Wohl seiner Lande und Unterthanen wahrhaft besorgten Landesfürsten und von einem für die Erhaltung der Verfassung des deutschen Reichs und die Bewachung der gemeinen Sicherheit beeiferten Reichsmitstand in Gemäßheit des Landesfriedens beschehen mag.

Bei diesem des Herzogs so rühmlichen und den Reichsgesetzen, auch Unseren hiernach erlassenen kaiserlichen Aufmachungen allenthalben ganz gemessenen Benehmen, können wir nicht anderst, als mißfälligst ansehen, daß Ihr, wie dieses Uns von besagt Sr. Liebden zugleich mit ist angezeiget worden, anstatt Ihme, Herzog, für die zu eurem und des Landes eigenem Schuz angeordnete Landesdefension zu danken und den darzu ergehenden Aufwand der Schuldigkeit nach bereitwillig darzureichen, das dießfällige von demselben an euch gebrachte landesherrliche Ansinnen mit leeren, ohngegründeten, aufzögerlichen, die Sache nur in das Weite hinausspielen wollenden Ausflüchten aufzuhalten gesucht und dabei eure Vorstellungen in den unanständigsten Ausdrücken verfasset, ohne daß die zu wiederholtenmalen an euch schriftlich und mündlich beschehene so gut- als ernstliche Vermahnungen bei euch was gewirket haben, sondern ihr auf eurem abneigigen Willen und wesentlicher Widersezlichkeit allenthalben bestanden seid und damit auch jenen Beistand Ihme, Herzog, versaget habt, dessen er über das Ordinarium benöthigt zu sein erachtet, um den für die jetzmaligen Reichs- und Kreisprästanda zu machen habenden mancherlei Aufwand bestreiten zu können.

Nun hat zwar bei uns Er, Herzog, um einige Verfügung gegen euch noch nicht angerufen; Wir wollen auch nicht verhoffen, daß es dieser nöthig sein werde. Nachdem jedoch Wir als römischer Kaiser nicht nachsehen können, daß Landstände und Unterthanen den ihrem Landesherrn schuldigsten Respect und Gehorsam außer Augen sezen, diesem die zur Landesdefension, wie auch zu den Reichs- und Kreisprästationen schuldigen Steuern ihres Gefallens erschweren oder wohl gar versagen, somit denselben in der Vollbringung dessen, was er Uns, dem Reich, seinen Mitständen, ja sich selbst und seinen Landen als ein treuer Fürst und Stand des Reichs, dann als ein wachsamer Regent für das Wohl der ihm anvertrauten Unterthanen schuldig ist, dem gemeinen Dienst zum Abbruch und sich selbst zum Nachtheil hindern und gleichsam eines Obergewalts über ihre Landesherrschaft sich ermächtigen, solchergestalten aber die zum Besten des Landes errichteten Landesverträge diesem zum Verderben mißbrauchen, sondern Alles dieses durch Unsere kaiserliche Auto-

Herzog keine Bedenken mehr, mit den Repräsentanten des Landes irgend welche Umstände weiter zu machen.

Je weniger der Ausschuß der Stände fähig war, aus seiner beschränkten Sphäre herauszutreten, um so mehr Staunen und Entsezen verbreitete das Vorgehen des Herzogs. — Sein nächster Rath, Graf Montmartin, wies bei allen Bedenklichkeiten auf Wien hin; von dort sei Hilfe und Unterstützung gegen alle Einsprachen der Landschaft zu hoffen.

Immer häufiger wurden in der Folge die Eingriffe in die ständischen Befugnisse, immer ungeschminkter stand die absolute Gewalt des Fürsten da mit seinen ausschweifenden Planen, mit seinem eiteln Bestreben, eine militärische Großmacht unter den Staaten zweiten Rangs zu bilden.

---

rität und oberste Gewalt abzuordnen und die Unterthanen in dem ihrem Landesherrn schuldigsten Gehorsam und Respect zu erhalten, Unser kaiserliches Amt erheischet.

So ermahnen Wir euch hiemit sammt und sonders ernstlichen, daß ihr den des Herzogs Liebden als eurem Landesherrn schuldigsten Gehorsam und Respect demselben ohnaussezlich erzeigen, davon in keiner Art und Weise abweichen, noch euch davon durch Andere ableiten lassen und insonderheit bei diesen gegenwärtigen gefährlichen Läufen und des Deutschen Vaterlands allgemeiner Anliegenheit zu der von Ihme, Herzog, rühmlich veranstalteten Landesdefension und dem gesammten Reich zum Dienst kommender mehrerer Armatur, wie auch zur Bestreitung des für die Reichs- und Kreisprästationen ergehenden mehreren Aufwands den erforderlichen Beitrag williglich abreichen, somit euch in der Maß erzeigen und erfinden lassen sollet, als es getreuen Landständen und Unterthanen gegen ihren Landesherrn in dabei ohnehin nach allen Reichsgesezen sonders ausgenommenen allgemeinen des Vaterlands Anliegenheiten und geschwinden Läufen gebühret, mit der angefügten ernstlichen Verwarnung, daß in Entstehung dessen Wir alle diejenige Schärfe gegen euch und einen Jeden aus euch werden vorkehren lassen, welche die Geseze des Reichs hierunter denen Landesherrn zum nöthigen Vorstand und sonsten zum Guten geschrieben haben, ohne daß Wir hiebei die Ausrede des Einen auf den Andern und der Wenigeren auf die Mehreren mögen oder werden gelten lassen, sondern einen Jeden aus euch und also auch die Commun, an deren Statt ihr oder Einige aus euch gesezet sind, zur Gebühr stracklichen anweisen und solche von euch erfordern, dannenhero wir auch des Herzogs Liebden untereinstem der dißfallsigen Gebühr erinnern.

Wir meinen es ernstlich, Wir wollen jedoch alles Bessern uns zu euch versehen und verbleiben in dieser Zuversicht euch mit kaiserlichen Gnaden gewogen.

Geben zu Wien den 7. Julii 1758; Unseres Reichs im dreizehnten.

Franz.

Colloredo.

An der Aufbringung und Einübung von Ergänzungsmann=
ſchaften wurde indeſſen mit Eifer fortgefahren. Mit dem Einrücken
der Truppen aus Böhmen war ein Befehl erlaſſen worden des
Inhalts: „Der Herzog verhofft, daß ein Regiment es dem andern
zuvorthun und die alte und neue Mannſchaft wieder in Stand zu
ſezen ſich bemühen wird, damit ſolche reelle Dienſte thun können
um ſo mehr, als der Herzog bereits die Anſtalten getroffen haben,
daß es an den nöthigen Requiſiten nicht fehle.

Es iſt dieſes der Moment, wo der Herzog erkennen werden,
wem der wahre Dienſt und die Ehre des Herrn wahrhaftig ange=
legen iſt.“

Um die Leute zu beſchäftigen, wird ein ausgedehnter Gar=
niſonsdienſt gegeben, ſo beiſpielsweiſe in Stuttgart: Schloßwache
ſtets von der Garde zu Fuß, Hauptwache, obere=, untere Kaſernen=
wache, Lazarethwache, acht Thorwachen; weitaus zum größten Theil
Offizierswachen. — Wer nicht auf Wache oder ſonſt im Dienſte
iſt, hat täglich viermal zum Verleß anzutreten.

Im Juni 1758 wird von dem Subſidienkorps ein Lager bei
Kornweſtheim bezogen. Hier befinden ſich:

3 Grenadierbataillone.
Regiment Prinz Louis.
„   Werneck.
„   Röder.
„   Roman.
„   Truchſeß.

In Allem 13 Bataillone, 5917 Mann ſtark.

Eintheilung in zwei Brigaden unter Kommando der Generale
v. Truchſeß und von Röder.

Am 9. und 10. Juli marſchiren beide Brigaden ab. Nach
vierwöchentlichem Marſch erreichen ſie über Heidelberg, Aſchaffen=
burg, Marburg das Lager des Prinzen Soubiſe bei Kaſſel.

Im Herzogthum blieben zurück die Garde zu Fuß und ſämmt=
liche Reiterei.

Auf dem Kriegsſchauplaß in Heſſen und Weſtphalen waren
eben die Franzoſen nicht unglücklich geweſen. Herzog Ferdinand
von Braunſchweig hatte über den Rhein zurückweichen müſſen;
ſeine Aufgabe war jezt, vor Allem Hannover gegen weiteres Vor=
dringen Contades zu decken. Dieſem ſollte von Süden her aus
Heſſen Prinz Soubiſe wirkſame Diverſion machen; um ihn bei
Kaſſel zurückzuhalten, legte Ferdinand ihm das Korps des Generals

Oberg vor, der bei Sandershausen Stellung nahm. Soubise er=
wartete nur die Ankunft des Generals Chevert mit 22 Bataillonen
und 30 Schwadronen, darunter die sächsischen Hilfstruppen, um
den General Oberg mit Erfolg angreifen zu können.

Am 9. Oktober machte sich die französische Armee zum Angriff
fertig.

Mit Ausnahme zweier Regimenter, die in Kassel in Garnison
lagen, befanden die Württemberger sich beim Schlachtkorps.

Oberg verließ seine Stellung bei Sandershausen, um eine neue
bei Lutterberg zu beziehen. Prinz Soubise folgte stets in Schlacht=
ordnung, das Corps Cheverts auf dem rechten Flügel vorgezogen,
um den Feind von dessen linkem Flügel her gegen die Fulda zu
drängen. Den Manövern Cheverts gelang es auch, den Feind am
10. Oktober, ohne daß es zu einem förmlichen Treffen gekommen
wäre, nach Münden und über die Werra zurückzutreiben.

Mitte Oktober Beziehen von Kantonirungen bei Kassel; einen
Monat später wird in die Winterquartiere abgerückt. Die Dislo=
kation der herzoglichen Truppen ist hiebei folgende:

1 Bataillon Grenadiere Großostheim und Großwahlstadt.
1 „ „ Oberburg.
1 „ „ Würth.
2 Bataillone Musketiere Miltenberg.
2 „ „ Wertheim.
1 „ „ Tauberbischofsheim.
1 „ „ Amorbach.
1 „ „ Wallbürn.
2 „ „ Erbach.
_1_ „ „ Großumstadt.
13 Bataillone.

Hauptquartier in Miltenberg.

Ende des Jahres 1758 noch wird ins Herzogthum zurück=
marschirt. Außer dem ganz gewöhnlichen Abgang durch Desertion
hatten die Truppen fast nichts verloren. Machte der Herzog ähn=
liche Anstrengungen wie in den beiden vorangegangenen Jahren,
so konnte er ein doppelt so starkes Corps ins Feld rücken lassen
und mit mehr Gewicht als je auftreten.

Erweiterung des Subsidienvertrags. Vergrößerte Rüstungen. Der nunmehr abgelaufene Subsidienvertrag mit Frankreich
wurde erneuert auf ein weiteres Jahr und erweitert auf die Stel=
lung eines Auxiliarkorps von 8670 Mann gemischt aus allen

Waffen. Als selbstständiger Kommandant wollte der Herzog selbst zu Felde ziehen.

Der geheime Kriegsrath Major Rieger leistete in der That fast Unglaubliches in Aufbringung von Menschen und Geld. Was vor Kurzem noch unmöglich schien, brachte er zu Stande mit ganz außerordentlicher Schnelligkeit.*) Nach des Herzogs neuem Militärplan sollte seine Armee bestehen aus einem zahlreichen Generalstab, Kürassieren, Husaren, Dragonern, Grenadieren zu Pferd und Garde zu Pferd; aus der Garde zu Fuß, acht Infanterieregimentern und etwas Artillerie; später finden sich noch ein Leibgrenadierregiment und mehrere selbstständige Grenadierbataillone.

Am 30. August 1759 hatten alle zum Ausmarsch bestimmten Regimenter und Korps im Lager bei Osweil einzutreffen. Es waren:

13 Schwadronen.

3 Grenadierbataillone.

6 Infanterieregimenter, (Prinz Louis, Werneck, Roman, Truchseß, Röber, Prinz Friedrich Wilhelm.) Das Ganze eingetheilt in drei Brigaden.

Die beiden Bataillone Garde zu Fuß waren in keine Brigade eingetheilt; sie lagerten unmittelbar vor des Herzogs Zelt und standen nur unter seinem Befehl.

Feldbienstübungen, Revuen und ein sehr zahlreicher Lagerdienst halten die Truppen fortwährend beschäftigt. Außerordentlich strenge Disciplin; kein Offizier z. B. darf bei Kassation das Lager verlassen.

Am 28. Oktober wird aufgebrochen;**) als wäre es eine glänzende Lustfahrt, so zieht der Herzog zu Feld. Ueber Heilbronn, Möckmühl geht es zunächst an den Main, der bei Gemünden passirt wird.

Nach Broglios Anordnung hatte der Herzog die Aufgabe, die hessischen Lande in Kontribution zu sezen, damit ein hier ein-

*) Die Rekrutenquote wird für jedes Amt angesezt und die Amtleute schicken ihre Verzeichnisse ein über verheirathete und ledige Mannschaft, namentlich solche mit schlechtem Prädikat und als entbehrlich bezeichnet; z. B. von Stuttgart werden zu Soldaten vorgeschlagen: Michel Asimus, Weingärtner, ist ein schlechter Mann, Säufer und Schuldenmacher; und ein Anderer: hat bekanntlich ein schlechtes Prädikat, aber ist groß. — Oder: ist ein Säufer, lebt übel mit seinem Weib. — Ein Weiterer: hat eine gute Länge, ist ein Uebelhauser und erst lezthin entlassen gewesen, puncto furti verdächtig. — Als Säufer sind ziemlich Alle bezeichnet. —
**) Die Garde zu Fuß blieb im Lande zurück.

brechender Feind keine Subsistenzmittel mehr vorfinde; eventuell
sollte er noch eine Diversion gegen Herzog Ferdinands linke Flanke
machen.

Der Herzog
bei Fulda. Als nächstes Ziel setzte sich darum Herzog Karl das Beziehen
einer Stellung bei Fulda. Am 21. November rückte er hier ein.
Wegen der bisherigen, ziemlich anstrengenden Märsche sollte eine
Zeit lang gerastet werden.

Sein Hauptquartier nahm der Herzog in Fulda; mit ihm die
drei Grenadierbataillone, drei Schwadronen Grenadiere zu Pferd
und 13 Geschütze. — Herzog Ferdinand von Braunschweig stand
zwischen Marburg und Homberg an der Ohm.

Zur Verbindung mit der französischen Hauptarmee und zur
Deckung der Flanke der Württemberger hatte Broglio eine schwache
Brigade unter General Nordmann in Lauterbach postirt.

Zu seiner eigenen Sicherung glaubte Herzog Karl am besten
dadurch beizutragen, daß er durch seine Truppen einen möglichst
großen Rayon umfassen ließ.

Eine Brigade unter General Wolff wurde darum nach Hersfeld verlegt, neun Stunden von Fulda entfernt; sie schickte Detasch-
ments die Fulda abwärts nach Rothenburg und an die Werra nach
Bach. Zwischen Lauterbach und Hersfeld lag der größte Theil der
Infanterie bataillonsweise in den Ortschaften. Im Fall eines Rückzugs gedachte der Herzog seinen Weg über Brückenau und Gemünden zu nehmen.

Einem unvermutheten Anmarsch des Feindes gegenüber war
das württembergische Korps fast ganz wehrlos, denn der linke feindliche Flügel stand fast ebenso nahe am württembergischen Hauptquartier als von diesem die Brigade in Hersfeld entfernt war; dem
Feind stand es daher frei, einen Posten nach dem anderen mit überlegener Macht anzugreifen. Die Bevölkerung war zudem ungetheilt
auf Seiten der Preußen und Hannoveraner; durch ihre Sympathieen
waren die preußischen Führer stets genau davon unterrichtet, was
im feindlichen Lager vorging.

Ueber feindliche Bewegungen lagen noch keine beunruhigenden
Nachrichten vor, als am 29. November Abends im Hauptquartier
gemeldet wurde, die Posten in Schlitz und Lauterbach seien angegriffen worden.

Brigadier Nordmann erhielt sofort Befehl, zwischen Lauterbach und Fulba Stellung zu nehmen; er vollzog aber weder diesen Befehl noch schickte er Rapport ein über den Anmarsch der Gegner.

Herzog Karl setzte indessen Alles daran, um sein Korps möglichst bald bei Fulba concentrirt zu haben. Seine Equipage ließ er noch in der Nacht zurückgehen. Am Morgen des 30. Novembers stieg der Herzog zu Pferd und führte die Kürassiere, welche zunächst bei der Hand waren, auf das linke Fulbaufer den anrückenden Feinden entgegen.

Bald entspann sich ein Pistolengefecht mit den Husaren. Rasch rückte aber der Erbprinz von Braunschweig vor, um die Höhen auf dem linken Fulbaufer zu gewinnen. Die württembergischen Kürassiere mußten über die Stadtbrücke zurück, deren Vertheidigung sechs Kompagnieen Grenadiere mit 2 Geschützen übernahmen. Die übrigen Grenadiere und leichten Geschütze waren an drei weiteren Brücken vertheilt. Einzelne Regimenter, die vereinigt oder kompagnieweise ankamen, sammelte der Herzog auf dem rechten Ufer längs des Flusses, seinen linken Flügel an Kohles, seinen rechten an Fulba lehnend.

Mit seiner überlegenen Artillerie aus dominirender Stellung beschoß indessen der Feind die Brücken wirksam. Die württembergische Artillerie soll nicht eben gut bedient worden sein. Eine Brücke um die andere mußte aufgegeben werden. Die sechs Kompagnieen Grenadiere mit den zu ihrer Unterstützung aufgestellten weiteren sechs Kompagnieen Werneck wurden, nachdem sie sich fechtend aus der Stadt gezogen, ehe sie den eine halbe Stunde von der Stadt entfernten Wald erreichen konnten, von feindlicher Reiterei angegriffen, umzingelt und größtentheils gefangen genommen. Indessen hatte der Herzog sein ganzes Korps gesammelt mit Ausnahme der Brigade des Generals Wolff. Kohles verlassend nahm er an der Lascherober Brücke eine zweite Stellung; seine linke Flanke an den Fluß, seine rechte an den Wald gelehnt. Von hier ging der Rückzug weiter über Robemann, Dellbach nach Motten.

General Wolff hatte, noch ehe er Fulba erreichen konnte, erfahren, daß diese Stadt aufgegeben sei; er zog sich daher ostwärts gegen die Saale und erreichte Neustadt ohne allen Verlust. Bei Kloster Xulpa vereinigte er sich am 3. Dezember mit dem Herzog.

Gegen die Mitte des Dezembers wurden von dem Korps noch einzelne Streifzüge ausgeführt; hiebei übrigens nur ganz unbedeutende Rencontres der beiderseitigen leichten Truppen.

Der Herzog erinnert den Marschall Broglio wiederholt, daß

er gänzlich ohne Geſchüze ſei. Am 25. Dezember findet ſich das
württembergiſche Hauptquartier in Schotten in nicht ſehr vortheil=
Rückmarſch. hafter Lage.*) Anfangs Januar 1760 wird nach Laubach und
Grünberg vorgegangen. Mitte deſſelben Monats Beziehen der Win=
terquartiere in der Gegend von Wertheim.

Ueber die Stärke der ausmarſchirten Truppen finden ſich fol=
gende Angaben:

Hauptmuſterung bei Gemünden 12. November 1759:

3 Grenadierbataillone	. 1213	Mann.
6 Infanterieregimenter à	1023	„
Grenadiere à cheval	. 504	„
Küraſſiere	504	„
Huſaren	380	„
Dragoner	122	„
Jäger	14	„

Mit Artillerie, Knechten u. ſ. f. zuſammen 9140 Mann.

Da unterwegs wieder geworben wurde, ſo ſtellt ſich troz des
Verluſtes bei Fulba — über 1200 Mann — die Geſammtſtärke
Mitte Januar 1760 auf 8336 Mann.

Die Grenadierkompagnieen hatten ihre ſämmtlichen zwölf Fah=
nen verloren; ferner ſind aufgeführt als Verluſte an Ausrüſtungs=
gegenſtänden bei den drei Grenadierbataillonen : -

111 Torniſter aus Seehundsfell**).

12 Roquelaurs.

35 Kamiſöler.

199 Kittel.

116 Grenadierkappen.

103 Bajonnets.

91 Gewehre.

107 Säbel.

171 Kaſſerole.

43 Zöpfe.

---

*) Der Herzog nennt die Wege des Vogelsbergs: les chemins du monde
les plus affreux.
Die Verpflegung mit großen Schwierigkeiten verknüpft; zur Auftreibung
von Lebensmitteln werden neben den Regimentsquartiermeiſtern und Proviant=
meiſtern auch die Auditore vorausgeſchickt.

**) Früher waren ſie aus Leinwand gefertigt, unförmliche Schnappſäcke,
wie ſie auch theilweiſe genannt wurden; einige Jahre ſpäter finden ſich Tor=
niſter aus Kalbsfell.

Der Subsidienvertrag mit Frankreich war zum zweitenmal Vertrag mit
Oestreich.
abgelaufen; um aber die einmal bereit stehenden Truppen zu ver=
werthen, übernahm es der Herzog, als Bundesgenosse Oestreichs
sich des Weiteren am Kriege zu betheiligen.*) Als Aufgabe für das Jahr 1760 fiel ihm die Eroberung von
Sachsen in Verbindung mit der Reichsarmee zu. Auf lange Jahre
sollte dieser sächsische Feldzug der lezte für die würtembergischen
Truppen sein.

Das Korps, das im Jahr 1759 zu Felde zog, wird noch ver=
mehrt durch zwei Bataillone, die der Garde zu Fuß und den Leib=
grenadieren entnommen waren. Sammt den schon bestehenden
drei Feldgrenadierbataillonen zählt die Armee nunmehr fünf Ba=
taillone Grenadiere, alle in einer Brigade vereinigt unter unmittel=
barem Befehle des Herzogs.**) Neben den sechs Infanterieregi=
mentern und den verschiedenen Gattungen Reiterei treten noch

---

*) Ehe Oestreich die Truppen übernommen, waren sie in Paris, London,
Madrid wiederholt angeboten worden. Der Herzog wollte auf ihre Reduzirung
in keiner Weise eingehen. Gegel sagt, man hätte sie dem Kaiser von Marokko
oder dem Bey von Tunis angeboten, wenn nur irgend gegründete Hoffnung
gewesen wäre, daß sie angenommen würden. Nach dem Vertrag mit dem Kaiser sollten 11,000 Mann aufgestellt wer=
ben und zwar 20 Grenadierkompagnieen, 12 Bataillone Infanterie, 300 Jäger,
15 Schwadronen, 40 Geschüze mit 400 Kanonieren. — Zur Aufstellung erhält
ber Herzog 50,000 fl., Gage und Löhnung zahlt der Kaiser, alles Andere
muß der Herzog beischaffen und da er zu dem Ende zu ganz außerordentlichen
Maßregeln in seinem Lande greifen muß, verspricht ihm der Kaiser hiebei
erforderlichen Falls alle Unterstüzung.

**) Die beiden Bataillone Leibgrenadiere erhielten aus dem herzoglichen
Feldrequisitenmagazin für den bevorstehenden Feldzug folgende Ausrüstungs=
gegenstände:

  144 Kessel,
  144 Kasserole,
  164 Zelte sammt Wagen,
   20 Gewehrmäntel,
   12 Roquelaurs,
    5 Deckelwagen,
    4 Blahewagen.

Dem Hauptquartier des Herzogs wird eine Compagnie der Garde zu
Fuß als sogenannte Flügelgrenadierkompagnie beigegeben. Ihr Kommandant
war Hauptmann v. Cramon; sie zählte acht Lieutenants und zwar: v. Ezdorff,
v. Röder, v. Beulwitz, v. Liebenstein, v. Dollwitz, v. Hugenboth, v. Witzleben,
v. Einsiedel. Vom Feldwebel abwärts war sie 100 Mann stark. — Der Rest
der Garde zu Fuß blieb im Lande zurück.

Jäger zu Fuß und zu Pferde auf; das Ganze eingetheilt in vier Infanterie=, zwei Reiterbrigaden gegen 13000 Mann stark.

Gesammelt wurde das Armeekorps im Lager bei Heilbronn im Monat Juli.

Ueber Oehringen, Schweinfurt, Meiningen, Langensalza wurde nach einmonatlichem Marsch am 30. August 1760 Sondershausen erreicht. — König Friederich war eben sehr im Gedränge, fast 'ganz Schlesien war in den Händen der Oesterreicher, die Russen bedrohten Berlin; zur Deckung von Sachsen blieb ihm blos das kleine Korps unter General Hülsen, das bei Meißen Stellung genommen. Diesem gegenüber stand der Herzog von Zweibrücken mit der Reichsarmee und österreichischen Hilfsvölkern, über 30000 Mann; zwischen ihn und den rechten Flügel des Marschalls Broglio schob sich nun der Herzog von Württemberg ein, unabhängig zwar nach allen Seiten hin (so hatte er sich's ausbedungen), aber doch entschlossen, mit der Reichsarmee zu cooperiren.

In Sachsen. Von Sondershausen aus Streifereien gegen den Harz hin unter Zusammenstößen der beiderseitigen leichten Truppen. Anfangs September Abmarsch in der Richtung auf Merseburg, an Leipzig vorbei, nach Halle, von hier nach Düben und Pretsch, um die Verbindung mit der Reichsarmee herzustellen.

Die Kontributionen an baarem Geld, an Lebensmitteln und Fourage, die von Stadt und Land mit unerbittlicher Härte und Gewaltthätigkeit eingetrieben wurden, verschafften in dem von den Württembergern durchzogenen Lande ihrem Namen den allerschlimm=sten Ruf.*)

Wird aus kaiserlichen Magazinen gefaßt, so sind Offiziere und Proviantmeister voll Klagen über die Grobheit und Willkürlichkeit, mit der von den Kommissären allen gemachten Vorstellungen zum Troz verfahren werde; das Streben gehe nur dahin, daß in den Magazinen möglichst viele Portionen zurückbehalten und später als ausgefolgt verrechnet werden können. —

Aus Besorgniß, vollständig eingeschlossen zu werden, zog sich Hülsen die Elbe abwärts über Strehla und Torgau. Vorsichtig folgte die Reichsarmee. Zwischen dieser und dem württembergischen Korps, das bei Pretsch stand, ging Hülsen auf's rechte Elbeufer über; die Reichsarmee und ein Detaschement Württemberger folgten

---

*) Vergl. die Schrift: Die Wahrheit so wie sie ist, Stuttgart 1765.

dahin, ohne daß es aber zu einem Gefecht gekommen wäre. Hülsen zog sich gegen Wittenberg zurück.

In den lezten Tagen des September und den ersten des Oktbr. rückten Württemberger und Reichsarmee dem Feind gegen Wittenberg hin näher auf den Leib, die Reichsarmee nach Elster, das württembergische Korps auf dem linken Elbufer nach Prata. — Den Angriff, welchen der Herzog von Zweibrücken nicht ohne Erfolg auf die Preußen machte, konnte Herzog Karl nur dadurch unterstüzen, daß er Husaren und Dragoner die Elbe durchschwimmen ließ, um dem Feind in den Rücken zu fallen. Unter Oberst v. Buwinghausen ward das Stück mit vieler Bravour ausgeführt; allein Oberst Kleist schickte die Reiter, die ohne Unterstüzung am rechten Ufer standen, mit blutigen Köpfen und ziemlichem Verluste wieder heim.

Bis Mitte Oktober blieb der Herzog mit seinem Armeekorps gegenüber von Wittenberg fast unthätig. Als um dieselbe Zeit König Friederich, der seinen übrigen Feinden gegenüber etwas Luft bekommen, den Kriegsschauplaz wieder an die Elbe verlegte, begann Herzog Karl seine Verbindung mit der Reichsarmee aufzulösen. Leztere schloß sich bei Torgau an Daun an, um den Preußen den Uebergang zu verwehren.

Die Württemberger hatten sich bis Halle zurückgezogen, wo am 21. Oktober das Hauptquartier; als Vorhut lag unter Oberst v. Buwinghausen die leichte Brigade in Köthen. Durch kleine Detaschements wurden aus der ganzen Gegend Kontributionen eingetrieben. Gerade um dieß zu verhindern — der König hatte Sachsen seinen Truppen zum Winterquartier bestimmt — und um die verbündete Armee im Rücken zu beunruhigen, überschritt ein preußisches Korps unter General Prinz Friedrich Eugen von Württemberg, dem Bruder des Herzogs Karl, bei Magdeburg die Elbe und drang rasch gegen die auseinandergezogenen Stellungen der Württemberger vor. Wieder war es der Oberst Kleist, der mit seinen Husaren und Freibragonern zunächst auf die Vortruppen des Herzogs in Köthen stieß. *) Am Morgen des 25. Oktober fiel er so unversehens und mit solcher Raschheit über die Brigade Buwinghausen her, daß kaum der Führer mit der Reiterei sich durchschlagen konnte; der größte Theil der Infanterie wurde gefangen.

In der Nacht noch ging das württembergische Hauptquartier von Halle nach Merseburg zurück und weiter nach Leipzig. Vier

---

*) Retzow II., 290.

Wochen nach dem Ueberfall in Köthen befand es sich in Arnstadt. Von hier ging der Herzog mit seinem Hofstaat*) in die Heimath ab; die Truppen folgten im Dezember über den thüringer Wald nach Römhild.

Der Kaiser schien nicht sehr davon erbaut zu sein, daß das Korps sich so weit aus der Sphäre der Gefahr gezogen; er ließ auch nicht undeutlich merken, daß er bei dem erschöpften Zustand der Kassen und bei dem Mangel an ausgiebigen Kontributionen unmöglich länger den Herzog mit seinen Truppen in seinem Dienst unterhalten könne. Das Korps brach daher am 19. Dezbr. von Römhild auf, um auf dem nächsten Weg das Herzogthum zu erreichen. Anfangs Januar konnten die Regimenter ihre heimathlichen Garnisonen wieder beziehen, um von nun an dem Kampf der Völker aus der Ferne zuzusehen.

---

*) Sein Hof und Generalstab, mit dem er ins Feld rückte, war folgendermaßen zusammengesetzt:

Des Herzogs Equipage . . .	340 Pferde.
4 Generalmajors mit Adjutanten	72 „
4 Generaladjutanten	48 „
7 Flügeladjutanten	42 „
1 Oberkriegskommissär	9 „

u. s. f.

Siebenter Abschnitt.

1760—1790.

Am Hofe Herzog Karls.

Die Zerfahrenheit der politischen und socialen Zustände im heil. römischen Reich war in den Kriegsjahren in grelleren Zügen hervorgetreten.

Die Großmächte des Reichs im Kriege mit einander; die übrigen Staaten im Solde Englands, Frankreichs, Preußens, Oesterreichs mit mehr oder weniger Ernst am Streite betheiligt oder, abgesehen von der Reichshilfe, neutral. Im Innern der Kleinstaaten selbst das verschiedenartigste Leben und Treiben; die einen zeigen sich als vollendete kleine Militärbespotieen, andere als Jagdstaaten erster Größe; in andern wird mit Vernachlässigung alles Nothwendigen die Kunst gepflegt und der feine Lebensgenuß; mancher Landesvater spielt wohl auch den strengen, habgierigen Landwirth. Dem entspricht der Zustand des Volks; bald der niedergehaltene, rohe, sklavische Haufen; bald die mit der wenigen Freiheit und der reinen Himmelsluft zufriedene, gedankenlos heitere Menge.

Klein ist die Zahl der Vaterländer, wo Gutmüthigkeit und Geradsinn des Fürsten sein Verhältniß zum Volk mehr wie das eines Vaters zu seiner Familie gestaltet, wo die von allen Fürsten der Zeit zur Schau getragenen und feierlich beschworenen landesväterlichen Gesinnungen zum wirklichen Ausbruck kommen, ohne daß freilich selbst in so glücklichen Zuständen bei der politischen Rohheit des Volks, bei der Kleinheit der Verhältnisse und der Ungunst der Zeiten etwas Gedeihliches in Staats- und Volksleben hätte aufsprießen können.

14

So bunt die politische Zerrissenheit der deutschen Erde, so verschiedenartig zeigt sich die Glückslage ihrer Bewohner. — Unter die Gebiete, die am meisten, im Krieg und Frieden, zu leiden hatten, gehört unstreitig Sachsen; auch Hessen, von Feinden so oft beschritten, war in übelster Verfassung. — Glücklich konnten in Württemberg die Verhältnisse sich gestalten, das nur wenige Feinde gesehen seit einem halben Jahrhundert, das auch jezt, sein Reichskontingent ausgenommen, keinen Theil mehr am Kriege nahm.

Allein sein Herzog war nicht gemeint, aus Unwillen über den Groll des ernsten Kriegsgottes, der keine Lorbeeren für ihn hatte, seine militärischen Liebhabereien ganz aufzugeben. Er war im Gegentheil entschlossen, seine kriegerischen Spiele fortzusezen und es gelang ihm dadurch und durch seine übrigen Leidenschaften viele Jahre lang das Land in einem Zustand zu halten, der sich von -wirklichem Kriegszustand blos dadurch unterschied, daß das Volk seine Dränger und Presser in dem eigenen zahlreichen Soldatenstande, im Forstpersonal und in der gewaltthätigen und habgierigen Beamtenkaste zu suchen hatte. — Als Frucht resultirte hieraus eine tief eingewurzelte Abneigung gegen das Militär, die selbst im Lauf ganzer Generationen sich nicht verlor. — Bald tauchen neue Abtheilungen auf, bald verschwindet wieder ein Theil von ihnen, bald ändern sie Namen und Bezeichnung, bald wieder die Tracht; endlich, durch fremden Einspruch erschreckt, wirft der Herzog Alles von sich, und was mit Vorliebe gepflegt war mit Hintansezung manches Nothwendigen, findet sich vollkommen vernachlässigt und dem Untergang nahe.

Lustkampements und Kriegsspiele. Troz des vollkommenen Friedens, der in dem Herzogthum und um dasselbe in weitem Umkreis herrschte, wurden alle Regimenter und Abtheilungen, wie sie aus dem Kriege hervorgegangen, beibehalten, sogar noch durch einzelne Korps vermehrt.

An die Stelle des wirklichen Kriegs traten die Lustkampements, die Abwechslung bringen sollten in das sonstige Treiben am Hof, wo Reisen, Feste, Jagdzüge der mancherlei Art die übrige Zeit ausfüllten.

Im Jahr 1762 auf den 14. August wurden alle Truppen im Lande aus ihren Garnisonen und Quartieren zusammengezogen in ein für damalige Verhältnisse außerordentlich großartiges Lager.

Am östlichen Ausgang von Osweil südwärts der Straße, die

nach Neckargröningen führt, war des Herzogs Hauptquartier *). Unmittelbar vor diesem lagen die drei Bataillone der Garde zu Fuß, die allen Dienst beim Herzog gaben. Links an die Garde zu Fuß — Front gegen Süden genommen — lehnte sich das erste Treffen der Infanterie, hinter diesem das zweite Treffen; mitten durch beide Treffen führte die Straße nach Neckargröningen.

Es waren da in Summa 23 Bataillone Infanterie; wie schon gesagt drei von der Garde zu Fuß, in zwölf Kompagnieen, 1340 M. stark; ferner sieben Grenadierbataillone und sechs Infanterieregimenter zu 2 Bataillonen, endlich ein Stabsbataillon.

Südwärts vom Dorfe selbst hatte die Artillerie ihr Lager, rechts von ihr die gesammte Reiterei, 23 Schwadronen.

Das Ganze bildete ein Armeekorps aus allen Waffen von 14,000 Mann.

Die Uebungen beschränkten sich theilweise auf bloßes feldmäßiges Ausrücken aus dem Lager und Beziehen einer Stellung; theils umfaßten sie Angriff und Vertheidigung von Oertlichkeiten; Flußübergänge bei Poppenweiler, Benningen, Beihingen. Eine der gewöhnlichsten Uebungen war, daß auf einen gegebenen Allarmschuß Infanterie und Reiterei rasch aus dem Lager rückten, sich in eine bestimmte Anzahl Marschkolonnen formirten, um der schon vorher bezeichneten Stellung zuzumarschiren. Diese erreicht, wird deployirt, mit Divisionen und Bataillonen durch die ganze Linie durchgefeuert; die Reiterei formirt sich auf den Flügeln, eine Attaque wird ausgeführt und dann wieder ins Lager eingerückt.

Die Offiziere vom Hauptmann abwärts hatten alle Monöver zu beschreiben und dem Major', späteren Generalquartiermeister, v. Nikolai zur Beurtheilung vorzulegen. Der ganz unglaubliche Mangel an Schulbildung, die grundsäßliche Verachtung aller Orthographie von Seiten der Kavaliere gibt dem Corrigirenden übrigens mehr Gelegenheit zu beißendem Spott als zu eingehender sachlicher Kritik.

Nach allen Seiten hin waren Offiziere und Mannschaft unausgesezt in Anspruch genommen; kein Offizier darf bei Degradation ohne besondere Erlaubniß des Herzogs das Lager verlassen; ein zahlreicher, pünktlich geordneter Dienst nimmt sehr viele Kräfte

---

*) Es begriff eine Menge Zelte in sich: Wohnzelt, Schlafzelt, Ankleidezelt, Garderobezelt, Audienzzelt, Tafelzelt, Ballzelt, Kaffeezelt, Marschallstafel; Zelte für Kanzleien, Diener, Pagen, Adjutanten.

in Anspruch; war keine Uebung, so füllten Musterungen und Re=
vüen die Zeit.

Ein ähnliches Lager finden wir im folgenden Jahr bei Pflug=
felden; Infanterie= und Reiterregimenter erscheinen aber hier schon
bedeutend reducirt, ziemlich auf die Hälfte. Dennoch wird zur
Sicherheit gegen Desertionen ebensowohl als zur Verherrlichung
des Kriegsherrn ein äußerst zahlreicher Lagerdienst gegeben und
zwar täglich:

   1 Generalmajor,
   6 Stabsoffiziere,
  10 Hauptleute,
  43 Subalternoffiziere,
 128 Unteroffiziere,
  54 Spielleute,
 980 Gemeine, — 1222 Mann auf Wache, Ordonnanz und
Ronde.

Uebungen werden in ähnlicher Weise wie im Vorjahr aus=
geführt.

Der militärische Werth solcher Truppenzusammenziehungen
verbunden mit strengem Dienst und vernünftig geleiteten Uebungen
läßt sich nicht verkennen. Allein welchen Zweck konnten sie wohl
haben? Selbstzweck und Vergnügen des Kriegsherrn können doch
nicht wohl von solcher Wichtigkeit sein, um 3½ Prozent der Be=
völkerung eines armen Ländchens von wenig mehr als 400,000 Be=
wohnern auf den Beinen zu halten.

Bei einem Geldwerth, der das Doppelte des gegenwärtigen
beträgt, kamen 4 fl. der Militärlasten auf den Kopf der Bevölke=
rung*); der ganze Etat erforderte über 1,600,000 fl.

Bedrückung des Landes; Klagen der Stände. Die Vorstellungen des ständischen Ausschusses über diese Ueber=
bürdung des Landes, das auf schmaler volkswirthschaftlicher Grund=
lage die ungeheure Treibhauspflanze des militärischen Jagd= und
Kunststaates tragen mußte, fanden überall taube Ohren.

Erst als der Ausschuß Miene machte eine Klage beim Kaiser
einzureichen, nahm sich der Herzog die Mühe, die Beschwerden des

---

*) Zur selben Zeit in Preußen 2½ Thaler (Biedermann, Deutschland
im 18. Jahrhundert, I., 203).
   Nur ist der Unterschied schließlich von höchster Bedeutung, daß Preußen
sich eine Großmachtstellung durch seine Armee errang, während die Klein=
staaten an ihrer Soldateska fast zu Grund gingen.

Landes anzuhören. Zu deren Abhilfe war er aber so wenig bereit, daß er die Stände wieder entließ und seinerseits, von Montmartin berathen, auf Mittel zur Abhilfe dachte.

Eine neue Steuer sollte die für den in etwas reducirten Militärstaat erforderliche Summe von 1,200,000 fl. auftreiben*). — Mit diesem Schritt jedoch wurde das Ende der Verfassungswidrigkeiten des Herzogs angebahnt.**)

Trotz der Versicherung aller guten landesväterlichen Absichten kam es von Seiten der Stände zu wirklicher Klage. Von den Gesandten der Könige von England, Preußen,***) Dänemark unterstützt gewann die Sache des Landes dem Fürsten gegenüber immer mehr Boden. Im Mai 1765 entschied der Reichshofrath dahin, daß der Herzog sich mit dem ordentlichen Militärbeitrag von 460,000 fl. zu begnügen habe.

Die nächste Folge davon war, daß ein Theil der Reiterregimenter und bei weitem die meisten Infanterieregimenter und Grenadierbataillone aufgelöst wurden. *(Margin note: Reductionen.)*

Ueber 300 Offiziere wurden in den Jahren 1765 und 1766 dimittirt. Große Schwierigkeiten erhoben sich bei Ausführung dieser Maßregel wegen Befriedigung der rückständigen Gehaltsansprüche sämmtlicher Offiziere.

Die korrumpirte, schwindelhafte Finanzverwaltung konnte seit

---

*) Gegel, Beleuchtung einer Regierungsperiode ꝛc.

**) Die Beschwerden über den Militärstaat des Herzogs hatten die Stände mit ihren übrigen Klagen zusammengefaßt. Sie führten hauptsächlich an, daß der Militärstaat die Kräfte des Landes weit übersteige, den Verträgen ganz zuwider sei. Ganz verfassungswidrig seien die neuen Monatssteuern, die ohne Genehmigung der Landschaft geschehenen Ausschreibungen von Umlagen; die ohne ihr Vorwissen geschlossenen Bündnisse und Subsidienverträge, die gewaltsamen Aushebungen. — Leute, welche das Meß nicht haben, lasse man Loslaufgelder zahlen, andere, die ausgedient haben, zwinge man durch Fuchteln, Stockschläge, Einkerkerung und andere schwere Strafen zu weiterem Dienst oder zu Arbeiten an den herzoglichen Bauten; auf dem Bettel müssen sie dann oft herumziehen, sammt den Weibern und zahlreichen Kindern der Soldaten.

Geklagt wird ferner über die Härte des vierzehnten Kriegsartikels (vergl. Beilage Nr. 23), die Confiscationen betreffend; über Fortdauer der Einquartierung, die für die Aemter mit enormen Kosten verknüpft sei; über die lästigen Deserteurattrapirungsanstalten; über die verschiedenartigen Leistungen bei Kampements und Garnisonswechseln und Anderes.

Pfaff, Geschichte des Militärwesens in Württemberg.

***) Wie Friedrich II. sich der bedrängten Württemberger beim Kaiser annahm, vgl. R. Mohl, Beiträge zur Geschichte Württembergs I. 38.

lange nicht mehr die Gelber für die laufenden Ausgaben aufbrin=
gen; die meisten Offiziere hatten eine Jahresgage, manche noch
mehr anzusprechen.

Unter den Entlassenen finden sich z. B. die Generale v. Reizen=
stein und v. Wöllwarth, welche zusammen über 6000 fl. Rückstände
anzusprechen hatten.

Die ganze Summe der Rückstände betrug 200,000 fl., welche
von der Landschaft übernommen wurden, um möglichst bald der
Ueberzähligen los zu werden.

Bei dieser Gelegenheit wurde die Garde zu Fuß auf ein Ba=
taillon gesezt; später erhielt sie wieder zwei. Entlassen wurden
von ihr die Hauptleute v. Wechmar, v. Lengefeld, v. Koseriz,
v. Souville, v. Welser, v. Eßdorff, Senfft v. Pilsach und 12 Lieute=
nants. —

Die unregelmäßig ausbezahlte Gage oder deren vollständiges
Ausbleiben ruinirte den Haushalt aller Offiziere; sie waren ge=
zwungen, auf Schulden zu leben.

Kurz nach der Reduction hatte der Herzog die Absicht, seine
im Dienst verbleibenden Offiziere in ihren Verhältnissen zu arran=
giren und zur Erfüllung ihrer Verbindlichkeiten anzuhalten. Alle
Regimentskommandos sollten Verzeichnisse über den Betrag der
Schulden der Stabshauptleute und Lieutenants einschicken mit ge=
nauer Angabe, bei wem jede einzelne Schuld contrahirt wurde.
Statt dieser Verzeichnisse lief aber beim Herzog nur die submisseste
Bitte der betreffenden Offiziere ein, man möchte sie doch mit der
Spezifikation ihrer Schulden verschonen; sie seien zum Theil bei
Leuten contrahirt, deren Namen sie nicht angeben können, ohne
ihrer eigenen Ehre zu schaden, zum Theil hätten sie auf Ehren=
wort bei Bekannten Geld bekommen; theilweise sei auch außer
Lands aufgenommen worden. Der Credit der Offiziere würde durch
die angeordnete Maßregel für immer zerstört werden.

Hatte die große Reduction und Massenentlassung der Offiziere
diese selbst nur als rechtlose, in Privatdiensten stehende Diener er=
scheinen lassen, so brachten die angeführten finanziellen Verhältnisse
das Ansehen des Offizierskorps und des Militärs überhaupt immer
mehr herunter. — Neben der gehässigen Stellung, welche in Folge
der vielen durch den Soldatenstand veranlaßten Drangsale dieser
selbst in den Augen des Volks einnahm, bildete sich in den langen
Friedensjahren eine ungemeine Abneigung und Geringschäzung des
Militärs in Württemberg aus, welche ihren Grund in der ganz

unwürdigen Stellung und unzweckmäßigen Verfassung des Wehr=
wesens hatte. Eine Folge davon war, daß im Augenblick der
Noth, als am Ende des Jahrhunderts das Vaterland in Gefahr
war, die Fähigkeit und die Mittel zur Gegenwehr fehlten, daß
nirgends, am wenigsten bei den Landständen, ein Verständniß zeit=
gemäßer Organisirung der Streitkräfte zu finden war.

Die Verhandlungen mit den Landständen dauerten fast ohne
Unterbrechung vom Jahr 1764 bis Anfang 1770. Immer noch
war der Herzog troz der großen Reduction mit seinem Militär=
haushalt nicht in so enge Grenzen zurückgegangen, daß die ausge=
sezten 460,000 fl. im Jahr zugereicht hätten. Zahlreich waren
die Remonstrationen des Herzogs; die Zeiten hätten sich seit der
Verwilligung des Normalbeitrags im Jahr 1739 verändert, ganz
andere Anforderungen werden jezt an die Kräfte der Staaten ge=
stellt. Die Stände, in ihrem Theil gewaltthätig und eigensinnig
wie der Herzog, und gestüzt auf die offene und geheime Hilfe der
Brüder des Herzogs und der fremden Gesandten, fuhren fort dem
Landesherrn seine Wortbrüchigkeit und sein verfassungswidriges
Benehmen vorzuhalten.

Durch weitere Reductionen brachte der Herzog die Militärbe=
dürfnisse fast auf ein Drittel der im Jahr 1763 verlangten Summe.
Im genannten Jahr waren erforderlich 1,621,868 fl.; im Jahr
1765 waren es 1,156,367 fl.; im folgenden Jahr 843,334 fl. und
im Jahr 1767 nach der neuen Reduction 588,854 fl.

Im Jahr 1764 hatte die Armee noch bestanden aus der Garde
zu Fuß von 1253 Mann; 8 Infanterieregimentern von je 294 Mann,
7 Grenadierbataillonen und 6 Reiterregimentern von sehr kleinem
Bestand; Alles zusammen in der Stärke von 7687 Mann mit einem
monatlichen Aufwand von 111,242 fl.

Nach der zweiten Reduction im Jahr 1767 sind die aller=
meisten Infanterie= und Reiterregimenter mit den Grenadierbatail=
lonen sammt ihren stolzen Namen verschwunden. Uebrig geblieben
sind im Ganzen etwa 2600 Mann. Diese vertheilen sich wie folgt:

Reiterei: Garde zu Pferd . 120 Mann,
Grenadiere à cheval 152 „
Husaren . . . . 204 „
Feldjäger . . . . 33 „
Artillerie . . . . 66 „
Guides . . . . 12 „

Infanterie: Hausgrenabiere . 356 „
Felbgrenabiere . . 178 „
Regiment Augs . . 350 „
*) „ Stein . . 350 „
Garbe zu Fuß . . 776 „

Letztere ließ der Herzog nie ganz in Verfall gerathen; er betrachtete sich selbst als ihren Chef und verwandte möglichst viel auf sie. Sie bestand bamals aus:

10 Premierfergeanten . . à 10 fl. monatlich,
10 Sekonbfergeanten . . à 10 fl. „
10 Felbscheerern . . . . à 6 fl. „
16 Hautboisten . . . . à 15 fl. „
10 Fourieren . . . . . à 8 fl. „
50 Korporalen . . . . . à 6 fl. „
20 Pfeifer . . . . . . à 5 fl. „
30 Tambours . . . . . à 5 fl. „
20 Fourierschützen . . . à 4 fl. „
600 Garbes . . . . . . à 4 fl. „

Außerdem kamen auf jeben Mann monatlich 1 fl. 15 kr. für Kleinmontirung, Regimentsunkosten, Proprete, die Brobportion war monatlich zum gleichen Preise berechnet. Grenabiere und Musketiere stellten sich in der Löhnung um Vieles schlechter.

Alle angegebenen Zahlen sind ohne Offiziere berechnet; an solchen befinden sich noch bei der kleinen Truppenzahl im Dienst:

1 General der Kavallerie . à 300 fl. monatlich,
1 Generallieutenant . . à 250 fl. „
3 Generalmajore . . . à 200 fl. „
6 Obersten I. Kasse . . à 150 fl. „
7 „ II. „ . . . à 120 fl. „
5 Oberstlieutenante . . . à 100 fl. „
17 Oberstwachtmeister . . à 80 fl. „
19 Kapitäns mit Majorspatent à 60 fl. „
39 Stabskapitäns . . . à 30 fl. „
33 Premierlieutenants mit Kapitänspatent . . . . à 25 fl. „ .
77 Lieutenants . . . . à 20 fl. „
13 Militärbeamte.

Die Bezahlung von Offizieren und Mannschaft war vor den großen Rebuctionen zur Zeit des Glanzes eine ziemlich bessere gewesen.

---

*) Unter biesen Regimentern ist auch bas Kreiskontingent einbegriffen.

Der Vergleich zwischen Herzog und Landschaft kam enblich zu Der Erbvergleich.
Stande im August 1769 und wurde unterzeichnet vom Herzog am
27. Februar 1770 mit dem Beisaz, daß des Vergangenen[nicht mehr
gedacht werden, sondern Alles in gänzliche Vergessenheit gestellt
und darüber eine vollkommene Amnestie hiemit festgesezt sein solle.

Neben den Zugeständnissen die weltliche und geistliche Verfassung
des Landes, das Kameral= und das Forstwesen betreffend, enthält
der Erbvergleich*) genaue Bestimmungen darüber, wie es inskünf=
tige mit dem Militärhaushalt zu halten sei. — „Se. herz. Dchl.
versichern gnädigst, höchstbero Militäretat von nun an auf einen
solchen Fuß zu sezen, damit die Kriegskasse im Stand erhalten
werde, die Militärerfordernisse zu bestreiten und überhaupt Alles
vermieden werde, woburch dem Land zu gegründeten Beschwerden
Anlaß gegeben werden könnte.

Dagegen haben treugehorsamste Prälaten und Landschaft sich
erklärt, den bisherigen Beitrag zur Unterhaltung des Kreismilitis
und einer gemäßigten Anzahl herzoglicher Haustruppen auf eine
erhöhte Summe zu sezen und zwar in folgendem Maße."

Zu Friedenszeiten: zu Bestreitung des Kreisextraordinarii
bleiben in der Landschaftskasse 40,000 fl. Zu Bezahlung der alten
ober 1739 übernommenen Kameralschulden werden ausgesezt statt
der bisherigen 90,000 fl. nur 70,000 fl. und bleiben zum Behuf
des Kreis= und Hausmilitaris 20,000 fl. mehr als bisher, zusam=
men 350,000 fl.; im Ganzen verwilligt 460,000 fl.

Zu Kriegszeiten: die Bezahlung der 1739 übernommenen Ka=
meralschulden steht still mit 70,000 fl. und werden diese zu den
Kreisbedürfnissen geschlagen. Sollten die Kreisbedürfnisse über bie
Summe von 110,000 fl. hinausgehen, so wird der weitere Beitrag
nach vorangegangener Verabschiedung und nach Abzug des britt=
theiligen Beitrags vom geistlichen Gut auf das Land umgelegt.

Nach vollendeter Bezahlung der alten und neuen Kameral=
schulden hört das sogenannte Surogatum Tricesimarum auf, ba=
gegen verwilligen Prälaten und Landschaft statt der bisherigen receß=
mäßigen Anlagen 415,000 fl. jährlich.

„Se. herz. Dchl. haben bereits gnädigst versichert, unter keinerlei
Vorwand, weder zu Kriegs= noch zu Friedenszeiten, eine einseitige

---

*) Abbruck des zwischen Sr. des regierenden Herrn Herzogs zu Württem=
berg herzogl. Dchl. und gesammten Prälaten und Landschaft abgeschlossenen
Erbvergleichs. Tübingen 1771.

Ausschreibung von treugehorsamsten Prälaten und Landschaft nicht verwilligter Steuern und Anlagen vorzunehmen.

Der Generalplan über die Verwendung des Beitrags soll jedes Jahr der Landschaft vorgelegt werden; die Kommissariatsrechnung ist stets von der herr= und landschaftlichen Deputation abzuhören.

— Das Land wird mit Auswahlen verschont und sowohl der her= zogliche Kreis= als Hausmiles durch freiwillige Werbung im Stand erhalten. Im Kriegsfall allein kann nach vorangegangener Verabschiedung mit den Ständen ein erhöhter Geldbeitrag und eine Auswahl ausgeschrieben werden.

Der §. 10 besagt: Kein Landesunterthan soll genöthigt sein, wider seinen freien Willen, oder über die verstrichene oder noch verstreichende Kapitulationszeit zu dienen, vielmehr der Receß von 1753 auch hierinnen genau beobachtet, jedem, der seine Loslassung ex nexu militari zu fordern befugt ist, selbige ohne allen Unter= schied gänzlich auch für beständig ertheilt, ihm einiges Lösegeld direkte oder indirekte nie abgefordert, vielmehr demselben der ihm etwa gebührende Rückstand an Sold oder sonsten, ingleichem, was ihm wegen geleisteter Dienste bei dem herzoglichen Bauwesen, Wegemachen, Lustbarkeiten und dergleichen zustehet, bezahlt, er mit einem ehrlichen Abschied versehen und Keiner aus irgend einer Ursach, und also auch nicht unter dem Vorwand, als ob er zur Straf unter das Militare gezogen worden sei, aufgehalten werden.

Ein Theil der verhängten Vermögenskonfiskationen wegen Nichterscheinens bei den früheren Auswahlen wird aufgehoben. *) Alle Truppen sollen in Kasernen untergebracht werden. Wenn Einquartierung nicht zu vermeiden ist, so ist nur Dach und Fach zu reichen; durch zurückbleibende Soldatenweiber sollen die Gemein= den nicht weiter belästigt werden.

Die Invaliden werden jederzeit nach dem Steuerfuß auf die Bezirke repartirt; kein Amt und keine Stadt soll vor anderen be= lastet sein. — Mit Vorspann, Frohnen u. s. f. soll mit aller Mäßigung, ohne Belästigung der Unterthanen verfahren werden.

---

*) Der Artikel 14 der Kriegsartikel vom Jahr 1758 (vergl. Beilage Nr. 23) wird dahin abgeändert:

Welcher Soldat aber gar vorsätzlicher und meineidiger Weise davon gehet, es sei auf dem Marsch, in Feld oder in Garnison, desselben Name soll an Galgen geschlagen und wann er wieder ertappt wird, mit dem Strang vom Leben zum Tode gebracht werden.

— Die im Jahr 1757 eingeführten Deserteurattrapirungsanstalten sind gänzlich aufgehoben.

War es ernstliche Absicht des Herzogs, sich innerhalb der eng= gezogenen Schranken des Vergleichs zu halten, so mußte er man= chen Liebhabereien entsagen. Das duldete aber zunächst seine große Vorliebe für das Soldatenspiel nicht. Trozdem daß die Verhältnisse sehr auf Sparsamkeit hinwiesen, blieb doch ein außer= ordentlich zahlreiches Offizierskorps bestehen; der Herzog rief neue Regimenter und Korps ins Leben, um sie zum allergrößten Theil wieder nach wenigen Jahren verschwinden zu lassen; so die Füsilier= regimenter Biedenfeld und Wimpffen, das Garnisonsregiment, das Gardegrenadierregiment zu Fuß, das Leibjägerkorps. Außer den für das Kreiskontingent bestimmten Truppen bestanden ohne Unter= brechung fort blos die Garde zu Fuß und das Infanterieregiment v. Spiznas, später Prinz Friedrich Wilhelm und seit 1762 Gabe= lenz geheißen.

Die immer sich wiederholenden Klagen der Stände und des Ausschusses, wegen Ausschreitungen über die Bestimmungen des Erbvergleichs beweisen zur Genüge, daß es dem Herzog und seiner Regierung durchaus nicht Ernst war mit Erfüllung des einmal Normirten.

Gewaltsames Pressen zum Dienst, unberechtigtes Zurückhalten von demselben, Erzwingen von Lösegeldern auch nach beendigter Kapitulation, Einquartierungen, Belästigungen aller Art kamen immer noch vor; der Soldat war ebenso gehaßt als verachtet. Unter die Soldateska gesteckt zu werden, galt für sehr harte Strafe; so lieferten strenge Väter oftmals halsstarrige Söhne unter die Fahnen.

Etwas nur annähernd Tüchtiges zu leisten war unmöglich bei dem Erstorbensein alles politischen und soldatischen Sinns im Lande, bei der in der That außerordentlichen Beschränktheit der Mittel.

Ein Dekret vom 31. Oktober 1779 beweist, wie der Herzog dem sinkenden Ansehen des Militärs im Lande aufzuhelfen suchte. Es lautet: „Da Se. Hochfstl. Dchl. Höchstdero besonderes gnädiges Augenmerk darauf richten, dero Militare von Neuem in einen guten und immer besseren Stand zu sezen, und darinnen zu erhal= ten, so haben Höchstdieselben unter Anderem für gut befunden,

Ausschrei= tungen des Herzogs.

Verfall des Militär= wesens.

nicht nur die beiliegende Jnstruktion für die in Urlaub gehenden Unteroffiziere und Soldaten, deren Jedem ein Exemplar wird gegeben werden, aufsezen und drucken zu lassen, damit sie wissen, wie sie sich verhalten sollen und keine Klagen wider sie einkommen, sondern Se. herzogl. Dchl. gedenken auch das im Concept hier anliegende Generalrescript zu erlassen und den Beamten aufzugeben, den Soldaten in allen billigen Dingen an die Hand zu gehen, ihnen schleunige Gerechtigkeit widerfahren zu lassen und in ihren häuslichen Angelegenheiten Vorschub und Hilfe zu leisten. — Höchstdieselben finden sich hiezu um so mehr veranlaßt, als Sie zuverläßig wahrgenommen, daß seit einigen Jahren das herzogliche Militare überhaupt nicht in derjenigen Achtung stehet, in welcher es billig sein sollte 2c."

Die Urlaubsvorschrift enthielt außer Ermahnungen zu einem geordneten Lebenswandel hauptsächlich die Vorschrift, Rekruten anzuwerben, fremde Werber abzuhalten und Deserteure zu entdecken. — Die Deserteurattrapirungsanstalten vom Jahr 1757 wurden in den achtziger Jahren wieder eingeführt.

Eine Menge Militärplane und Entwürfe wurden ausgearbeitet, die einen dahin zielend, durch eine Verbindung der wieder ins Leben zu rufenden Landmiliz mit den stehenden Truppen eine ansehnliche Truppenmacht zu bekommen, andere mit der Tendenz, die vielen Kadres als Rahmen beizubehalten, die Leute zu beurlauben und nur in Nothfällen sie einzuberufen. Einen der beachtenswerthesten Plane entwarf der General v. Wimpffen.*) Seine

---

*) Am Hof in Zweibrücken geboren, trat er sehr jung mit fünf Brüdern in Kriegsdienste und zwar in Frankreich ins Regiment Elsaß, später ins Regiment Zweibrücken. Er war bei Roßbach, Sandershausen, Lutterberg. 1759 lernte ihn Herzog Karl kennen; Wimpffen trat in württembergische Dienste und lebte lange Zeit am Hof. In seinen Memoiren sagt er von diesem Hof, wie er im Anfang der sechziger Jahre war: solch ein Hof sei damals nicht gewesen, wie der württembergische; der Herzog halte 15,000 Mann der besten Truppen; bei 200 Edelleute seien in seinen Diensten; 300 Pferde nur für seine Person bestimmt. Was je nur Natur und Talente vermochten, um Freude und Genuß hervorzubringen, sei da, und Alles sei auch für den Genuß recht gestimmt. Begeistert rühmt der General die Opern und Schauspiele, die prächtigen Jagdzüge, die Spaziergänge stets von Floren und Heben umschwebt, die ausgesuchten Gelage und Mahlzeiten. 1774 wurde er Chef eines Regiments und Direktor des Kriegsraths. Als solcher arbeitete er seine reformatorischen Plane aus. Nach deren Verwerfung durch den Herzog nahm er seinen Abschied. Als militärischer Aben-

Abſicht ging dahin, möglichſt viele Leute einzuüben und dann zu
beurlauben, während weite Kadres — zu 8 Infanterie-, 4 Reiterregimentern — ſtets präſent gehalten würden. Im Kriegsfall
wäre Alles einzuberufen und die Kompagnie auf die Stärke von
250 Mann zu bringen. In der Weiſe getraute ſich der General,
ohne den ausgeſezten Etat zu überſchreiten, für den Nothfall
20,000 Mann geübter Truppen aufzuſtellen.

Dem Herzog waren alle derartigen Plane nicht genehm,
namentlich wenn nach ihnen, wie bei dem Plan Wimpffens, ſeine
koſtſpieligen Garden und Leibkorps aufgelöst werden ſollten. Viel
Koſten und Sorgfalt verwandte er auf leztere, während die übrigen
Truppen, in zerlumpter Kleidung, mit kargem Sold, nur dazu
dienten, die Abneigung gegen den Soldatenſtand immer mehr zu
verbreiten.

Der Ton von Offizieren und Mannſchaft war zudem den Dienſtvor-
Bürgern und Bauern gegenüber ein übermüthiger, oftmals roher. ſchriſten.
Das geht hervor aus einer Stelle im Reglement vom Jahr 1780,
einer Umarbeitung des Reglements vom Jahr 1754 *). Es heißt
darin unter Anderem: „Das Schlagen der Bauern auf dem Marſch
und im Quartier iſt beſonders verboten. Von den Offizieren hegen
Se. herzogl. Durchl. die gnädigſte Meinung, daß ſelbige nicht ver-
mögend ſind, ohne außerordentlich gegebene Urſach die armen
Bauern oder Unterthanen mit Schlägen zu mißhandeln. Sollte
Solches aber doch geſchehen und Klage darüber einkommen, ſo wird
bei Höchſtbenenſelben ein ſolcher Offizier ſich ſehr übel rekommandiren und ſollten auch die Pferde übertrieben werden, daß ſie
davon auf der Stelle oder gleich hernach krepiren, ſo ſoll Solches
gemeldet werden und das Geld ſoll demjenigen davor abgezogen
werden, der daran Schuld geweſen iſt.“

Die Anreden in Schreiben an Vorgeſezte ſind je nach den
beiderſeitigen Rangverhältniſſen genau geordnet; die Unterſchrift
will der Herzog eines Jeden reſpectueuſer Conſideration über-
laſſen.**) — Nur von Unteroffizieren ſoll in einer Eingabe an den
Herzog das Wort: „Knecht“ gebraucht werden.

Neben den alten Kriegsartikeln mit ihren nicht mehr zeitge=
mäßen Strafen hat sich als Ueberbleibsel aus alter Zeit auch noch
die Ceremonie des Ehrlichmachens in die neue Bearbeitung des
Reglements eingeschlichen. Die Vorschrift lautet: „Das Kommando
rückt aus, der Major hält eine kurze Rede: „Se. herzogl. Durchl.
hätten Gnade für Recht ergehen lassen und höchstgnädig erlaubt
und befohlen, diesem Menschen seinen vorigen ehrlichen Namen
wieder zu schenken, weßwegen bei größter Strafe Niemand sich
unterstehen solle, ihm in der Folge beßwegen einen Vorwurf zu
machen.“

Nach der Anrede befiehlt der Major dem jüngsten Offizier des
Kommando's, dem Fahnenjunker die Fahne abzunehmen und auf
höchsten Befehl diesen Menschen ehrlich zu machen. Alsdann wirft
der Mann, so ehrlich gemacht wird, den alten Hut hinter die Front
und kniet mitten im Kreis nieder. Der jüngste Offizier naht sich
mit der Fahne dem Knieenden und gibt ihm drei Stöße oben auf
den Kopf damit und sagt bei dem ersten: Ich mache dich ehrlich
im Namen Sr. herzogl. Durchl. deines allergnädigsten Herrn. —
Bei dem zweiten: Ich mache Dich ehrlich im Namen der hohen
Generalität und des Regiments. — Bei dem dritten: Ich mache
dich ehrlich im Namen aller braven und rechtschaffenen Soldaten.

Während dieser Handlung behält die Mannschaft präsentirt.
Die gewöhnlichen Ursachen, wann Einer ehrlich gemacht wird, sind:

1) Wann er von der Schanzarbeit begnadigt wird.

2) Wann Einer mit dem Strang gerichtet zu werden verurtheilt
ist, und erst begnadigt wird, nachdem er schon vom Freimann an=
gegriffen und übernommen worden.

3) Wann eines Deserteurs Namen an die Justiz geschlagen
worden und er sich wieder auf Pardon stellen darf.

4) Wann der Jung eines Profosen beim Regiment als Spiel=
mann oder Gemeiner angenommen wird.“

Wissenschaft-
liches Stre-
ben. Neben den Resten des Mittelalters finden sich schon Licht=
streifen der heraufdämmernden neuen Zeit. Der nach Tiefe und
Breite immer weiter schreitenden Bildung und Gesittung konnte
sich kein einzelner Stand verschließen.

Offizieren der Titel: Chevalier de l'ordre militaire de St. Charles. —
Die Stiftungsurkunde f. Stablinger, Geschichte des württemb. Kriegswesens,
Beilage XXXI.

In Beziehung auf Verbreitung und Hochstellung allgemeiner und kriegswissenschaftlicher Bildung hat der Generalquartiermeister Oberst v. Nikolai besondere Verdienste. — Offenbar hatte er Erfahrungen, wie es mit dem Bildungsgrad der allermeisten Offiziere stehe, bei Gelegenheit der Recension der von Hauptleuten und Lieutenants in den Lagern bei Döweil und Pflugfelden gelieferten Arbeiten gesammelt. Dadurch veranlaßt arbeitete Nikolai mehrere Pläne aus über die zweckmäßigste Art der Heranbildung von jungen Offizieren.

Eine eigentliche, wissenschaftlich eingerichtete Pflanzschule für Offiziere hatte es bis jetzt nicht gegeben; sie gingen aus den Regimentern hervor oder wurden in dem Kavalierkorps, das meist der Garde du Corps zugetheilt war, ausgebildet.

Nikolai's Plan umfaßt die Errichtung einer Kriegsschule in zwei Abtheilungen; in der ersten Abtheilung Vorbereitungskurs, in der zweiten eigentliche Kriegswissenschaft.

Vorbereitung:
  Gemeine Rechenkunst.
  Analysis.
  Niedere und höhere Meßkunst.
  Aeltere, neuere und mathematische Geographie.
  Staatshistorie und Staatswissenschaft.
  Natur=, Völker=, und Kriegsrecht.
  Mechanik, Statik, Hydraulik.
  Zeichenkunst.
Kriegswissenschaften:
  Geschützwissenschaft.
  Kriegsbaukunst.
  Bürgerliche Baukunst.
  Minirkunst.
  Niedere und höhere Taktik.

Nikolai's Taktik beschäftigt sich in sehr eingehender Weise mit Ployiren, Deployiren, Formirung von Quarrees und Achtecken.

Eine Menge Manöver und Aufgaben zeigen die Anwendung der Formen aufs Terrain.

Ausgehend von der Thatsache, daß es ein überwundener Standpunkt sei, anzunehmen, daß durch bloße Tapferkeit der Feind zu Boden geschlagen werden könne, daß man im Gegentheil den Anforderungen der Zeit und der fortgeschrittenen Kriegskunst nur durch eifrige Studien gerecht werden durfte, war Nikolai nicht müde, trozbem baß von seinen Entwürfen keiner realisirt wurde, einen neuen Plan für eine Vorbereitungsschule von Offiziersaspiranten zu entwerfen. Der Generalquartiermeister fordert hierin Unterricht in Religion,

deutscher, lateinischer, französischer, welscher Sprache,

Zeichenkunst,

bürgerlicher Baukunst,

Götterlehre, Alterthümern,

reiner und angewandter Größenlehre,

Geschichte, Geographie,

Statistik,

Vernunftlehre, Sittenlehre,

Natur=, Völker=, Kriegsrecht.

In der hohen Karlsschule, 1770 auf der Solitude errichtet, fünf Jahre später nach Stuttgart übertragen und 1782 vom Kaiser zur Universität erhoben, wo neben einer juridischen, medizinischen philosophischen, ökonomischen und künstlerischen Fakultät auch eine militärische bestand, wurden die Wünsche und Entwürfe Nikolai's endlich in würdigster Weise zur Ausführung gebracht.

Zu gleicher Zeit waren vom Herzog wissenschaftliche Vorle= sungen für alle Offiziere angeordnet und wurden diese am 14. März 1774 durch Oberst v. Nikolai eröffnet. Theoretischer Unterricht der Offiziere war damit verbunden.

Milit. Ein-
richtungen
u. Anstalten. Auch an Entwürfen und Einrichtungen anderer Art waren die langen Friedensjahre fruchtbar.

Lange schon war es als ein Bedürfniß erschienen, den vielen unbemittelten Offizieren, welche vor Kurzem ohne irgend eine Pen= sion oder doch nur mit kärglichen Gratialien entlassen worden waren, Unterstützungen zukommen zu lassen. In beweglichen Wor= ten mußte General v. Buwinghausen seinen noch im Dienst stehen= den Kameraden die materielle Noth und das Elend so vieler dimittir= ter Offiziere und ihrer Familien, zahlreicher Wittwen und Waisen zu schildern. Zunächst wurde auf den Paraden für eigene und fremde Offiziere gesammelt. So bildete sich im Anfang der neunziger Jahre allmählig eine Charitékasse mit regelmäßigen Beiträgen fast aller Offiziere. Doch kamen jährlich selten mehr als 500—600 fl. zusammen. Besondere Protektoren des Instituts waren die Generale v. Buwinghausen, v. Georgii, v. Hügel, Oberst v. Wolfskehl. Eine Wittwen= und Waisenkasse wurde bald mit dem Institut verbunden.

Eine große Unsitte war es, daß vielseitig das Heirathen bei Soldaten und Unteroffizieren gestattet war. Folge davon war, daß bei einem Stand von wenig über 3700 Mann im Jahr 1789 im Ganzen 1358 Leute verheirathet waren; sie hatten 2074 Kinder. — Der Herzog behielt gern seine Soldaten möglichst lang im Dienst, bis sie alt und hinfällig waren; Manchen von ihnen mußte die Erlaubniß zum Heirathen gegeben werden, wollte man sie bewegen, über ihre Kapitulation fortzubienen; ebenso erlaubte man vielen langgewachsenen Burschen sich zu verheirathen, nur um sie zur Annahme von Kriegsdiensten zu bewegen.

Zur Unterbringung nun der Bedürftigsten unter den Soldaten= kindern, zumal der Waisen, entwarf der Oberaubitor Weinmann den Plan zu einem Militär=Waisenhaus, in welchem Kinder von zwei Jahren an aufgenommen werden sollten. Es war auf 500 Kinder berechnet und damit eine Gebäranstalt für 30 Kindbette= rinnen verbunden. Die Anstalt sollte in Ludwigsburg oder Tübin= gen gegründet werden; alle Kinder waren bestimmt, in der prote= stantischen Religion erzogen zu werden.

Die Beschränktheit der Mittel jedoch war Grund, daß der Ent= wurf nur in kleinem Maßstabe zur Ausführung kam; in Ludwigs= burg wurde wirklich ein Militär=Waisenhaus gegründet, zunächst für 200; später für 250 Kinder. — Ueber dem Haupteingang am Waisenhaus standen die Worte: Librorum nutrimentum patris patriae officium.

Nicht zur Ausführung kam der Plan eines in Ludwigsburg zu errichtenden Invalidenhauses für 100 alte Krieger.

Der ausgediente, entkräftete Soldat wurde stets seinem Amt, aus dem er stammte, oder der Heimathlose irgend einem Bezirk zum Unterhalt mit schmalem Invalidentraktament zugewiesen; als Bettler zog dann wohl der alte, welke Mann von Haus zu Haus, einen Zehrpfennig sich zu holen. Sein Anblick und seine Erzäh= lungen waren eben nicht geeignet, die schon tief gewurzelte Abnei= gung gegen den Soldatenstand zu vermindern.

Gerade der Gedanke, dem alternden Soldaten eine Aussicht auf bessere Versorgung zu bieten, und dadurch dem Eintritt ins Militär einen seiner Schrecken zu nehmen, rief den gedachten Plan zu einem Invalidenhaus hervor. Die Obersten v. Rieger, v. Ni= kolai, v. Wolfskehl, v. Seeger hatten Vorschläge zu dessen Ein= richtung gemacht. —

Die immerhin wissenschaftliche Richtung der Zeit mochte es

auch mit sich bringen, daß die Artillerie bedeutend vermehrt, mit Ernst und Vorliebe gepflegt wurde. Sie bestand 1789 aus einer reitenden Garbebatterie und dem Artillerieregiment v. Nikolai mit 171 Mann in 4 Kompagnieen. Der Artillerie waren die Guiden zugetheilt, meist zu Landesvermessungen verwendet.

Die Garde-legion.

In den achtziger Jahren verwirklichte der Herzog noch eine eigenthümliche Idee, nachdem so viele seiner Schöpfungen zu Grunde gehen mußten, durch Aufstellung der G a r d e l e g i o n. Es scheint ihm dabei der Gedanke an die römische Legion vorgeschwebt zu haben, als eines aus verschiedenen Waffen kombinirten, selbstständigen Körpers.

Die Infanterie der Legion war zusammengestellt aus dem Regiment Gabelenz als 1. Bataillon und aus der Garde zu Fuß als 2. Bataillon *). Hier treffen sich die aus dem Regiment Altwürttemberg und nachherigem Leibregiment hervorgegangenen Abtheilungen wieder, um sich nach 10 Jahren wiederum zu trennen. Der Plan des Herzogs war, in diesem Korps alles das zu vereinigen, was er unter einer schönen, guten Truppe verstand. Lauter ausgesuchte Leute von ungewöhnlicher Körperlänge wurden eingereiht, auf ihre Ausrüstung und Kleidung wurden große Summen verwendet.

Das erste Bataillon hatte eine Stärke von 663, das zweite von 610 Mann; bei lezterem befand sich eine Scharfschützenkompagnie.**)

In den lezten Jahren seiner Regierung war Karl nach allen Seiten hin gesammelter, gemäßigter und milderen Sinns geworden. Die Art und Weise, wie er jezt hochgewachsene Leute für seinen Dienst zu gewinnen suchte, beweist es. Wiederholt finden sich Schreiben an einzelne Oberämter gerichtet des Inhalts: „Se.

---

*) Die Garde zu Fuß findet sich 1787 so uniformirt: blauer Rock mit rothen Aufschlägen und Klappen; weiße Knöpfe, gelbe Weste, gelbe Beinkleider. Die Hüte sind mit gezackten silbernen Borten eingefaßt, schwarze Kokarde, Federbüsche. Die Spielleute sind roth gekleidet. Sie gibt Schloß- und Hauptwache in Stuttgart. — Korn, Geographie und Statistik Württembergs, Laibach 1787.
**) Die Scharfschützen, häufig zum Grenzdienst verwendet, hatten gezogene Rohre; die übrige Infanterie behielt durchs ganze Jahrhundert unverändert das Steinschloßgewehr nach französischem oder preußischem Modell. Cylindrische Ladstöcke, wie sie in Preußen eingeführt waren, kannte man nicht. — Korn. —

Hochfſtl. Durchl. iſt es bekannt, daß ſich in nachſtehenden Orten des Oberamts N. hübſche junge Leute befinden, welche Höchſtdieſelben unter die Hochfſtl. Garbelegion aufzunehmen gnädigſt gedenken und zwar namentlich folgende: 2c."

„Das Oberamt ſolle daher dieſen Leuten ſolche höchſte Abſicht eröffnen und die Sache dahin einleiten, daß ſie ſich freiwillig ent= ſchließen, auf einige Jahre in die Dienſte ihres Landesherrn zu treten, wobei das Oberamt legitimirt wird, den Leuten nicht nur eine Kapitulation und Handgeld nach dem Verhältniß ihrer Größe, ſondern auch benöthigten Falls, um ſie deſto eher zu einem freiwilligen Engagement zu vermögen, ihren Eltern ein jährliches Gratial an Frucht und Holz, ſo lang die Dienſtzeit währt, zuzuſichern. Sollten aber die Leute Anſtand nehmen, ihre Erklärung gegen das Ober= amt abzugeben, ſo iſt ihnen die Weiſung zu ertheilen, daß ſie ſich hierüber gegen Se. hochfſtl. Durchl. Selbſten eröffnen dürfen und deßhalb unter Begleitung ihrer Eltern nach Hohenheim begeben ſollen."

Die übrigen Theile der Garbelegion waren die Leibjäger=, Huſaren = und Dragonergarbe, je 60—70 Mann ſtark und zum größten Theil beritten. Die reitende Garbebatterie*) vollendete die Zuſammenſtellung der Waffen. Kommandant war Oberſt von Wolfskehl.

Die außerhalb der Legion ſtehende Reiterei war größtentheils unberitten; ſo das Grenabierregiment à cheval v. Harling mit 151 Mann; das Huſarenregiment v. Buwinghauſen, 177 Mann, war zur Hälfte beritten; Garbe du Corps, 39 Mann, ohne Pferde; Leibkorps, 26 Mann, beritten.

Von Infanterie finden ſich noch 3 Regimenter und zwar: Sachſen=Koburg**), früher Augé, mit 545 Mann; Grenabierregi= ment v. Phull, 288 Mann; Infanterieregiment v. Hügel, 435 Mann. Einige Garniſonsabtheilungen kommen dazu.

Aus Allem geht hervor, daß außer der Garbelegion ſämmt= liche Truppenkörper nur als hohle Namen ohne irgend welche Be= deutung erſcheinen. Alle Sorgfalt des Herzogs concentrirt ſich in der Legion.

In Hohenheim hatte ſich Karl, nachdem er ſo viele Jahre bei rauſchenden Feſten und auf prunkvollen Kriegs = und Luſtfahrten

---

*) Die reitende Batterie hatte auf 122 Mann blos 27 Pferde.
**) Zugleich Kreisinfanteriekontingent.

zugebracht, ein reizendes Stillleben geschaffen. Neben dem Schloß waren Gebäude errichtet zur Unterbringung der Legion, von der einzelne Theile für immer dort lagen. Die ganze Legion bezog Hohenheim in der Regel blos während der Sommermonate; zu Herbstübungen wurden dann wohl auch die übrigen Truppentheile beigezogen.

Ende Juli in der Regel zieht die gesammte Legion von Stutt= gart nach Hohenheim hinauf unter des Herzogs persönlicher Füh= rung; er kennt einen großen Theil der Leute bei Namen, läßt zum öftern Speisen und Getränke unter sie austheilen.

Durch Ausschreiben an die benachbarten Aemter, daß in Hohen= heim ohne Entrichtung irgend einer Abgabe Lebensmittel verkauft werden dürfen, wird dort ein regelmäßiger Markt in's Leben gerufen.

Gar besorgt ist der Herzog, daß ihm von seinen langen Bur= schen keiner entläuft; zumal Hohenheim ein ganz offener Plaz sei, könne dem und jenem wohl der Gedanke an Desertion kommen; 100 fl. werden auf die Einlieferung eines Deserteurs von der Legion gesezt.

Im Jahr 1790 wird an die Stadt Eßlingen geschrieben, es seien preußische und österreichische Emissäre um den Weg, welche die schönen Leute der Gardelegion zur Desertion verleiten wollen; der Herzog vertraue auf die „treudevotesten Gesinnungen" der Stadt gegen ihn, daß sie solchen Emissären in den Hohenheim naheliegen= den Orten und überhaupt auf ihrem ganzen Gebiete keinen Aufent= halt geben werde.

In Hohenheim ziehen von der Legion täglich auf Wache:

1 Hauptmann,
2 Lieutenants,
1 Sergeant,
1 Junker,
3 Korporale,
2 Tamboure,
2 Pfeifer,
42 Garden.

Nach der Retraite bleiben stehen:

1 Lieutenant,
2 Korporale,
1 Tambour,
1 Pfeifer,
12 Garden.

Befondere Befehle regeln das ganze Leben und Treiben der Legion auf dem Sommerfiz. „Der Herzog wollen sich verfichert halten, daß sämmtliche Offiziers unter sich wetteifern werden, ihren Dienst so zu verfehen, daß die Abfichten des Herzogs vollkommen erreicht werden. Der nächste und sicherste Weg, zu dem vorgefezten Zweck zu gelangen', ist wohl diefer, daß die Offiziere fo viel mög= lich um und mit ihren Untergebenen feien, fie genau und recht kennen lernen, im Dienst fie mit aller Pünktlichkeit, ohne Nachficht behandeln, außer dem Dienst aber freundlich, liebreich und mit Vertrauen mit ihnen umgehen, fich in ihre Lage fezen, mit gutem Rath zum Guten führen und von Ausschweifungen abhalten, be= fonders aber ihre Liebe und Vertrauen zu gewinnen fuchen, ohne welche auch die größte Furcht nur knechtisch und von keiner wahren innern Dauer fein kann.

Da bei dem Korps viele Leute find, auf deren Sicherheit*) keine Rechnung zu machen ist, fo werden die Hauptleute folche Vorfehung treffen, daß man das Nichtentkommens derfelben voll= kommen gefichert fein könne, indem fich der Herzog in diefem Fall an fie zu halten wiffen werden.

Auf die Reinlichkeit in den Sälen folle möglichst gefehen und die Soldatenweiber täglich zum öfteren Auskehren und Säubern angehalten werden. — Da bei Tag und bei Nacht befondere Orte zu den Abtritten bestimmt find, fo foll bei Strafe kein Garde an einem anderen Ort fich betreten laffen. Schon feit zwei Jahren find die zwischen den Sälen befindlichen Bäume durch Waffer= abschlagen zum Abstehen gebracht werden, welches fcharf zu ver= bieten.

Es foll auch nicht gelitten werden, daß die Leute in den Schlaffälen effen, da befondere Orte bei den Küchen dazu be= stimmt find.

Die Leute follen immer abjustirt ausgehen mit der Freiheit,

---

*) In allen Dienstvorschriften der Zeit wird stets genau unterschieden zwischen vertrauten und nicht vertrauten, fichern und unfichern Leuten. Das Reglement von 1780 fchreibt in diefer Richtung vor, daß man unfichere Leute niemals aus den Augen laffen dürfe, daß ein guter Offizier stets von allen ihren Plänen und Anschlägen unterrichtet fein müffe. — Auf Wache können Unfichere ihre Stunden bei Tag abdienen; nie dürfen fie auf ausgefezte Posten gestellt werden; ja die Vorschrift geht fo weit, zu bestimmen, daß man im Nothfall einem unfichern Mann auf Schildwache noch einen Unteroffizier zur Aufficht beigeben folle.

anzuziehen, was sie wollen, doch immer so, daß es gut paßt. Auf das Trinken soll ein genaues Augenmerk gerichtet werden und der geringste Exceß nicht verschwiegen bleiben; so wie überhaupt jeder Hauptmann, wenn der Herzog in einen Saal seiner Kompagnie kommen, von Allem den Rapport zu machen hat, da Höchstdieselbe die Leute genau kennen wollen. *)

Die Erhaltung der Montirung soll auch ein Hauptaugenmerk der Hauptleute sein, damit solche noch einige Zeit dauern könne; das Geringste soll also ausgebessert werden, damit der Schaden nicht einreiße.

Wie weit die Freiheit der Leute im Spazierengehen und sonsten werde ausgedehnt werden, behalten sich der Herzog zu bestimmen bevor; in allen Fällen aber werden die Hauptleute eine solche Eintheilung zu machen wissen, daß man vor aller Desertion gesichert sei.

Da aber der Herzog wohl wissen, daß bei dem größten Eifer und Fleiß der Hauptleute sie allein nicht im Stande wären, für Alles zu reponiren, wenn ihnen ihre untergebenen Offiziers und Unteroffiziers nicht mit gleichem Eifer an die Hand gingen, also versehen sich Höchstdieselben zu sämmtlichen Subalternoffizieren, daß Eifer und Pünktlichkeit alle ihre Handlungen leiten, daß sie ihr Vergnügen und Zufriedenheit darinnen suchen, und gewiß finden werden, ihren Hauptleuten in Allem möglichst an die Hand zu gehen, daß der Dienst und der freundschaftliche Umgang mit den Leuten außer dem Dienst, ihre Hauptbeschäftigung sein und sie in allen Stücken ihren Untergebenen mit gutem Beispiel vorangehen werden.

Der gemeine Mann muß sich keinen Augenblick sicher wissen, nicht von einem Offizier oder wenigstens Unteroffizier beobachtet zu werden; das erhält ihn aufmerksam und macht manchen Ge-

---

*) Das frische, glückliche Naturell des Herzogs, seine Leutseligkeit hatten ihm auch in den schlimmen Tagen seiner früheren Regierungsperiode viele Herzen zugeneigt erhalten. Die Gewandtheit seines Geistes unterstützte ihn in dem Bestreben, mit Leuten aller Stände in ihrer Weise umzugehen, Land und Leute nach allen Seiten kennen zu lernen.

Kaum mochte ein Dorf im Lande sein, das er nicht besucht hätte auf seinen Fahrten und Ausflügen, wo er nicht durch irgend eine Gutthat, einen witzigen Einfall oder einen harmlosen Streich sich ein Andenken verschafft hätte; Umstände, um deren willen ihm manches Schlimme im Herzen seiner Unterthanen vergeben wurde.

banfen verschwinden, der ihm sonst aufstoßen könnte. Wenn man ihn außer dem Dienst liebreich und freundlich behandelt, sich in seine Lage hineinsezt, so bekommt er Liebe und Zutrauen gegen den Vorgesezten. Dadurch ist schon Vieles gewonnen und oft wird dadurch der böseste, unsicherste Mann mit der Länge der Zeit der beste und sicherste.

Die innere Wirthschaft der Leute ist ein Hauptgegenstand der Aufmerksamkeit der Offiziere. Der Hang zu kleinen Schulden ist die Entstehung der größeren und das Verderben des Manns. Läßt man es so weit kommen, so ist die Hilfe schwer, sehr oft unmöglich und verwegene Schritte das Ende. Oeftere Nachfrage, Durchsuchung der Umstände eines Jeden einzeln, das einzige Mittel, dem Uebel vorzukommen und in einer Garnison, wie hier, ein leichtes, da mit wenigen Blicken das Ganze übersehen werden kann und die Leute bei ihrem guten Auskommen nicht in dem Fall sein können, Schulden zu machen.

Keine verdächtige fremde Leute beiderlei Geschlechts sollen gar nicht gelitten werden, deßwegen sowohl in den Sälen die Sergeanten, als bei den Marketendern die Unteroffiziere von der Inspektion fleißig nachsehen sollen.

Auf die Soldatenweiber solle die Kompagnie ein fleißiges Augenmerk richten, daß sie in Ordnung bleiben, keine Excesse beim Viktualieneinkauf oder sonsten begehen, Nichts von Obst oder Feldfrüchten entwenden, sonsten sie unfehlbar mit dem Zuchthaus würden abgestraft werden. — Soldatenkinder aber sollen überhaupt nicht in der Kaserne gelitten werden."

Für die Mannschaft der Legion hatte der Herzog noch besondere Vorschriften und Ermahnungen ergehen lassen. „Der Herzog hoffen, die Gardes dero herzoglichen Legion werden sich, wie immer, besonders aber während der Zeit ihres Aufenthalts zu Hohenheim, solchergestalten aufführen, wie es Leuten von einem solchen ausgezeichneten Korps zukommt, sich vor allen Excessen hüten, keinen Anlaß zu Mißtrauen geben, sich vor dem Trunk, auch im mindesten Grad hüten, aller Widerrede und Räsonirens sich enthalten, immer reinlich sein, die Säle solchergestalten, wie sie übergeben worden, erhalten, im Dienst aufmerksam und wachsam, im Exerciren fleißig, außer Dienst höflich und manierlich und ihren ganzen hiesigen Aufenthalt so zubringen, daß sie beim Abmarsch mit Ueberzeugung auf des Herzogs Zufriedenheit Anspruch machen können.

Des Morgens sollen sich die Leute gleich gut und ordentlich anziehen, ihre Betten gut machen, Nichts, es mag Namen haben wie es wolle, darinnen aufbewahren, die Säle reinigen, Alles an die befohlenen Orte legen und kein Mann soll bei Strafe mal= propre ausgehen. — Auf das Kochen der Leute soll genau gesehen werden, damit sie gut essen und gesund bleiben.

Bei der Stunde des Verlesens sollen die Leute alle da sein; und da voriges Jahr öfters geschehen, daß die Leute wider die Ordnung allzuweit hinweggegangen und, um zur rechten Stunde noch einzutreffen, sich mit schnellem Laufen sehr erhizt haben, so solle diese Unordnung nicht gebuldet und die Uebertreter dem Herzog gemeldet werden.

Wenn des Nachmittags exerzirt wird, so sollen sich die Leute vorhero mit unnöthigem Herumlaufen nicht müde machen, damit sie die Kräfte behalten, ihre Schuldigkeit zu thun. Wer im Exer= ciren faul und unachtsam sein wird, soll zwei Tage nachexerzirt werden. Auf den Wachen und Posten sollen die Leute zu ihrer Schuldigkeit ernstlich angehalten werden, damit sie den Dienst ler= nen; die Ablösungen der Posten sollen bei Tag und bei Nacht mit aller Ordnung geschehen. Die Offiziere werden den Unter= offizieren und Gefreiten fleißig nachgehen und sich an ihnen halten." —

Hohenheim, 19. Juli 1788.

Ueber fremde Dienste.

Hatten in früheren Jahren die Stände wiederholt Klage dar= über führen müssen, daß durch die Menge von Truppen aller Art das kleine Land fast erdrückt werde, so war in den lezten Jahren der Regierung Karls ihre Klage die, daß für den Kriegsfall nicht einmal Leute genug vorhanden seien, um das Kontingent auf= zustellen. Die Reiterei sei ohne Pferde, im Reiten ganz ungeübt, die Infanterieregimenter kommen vollständig in Verfall. Die Garde= abtheilungen seien im Feldbienst unerfahren, verhätschelt und zum Theil aus alten, nicht mehr feldbiensttüchtigen Männern zusammen= gesetzt.

Als im Anfang der neunziger Jahre Württemberg eintrat in den Kampf für das Alte gegen die in wilden Wogen anstürmende neue Zeit, da geschah es mit minderem Ernst und schwächerer Kraft, als jemals sonst durchs ganze Jahrhundert.

Während dem Feind des deutschen Namens gegenüber nur ungenügende Kräfte standen, kämpften, durch weite Meere von der Heimath getrennt, an 2000 Söhne Württembergs für die holländischen Kaufherren auf den ostindischen Inseln und auf dem Kap der guten Hoffnung.

Wie schon oben näher besprochen, war es den Anschauungen der Zeit nicht durchaus zuwider, wenn der Landesherr mit seinen Haustruppen durch Ueberlassung derselben in fremde Kriegsdienste ein Geschäft trieb. — Der Mangel an baarer Münze in den kleinen Binnenstaaten, die vom großen Verkehr und von reichen Einnahmsquellen fast ganz abgeschnitten waren, ließ auf der einen Seite den augenblicklichen Gewinn außerordentlich lockend erscheinen; auf der andern Seite war eben in diesen abgelegenen Staaten= komplexen Arbeit und Werth des einzelnen Menschen noch nicht in vollem Umfange geschätzt. Umgekehrt lagen nach der Natur der Sache die Verhältnisse in den Seestaaten.

Ein ehrsüchtiges, zahlreiches, wenig beschäftigtes Offizierskorps erblickte in der Ueberlassung an jede vielbeschäftigte fremde Kriegs= macht eine ganz erwünschte Veränderung; die mit Ausnahme Weniger vollständig gedankenlose, rohe Menge sträubte sich in kei= ner Weise gegen den Gedanken, für eine durchaus fremde Sache zu kämpfen. Die Begriffe, welche den Soldatenverkauf einzelner deutschen Landesherrn an die Engländer durch die öffentliche Mei= nung verdammt und dadurch unmöglich gemacht hätten, begannen eben erst sich zu regen und waren bis zur Masse des Volks noch lange nicht durchgedrungen.

Daß an benachbarte und verbündete Mächte, wie Oestreich, Preußen, Frankreich Truppen überlassen wurden, war bei den Kleinstaaten hergebrachte Sache.

Unter den Vormundschaftsregierungen vor dem Antritt der Regierung durch Herzog Karl waren mehrere Reiter= und Infan= terieregimenter an Oestreich und Preußen abgegeben worden.

Im Jahr 1785 handelte es sich darum, ein Bataillon und eine Schwadron für Oestreich aufzustellen. Die Vorstellungen der Landstände hintertrieben die Sache. *)

*) Der Menschenschacher für Rechnung der Engländer drohte 1777 sich auch nach Württemberg auszubreiten. Die englische Regierung war in größ= ter Verlegenheit, wo nach den verschiedenen Schlappen in Amerika noch des Weiteren Truppen hernehmen. Unter anderen Fürsten bot da auch Herzog Karl Truppen an und zwar 3000 Mann. Der englische Gesandte im Haag gratulirte seiner Regierung zum Erwerb der württembergischen Truppen. Die schweizer Offiziere, die in Holland dienen, hätten die Württemberger für die besten deutschen Truppen erklärt. Faucitt aber, der englische Agent, fand

Vortheilhafter zeigte sich das um dieselbe Zeit von Holland ausgehende Ansuchen an den Herzog um Ueberlassung eines Regiments Infanterie.

Ein Gutachten beruhigte den Herzog darüber, daß politische Hindernisse nicht im Wege seien; der Umstand, daß man den durch die fortgesezten Reductionen und den sparsamen Haushalt benachtheiligten Offizieren gern bessere Aussichten eröffnen wollte und daß man sich große Vortheile von dem Zufluß baaren Geldes versprach, beschleunigte den Abschluß des Vertrags. Unter Oberst Theobald von Hügel verließ Anfangs 1787 ein Regiment sammt einer Abtheilung Artillerie das Vaterland, um in Vliessingen eingeschifft zu werden. *) — Offiziere, Unteroffiziere und Mannschaft standen sich mehr als doppelt so gut, wie die im Land befindlichen Truppen. Der gemeine Mann erhielt monatlich 9 fl. zu einer Zeit, wo der tägliche Verdienst des Taglöhners und kleinen Handwerkers selten über 12 Kreuzer stieg. Daß die Mehrzahl der Soldaten wirkliche Freiwillige waren, ist daher wohl anzunehmen. Das Urtheil der Nachwelt über die Handlungsweise Herzog Karls dürfte freilich auch durch den angeführten Umstand kaum gemildert werden. Auch die zweite, weit bessere Regierungsperiode des Herzogs erscheint nach verschiedenen Seiten hin ebenso wohl wie die erste als ein despotisches Schalten, etwas mehr allerdings in den Schranken gehalten durch die aufs Neue festgestellten Rechte des Volks und persönliche Einflüsse.

---

an Ort und Stelle die Sache anders. Die Leute selbst alt, von gebrochener Kraft, schlecht und schäbig gehalten, vernachläßigte Bewaffnung, keine Zelte und sonstige Feldrequisiten. Er war sehr enttäuscht. „Ich zog mich deßhalb,“ schreibt er, „so gut ich konnte, aus der Schlinge, sprach von gegenseitigen Mißverständnissen und reiste wieder ab.“

Das Nähere s. Kapp, Soldatenhandel deutscher Fürsten nach Amerika. Berlin 1864. S. 124 ff.

*) Das Nähere hierüber s. Stablinger, Gesch. des württ. Kriegswesens, S. 451 ff.

Achter Abschnitt.

1790—1796.

Gegen Frankreich.

Mächtig nach allen Seiten hin wirkte der Stoß, welchen die Die Revolution und ihre Eindrücke. französische Revolution den bestehenden Verhältnissen in Staat, Gesellschaft und Kirche gab. Längst hatte sich bei allen Gebilbeten und Einsichtigen das Gefühl einer allseitigen Unsicherheit der Lage, die Ahnung einer Krisis ausgebildet. Die Schriften über Freiheit und Menschenrechte hatten aller Orten Propaganda gemacht und die junge Generation zur Aufnahme ganz ungewöhnlicher und neuer Eindrücke vorbereitet.

In den Augen der mißhandelten und gedrückten Bürger und Bauern bestach das gegenseitige Nähertreten der Stände durch Gleichberechtigung aller Staatsbürger ungeheuer.

Doch fand die eigentliche, gewaltsame Revolution dießseits des Rheins nur wenig Boden. Die kleinen, geistlichen Gebiete an der Westgrenze waren es allein, in denen der Grimm des Volks gegen die Willkürherrschaft eines bevorzugten Beamtenthums zu wirklichem Ausbruche kam.*) Durch geeignete Vorkehrungen, durch zeitgemäße Concessionen wurde in den meisten größeren Staaten dem Auf= lodern von Aufständen vorgebeugt.

In Württemberg insbesondere war das persönliche Auftreten Herzog Karls von größter Wirkung; er fühlte sich weder zu den Grundsäzen der Revolution hingezogen noch seine Person zu einem Vorkämpfer der Legitimität berufen. Andere deutsche Fürsten, namentlich auch Kaiser Leopold II., theilten diese Vorsicht und Mäßigung, während von Friedrich Wilhelm II. die Agitation zur Bekämpfung der Revolution ausging. Die Besprechungen zu Pill= niz und der am 7. Februar 1792 zu Berlin abgeschlossene Allianz=

---

*) Häusser I., 279.

vertrag zwischen Oestreich und Preußen mit gegenseitiger Garantie der Besitzungen und Aufrechthaltung der deutschen Konstitution in ihrer ganzen Integrität lieferten der Kriegspartei in der National= versammlung zu Paris Stoff genug, um sofort eine Kriegserklärung an Oestreich abzulassen.

Das deutsche Reich, in seiner Zersplitterung fast wehrlos da= stehend, sah noch unthätig dem Gang der kriegerischen Ereignisse des Jahres 1792 zu. Erst am 23. November desselben Jahrs wurde zu Regensburg der Beschluß gefaßt, vorerst das Triplum der Reichsstreitkräfte aufzustellen; am 22. März 1793 folgte die förmliche Kriegserklärung an Frankreich.

Trotzdem daß eine Menge Reichsfürsten sich durch die Ueber= griffe Frankreichs ganz bedeutend geschädigt sahen*), war doch nirgends wirkliche Kriegslust zu spüren. Die allerwenigsten ließen sich bereit finden, ihr einfaches Kontingent aufzustellen; Viele such= ten sich unter allerlei Vorwänden aus der Sache zu ziehen; Andere waren bei allem guten Willen außer Stande, ihren Verpflichtungen nachzukommen.

Um nur annähernd das Kontingent aufstellen zu können, wurden in Württemberg aus allen Abtheilungen und Regimentern Leute ausgezogen, so daß an Haustruppen wenig über tausend Mann übrig blieben. Die Werbungen lieferten ein schlechteres Resultat als jemals sonst wegen der schlechten Bezahlung, der Ab= neigung gegen den Kriegsdienst und der schlechten Behandlung.

Verkommen=
heit des der=
Militärs. Ein Zeitgenosse sagt über das damalige Militär:**)

„So sehr das württembergische Militär vor dem siebenjäh= rigen Krieg glänzte, so sehr kam es nach demselben in Dekadence. Es war von seinen eigenen Landsleuten verachtet und verabscheut; den jungen Württemberger wandelte ein Schauer an, wenn er nur Soldaten sah; lieber verließ er das elterliche Haus oder er= legte starke Majorennitätsgelder, um heirathen zu dürfen, wenn er von den häufig geworbenen Auswahlen hörte. Es ist in der That

---

*) Die Souveränitätsrechte der auf französischem Boden liegenden Be= sitzungen deutscher Fürsten waren schon längst an Frankreich übergegangen; aber auch die bisher reservirten Herrenrechte und Einkünfte waren mit den Beschlüssen der Nationalversammlung 1789 gefallen. Württemberg hatte außer Mömpelgard noch neun Herrschaften jenseits des Rheins besessen.

**) Auszüge aus Briefen über deutsche Staatssachen, betreffend die Orga= nisation des vaterländischen Militärs. 1797.

empörend und schreiend, all' die Ursachen dieser Abneigung auf=
zusuchen; — aber wahr ist's, daß ein höchst kärglicher Sold, zer=
lumpte Kleidungen, abgedrungene Kautionen, Concessionsgelder,
außer einigen Lieblingskorps schlechte Behandlung, nicht gehaltene
Kapitulationen, Loskaufungen, elende, alte und bettelnde Soldaten,
verwahrloste, Ekel und Abscheu erregende Invaliden lauter zurück=
schreckende Beispiele waren, welche die abhaltendsten Betrachtungen
erregten. Man wähnte damals, das württembergische Militär sei
ein Zuchtinstitut, wo nur Taugenichtse, Aushauser, Faullenzer,
Verschwender, mißrathene Söhne, Sträflinge hingehörten. Der
Bauernbub glaubte, daß das Soldatenhandwerk nur durch Stock=
prügel und Regimentsstrafen erlernt werden könne. Wie übel
unter solchen Umständen der größere und ärmere Theil der Offi=
ziers daran war, läßt sich, ohne besondere Thatsachen anzuführen,
theils von sich selbst abnehmen, theils von dem Munde noch vor=
handener Zeugen sattsam abhören.*)

So war der wirkliche Stand des Militärs, als der wirkliche
Krieg zum Reichskrieg wurde und sich folglich die Kreiskontingente
zusammenziehen mußten. Der billig über sich selbst erröthende
Patriot weiß sich noch wohl zu entsinnen, wie schwer es damals
hielt, das württembergische Kontingent nur der Zahl nach aufzu=
treiben, ohne in's Detail über die getroffene Wahl der Kriegsleute,
der Armirung und Montirung, über den inkompleten Stand der
Feldrequisiten, der häufigen Diffikultäten des Kriegsraths zu gehen.
Das Kontingent war ein Haufen zusammengestoppelter Leute, wo=
von die meisten nur darum gerne zu Felde zogen, damit sie schick=
liche Gelegenheit hätten, den Ausreiß zu nehmen; öfters waren
die Rekrutentransporte, noch ehe sie die Standquartiere erreicht
hatten, unterwegs zur Hälfte desertirt oder durch falsche Werber
weggefischt worden. — So war lange Zeit das unaufhörliche De=
sertiren und Rekrutiren die gewöhnliche größte Kompagnieneuigkeit
bei dem Frührapport. Ein anderer Theil des Kontingents bestund
aus alten und gebrechlichen Leuten,**) welche alle Tage den Ab=

*) Ein alter Soldat ruft aus in einer kleinen Schrift [Auch ein Tröpf=
lein aus dem Brunnen der Wahrheit, ausgegossen vor den Fürsten und den
Landständen Württembergs]: „Kein Knabe kann des Aufsehers so überdrüssig
sein, keine alte Jungfer der Keuschheit, keine Nonne der Buße, als ich nach
zwanzig Jahren der hiesigen Dienste es war" ꝛc.
**) Unter dem Kreisinfanterieregiment Württemberg befanden sich unter
etwas mehr als 1100 Mann schon 41 Gemeine, die mehr als 60 Jahre zähl=
ten. — Feldzugsakten. —

schied oder Invalidirung suchten und der kleine bessere Theil war durch die vielen Veränderungen und das böse Beispiel der Deser= teurs mißmuthig und verdrießlich gemacht.

Es war eine eigene und sehr sichtbare Auffallenheit, welche während dem ganzen Lauf des Kriegs Bestand hatte, daß man zwei, wie von einander verschiedene Korps Württemberger sah. Man glaubte das württembergische Artilleriekorps gehöre einem anderen Herrn an. Es zeichnete sich in Equipirung, Unterhaltung, Ausrüstung und wie billig, auch an Mannschaft aus. Seine Ver= dienste, Brauchbarkeit und Unerschrockenheit sind von Freund und Feind, sowie von seinen eigenen Kameraden, den Schwaben und Württembergern, allgemein anerkannt worden."

Das immer zunehmende Sinken des Militärs in quantitativer und qualitativer Hinsicht erscheint als ganz natürlich, wenn, abge= sehen von allen anderen Momenten, der Geldpunkt in's Auge ge= faßt wird.

Das ordentliche Militärbudget war im Anfang des Jahrhun= derts festgestellt worden. Nach manchfachen Ueberschreitungen kam der Erbvergleich wieder auf die gleiche Summe zurück und diese war geblieben troz aller Veränderungen in den Preisen und sonstigen Verhältnissen. — Ein Zeitgenosse sagt*): „Bei einer guten ökono= mischen Einrichtung und verhältnißmäßigen Beurlaubung konnten zur Zeit des Erbvergleichs gar wohl 5—6000 Mann unterhalten und ordnungsmäßig verpflegt werden, weil zu selbiger Zeit der Scheffel Dinkel kaum 3 fl. galt und Alles verhältnißmäßig wohl= feil war. Allein, sobald das Brod um ⅔ höher und alle Preise der Dinge gleich hoch gestiegen, konnte ganz natürlicherweise diese Summe zu der Unterhaltung unmöglich mehr hinreichen. Dieses ist auch mitunter die Ursache, warum das herzogliche Hausmilitär so nach und nach zusammengeschmolzen und bis auf eine so geringe Anzahl heruntergekommen." **)

Als dem Reichstagsschluß zufolge im Laufe des Jahres 1793 drei Simpla aufgestellt und an den Oberrhein abmarschirt waren, blieben im Lande nur wenige Truppen zurück. Die Gardelegion zählte noch 823 Mann; alle anderen Regimenter und Korps waren fast bis auf die Namen verschwunden.

*) Patriotische Wünsche, Gedanken und zweckmäßige Vorschläge ꝛc. von dem Hauptmann Gentner. — 1797. —
**) Im Jahr 1796 kostete der Scheffel Dinkel 6 fl., Roggen 11 fl., 6 Pfund Brod 18—19 kr.

So war der Zustand, als am 21. Oktober 1793 Herzog Karl starb.

Mit ganz anderen Grundsäzen bestieg der Bruder Karls, Der Nach-Herzog Ludwig Eugen, den Thron. Er wolle, versprach er dem folger Karls und seine Kaiser, jezt und fernerhin alle Kräfte und Hilfsquellen seiner Lande Reformen. für das allgemeine Beste und zur Abwendung der dem Vaterlande drohenden Gefahr aufbieten und auch für seine Person jedes Opfer zur gemeinsamen Vertheidigung darbringen.

Ein gedienter Soldat, streng rechtlich, gewissenhaft, der Kirche zugethan, fühlte er in sich den Beruf zur Bekämpfung der alles Bestehende bedrohenden Ideen. Seine Leutseligkeit und Milde sicherte ihm die Unterstüzung der Stände, welche ihm Jahr für Jahr bedeutende Summen für Verwirklichung seiner umfassenden Militärorganisationen zur Verfügung stellten.

Die kostbaren Garden verschwanden zum großen Theil; die Gardelegion ward zu einem Infanterieregiment v. Hügel umgeschaffen; dieses und das Kreiskontingent wurden durch Werbungen sowohl als durch Auswahlen ergänzt. Im Januar 1794 wurden 2000 Mann ausgewählt; Ende desselben Jahrs wieder 1600, alle mit vierjähriger Kapitulation nebst Befreiung von Jagdfrohnen und Gemeindediensten. Befreit von der Auswahl blieben Studirende, Schreiber, examinirte Provisoren, Lehrjungen, Apothekergehilfen, Büchsenmacher, Büchsenschäfter, Gemeinde- und Staatsdiener, Besizer großer Feldgüter, Wirthe, verabschiedete Soldaten, einzige Söhne von Vätern, welche 65 und mehr Jahre alt waren, und solche, welche früher schon einen Ersazmann gestellt hatten. Jeder Rekrut sollte zur „Ergözlichkeit und Zehrung" vier Gulden, zu einer Hutmasche oder Strauß 15 kr. und täglich 1 fl. 20 kr. Marschgeld erhalten.

Im Meß wurde zunächst auf 5 Fuß 8 Zoll, später noch auf 5 Fuß 7 Zoll herabgegangen.

Ohne Noth versprach der Herzog den Landständen keine weitere Auswahl vornehmen zu wollen; bei den Offiziersstellen wolle er Inländer vor Allen berücksichtigen, auch keine neuen Offiziere ernennen, so lange noch uneingetheilte und überzählige vorhanden seien. —

In den Aemtern hatten übrigens die Rekrutirungskommissionen schwere Arbeit; überall Furcht und Abscheu. Zur Regelung und Ueberwachung der bei der Auswahl zu beobachtenden Grundsäze warb eine gemeinschaftliche Deputation aufgestellt. Vom Herzog ernannt waren dabei der Hofrichter von Normann, der Regierungs= rath Haselmaier, Generalmajor v. Georgii und Oberstlieutenant v. Weng; von Seite der Landschaft waren aufgestellt der Land= schaftskonsulent Hochstetter, der Assessor und Bürgermeister Klüpfel; den Vorsiz führte der Geheimerath Fischer. Insbesondere waren die Grundsäze des Einstehens *) und der Befreiung vom Dienst zu regeln.

Als Ende des Jahres 1794 durch Reichstagsbeschluß das Trip= lum des einfachen Kontingents aufs Quintuplum erhöht werden sollte, war es die Absicht der Landstände, den Herzog dahin zu vermögen, das neu errichtete Regiment Hügel zur Verstärkung der Kreismannschaft abzuschicken. Allein Ludwig Eugen wußte es durch= zusezen, daß er das Regiment nebst einem ansehnlichen Artillerie= korps im Lande behielt.

Bei Ausarbeitung des neuen Militärplans wird von Oberst= lieutenant Weng bedauert, daß die Kargheit der Mittel eine Besser= stellung von Offizieren und Mannschaft nicht zulasse. „Ein Korps ächter Soldaten, sagt er, das nur allein nach Grundsäzen ächter Ehre handeln sollte, muß bei einem unaufhörlichen Druck von Dürftigkeit und Mangel diese Grundsäze allerdings aus dem Ge= sichtspunkte verlieren, und bieß um desto gewisser, als es neben einem solchen Mangel überall nichts als Strafen auf Vergehen und nirgends keine Belohnung auf Wohlverhalten im Dienst und andere gute Handlungen vor sich siehet."

Die Kosten für das Regiment auf voller Stärke sind jährlich auf 127,110 fl. berechnet. Für ruhige Zeiten sucht man durch

---

*) Das Einstehen war lediglich dem Privatübereinkommen überlassen und wurde so quittirt:
Ich Endesunterzogener, Namens Jakob Leininger von Hoberg, bin vor den jungen Krausen von Schorndorf eingestanden und habe an baarem Geld frei und frank erhalten
zweihundert Gulden.
Vor dieß thu ich den Krausen aufs beste quittiren; es mag gehen, wie es will, so kann ich keinen Anspruch mehr machen. Stuttgart, den 14. Januar 1794.
J. Leininger.
Generalmajor v. Hügel beklagt sich wiederholt, daß das Einstehen so häufig sei, daß er sein Regiment nicht in guten Stand bringen könne, wenn Eltern ihre schon exercirten Söhne wieder wegnehmen dürfen, und ihm rohe Rekruten dafür stellen.

zahlreiche Beurlaubungen Ersparniſſe zu erzielen. Die im Dienſt bleibende Mannſchaft ſoll drei Tage wachfrei ſein.

Das ganze Regiment auf dem Feldfuß beſteht aus zwei Grena= bier=, zehn Füſilierkompagnieen.

Die zwei Grenabierkompagnieen zählen:

2	Premierfeldwebel	.	à 10 fl. 30 kr.	monatlich,	
2	Sekonbfelbwebel	.	à 10 fl.	—	„
2	Fouriere	....	à 9 fl. 30 kr.		„
2	Feldscheerer	...	à 9 fl. 30 kr.		„
12	Korporale	...	à 8 fl.	—.	„
4	Tambours	...	à 3 fl. 15 kr.		„
4	Pfeifer	....	à 3 fl. 15 kr.		„
16	Gefreite	....	à 3 fl. 15 kr.		„
224	Grenabiere	...	à 3 fl.	—	„

Die zehn Füſilierkompagnieen:

10	Premierfeldwebel	.	à 10 fl.	—	„
10	Sekonbfelbwebel	.	à 9 fl.	—	„
10	Fouriere	....	à 9 fl.	—	„
10	Feldscheerer	...	à 9 fl.	—	„
60	Korporale	...	à 7 fl. 30 kr.		„
30	Tambours	...	à 2 fl. 45 kr.		„
80	Gefreite	....	à 3 fl.	—	„
20	Zimmerleute	..	à 2 fl. 30 kr.		„
1080	Füſiliere	....	à 2 fl. 30 kr.		„

Jeder Mann empfängt täglich einen Kreuzer Kleinmontirungs= gelb und eine Brodportion zu 3 Kreuzern. Die Kompagnie bezieht noch Propretegelder, Medikamenten= und Reparaturkoſten. —

Von den Offizieren bezieht ein

Generallieutenant 2800 fl. jährlich,
Generalmajor 2400 fl.

Im Regiment Hügel*) iſt bie Gage feſtgeſezt monatlich für:

1	Oberſt	...... à 75 fl.	Stabsgage,
1	Oberſtlieutenant	... à 33 fl.	„
2	Majore	...... à 25 fl.	„
2	Abjutanten	.... à 25 fl.	Gage
1	Regimentsquartiermeiſter	50 fl.	„
1	Aubitor	...... 50 fl.	„

*) Namensverzeichniß der Offiziere ſ. Beilage Nr. 23.

12 Kompagnieinhaber . . à 60 fl. Gage
4 Stabshauptleute . . . à 30 fl. „
12 Premierlieutenants . . à 25 fl. „
24 Sekondlieutenants . . à 24 fl. „

Pferdsrationen à 10 fl. monatlich beziehen die beiden Majore je 2 und die beiden Adjutanten je eine.

Kriegerische Kundgebungen im Lande.

Wie im Herzog selbst, so zeigte sich bei verschiedenen bedeutenderen Persönlichkeiten und in manchen Kreisen des Landes eine kriegerische Stimmung. Kundgebungen für freiwilligen Kriegs= und Grenzdienst fanden an mehreren Orten statt.

Die Metzger insbesondere waren bereit, auf ihren eigenen Pferden als Landhusaren auszuziehen; so in Ludwigsburg 21 Mann, in Schorndorf 32 u. s. f. — Schon Ende 1793 hatte der engere Ausschuß auf energische Maßnahmen für Vertheidigung des Landes hingedrängt; namentlich wurde auch die Idee wach gerufen, die Förster und Jägerburschen an den Grenzen aufzustellen und allenthalben Befestigungen anzulegen. Von den 326 Kommunwildschützen im Lande erboten sich 42 Mann sofort zum Abgehen auf Grenzpostirung; 99 erklärten sich im Fall der Noth dazu bereit. —

Einzelnes geschah auch für Vorbereitung des Kriegstheaters an der Westgrenze. Der Professor an der hohen Karlsschule, Artillerielieutenant Duttenhofer, hatte die betreffenden Gegenden zu rekognosciren und Aufnahmen vorzunehmen. — Ingenieurmajor Rösch entwarf ein System der Befestigung des Schwarzwaldes. In gewissen Zwischenräumen sollen Blockhäuser gebaut werden; die Alexanderschanze sei wiederherzustellen; berittene Artillerie und Jägerkorps müssen aufgestellt sein und endlich eine Reserve, die rasch an den einen oder andern Paß berufen werden könne. — Die Erbauung der Schanze auf dem Roßbühl war eine Folge dieser Vorschläge.

Zahlreich waren auch die von andern Seiten einlaufenden Entwürfe und Rathschläge, wie die bewaffnete Macht einzurichten und zu verwenden sei. — Der Herzog selbst war in vollkommenem Einverständniß mit dem Eifer des Geheimeraths und des engeren Ausschusses.

Eine Aufnahme sämmtlicher Pferde im Lande wird angeordnet; es finden sich Anfangs 1794:

Reitpferde   2083 ⎫
Zugpferde   10,237 ⎬ 16898.
Unbestimmt angegeben 4288 ⎭

Aus einem Verzeichniß der Waffen geht hervor, daß in den
Händen der Einwohner sind:

Flinten *)   . . 38,153.
Bajonnets   . .   2362.
Patrontaschen .   1875.
Seitengewehre . 18,027.
Büchsen   . . .   1162.

Gekrönt wird der ganze kriegerische Aufschwung durch die
Wiedereinführung des allgemeinen Landaufgebots. Schon von
Kreises wegen sollen 40,000 Mann Landmiliz in Schwaben aufge=
stellt werden. Herzog Ludwig Eugen geht mit allem Ernst und
Eifer ans Werk, für seinen Theil wenigstens 14,000 Mann parat
zu halten.

Aus mehreren Oberämtern war an die Regierung der Wunsch
nach Bewaffnung der wehrfähigen Einwohner ergangen. Ober=
amtmann Krafft aus Herrenberg berichtet, daß unter den 11,374
Seelen seines Amts sich 1000 tüchtige Männer befinden, zu deren
Bewaffnung man ihm an die Hand gehen möge. Er bittet um
zwei kunstverständige Offiziere, die man auf Kosten des Amtes
schicken solle und deren Aufgabe es wäre, in der Mitte ihrer Mit=
bürger die Ausgewählten einzuüben, damit sie bei einem feindlichen
Einfall sofort unter die Waffen treten könnten.

Derartige Stimmen beschleunigten den Entschluß des Herzogs. *Die Landmiliz ins
Leben ge-
rufen.*
Am 6. Februar 1794 erfolgte ein Entwurf zur Aufstellung und
Formation einer Landmiliz, welche Einrichtung niemals rechtlich
aufgehoben gewesen sei. Ausgenommen solle nur sein, wer das
fünfzigste Lebensjahr überschritten habe; ferner die Kirchen= und
Schuldiener und die Beamten. Die Männer von 17—50 Jahren
sind in jedem Amt in drei Rotten einzutheilen; in die erste Rotte
kommen die von 17—30 Jahren; in die zweite die von 30—40;
in die dritte die von 40—50 Jahren. Niemand soll sich um Geld

---

*) 4—5000 Gewehre wurden, das Stück zu 9 fl., von Oestreich an Würt-
temberg überlassen.

durch einen andern Mann vertreten laſſen dürfen. — Neben der her=
zoglichen Kriegskaſſe wurde eine Landesdefenſionskaſſe gegründet.*)
Die ganze Miliz war eingetheilt in ſechs Brigaden nebſt Re=
ſervemannſchaft und 19 Bataillone à 3 Kompagnieen zu je 240
Mann. Jede Brigade ſoll von einem Stabsoffizier, jedes Ba=
taillon von einem Hauptmann, die Kompagnieen von Oberlieute=
nants kommandirt werden. Dieſe ſämmtlichen Offiziere ſollen wo=
möglich den aktiven Truppen entnommen oder reaktivirt werden.
Die Unterlieutenants ſind aus Honoratiorenſöhnen zu ernennen.
Im März 1794 erfolgte die Anſtellung der Offiziere und die
Eintheilung in Truppenkörper zum Zweck der Einübung. Regiment
Hügel mußte 12 Offiziere als kommandirt abgeben. — Gage er=
hielten die Offiziere theils aus der Kriegs=, theils aus der Landes=
defenſionskaſſe; aus lezterer die Mannſchaft eine Entſchädigung
für Uebungstage.

Alle Milizmänner bleiben der Civilobrigkeit unterworfen; Ver=
gehen im Dienſt müſſen von den Offizieren zur Beſtrafung an die
betreffenden Civilämter angezeigt werden. — Die Brigaden und
Bataillone erhalten ihre Namen nach den Bezirken und Aemtern.
Im Auguſt 1794 erſcheint ein „ſimplifizirtes Exercierreglement"
für die Landmiliz.

Zu derſelben Zeit ging man damit um, eine Artillerie bei der
Miliz aufzuſtellen und zwar beſtehend aus

4 Kapitäns,
4 Stabskapitäns,
8 Lieutenants,
60 Unteroffizieren,
600 Kanonieren.

Vorerſt wurden aus dem Arſenal in Ludwigsburg an die
Miliz abgegeben 1 Zwölfpfünder, 6 Sechspfünder. Es befanden
ſich daſelbſt noch und wurden theilweiſe in Stand geſezt:

4 Zwölfpfünder,
5 Sechspfünder,
36 Dreipfünder,
19 Haubitzen.

Wäre kriegeriſcher Sinn in der That vorhanden geweſen, wäre
Opferbereitwilligkeit und Patriotismus den Bemühungen der Re=

---

*) Auch einzelne Geldbeiträge von Privaten gingen in dieſe Kaſſe ein;
doch ſpärlich, obwohl der Herzog ſich die Namen der Spender rapportiren
ließ und dieſelben zum Theil öffentlich belobte.

gierung entgegengekommen, so hätte in dem kleinen Lande eine in
Wirklichkeit großartige Streitmacht aufgestellt werden können. Beim
Eindringen der Feinde mußte die Grenze starren von Bajonneten;
in jedem Hause, hinter jedem Busch mußte der fremde Eindringling
sich von der Büchse und dem Messer des Wehrmanns bedroht
sehen. —

Ueber die thatsächliche Stimmung im Lande geben einige Jhr Werth.
Schriftstücke Aufschluß. Der ganze Gang der Ereignisse zeigt das
Weitere. —

Ganz im Gegensaz zu den Oberamtleuten, welche wie der von
Herrenberg, die Selbstbewaffnung des Volks als dessen höchsten
Wunsch hinstellen, schreibt ein Anonymus, der sich einen Beamten
nennt, an den Herzog, daß die eigentliche Stimmung des Land=
volks eine ganz andere sei als die so oft dargestellte; wofür sie sich
denn schlagen sollten, wofür Weiber und Kinder verlassen? — Etwa
um nur noch länger unter der Gewalt der Beamten zu leben? —
An die französischen Anschauungen streifen die Gesinnungen der
Landleute hin.

Auch der Geheimerath, im August 1794 um seine Meinung
über Verwendung der Landmiliz befragt, kann keinen guten Erfolg
voraussehen den französischen Armeen gegenüber, vor denen reguläre
Truppen zurückgewichen seien. Denn Gemeingeist und Patriotis=
mus der Unterthanen sei erforderlich, dessen Existenz aber die her=
zogliche Regierung sich nicht zu versichern getraue, da der Würt=
temberger nicht nur des Krieges ganz ungewohnt, sondern dem=
selben auch weder sein Fürst noch die Vorzüge der guten Verfas=
sung seines Vaterlandes bekannt genug seien, um mit einem
patriotischen Enthusiasmus für beide zu kämpfen. Im Gegentheil
herrsche Mißvergnügen; Beschwerden werden laut über mancherlei
wirkliche und eingebildete Bedrückungen. — Die herzogliche Regie=
rung müsse einen entscheidenden Schritt thun, um zu zeigen, daß
es ihr aufrichtig um Abstellung der Lasten und Mißbräuche zu thun
sei; dann werde ein besserer Sinn einkehren. Die Jagd müsse
verpachtet, das Wild in einzelne Parks eingeschränkt werden u. s. f.
                                 Unterzeichnet: Rieger.
                                          Hoffmann.
                                          Fischer.
Ganz unumwunden spricht sich im September 1795 der Ober=
amtmann Kerner zu Maulbronn aus. Er fragt an, wie er sich

wohl zu verhalten habe, wenn die französische Armee, die den Grenzen jezt, nach ihrem Einzug in Mannheim, nahe stehe, einbringe; wenn Marodeurshaufen sich bilden; wenn die Unzufriedenen im Amte sich selbst zu diesen schlagen. „Das allhiesige Oberamt kann alles dieß um so weniger hemmen, als die exekutive Gewalt bei selbigem äußerst elend beschaffen. Zur Exekution der herzoglichen Befehle und oberamtlichen Bescheide ist allhier im Kloster Niemand aufgestellt, als ein elender, tauber und krummer Thorwart, der den Namen eines Thürmers führt. Die Landmiliz in dem allhiesigen Oberamt zeichnet sich noch immerhin durch Widerspenstigkeit und Unordnung aus und täglich laufen von den Offiziers derselbigen Klagen bei dem Oberamt ein, und diese kann also nicht zur Erhaltung der Ordnung, wenigstens nicht ohne Beistand des herzoglichen regulirten Militärs gebraucht werden."

Den schlimmen Geist in der Miliz zu bannen, wurden die Amtleute angewiesen, von Zeit zu Zeit Vorschläge zu machen, welche Hebung der Disciplin und Weckung von Ehrgefühl zum Zweck haben. In erster Linie wurde hierbei geltend gemacht: größere Strafbefugniß der Offiziere, Ausschließung der Widerspenstigen von Gesellschaften, Belustigungen und bürgerlichen Rechten.

Niemals aber gelang es, der immer wiederkehrenden Widersezlichkeiten und Unruhen bei den Milizbataillonen Herr zu werden. Als besonders schlecht disciplinirt erscheinen unter anderen die Bataillone von Göppingen und Welzheim.

Als am 20. Mai 1795 Ludwig Eugen plözlich starb, fuhr sein Bruder, Herzog Friedrich Eugen, in derselben Weise mit Vermehrung und Instandsezung der Wehranstalten fort. Der neue Herzog besaß ähnliche vortreffliche Eigenschaften wie sein Bruder, war wie dieser ein gedienter, erfahrener Soldat.

So zu Hause im Herzogthum die Zurüstungen mannchfacher Art und die Aufstellung von Truppen, auf die aber alle kein Verlaß mit Ausnahme des Infanterieregiments v. Hügel.

Das Kreiskontingent am Rhein. Am Rhein stand indessen mit den übrigen schwäbischen Kreistruppen das württembergische Kontingent eingefügt in die österreichische Oberrheinarmee. Oberkommandant war Graf Wurmser; nach dessen Abgang auf den italienischen Kriegsschauplaz Graf Baillet de Latour. Generalkommandant der Schwaben war Generallieutenant von Stain, später Generallieutenant Landgraf von Fürstenberg. Im Jahr 1796 zählte das ganze Kreiskorps 7230

Mann; das württembergische Kontingent war nach und nach ver=
mehrt worden auf 3 Bataillone Infanterie, einige Schwabronen
Dragoner und etwas Artillerie.*)

Der bunt zusammengewürfelte Haufen ohne irgend ein zu=
sammenhaltendes Bindemittel, ohne gemeinsamen Geist, von den
Kaiserlichen geneckt und verachtet als „schwäbischer Kragen," unter
sich selbst gespalten durch Eifersüchteleien und Kleinlichkeiten hat
zu allen Zeiten Stoff zu humoristischen Betrachtungen geliefert.**)

Ein schlechtes Zeugniß ist es schon an und für sich, wenn ein
Reichskreis von zwei Millionen Einwohnern nicht im Stande ist,
gegen den Reichsfeind mehr als 7—8000 Mann aufzustellen,
kaum ⅓ Prozent der Bevölkerung. Die schlechte Verfassung,
die schlaffe Handhabung derselben, die alle energischen Maßregeln
abstumpfende Zerissenheit, die Ohnmacht, die Sonderpolitik, der
schlechte Wille vieler Landesherrn sind als Hauptursachen aller
militärischen Uebelstände anzusehen. Wenn dennoch bei den Kreis=
truppen Beispiele von guter Haltung und mannhaftem Benehmen
nicht fehlen, so muß das nur um so mehr anerkannt werden.

So wird gleich beim Anfange des Reichskrieges im Jahre
1793 das Benehmen speziell der württembergischen Artillerie bei
der Beschießung von Fort Louis gelobt; ebenso die Haltung der=
jenigen Abtheilungen, welche mit Wurmser aufs linke Rheinufer
übergegangen waren und an den Gefechten im Bienwald, wie an
der Erstümung der weißenburger Linien Antheil nahmen. Zur
Auszeichnung für die Mannschaft wurden vom Herzog 18 silberne
Medaillen überschickt, an gelb und schwarzem Bande zu tragen.***)

Ein einigermaßen zusammenhaltendes Band wurde im Anfang
der neunziger Jahre geschaffen für sämmtliche Kreistruppen; Vor=
schriften nämlich für das Exerciren, Elementartaktik und sonstige
Dienstreglements. Der erstere Theil erschien 1793, der zweite
1795. †) Dieselben Vorschriften mit wenigen Abänderungen Dienstvorschriften.

---

*) Ueber die Schicksale der schwäbischen Truppen vergl. Beitrag zur Ge=
schichte des Feldzugs vom Jahr 1796 in besonderer Rücksicht auf das schwä=
bische Korps (von F. v. Varnbüler). Altona 1797. Ebenso Häusser II., 49 ff. —

**) Vergl. Schilderung der jetzigen Reichsarmee nach ihrer wahren Gestalt.
Köln 1796.

***) Die Offiziere pflegten sich um Verleihung des Militärordens entweder
selbst oder durch Vermittlung der Kommandos an den Herzog zu wenden.

†) Reglements für die Truppen von den Fürsten und Ständen des
schwäbischen Kreises. — Bestätigt von dem allgemeinen schwäbischen Kreis=
konvent. — Seelbach 1795.

kamen auch für die württembergischen Haustruppen in Geltung. Rangirung in drei Gliedern; die Offiziere zwölf Schuh vor dem ersten Glied, dem rechten und linken Flügel und der Mitte gegen= über. Die Kompagnie zerfällt in zwei Züge und vier Sektionen; die Unteroffiziere auf den Flügeln der Züge oder hinter dem dritten Glied. Beim Abmarsch führt der Hauptmann den ersten Zug, der Sekondlieutenant den zweiten, der Premierlieutenant schließt die Kompagnie.

Zusammenstellen der Kompagnieen zum Regiment in zwei Ba= taillonen; erstes Bataillon: auf dem rechten Flügel die Leibkom= pagnie, dann die zweite Majors=, vierte Hauptmanns=, zweite Hauptmanns=, Oberstlieutenantskompagnie. Zweites Bataillon: auf dem rechten Flügel des Obersten Kompagnie, dann die erste Hauptmanns=, fünfte Hauptmanns=, dritte Hauptmanns=, erste Majorskompagnie. Die vier Grenadierkompagnieen von zwei Regimentern formiren ein Bataillon, die Kompagnieen rangirt nach dem Dienstalter der Hauptleute. Das Exerciren begreift die Handgriffe, Chargirung; Avanciren, Retiriren im Bataillon; Feuern mit Pelotons; in Zügen abmarschiren und aufmarschiren.

Die 1795 erschienen Dienstreglements *) geben Vorschriften für alle möglichen Verhältnisse und Vorkommnisse im Krieg und im Frieden. Die Prügelstrafe ist beibehalten; doch wird bestimmt: „alles Prügeln der Unteroffiziers und Soldaten soll niemals anders zugelassen sein, als wenn es das Beste des Dienstes erfordert, und es hat zur bloßen Korrektion mit Mäßigung Statt zu finden; auch hat jeder Obere dahin zu sehen, daß von seinen Untergebenen darunter kein Mißbrauch getrieben werde."

„Stockschläge sollen für die Zukunft nicht anders, als auf die Beinkleider, einige ganz wenige sogenannte Fanghiebe abgerechnet, und mit keinem anderen Werkzeug, als einem gewöhnlichen Korpo= ralstock von Haselnußholz, der mit keiner Zwinge beschlagen sein darf, gegeben werden. Unteroffiziers allein erhalten Fuchteln mit der flachen Klinge."

Die Strafe des Gassenlaufens ein= oder mehreremal durch 300 Mann, wird vom Regimentsgericht erkannt. Die Vorschrift für die Exekution lautet: „Wenn der Adjutant das Kommando gestellt hat, solches zum Eindupliren, und an jedem Flügel zween

---

*) Etwa im Umfang der jetzt bestehenden Kriegsdienstordnung ersten, zweiten und dritten Bands.

Unteroffiziers zum Zusezen der Gasse, und zween Korporals zum Auf= und Niederführen des Arrestanten eingetheilt hat, so werden die übrigen Unteroffiziers hinter die Front gesezt und das Gewehr abgenommen. Die Offiziere treten vor die Front. Der Major läßt darauf das dritte Glied einbupliren, das erste Glied rechts umkehrt machen und das Gewehr zur Exekution nehmen.

Der erste Kapitän und zween Kompagnieoffiziers sezen sich am rechten Flügel vor der Gasse und hinter ihnen einige Spielleute. Der zweite Kapitän und die zween übrigen Kompagnieoffiziers sezen sich am linken Flügel vor der Gasse und hinter ihnen eben= falls einige Spielleute.

Ist die Gasse formirt, so wird der Arrestant durch einen Kor= poral und vier Mann an den rechten Flügel gebracht, und wenn er geschlossen ist, losgemacht.

Der Steckenknecht geht mit den Ruthen, wovon die Mann= schaft nimmt, durch die Gasse und wenn er am linken Flügel aus= tritt, schlagen die Tambours Appell.

Der Arrestant muß sich entkleiden, zwei Korporals führen ihn die Gasse hinunter, wenden unten und führen ihn wieder herauf.

Das Spiel wird wechselsweise gerührt; so wie der Arrestant nahe kommt, fangt es an, und schweigt, wenn er ferne ist.

Der Major reitet an einer Seite der Gasse mit einem Kor= poral neben sich, und ebenso an der anderen Seite der Gasse der Abjutant. Beide geben Acht, daß gehörig gehauen, und der, wel= cher es unterläßt, auf der Stelle gestraft werde.

Ist die Strafe vorbei, so schweigt das Spiel auf einen Wink des Majors; die Ruthen werden rückwärts weggeworfen, das erste Glied macht herstellt, das Kommando formirt sich wieder in drei Glieder, präsentirt, nimmt das Gewehr hoch und wird entlassen."

Die Strafe, den Namen an den Galgen zu schlagen, existirt ebenfalls noch; in ähnlicher Weise auch die früher beschriebene Prozedur des Ehrlichmachens.

Beim Erkenntniß der Todesstrafe gegen Mehrere ist verord= net, daß sie auf der Trommel unter sich würfeln müssen; an dem, der am wenigsten geworfen, wird die Todesstrafe vollzogen.

Genau vorgeschrieben sind die Ehrenbezeugungen, wie sie von Wachen, Schildwachen und Einzelnen den militärischen Chargen sowohl als allen den verschiedenen Reichsständen, Fürsten, Prälaten u. s. f. des schwäbischen Kreises gebühren.

„Auf der Straße muß sich der Soldat durch einen freien ungezwungenen Gang, sowie durch ein bescheidenes und höfliches Betragen auszeichnen. Vor jedem ihm begegnenden Offizier hat er Front zu machen und mit der linken Hand den Hut abzunehmen; auch so lange still stehen zu bleiben, bis derselbe vorbei ist. Hat er aber das Gewehr auf der Schulter, so nimmt er in keinem Fall den Hut ab, sondern er zieht, indem er Front macht, nur das Gewehr scharf an. Vor jedem Unteroffizier, zu dem er Sie sagt, sowie vor jedem Mann von Stand*), der auch nicht vom Militär ist, und vor jeder Schildwache zieht er ebenfalls den Hut ab, jedoch ohne Front zu machen."

Die bisher übliche Bezeichnung Gemeiner findet sich durch das Wort Soldat ersezt ohne Unterschied der Waffe.

In dem Hauptstück vom Feldbienst wird vor dem Beginn eines Feldzugs für jeden Offizier ein „Equipirungsdouceur" bestimmt im Betrag von drei Monatsbezügen an Rationen und Portionen.

Mehrere Jahre hindurch, so lange am Mittel= und Niederrhein, in Flandern und in der Pfalz mit abwechselndem Glück gekämpft wurde, standen die schwäbischen Kreistruppen fast unthätig am Oberrhein. Uebungen und Ablösungen auf der Postirung füllten die Zeit.

Wie wenig die Oestreicher von ihren Leistungen hofften, zeigt ein Bericht von dem Oberst und Generaladjutanten v. Miller an den Herzog Friedrich Eugen vom 28. Septbr. 1795. Allgemein spreche man in der Gegend von einem bevorstehenden Frieden zwischen Frankreich und Württemberg. „So viel bleibt gewiß, daß die Kaiserlichen ein großes Mißtrauen in uns sezen, das soweit geht, daß sie vor einigen Tagen einer Nachricht, als ob die Franzosen Kehl aufgefordert, und Feldzeugmeister Stain dasselbe wirklich übergeben habe, Glauben beigemessen 2c."

Im Frühjahr 1796 war die Kriegslage am Rhein die: zwei

Marginalie: Kriegslage am Rhein.

---

*) Das Grüßen der Civilpersonen durch Hutabnehmen vor Schildwachen war durch herzogliche Ordre vom 1. Juli 1794 in Württemberg abgeschafft worden. „Unseres gnädigsten Herrn Herzogl. Dchl. haben den bisherigen Gebrauch des Hutabziehens vor den Schildwachen, um der daraus entstehenden Unannehmlichkeiten willen dergestalt aufgehoben, daß die Vorübergehenden davon dispensirt sein sollen 2c." Sammlung württ. Kriegsgeseze, dritter Theil, S. 2966.

französischen Heeren auf dem linken Rheinufer standen zwei öster=
reichische auf dem rechten gegenüber. Jourdan am Niederrhein
mit 76,000 Mann gegenüber dem Erzherzog Karl, der 91,000 Mann
kommandirte; am Oberrhein Moreau mit 77,000 Mann gegenüber
Wurmser mit 80,000 Mann.

Von Philippsburg aufwärts bis zur Schweizergränze standen
im Ganzen 32,000 Mann von Wurmser's, später Latour's Armee
auseinandergezogen in weitläufigen Cordonstellungen. Die schwäbi=
schen Kreistruppen, 7230 Mann stark, hatten die Strecke zwischen
Rench und Schutter inne, Straßburg gegenüber.*) Sie waren
meist kompagnie= und schwadronenweise auf den Dörfern vertheilt;
nur in Kehl, als dem Hauptposten lagen zwei Bataillone und bei
Wilstett eine Reserve von mehreren Bataillonen und Schwadronen.
Links von den Schwaben stand das Korps von Condé, rechts
Oestreicher.

Moreau beabsichtigte, seinen Uebergang gerade bei Kehl zu
bewerkstelligen. Um die Reichstruppen sicher zu machen, demon=
strirte er in der Mitte des Juni gegen Mannheim hin, als wolle
er dort übergehen. Vollkommen erreichte er seinen Zweck und
überraschte in der Nacht vom 23.—24. Juni bei einem auf Schiffen
versuchten Uebergang die schwäbischen Truppen dergestalt, daß in
wenigen Stunden die Schanzen erstürmt waren und Kehl sich in
den Händen der Franzosen befand, welche sich rasch verstärkten, so
daß sie den nächststehenden östreichischen Truppen bedeutend über=
legen waren.

Der Rückzug der schwäbischen Truppen ging zunächst ins Kin=
zigthal, wo am 27. Juni bei Bühl und Offenburg Stellung ge=
nommen wurde.**) Aus dieser verdrängt, zog das Korps die Kinzig
weiter aufwärts und sezte sich wieder bei Bibrach und Haßlach.

Die Oestreicher, die rechts von den Schwaben gestanden, zogen
sich gegen die Murg zurück, nordwärts zur Vereinigung mit dem
vom Main hermarschirenden Erzherzog.

Das Renchthal, der nächste Weg nach Schwaben, stand so den
Franzosen vollkommen offen. Am 29. Juni hatten sie Oberkirch
und Oppenau besezt und marschirten dem Roßbühl zu. Diesen
Paß zu sichern, betaschirte der schwäbische Obergeneral aus dem

---

*) Häusser II., 49.
**) Beitrag zur Geschichte des Feldzugs vom Jahr 1796 (von F. v. Barn=
büler). Altona 1797.

Kinzigthal 3 Bataillone, 2 Schwadronen und 4 Geschüze unter Generalmajor v. Mylius auf den Paß.

In der Nacht vom 1. auf den 2. Juli kamen die meisten Ab=
theilungen des Detaschements, — es war das württembergische
Kontingent —, auf ihren Bestimmungspläzen: Roßbühl, Petersthal
Kniebiszollhaus, an.

Besezung des Schwarzwalds. In Stuttgart am Herzogshofe blieb der Ernst der Lage nicht ver=
borgen. Zunächst bei dem unerwarteten Vordringen der Franzosen
hatte man an einen Waffenstillstand mit diesen und an Neutralität
gedacht; Oestreich, mit Versprechungen von Verstärkung an dem
Oberrhein, hatte den Entschluß wieder geändert. Ein Theil der
Haustruppen mit zahlreicher Artillerie, selbst einzelne Abtheilungen
Landmiliz wurden zur Besezung der Schwarzwaldpässe bestimmt.
Bald jedoch nach dem Aufgebot wurde die Miliz als unbrauchbar
wieder ihrer Dienste enthoben und nur ein Theil vom Regiment
Hügel, die Artillerie und Depotabtheilungen zum Ausmarsch be=
stimmt. —

In den lezten Tagen des Juni ward der Marsch von den
bezeichneten Abtheilungen angetreten. Zwei Kolonnen wurden ge=
bildet.

Erste Kolonne unter Generalmajor v. Hügel mit der Bestim=
mung zunächst nach Freudenstadt:

2 Grenadierkompagnien,
4 Kompagnieen vom 2. Bat. Hügel.*)

Stationen:

1. Böblingen und Sindelfingen.
2. Herrenberg und Revier.
3. Nagold und Revier.
4. Freudenstadt und Kniebis.

An Artillerie wird mitgenommen von Ludwigsburg:

2 eherne Zwölfpfünder   à 6 Pferde,
5 schwere Sechspfünder   à 4 „
6 Dreipfünder   à 2 „
2 „ von Stuttgart à 2 „

In Freudenstadt treffen sie an:

2 Dreipfünder à 2 Pferde.

*) Das erste Bataillon blieb in Stuttgart zurück.

Munitionswagenwerk:

2 Munitionswagen für Zwölfpfünder   à 4 Pferde,
5 Munitionskarren für Sechspfünder   à 2   „
4   „   für Dreipfünder   à 2   „
2 Schanzzeugkarren   à 2   „
5 Zeltwagen   à 4   „

Die Infanterie wird theils vorwärts zur Besezung der Kniebis-schanze, theils seitwärts längs der Murg auf die Posten von Kl. Reichenbach und Schwarzenberg angewiesen werden, wo ihre erste Sorge sein wird, sich mit einander in richtige Verbindung zu sezen. Die Leute nehmen auf zwei Tage Brod mit.

Zweite Kolonne unter Oberstlieutenant v. Leibreuter, mit der Bestimmung, über Neuenbürg nach Herrenalb zur Besezung des Passes von Loffenau zu marschiren. Sie bestand vorzüglich aus Kreisdepotabtheilungen mit etwas Artillerie.

Der Erbprinz Friedrich Wilhelm Karl, nachmals als Herzog Friedrich II. genannt, ein Mann voll rastloser Thätigkeit und großer Energie, hatte die Leitung der Vertheidigungsanstalten in die Hand genommen. Von seinem Vater war er mit den ausgedehn-testen Vollmachten versehen. Nach seiner Ansicht galt es vor Allem, den Posten von Hausach im Kinzigthale und den auf dem Roßbühl so lange zu halten, bis Latour und Erzherzog Karl sich vereinigt hätten, um die Franzosen an der Murg anzugreifen.

Im Namen seines Vaters, als Kreisdirektors und ausschrei-benden Standes, befahl er dem Landgrafen von Fürstenberg, mit dem schwäbischen Korps das Kinzigthal bei Hausach um jeden Preis zu halten; er wolle das Gleiche auf dem Roßbühl thun. An den Generalmajor v. Nikolai, der zur Wahrnehmung der In-teressen Württembergs ins schwäbische Hauptquartier nach Hausach geschickt worden war, wendet sich der Erbprinz in folgendem Schreiben.

Mein lieber Herr Generalmajor v. Nikolai!

Von meines Herrn Vaters Gnaden hieher geschickt, um die Postirung derer jezt in dieser Gegend zusammentreffenden Korps*) mit ihren respektiven Kommandanten zu regeln, habe ich Solches bereits in Ordnung gebracht, zugleich aber auch beigehendes

---

*) General v. Mylius'sches Detaschement von den Kreistruppen, herzog-lich württembergische Haustruppen in den oben angegebenen zwei Kolonnen; von Latour zur Unterstützung kommandirt Freikorps Giulay und Jägerbataillon Leloup.

Schreiben an den Herrn Feldmarschalllieutenant Landgrafen von Fürstenberg erlassen, welches derselbe Ihnen mittheilen wird.

Aus den lezten Berichten des Kreisobristen und Generaladjutanten v. Miller haben wir ersehen, daß das Kreiskorps nicht allein seine Stellung bei Vibrach verlassen und die bei Hausach bezogen, sondern auch nicht sicher zu sein scheint, diese leztere zu behaupten.

Die Berichte des Herrn Generalmajors hierüber sind zwar erst nach meiner Abreise von Stuttgart eingetroffen; was sie aber auch enthalten und wie sehr auch das schwäbische Kreiskorps zerrüttet sein möge, ertheile ich im Namen meines Herrn Vaters und kraft der Vollmacht, die Sie selbst gesehen, Ihnen den bestimmten und ausdrücklichen Befehl, an keinen weiteren Rückzug nicht mehr zu denken, sondern den Herrn Feldmarschalllieutenant v. Fürstenberg nach dem Inhalt des an ihn erlassenen Schreibens dahin zu bewegen, diesen so wichtigen Posten von Hausach unabänderlich zu besezen und selbst mit den größten Aufopferungen bis auf den lezten Mann zu vertheidigen, wofür ich den Herrn Generalmajor insbesondere responsable mache, auch berechtige, dieses mein Schreiben nöthigenfalls zu gebrauchen.

Die äußerst günstigen Aussichten auf ansehnliche kaiserliche Verstärkung heben für den Augenblick alle Ideen von friedlichem Akkommodement gänzlich auf, daher dieser Theil der Bestimmung des Herrn Generals aufhört, auch der Legationsrath von Wächter bereits rappellirt.

Ich wiederhole nochmals dem Herrn Generalmajor, daß es demselben auf Ehre und Pflicht aufgegeben, für die Behauptung des Postens von Hausach zu sorgen und daher das schwäbische Kreiskorps nicht vor erhaltener Ordre zu verlassen.

Da ich heute wieder nach Stuttgart zurückkehre, so werden Sie Ihre ferneren Rapports direkt an den Herzog dahin schicken. Ich verbleibe, mein lieber Herr Generalmajor,

Ihr wohlaffectionirter
Friedrich.

Freudenstadt, den 2. Juli 1796.

Am Abend des 2. Juli stand das schwache Detaschement des Generals Mylius, — von den Kompagnieen erreichte keine die Stärke von 100 Mann —, auf seinen Postirungen auf dem Kniebiszollhaus, im Petersthal und auf dem Roßbühl; die hier erbaute halbfertige Schanze wurde besezt. Die Kolonne des Generalmajors

v. Hügel befand sich bei Pfalzgrafenweiler; die Korps v. Giulay und Leloup waren noch nicht in die Stellungen eingerückt. Einzig und allein standen also die Kreistruppen auf dem Punkt, der vertheidigt werden sollte.

Im Renchthal bei Oppenau hatten die Franzosen sich bedeutend verstärkt und ohne Zweifel schon vorher, ehe die Kreistruppen auf den Roßbühl gerückt waren, diese Stellung rekognoscirt. Jedenfalls scheinen sie über alle Verhältnisse sehr gut unterrichtet gewesen zu sein, was auf Seite der schwäbischen Truppen gewiß nicht der Fall war, wie der Erfolg zeigte.

Noch am 2. Juli Abends rückten die französischen Vortruppen gegen die Stellung auf dem Roßbühl vor. Sie waren den Schwaben weit überlegen. Doch hielten diese das Gefecht über eine Stunde hin; aber ohne jegliche Unterstützung gelassen, wurden sie endlich versprengt und ein großer Theil von ihnen gefangen genommen. Einzelne Haufen zogen sich ins Kinzigthal zurück.

Am folgenden Tag kam auch das Jägerkorps Leloup nach Freudenstadt, rückte auf den Kniebis vor, wurde aber hier angegriffen und theils an die Murg, theils nach Freudenstadt zurückgeworfen.

Während die Franzosen Freudenstadt besetzten, mußte es die Hauptsorge der versprengten Abtheilungen von den Kreistruppen und vom Leloupischen Korps sein, sich mit der anmarschirenden, noch ganz intakten Kolonne des Generals von Hügel zu vereinigen:

Was die herzoglichen Haustruppen ausgerichtet, zeigt folgender Bericht Hügels:

Durchlauchtigster Herzog,
Gnädigster Fürst und Herr!

Auf die herzogliche Ordre vom 3. bjs., welche heute früh drei Uhr zu Pfalzgrafenweiler angelangt ist, habe ich sechs Kompagnieen meines Regiments, eine Kompagnie des Kreisinfanterieregiments Württemberg und 53 zu mir gestoßene Landjäger mit einer Sechspfünder- und einer Dreipfünderkanone früh um 6 Uhr von Pfalzgrafenweiler nach Freudenstadt in den Marsch gesetzt. Als das Korps auf der Höhe von Hallwangen angelangt war, wurde das Feuern zwischen dem Leloupischen Jägerkorps und den Franzosen vernommen und die ganze Kolonne war in das Dorf und Thal Ach eingerückt, als die ausgeschickten Patrouillen die Nachricht brachten, daß das Leloupische Jägerkorps Freudenstadt verlasse.

Nach der von dem k. k. Ingenieurhauptmann d'Anton erhaltenen vorläufigen Nachricht sollte der Trupp theils gegen den Roßbühl mit dem Leloupischen Jägerkorps agiren, theils im Fall einer Retirade die Christophsthaler Steig bei Freudenstadt und diesen Ort selbst besezen.

Weil nun bei Ankunft des Korps in dem Dorf Ach das Leloupische Jägerkorps die Stadt bereits verlassen hatte, so zog ich mich aus dem Dorf und Thal Ach zurück auf die Höhe links des Baches und ließ daselbst aufmarschiren, um die weiteren Bewegungen des Feinds zu beobachten und dem Leloupischen Korps Gelegenheit zur Vereinigung zu geben.

Da aber aus Mangel an Kavallerie weder von den Bewegungen und Absichten des Feinds noch von dem Aufenthalt des Leloupischen Korps die nöthigen Nachrichten eingezogen werden konnten und der von Freudenstadt angekommene Ingenieurhauptmann d'Anton die Nachricht brachte, daß der Feind über den Kniebis und Schöllkopf in zwei starken Kolonnen eingerückt sei, so zog ich das Corps über Pfalzgrafenweiler nach Nagold, allwo bereits die unter dem Hauptmann v. Becke stehende Artillerie angekommen war.

Der Oberst v. Leidreuter ist mit seinen drei unter sich habenden Kompagnieen noch nicht zu mir gestoßen; auch kann ich aus Mangel an Kavallerie die erforderlichen Nachrichten nicht einziehen. — Auch ist man sehr gedrängt, indem die Vorspannpferde für Geschüz und Bagage schwer zu erhalten sind und an den Offizierspferden mangelt es überall,*) so daß der größte Theil heute einen Marsch von 14 Stunden zu Fuß machen mußte.

Von dem Leloupischen Korps habe ich Nichts erfahren können. — Ich sehe übrigens den weiteren gnädigsten Befehlen entgegen. — Außer vier leichten Kanonen ist der ganze Artillerietrain nach Herrenberg abgeführt worden.

Soeben wird mir der Rapport gebracht, daß der Oberstlieutenant v. Leloup mit seinem Korps allhier in dem Lager eintreffen werde.

Mit unthänigstem Respect
Euer herzogl. Dchl.
unterthänigst treugehorsamster
v. Hügel, Generalmajor.

Felblager bei Nagold, den 5. Juli 1796.

---

*) Im Frieden erhielten zwar nur die Majore und Adjutanten Pferderationen, aber vor jedem Ausrücken ins Feld mußten sämmtliche Offiziere

Offen lagen nunmehr den Franzosen die nächsten Zugänge nach Schwaben über die Höhen und durch die Schluchten des Schwarzwalds, den man so gern als eine natürliche Festung betrachtet hatte. — Der Landgraf von Fürstenberg mit den sehr geschwächten Kreistruppen zog sich gegen Haigerloch, später nach Rottenburg zurück; im Breisgau stand ganz isolirt Fröhlich mit einem Korps Oestreicher sammt den Truppen Conbé's.

Nur an der Murg noch zeigte sich ein den Eindringlingen ebenbürtiger Gegner. Von dem Ausgang des Kampfes hier hing es ab, ob die scheu zurückweichenden Schwaben sich wieder ermannen, ob die schwankenden Regierungen an der deutschen Sache festhalten würden.

Am 5. Juli kämpften die Oestreicher tapfer um Gernsbach und Kuppenheim; doch mußten sie sich hinter die Murg zurückziehen. Jezt nahte aber der Erzherzog in Eilmärschen mit 15 Bataillonen und 20 Schwadronen, um mit Latour sich zu vereinigen.

Im Westerwald war er noch am 26. Juni gestanden, als er Moreau's Uebergang erfahren; sofort war es ihm klar, daß er mit aller Macht sich auf diesen gefährlichsten Gegner stürzen müsse. —

Am 9. Juli wurden die Franzosen angegriffen bei Malsch in der Ebene des Rheins; bei Herrenalb und Loffenau auf dem breiten Rücken des Schwarzwalds. Hier blieben die Franzosen Sieger, dort die Oestreicher.

Der Erzherzog, im Gebirg geschlagen, konnte die Erfolge in der Ebene nicht festhalten; er entschloß sich zum Rückzug nach Pforzheim. Sich Schritt für Schritt durch Schwaben zurückzuziehen und die Heere Moreau's und Jourdans auseinanderzuhalten, war sein weiterer Plan.

Der Ausgang der lezten Schlacht, die Schwaben vor dem Feinde retten konnte, bestimmte das Schicksal der kleinen Staaten und des ganzen Kreises. Beispiele und Vorgänge, daß einzelne Stände mit dem Reichsfeind unterhandelten und sich vertragen, waren zur Genüge vorhanden; Preußen war allen anderen Staaten vorangegangen.

---

sich auf eigene Kosten Pferde — wie auch Zelte — anschaffen und zwar nach dem neuen Reglement von 1795 ein Stabsoffizier drei Reitpferde, ein Hauptmann und Lieutenant je ein Reitpferd.

Im Gefühl ihrer Ohnmacht wünschten die Einwohner und Landesvertreter, auch ein Theil der Fürsten in den kleinen Staaten Nichts so sehnlich, als nach allen Seiten hin neutral in dem Streite der Großen bleiben zu dürfen. Württemberg, Baden und andere Stände des schwäbischen Kreises waren schon lange auf diesen Weg bedacht gewesen.

Geheimerath v. Mandelslohe und Assessor Kerner wurden ins Hauptquartier Moreau's geschickt, um einen Waffenstillstand aus= zuwirken, während Minister v. Wöllwarth nebst dem Legations= rath Abel den Frieden in Basel betrieb.

Die herzoglichen Haustruppen gingen in aller Stille in ihre Garnisonen zurück. General v. Hügel übernahm wieder seine Kommandantenstelle auf dem Asperg; das zweite Bataillon seines Regiments lag in Ludwigsburg; die übrigen Truppen in Stutt= gart. — Der herzoglichen Regierung scheint ihre bewaffnete Macht eine wirkliche Verlegenheit gewesen zu sein, so lang ihr Verhältniß zu den Franzosen wie zu den Oestreichern nicht geregelt und ge= klärt war. Schon standen die Oestreicher, von Pforzheim her mar= schirend, auf württembergischem Gebiet; ihr Hauptquartier war am 14. Juli in Vaihingen; die Franzosen waren bis Weil die Stadt vorgedrungen.

Aus einer Aeußerung in einem Bericht Hügels geht hervor, daß im äußersten Nothfall die Regierung entschlossen war, das ge= sammte Militär auseinandergehen zu lassen über die Dauer der Kriegsläufe, damit man ihr nicht zumuthen könne, werkthätig für die eine oder andere Partei einzugreifen. General v. Hügel macht darauf aufmerksam, daß die genannte Maßregel sehr schwierig auszuführen wäre, da man die Ausländer nicht ohne Weiteres fortschicken könne, ohne ihnen ihre eingelegten Kautionen baar zurückbezahlt zu haben, wodurch die Kriegskasse jedenfalls in Ver= legenheit gerathen müsse.

Oestreicher und Franzosen rückten indessen den beiden Residenzen Stuttgart und Ludwigsburg immer näher.*) Saint Cyr rückte von Weil die Stadt und Schaffhausen an, die Brigade Laroche zog von Herrenberg nach Böblingen; am 18. Juli war der Erzherzog in Ludwigsburg; Berg, Kannstadt, Stuttgart durch österreichische Posten besezt; bei Mülhausen und Albingen wurden Brücken ge=

---

*) Martens, Geschichte der innerhalb der Grenzen des gegenwärtigen Königreichs Württemberg vorgefallenen kriegerischen Ereignisse, S. 050 ff.

schlagen, damit die östreichische Armee ihren Rückzug den Neckar aufwärts weiter fortsezen könne; Moreau folgte dem Erzherzog vorsichtig nach.

Während Oestreicher und Franzosen bei Besezung von Stuttgart und Berg am 18. Juli kämpften, sahen die herzoglichen Truppen vollkommen unthätig zu, auf das Bekanntwerden ihres Waffenstillstands wartend.

Dem Kommandanten zu Ludwigsburg, General v. Beulwiz, war schon am 14. Juli der Befehl zugegangen, die Thore schließen und streng bewachen zu lassen, damit Niemand von der Garnison mit dem Feind in Berührung kommen könne.

Die Ungewißheit der Lage veranlaßt den General v. Hügel zu folgender Anfrage an den Herzog.

„Ew. herzogl. Dchl. erlauben mir gnädigst die devoteste Anfrage zu machen, im Fall die Franzosen bis hieher oder bis Ludwigsburg vordringen sollten, wie ich mich nach Höchstdero Intention zu benehmen. — Mit allererfinnlichster Veneration unterthänigst ersterbend

Ew. herzogl. Dchl.

unterthänigst treugehorsamster

v. Hügel, Generalmajor und Kommandant

des Militär-Ordens.

Hohenasberg, den 18. Juli 1796."

Antwort hierauf:

„Mein lieber Herr Generalmajor v. Hügel!

Auf Ihre Anfrage in Betreff Ihres Benehmens, wann die französische Armee bis Ludwigsburg vordringen sollte, erwidere, daß, wann es dabei zwischen ihnen und der kaiserlichen Armee zu Thätlichkeiten kommen sollte, sich das herzogliche Militär dabei ganz passive und neutral zu verhalten habe. Sollten aber die Franzosen erst nach dem Abzug der Kaiserlichen einmarschiren, so beobachten unsere Truppen ebenfalls die vollkommenste Neutralität, besezen die Schloß- und andere Wachen, bis und dann etwa das Gegentheil mit bedrohlicher Gewalt gefordert würde, in welchem Fall sich das Militär in den Kasernen ruhig zu verhalten hat.

Was Hohenasperg betrifft, beobachtet diese Festung ebenfalls die strengste Neutralität und Sie suchen allem Einmarsch französischer Völker durch glimpfliche Vorstellungen auszuweichen, halten auch zu mehrerer Sicherheit die Thore geschlossen. Sollte jedannoch aber die französische Armee mit Gewalt den Einmarsch erzwingen wollen, so werden Sie falls Meiner Abwesenheit sich zu Ihrer Legitimation einen schriftlichen Befehl des geheimen Raths zu Stuttgart ausbitten, ehe und dann Sie französische Völker in die Festung aufnehmen.

Ich verbleibe übrigens rc.

Schorndorf, den 19. Juli 1796."

Ueber den Einmarsch der Franzosen in Stuttgart berichtet der Kommandant, Generalmajor v. Georgii, an den Erbprinzen:*)

„Gegen alles Vermuthen sind die Franzosen gestern Nachmittag vom Hasenberg her hier eingerückt, nachdem das kaiserliche Kommando ihnen zwar entgegen gegangen, welches sie meines Erachtens als Sauvegarde nicht zu thun genöthigt waren; sie sind aber von ihnen zurückgedrängt worden.

Sobald sie eingerückt waren, besetzten sie die Schloß-, Haupt- und Thorwachen, besarmirten die Wachten und ließen die Leute in die Kasernen gehen. Nicht lange hernach kam der Befehl von dem französischen General, daß die herzoglichen Truppen wieder die Wachten beziehen und mit den Franzosen gemeinschaftliche Dienste versehen sollten, welches auch erfolgte, und beiderlei Wachten vertragen sich ganz freundschaftlich.

Nachdem der Geheimerath v. Mandelsloh eine Stunde nach ihrem Einrücken ankam und der Waffenstillstand bekannt wurde, so verlangte der französische General, daß die Garnison sich verpflichten sollte, die Neutralität genau zu beobachten, worauf die Garnison außer denen Wachten sich in den von Hügelschen Kasernen versammelte und eine von dem herzoglichen geheimen Rath vorgeschriebene Eidesformel in Gegenwart eines französischen Offiziers vom Generalstab ablegte.

Die Franzosen halten übrigens gute Mannszucht; indessen hat man doch nicht verhindern können, daß einzelne Franzosen in einige Häuser eingedrungen und geplündert haben. Der Lieutenant v. Harling mußte die ganze Nacht mit den noch hier befindlichen Husaren patrouilliren und dadurch ist doch manche Plünderung abgewendet worden, indem die Franzosen genöthigt wurden, zurückzugehen.

---

*) Genaue Darstellung der Besetzung Stuttgarts und der dortigen Verhältnisse, dem Tagbuch eines Stuttgarters entnommen, s. Beilage Nr. 24.

Der ich zu höchster Gnade mich unterthänigst empfehle und in tiefster Ehrfurcht ersterbe ꝛc."

Stuttgart, den 19. Juli 1796.

Während in den nächsten Tagen Franzosen und Oestreicher noch hartnäckig bei Kannstadt kämpften und beim Kloster Weil, hatte Württemberg sich schon unter die Fittige der siegreichen Republik geflüchtet und wehrlos sich dem Reichsfeind überliefert. Folgender Vergleich war geschlossen worden: *) {Waffenstillstand und Vertrag.}

Der Obergeneral der Rhein- und Moselarmee, der es sich zur Angelegenheit macht, den friedlichen Absichten Sr. Dchl., des Herrn Herzogs zu Wirtemberg, zu entsprechen, bewilligt demselben einen Waffenstillstand mit den fränkischen Truppen für das Gebiet des Herzogthums Wirtemberg und seiner Zubehörden unter folgenden Bedingungen.

Artikel 1. Der Herr Herzog wird sogleich alle zu den coalirten Armeen gestellten Contingentstruppen zurückziehen; dieselben werden bewaffnet bleiben und ·der Herzog wird sie zu der innern Polizei des Landes nach Gutfinden verlegen.

Artikel 2. Die Truppen der fränkischen Armee werden, so lange der Krieg dauert, in den Staaten des Herzogs den ungehinderten Durchzug haben. Diejenigen, welche den Kriegsoperationen zufolge, durch das Herzogthum Wirtemberg marschiren müssen, sollen darin, nach Beschaffenheit der Umstände, bei den Einwohnern einquartiert oder barrakirt werden, jedoch ohne daß die Eigenthümer beßhalb eine Schabloshaltung von der fränkischen Republik sollen fordern können. Der Obergeneral wird dabei, soviel immer möglich ist, verhüten, Truppen durch die herzoglichen Residenzstädte Stuttgart, Tübingen und Ludwigsburg, die der teutschen Verfassung nach von Durchzügen frei sind, marschiren zu lassen.

Artikel 3. Insbesondere wird der Obergeneral dafür sorgen, daß von den Truppen, die durch das Herzogthum ziehen zu lassen, die Kriegsoperationen ihn nöthigen werden, die Personen und das Eigenthum respectirt werden. Er wird ferner Sorge tragen, daß dem Gottesdienste und den Gesezen des Herzogthums Wirtemberg, welches dem Civil- und Militärgouvernement des Herrn Herzogs untergeben bleibt, kein Eintrag geschehe.

---

*) Europ. Annalen von Posselt, 1796, III., 230.

Artikel 4. Insoferne Umstände oder Kommunikationsschwierigkeiten es nothwendig machen, daß bei einem Marsch oder Aufenthalt der Truppen in dem Herzogthum Wirtemberg denselben ihre Subsistenz von daher verschafft werde, so haben die Beamten sich gegen die dießfallsigen Anforderungen der Generale oder Kriegskommissäre an Früchten oder Brod, Heu, Holz, Haber, Fleisch, Fuhrwesen oder Lastpferden nicht zu weigern. Diese Lieferungen werden von der Republik auf Abschlag der Naturalien und Geldkontributionssummen angenommen werden, welche der Herr Herzog zu Wirtemberg an die fränkische Armee abliefern läßt. Alle anderen von Partikularpersonen gekauften Viktualien werden von den Truppen mit baarem Gelde bezahlt. Diejenigen Lieferungen kommen in Abzug, welche von dem Tage der Unterzeichnung des gegenwärtigen Vertrags an die fränkischen Truppen gemacht worden sind.

Artikel 5. Der Herr Herzog zu Wirtemberg wird dem Zahlmeister der Rhein= und Moselarmee die Summe von 4 Millionen fränkischer Livres in baarem Gelde zahlen lassen. Eine Million wird binnen zehn Tagen nach Unterzeichnung des Vertrags, zwei andere Millionen werden von zehn zu zehn Tagen gezahlt und für die Zahlung der vierten Million eine Zeitfrist von zwei Monaten, von der Unterzeichnung an gerechnet, bewilligt. — Der Herr Herzog zu Wirtemberg wird außerdem noch die in einer besondern Uebereinkunft bedungenen Lebensmittel und anderen Gegenstände liefern. *)

Artikel 6. Der Herr Herzog zu Wirtemberg wird alsbald Jemanden an das Vollziehungsdirektorium der fränkischen Republik nach Paris schicken, um den Separatfrieden zu unterhandeln.

Artikel 7. Die Reichsstädte Eßlingen und Reutlingen, welche unter dem besonderen Schuze des Herrn Herzogs zu Wirtemberg stehen, und die Gebiete von Sindlingen und Bechingen, welche der verwittibten Frau Herzogin zu Wirtemberg gehören, sollen mit in dem durch diesen Vertrag bewilligten Waffenstillstande begriffen sein: sie sollen sich zu dem Ende den Bedingungen desselben unterwerfen und ihren Theil an den geforderten Kontributionen, nach Verhältniß ihrer Einkünfte, zahlen.

---

*) 100,000 Centner Brodfrüchte, 50,000 Säcke Haber, 100,000 Centner Heu, 50,000 Paar Schuhe und 4200 Pferde. Martens ic., S. 647.

Artikel 8. Der Obergeneral wird mit Vergnügen die Ver=
wendung des Herrn Herzogs zu Wirtemberg für jene Fürsten und
Stände des schwäbischen Kreises, welche mit der fränkischen Repu=
blik in Unterhandlungen zu treten wünschen, annehmen.

Geschehen im Hauptquartier zu Baden, den 29. Messidor des
4. Jahres der fränkischen Republik (17. Juli 1796).

Die zur Unterhandlung eines	Der Obergeneral
Waffenstillstands mit dem Ober=	der Rhein= und Mosel=
general bevollmächtigten Abge=	armee.
sandten des Herzogs von Wirtem=	Unterzeichnet:
berg.	Moreau.
Unterzeichnet:	
Baron v. Mandelslohe,	
Geheimerath.	
Kerner, Assessor.	

Am 7. August folgte der wirkliche Friede nach, geschlossen zu
Paris zwischen dem Minister des Auswärtigen der französischen
Republik Delacroix und dem württembergischen Staatsminister
Freiherrn v. Wöllwarth, dem der Legationsrath Abel beigege=
ben war.

Im Friedensvertrag, Art. 2, *) war die Stellung des Herzogs
noch näher dahin bezeichnet, daß er in Zukunft an keine Macht,
welche Feindin der Republik ist, irgend ein Kontingent oder Unter=
stüzung an Mannschaft, Pferden, Lebensmitteln, Geld, Kriegsmuni=
tion, oder sonst Etwas liefern werde, selbst wenn er auch als
Mitglied des deutschen Reichs dazu aufgefordert
würde.

Ein geheimer Artikel war dem Vertrag angehängt, dahin
lautend,**) daß der Herzog von Württemberg auf alle seine Be=
sizungen und Rechte jenseits des Rheins verzichte, daß er im
Reichstag dahin wirken wolle, daß das gesammte linke Rheinufer
an Frankreich abgetreten werde. Dafür versprach ihm die Repu=
blik als Kaufgeld das straßburgische Amt Oberkirch, die Abtei
Zwiefalten und Probstei Ellwangen.

Andere Landesherrn im deutschen Süden schlossen ähnliche
Verträge mit den Siegern ab.

---

*) Posselt, europ. Annalen, 1796, III., 342.
**) Häberlin, Staatsarchiv IV., 336 ff.

So waren sie denn faktisch aufgelöst, die schlaffen Bande des deutschen Reichs, in dessen Bestand seit lange schon so manche Lücke gebrochen worden war. — Die Souveränetät, so eifersüchtig gewahrt gegen die Gleichgestellten, wie gegen den Kaiser selbst, wurde jetzt dem fremden Sieger willig preisgegeben; ohne Kampf, nur im Vorübergehen sahen die französischen Fahnen alle die kleinen Staaten vor ihrem Glanze sich beugen.

Wäre nur ein Theil dessen, was jetzt der übermüthige Sieger forderte, zur rechten Zeit für die Sache des Vaterlands geopfert worden, so konnte es vor aller Schmach gerettet werden. Aber es gab eben kein gemeinsames Vaterland, der Begriff war in den meisten Kreisen noch zu fremd. Das Abtreten des linken Rheinufers mochte auch kaum als ein Frevel am deutschen Vaterland erscheinen, vielmehr als ein augenblickliches, nicht zu vermeidendes Unrecht gegen so und so viele geistliche und weltliche Fürsten, die vor Kurzem noch dort ihre Besitzungen gehabt hatten und die jetzt anderswo auf der geduldigen deutschen Erde entschädigt werden mußten.

Und das Militär der nunmehrigen Vasallenfürsten Frankreichs! — Während die Oestreicher noch unbesiegt kämpften, während das Feldherrntalent des Erzherzogs und sein kluges Verhalten den beiden feindlichen Heeren gegenüber die Garantie des künftigen Siegs in sich trug, wälzten die Kolonnen der Franzosen sich durchs Schwabenland hin, um dem wunden deutschen Reich den lezten Stoß zu geben; — und die deutschen Soldaten hatten die Genugthuung, daß ihr Landesherr sie nach Belieben zum innern Dienst und zur Polizei verwenden durfte; ruhig konnten die Krieger ihre Schloß- und Haupt- und Thorwachen beziehen, so lange der Boden Deutschlands von den Feinden zertreten wurde.

Bald nach dem Abfinden der einzelnen Staaten mit den Franzosen schloß auch der schwäbische Kreis seinen Frieden mit ihnen. —

Nachdem einmal der Waffenstillstand für Württemberg gesichert war, erschien es insbesondere dem Erbprinzen noch als eine Hauptaufgabe, dasselbe auch für den ganzen schwäbischen Kreis zu gewinnen, um namentlich die noch übrigen Kreistruppen zu retten.

Am 18. Juli 1796 hatte der Erbprinz an den General v. Nikolai, der sich noch immer im schwäbischen Hauptquartier befand, geschrieben. „Der Herr General soll wo möglich die Gefangennahme oder Zerstörung des Kreiskorps zu vermeiden suchen. —

Der kaiserliche Rückzug oder vielmehr Flucht geht unaufhaltsam fort. Das Hauptquartier, so in der Nacht nach Schwieberdingen gekommen, trifft in der folgenden zu Kannstadt ein. Die feind= lichen Vorposten stehen bereits beim Schattenwirthshaus und ein einziges Piket, blos zum Avertissement steht auf dem Hasenberg, ein anderes bei Degerloch. — Bis Nachts drei Uhr war kein Mann Kaiserlicher bei Kannstadt; jezt stehen 4000 Mann halb= wegs Waiblingen und etwas Weniges bei Berg, Alles aber zieht, oder lauft vielmehr, zurück.

Es sollte mich nicht wundern, wenn heute noch Stuttgart in den Händen der Franzosen wäre. Obgleich Herr v. Mandelslohe noch nicht zurück, habe ich Ursache, mit Gewißheit zu vermuthen, daß der Waffenstillstand abgeschlossen. — Dieses Alles für Sie allein und nur das Nothwendigste im äußersten Nothfall zur Be= stimmung der Entschließungen des Generallieutenants v. Fürsten= berg." —

In einem Schreiben vom gleichen Tage wendet sich der Erb= prinz persönlich an den Oberkommandanten der schwäbischen Kreis= truppen:

„Aus Ew. Hochgeboren d. d. Haigerloch den 17. Juli an meines Herrn Vaters Gnaden abgelassenen Berichten, welche ich auf seinen Befehl zu eröffnen befugt, habe zu ersehen gehabt, daß bei Gelegenheit eines Auswechslungsvorschlags der französische Oberst Laval mehrmals geäußert, daß sein Divisionsgeneral Du= hesme die Bereitwilligkeit zu einem Waffenstillstand mit dem schwäbischen Kreiskorps geäußert. Ich säume daher nicht, Ew. x. bekannt zu machen, daß ich in Gemäßheit der Intention des Her= zogs dessen Direktorialgesandtschaft bereits wiederholt aufgegeben, mit Hintansezung aller Weitläufigkeiten einen Kreisschluß dießfalls bald möglichst zu bewirken und den Befehl dazu, sobald solcher abgefaßt, Ew. x. direkt zu überschicken.

Da aber die Umstände äußerst bringend sind, und der gänz= liche Rückzug der kaiserlichen Armee, der mit äußerster Schnelle vollzogen wird, das Kreiskorps im äußersten Grade exponirt, so daß es sehr wahrscheinlich werden könnte, daß ihm eine gänzliche Auflösung drohte, so werden Ew. x. nichts Besseres thun können, als vorläufig einen sub spe ratificationis zu bewirkenden Waffen= stillstand nachzusuchen, wie dieser detaschirte General zu mehreren= malen schon für sich gethan, wovon der Feldzeugmeister Graf

Wartensleben bei der Uebergabe von Frankfurt vor wenigen Tagen noch das Beispiel gegeben ꝛc."

Am 20. Juli kam wirklich auch der Waffenstillstand mit dem Kreiskorps zu Stande; ihm folgte bald darauf der Friedensschluß mit sämmtlichen Gliedern des Kreises.

Bis von der Abgesandtenversammlung zu Augsburg Ordre zum Auseinandergehen der einzelnen Kontingente kommen würde,*) führte der Landgraf v. Fürstenberg die noch übrigen schwachen Reste des Korps — 8 sehr zusammengeschmolzene Bataillone und 6 Schwadronen — in ein Lager bei der Reichsstadt-Biberach.

Ein häßlicher Akt sollte hier das ganze traurige Drama des Reichskriegs schließen. — Das Hauptquartier der schwäbischen Generalität zu Biberach und das ganze Lager der Kreistruppen sah sich am 29. Juli von einem östreichischen Korps unter Kommando des k. k. Feldmarschalllieutenants Fröhlich umringt, um entwaffnet und wehrlos in die Heimath entlassen zu werden.

Nachdem hier die Soldaten des Kaisers ihrem lang verhaltenen Groll gegen die verachteten schwäbischen „Kostbeutel" Genüge gethan hatten, mußten sie durch geringschäzige Behandlung der Einwohner und manchfache Excesse die Sympathieen der von ihnen durchzogenen Länder noch des Weiteren ihrer Sache zu entfremden. **)

Was so das Kriegsglück der Franzosen und ihre kluge Politik den Einzelfürsten gegenüber begonnen hatte, vollendeten die falschen Maßnahmen der östreichischen Regierung und die von ihr eingehaltene perfide Politik, welche Deutschland opferte, um Oestreich zu erhalten.

---

*) Beitrag zur Geschichte des Feldzugs vom Jahr 1796 ꝛc, Altona 1797, Seite 179 ff.
**) Häusser II., 54.

Neunter Abschnitt.

1796—1798.

Die Stimmung im Lande.

Veränderung der Lage.

Wie voreilig die süddeutschen Höfe bei ihrem Abfinden mit Frankreich im Sommer 1796 gehandelt hatten, zeigten schon die Ereignisse im Herbst desselben Jahres. Als sie sich von Destreich verlassen sahen, mußte freilich ihre eigene Unselbstständigkeit sie rettungslos in die Arme des Siegers treiben. Bei jedem Umschlagen des Kriegsglücks sahen sich die Regierungen, direktionslos wie sie waren, sammt Land und Leuten wie Spielbälle zwischen den mächtigen Gegnern hin und her geworfen.

Mit Schrecken mußten sie erkennen, wie das Kriegsglück ihrer neuen Freunde bei ihrem Vorbringen nach Bayern sich plötzlich wendete.

Der Erzherzog hatte die französische Armee unter Moreau sich nach an die Donau gezogen; er selbst hatte sich dadurch mehr dem östreichischen Korps unter Wartensleben, der vor Jourdan durch Franken zurückwich, genähert. Noch ehe es den beiden französischen Heeren gelungen war, mit einander in Verbindung zu treten, hatte Erzherzog Karl sich mit Wartensleben vereinigt, bei Teining und Amberg, Ende August, Jourdan zum Rückzug gezwungen und denselben bei Würzburg vollständig geschlagen. — Moreau, noch auf dem rechten Donauufer in Bayern, war jetzt allein der vereinigten östreichischen Macht preisgegeben; der nächste Schlag mußte ihn treffen.

Sofort trat er den Rückzug gegen Ulm hin an, wo er Ende September eintraf. Das allzu vorsichtige und langsame Nachdrängen Latours machte ihm einen fast ungestörten Marsch durch Oberschwaben und den Schwarzwald möglich; Ende Oktober ging Moreau bei Hüningen aufs linke Rheinufer über.

Wie im Frühjahr 1796, so war jezt im Herbst wieder das ganze rechte Rheinufer in den Händen der Oestreicher.

Waren vor wenigen Monaten die Abgesandten der schwäbischen Stände ins französische Hauptquartier gewallfahrtet, so zogen jezt wieder solche von den meisten Fürsten nach Wien, um dort Versicherungen vollkommener Ergebenheit zu ertheilen.

An der Person des Ministers v. Wöllwarth suchte der Herzog von Württemberg seine Mißbilligung des von diesem mit Frankreich geschlossenen Vertrags zu zeigen, indem er ihm seine Ungnade in jeder Weise zu fühlen gab. Der Erbprinz wurde indessen ans kaiserliche Hoflager nach Wien geschickt.

Durch den raschen Umschlag der Dinge war so der größte Theil der Regierungen wieder für Oestreich gewonnen und gegen Frankreich gestimmt. Aehnliche Gesinnungen wurden unter den Bevölkerungen hervorgerufen durch die manchsachen Kriegsleiden, während bei den Gebildeten und Einsichtigen Beschämung und immer stärker erwachendes patriotisches Gefühl ihre Wirkungen thaten. —

Uebrig blieb freilich noch aller Orten eine träge Masse, welche Ruhe und Neutralität nach allen Seiten hin einer würdigen und geachteten Stellung weit vorzog.

Die Nähe des Kriegsschauplazes hatte Württemberg viel von den Leiden des Kriegs zu fühlen gegeben. Zahlreich waren die Einquartierungen und Durchmärsche von ganzen Regimentern und einzelnen Kommandos gewesen; eine Menge Kranken-, Rekonvaleszenten- und Gefangenentransporte hatten das Herzogthum durchzogen; dazu kamen die unaufhörlichen Fourage- und Vorspannlieferungen.

Alles das wurde aber geduldig für die Bundesgenossen, die tapferen Kaiserlichen getragen. Als aber zu Allem hin auch noch Prinz Condé im Jahr 1793 mit seiner Bande von Emigranten, Abenteurern und Gesindel aller Art den Bürgern und Bauern sich in die Häuser legte, da wurden Klagen und gerechter Unwille laut.*)

---

*) Aus Häberlin, Staatsarchiv I., 100 ff., ist zu ersehen, welche Last für eine Gegend Condé's Corps sein mußte. Sein Hauptquartier in Bruchsal 1795 bestand aus:

Prince Condé.	14 Edelleute.
Duc de Bourbon.	24 Adjutanten.
Duc d'Enghien.	15 Stabsoffiziere.
Duc de Berry.	8 Administrationsoffiziere.

In den Aemtern Altensteig, Nagold, Herrenberg, Tübingen kamen Excesse ohne Maß vor, Straßenräubereien und Morde. Der Herzog hatte sich daher auch an General Clerfait gewendet, er möchte in Zukunft Württemberg und die Grafschaft Hohenberg mit diesem Corps verschonen.

Weiteren Mißhandlungen noch war das schuzlose Land ausgesezt, als die übermüthigen Feinde sich über seine Fluren ergossen. — Um „Schuz für Personen und Eigenthum" zu erkaufen, hatte man den unwürdigen Friedensvertrag geschlossen und Tribut gezahlt. Manche Gemeinde, manche einzelne Familie hatte ihren Frieden mit den Eindringlingen noch ganz besonders zu erkaufen mit Aufopferung all ihrer Habe. Die theuer erstandenen Sauvegarden zogen oft erst ab, wenn im Hause Nichts mehr zu stehlen war.

Moreau's Armee zeichnete sich zwar noch immerhin vortheilhaft aus vor den bestialischen Banden Jourdans, welche die Gegenden an der Lahn, im Spessart und in Franken mit Schrecken erfüllten. Die größeren Städte Schwabens, wo Moreau oder seine Generale mit dem eigentlichen Schlachtkorps einrückten, wurden meist vor Gewaltthätigkeiten geschüzt. Schlimm aber erging es den abgelegeneren Ortschaften und kleineren Städten, die den empörendsten Mißhandlungen von Seiten der Marodeurs und leichten Truppen ausgesezt waren. Eine ganz ins Einzelne gehende Berechnung, die aufzeichnet, was Dorf für Dorf, Stadt für Stadt im Herzogthum Württemberg geraubt worden ist, berechnet den Verlust an gestohlenem Gute auf 1,242,376 Gulden ohne den Schaden auf den Feldern, ohne das, was vor dem Waffenstillstand geplündert worden war. *)

Ein trauriges Zeichen wäre es in der That unter solchen Umständen gewesen, wenn nicht mancher Patriot in heiligem Feuer

Stimmen der Zeit.

---

9 Intendanzoffiziere.
2 Artilleriegenerals.
9 Ingenieuroffiziere.
6 Offiziere vom Kommando.
3 Offiziere von der Prevote.
2 Offiziere de Police.
3 Feldkaplane.
30 Handwerksleute.
*) Häusser II., 61.

31 Kavalleristen.
160 Soldaten.
150 Kammerdiener.
4 Lieferantjuden.
4 Dames vom ersten Rang mit
12 weiteren Dames.
40 Frauenzimmer.
Außerdem 303 Pferde.

entbrannt wäre bei solcher Mißhandlung der deutschen Erbe. Und in der That hat mancher schwäbische Mann, berufen und unberufen, so zweckmäßig als unzweckmäßig, seinen Landsleuten seinen Rath für die zukünftige Haltung in Sachen des bedrängten Vaterlands zugerufen. Eine kleine Literatur hat sich aus derartigen Flug= schriften gebildet. Ein Brausekopf macht den Schwaben die bitter= sten Vorwürfe. *) Ihr Schlummer in den lezten Jahren sei von den schlimmsten Folgen gewesen. Achtzigtausend Neufranken trei= ben jezt die Völker, auf die man sich verlassen, vor sich her und unterwerfen sich eine Strecke Landes, welche 300,000 Vertheidi= ger hätte aufstellen können.

Allgemeine Wehrpflicht, in des Wortes umfassenster Bedeu= tung, schlägt der Verfasser vor. Bei den 600,000 Einwohnern, die jezt Württemberg habe, könne es 100,000 Streiter in's Feld stellen; 66,000 zu Fuß, 24,000 zu Pferd und 10,000 für das Geschüz=, Schanz= und Fuhrwesen.

Die 66,000 Mann theilt er ein in 22 Heerschaaren zu je 3 Haufen; jeden Haufen in 4 Hauptmannschaften zu 250 Köpfen. Von jeder Hauptmannschaft, deren es 264 sind, sollen 10 Mann den Stamm bilden und stets präsent sein.

Die Abneigung zum Kriegsdienst im Württemberger, die allerdings vorhanden sei, soll die Regierung durch den Ernst ihrer Anstalten und die Aufrichtigkeit ihres Vorgehens überwinden; dem Württemberger solle durch gute Einrichtungen und weise Geseze sein Land so lieb gemacht werden, daß er willig für es in den Tod ziehen könne.

Die Aufbringung der nöthigen Geldmittel führt zu eigen= thümlichen Vorschlägen. — Die Feiertage sollen abgeschafft wer= den; an ihnen hat jeder Bürger für den Staat zu arbeiten. So könne man ohne Geldaufwand die ausgedehntesten Festungswerke auf dem Schwarzwald anlegen. Der Verfasser geht noch weiter, wenn er sagt: „Nun sind noch 150,000 Weibsbilder im Land, welche an den abgegangenen Feiertagen für die Sicherheit ihrer Ruhe, Vermögens und Ehre dem Staat jährlich zwei Pfund fein Garn spinnen. Das Pfund koste zu spinnen 40 Kreuzer, so macht es 200,000 fl. aus. Welche Dame, Frau und Weib, welche De=

---

*) In der kleinen Schrift: Muß Württemberg sich das Fell über die Ohren ziehen lassen oder kann es sich seiner Haut wehren? Schwieber= dingen 1797.

moiſelle, Jungfer, Mädchen und Maible wird ſich über eine ſo ver=
dienſt= und ehrenvolle Vaterlandsarbeit beſchweren? Dieſe 200,000
Gulden gehen anfänglich in den Feſtungsbauſtock und in den fol=
genden Jahren in die Kriegstruhe."

In Kirche und Staat werden eine Menge Erſparniſſe vorge=
ſchlagen. Unnüzer Weiſe ſtecke ſo viel Silber und Gold in den
Kirchen; die Studienzeit der Stipendiaten in Tübingen ſeze man
von 5 Jahren auf 4 herab; die 4 Kloſterſchulen vereinige man
in eine einzige in Ludwigsburg; die vier Klöſter aber verwende
man ſo: eines gibt ein Gewehrwerk, das andere eine Geſchüzſchule,
das dritte einen Invalidenſiz, das vierte eine Töchtererziehung. Die
Volkserziehung müſſe auf militäriſchen Grundſäzen beruhen, eine
Bürgerkriegsſchule, als Pflanzſtätte kriegeriſchen Geiſtes, ſei ein=
zuführen.

Andere Verfaſſer von Flugſchriften gehen der Mißregierung   Der ausländiſche
und den mancfachen Mißbräuchen näher auf den Grund. Die   Adel.
vielen hohen Stellen am Hof, beim Militär, beim Forſtweſen
werden meiſt aus Gunſt an ausländiſche Adelige vergeben, welche
nur auf ihr eigenes Wohl ſehen und für des Volkes Sache kein
Herz haben. Zu zahlreich ſeien beim Militär die hohen Chargen.*)

Hauptmann Gentner ſagt in ſeiner Flugſchrift (Patriotiſche
Gedanken 2c. 2c.): „Alle herausgekommenen patriotiſchen Landtags=
ſchriften ſtimmen mit einander überein und ſagen freimüthig, daß
der Adel, insbeſondere der ausländiſche, ſich immer ſtärker in die
wichtigſten Aemter des Landes [eindränge, da doch Württemberg
bekanntlich keinen Land= oder Proprietäradel, welcher ſich ſchon
vor Jahrhunderten von der konſtitutionsmäßigen Theilnahme an
allen Landeslaſten ſowohl als an Landtagsangelegenheiten losge=
riſſen, mehr hat; und der bloße Patentadel, der mit dem Adel

---

*) Das „herzoglich württembergiſche Abreßbuch vom Jahr 1796" gibt auf
die paar tauſend Mann Truppen folgende Generale an:

Generallieutenants:

v. Phull.	v. Buwinghauſen.
v. Stain zum rechten Stain.	v. Harling.

Generalmajore:

v. Georgii.	v. Mauclair.
v. Hügel.	v. Rau.
v. Nikolai.	v. Klinkowſtröm.
v. Phull.	

Außerdem ſechs Generaladjutanten, ſieben Flügeladjutanten.

aus ganz entlegenen Ländern in diesem Fall gleichgesezt werden muß, keine rechtmäßigen Ansprüche auf eine auszeichnende Begünstigung machen kann. — Bei den stehenden wenigen Haustruppen sind wenigstens drei Viertel abelige und barunter zwei Drittel ausländische Offiziere befindlich."

Es sei hier näher auf den Abel in Württemberg eingegangen.*) — Längst hatte sich der eigentliche Abel im Lande reichsunmittelbar gemacht; er erkannte keinen anderen Herrn über sich als den Kaiser. — So habe Württemberg mit Ausnahme weniger Vasallen gar keinen Abel mehr; aber unaufhörlich und in zunehmender Weise ströme ein solcher aus ganz Schwaben, Franken, den rheinischen Kantonen, aus Sachsen, Bayern, Hannover, Meklenburg, Pommern, Schweden, Rußland, Italien, Frankreich zu. „Der Stempel des Abels macht bei uns immer sein Glück, er komme auch her, wo er wolle. Und er macht es nicht nur in niederen Sphären."

„Die Seckendorff, Taubenheim, Mandelslohe, von der Lühe, Pückler, Behr, Phull, Stein, Klinkowström, Bose, Gabelenz, Hunolbstein, Weitershausen, Schaumburg, Golniz, Moltke, Tropff u. s. f. bekleiden die wichtigsten und einträglichsten Stellen und hatten vor der Erlangung berselben an sie so wenig Recht, als die Spanier im fünfzehnten Jahrhundert an das Gold von Peru. Sogar bei der Landmiliz sei ausländischer Abel angestellt worden. Da solle nun die Nation aufbrechen und ihre Grenze gegen den heranströmenden Feind becken, geführt und befehligt von einem Haufen von Fremblingen, die bei der ganzen Unternehmung nicht das mindeste Interesse hatten. Wie man sich da bereden konnte, daß ein Volk sich vertheidigen würde, das man für so elend hielt, daß man es von Ausländern kommandiren lassen mußte; oder vielmehr, wie man glauben konnte, Muth in einem Volke zu erregen, während man es so tief verachtete.

Es sind in unserem Lande mehrere abelige Familien bürgerlich ansäsig, die sich entweder durch Verdienste oder Reichthum aus der Volksklasse emporgehoben, die sich in früheren Zeiten im Lande niedergelassen, liegendes Eigenthum an sich gebracht haben und an allen bürgerlichen Rechten und Lasten Antheil nehmen wie z. B. die Röder, Varnbüler, Schilling, Buwinghausen, Gaisberg, Gültlingen, Reischach, Mylius, Scheler, Sponeck und Andere,

---

*) Häberlin, Staatsarchiv III., 413 ff.

Familien, aus benen die württembergische Geschichte zum Theil sehr ehrwürdige Namen nennt. Diesen ist der Landesherr, sowie jedem anberen brauchbaren Bürger, wenn das Uebrige alles gleich ist, eine öffentliche Bedienung schuldig. Sobald sie sich bemühen, ihre Mitbürger an Tüchtigkeit, Patriotismus und Verdiensten zu übertreffen, so wird es ihnen auch nicht fehlen, wenn sie den Zweck haben, sich vor ihnen in Absicht des Einflusses auf die öffentlichen Angelegenheiten geltend zu machen."

Schon vor dem Beginn des Reichskriegs hatten sich in schärfster Weise ähnliche Stimmen unter der gebildeten Gesellschaft des Herzogthums hören lassen, z. B. „Klage der Juristen, Kameralisten und Schreiber des Herzogthums Württemberg über Verlezungen der Landesverfassung in Betreff der Dienstersezungen ꝛc. ꝛc. vom Mai 1790.*)

Durchlauchtester!

In Gemäßheit der Landesverfassung und namentlich des Erbvergleichs soll jeder Landesdienst durch das dazu tüchtigste Landeskind besezt und namentlich das Anbieten von Corruptionsgeldern an den Fürsten und die Räthe des Landes oder an deren Bediente gestraft werden.

Aber das Alles wird nicht beobachtet, wie Sie, Durchlauchtigster, selbst wissen. Man erklärt vor aller Welt sämmtliche Landeskinder für untüchtig, indem nicht nur bei Hof, beim Forst- und Jagdwesen des Landes, bei bessen Militär, sonbern selbst bei seiner Kanzlei viele Stellen und täglich mehrere an Ausländer gegeben werden. Unter uns sind Leute, welche ebenso gut wie der Ausländer, Baron N., ein Heer, wie der Ausländer, Baron v. N., Regimenter und wie die Rittmeister, Hauptleute, Lieutenants, Graf von N., Baron von N. und andere abelige Ausländer, Kompagnieen anzuführen verstehen.

Von den Bürgern des Landes und für die Bürger des Landes wird das Militär unterhalten und dessen Offiziersstellen gibt man meistens an Ausländer und Abelige; Landeskinder aber, die zwar unabelig, aber barum nicht weniger eble Bürger sind, sezt man zurück."

Mehr als alles Andere war dem ächten Württemberger die Enttäuschung betr. der Landmilz.
Enttäuschung über die Leistungen der Landmilz nahe gegangen.

*) Pfaffs Miszellen aus der württembergischen Geschichte. Stuttgart 1824.

Von jeher hatte man es geliebt, auf sie hinzuweisen, wenn die Unterhaltung zahlreicher stehender Truppen dem Lande zu drückend wurde. In ihr liege die Rettung des Vaterlandes wie in den alten Tagen, wo sie vielfach sich bewährt habe.

Nachdem aber das Institut seit lange begraben, fast vergessen war und es nun plözlich improvisirt werden sollte in einer Zeit, wo man es geflissentlich vermied, die ganze Volkskraft im Dienste des Vaterlandes aufrichtig zu verwenden, da waren doch bei manchen Einsichtigeren im Lande die Hoffnungen auf die in Aussicht gestellten Leistungen von Anfang an sehr klein gewesen.

Andere gingen den Ursachen der vielen Mängel bei der Landmiliz näher nach. — Wenig Muth und Liebe zur Sache habe von Anfang an der Landwehrmann haben können, wenn er die Abneigung und Geringschäzung des stehenden Militärs gegen ihn bei allen Gelegenheiten habe wahrnehmen können. Niemals sei das Institut von oben herab unterstüzt und gefördert, vielmehr seien ihm überall Hindernisse in den Weg geworfen worden.

Einige Schriften, anscheinend von Männern vom Fach geschrieben, gehen näher ein und suchen die Mängel der Landesvertheidigungsanstalten hauptsächlich in dem Mißverhältniß und der Zwitterstellung, welche die Miliz zwischen bürgerlichen und militärischen Vorgesezten einnahm, in dem Mangel an Einsicht der obersten Leiter und in der Abneigung dieser gegen das reguläre Militär.*)

Den unten angeführten Flugschriften ist zur näheren Charakterisirung der Verhältnisse Folgendes zu entnehmen:

„Wer die menschenfreundliche Denkungsart des Herzogs Ludwigs gekannt hat, wird gewiß keinen Augenblick zweifeln, daß er dabei die beste, die wohlthätigste Absicht gehabt habe; ist aber in der Ausführung gefehlt worden, so ist es gewiß nicht auf seine, sondern auf fremde Rechnung zu schreiben.

Einem solchen wichtigen, das Ganze, sowie jeden einzelnen Theil desselben so nahe angehenden Vorschlag Eingang zu verschaffen, hätte man sich freilich statt eines Ausländers eines im Glauben und Achtung stehenden Inländers bedienen sollen, der nicht im Tone eines Werbofiziers unter allerlei leeren Verspre-

---

*) Die beiden Schriften: Unmaßgebliche Gedanken über die vielen Gebrechen einer Landmiliz. Darstellung des gegenwärtigen Zustandes der württ. Landmiliz.

chungen von einer auf Kosten der allgemeinen Ordnung und Sitt-
lichkeit gehenden Freiheit den Leuten ihre Bestimmungen annehm-
lich zu machen gesucht, sondern in einer vorher wohl überlegten Anrede ihr Bischen Ehrgefühl und Vaterlandsliebe geweckt und sie durch
einleuchtende Zergliederung ihres wichtigen, auf die ganze Glück-
seligkeit des Landes Einfluß habenden Berufs zu einer mustermä-
ßigen Aufführung und zu edlen Thaten entflammt hätte.

Die Strenge der militärischen Geseze, wo der Fehler wider
den Gehorsam und die uneingeschränkteste Unterwürfigkeit von oben
herab, wie von unten hinauf auf der Stelle mit den schärfsten
Ahndungen bestraft wird, kann allein eine Ordnung bewirken, die
die Seele des Soldatenstandes und sein wesentlichstes Erforderniß
ist. Eine Militärverfassung, wo bürgerliche, mithin Thurm- und
Geldstrafen den gemeinen Mann zum Gehorsam gegen seinen Vorgesezten anhalten müssen, kann unmöglich bestehen; die doppelte,
nämlich militärische und bürgerliche Gerichtsbarkeit macht nothwendig Irrungen, die den gehofften Fortgang einer solchen Anstalt
hemmen.

Die Erfahrung lehrt, daß zwischen Offiziers und Beamten,
sobald sie in amtliche Verhältnisse mit einander kommen, größtentheils eine Art von natürlichem Widerwillen herrsche. Der Beamte
dünkt sich nicht selten, weil er ein größeres Einkommen hat, mithin auch einen größeren Aufwand machen kann, besser als der
Offizier und dieser will im Gegentheil, da er das Erhabene seines
Berufs, mehr um Ehre und Rang als um Einkommen, selbst
mit Aufopferung seines Lebens, zu dienen, fühlt, auch nicht hin-
tenanstehen; — was konnte also bei der Landmiliz anders heraus-
kommen als Verwirrung?

Die Offiziers mußten oft stundenlang die Leute durch die
Trommel oder Glocke zu den Waffenübungen zusammenrufen lassen,
bis sie nur einen kleinen Theil der Mannschaft zusammenbrachten.
Verwiesen sie es nun den Leuten, so war die Antwort: sie wären
über ihrer Väter und nicht des Herzogs Brod und würden keinen
Zug thun, bis alle beisammen wären. Klagten die Offiziers bei
den Beamten darüber und über das gänzliche Außenbleiben eines
Mannes, so konnten sie bei den meisten Beamten eine sichtliche
Verlegenheit und Mißfallen über ihre Klage deutlich merken und
es erfolgte selten etwas, meistens aber nichts darauf.

Die Ausschußmannschaft machte, wie es allgemein bekannt ist,
nicht selten große Unordnungen; wurden sie vor die bürgerliche

Gerichtsbarkeit gefordert, so beriefen sie sich auf die Freiheiten, die ihnen in der Anstandsrede versprochen worden und glaubten sich schon durch Anziehung des Soldatenröckchens, wenn sie vor das Amt gefordert wurden, vor aller Strafe gesichert; denn militärische hatten sie nach der im Jahre 1794 gegebenen und schädlicher Weise zur allgemeinen Wissenschaft gekommenen Instruktion ohnehin nicht zu befahren.

Lange sprach man laut von Umschaffung der Anstalt in eine bessere Form und Ordnung, lange davon, daß die Ausschußmannschaft in die Hauptstädte Württembergs abwechslungsweise verlegt und dort zum Dienst angehalten werden würde; allein es kam nie zum Vollzug und die Offiziers wurden ausgelacht, wenn sie nur einmal von besserer Ordnung sprachen, weil die Leute wohl einsahen, daß es damit doch kein rechter Ernst sei und ihre vorgesezten Offiziers von den Beamten in beabsichtigter Einführung mehrerer Ordnung doch nicht unterstüzt wurden.

Unser geliebtester Erbprinz, Friedrich Wilhelm, der seit mehreren Jahren immer im Lande war, sah vermöge seines Scharfblicks all' die Folgen einer solchen, nicht gleich bei der Entstehung mit gründlichen Gesezen versehenen Anstalt gar zu wohl ein und begünstigte daher die Anstalt niemals. Wie gut wäre es gewesen, wenn man seine dabei gehegten Zweifel von Seiten der Landschaft zur Beherzigung genommen und mit der Errichtung weniger rasch zu Werke gegangen wäre.

Auch Herzog Friedrich Eugen schien gleich bei seinem Regierungsantritt kein sehr großes Belieben an der Landmiliz zu finden, indessen waren schon große Summen darauf verwendet worden; es kamen andere wichtige Landesangelegenheiten dazwischen und die Sache blieb im alten schläfrigen Geleise.

Schon war im Junius 1796 beschlossen, mit der Landmiliz die Grenzen zu decken; Furcht und Schrecken erfüllte den größten Theil dieser Bürgersoldaten und das Wehklagen war fast allgemein. Eben dieses aber und da vorauszusehen war, daß mit ihnen nicht viel Gedeihliches auszurichten sein mochte, mag unsern Herzog Friedrich veranlaßt haben, bei der Annäherung der Franzosen die Landmiliz auseinander gehen zu lassen.

In der Stadt und auf dem Lande geht gegenwärtig die allgemeine Sage, die wohl auch ihren guten Grund haben mag, daß die Anstalt nun völlig aufgehoben und für die nöthige Vertheidigung des Landes auf eine andere, der Erwartung mehr entsprechende

Art gesorgt werden solle, welches jeder Vaterlandsfreund unserem Herzog herzlich, laut und in der Stille verdanken wird.

Mit diesem Wunsche vereinigt sich aber auch der weitere, daß bei dieser nicht anders als gemeinschaftlich von Herrn und Land geschehen könnenden Vorsorge auf ein, von dem ersten Stabsoffizier an bis auf den gemeinen Mann hinaus, aus Landeskindern bestehendes Vertheidigungskorps vorzügliche Rücksicht genommen werden möge.

Glücklich ist das Land, wo jeder Bürger, jeder Unterthan die Waffen für sein Vaterland zu ergreifen bereit ist; zweimal glücklich, wenn es Leute genug hat, mit denen man die ersten Stellen der Vertheidigungsanstalt mit Ausschluß aller Ausländer wohl besezen kann.

Der leztere Fall findet, Gott sei es gedankt, in unserem Vaterlande Statt und den ersteren, nehmlich die allgemeine Bereitwilligkeit, die Waffen für sein Vaterland mit Willen zu ergreifen, kann man, wenn man es nur recht angreifen will, bei uns leicht auch und so gut, als in dem an uns angrenzenden Schweizergebiete einheimisch machen.

Es ist wahr, daß der württembergische Unterthan eine große Abneigung hat, seinen Sohn in Kriegsdienste zu geben; wahr, daß er lieber einen großen Theil seines Vermögens missen, als seinen Sohn dem militärischen Dienste überlassen will, allein man muß in diesem Fall die Ursachen dieser Abneigung zu ergründen und sie dann nicht nur gründlich zu widerlegen, sondern auch auf alle nur mögliche Weise zu heben suchen."

„Die Ereignisse neuerer Zeiten haben uns den Gewinn gezeigt, welchen einzelne Staaten Deutschlands aus einem soliden Militäretat gezogen. Als Theile der Reichskoalition haben sie zur gemeinschaftlichen Sache mit Nachdruck beigetragen; ihre Waffen haben sich Ruhm und Ehre erworben und nach der Ueberwindung des gesammten deutschen Reichsheeres standen sie, obgleich von andern abgeschieden, noch als Staaten von politischem Ansehen da, mit denen die Franzosen nur um die Bedingung, ihre Waffen aus dem Spiel zu lassen, gerne einen Frieden eingingen, durch welchen dem Unterthanen sein Eigenthum erhalten, seine Person vor Mißhandlung gesichert, — also die vornehmsten Ziele der Staatswohlfahrt erzielt wurden.

Ganz anders verhält es sich mit denjenigen Staaten, welche zwar erstere an inneren Hilfsquellen, an Quadratinhalt und Volks= menge übertreffen, ihnen gleichkommen oder wenig nachstehen, die aber entweder bei ihrem wirklich vorhandenen zahlreichen Militär zur Zeit der Ruhe den Geist der Trägheit und Tändelei einreißen ließen und es dadurch zu eintretendem ernsthaften Gebrauch un= fähig machten, — oder welche bisher einen soliden Militäretat nicht unter die wesentlichen Punkte ihres Staatsinteresses zählten und erst dann, da die Gefahr vor der Thüre war, die Mittel be= reiten zu können glaubten, einen ernsthaften Widerstand zu thun. Diese büßten ihre Sorglosigkeit und ihren eiteln Wahn dadurch, daß sie einen von der feindlichen Laune festgesezten Frieden er= hielten, welcher dennoch den Verlust der Staatsreputation und der Wohlhabenheit des Landes zur Folge hatte.

Leider befindet sich unser Vaterland Württemberg in diesem lezteren traurigen Fall, und allerdings kommt uns der Vorwurf zu, daß wir die in Händen habenden Mittel, uns einen Grad von politischer Bedeutung zu verschaffen, zum Theil zu spät angewandt und versäumt, zum Theil übel benüzt haben.

Als die Franzosen unter Anführung des Generals Custine durch ihre Vorschritte am rechten Rheinufer Schwaben mit einem Einfall bedrohten, so errichtete zwar Württemberg zur Vermehrung seiner Streitkräfte eine Landmiliz, welche bei größtmöglicher Voll= kommenheit allerdings hätte dazu beitragen können, uns, wo nicht einen unentgeltlichen, doch gewiß honorablen, dem Eigenthum und der Sicherheit der Personen weniger schädlichen Frieden zu ver= schaffen.

Aber auch das Zögern mit dieser Errichtung und den schlechten Willen zur Beförderung des Fortgangs der Sache bei Seite ge= sezt, so wird dieser größtmöglichen Vollkommenheit der Mangel der zu solch einem Unternehmen erforderlichen Einsichten auf Seiten der Organisateurs ein unüberwindliches Hinderniß bleiben.

Ob ich gleich diesen Herrn*), wenn sie sich in der Ausübung ihrer eigentlichen Berufsgeschäfte zeigen, allen Respekt erweise, so behaupte ich doch, daß sie in diejenigen militärischen Kenntnisse, welche die Organisation eines Heeres zum Vorwurf haben, das nur um Weniges mehr leisten soll als eine Irokesenhorde, keine

---

*) Die vom Herzog und den Landständen niedergesezte gemeinschaftliche Deputation aus höheren Beamten bestehend.

größere Einsicht haben als der Maulwurf in das kopernikanische System.

Dieser Mangel an Einsicht aber ist ihnen allerdings verzeih=licher, als die Anmaßung, die Einsicht wirklich zu haben, indem diese die Sicherheit des Staats aufopfert und durch sie seine Gel=der größtentheils auf eine unnütze Art verschwendet worden sind.

Die Bestimmung dieser Landmiliz, wornach diese Herren den ihr nöthigen Grad von Brauchbarkeit und Uebung festsezen zu dürfen glaubten, war ihrer Meinung nach die Vertheidigung des Landes hinter Linien. In der Chronik des Herzogthums findet man auch wirklich, daß eine schon vor Alters im Land errichtet gewesene Miliz dazu gebraucht worden, die ettlinger Linien zu vertheidigen; wie überhaupt vor Zeiten der Gebrauch des Land=volks in Linien, wiewohl mit wenig Nuzen, üblich war. Zum Un=glück aber für die Herren Organisateurs handelt diese Chronik neben der Geschichte des Herzogthums nicht die Geschichte der höheren Taktik ab; sie sagt ihnen nicht, daß mit der Vervollkomm=nung aller Zweige der Kriegswissenschaft die Linien zur Deckung eines Landes aus der Mode gekommen, weil sie gegen die heutzu=tage üblichen Angriffsmittel keineswegs hinreichend sind, daß ferner der Einschub einer Horde, welche gänzlichen Mangel an Subordi=nation und Disciplin leidet, die nicht an den Krieg gewöhnt ist, deren Offiziers großentheils so unwissend, als ihre Untergebene sind, — daß dieser Einschub unter andere Truppen, bei denen ganz das Gegentheil stattfindet, nicht thunlich ist, weil diesen da=durch eine Niederlage um so gewisser zukommen würde.

Die falsch angenommene Vertheidigung des Landes hinter Linien hatte die Folge, daß man wähnte, ein Heer zu dieser Be=stimmung habe nur einen geringen Grad von Bildung, keine An=führung durch Kunst ·und Wissenschaft geleitet, keine Zusammen=sezung der verschiedenen Waffen, keinen genauen Zusammenhang der Theile, keine Kriegsgeräthschaften, keine Feldequipage nöthig; die Sturmglocke sei die Losung, welche die Ankunft des Feindes bezeichne; hierauf rücke jedes Bataillon für sich aus seiner Kanto=nirung an den Ort seiner Bestimmung, um daselbst stehenden Fußes den Feind mit dem Gewehrkolben zu empfangen; im Fall des blinden Lärms aber, oder wenn der Feind zu lange auf sich warten ließe, so gehen die Leute so lange in die Weinschenken der nächsten Dörfer, um sich daselbst gegen die Witterung zu schüzen und sich Speise und Trank reichen zu lassen, bis die Sturmglocke das da Capo spiele.

Man vernachläßigte also, Bataillons von leichten Truppen zu errichten, deren Bestimmung und Dienst von dem der andern wesentlich unterschieden ist. Man dachte an keine Kavallerie, an keine Artillerie und deren tausend Bedürfnisse, an keine Geräth=schaften, als: Zelte, Zeltdecken, Feldkessel, Schanzzeug und hundert andere Dinge von geringerer Bedeutung, aber darum nichts desto=weniger von großer Nothwendigkeit.

Die Vorurtheile gegen den Militärstand hatten überdieß zur Folge *), daß auch nicht einmal der vorgesezte geringe Grad von Bildung bei den einzelnen Theilen dieses Korps erreicht wurde. Vermöge der irrigen Meinung, aus jedem Zaunstecken lasse sich ein Offizier schnizen, die Dressirung des gemeinen Mannes hätte keine Kenntnisse, weder durch Routine noch durch Theorie erlangt, nöthig, ein elendes Exercirreglement wäre der Inhalt, die Kunst, das Gewehr zu präsentiren, wäre der höchste Zielpunkt alles Wis=sens bei den Subalternen, wurden Leute zu Offiziers gemacht, die heute, da sie ihr Patent erhielten, noch eben so viel wußten als der Bauernbursch, den sie morgen dressiren sollten. Diese Herrn, denen mehr oder weniger Respekt gebührt, wann sie mit der Feder hinter dem Ohr vor ihrem corpus juris oder dem Rechenfilz sizen, erschienen dann, ihrer Urkunde in dem neu angetretenen Fach be=wußt, mit saurem Gesicht in dem Felde des Mars; ihre Verlegen=heit, ihr auffallend ungeschicktes Benehmen, ihr Mangel an Er=klärungskenntnissen, ihr exmilitärisches Air benahmen ihren Unter=gebenen allen Respekt, sie wurden bei den jungen muthwilligen Burschen zum Gelächter, dem sie auch durch den Stock, als dem einzigen Mittel, wodurch sie ihren Beruf zur Befehlshaberwürde hätten erweislich machen können, keinen Einhalt thun konnten, weil ihnen der Gebrauch desselben mit Recht untersagt war; die übrigen Strafmittel aber, die sie in Händen hatten, konnten nicht wirksam sein, weil sie nicht schnell genug erfolgten, indeme die

---

*) Für die späteren, von einem ächt soldatischen Geist getragenen Schöpfungen Herzog Friedrichs war es von größtem Werth, daß die Ereig=nisse selbst und, ihnen folgend, sachverständige Männer die Einrichtungen als unzweckmäßig darstellen konnten, welche in Württemberg den Soldatenstand darniederhielten und die theils im alten Rechte, theils in neu auftauchenden demokratischen Anschauungen ihren Grund hatten.

Justiz zwischen den Landmilizoffiziers und der Civilobrigkeit getheilt war.

Was die Mittel anbelangt, welche dazu dienen, dem gemeinen
Burschen durch Kleinigkeiten, als Kleidung, Spiel, militärische
Ehrenzeichen und andere Unterscheidungsmerkmale, einen gewissen
nöthigen Stolz beizubringen und Liebe zu dem Reellen zu erwecken,
so wurden diese zum Theil schlecht, zum Theil gar nicht angewandt.
Man verhunzte seinen menschlichen Körper durch einen scheußlichen
Kittel; in seinem Mittelding zwischen Bauernrock und Soldaten-
montirung versagte ihm sogar sein Mädel den Zutritt; der drei-
eckigte Hut zu dem runden Haar, die Art der Befestigung der
Patrontasche um den Leib, der zwilchene Sack nach Art der Bettel-
juden, welcher die Stelle des Tornisters vertritt, vollenden die
militärische Karrikatur und die Satyre auf den Soldaten.

Der nunmehrige Soldat wurde von dem Bauernbuben nicht
auf die geringste Art bistinguiret; vermöge der auf dem Land eingeführten Gebräuche war er gehalten, an Sonn- und Feiertagen
in der Kirche bei der Kinderlehre bis in sein zwanzigstes Jahr
vorzustehen, wo dann nicht selten der Fall eintrat, daß der Prediger in seinem Religionseifer dem Vaterlandsvertheidiger den
Katechismus um die Ohren schlug.

Den Bataillonen wurden keine Fahnen gegeben, welche sowohl
zum Gebrauch in taktischer Rücksicht dienen, als auch das Mittel
sind, dem gemeinen Mann für sein Korps Anhänglichkeit einzu-
flößen.

Was die Armatur betrifft, so hat man, und zwar mit Recht,
bei dem gemeinen Mann den Säbel entbehrlich gefunden. Die
Gewehre waren anfänglich ziemlich gut, jedoch hätte man um die
nehmlichen Gelder etwas Besseres haben können; vorzüglich hätte
man sich der Gewehre neuerer Erfindung mit Cylinderladestöcken *)
und konischen Zündlöchern bedienen sollen, deren Gebrauch wegen
schnellerem Chargiren und dem geringern Einfluß nasser Witterung
vorzüglicher ist, weil das Aufschütten auf die Pfanne überflüßig
und dem Burschen dadurch die Manipulation erleichtert ist, indem
einige Griffe wegfallen.

Aus dieser nur flüchtig hingeworfenen Schilderung der Landmiliz ersiehet schon der Nichtsoldat hundert Mängel und Gebrechen;
der mit militärischen Kenntnissen versehene Mann aber erblickt in

---

*) Vergl. 70 Jahre nachher.

der ganzen Einrichtung Fehler auf Fehler gehäuft; er ist über=
zeugt, daß diese bewaffnete Bauernhorde außer den Zeiten des
Reisigenzeugs, der Hackenschüzen und der Blutfähnlein auch nicht
zu dem geringsten Gebrauch tauglich sei; er sieht, daß bei dem
ganzen Gebäude nichts als Vorurtheil, irrige Meinungen und Un=
wissenheit zu Grunde liegen und zürnt als Patriot, daß man da=
durch im Auslande die Meinung hervorgebracht hat, als lägen in
seinem Vaterland alle militärischen Kenntnisse auf dem Todtenbett.‟

Im Angeführten habe ich gerne die Verfasser der verschiedenen
Flugschriften sprechen lassen, um mit den eigenen Worten der Zeit=
genossen die Geistesströmung jener bewegten Tage zu kennzeichnen,
um zu zeigen, daß die jüngsten Ereignisse in ihrer unberechenbaren
Tragweite wenigstens theilweise recht wohl gewürdigt wurden.

In Aller Bewußtsein, in Aller Munde war es, daß man
mitten in einer Krisis aller politischen und sozialen Verhältnisse
stehe. Wie stets der politische Standpunkt eines Volks, das ganze
Volksleben sogar sich in den Einrichtungen seines Wehrsystems
wiedergibt, so zwar, daß von dem einen auf das andere zurück=
geschlossen werden kann, so gipfelt sich auch hier die ganze Zeit=
frage in den militärischen Reformen. — Selten läßt man, beson=
ders in Kleinstaaten, der militärischen Frage ihr Recht widerfahren;
man sucht Anderes vorzuschieben; was zur Wehrsache gehört, nur
nebenbei abzumachen. In Großstaaten tritt ihre Wichtigkeit näher
und großartiger heran.

Wie heutzutage, so war am Ende des achtzehnten Jahrhun=
derts, als aller Welt eine neue Aera aufging, die Streitfrage die:
ob Miliz und Volkswehr? ob Verstärkung des stehenden Heers?
Der Württemberger hatte für sein Landesaufgebot geschwärmt.
In den Chroniken der vergangenen Jahrhunderte erzählten so viele
Geschichten von den mannhaften Thaten der aufgerufenen schwä=
bischen Bauern. — Daß aber nunmehr aller kriegerische Sinn
verloren gegangen, daran hatten nur Wenige gedacht; Wenige
auch daran, daß die Anforderungen der modernen Kriegskunst an
Führer und Mannschaft ganz andere geworden waren.

Um dem Württemberger nicht zu weh zu thun beim Auf=
gebot, beließ man ihn so ziemlich in allen seinen gewohnten bür=
gerlichen Verhältnissen. Daß im Kriege der Mann Soldat und
nur Soldat sein müsse, blieb übersehen.

Erft als das Gebilde, auf das „der Patriot" so viele kühne Hoffnungen gesezt, bei dem erſten Schuß zerſtob wie Nebel, da fühlte auch Jeder die eigene Schmach und die Zerfahrenheit aller Verhältniſſe recht deutlich. Klar war es jezt Allen, daß ein dem Kriegsgebrauch entwöhntes Volk nicht ohne Weiteres zu Soldaten umgewandelt werden könne dadurch, daß man Allen gleichförmige Röcke anziehe, Jedem eine Flinte in die Hand gebe und Einzelne aus ihnen als Offiziere und Andere als Unteroffiziere bezeichne. Alle Verſtändigen mußten einſehen, daß eine ganz beſondere politiſche und militäriſche Schule von einem Volk durchgemacht ſein müſſe, ehe jeder Bürger im Stande ſei, mit gutem Muth im Fall der Noth als Soldat auszuziehen. —

Eigenthümlich bleibt bei Betrachtung der vorliegenden Ver= hältniſſe, daß von Weckung eines deutſchen Nationalgefühls, von Hinarbeitung nach deutſcher Einheit in ausgeſprochener Weiſe nir= gends die Rede iſt. Ueber jeden Mangel an Vaterlandsliebe wird freilich aller Orten geklagt, aber darunter iſt ſtets württembergiſche, badiſche, pfalzbayriſche u. ſ. f. Vaterlandsliebe verſtanden. Der oft vorkommende Name Patriot will auch nur für ſehr enge Grenzen verſtanden ſein.

Außerordentlich zahlreich ſind unter dem Eindruck der neueſten Begebenheiten die Verurtheilungen der Landmiliz und die Vor= ſchläge zu einem „ſoliden" Militärſtand, theils auf ein rein ſtehen= des Heer hinzielend, theils mehr an die Miliz ſich anlehnend, immer jedoch ausgehend von dem Grundſaz, die Wehrbarmachung auf die Volkserziehung zu gründen und das rein militäriſch zu be= handeln, was militäriſche Erfolge erzielen ſollte.

„Was ſind im Grunde die Landmilizen *) heutzutage? Schwer= fällige Maſchinen, Ueberbleibſel der älteren Landesvertheidigung. Sie ſtehen in Parallel mit unſerem alten Geſchütz und unſerer alten Waffen= und Kriegsrüſtung, deren Andenken noch in den alten Zeughäuſern, ſo wie jenes der Landmiliz in den vermodern= den Chroniken verehrt wird, von welchen und bei welchen man noch in der verzweifeltſten Lage, bei den rathloſeſten Umſtänden Rettung und Troſt ſucht, wo ſich aber ihre Unbrauchbarkeit und Untrüglichkeit dann vollends durch den gänzlichen Verluſt des alten Schazes, oder des ehmaligen, nun verlorenen Ruhms erprobt.

---

*) Auszüge aus Briefen über deutſche Staatsſachen ꝛc. — 1797. —

Der Landmilizfreund beruft sich sehr dreiste auf die in vielen Staaten bestehenden Landmilizen und sogleich muß die Schweiz zum Vorwurf dienen.

Es steht dahin — ohne nur im Geringsten der schweizer Tapferkeit zu nahe zu treten —, ob die schweizer Landmiliz auch noch das ist, was sie war. In unsern Tagen hat sie noch keine Gelegenheit gehabt, solche Großthaten abzulegen, welche die Nach= welt, wie billig, noch mit heiligem Staunen erfüllen. Vormals waren die wackeren Schwaben auch andere Schwaben, beim Hee= resbann voraus, durch Biederkeit als wie durch Tapferkeit berühmt, selbst in den neueren Zeiten im 17. Jahrhundert bei den kaiser= lichen Heeren sowohl gegen den Reichsfeind Franzosen, als den Erbfeind, den Türken, wohl zu brauchen. Defters sind sie von den alten Kaisern vorgezogen, nie entwaffnet worden. Und über all dieses ist in dem schweizerischen Landmilizwesen weit mehr Be= stand und Zuversicht, als in jedem neueren dergleichen Institut um= sonst gesucht wird.

Von jeher hatten die klugen Schweizer viele Tausende in auswärtige Dienste geschickt; Keiner kam, ohne das Soldatenhand= werk gut oder ausgelernt zu haben, in sein Heimwesen zurück; diese verbunden mit dem gleichsam geborenen Schweizerschützen konnten wohl kräftigst die Vertheidigung des Vaterlands ersprieß= lichst unterstützen. Ihr reger und thätiger Geist war also auch durch Kriegskenntnisse geleitet.

Das allerneueste Beispiel von glücklichem Gebrauch der Land= miliz liefert uns Tyrol; aber bei einer näheren Untersuchung wird man eine Art Schweizer in den Tyrolern finden, welche Alle schon geborene gute Schützen sind, deren Grundverfassung in vorigen Jahrhunderten errichtet und bisher gut erhalten wurde."

„Zur Einrichtung und Organisation einer guten Landmiliz *) möchte wohl eine ruhigere Zeit, bessere Muße und mehr Geduld, aber auch mehr Fleiß und Arbeit, hauptsächlich aber geübte, mit dem Ton und der Behandlungsart der Landleute vertraute Offi= ziere, die nicht hiezu noch selbst Bildung brauchen, sondern solche Andern geben können, unumgänglich erforderlich sein. Dieses kann man freilich weder von denen neugestempelten Offizieren fordern, noch von denen dabei angestellten, meist Alters und Gebrechlichkeit

---

*) Patriotische Wünsche, Gedanken 2c. von dem Hauptmann Gentner. — 1797. —

halber längſt ausgeſchoſſenen Unteroffizieren und Invaliden er=
warten."

Die Unbrauchbarkeit der Landmiliz als ſolche, in ihrem gegen= *Die allge=*
wärtigen Zuſtande,*) lag am Tage. Das in ihr ruhende rohe *meine Wehr=*
Material zu verwerthen, war die Aufgabe der Zeit. *pflicht.*

Daß auf dem bisherigen Weg der Werbung weder quantitativ
noch qualitativ das Gewünſchte ſich erreichen laſſe, hatten die neue=
ſten Ereigniſſe gezeigt. Daß durch die von Zeit zu Zeit ange=
ſtellten, immer halb mit Gewalt ausgeführten Auswahlen ſich die
Abneigung gegen den Kriegsdienſt bei den Bewohnern blos ſteigere,
war eine ſchon zu oft gemachte Erfahrung.

Nur ein Mittel blieb übrig, um viele Mannſchaft zu erhalten,
dabei gute, zuverläſſige, nicht zu theure Truppen, — die allgemeine
Wehrpflicht. Alle Verfaſſer von hieher einſchlagenden Schriften
ſind in jener Zeit in der That vollkommen einig darin, daß die
einzige Rettung des Landes in der geſezmäßigen Verpflichtung
aller tauglichen Landeskinder zum Kriegsdienſt liege. Fürſt und
Stände ſollten ſich über deren Einführung berathen. „In der
politiſchen Natur**) eines monarchiſch=demokratiſchen Staates liegt
es, daß der Bau und die Unterhaltung der Kriegsmaſchinen den
Ständen, die Direktion und der Gebrauch dem Regenten gehöre;
zur Erreichung dieſer Zwecke und zur Befriedigung und Beruhigung
beider Theile iſt es nothwendig, daß ein gemeinſchaftlich einver=
ſtändiger Vertrag oder eine auf feſte landesgeſezliche Pfeiler ge=
ſtüzte ſanktionirte Militärverfaſſung vorhanden ſei."

Daß es für das Herzogthum eine viel zu große Laſt ſei,
ſämmtliche wehrfähigen Leute in eine ſtehende Truppe aufzu=
nehmen, leuchtete ein. Das Beiſpiel von Preußen mit ſei=
nem Beurlaubungsſyſtem, die Einrichtungen in der Militär=
grenze wurden als nachahmungswerth aufgeführt. Man ſolle das
Land in Bataillonsbezirke eintheilen; in deren Mittelpunkt wohnen
die Offiziere und ziehen zu Zeiten das Bataillon zu größeren
Uebungen zuſammen; zuverläſſige Unteroffiziere leiten die militäriſche
Vorbildung der Jugend in den einzelnen Ortſchaften. Nur wenige
ſtehende Truppen und Stämme ſollen in den Hauptgarniſonen

---

*) Unmaßgebliche Gedanken über die vielen Gebrechen einer Landmiliz.
— 1797. —

**) Auszüge aus Briefen ꝛc.

präsent bleiben; dahin soll aber auf etliche Monate im Jahr zur Er-
lernung des Dienstes jedes Bataillon verlegt werden; die übrige
Ausbildung sei in großen Uebungslagern zu erreichen.

Die einzige Anstalt, welche militärische Kenntnisse höherer
Art ihren Zöglingen bot, war bis zum Anfang der neunziger
Jahre die hohe Karlsschule gewesen. Aus Rücksichten der Sparsamkeit hatte Herzog Ludwig Eugen sie eingehen lassen. Die Wichtigkeit eines Instituts ähnlicher Art zur Heranbildung und Weiter-
bildung von Offizieren wurde nicht verkannt.

„Der Offizier *) ist die Seele des Korps. Sein Werth und
seine Eigenschaften bestimmen den Grad der Brauchbarkeit desselben;
es darf also Nichts vernachläßigt werden, was diesen Werth und
diese Eigenschaften erhöhen kann, was zu seiner vollkommenen
Bildung nothwendig ist.

Aber nur derjenige Offizier wird seinem Vaterland mit der
erforderlichen Anstrengung und Nuzen dienen, der mit ausgebrei-
teten Kenntnissen in seinen Berufsgeschäften Liebe und Eifer für
den Dienst und Liebe für sein Vaterland verbindet. Leztere Eigen-
schaft kann aber nur dann bei ihm Statt finden, wann er, neben
einem vorzüglichen Grad von Achtung bei seinen Mitbürgern, hinlängliche Befriedigung seiner Bedürfnisse, das heißt, Ehre und
Glück, genießt, wann er versichert ist, auch in derjenigen Periode
seines Lebens, wo ihn die Last der Jahre zu Boden drückt und
unfähig zu fernerem Dienst macht, ein hinlängliches Auskommen
zu haben.

Neben dem guten Willen und Muth aber müssen bei dem
Offizier vorzüglich Wissenschaften und Kenntnisse Statt finden,
indem nur in Begleitung der lezteren erstere von Kraft und Nach-
bruck sind.

Zur Erreichung dieser Erfordernisse muß man also die Einrichtung treffen, daß junge Leute, welche Lust bezeugen, sich dem
Kriegsstande zu widmen, in einer der Größe des Ganzen verhältnißmäßigen Kriegsschule gebildet werden. Man muß Sorge tragen, daß auch der bereits unter das Korps eingetretene Offizier
bei seiner Muße sein Studium fortseze und fortfahre, an seiner
Vervollkommnung zu arbeiten. Dazu ist aber einiger Aufwand

---

*) Darstellung des gegenwärtigen Zustandes ꝛc. — 1797. —

zur Anschaffung kriegswissenschaftlicher und anderer Bücher nöthig, den der Offizier ohne eigenes Vermögen so lange unmöglich machen kann, als sein Gehalt nicht einmal zu den nothwendigsten Bedürf= nissen des Leibs zureicht.

Höchst nothwendig ist ferner, daß man aufhöre den Stand der Offiziers dadurch herabzuwürdigen, daß man seinen Mitbür= gern die Meinung beibringt, ein Jeder, sogar auch derjenige, dem die Natur zu allen übrigen Wissenschaften die Gabe versagt habe, könne noch ein würdiges Mitglied des Militärstandes werden, wenn ihm nur nicht die Kraft gebreche, den Säbel oder Esponton zu tragen."

Es sei kein Wunder, daß viele, zum Theil abenteuernde, Aus= länder in Dienste hätten genommen werden müssen, so lange man es versäume, dem Offizier eine bessere Stellung zu geben.*) Als Staatsbürger könne der Offizier mit Recht fordern, daß er unter dem Schuz der Landesgeseze stehe, nicht ohne Urtel und Recht ent= lassen werden könne, daß er, zum weiteren Dienste unfähig, in an= ständiger Weise versorgt werde. Der Inländer ziehe Bedienstung in anderen Branchen vor, wo für seine Heranbildung und Existenz weit besser gesorgt sei.

Alle Vorschläge enthalten in der That auch wesentliche Ver= besserungen in der äußeren Stellung des Offiziers wie des Unter= offiziers. — In der Auswahl und Heranbildung der lezteren solle mit ähnlicher Sorgfalt verfahren werden, wie bei den Offizieren.

Besondere Aufmerksamkeit verdient die werthvolle vom Major Rösch verfaßte Schrift.**) Bei seinen Zeitgenossen galt der Ver= fasser, Ingenieuroffizier und Commandant der Landmilizbrigade Freudenstadt, für einen der gebildetsten und achtungswertesten Offiziere.

Er macht seinem engeren Vaterlande zunächst den Vorwurf, daß es mehr wie ein Epikuräer nur für seinen Bauch leben wolle. „Andere Staaten, welche das Aeußerste zur Unterhaltung ihres Militärstandes aufbieten, und sich in mehr als in einer Rücksicht wehe thun, sollen die Ehre haben uns zu beschüzen; sie sollen für unsere Verfassung, für unsern Wohlstand ihre Schäze dahingeben,

---

*) Auszüge aus Briefen 2c. — 1797. —

*) Entwurf zu einem zweck= und pflichtmäßigen Militärstand für Wir= temberg. Von Ingenieurmajor Rösch, Ritter des Militärordens. Stuttgart 1799. —

ihr Blut vergießen, das Leben ihrer Einwohner den Gefahren und Unbequemlichkeiten des Krieges aussezen und wir, die wir doch jeder beschüzenden Macht im Kriege wesentliche Dienste leisten könnten, wenn wir uns ebenso angreifen wollten, wie alle andere Staaten, sollen im Frieden die Hände in Schooß legen und mit Großmuth auf unsere Beschüzer im Kriege herabsehen, ohne ihnen auch nur mit ein paar tausend Mann zu Hilfe zu sein. — Ein solcher träger und schlechtdenkender Staat, der blos für sich leben, aber gar nichts für Andere thun will und doch ohne Andere nicht bestehen kann, verdiente ja wahrlich von Mächten, deren Hilfe er anzurufen sich bemüßigt sehen könnte, eher wie eine verächtliche Raupe auf dem Wege zertreten als unterstüzt zu werden. Mit Allem dem getraue ich mir doch nur wenige Proselyten zu machen, welche der Meinung sein dürften, man müsse sich hier den Militärstand ebenso angelegen sein lassen, wie andere Staaten; daher halte ich mich blos an die Reichsstandspflichten, weil dieses eine Sache ist, die weder Advokat, noch Schreiber, noch Militärhasser bestreiten kann. Etwas Ehrenvolleres möge die Geschichte in künftigen Tagen von Württemberg zu melden haben, als daß man Kontributionen und Brandschazungen gezahlt und Requisitionen geliefert habe."

Was jedenfalls vom Herzogthum im Falle eines Kriegs zu stellen sei, das sei das Quintuplum des Reichscontingents, in Allem . . . 2435 Mann Infanterie,

445 Dragoner,

2880 Mann und 445 Pferde.

Nun wisse aber Jedermann, daß beim Ausbruch eines Kriegs nicht sofort die ganze Truppe, die man unterhalte, ins Feld rücken könne, sondern nur der besser eingeübte Theil. Um die Hälfte müsse man mehr Mannschaft wirklich auf den Beinen halten, also 4320 Mann und 560 Pferde. Nach bestimmtem Gesez solle jedes Jahr eine Aushebung stattfinden von 720 Mann mit sechsjähriger Kapitulation. Für Artillerie solle eine besondere Auswahl die nöthigen Leute liefern. Sechs Bataillone und ebenso viele Schwadronen könne man so unterhalten.

Seinem Vorschlag zu einer jedes Jahr vorzunehmenden Auswahl, sagt Major Rösch weiter, werde man freilich das noch in Kraft stehende Landesgesez entgegenhalten, daß niemals Auswahlen vorgenommen werden dürfen, als beim Ausbruch eines Kriegs, daß überhaupt kein stehendes Militär anerkannt sei. Ob man

aber glaube, daß der Wohlfahrt des Landes damit gedient sei,
daß man kurz vor dem Kriege ein paar hundert oder tausend Re=
kruten auslese und mit aller Hast sie in das Feld schicke. Jeden=
falls drei Jahre brauche der Soldat, bis er sein Handwerk ausge=
lernt habe und zwei Jahre, bis er überhaupt verwendet werden
könne.

Sammt Artillerie würde das besoldete Militär 4570 Mann
betragen. Die Kosten berechnen sich jährlich auf 583,333⅓
Gulden.

Soweit die Vorschläge für das stehende Militär.

Dem Major Rösch schwebt übrigens noch ein viel höheres
Ziel vor, als die Aufstellung weniger tausend Mann stehender
Truppen. Sein Ziel ist die Durchführung allgemeiner Wehrpflicht.
Zunächst ist eine Landmiliz sein Vorschlag. Sie soll aus dem
stehenden Heere hervorgehen und auf ihm basiren. An sie können
sich Freiwilligencorps anschließen.

Nach beendigter Dienstzeit im stehenden Militär soll Jeder ge=
halten sein, noch zehn Jahre in der Miliz zu dienen.

Das Land ist in sechs Kantone einzutheilen; nach Verfluß
von zehn Jahren faßt jeder Kanton zwei Bataillone Infanterie
und eine Schwadron Dragoner. Die Chargen, Offiziere und
Unteroffiziere, werden für die Miliz stets beim stehenden, soge=
nannten Residenzmilitär, gehalten und gehen für die Einübungszeit
in ihre betreffenden Kantone ab.

Für den Nothfall will Major Rösch in der angegebenen Weise
18 Bataillone und 12 Schwadronen zur Verfügung stellen; zwei
Drittel davon ziehen aus, ein Drittel bleibt innerhalb der Grenzen.

Württemberg zählte zu jener Zeit 600,000 Einwohner; die
aufzustellenden Streitkräfte betragen nach Röschs Vorschlag 3 Pro=
zent der Bevölkerung; von den erforderlichen Kosten kommt nicht
einmal ein Gulden auf den Kopf der Einwohnerschaft. Berech=
net ist jedoch der Zuschlag nicht, den nothwendig die Aufstellung,
Bewaffnung und Uebung der Landmiliz ergeben muß.

Einige Analogie läßt sich immerhin in den Verhältnissen vom
Ende der neunziger Jahre und von heutzutage finden. Das deutsche
Reich war faktisch aufgelöst. Frei waren die einzelnen Souveräne=
täten hingestellt zwischen die großen Mächte. Da war Anschluß
möglich an den einen oder anderen Theil.

Was die Lage der Gegenwart wesentlich anders macht, ist die

Bereinigung der nationalen Frage. Bei einem Zusammengehen mit Frankreich brauchten die damaligen Staatslenker Württembergs durchaus nicht hinter dem Berge zu halten; nur wenige wirkliche Patrioten hätten sich daran gestoßen. Im Allgemeinen galt es nur, an eine Macht sich anzuschließen, die im Stande war, das Land zu schützen, gleichviel, welche es war.

Wie oben gezeigt, ging das Gefühl der Einsichtigen hiebei dahin, daß man ja vermeiden möge, mit unbewehrter Hand als Schuzsuchender in die Arme des Mächtigen zu fliehen; daß es die Sicherheit und die Ehre eines kräftigen Volksstammes erfordere, seinem Beschüzer nach Kräften bei Vertheidigung des Landes beizustehen. — Hätte Württemberg im Anfang der neunziger Jahre sammt dem übrigen Schwaben Oestreich gegenüber so gehandelt, so hätte der mächtige Bundesgenosse einen ungeheuren Halt am Rhein, jedenfalls im Schwarzwald gewonnen.

Wie heutzutage waren aber auch damals gar Viele der Ansicht, weil man nicht 100,000 Mann zur Wehr des Landes aufstellen könne, so brauche man gar Nichts zu thun; das Wenige, das man leisten könne, nüze ja doch Nichts. Einen großmüthigen Beschüzer für das Land möchte man wohl gerne haben; sich selbst aber anzugreifen und die eigene Person dem Vaterlande zur Verfügung zu stellen, war zu keiner Zeit nach dem Geschmacke Aller.

Hätte die Regierung verstanden, wäre es ihren Absichten entsprechend gewesen, die beim verständigeren Theile der Gesellschaft herrschende Stimmung zu fördern und für große patriotische Plane auszunüzen, so konnte Ersprießliches geschaffen werden. Erst ein Jahrzehnt später zeigte Spanien, was ein bewaffnetes Volk leisten könne und Preußen mußte in ähnlich erregter Zeit die organisirte Volkskraft im Dienste des Vaterlands und der Regierung zu verwerthen.

In Württemberg, wie im ganzen Reich, fehlte damals noch das Heiligthum, für das ein Volk in Waffen sich erheben konnte.

Reform des stehenden Heere. Ganz unbenüzt zum Zweck militärischer Reorganisationen sollte jedoch die Stimmung des Landes nicht bleiben. Dem war auch der Thronwechsel günstig.

Am 23. Dezember 1797 starb der lezte der drei Brüder, die nach einander den Herzogsthron inne gehabt hatten. Eine neue schaffende Kraft machte sich bald fühlbar, als der seitherige Erbprinz Friedrich Wilhelm Karl als Friedrich II. den württembergischen Thron be=

stieg. Sein Regierungsantritt fiel in eine äußerst bewegte Zeit. Vom Friedenskongreß zu Rastatt hatte man die Regelung der deutschen Verhältnisse erwartet. Sein Scheitern Ende des Jahrs 1798 gab wieder für eine Reihe von Jahren die kleinen Staaten dem wechselnden Kriegsglück preis. Herzog Friedrich wollte nicht unvorbereitet auf dem Plan erscheinen.

Wie sein Vater war er der Landmiliz abgeneigt; er hatte zu tief in ihre hoffnungslosen Zustände hineingesehen, um sich der Illusion hingeben zu können, als wäre es möglich, aus diesem Institut in aller Kürze ein kriegstüchtiges Instrument zu bilden. Seine Absicht war, die vorhandenen Truppenkörper in der Weise zu zerlegen und vorzubereiten, daß sie im Kriegsfall die Stämme eines tüchtigen Korps abgeben konnten.

Entgegengearbeitet wurde ihm bei diesen Plänen hauptsächlich von Seite des Landtags. Hier waren ganz besonders die Elemente im Lande vertreten, welche jede wirklich kriegerische Anstrengung überhaupt für unnöthig hielten, die Friede und Freundschaft nach allen Seiten hin zu halten gesonnen waren. Ein irgendwie ins Gewicht fallendes Militär mußte eine vollständige Neutralität schwierig oder unmöglich machen. Darum stemmten sie sich mit aller Macht gegen jede neue Organisation.

Seit einem Vierteljahrhundert war der vollzählige Landtag nicht mehr berufen worden. Alles wurde mit dem engeren und weiteren Ausschuß abgemacht. Erst die von Frankreich verlangten Kontributionen machten eine Besprechung mit der gesammten Land= schaft wünschenswerth.

Ihren politischen Standpunkt hatte diese schon dadurch gekenn= zeichnet, daß sie Ende des Jahrs 1796 alles Anschließen an das nunmehr vom Kriegsglück begünstigte Oestreich bringend widerrieth,*) gestützt auf ihr altes Recht, bei allen Beschlüssen über Krieg und Frieden mitzureden. Sie weigerte sich, Mannschaft und Geld zu verwilligen, so daß der Reichshofrath ob dieser Widersezlichkeit mit scharfen Maßregeln drohte, gleichwie gegen widerspenstige Unterthanen.

Groß war die Aufregung im Lande und die Thätigkeit der Parteien; die Unsicherheit der Lage, ob Krieg, ob Frieden, die ausgeschriebenen Steuern, die Repartition der Kriegsleistungen an Geld und Naturalien, Alles dieß zusammen verbannte im ganzen

---

*) Biedermann, Deutschland im 18. Jahrhundert. I., 87.

Lande die gewohnte Ruhe. Nach der Menge der Flugschriften zu urtheilen, die über alle die genannten brennenden Fragen geschrieben wurden, die den Landtag und jeden einzelnen Deputirten über seine Aufgabe aufklären sollten, scheint die Anzahl der zur Beleh= rung ihrer Landsleute Berufenen eine ganz enorme gewesen zu sein.

Der Plan des Herzogs Friedrich, auf Seite Oestreichs in dem neuen Kriege zu treten, stand von vorn herein fest; ebenso sein Entschluß, bei seinen militärischen Organisationen sich durch die Einsprache der Landstände nicht beirren zu lassen.

Die Streitkräfte, welche zunächst zur Verfügung standen, waren:

Das Kreisinfanterieregiment,
Infanterieregiment v. Hügel,
Kreisdragonerregiment,
Artilleriekorps,
Leibjäger,
Husarenkorps.

Die Absicht des Herzogs ging dahin, eine größere Anzahl von Truppenkörpern mit stehenden, wohl eingeübten Kadres zu schaffen, die ihm erlaubten, sei es bei einem noch immer gehofften Länderzuwachs, sei es bei verstärktem Aufgebot, eine bei weitem größere Anzahl von Streitern in den Rahmen unterzubringen als bisher.

Die neue Organisation datirt vom 12. September 1798. Durch sie wurde das ganze Militärwesen umgeschaffen und die Stämme aufgestellt, welche nachmals die königlichen Regimenter abgaben.

Die vier Grenadierkompagnieen vom Kreisregiment und von Hügel wurden zusammengezogen in ein Grenadierbataillon Zobel. Beide Regimenter wurden zerlegt in ihre einzelnen Bataillone; so entstanden aus dem Kreisregiment das Musketierbataillon von Mylius und Bataillon von Oberniß; aus dem ersten Bataillon von Hügel wurde formirt das Bataillon v. Seeger, aus dem zweiten das Bataillon v. Beulwiz. Die Reste der Regi= menter finden sich zusammengestellt im Bataillon v. Perglas. In Allem 6 Bataillone; jedes in der Stärke von 15 Offizieren und 338 Mann. — An Infanterie blieben außerdem auf den sogenann= ten Festungen einige Garnisonskompagnieen. Aus dem Kreisdra= gonerregiment und den berittenen kleinen Garbeabtheilungen wurde das Chevaurlegersregiment in 6 Kompagnieen formirt. Die Ar-tillerie verblieb in ihrem Bestand; ein Guideskorps wurde errichtet. In Allem zählte das gesammte Korps etwas mehr als 4000 Mann unter dem Gewehr. Als Militärbeitrag wurden von der Landschaft 567,643 fl. verlangt. Nach manchfachen Diskussionen wurden sie endlich ge-nehmigt.

Mehr Schwierigkeiten machten die angesonnenen Aushebungen im Laufe des Jahrs 1799, welche die Bataillone auf Kriegsstärke bringen und ein thätiges Eingreifen in die kriegerischen Ereignisse erlauben sollten.

Manches wurde vom Herzog durchgeführt mit gewaltsamem Durchgreifen; manche Willkür wurde gerade dadurch hervorgerufen, daß die Landstände kleinlich und störrig sich zeigten, während das Fehlen wirklich moralischer und politisch großer Prinzipien ihr Benehmen wenig achtenswerth erscheinen ließ.

Einzelnen Beschwerden der Landstände half der Herzog sofort ab; eine Resolution vom 17. März 1798 bestimmt:*) „In Betreff der Offiziersstellen haben Se. herzogl. Dhl. schon in der ihren Räthen bei der gemeinsamen Vergleichsbeputation unterm 28. vorigen Monats ertheilten Resolution ihre Bereitwilligkeit zu er-kennen gegeben, in Vergebung derselben darauf Rücksicht zu neh-men, daß solche dem größern Theil nach mit Landeskindern besezt werden und zugleich die gnädigste Versicherung ertheilt, daß bei dem Avancement kein Vorzug der Geburt Statt finden werde; Höchstdieselben nehmen auch keinen Anstand, die nähere Bestimmung beizufügen, daß künftighin zwei Dritttheile der Offiziersstellen mit bürgerlichen Landeseingeborenen besezt werden sollen."

Der Landschaft zu lieb ließ er auch die Landmiliz noch eine Zeit lang bestehen und ordnete sogar die Aufstellung eines Land-sturms an. Die Abneigung der Landleute ließ jedoch kein Gedeihen in die Sache kommen. Durch Dekret vom 21. August 1799 wurde endlich die Miliz vollständig aufgelöst. Die reaktivirten herzog-lichen Offiziere traten wieder in den Pensionsstand zurück; die aus der Zahl der Civilbeamten ernannten Offiziere verloren ihre Be-züge und militärischen Titel. Ausrüstungsgegenstände und Kleider, soweit sie das stehende Militär nicht verwerthen konnte, wurden im Aufstreich verkauft.

---

*) Häberlin, Staatsarchiv III., 469.

Mit diesem Schritt zur Beseitigung der Miliz war die Kom=
pletirung der neuerrichteten Truppenkörper um so nothwendiger
geworden. Eine Auswahl von 1600 Mann wurde am 17. August
1799 angeordnet; eine weitere von 4000 Mann ward bald darauf
angesonnen.

Das Verfahren bei den Auswahlen war ganz ähnlich wie
früher. Jedem Amt wurde eine zu liefernde Quote zugeschrieben.
Der Amtmann repartirte diese auf die einzelnen Ortschaften. Hier
loosten die Männer von 18—36 Jahren, übrigens mit der Frei=
heit, irgend einen Andern für sich anzuwerben, wenn dieser nicht
selbst der Auswahl unterworfen ist. — In Betreff der Größe
wurde unter 5 Fuß 9 Zoll nur in wenigen Fällen herabgegangen.
Befreit blieben von der Auswahl, wie von jeher, sämmtliche in
Aemtern stehenden Honoratioren, Meister auf dem Handwerk, Lehr=
jungen, Wirthe, begüterte Grundbesizer u. s. f.

Die zulezt angesonnene Aushebung von 4000 Mann, die bei
der Weigerung der Landstände mit Gewalt durchgeführt werden
mußte, die zu außerordentlichen Militärausgaben verlangten Gelder,
der nun entschiedene Anschluß an Oestreich bei dem neuen Kriege,
alles dieß mußte den vollständigen Bruch des Herzogs mit den
Ständen herbeiführen. — Ihren immerwährenden Protestationen
ein Ende zu machen, befahl er ihnen im November 1799 nach
Hause zu gehen und als sie sich weigerten, wurden scharfe Patro=
nen*) an die Garnison in Stuttgart ausgetheilt.

Seine nächsten Zwecke sah der Herzog nunmehr erreicht.
Beim Ausbruch des Kriegs standen ihm 6—7000 Mann zur Ver=
fügung und verwendbar zum Dienst innerhalb wie außerhalb der
Grenzen des Herzogthums. Durch die faktische Auflösung des Reichs
stand Württemberg als souveräner Staat den kriegführenden Mäch=
ten ebenbürtig zur Seite. Dazu war jezt der Widerstand der
Landschaft gebrochen. Die Ausdehnung der Herrschergewalt, die
am Ende des 17. Jahrhunderts Herzog Friedrich Karl schon ange=
strebt hatte, war jezt von dem fast absoluten Herrscher ein Jahr=
hundert später erreicht.**)

Der Anschluß an Oestreich verbürgte die Macht der Krone

---

*) Häberlin, Staatsarchiv V., 72 ff.
**) Herzog Friedrich Wilhelm Karl habe, sagte man, gerade deßhalb sich
Friedrich II. genannt, um an seinen Vorfahren zu erinnern und dessen An=
denken zurückzurufen.

ben Ständen gegenüber; von borther war auch für die Theilnahme
am Kriege Zuwachs an Ehre, Macht und Land verheißen worden.
Auf reiche Beute an Land und Leuten hatten freilich alle Mittel=
staaten gehofft, so lange die Verhandlungen in Rastatt fortgingen.
Als nach sechszehnmonatlichem Hin= und Herreden diese ganz
gegenstandslos wurden, suchten die Fürsten dieselbe Absicht theils
unter den Fahnen Oestreichs zu erreichen, theils auf dem Wege
strenger Neutralität nach allen Seiten hin. Das Bestreben Frank=
reichs, in den Mittelstaaten sich dankbare Vasallen zu schaffen, zu
mächtig, um sich einander gerne unterzuordnen und doch zu schwach,
um auf eigenen Füßen stehen zu können, ließ später alle Bethei=
ligten ihre Wünsche in ausgedehntester Weise erreichen.

Zehnter Abschnitt.

1799—1801.

Nochmals gegen Frankreich.

Die Erfolge, welche die öſtreichiſchen Heere in Italien, in
der Schweiz und in Oberſchwaben erfochten hatten, beſtimmten mit
dem Frühjahr 1799 die allermeiſten Reichsſtände, thätigen Antheil
am neuen Kriege gegen Frankreich zu nehmen.

Dem Herzog von Württemberg galt es zunächſt, ſeine neu
errichteten Bataillone zu kompletiren und militäriſch auszubilden.
Schuz der Grenzen gegen die Razzias der Gegner war ſeine nächſte
Abſicht. Der Schwerpunkt des ganzen Krieges lag in der
Schweiz und in Italien; Deutſchland wurde vorerſt nur durch
leichte Streifereien von den Brückenköpfen am Rhein aus betroffen. Das erleichterte dem Herzog die Ausführung ſeines Entſchluſ-
ſes, vorerſt in rein partikulariſtiſchem Sinne ſein Land zu decken,
ohne mit Oeſtreich durch Dick und Dünn zu gehen.

Wenige Streifereien im badiſchen Oberlande abgerechnet, war
der Kriegsſchauplaz am Oberrhein frei geblieben. Die Oeſtreicher
hatten hier auch nur wenige Detaſchements, hauptſächlich aus Reiterei und leichten Truppen beſtehend.

Zum Zweck eines weiter gehenden Zugs und zugleich, um die
Reichsfeſtung Philippsburg berennen zu können, überſchritt in der
Nacht vom 25. auf den 26. Auguſt 1799 der neuernannte Commandant der franzöſiſchen Rheinarmee, Leonhard Müller, bei Mannheim den Rhein, eine hochtönende Proklamation an die Bewohner
vor ſich hertragend. Ein Theil ſeines Korps ſchloß Philippsburg
ein, ein anderer zog über Fürfeld nach Heilbronn, das die wenigen
dort liegenden öſtreichiſchen Truppen verließen, um ſich unter dem

k. k. Oberst von Wolfskeel in Lauffen zu vereinigen. Dringend hatte der Oberst in Stuttgart um Absendung einiger Geschütze und einiger hundert Mann Infanterie gebeten. Er selbst hatte unter seinem Commando:

3 Züge Szekler Husaren,
3 Eskadronen Albert Kürassiere,
1 Bat. Würzburger, 700 Mann,
Kommandos von Nassau und Murray von je 50 Mann.

Herzog Friedrich war um so mehr geneigt, seine Truppen an der Bekämpfung der Eindringlinge Antheil nehmen zu lassen, als zunächst seine Residenzen bedroht waren und ihm von kaiserlicher Seite sehr verlockende Versprechungen gemacht waren.

Die Bataillone waren noch sehr schwach und durchaus nicht feldmäßig gerüstet. Dennoch marschirten sofort vier derselben nebst 8 Dreipfündern und einem Kommando Chevauxlegers aus ihren Garnisonen unter Führung des Generals von Beulwitz, um in Lauffen sich mit Oberst von Wolfskeel zu vereinigen.

In der Nacht vom 28. auf den 29. August und am Morgen des lezteren Tages trafen die Württemberger bei Lauffen ein. Hinter dem Städtchen wurde ein Lager bezogen; vorwärts des Orts standen die Feldwachen, in demselben ein Piket. Oestreicher und Württemberger zusammen 2600 bis 2700 Mann stark.

Die Franzosen hatten von Heilbronn aus ihre Vortruppen bis Sontheim und Horkheim vorgetrieben.

Auf die Nachricht, daß der Commandant des kaiserlichen Detaschements auf dem rechten Neckarufer, General Szentkeresty, sich auf Kannstadt zurückgezogen habe, verließen Beulwitz und Wolfskeel noch am 29. Aug. ihre Stellung bei Lauffen, um eine neue hinter der Enz bei Bietigheim zu beziehen. Zu gleicher Zeit gingen auch die Feinde zurück in die Ortschaften zwischen Einsheim und Eppingen, wo sie längere Zeit ruhig stehen blieben.

In der Vertheidigungsstellung hinter Bietigheim waren die Truppen folgendermaßen vertheilt. Zur unmittelbaren Vertheidigung von Bietigheim standen dort:

Bataillon Beulwitz unter Oberstlieutenant v. Becke, Bataillon Seeger, das halbe Bataillon Würzburger, 6 Kanonen, 3 Züge Szekler, ein Zug Kürassiere. In Markgröningen standen die Bataillone Oberniz und Mylius, die andere Hälfte der Würzburger nebst 2 Kanonen. — Von Bietigheim reichten die Vorposten bis Besigheim. Was an Reiterei übrig war, wurde zwischen Bietigheim und Markgröningen aufgestellt, um von hier die Verbindung mit dem General Szentkerestp zu suchen. Bei Kannstadt hatte dieser den Neckar passirt, war nach Schwieberdingen gezogen und stand nun im Begriffe, auf dem linken Flügel Wolfsleels gegen Knittlingen hin zu operiren. In Uebereinstimmung mit der Vor=wärtsbewegung des linken Flügels rückte auch Oberst v. Wolfskeel am 30. August wieder nach Lauffen vor. General von Beulwiz folgte ihm erst am nächsten Tage nach, auf besonderen Befehl des Herzogs, ohne dessen zuvor eingeholte Willensmeinung er durch=aus nicht mit den Kaiserlichen cooperiren durfte.

Gefechte bei Lauffen. Die Oestreicher rückten weiter nach Großgartach. In Laufen richtete sich General v. Beulwiz zur Vertheidigung ein. Bataillon Seeger wird in der Stadt eng einquartirt zunächst am Heilbronner Thor; es hält ein Piket am Schafhof. Bataillon Oberniz steht im Dorf Lauffen am Schafthor mit 2 Kanonen. Die Brücke und das Bietigheimer Thor ist vom Bataillon Beulwiz und 4 Kanonen besezt; am h. Kreuzthor gegen Bönnigheim hin steht das Bataillon Mylius.

Rittmeister v. Harling, Kommandant der Chevauxlegers, gibt einen Posten nach Sontheim und patrouillirt gegen Bönnigheim und Freudenthal.

Alles blieb ruhig bis zum 6. September, wo allarmirende Nachrichten einliefen, daß die Feinde von Wimpfen aus den Neckar aufwärts ziehen. Am folgenden Tag wurde Wolfskeel wirklich in Großgartach angegriffen und zog sich durch Nordheim gegen Lauf=fen zurück. Auf der ersten Anhöhe südwärts von Nordheim nahm er wieder Stellung; General v. Beulwiz schickte zu seiner Unter=stüzung das Bataillon Mylius auf die zweite Anhöhe vor.

Im Verlauf des ganz unbedeutenden Gefechts zog Wolfskeel sich noch weiter bis vor Lauffen zurück; Beulwiz stand hinter Lauffen in Reserve. — Auch von Heilbronn her waren französische Abtheilungen bis vor Lauffen vorgedrungen, wurden aber hier vom Bataillon Seeger wieder zurückgetrieben.

Der Verlust der herzoglichen Truppen betrug einen Todten und einige Verwundete.

Am Abend des 7. September wurde Nordheim wieder von den Oestreichern besezt. Der folgende Tag brachte den Franzosen Verstärkung; dadurch ermuthigt wiederholten sie ihren Angriff auf die Oestreicher in Nordheim und bis zu ihrer Unterstüzung aufge=

ftellten Württemberger. Vor der Uebermacht mußten diese zunächst nach Lauffen und weiter hinter die Enz zurückweichen. General v. Beulwiz nahm Stellung hinter Bietigheim.

Schon war aber von anderer Seite dem Vorbringen der Feinde Einhalt gethan. Von der Schweiz her zog in Eilmärschen Erzherzog Karl mit 30,000 Mann; General Sztarray traf am 10. September in Enzweihingen ein und am 11. der Erzherzog in Vaihingen.

Die Franzosen zogen sich in Eile zurück, hoben die Belagerung von Philippsburg auf, wurden aus Mannheim vertrieben und bezogen bei Landau ihr Lager.

Nach dem Willen ihres Kriegsherrn zogen die herzoglichen Truppen am 13. September wieder in ihre Garnisonen ein.

So unbedeutend die Gefechte waren, mit denen die neuerrichteten Truppenkörper sich in den Krieg einführten, so benüzte Herzog Friedrich doch gern diese günstige Gelegenheit, um ihnen sein besonderes Wohlgefallen zu erkennen zu geben und den Ehrgeiz für die Zukunft anzuspornen. Eine große Anzahl von Offizieren wurde öffentlich belobt; Medaillen*) wurden ausgetheilt und außerdem sehr zahlreiche Geldgeschenke im Betrag von 2 fl. 24 kr. und 1 fl. 30 kr. auf den Mann.

Das Unglück der Russen bei Zürich und deren bevorstehender Stellung bei Bietigheim. Abzug veranlaßte den Erzherzog, sofort wieder dem Kriegsschauplaz in der Schweiz näher zu ziehen. Diesen Umstand benüzte General Lecourbe, um neuerdings bei Oppenheim, Mainz, Worms über den Rhein zu gehen. Er selbst schloß Philippsburg wieder ein; General Ney mit 6000 Mann sollte über Sinsheim und Heilbronn gegen Stuttgart marschiren. Bei diesem Zug war es hauptsächlich auf die kaiserlichen Magazine in Kannstadt abgesehen.

Prinz Hohenlohe, der mit nur 6 Schwadronen Kürassiere auf dem linken Ufer des Neckars stand, räumte nach kurzem Gefecht am 1. November Bönnigheim und zog sich auf die Höhen um Bietigheim zurück. — Für den Herzog von Württemberg war nun wieder derselbe Fall wie Ende August eingetreten. Bei der Bedrohung seiner eigenen Lande und seiner Residenzen ließ er so-

---

*) Als Medaillengehalt festgesezt während der Dienstzeit die halbe Löhnung, nach der Entlassung aus dem Dienst die ganze.

fort 5 Bataillone, eine Jägerkompagnie *) und 10 Geschüze zu dem östreichischen Detaschement in Bietigheim abmarschiren.

Vom Prinzen Karl von Lothringen erhielt Hohenlohe noch weitere Verstärkungen aus der Gegend von Pforzheim her und zwar das 13. Dragonerregiment, ein Bataillon Kroaten und eine Batterie von 6 Geschüzen.

Am 2. November vereinigte sich das ganze Korps bei Bietigheim. Am Morgen dieses Tags war General v. Phull mit den Bataillonen Beulwiz und Oberniz angekommen und hatte ein Bivouak hinter Bietigheim bezogen. Mittags kamen die Bataillone Seeger, Mylius, Zobel, die Jäger und die Artillerie unter General Seeger an.

Hohenlohe gab Vorposten mit seinen Kürassieren gegen Löchgau, Besigheim und Ingersheim hin. Die Vorposten des Feinds standen bei Kirchheim am Neckar.

Am 3. November wurde in Erfahrung gebracht, daß Bönnigheim und Lauffen vom Feind besezt seien, daß seine Vorposten in Erligheim stehen.

Hohenlohe in richtiger Würdigung der Verhältnisse, daß er einen Angriff nicht stehenden Fußes erwarten dürfe, daß er vielmehr das Plateau auf dem linken Enzufer zum Vortheil seiner zahlreichen Reiterei ausnüzen müsse, ließ sofort die Höhen vor Bietigheim durch seine gesammte Reiterei und die Bataillone Zobel und Seeger sammt der Jägerkompagnie besezen; die Kroaten hatten Besigheim inne; die übrigen württembergischen Bataillone standen hinter Bietigheim an der Chaussee.

Dem Fürsten Hohenlohe war es vom Herzog sehr anempfohlen worden, die württembergischen Truppen möglichst zu schonen und sie sehr vorsichtig zu führen und zu gebrauchen.

Als die Franzosen aus Löchgau vorrückend das den Höhen von Bietigheim nahe gelegene Wäldchen erreicht hatten, brach Hohenlohe mit seinen 12 Schwadronen und der württembergischen Infanterie vor und warf die Feinde nach Löchgau. Hier so wenig wie bald darauf in Erligheim konnten diese sich halten. Die österreichische Reiterei umging sie von allen Seiten und nöthigte sie zum schnellsten Rückzug, der zulezt in ungeordnete Flucht nach den

---

*) Neu errichtet am 6. Oktober durch Ausziehung aller gelernten Jäger aus den Bataillonen.

Wäldern des Strom= und Heuchelbergs ausartete, bei welcher Ge=
legenheit die Sieger gegen 700 Gefangene machten. Die württem=
bergischen Bataillone waren nicht ins wirkliche Gefecht gekommen;
die Reiterei hatte fast Alles gethan; nur beim Angriff auf die
Höhen von Erligheim hatte die Jägerkompagnie Gelegenheit ge=
funden, ihre Bravour zu zeigen.

Bei diesen Gefechten zählten Oestreicher und Württemberger
etwa 2600 Mann Infanterie und 1500 Reiter mit 16 Geschützen;
die Franzosen unter General Ney waren 4000 Mann stark und
führten 6 Geschütze.

Am 4. November standen die Vorposten Hohenlohe's bei Güg= $^{Im \ Zaber=}_{gäu.}$
lingen und Großgartach, die Franzosen wichen immer weiter zu=
rück. — Die württembergischen Truppen kamen in Kantonirungen
nach Lauffen, Bönnigheim, Meimsheim.

Auf dem linken Flügel Hohenlohe's hatte Prinz Lothringen
sich der Vorwärtsbewegung angeschlossen und war bis Bruchsal
vorgegangen; Hohenlohe drängte am 7. November die Feinde bis
hinter Eppingen und Fürfeld.

Der von den östreichischen Führern an die württembergischen
Generale ergangenen Einladung, in Verbindung mit ihnen vorzu=
marschiren, konnten diese nicht entsprechen, da der Herzog unter
keiner Bedingung zugeben wollte, daß seine Truppen die Grenzen
des Herzogthums überschreiten. Sie hatten vielmehr Quartiere im
Zabergäu zu beziehen und hinter der kaiserlichen Armee eine
Postenkette auszustellen und zwar von Lauffen über Nordheim,
Nordhausen, Bönnigheim, Dürrenzimmern nach Freudenthal. Theils
in diesen Ortschaften selbst, theils in dem von ihnen umschlossenen
Raum wurden am 9. November die Quartiere bezogen. Jedes
Bataillon gibt eine Kompagnie als Piket auf die nächstgelegenen
Höhen. Als Alarmpläze sind bestimmt die Höhen von Bracken=
heim, Dürrenzimmern, Nordheim und Jägerhaus. In den Statio=
nen sollen die Zugänge gut besetzt sein; die Stabsoffiziere und
Adjutanten haben sich mit der Gegend vertraut zu machen.

Bis Mitte November blieben die herzoglichen Truppen ruhig
in ihren Postirungen, die ebenso wohl der Sicherung wegen als
zur Instruktion der Führer und der Mannschaft angeordnet waren.
Bei zunehmender schlechter Witterung waren die Pikets großen=
theils eingezogen worden; es blieben nur noch Avisoposten auf der
Michelskirche in Güglingen, auf dem Stocksberger und Neipperger

Schloß und auf der Warte zu Nordheim. Der Kälte wegen wurden an die dienstthuende Mannschaft die Wachroquelaurs aus= getheilt; denn noch immer hatte der Infanterist keinen Mantel.

Erst am 16. November, als die Franzosen bei Sinsheim zum Angriff übergingen, und die Oestreicher sich eine Strecke weit zu= rückziehen mußten, wurden württembergischerseits wieder alle Pikets ausgestellt und Anstalten zu einer Konzentrirung bei Bönnigheim getroffen. — Wegen des mangelhaften Nachrichtenwesens in der Postenkette selbst wie nach vorwärts hatte General Phull schon vor längerer Zeit beim Herzog um einige Reiterei gebeten. Erst am 17. November traf eine Schwadron Cheveaurlegers unter Ritt= meister von Harling in Brackenheim ein.|

Ende November belief sich das ganze in Kantonirung befind= liche württembergische Korps auf 2342 Mann; ausrückend waren davon 2056 Mann. — Bataillon Beulwiz, wie die übrigen Ab= theilungen erst kürzlich durch Rekruten verstärkt, zählte im wirk= lichen Stand 416 Mann; ausrückend 362 und zwar: 1 Stabs= offizier, 4 Hauptleute, 1 Adjutant, 3 Premierlieutenants, 4 Se= konblieutenants, 2 Feldwebel, 2 Kadetten, 13 Korporale, 8 Spiel= leute, 316 Gemeine, 8 Artilleriehandlanger. Krank und komman= dirt sind 47 Mann; außerdem befinden sich beim Bataillon 1 Au= ditor, 1 Regimentsfeldscheerer, 2 Fouriere, 2 Feldscheerer, 1 Regi= mentstambour.

Erst Anfangs Dezember traten die Württemberger mit den Kaiserlichen wieder in gemeinsame Aktion ein. Um das rechte Rheinufer zu säubern, rückte General Sztarray mit bedeutenden Verstärkungen vom Schwarzwald an. Zwei Kolonnen unter Prinz Karl von Lothringen und General Görger hatten nach Bretten, Gochsheim, Eppingen vorzubringen; eine dritte unter Prinz Hohen= lohe operirte über Fürfeld nach Sinsheim. Dem rechten Flügel der Oestreicher am unteren Neckar und im Odenwald schloß sich Oberst v. Wrede mit pfalzbayerischen Truppen und dem von ihm organisirten Landsturm an.

Der Kolonne Hohenlohe's folgten die herzoglichen Truppen. Sie nahmen jedoch nur an den höchst unbedeutenden Gefechten bei Hofen und Nußloch am 2. und 3. Dezember Theil.

Ueber die Zeit ihrer Mitwirkung mit den Oestreichern ward ihnen auch Verpflegung aus kaiserlichen Magazinen nach kaiser= lichem Saz zugestanden. Die tägliche Mannsportion besteht aus 2 Pfund Brod; der Reiter erhält ½ Pfund Fleisch; drei Infan=

teriſten zuſammen ein Pfund. Für das Pfund Fleiſch zahlt der Solbat 8½ Kreuzer Reichsgeld abzüglich an ſeiner Löhnung; doch muß er nicht unbedingt von der Regie beziehen, wenn er 'es anderswo billiger haben kann. Der Regie iſt 24 Stunden vorher der Bedarf anzuzeigen; Brob und Fourage wird alle vier Tage gefaßt. Die tägliche Ration beſteht aus 6 Pfund Haber und 8— 10 Pfund Heu.

Die Franzoſen wurden in mehreren auf einander folgenden Geſechten von den Kaiſerlichen bis an den Rhein gedrängt und kamen in große Geſahr, von ihrem Rückzug abgeſchnitten zu werden. Das Vorgeben von Unterhandlungen machte ungeſährbeten Rückzug möglich.

Bei dieſem glücklichen Fortgang der Dinge hatte Herzog Friedrich ſeine Truppen auf den 9. Dezember wieder zurückgerufen. Sztarray hatte nur darum nachgeſucht, ſie möchten am 9. wenigſtens erſt Mittags 12 Uhr abgehen, um welche Zeit er ſicher wiſſe, ob der Feind vorwärts oder rückwärts gehe. Lezteres war der Fall; am 13. Dezember rückten die Bataillone Beulwiz und Oberniz in Ludwigsburg ein; am folgenden Tag bezogen die übrigen Abtheilungen ihre Garniſon Stuttgart.

Was bisher erzählt wurde von den beiden Ausmärſchen zu Ende des Jahres 1799 liefert den Beleg für die Fähigkeit des neuen Herzogs, politiſch und militäriſch richtig zu handeln. Politiſch correkt war ſein Verhalten zu einer Zeit, in der als oberſter Grundſaz galt, Nichts dem Ganzen zum Opfer zu bringen, Nichts zum Vortheil eines Verbündeten, ſondern Alles zu ſeinem eigenen Nuzen zu unternehmen.

Die neuaufgeſtellten, noch großentheils ungeübten, meiſt aus Rekruten beſtehenden Bataillone konnten kaum beſſer in den Krieg eingeführt werden, als es wirklich geſchah. Großer Krieg und Strapazen hätten ſie aufgerieben; die kleinen erfochtenen Vortheile hoben ihren Muth; das Ganze war ein gut ausgenüztes Inſtruc tionsmanöver mit Gegner.

Gerne hätte Erzherzog Karl den Herzog von Württemberg zu großartigeren Anſtrengungen und rückhaltsloſerer Theilnahme am Kriege vermocht. Schon beim erſten Ausmarſch der Württemberger, Ende Auguſt, ſtellte er ein dahin gehendes Anſinnen an den Herzog. Die Antwort hierauf vom 6. September läßt in mancher Beziehung einen Einblick in die Denkweiſe des Herzogs zu.

„Ich kann Mir dieses Ansinnen nur durch die übrigens ganz natürliche Voraussezung erklären, als wenn Ich über eine Meiner Würde und den Kräften Meines Landes angemessene Macht zu disponiren hätte. Leider aber muß Ich Ew. Hoheit und Liebden über die diesseitige Militärverfassung solche für Mich am meisten unangenehme Aufschlüsse geben, welche die völlige Unmöglichkeit, jenes Ansuchen auch nur einigermaßen vor der Hand zu erfüllen, in das klarste Licht sezen.

Die in der Verfassung des Landes gegründete, dem wahren Staatszweck aber entgegenlaufende Konkurrenz der Landstände zu der Rekrutirung und Unterhaltung des regulären Militärs machte es seither bei dem verkehrten Gesichtspunkt, worunter jene die Militärverfassung beurtheilen und bei dem dabei meistens Statt findenden Mangel an gutem Willen unmöglich, das hiesige Militär auch nur auf einen gemäßigten Grad von Stärke und Ansehen zu bringen. — So geschah es, daß, als Meine Truppen durch die natürlichen Zufälle von Austritt der Exkapitulanten, Desertionen u. dgl. sich weit unter die Zahl von 1000 Mann verminderten, womit kaum der gewöhnliche Dienst der Garnisonen in Meinen Residenzen versehen werden konnte, Ich es nur durch die heftigsten beinahe ein Jahr lang durchgeführten Disceptationen bei den Landständen dahin bringen konnte, in eine mäßige Landesauswahl von 1600 Mann zu willigen und die von ihnen gegen alle Befugniß unter dem Vorwand des zu leistenden höheren Kreisextraordinariums willkürlich gemachten beträchtlichen Abzüge an dem gewöhnlichen verfassungsmäßigen Militärbeitrag zu sistiren.

Ich enthalte mich, Ew. Hoheit und Liebden mit dem unangenehmen Detail dieser unter den widrigsten Gefühlen Meinerseits nothgedrungen geführten Streitigkeit zu ermüden, ob es gleich ein sonderbares Denkmal von der unbefugten und selbst für das Land verderblichen ständischen Einmischung in die landesherrliche Regierung abgeben würde.

Mit gedachter Auswahl von 1600 Mann ist es nun wirklich so weit gekommen, daß beinahe die Hälfte der Rekruten seit acht Tagen eingeliefert worden. Wenn aber das Ganze beisammen sein wird, so bleiben Mir nach der geschehenen Abgabe der zu den k. k. Truppen gestoßenen Bataillons zur Zusammenhaltung, Organisirung und Exerzirung jener sämmtlicher Rekruten nur 300 Mann von Meinen regulären Truppen übrig. — Die bereits nach Laufen beorderten Bataillons werde ich genöthigt sein, auf einige Zeit zurückzuberufen, um sowohl jedes derselben bis auf 400 Mann zu kompletiren, als auch das Ganze auf den Feldetat, woran noch Alles mangelhaft, vollständig zu sezen."

Von Donaueschingen aus, am 12. Oktober, fordert der Erz= herzog den kaiserlichen Minister und Gesandten, Grafen Lehrbach, auf, er möge auf alle Weise zur Vermehrung der Streitkräfte am Rhein beitragen und namentlich in Stuttgart die Stellung des Kontingents bewirken. „Der Herr Herzog hat eben in diesen der= maligen Verhältnissen um so mehr die größte Aufforderung, zur Abhaltung des Feinds auf das Dringendste mitzuwirken, da der= selbe seinen Separatvertrag mit den Franzosen gebrochen hat und demselben allerdings keine andere Partie mehr zu wählen übrig bleibt. — Der Herr Minister könnte zugleich bei dieser Gelegenheit den Herrn Herzog bewegen, sich den Landesvertheidigungsanstalten der benachbarten Lande anzuschließen. Die Bewaffnung des Land= volks im Mainzischen, im Odenwald und in der Pfalz hat bereits einen ziemlichen Grad von Festigkeit gewonnen und ich habe eben erst Offiziere abgeschickt, um den Landsturm im Hochstift Speyer zu organisiren. — Wenn gleich eine Landvollbewaffnung in mili= tärischer Hinsicht Dasjenige in der Ausführung niemals leisten dürfte, was man von einem geübten Militär zu erwarten berech= tigt ist, so kann jedoch ein solches Landaufgebot in Verbindung mit regulären Truppen zur Vertheidigung allerdings mit Nuzen verwendet werden."

Auf dem Kriegsschauplaz in der Schweiz konnten die Oestreicher ihre sehr zahlreiche Reiterei nur mit wenig Vortheil verwenden; sie zogen mehr Infanterie dorthin und wiesen der Reiterei den Oberrhein als Wirkungsfeld zu. Für diese zahlreiche Reiterei auch die nöthige Infanterie zu erhalten, war theilweise gelungen durch die, zunächst lokalen, Landaufgebote.

Die zahlreichen Streifereien der Franzosen am Mittelrhein, die unerhörten Erpressungen und Mißhandlungen, womit diese Gegend vor anderen heimgesucht wurde, hatten zunächst Zusammen= rottungen der Bauern, mit Mistgabeln und Dreschflegeln bewaffnet, zur Folge. Zuerst im Odenwald und Spessart. Die zersprengten Soldaten, die Marodeurshaufen von Jourdans Banden fürchteten Nichts so sehr als die Gabeln der Bauern.

Der kurmainzische Minister Albini brachte zuerst Zusammen= hang und Organisation in die Sache. Als militärischer Leiter stellte sich in jenen Jahren Karl Philipp v. Wrede, pfalzbayrischer

Oberst, an die Spize des Landsturms im Odenwald und im Pfälzi=
schen. Im Zusammenhang mit wenigen regulären Bataillonen
war seine Thätigkeit von großem Nuzen.

Dem Drängen des Erzherzogs nachgebend, ordnete im No=
vember 1799 Herzog Friedrich ein allgemeines Landaufgebot in
den zunächst bedrohten Aemtern an. Alle Mannschaft von 20—40
Jahren ist ins Verzeichniß aufzunehmen*) und hat sich zu bewaff=
nen mit eigenen oder Landmilizgewehren.

Nachdem vor Kurzem das Institut der Landmiliz als nicht
zweckentsprechend aufgehoben worden war, und diese überhaupt
mit Ausnahme weniger Amtsorte seit 1796 keine Uebungen mehr
abgehalten hatte, war es eine natürliche Erscheinung, daß zu der
plözlichen Aufstellung eines Landsturms wenig Lust vorhanden
war. Die Amtsversammlungen, in denen die Sache besprochen
wurde, waren muthlos, verlegen und unentschlossen.

Auch von Seiten des Landtags wurde dagegen agitirt. Die
Neutralität, die im Frieden 1796 festgesezt worden sei, solle man
aufrecht erhalten; muthwilligerweise werde feindliche Härte provo=
cirt, wodurch das Ende wäre allgemeine Noth, Elend, Plünderung,
Mißhandlung und Brand. — Zu wohl sei es bekannt, daß den
Oestreichern die Vertheidigung des Unterlandes nicht sehr am
Herzen liege, daß sie es im Stiche lassen würden. — Ein der=
artiges Aufgebot müsse nach der Landesverfassung zwischen Herr
und Ständen verabschiedet sein; ohne Gesez würde die Mannschaft
sich gar nicht stellen. — Die Zeit sei zu kurz, denn heute oder
morgen können die Franzosen einrücken. — Das Endergebniß des
Aufrufs war: „Stadt= und Amtsdeputati sehen sich genöthigt, in
tiefster Ehrfurcht das Landaufgebot zu verbitten." — In der That
kam auch keine Bewaffnung zu Stande.

Neue
Rüstungen. Die Lage im Reich war eine eigenthümliche. Der Reichstag
zu Regensburg deliberirte hin und her, ob Kriegsfall, ob Frieden
für das Reich vorhanden sei, lange noch, nachdem Oestreichs Heere
in Italien, in der Schweiz, in Deutschland sich mit den Feinden ge=
messen hatten, nachdem ein Theil von Schwaben von beutesüchtigen

---

*) Beispielsweise wurden im Amt Markgröningen, das außer dem Amts=
städtchen noch Schwieberdingen, Münchingen, Bissingen, Thamm begriff, ge=
zählt: 723 Mann, darunter 204 ledig, 519 verheirathet; 30 darunter haben
unter dem Militär gedient, 169 unter der Landmiliz; blos 9 sind als untüch=
tig bezeichnet.

Banden überschwemmt war. Am 16. September 1799 endlich gelangte die Versammlung zu dem Schlusse, daß der Reichskrieg erklärt sei, daß alle und jede Stände zur Stellung ihres fünffachen
Kontingents und Erfüllung sonstiger Verbindlichkeiten anzuhalten
seien. —

Der Erfolg war ein sehr bescheidener. Da gab es Neutrale
groß und klein; Einzelne waren durch ihre Ohnmacht sicher, Andere
durch die Demarkationslinie gedeckt.

Wirklich Ernst mit Aufstellung ihrer Kontingente und Leistung
von noch Weiterem war es nur dem Churfürsten von Pfalzbayern
und dem Herzog von Württemberg. Beide waren zu solchem Eifer
außer Versprechung von manchen Vortheilen noch durch englische
Subsidiengelder veranlaßt.

Der am 20. April 1800 mit England zu Ludwigsburg abgeschlossene Vertrag beschleunigte die Mobilmachung aller Truppen,
welche der Herzog überhaupt aufzustellen im Stande war.

Schon am 17. März war als Reichskontingent eine Brigade
unter Generalmajor Seeger bestehend aus 3 Bataillonen und 6
Geschützen, 2700 Mann im Ganzen, nach Bretten abmarschirt, um
sich mit dem Corps des Generals Sztarray zu vereinigen. —
Zum leztenmal zogen hier die Württemberger für das Reich aus;
zum erstenmal war das Kontingent rein aus württembergischen
Elementen zusammengesezt. *)

Zu weiterer Ausrüstung von Subsidientruppen herrschte im
Herzogthum die größte Thätigkeit. Im Ganzen sollten noch 4—
5000 Mann aller Waffen aufgestellt werden. Von der vor Kurzem ausgeschriebenen Auswahl von 4000 Mann waren noch nicht
alle Leute beigebracht; sie wurden theilweise mit Gewalt unter die
Bataillone gesteckt.

Jedes der drei Bataillone (Beulwiz, Seeger, Seckendorff, früher Perglas), welche das Subsidienkorps bilden sollten, war auf
1004 Mann zu bringen und zwar:

Streitbare.

1 Kommandant,
1 Stabsoffizier,
5 Hauptleute,
1 Adjutant,

---

*) Sonst stellten ins Infanterieregiment Württemberg noch folgende
Reichsstände ihre Kontingente ein: Hechingen, Sigmaringen, Haigerloch, Wie-
senstaig, Weil die Stadt, Sickingen, Justingen, Trauchburg.

10 Subalterne (Premierlieutenant und Sekondlieutenant),
2 Kadets,
5 Feldwebel,
40 Korporale,
32 Spielleute,
10 Zimmerleute,
850 Musketiere.

Nichtstreitbare.

5 Fouriere,
1 Profos,
1 Bataillonschirurg,
5 Kompagniechirurgen,
1 Büchsenmacher,
8 Knechte,
26 Offiziersdiener.

1004 Mann.

Das Bataillon führt mit sich:
1 Stabswagen für die Kasse und Medikamente,
5 Zelt= und Requisitenwagen,
2 Munitionswagen;
ferner an Pferden:
49 Offizierspferde,
4 Munitionswagenpferde,
22 Zelt= und Requisitenwagenpferde,
5 Packpferde.

---

80 Pferde.

An Reiterei waren zu stellen 2 Schwadronen Chevaurlegers; an Artillerie 2 zwölfpfündige Haubitzen und 6 sechspfündige Kanonen; außerdem zwei Jägerkompagnieen.

Allenthalben die größte Rührigkeit mit Einkleidung und Einübung der Rekruten; Beschaffung der nöthigen Montirungen, Reparation von alten Gewehren und Geschützen, Einkauf von neuem Material, Einrichtung eines Feldspitals und Verpflegungswesens; — Alles unter den Augen des thätigen und strengen Kriegsherrn.

Aufstellung und Unterhaltung der Truppen des Subsidienkorps (vorerst dieses getrennt vom Reichskontingent) hatte England übernommen. Der Sold, namentlich für die höheren Chargen, ist

hiebei etwas besser bemessen als in kaiserlichen und württember=
gischen Diensten.*)

Für das Bataillon Beulwiz berechnen sich die Kosten auf
19,055 fl. 20 kr. monatlich; für das ganze Subsidienkorps auf
114,405 fl.

Bekleidung, Ausrüstung und Bewaffnung war ziemlich die
gleiche geblieben, wie früher. Die einzelnen Bataillone unter=
scheiden sich durch die Farben der Kragen und Aufschläge. Ba=
taillon Beulwiz trug rosenrothe. Der bisher dreispizige Hut
hatte dem Kasket weichen müssen. — Die Feuergewehre sind
alle glatt mit Ausnahme von 120 Büchsen und einigen gezogenen
Flinten beim Jägerkorps. Viele der gewöhnlichen Musketen schei=
nen in schlechtem Zustand gewesen zu sein. Geklagt wird ins=
besondere auch über die vielen verbogenen Bajonnets, was darin
seinen Grund habe, daß der Mann beim Bivouakiren das Gewehr
verkehrt mit dem Bajonnet in die Erde stoße. Um dem Uebel=
stand abzuhelfen, ward befohlen, daß mehrere Leute zusammen ihre
Gewehre ansezen und die Mündungen zum Schuz gegen Nässe mit
einem Pfropf verschließen sollten.

Während die Kriegsrüstungen im Herzogthum noch im Gange
waren, hatten auch schon die Feindseligkeiten zwischen Oestreichern
und Franzosen begonnen. Den lezteren unter Moreau war es ein
Leichtes, in mehreren Kolonnen den Rhein zu überschreiten und
sich jenseits des Schwarzwaldes zu sammeln der weitausgedehnten
kordonartigen Stellung der östreichischen Armee unter Kray
gegenüber.

In den ersten Tagen des Mai 1800 sah sich die französische
Armee vollkommen concentrirt auf dem Raume zwischen Donau
und Bodensee, die östreichische zog sich erst allmählich aus ihren
weitläufigen Stellungen rückwärts zusammen. Nach theils unent=
schiedenen, theils unglücklichen Gefechten bei Stockach, Engen,
Möskirch, Biberach ging Kray in die vorbereitete starke Stellung
bei Ulm zurück. Sztarray mit seinem Armeekorps von der Murg
her marschirend vereinigte sich dort mit ihm.

Für die Württemberger galt es nun, rasch mit den paraten
Streitkräften das Land zu verlassen und der kaiserlichen Armee
sich anzuschließen. — Am 6. Mai bezog das Subsidienkorps, unter

margin Der Donau=
feldzug.

dem Titel Reichskontingentsergänzungskorps, bei Zuffenhausen ein
Lager, später bei Hohenheim. Bei weiterer Annäherung der Franz=
josen wurden alle Depotabtheilungen mit dem Korps vereinigt,
sämmtliche brauchbaren Arsenalgegenstände und Montirungsvor=
räthe verpackt und am 10. Mai der Marsch gegen Ulm hin ange=
treten über Plochingen, Göppingen, Gerstetten, Giengen.

Den drei Bataillonen, zwei Jägerkompagnieen, zwei Schwa=
bronen und acht Geschützen hatten sich noch drei Ersatzkompagnieen,
eine unberittene Depotschwabron und etwas Depotartillerie mit
zahlreichem Fuhrwesen angeschlossen. Alles zusammen gegen 4000
Mann stark.

Oberkommandant war Genenerallieutenant v. Hügel, die In=
fanterie kommandirte Generalmajor v. Beulwiz. Zum General=
stab zählte Major und Flügeladjutant v. Varnbüler, die Quartier=
meisterlieutenants Seeger und Theobald. Die Artillerie führte
Oberstlieutenant v. Kammerer; die Chevaurlegers Oberstlieute=
nant v. Raso.

Kommandeur des Bataillons v. Beulwiz war Oberstlieutenant
v. Romig; Stabsoffizier Major Stumpe; Adjutant Premierlieu=
tenant Glaser.

1. Kompagnie: Hauptmann v. Röber.
2. Kompagnie: Hauptmann Berndes.
3. Kompagnie: Hauptmann v. Döring.
4. Kompagnie: Hauptmann Koch.
5. Kompagnie: Hauptmann v. Brüssele.

Premierlieutenants: Dürr, Stumppe, v. Kechler, v. Welling,
Seeger; Sekondlieutenants: Müller, Kammerer, Osterbinger, Frost,
Seybold, Motter.

Die Formation zu 5 Kompagnieen war erst ganz kurz vor Be=
ginn des Feldzuges durchgeführt worden.

Aus den drei Ersatzkompagnien wurde Ende Mai eine leichte
Infanteriekompagnie zusammengesezt und dieselbe dem Jägerkorps
zugetheilt; der Rest den Bataillonen und dem Fuhrwesen zu=
gewiesen.

Von Giengen aus führte der Marsch nach Gundelfingen, das
am 16. Mai erreicht war. Bis zum 18. hier verblieben, während
welcher Zeit der englische Gesandte Witham und der Kommissär
für die württembergischen Truppen, Major Baricourt, in Verbindung
mit dem herzoglichen Kriegsrath Dünger die Uebernahme des
Korps vornahmen.

Am 19. Mai warb nach Stoßingen, am 20. nach Günzburg abgerückt; hier vereinigten sich unter Hügels Kommando beide württembergische Brigaden, um unter der Oberleitung Sztarray's bei der Vertheidigung der Donauübergänge bei Günzburg verwendet zu werden.

Um Kray aus seiner starken Stellung herauszumanövriren, dehnte Moreau seinen rechten Flügel bedeutend aus sowohl an der Donau abwärts als gegen Augsburg hin. Nur den mangelhaften Anordnungen war es zuzuschreiben, daß der dadurch ziemlich isolirte französische linke Flügel auf dem linken Donauufer bei Blaubeuren am 16. Mai nicht vollständig geschlagen wurde. Die Brigade Seeger war bei dieser Gelegenheit zum erstenmal ins Gefecht gekommen.

Je mehr der Feind auf seinem rechten Flügel Thätigkeit entwickelte, desto mehr Wichtigkeit erhielt der Posten von Günzburg. Am 28. Mai hatten die Franzosen Augsburg besezt. Sztarray richtete sich in seinem Posten zu hartnäckiger Vertheidigung ein. Sein Korps theilt er folgendermaßen ein:

Bei Günzburg.

Vorposten.

Wallachen Illyr.	1 Bat.			
Rabinobovich	1 „			
Erzh. Ferd. Husaren	8 Esk.	Generalm.	Feldmarschall	
Grenzhusaren	4 „	Gf. Gyulai.	Lieutenant	
Württemb. Jäger	2 Komp.		Graf	
„ Chevauxlegers	2 Esk.		Rauendorff.	
Wurmser Freikorps	4 Komp.	Generalm.		
Meerfeld-Uhlanen	8 Esk.	Fürst		
Blankenstein-Husaren	8 „	Rosenberg.		

Korps d'Armee.

Wenkheim	2 Bat.	Generalm.	Feldmarschall	
Nack-Kürassiere	6 Esk.	Walter.	Lieutenant	
Württ. Kont. 3 Bat. Gen. v. Seeger		Generallieut.	Fürst	
„ Subsid. 3 „ Gen. v. Beulwiz		v. Hügel.	Hohenlohe.	

Durch strenge Befehle suchte Sztarray die Zucht zu heben. Wer auf dem Marsch ohne Grund zurückbleibt, soll 25 Stockstreiche erhalten; der betreffende Abtheilungskommandant kommt in Arrest. Die Gewehre sollen beim Bivouakiren mit den Bajonneten in den Boden gesteckt werden. Mit Stockstreichen ist die Mannschaft dazu anzuhalten, daß sie sofort nach dem Einrücken ins Lager die nöthigen Arbeiten vornimmt. Wenn der General um 11 Uhr

Mittags ins Lager kommt und die Bataillone haben noch nicht abgekocht und Brod gefaßt, so sollen ohne alle Untersuchung die Stabsoffiziere in Arrest gesezt werden. Welcher Offizier das Räsonniren nicht ahndet, erhält Arrest.

Ende Mai hin und wieder Vorpostengefechte; bei Kleinbeuren erleibet das Jägerkorps nicht unbedeutenden Verlust, durch unzeitige Hize beim Verfolgen des Feinds in einen Hinterhalt gelockt.

Anfangs Juni ging Sztarray nach Wettenhausen — an der Kamlach gelegen — vor; die Württemberger kamen in ein Lager bei Klein Köz — an der Günz — zu stehen.

Schon zu lange hatte Moreau den Gegner beobachtet; das schwer heimgesuchte Land bot für längere Zeit die Subsistenzmittel nicht mehr; er war zur Aktion genöthigt und zwar blieb er seinem ersten Plane treu, den Feind unterhalb Ulm anzugreifen, um seine Verbindungen zu durchbrechen oder wenigstens zu bedrohen.

Am 12. Juni sehen sich die östreichischen Vorposten auf der ganzen Linie von Weißenhorn, Roggenburg, Zusmarshausen angegriffen und nach Günzburg zurückgedrängt; Bataillon Beulwiz besezt den Brückenkopf. Auch Günzburg war Sztarray entschlossen aufzugeben und war am 15. Juni schon gegen Gundelfingen abmarschirt, als er Verstärkungen von Kray erhielt mit dem Befehl, aufs rechte Donauufer zurückzukehren. Die Gefechte an der Kamlach und Günz lieferten übrigens kein sehr günstiges Resultat; mit bedeutenden Kräften rückten die Franzosen auf der Straße von Burgau an. Sztarray ging deßhalb wieder auf Günzburg zurück, am 16. Mai passirte er die Donau, brannte die Brücke nieder und bezog ein Lager zwischen Gundelfingen und Möblingen hinter der Breuz.

In den lezten Gefechten, an denen die Chevauxlegers, Jäger, die Bataillone Zobel, Mylius, Seeger Theil nahmen, ergab sich für die Württemberger ein Verlust von über 100 Verwundeten, Gefangenen und Vermißten; dagegen nur wenige Todte. Die Jäger seien beim Plänkeln so hizig gewesen, daß man auf Nichteinstellen des Feuers und Vorwärtsgehens 50 Stockstreiche habe sezen müssen.

Die Art der Kriegführung Sztarray's wird von dem Major v. Varnbüler sehr scharf kritisirt. Die Vorhut sei immer zu weit entfernt vom Gros, deßhalb könne ihr nie zeitige Unterstüzung zukommen. Ohne festen Plan, ohne Kenntniß des Terrains und der Kräfte des Feinds werde die Vertheidigung geführt. Der ganze

Widerstand bestehe in dem einzelner Trupps und im Kanoniren auf einzelne Plänkler, im Tirailliren und im Vorprellen eines oder des andern Zugs Kavallerie, der gerade dazu Lust habe.

Am 18. beginnt Lecourbe gegenüber von Dillingen und Lau-ingen zu demonstriren; die östreichische Armee‘ vertheilt sich brigade- und bataillonsweise am linken Ufer zur Beobachtung. Bei Gremheim gelingt am 19. den Franzosen ein sehr kühner Versuch zum Uebergang. Rasch haben sie sich am linken Ufer ver= stärkt, wo zunächst nur die Kompagnie von Meusel des württem= bergischen Bataillons von Obernitz stand. Dieses war schon län= gere Zeit nach Donauwörth betaschirt. Oberst von Obernitz auf die Kunde von dem erfolgten Uebergang mit zwei weiteren Kom= pagnieen seines Bataillons, v. Reizenstein und Rumpler, herbei= geeilt, fand sich schon einem so starken Feinde gegenüber, daß er nach längerem Widerstand sich mit all seiner Mannschaft gefangen geben mußte.

Jezt rückte Szrarray mit Bataillon Zobel, Mylius und einem von Wenkheim nebst einigen Schwadronen über Höchstädt bis Son= derheim vor. Hinter ihm, in Dillingen, stand General von Hügel mit Bataillon Beulwiz, Seckendorff, einem von Wenkheim und drei Jägerkompagnieen; Bataillon Seeger stand in Lauingen.

Wäre Alles, was bei der Hand war, zumal vorgerückt, so konnten die Oestreicher noch reussiren; so wie aber die Sache wirklich betrieben wurde, war der Feind jeder einzelnen Abtheilung überlegen; die vorderste brachte er zum Laufen und diese riß dann alle andern mit fort.

Szrarray wurde genöthigt, auf Dillingen zurückzugehen. Schon hatte die feindliche Reiterei ihm einen Vorsprung abgewonnen; der linke Flügel Hügels sah sich durch sie von Donaualtheim her bedroht. Gemeinsam sezten Hügel und Szrarray gegen Lauingen und Gundelfingen ihren Rückzug fort. Hügels Bericht lautet:

„Die Kolonne hatte bis Gundelfingen keinen andern Rückzug als über die dortige bekannte Plaine. Die harlingische Eskadron deckte mit etwas Kürassieren den Rückzug der Queue der Kolonne. Etwas von Mack Kürassiere, eine Eskadron Chevaurlegers und ein zusammengerafftes Rekrutenkommando des 13. Dragonerregiments suchten den Marsch der Kolonne zu decken, welche von der feind= lichen Kavallerie unaufhörlich cotoyirt wurde und in jedem Augen-

(Randnotiz:) Uebergang der Franzo-sen und Ge-fechte auf dem linken Donauufer.

blick im Begriff stand, von der feindlichen Kavallerie angefallen zu werden.

Wir formirten daher mit unsern Geschützen längs der ganzen Kolonne Batterieen, welche unaufhörlich kanonirten, wodurch die feindliche Kavallerie in Respect gehalten worden, so daß wir bis Lauingen Nichts verloren. Erst nachdem wir bei Lauingen zur Protegirung des Durchzugs durch dieses Ort eine Arrieregarde außerhalb desselben placirt hatten, brach ein sehr geringer Theil der feindlichen Kavallerie gegen diese von unserer Kavallerie verlassene Arrieregarde vor und nahm die von brüssellesche Kompagnie (vom Bataillon Beulwiz), als sie eben den Rückmarsch über die Plaine antreten wollte, gefangen. Zu gleicher Zeit zog sich die von Dernbachische Jägerkompagnie unter Bedeckung der harlingischen Schwadron durch Lauingen, als plözlich eine Abtheilung fliehender Küraſſiere mit einer solchen Gewalt auf die harlingische Schwadron ſtürzte, diese mit fortriß und die Jäger zerſtreute, wodurch dieselben gleichfalls in Gefangenschaft der feindlichen Kavallerie kamen."

Ebenso wurde ein Bataillon von Wentheim gefangen genom=men. Auf dem weiteren Rückzug nach Echenbronn blieb die feindliche Reiterei etwas zurück. Bei Gundelfingen Rückzug hinter die Brenz; zwei von Kray geschickte Regimenter Küraſſiere übernahmen jezt die Deckung. Sztarray bezog ein Lager bei Brenz; am 21. Juni bei Langenau.

Sein ganzes Armeekorps hatte an dem unglücklichen Tage nur 200 Mann an Todten und Verwundeten verloren, dagegen zählte es 2000 Gefangene und Vermißte. Die Württemberger hatten 12 Todte (bei Zobel und Mylius), 58 Verwundete (darunter 3 Offiziere) und 511 Gefangene und Vermißte (dabei 3 Offiziere: Hauptmann von Brüssele und seine Lieutenants Stumppe und Seybold).

Kray's Stellung bei Ulm war nunmehr unhaltbar geworden. Ihm galt es jezt als nächste Aufgabe, durch Gewaltmärsche in weitem Bogen die Verbindung mit den Erblanden wieder aufzusuchen. Noch am 21. Juni wurde die Bewegung ausgeführt, die vom Feind so gut wie gar nicht geſtört wurde.

Rückzug an den Inn. Der nächste Marsch führte die Württemberger über Setzingen, Biſſingen, Naiendorf nach Hürben. Um Heidenheim zu erreichen, wurden am folgenden Tag 23 Stunden Zeit gebraucht wegen Nachtmarsches und schlechter, mit Fuhrwerk vollgepfropfter Wege.

Am 23. Juni Morgens 1 Uhr wurde Neresheim gewonnen. Nach 4 Stunden Rast aufgebrochen ins Lager nach Nördlingen.

Fast für ein ganzes Jahr lang sollten die württembergischen Truppen ihre Heimath verlassen und wahrlich keine günstigen Verhältnisse waren es, unter denen es geschah.

Major von Varnbüler schreibt an den Herzog, der kurz nach seinen Truppen sein Land verlassen hatte und mit dem Hof nach Erlangen übergesiedelt war, von wo aus er durch seine Leibjäger die Verbindung mit den Truppen unterhielt: „Solche Auftritte und Märsche, wie sie hier erlebt worden, müssen die besten Truppen zu Grunde richten, Disciplin und Muth der Truppe ersticken, wie wir es nun bei K. K. Infanterie auffallend bemerken, welche, so wie überhaupt die Armee, tief herabgesunken ist.“

Die Verpflegung auf den langen Märschen war äußerst mangelhaft. Die Entrepreneurs (die Lieferungen für die herzoglichen Truppen waren dem Hofbankierhaus Kaulla übertragen) hatten die Armee verlassen.

Am 27. Juni ward aufgebrochen nach Monheim; am 26. war die Donau wieder gewonnen und Neuburg auf dem rechten Ufer besetzt.

Gerüchte von Waffenstillstand, den Ereignissen in Italien folgend, gehen um. — Der Zustand der Leute läßt sehr viel zu wünschen übrig.

„Die Kaulla's wenden für das herzogliche Korps nicht die gehörigen Mittel an.“

„Die Leute sind noch ziemlich guten Muths, aber ungemein ermüdet; die Schuhe sind zerrissen, die Kleidungsstücke sehr verdorben und das Artilleriewagenwerk in ziemlich üblem Zustand. Ich habe mich unterstanden (Hügel schreibt an den Herzog), bei dem Mangel und den starken Märschen den Leuten zu einigenmalen Bier zu kaufen und hoffe, daß Ew. Herz. Dchl. hierwider Nichts entgegen haben werden.“

In der Umgegend von Neuburg Gefechte mit der Division Montrichard am 27. Juni. Am folgenden Tag ging Kray auf Ingolstadt zurück und wieder aufs linke Donauufer über. In der Festung blieb General Seeger mit den Bataillonen Zobel und Mylius und dem Rest von Obernitz zur Verstärkung der Garnison.

Moreau hatte sich indessen in Bayern immer weiter ausgebreitet und München besetzt. Für Kray trat jetzt die Nothwendigkeit heran, möglichst rasch sich zwischen die französische Armee und

die Grenzen der öſtreichiſchen Erblande zu ſtellen. In forcirten
Märſchen mußte die Iſar und der Inn gewonnen werden.

Am 29. Juni ward von Ingolſtadt aufgebrochen, die Donau
bei Vohburg und Neuſtadt paſſirt und bei Siegenburg am 30. ein
Lager bezogen.

Ein außerordentlich ſtarker Marſch, von 8 Uhr Abends bis
des andern Tags um 5 Uhr Nachmittags, führte die Armee am
1. Juli hinter die Iſar bei Landshut. — Ohne zu kochen und
zu raſten war in den lezten Tagen faſt fortwährend marſchirt
worden.

Demoraliſation der Oeſtreicher. Hügel ſchreibt: „Auf dem Marſch von Ingolſtadt nach Siegenburg blieben die Leute ſo liegen, daß ich, wenigſtens 800 Mann
verloren zu haben glaubte, was jedoch geringer ausfiel, als der
allergrößte Theil nachgebracht wurde.“

In Ingolſtadt im Lager kam ein böſes Gerücht bei den Leuten
aus, — wohl durch franzöſiſche Emiſſäre ausgeſprengt —, ſie
ſollten aufs Waſſer gebracht und verkauft werden; wer nach Hauſe
gehe, werde von den Franzoſen nur entwaffnet, nicht als Gefangener behandelt. Derartige Reden mochten bei den entmuthigten
Leuten leicht Eingang finden. Die Zahl der Deſerteure vermehrte
ſich auch ganz bedeutend; ſeit dem 19. Juni zählte man deren
200; noch mehr aber bei den kaiſerlichen und bayriſchen Regimentern.

Ueber die Stimmung der kaiſerlichen Armee berichtet Hügel weiter:
„Sie hat nicht nur das Zutrauen auf ihre Anführer, ſondern was
noch ſchlimmer iſt, das ſo nöthige Zutrauen zu ſich ſelbſt und den
Glauben an ihre eigene Kraft verloren. Es offenbart ſich das
Alles in den Reden der Offiziere und der Gemeinen, in den ironiſchen Bemerkungen, den bitteren Scherzen über ihre Lage.

Der immer weiter gehende Rückzug ohne anſcheinenden Grund
und ohne ſich zu ſchlagen, erzeugt allmählich die Idee von einem
allmächtigen Feind, dem nicht zu widerſtehen ſei. Dann gibt man
ſich auch ganz keine Mühe, durch männlichen Zuſpruch den Muth
der Leute zu beleben. Dieſes mächtige Mittel wird durchaus
vernachläßigt; die Generals kommen, wenn ſie ausgeſchlafen haben,
erſt ſpät hintennach, ſpalten mit ihren großen Suiten die langen
Kolonnen, reiten kalt hindurch und laſſen nicht ein Wort des Tro
ſtes fallen; die Offiziere ſind ſtumm und ſtudiren unterwegs, wie
ſie beim Einrücken ihren Hunger ſtillen und ihren Durſt löſchen
wollen.

Dazu kommt noch der Fluch der Länder, durch welche der Zug geht, die Vorwürfe aller Art, welche der Armee gemacht werden, der brennende Haß, welchen die verschiedenen Reichskorps, besonders die Bayern, gegen die Kaiserlichen haben und der alle Augenblicke in Thätlichkeiten auszubrechen droht.

Unverantwortlich und kaum glaublich ist es, wie schlecht die Polizei der Märsche gehandhabt wird, wie unnöthig oft die Truppen fatiguirt werden. Märsche, die um Mitternacht anheben, enden sich vorzüglich aus diesem Grunde erst spät Abends´; oft sind keine Kolonnenführer da, oder wenn solche da sind, so wissen sie den Weg oft nicht und machen Umwege. Kein Wunder ist es dann, wenn die Hälfte der Armee rechts und links des Wegs liegen bleibt und nicht weiter kommt und die Leute laut ihr Loos verfluchen.

Es ist in der That ein erbärmlicher Anblick, wenn die Leute vor Hunger und Durst erdrückt, von Schlaf ganz dumm gemacht, einher schleichen.

Ich behaupte, wenn nicht bald gerastet, wenn nicht von Seiten des Kommandirenden ein fester Entschluß in Ansehung dessen, was gethan werden soll, gefaßt wird, so geht die Armee zu Grund, und sie jezt, wie sie ist, ins Treffen zu führen, ist eine bis an den Wahnsinn grenzende Vermessenheit. — Das Gesagte gilt vornehmlich von der Infanterie, welche natürlich am meisten mitgenommen wird und die Offiziere vom Generalstab sind so überzeugt davon, daß sie es als das größte Glück und als eine entscheidende Begebenheit ansehen, wenn ihnen der Kurfürst von Bayern Infanterie bewilligte; so verändert sind die Begriffe, die sie von den Reichstrupen hatten.´

Die Tapferkeit, mit der sich leztere, namentlich in den neuesten Gefechten, schlugen, wo die k. k. Infanterie schimpflich vom Felde wich, hat ihnen beim Generalkommando das größte Zutrauen erworben, welches auf sie mehr als auf die eigenen Truppen zählt.

Die Entmuthigung ist auch in die Kavallerie gedrungen; nur die leichte Kavallerie ausgenommen, welche jezt eigentlich den Krieg allein führt.´´

Major v. Varnbüler spricht sich so aus: „Es ist abzumessen, wie sehr Märsche, welche 15 — 20 — 24 — 36 Stunden dauern, und womit man 5 — 6 — 8 Stunden zurücklegt, den Mann ermatten müssen, wie der gänzliche Mangel an Subsistenzmitteln ihn zurücksezen muß. Wir haben oft zwei Tage kein Brod, oft nur ¼ Portion erhalten; die Schuhe der Leute sind gänzlich zu

Grunde gerichtet und die Füße offen. Fünf bis sechstausend Traineurs sind nicht hinreichend, welche seit dem 20. Juni zurück= geblieben und theils dem Feinde, theils fremder Werbung zuge= laufen, theils todt geblieben sind.

Subordination und Disciplin ist so zerfallen, daß selbst die Gegenwart der Offiziere Nichts mehr ausrichtet. Schaaren von Marodeurs ziehen umher und mißhandeln den Landmann; die Quartiere der Generale sind nicht sicher vor ihnen. Der Muth und das gegenseitige Zutrauen existirt so wenig mehr, daß es nur der Nachricht von dem Vorrücken des Feindes bedarf, um auf allen Gesichtern Verlegenheit und Bestürzung zu lesen, und ganze Bataillone sollen beim Anblick des schwächern Feinds, von pani= schem Schrecken befallen, geflohen sein.

Die leichte Kavallerie allein und namentlich Latour, das 13. Dragonerregiment, Kinsky u. s. f. führen der Armee ihren Krieg und erhalten ihre Sicherheit. —

Wie können wir bei solchen Umständen, bei solchen Opinio= nen etwas Glückliches hoffen!"

Die Verhandlungen um Waffenstillstand verhinderten größere Operationen; den Franzosen war es zunächst darum zu thun, sich in Bayern auszubreiten und festzusezen. Die Oestreicher zogen sich Anfang Juli von Landshut an den Inn zurück. Am 7. Juli be= ziehen die Württemberger ein Lager bei Haag; später bei Ampfing und Mitte Juli bei Altmühldorf.

Am 15. Juli kommt der Waffenstillstand zu Parsdorf auf unbe= stimmte Zeit zu Stande. Vom Splügen geht die Demarkationslinie an die Lechquelle; über Reutti nach Hohenlinden, Vilsbiburg.

Das fast zweimonatliche Verbleiben im Lager wurde für Ein= übung und Erholung der Mannschaft aufs Beste benüzt. Die Ba= gage, seit lange vom Korps getrennt, kam wieder an; das Schuh= werk, die Montirungen konnten ausgebessert werden. Anfangs Juli rückte das ganze Reichskontingentsergänzungskorps mit 2625 Mann aus; Bataillon Beulwiz an sich mit 605 Mann. Sein voller Stand um diese Zeit war 968 Mann; davon gehen 342 Mann ab, (krank 31 Mann, vermißt und gefangen 248 Mann, kommandirt 63 Mann); 21 Mann Stabspersonal.

Einige Ersazmannschaften wurden eingetheilt. Als Verstärkung der Reiterei des herzoglichen Korps rückte die Garde du Korps, gegen 100 Mann stark, im Lager in Altmühldorf ein.

Der Oestreicher Hauptbestreben war es nun, zum lezten Waffengang Kräfte zu sammeln. Am Inn wurden Befestigungen angelegt; Aushebungen wurden vorgenommen, die ungarische Insurrektion aufgerufen.

Eine große Arbeit in der That, die so grenzenlos demoralisirte Armee zu reorganisiren und zu heben.

Als die Feindseligkeiten wieder zu beginnen drohten, Anfang September, waren die Württemberger in die Gegend von Wasserburg verlegt worden, zusammen mit 3 Bataillonen von Benjowski und von Erzherzog Karl zusammt 2 Küraffierregimentern.

Am 16. ward aus Wasserburg vormarschirt bis Hof Parabies auf der Straße nach München. Die Vorposten der Feinde standen in den Waldungen von Ebersberg und Hohenlinden. Der um 45 Tage verlängerte Waffenstillstand kam dem weitergehenden Angriff zuvor. Die Truppen bezogen wieder Kantonirungen; den Würtembergern wurden die Landgerichte Wasserburg und Kling angewiesen. Sehr weitläufige Verlegung auf den zerstreuten Höfen; der Mann hatte von seinem Quartierträger durchaus Nichts anzusprechen; die Gutmüthigkeit der Leute verschaffte ihnen jedoch genügende Kost.

Wie im Lager in Altmühldorf häufige Uebungen; Exerciren meist in 2 Gliedern*); einzelne Manöver.

Das ganze Korps Hügels war um diese Zeit 3086 Mann stark; Bataillon Beulwiz rückte mit 645 Mann aus. Am 5. November rückte General v. Seeger, von Ingolstadt kommend, mit dem Reichskontingent in die Kantonirung bei Wasserburg ein. Von nun an blieb das ganze würtembergische Korps vereinigt; seine Stärke betrug in Allem 5190 Mann; ausrückend waren 4184 Mann und 311 Pferde. Das Ganze in 3 Brigaden eingetheilt. —

Am 13. November wurde der Waffenstillstand gekündigt; am 28. früh 6 Uhr sollten die Feindseligkeiten beginnen. Daher engeres Zusammenziehen in den Quartieren, Ausstellen von Vorposten.

Die östreichische Armee hatte sich auf 130,000 Mann verstärkt, die von der Oberpfalz bis Tyrol standen; in der Hauptstellung am Inn waren 70—80000 Mann vereinigt unter dem Kommando

---

*) Die Formation in zwei Gliedern, früher nur im Nothfall bei geschwächten Bataillonen angewandt, wurde als Norm von den Engländern im Halbinselkrieg aufgestellt und von Napoleon bei Leipzig.

des Erzherzogs Johann, eines achtzehnjährigen Prinzen, dem der Kaiser die Oberleitung der Armee anvertraut hatte. Als Mentor fungirte bei dem jungen Mann der Feldzeugmeister Lauer, ein alter Ingenieuroffizier, der niemals eine größere Abtheilung kommandirt hatte.

Der Plan der Oestreicher war auf rasche Offensive in der Richtung auf München berechnet.

Während der Inn von wenigen Streitkräften festgehalten wurde, sollte die Hauptmacht über Landshut dem Feind in Rücken und linke Flanke kommen.

Die französische Armee stand mit ihrem Gros auf dem wälderreichen Plateau zwischen Inn und Isar, den Punkten Rosenheim, Wasserburg und Ampfing gegenüber.

Die Aufgabe der Württemberger war, bei Rosenheim mit dem Korps Condé's sich zu vereinigen und den Inn zwischen Kufstein und Wasserburg zu vertheidigen.

Wiederbeginn der Feindseligkeiten. Die östreichische Hauptarmee, bei der die Bewegungen nicht so, wie vorausgesezt war, in einander griffen, gab ihren Marsch gegen Landshut auf; der Erzherzog war entschlossen, unmittelbar auf das feindliche Centrum, der Straße von Ampfing nach München folgend, loszugehen. Bei Haun am 1. Dezember brachte er die Feinde zum Weichen; am 2. rückte er bis Haag vor. In der Meinung, daß er blos dem weichenden Feinde nachzudrängen habe, wurde am folgenden Tage in getrennten Kolonnen gegen Hohenlinden vormarschirt. Erschöpfung der Truppen, Schneegestöber, grundlose Waldwege, ein Labyrinth von Defileen zwischen Mattenbett und Hohenlinden, gaben die ungünstigsten Kampfbedingungen gerade an diesem Tag für die Oestreicher ab. Eine ihrer Kolonnen nach der andern wurde von den concentrirt aufgestellten Feinden festgehalten und zurückgeworfen.

Mit ungeheuren Verlusten, gebrochenen Muths, zum Theil in vollständiger Auflösung warfen die Kolonnen sich hinter den Inn.

Die pfalzbayrischen Hilfstruppen, in der Schlacht zusammengeschmolzen, waren zu weiterer Verwendung nicht mehr fähig; sie wurden ins Salzburgische zurückgeschickt und General v. Hügel auf den Posten von Wasserburg berufen.

Als Soutien für die Württemberger stellte die Division des Grafen Baillet de Latour sich auf. Rechts und links am Innufer hin standen Oestreicher; in Rosenheim Condé.

Bis zum 9. Dezember auf beiden Seiten unfruchtbare Kano=
naden. Die Division Lecourbe, den linken Flügel der Oestreicher
zu umgehen suchend, überschritt an diesem Tage oberhalb Rosen=
heim bei Neubeuren den Fluß ohne allen Verlust unter dem Schuz
ihrer Artillerie. Condé, durch östreichische Truppen unterstützt, hielt
sich eine Zeit lang; dann zog er sich nach Seebruck, am Nord=
ufer des Chiemsees, zurück.

Die übrige Armee war schon in vollem Abzuge nach Salz=
burg begriffen; Hügel befand sich in Wasserburg in einer pein=
lichen Lage, ohne Befehl zum Rückmarsch.

Erst am 10. Dezember Nachmittags erhielt er den Befehl,
sich auf Salzburg zurückzuziehen.

In zwei forcirten Märschen auf der Straße über Waging
wurde am 12. die Stellung der Hauptarmee bei Liefering hinter
der Saalach unweit Salzburg erreicht. Ohne zu schlafen und zu
kochen, mit wenig Ruhepausen war Tag und Nacht fortmarschirt
worden mitten durch den unendlichen Troß hinburch, der sich auf
der Einen Straße nach Salzburg zusammendrängte, stets vom
Feinde bedrängt und begleitet. „Wir hatten es auf dem Marsche
mit der Grobheit und dem feigen Egoismus der ganzen Wagen=
burg aufzunehmen, um in Ordnung und geschlossen durchzukommen.“

Am 12. Dezember fand sich Hügel im Centrum der sehr vor=
theilhaften Stellung bei Liefering. Der Erzherzog war aber nur
im Stande 36—40000 Mann hier zu vereinigen; so zusammen=
geschmolzen waren seine Truppen nach dem Tage von Hohenlin=
den; wo die Franzosen entgegentraten, geschah es nunmehr mit
ganz bedeutender Uebermacht, so daß in der demoralisirten östrei=
chischen Armee kein Gedanke an ein Umschlagen des Kriegsglücks
aufkommen konnte.

Der ganze weitere Rückzug ist nichts anderes, als ein verzweif=
lungsvolles planloses Weiterstürmen auf der einmal eingeschlagenen
Straße nach Wien zu.

Moreau war dem Feinde sofort nachgefolgt; sein rechter Flü=
gel unter Lecourbe ging bei Feldkirchen über die Saalach und
bedrohte die Stellung bei Liefering und Viehhausen. Indessen
überschritt er selbst mit dem Gros der Armee die Salza bei Laufen
und warf die unter Fürst Liechtenstein herbeigeeilte Reserve nach
Bergheim zurück, wo diesem, in günstiger Stellung, nur noch übrig
blieb, den unvermeidlich gewordenen Rückzug nach Neumarkt zu
decken.

Vom Centrum und vom rechten Flügel waren die Württem=
berger die lezten, welche über die Salzabrücke gingen. Die Jäger,
unterstüzt von einigen Kompagnieen Infanterie, hatten ein kleines
Nachhutgefecht; bei dieser Gelegenheit einige Verwundete.

Elend des
weiteren
Rückzugs. Während zwölf Marschtagen sehen wir nun die östreichische
Armee, mit Ausnahme einzelner Abtheilungen, aus Rand und
Band gegangen, zusammengedrängt auf der Einen Straße über
Vöklabruck, Steyer gegen St. Pölten marschiren, längs des Ab=
hangs der Alpen ohne irgend zureichende Subsistenzmittel; Tag und
Nacht zuweilen ward marschirt, die wenigen Stunden Rast auf
dem blanken Schneefeld gelagert ohne Holz und Stroh, der Marsch
selbst durch Fuhrwesen und unendlichen Troß gehindert.

Auf dem ganzen Rückzug ist Hügel der Division Baillet bei=
gegeben.

Am 15. Dezember Morgens drei Uhr war Neumarkt erreicht;
am 16. ins Lager bei Steindorf gerückt. Um die Mittagszeit
wurde hier die mit der Nachhut beauftragte Division Riesch auf
Baillet und die Württemberger zurückgeworfen *). „Die Mann=
schaft war eben mit dem Abkochen beschäftigt, als die Flüchtlinge
der Arrieregarde in schnöder Flucht über das Feld hinliefen und
die Kugeln in das Dorf Steindorf flogen. Kaum hatten wir Zeit,
aus unserem abgelegenen Wald herbeizukommen und uns, wie
wir es selbst für zweckmäßig hielten, auf der Höhe bei Steindorf
aufzustellen."

Die Fassung und Ruhe, mit der die Württemberger sammt
einigen Schwadronen von Zeschwitz und Latour Stellung nahmen,
hielt vorerst den Feind von weiteren Angriffen ab. Langsam
wurde der Rückzug nach Straßwalchen angetreten. Bei diesem
Nachtmarsch eine Menge Zurückgebliebener.

Hügel berichtet weiter: „Die Mannschaft hat Alles ausge=
standen, was nur immer durch üble Witterung, Mangel an Schlaf,
Lebensmitteln, Montirungsstücken und an Beschwerlichkeit des Mar=
schirens hervorgebracht werden kann und ich darf Ew. herzogl.
Dchl. nicht bergen, daß der Zustand der ganzen Trupp erbarmungs=
würdig ist. So wenig dießmal von der Mannschaft vorsäzlich zu=
rückgeblieben sind, so Viele mußten doch durch Erkrankung der Füße,
durch völligen Mangel an Kräften dießmal verloren gehen und die

---

*) Dem Bericht Hügels entnommen.

Bataillone haben im Verhältniß ihrer vorherigen Stärke jedes 100, 200, 300 Mann verloren."

Den Marsch in der Nacht des 16. Dezember beschreibt Hügel so: „Wir marschirten auf der Straße fort bis in den Wald von Mühlham. Kaum hatten wir hier unser Feuer aufgemacht, als die Meldung einlief, der Feind drücke auf unsere Vorposten und mache Anstalt zu einem neuen Angriff. Fester und inniger als je überzeugt, daß wir uns auf unsere Mitstreiter durchaus nicht mehr verlassen könnten, daß sie uns bei jeder Gelegenheit gewissenlos im Stiche lassen würden, hielt ich es der Pflicht gegen Ew. herzogl. Dchl. gemäß, sogleich nach Frankenmarkt, wohin die heutigen Befehle deuteten, — nachdem ich den Feldmarschalllieutenant Graf Baillet davon benachrichtigt hatte — abzumarschiren; ein brennendes Dorf, welches rein ausgeplündert*), von allen Einwohnern verlassen, ohne Hilfe in der Stille aufloderte, beleuchtete unsern Pfad. In unbeschreiblicher Entkräftung, von Kälte erstarrt, und noch nüchtern langten wir endlich um Mitternacht mit der ganzen Division bei Frankenmarkt an."

Am 17. Dezember gings in schneidender Kälte weiter über Vöklabruck nach Preising. Besonders unheilvoll schien der folgende Tag für die Württemberger werden zu sollen. Das Lager von Preising war noch nicht verlassen, als die in Vöklabruck stehende Arrieregarde auf das Korps zurückgeworfen wurde. Alles drängte sich nun in unbeschreiblicher Verwirrung durch das Defilee gegen Schwanstadt hin. Durchzubrechen war unmöglich; auf einem Seitenweg gelang es endlich dem General Hügel sein Korps zu retten. Durch einen Wald führte der Weg unmittelbar an die Brücke beim Traunfall.

In enger Felsenspalte drängt sich hier die Traun durch die Vorberge der Alpen; in der Tiefe führt eine schmale Brücke über sie; die hier mehr einem Felsensteig gleichende Straße war von Eis und Schnee vollständig geglättet; für den Troß kaum zu benutzen. Dazu drängte der Feind unabläßig nach; immer näher ließen die Schüsse der Nachhut sich hören, immer näher das en avant! der Gegner.

---

*) An einer andern Stelle sagt Hügel von den östreichischen Soldaten: „nicht das Betragen, nur der Rock unterschied die kaiserliche Armee von feindlichen Horden."

Durch den bunten Knäuel des Fuhrwesens über die Brücke zu bringen, war unausführbar; einzeln, Mann für Mann, mußten die Württemberger sich durchschleichen und jenseits wieder sammeln. Erst die Nacht machte der Verfolgung des Feinds ein Ende.

Morgens um 5 Uhr am 19. Dezember wurde wieder aufgebrochen und über Steinakirchen nach dem Sammelplaz beim Wirthshaus zur Linde marschirt. Um Mitternacht war nach unsäglichen Strapazen dieser Punkt erreicht. — Erzherzog Karl erschien hier bei der Armee. — Der Knabe, dem der Hofkriegsrath die Wohlfahrt so vieler Tausende und der ganzen Monarchie anzuvertrauen für gut gefunden, hatte in so drangvoller Zeit seinen Plaz an den erprobten Feldherrn abgetreten. Beim Wirthshaus an der Linde erschien dieser bei der Armee, wenn zusammenhangslose Haufen noch den Namen einer Armee verdienten. Ohne Scherz, ohne Sang, selbst ohne kräftigen Fluch schlichen die dünnen Bataillone mühsam ihres Wegs; jeder einzelne Mann an Leib und Seele gebrochen, ohne Nahrung, in zerrissenen Kleidern, mit nackten, zerschundenen Füßen. — Kein Korps, kein Bataillon wußte, wo es sich befand oder wo es hingehörte.

Ohne Wirkung mußte hier ein Name und eine Erscheinung auch wie die eines Erzherzogs Karl bleiben. — Der folgende Tag führte durch das Defilee bei Kremsmünster nach Eisengatter. Wie gewöhnlich, war das Defilee verstopft; der Feind drängte immer heftiger auf die Nachhut; Erzherzog Karl ließ sagen, die Württemberger möchten sich beeilen, aus dem Defilee zu kommen und die Höhe zu gewinnen. In dicht aufgeschlossener Kolonne mit aufgepflanztem Bajonnet ließ Hügel auf dieß hin durchbrechen, um seinen Plaz einnehmen zu können.

Ehe aber der angewiesene Lagerplaz erreicht war, mußte Hügel halten lassen Nachts 10 Uhr. Die Mannschaft war zu erschöpft, um weiter marschiren zu können.

Die Beischaffung der Lebensmittel machte die meiste Schwierigkeit. Bei dem häufigen Durchdrängen durch die fliehende Kolonne waren die Brod- und Fleischwagen abgeschnitten worden und wohl meist den Feinden in die Hände gefallen. Nur der Vorsorge Hügels und der Thätigkeit Einzelner war es zu verdanken, daß Brod, Fleisch, Wein und Branntwein, wenn irgend möglich, beigeschafft wurden.

Am 21. Dezember war die Enns bei Steyer passirt. In den folgenden Tagen unter anstrengenden Märschen die Punkte Strömberg, Amstetten, Remelbach, Mölk erreicht. Die Wasser der Donau, an deren Ufer, fast ein Jahr vorher, die Kämpfe begonnen hatten, sahen hier auch das Ende derselben. Am 25. Dezember war zu Steyer Waffenstillstand geschlossen worden.

Bei Zwornborf ließ am 26. der Erzherzog die gebrochene **Waffenstill-**
Armee noch einmal an sich vorbeimarschiren*); dann wurde ein **ftand und Kantonirungen bei**
Lager bezogen in den Wäldern bei Grafendorf. **Wien.**

Mit den ersten Tagen des neuen Jahrs findet sich das ganze Korps Hügels in Kantonirungen zu Tulln und Umgegend. Alle Abtheilungen waren auf einen unglaublich niedern Stand herabgesunken. Am 28. Nov. 1800 hatte das ganze Korps 4790 Mann gezählt [komplet 6937 Mann]; am 1. Januar 1801 zählte man 1972 Mann ausrückend und dazu noch 1548 Kranke und Absente, zusammen 3520 Mann.

Bataillon Beulwiz hatte am 28. Nov. 1800 eine Stärke von 822 Mann; am 1. Januar 1801 ist sein wirklicher Stand 570 Mann; davon rücken 360 Mann aus, 117 sind krank, 71 kommandirt und absent, 22 Mann vom Stab. — Der Verlust des Bataillons im Lauf des Monats Dezember beträgt somit 252 Mann; von diesen sind 16 Mann im Gefecht gefangen worden, 209 sind aus Ermattung zurückgeblieben, 27 desertirt.

In der nächstfolgenden Zeit hebt sich die Stärke der Abtheilungen wieder in etwas, da verschiedene Versprengte in den Kantonirungen sich einfinden.

Was das Nächste war, das in den Kantonirungen geschehen mußte, waren die höchst nöthigen Reparaturen an Montirungsstücken und Schuhwerk.

Während des Winterfeldzugs war fast jeder Mann mit einem weißwollenen Mantel und langen Ueberbeinkleidern versehen gewesen. Jezt war Alles verbrannt oder zerrissen. Tücher von Iglau wurden daher eingekauft und die Lieferungen von Schuhwerk bestellt [1 Paar Schuhe zu 1 fl. 40 kr.; 1 Paar Stiefel zu 5 fl. 30 kr.]. Für neu anzuschaffende Mäntel wird graues Tuch vorgeschlagen. Der Gebrauch der Mäntel scheint von hier an auch für die Musketiere allgemein geworden zu sein.

---

*) „Er sah uns mit sichtbarem Beifall," lautet der Bericht Hügels, „und rühmte unser Verhalten gegen den Gesandten Wikham."

In einem Tagesbefehl werden die Württemberger belobt und als Muster aufgestellt ihrer vergleichsweise wohl erhaltenen Marschordnung halber.

Am 18. Januar Kantonirungen zu Murstetten und Umgegend; ziemlich enge Belegung in wenig wohlhabender Gegend. Bald darauf, am 9. Februar, wurde Friede zu Luneville geschlossen und England kündigte demzufolge den Subsidienvertrag mit dem Her= zog auf, da es nunmehr keine Gelegenheit mehr zur Verwendung der Truppen habe.

Schon früher in einem Schreiben vom 19. Jan. hatte Herzog Friedrich seinen Entschluß ausgesprochen, ferner nicht mehr am Kriege Theil zu nehmen. Er hatte dem Generallieutenant von Hügel aufgetragen, für den Fall, daß ihm zugemuthet werde, wie= der ins Feld zu rücken, zu erklären, daß er Befehl von seinem Herrn habe, nicht mehr offensiv zu Werk zu gehen; er solle sich dann rückwärts der Armee verlegen lassen, um Zeit zur Erholung zu haben und später durch Böhmen, Oberpfalz, Franken nach Schwaben abrücken.

Sobald die Franzosen aus den okkupirten Ländern zu beiden Seiten der oberen Donau zurückwichen, begann Hügel seinen Heim= marsch. Zu dem Ende wurde das Korps in drei Kolonnen ge= theilt. Reiterei und Jäger in der ersten Kolonne; Bataillon Zobel, Beulwiz, Seeger in der zweiten mit der Hälfte der Artillerie; der Rest in der dritten Kolonne.

Marsch in die Heimath. Am 25. Febr. trat die erste Kolonne ihren Marsch an; mit einem Tagmarsch Abstand folgten die anderen. Nicht wenige Schwerkranke mußten im Spital Dürrenstein zurückgelassen werden. Was transportabel war, wurde auf Wagen mitgeführt. Als Reaction auf die Strapazen des Winters hatte insbesondere das Nervenfieber die Spitäler gefüllt.

Bei Krems wurde die Donau passirt; bei Gratzen die böh= mische Grenze überschritten. Die Märsche waren mäßig; auf drei Marschtage folgte immer ein Rasttag; mit ungemeiner Gastfreund= schaft sehen sich die Würtemberger aller Orten aufgenommen. — Längs dem Abfall des Böhmer Waldes wird der Marsch fortgesezt und am 18. März Bischofsteinitz erreicht. Wegen des langsamen Abrückens der Franzosen aus der Pfalz und Franken hier verblie= ben bis 13. April.

Der weitere Marsch führt über Klentsch, Waldmünchen, Stadt am Hof, Eichstädt, Oettingen nach Dinkelsbühl, wo Ende April Kantonirungen bezogen werden. Ueberall wetteiferten die Bürger und Bauern, den Soldaten bis zum Ueberfluß und zwar unent=

geltlich zu verpflegen; nur in Dinkelsbühl wollte sich Nichts von diesem freundlichen Sinn zeigen.

Als seine Truppen an der Grenze des Herzogthums angekommen waren, hielt es der Herzog für nöthig, die vielen Gefangenen, die ausgeliefert worden waren, die Ausreißer und die Versprengten, die im Lande sich aufhielten, wieder einrolliren, beziehungsweise zur Verantwortung und Strafe ziehen zu lassen. Aller und Jeder, der unter irgend welchem Vorwand von dem Korps absent war und im Herzogthum sich aufhielt, sollte in Weiltingen sich stellen, um hier übernommen zu werden. Eine besondere Assentirungskommission ging an den genannten Ort ab, nachdem ein Generalpardon erlassen war.

Um alle Angehörigen des Korps nach Werth und Verdienst behandeln und auszeichnen zu können, wird die Mannschaft in vier Klassen getheilt. — Die erste Klasse soll diejenigen umfassen, die treu bei der Fahne ausharrten oder sich selbst ranzionirten; sie erhalten ein Abzeichen auf dem Arm. Alle ohne ihre Schuld Gefangenen oder als marode Zurückgebliebenen bilden die zweite Klasse und dienen ihre vorschriftsmäßige Kapitulation von sechs Jahren aus. Eine Kapitulation von acht Jahren erhält die dritte Klasse, welche die Schuldigeren, mit Absicht Zurückgebliebenen umfaßt. Die eigentlichen Deserteure, die vierte Klasse, sollen nach den Kriegsgesezen gerichtet werden.

Anfangs Mai wird von Dinkelsbühl aufgebrochen und über Nördlingen, Neresheim, Heidenheim am 7. Mai Göppingen erreicht. Sobald die Franzosen die Residenzen und Garnisonen geräumt hatten, rückten die württembergischen Truppen in ihre vor einem Jahr verlassenen Quartiere wieder ein. Am 9. Mai findet der Einmarsch in Stuttgart und Ludwigsburg statt. In beiden Orten werden die Zurückkehrenden äußerst freundlich aufgenommen und von den Bürgern bewirthet.

Wenige Tage darauf kehrt der Herzog zurück und die Truppen sehen sich am 15. Mai wieder auf den Friedensfuß gesezt; die Stärke des Bataillons auf 667 Mann normirt; was über diesen Stand vorhanden ist, wird als überkomplet geführt.

Der Verlust des ganzen Korps vom Mai 1800 bis August 1801 berechnet sich auf 1076 Mann an Gestorbenen, Vermißten und Desertirten. Gestorben sind 522 Mann und zwar blos 36 Mann durch den Feind getödtet, 486 in Spitälern den Krankheiten erlegen; 190 Deserteure werden noch gezählt und 364 Vermißte.

Vom Bataillon Beulwiz waren zwei Offiziere an Krankheit gestorben, die Lieutenants Dürr und Welling.

Bei der Weiltinger Assentirungskommission hatten sich im Ganzen gestellt 3031 Mann.

Der Verlust an Ausrüstungsartikeln ist der Natur der Dinge nach ein ganz bedeutender. Beispielsweise hat das Bataillon Beul= wiz im Feldzug verloren:

26	Kurzgewehre,	angeschlagen à	2 fl.	30	kr.
598	Feuergewehre,	„ à	10 fl.	—	kr.
646	Bajonnets,	„ à	1 fl.	—	kr.
553	Patrontaschen,	„ à	4 fl.	20	kr.
630	Tornister,	„ à	2 fl.	30	kr.
91	Kessel,	„ à	3 fl.	30	kr.
107	Kasserole,	„ à	2 fl.	12	kr.
579	Kaskets,	„ à	3 fl.	56	fl.

und eine Menge anderer Gegenstände.

Elfter Abschnitt.

1801—1813.

Im Bunde mit Frankreich.

Trozdem daß Moreau im Gegensaz zu andern französischen Der Friede von Luneville. Heerführern sich stets bemühte, Ordnung und Zucht in seiner Armee aufrecht zu erhalten, hatte doch das Herzogthum, vollständig von Feinden überfluthet, mannichfach zu leiden gehabt. Sowohl im Ganzen wie im Einzelnen. Lieferungen, Fuhren und gelegentliche Erpressungen betrafen Bürger und Gemeinden schwer; der Herzog und das Land wurden mit sechs Millionen Franken Brandschazung angelegt.

Auch der zu Luneville geschlossene Friede (9. Februar 1801) brachte dem Lande nicht die gewünschten Erleichterungen. — Europa glich einem großen Kriegslager; dadurch daß jeder einzelne Fürst seine Militärmacht bis zum Aeußersten steigerte, wußte er seine Wichtigkeit zu erhöhen und von dem gemeinsamen Raub möglichst viel für sich zu erbeuten.*)

---

*) Bei Posselt, europ. Annalen 1805, II., wird gesagt:

„Es ist in Europa so weit gekommen, daß man politische und militärische Wichtigkeit für gleichbedeutend hält. Dieser Verwechslung der Begriffe muß man es zuschreiben, daß unter den Souveränen und Staatsmännern jezt ziemlich allgemein die Meinung herrscht, die auch bei Regenten deutscher Partikularstaaten, selbst nach dem lezten französisch-deutschen Kriege, immer mehr Beifall erhält: die großen stehenden Heere seien ein nothwendiges Uebel geworden.

Die stehenden Heere nehmen die Hälfte, zum Theil sogar zwei Drittel aller Einkünfte weg. In Europa stehen immer zwei Millionen Menschen unter den Waffen. — In Friedenszeiten kosten 1000 Mann zu Fuß bei der preußischen Armee 45,500 Thlr.; bei der österreichischen 50,000 Thlr.; 1000 Mann zu Pferde bei der preußischen 57,400 Thlr., bei der österreichischen 100,000 Thlr., Nebenausgaben ungerechnet." —

Endgiltig war im lezten Frieden das linke Rheinufer abge=
treten worden, Frankreich allerseits als Freistaat anerkannt. —
Die Entschädigung derjenigen Fürsten, welche wirklich oder
vermeintlich durch die Abtretung beeinträchtigt worden waren,
drängte jezt in Deutschland bei den einzelnen Höfen und beim
Reichstag alle anderen Fragen in den Hintergrund.

Die Zerfahrenheit des Ganzen, die Selbstsucht der Einzelnen
trat jezt auf grellste Weise hervor. Herren der Lage waren Frank=
reich und Rußland, die sich in gemeinschaftlichem Interesse gefun=
den und verstanden hatten.

Für den Beobachter der Menschheit muß es ein eigenthümli=
ches Schauspiel gewesen sein, dieses Rennen und Jagen, gegenseit=
tiges Verrathen und den Rang ablaufen um eines Zipfels der
deutschen Erbe willen.

Das deutsche Reich hatte, in lezter Zeit wenigstens, ein harm=
loses Dasein geführt; seine neue Umgestaltung sollte es aber der
fremden Einmischung · noch zugänglicher und bedürftiger machen.
In drei Gruppen getrennt bot es die annehmbarste und bequemste
Form dar. Preußen im Norden, Oestreich im Osten und die klei=
nen Staaten als Klientelen Frankreichs im Süden und Westen.
In dieser Weise wurde denn auch die deutsche Erbe zurecht gezerrt.

In einem besonderen Friedensschluß mit Frankreich vom 27.
Mai 1802 erhielt Herzog Friedrich die ihm zugesicherten Entschä=
bigungen.*) Im September desselben Jahrs nahm er sie in Besiz
als eine blos durch Personalunion mit den alten Landen vereinigte
Provinz Neuwürttemberg.

Die außerordentliche Reichsdeputation in ihrem Hauptschluß
vom 25. Februar 1803 erkannte die vollendeten Thatsachen an.

Das deutsche Reich war vollends aufgelöst; die Niederlegung
der deutschen Kaiserkrone, drei Jahre später, war nur ein Nachspiel.

Milit. Or-
ganisationen
im Kurfür-
stenthum.
Um auf alle Fälle gerüstet zu sein und seine Bundesgenossen=
schaft möglichst werthvoll zu machen, schritt der zum Kurfürsten
ernannte Herzog zu weiteren militärischen Organisationen. In die

---

*) Die geistlichen Güter, Stifte und Probsteien: Ellwangen, Zwiefalten,
Schönthal, Komburg, Rothenmünster, Heillgentreuzthal, Margarethenhausen,
Oberstenfeld; die Reichsstädte Weil, Reutlingen, Eßlingen, Rottweil, Giengen,
Aalen, Hall, Gmünd, Heilbronn. — Zusammen 40 Quadratmeilen mit
124,000 Einwohnern. — Vergl. Pahl, Geschichte von Wirtemberg, VI., 65.

neuen Lande wurde zunächst eine Aushebung ausgeschrieben von einem Mann auf 80 Einwohner. *) Jeder Stadt oder Kommun soll es überlassen bleiben, auf welche Weise sie ihre Quote auf= bringt; sie hat aber für jeden Infanteristen 50, für jeden Reiter 120 fl. Kaution zu stellen. — Meß für die Infanterie 5 Fuß 9 Zoll, für die Reiterei 6 Fuß. — Alter: nicht über 30, nicht unter 18 Jahren. Kapitulation: 6 Jahre für den Infanteristen, 8 Jahre für den Reiter. Auf vier Infanteristen ein Reiter ge= rechnet.

Das Jägerkorps wurde auf ein vollständiges Bataillon gebracht; ein neues Musketierbataillon Kurprinz in Ellwangen formirt.

Die Stellung der neuerworbenen Länder unmittelbar unter den Kurfürsten, dessen energisches Vorgehen in ihrer einheitlichen Organisirung **), die immer wachsenden Militärausgaben veranlaßten den Ausschuß wie die Stände selbst zu manchfachen Beschwerden.

Aber das energische Einschreiten des Fürsten ließ die Ver= stellungen der Stände nicht über schüchterne Versuche hinaus kommen.

So die Lage des Landes zu einer Zeit, als Napoleon auf dem Boden der Revolution sein Kaiserreich schuf am 18. Mai 1804 gestützt auf Bajonnete und am 2. December 1804 eingesegnet von der Kirche; ein Kaiserreich, mächtiger und glänzender als alle be= stehenden Reiche, übermüthig und alle anderen staatlichen Existenzen mit Demüthigung oder Untergang bedrohend.

Was übrig war in Europa an Macht, mußte nothwendig der Feind des neuen Reichs sein; nur kleine abhängige Existenzen konnte es an sich fesseln.

Im Frühjahr 1805 schloßen England und Rußland eine neue Koalition zu dem Zweck, das gestörte Gleichgewicht zwischen den Staaten wieder herzustellen und Frankreich in seine alten Grenzen zurückzuweisen. Im August trat Oestreich dem Bunde bei.

Großartig waren die Plane, die auf dem Papier und mit dem Stift, namentlich in Wien, entworfen wurden. Zu Wirklichkeit erreichten später die Heere, in Hast und mangelhaft gerüstet, reich=

---

*) Reyscher, Sammlung der württembergischen Gesetze, 19. Band, 2. Ab= theilung, 830.

**) Manches Löbliche hier geschaffen durch den Geist und gewissen Frei= sinn des Fürsten; mancher Zopf schwand, mancher alte Zwang; viel Gutes eingeführt: strenge Rechtspflege, Religionsgleichheit u. A. vergl. die Ge= schichte Württembergs von W. Zimmermann, II., 532 ff.

lich die Hälfte ihrer projectirten Stärke. Vollständig ging das Wort Pitts in Erfüllung: diese Herrn in Wien sind immer um ein Jahr, um ein Heer und um eine Idee zurück.

Anschluß an Frankreich. Daß Süddeutschland in dem bevorstehenden Kampfe nicht neutral bleiben könne, war Allen klar. Wer den Vorsprung gewann mit seinen Operationen, wer die vortheilhaftesten Aussichten eröffnete, bannte die kleinen Souveräne an seine Fahnen. Mit Oestreich, das die Geistlichkeit, deren Güter den fettesten Raub bildeten, schützte, das die Reichsritterschaft gegen die Landesherrn unterstützte, war wenig Sympathie. Bayern hatte sich schon im August 1805 eng an Frankreich angeschlossen; auch Baden ließ sich willig finden, nur Friedrich II. von Württemberg wußte noch eine reservirte Haltung zu beobachten.

Alle möglichen Vorsichtsmaßregeln wurden angeordnet, um wenigstens die Garnisonen und Residenzen vor feindlichem Einmarsch sicher zu stellen. Die Thorwachen hatten stets geladen, Kanonen waren zu ihrer Unterstützung aufgestellt; jedem Bataillon war seine Rolle zugetheilt.

Als Napoleons Kolonnen sich plötzlich von Boulogne her nach Süddeutschland warfen, mußte die Nutzlosigkeit dieser Maßregeln sich sofort herausstellen. Trotz Schlagbaum und Thorwache besetzte am 30. September 1805 Ney die erste Residenz und am 2. Oktober erschien Napoleon selbst zu Ludwigsburg. Friedrich II. war sofort von ihm für seine Zwecke gewonnen. Was Drohungen nicht vollständig vermochten, das brachten glänzende Versprechungen, geschickte Behandlung des Kurfürsten und dessen wahrhafte Achtung vor dem überlegenen Genie Napoleons zu Stande.

Am 3. Oktober wurde der Allianzvertrag mit Frankreich geschlossen. Sofort sollten 6300 Mann mit 800 Pferden und 16 Geschützen zum Ausmarsch fertig gemacht werden.

Des Kurfürsten Art war rasch zu handeln; zugleich mußte er den in der Kriegführung eingetretenen Reformen Rechnung zu tragen.

Reformen. Die Franzosen in ihren Revolutionskriegen hatten, ihrer etwas ungebundenen Naturanlage und einem glücklichen Instinkte folgend, das zerstreute Gefecht im Großen für Europa gewissermaßen erfunden. Ihre ersten Siege hatten sie vorzugsweise dieser Fechtart zu verdanken.

Auch später, als der französische Soldat durch Dressur und Gewöhnung wieder mehr im geschlossenen Gefecht zu verwenden war*), erschien das eigentliche Gefecht als eine Kombination von Plänkler- und von Massenkämpfen.

In Württemberg war schon früher der Anforderung an leichte Truppen genügt worden durch Errichtung von Schützen- und Jägerkorps. Beim förmlichen Anschluß an die französische Armee und ihre Kampfweise ging Friedrich II. noch weiter. — Das schon bestehende Jägerbataillon gab den Stamm zu einem zweiten ab; die bis daher bestandenen fünften Kompagnieen der Musketierbataillone wurden von diesen getrennt, um in zwei leichte Bataillone vereinigt zu werden.

Das Musketierbataillon von Beulwiz, schon seit einigen Jahren von dem Oberst Heinrich Eberhard von Romig kommandirt, war am 25. Mai 1804 ihm als Inhaber verliehen worden und führte nunmehr durch eine Reihe von Jahren seinen Namen. Seine fünfte Kompagnie gab es zur Formation des zweiten leichten Bataillons unter Major von Scheler ab. Zum Ausmarsch nach den östreichischen Landen war es jedoch nicht bestimmt.

Während die leichten Truppen schon am 6. Oktober von ihren Garnisonen aufbrachen und die übrigen am 19. und 22. desselben Monats ihnen folgten,**) blieben folgende Truppentheile zum Schuz des Landes, der Residenzen und Garnisonen zurück:

---

*) Der Gebrauch der geschlossenen Kolonne und die feste Eintheilung in kombinirte Divisionen während der Revolutionskriege durchgeführt. Vergl. Chambray ꝛc., S. 36 ff.

**) Es waren unter Kommando des Generallieutenants v. Seeger:

Das 2. Chevaurlegersregiment.
Zwei Batterieen.
Infanteriebataillon Herzog Paul.
     "   Herzog Wilhelm.
     "   v. Seckendorff.
     "   v. Lilienberg.
     "   Kurprinz.
Erstes Fußjägerbataillon.
Zweites   "
Erstes leichtes Infanteriebataillon.
Zweites   "   "
Das Nähere s. Tagebücher aus den 10 Feldzügen der Württemberger, 43 ff.

Leibjäger,

Garde du Corps,

Leibchevaurlegersregiment,

unter des Kurfürsten unmittelbarem Kommando.

Die übrigen zurückbleibenden Truppen waren in eine Division unter Generallieutenant von Beulwiz zusamengestellt und zwar:

Erste Brigade unter Generalmajor von Barnbüler:

Leibgrenadierbataillon und Artillerie.

Zweite Brigade unter Generalmajor Herzog Paul:

Infanteriebataillon von Romig.*)

„ „ „ Röder.

Ende November 1805 wurden auch die im Lande verbliebenen Bataillone einigermaßen kompletirt und auf die Stärke von 600 Mann gebracht; die Feldbataillone waren mit 685 Mann ausmarschirt.

Wenige Tage nach dem mit Napoleon geschlossenen Traktat, am 7. Oktober, hatte der Kurfürst eine Auswahl von 2000 Mann ausgeschrieben, die ganz nach den früher bei denselben Veranlassungen ausgesprochenen Grundsäzen aufzubringen waren. Am 20. November folgte der Befehl zur Aushebung von weiteren 1500 Mann; die Rahmen für das Lebensalter waren hiebei erweitert bis auf ein Maximum von 40, ein Minimum von 17 Jahren; im Meß konnte zur Noth bis auf 5 Fuß 7 Zoll herabgegangen werden.

Dem umsichtigen Geiste des Kurfürsten, wohl auch dem Einfluß französischer Vorbilder mag es zuzuschreiben sein, daß die Armeezweige in besserer Art als früher organisirt wurden. Insbesondere für Spital- und Verpflegungswesen geschah viel. Auch brauchbare Karten des Kriegsschauplazes wurden vertheilt.

In Beziehung auf Bekleidung ist zu bemerken, daß von jezt ab der Mantel bei allen Waffen sich allgemein eingeführt findet und zwar von weißer Farbe.

Nach französischer Art rücken Hauptleute und Lieutenants der Infanterie nunmehr zu Fuß ins Feld und marschiren stets mit

---

*) Offizierskorps des Bataillons:

Kommandeur und Chef: Oberst v. Romig. Major v. Röder.

Adjutant: Lieutenant Seybold.

Hauptleute: v. Döring. Koch. Kellenbach. v. Kechler.

Lieutenants: v. Krieg. Sattler. Packer. Ehrenfeld. Brecht. Zinkernagel. v. Beulwiz. Keller.

ihren Kompagnieen; *) die früher beim Ausmarsch bezogenen Rationen (der Hauptmann zwei, der Lieutenant eine) werden ihnen in Geld gut gethan und zwar die Ration auf den Monat mit 10 fl. berechnet. **)

Die ausmarschirten Bataillone bekamen den Feind schon in den ersten Tagen zu Gesicht, nachdem sie die Garnison verlassen; geschlagen und entehrt zogen auf dem Marsch zwischen Geißlingen und Ulm 24000 gefangene Oestreicher vorüber, um jenseits des Rheins des fränkischen Mannes Feld zu bauen und seine Festungen mit Wällen zu umgürten.

Ueber Augsburg, München führte der weitere Marsch nach Linz; ein Theil des Wegs an der Traun bei Lambach wurde hiebei berührt, wo fünf Jahre vorher die Süddeutschen von ihren jezigen Bundesgenossen hart gedrängt worden waren.

Verwendung vor dem Feinde kam nicht vor; Postirungen bei Linz und Krems an den dortigen Donauübergängen; einzelne Detaschements hatten Gefangenentransporte zu eskortiren. — Ende Januar kehrten alle Abtheilungen in die Heimath zurück. —

Wichtiges war indeß für das Kurfürstenthum vorgegangen. Die Königswürde. Kurz nach seinem Sieg bei Austerlitz erließ Napoleon ein Manifest an die süddeutschen Fürsten, das sie bedeutender Gebietserweiterungen und die Fürsten von Bayern und Württemberg der königlichen Würde versicherte. Der Friede von Preßburg (26. December 1805) bestätigte Alles. Als König mit voller Souveränetät, so gut wie der Kaiser von Oestreich und der König von Preußen, sollte in Zukunft der Fürst von Württemberg über alle seine alten und neuen Lande herrschen. Der größte Theil von Vorderöstreich, die Besizungen der Reichsritterschaft und des Maltheserordens in der Nachbarschaft fielen ihm zu. ***)

Im Glanze neuer Fürstengröße nahm König Friedrich I. sofort die umfassendsten Organisationen vor. Was am meisten vorbereitet war, was bei der Denkungsart des neuen Königs nunmehr als fast selbstverständlich erscheinen mußte, erregte am meisten Aufsehen, — die Aufhebung der Verfassung in den alten Landen. Gewiß ist zu viel geklagt und getrauert worden über die gewaltsame Beseitig-

---

*) Nur Hauptleute, welche das 40. Lebensjahr zurückgelegt haben, sollen beritten bleiben.

**) Ueber Bezahlung s. Beilage Nr 26.

***) Näheres s. Pahl, Geschichte von Wirtemberg, VI., 77 ff.

ung eines Inſtituts, das ſo wenig ſeinem eigentlichen Zwecke ent=
ſprach, das Nichts weniger als eine Vertretung des Volks gegen=
über dem Throne war.

Mit aller Feierlichkeit erfolgte am 1. Januar 1806 die An=
nahme der königlichen Würde; in alle Zeiten ſollte der Tag zum
Gedächtniß feſtlich begangen werden durchs ganze Land. Eine
Menge Geſeze und Organiſationsmanifeſte folgten. Die neue Ver=
waltung des Geſammtſtaats durch das Staatsminiſterium trat
mit dem 1. Mai 1806 in Kraft. An die Spize der Militärver=
waltung trat das Kriegsdepartement.

So unabhängig der König nach Innen, ſo abhängig war er
nach Außen durch die Verhältniſſe zu Frankreich.

— Im Lauf des Juli 1806 ward in Paris die Kette ge=
ſchmiedet, welche die durch Napoleons Gnade geſchaffenen Königs
reiche und Fürſtenthümer — ſechzehn an der Zahl — in Süd= und
Mitteldeutſchland für lange an den fremden Eroberer feſſeln ſollte;
— die rheiniſche Bundesakte*).

Alle Glieder des neuen Bundes ſagten ſich vom Reiche los
und erkannten gegen Niemand irgend welche Verbindlichkeit an als
gegen den Kaiſer der Franzoſen, den Protektor des Bunds.

Was im Großen verloren gegangen war, ſuchte man nun in
den einzelnen Territorien durch Pflege des Partikularismus zu
erſezen.

Neue Erwerbungen kamen zu den alten; an Württemberg fielen
z. B. die hohenlohiſchen Lande und Beſizungen in Oberſchwaben.**)

Das Land Württemberg bildete nunmehr ein zuſammenhän=
gendes Ganze; nach der neuen Ordnung zerfiel es in zwölf Kreiſe,
deren jedem ein Kreishauptmann vorſtand, deſſen Aufgabe war,
das Konſcriptions= und Marſchweſen zu birigiren.

Konſcrip-
tionsord-
nung.
Eine Konſcriptionsordnung vom 6. Auguſt 1806***) ſollte als
Norm für alle künftigen Auswahlen gelten. — Als erſter Grundſaz
iſt aufgeſtellt: jeder Unterthan iſt verbunden, dem Vaterland Kriegs=
dienſte zu leiſten. Zahlreich ſind aber die Ausnahmen. Wie
früher ſollen auch künftig befreit ſein die Honoratiorenſöhne; näher
beſtimmt die Söhne aller derjenigen Beamten, deren Stellung in

---

*) Poſſelt, europäiſche Annalen, 1806, III., und Häuſſer, deutſche Ge=
ſchichte, II, 584 ff.

**) Das Nähere bei Pahl, Geſchichte von Wirtemberg, VI., 91.

***) Reyſcher, Sammlung der württembergiſchen Geſeze, 19, 859 ff.

die dreizehn ersten Rangklassen der neuesten Rangordnung fällt. Ferner alle Personen von Adel. Die Residenzen Stuttgart und Ludwigsburg haben zusammen jährlich sechs Rekruten zu werben; ihre Bürgerschaft aber ist frei von jeder Aushebung. Befreit sollen ferner sein die Studirenden,[*] Schreiber, Künstler, Provisoren, Gemeindebeamte, Meister, Lehrjungen, ledige Wirthe, einzige Söhne und A. — Juden können eine Abfindungssumme zahlen. — Wandern der Militärpflichtigen ist nur bei einzelnen Gewerben gestattet. Nur Handelsleute, die über 10,000. fl. Vermögen haben, dürfen einen Ersazmann stellen und haben diesem 400 fl. (später auf 500 fl. erhöht) zu bezahlen.

Im Meß soll nicht unter 5 Fuß 7 Zoll herabgegangen werden; das 18. Lebensjahr muß vollendet sein. Kapitulation: bei der Infanterie 8 Jahre, bei der Reiterei 10.

Die Aushebungskommission besteht aus dem Kreishauptmann, Kreisphysikus, Oberamtmann, einem kommandirten Major oder Hauptmann und einem Militäroberarzt. — Jedes Jahr im Monat Februar werden die Listen der Militärpflichtigen ergänzt. Bei der Aushebung werden immer zunächst Rekruten zwischen 18 und 26 Jahren, die zugleich mehr als 5 Fuß 9 Zoll messen, genommen; bei größerem Bedürfniß wird weiter geschritten. Entscheidend ist im Allgemeinen das größere Meß oder größere militärische Brauchbarkeit, nicht das Loosen oder früher übliche Würfeln.[**]

Das ganze Land wird in Rekrutirungskantone eingetheilt; jedes Regiment oder Bataillon erhält einen derselben. — Der Reiterei werden Kantone zugetheilt am oberen Neckar, auf der Alb, im Strohgäu; der Artillerie fallen die größeren Städte zu; die Jäger haben sich insbesondere vom Schwarzwald zu rekrutiren; die übrigen Aemter gehören der Infanterie; dem Infanteriebataillon v. Romig fällt der Kreis Ellwangen als Kanton zu.

Viele andere militärische Einrichtungen traten in jener rasch

---

[*] „Zugleich wird in Ansehung der Bestimmung der Unterthanen zum Stande der Gelehrten hiemit allergnädigst festgesezt, daß die Söhne der Bauern und Handwerker in Zukunft nur alsdann studiren dürfen, wenn ihre vorzüglichen Talente bewiesen sind und sie einen festen Trieb zu den Wissenschaften zeigen. — Diese Fälle wird die k. Oberstudiendirektion nach vorhergegangener Prüfung der Subjekte würdigen und dann den Erlaubnißschein zum Studiren ertheilen." — Ebend. —

[**] Das Loosziehen wurde mehrfach verboten; bei einer und derselben Klasse von Militärpflichtigen sollte nur die Numer der Aufzeichnung und die Größe entscheiden. — So eine k. Verordnung vom 30. Mai 1807.

ſchaffenden Zeit ins Leben. So ein neues Militärinſtitut in Stuttgart, das an die Stelle der militäriſchen Fakultät der früheren Karlsſchule treten ſollte. Im September 1805 wurde es gegründet. Neben 16 Edelknaben begriff es 40 Kadeten in ſich; nur Söhne von Offizieren oder Beamten konnten aufgenommen werden. Im Jahre 1809 wurde es noch mehr erweitert, konnte aber den geſteigerten Anforderungen niemals ganz genügen.

Zur Verſorgung der im Felde Verſtümmelten und im Dienſt überhaupt untauglich Gewordenen war bis daher nur die Einſtel= lung in die Invalidenkompagnie oder die Ausſezung eines Land= invalidentraktaments üblich geweſen. Durch Dekret vom 29. Dezember 1806 wurde ein eigenes Invalidenhaus, nach franzöſi= ſchem Vorbild, gegründet, zunächſt für 6 Offiziere, 12 Unteroffi= ziere, 150 Soldaten. — Das Invalidenkorps hat die Verpflegung der K. Garde zu Fuß; es iſt das erſte Korps der ganzen königl. Armee und gibt Niemand die Honneurs als dem König, der Köni= gin und dem Kronprinzen *).

Zu derſelben Zeit wurde der am 11. Februar 1759 von Her= zog Karl geſtiftete militäriſche St. Carlsorden umgewandelt in den kgl. württembergiſchen Militärverdienſtorben. Für den älteſten mit dem Großkreuz Dekorirten wurden 400 fl. Penſion ausge= worfen, für die zwei älteſten Kommandeurs je 200, für die vier älteſten Ritter je 100 fl.

Wie es ſcheint, zur Hebung des Selbſtgefühls und zur Aus= zeichnung vor allen übrigen Ständen wurde allen Hauptleuten, Rittmeiſtern, Stabsoffizieren und Generalen der Perſonaladel ver= liehen. Bei den Gardetruppen aber, als Leibjäger, Garde du Korps, Garde zu Fuß und K. Leibchevaurlegersregiment **), be= ſaßen ſämmtliche Offiziere ohne Ausnahme den Perſonaladel.

Feldzug gegen Preußen. Das Neugeſchaffene zu erproben und ſeine Pflicht gegen den Protektor zu erfüllen, erhielt der König bald Gelegenheit.

Preußen hatte verſucht, ſich in Norddeutſchland abzurunden und zu konſolidiren, einen norddeutſchen Bund, eventuell ein nord=

---

*) Wer vor dem Feind verſtümmelt war, hatte ſchon nach früheren Be= fehlen des Königs Anſpruch auf volle Löhnung und Verpflegung für ſein ganzes Leben.

**) Im März 1807 als Maison du roi unter dem Kommando des Feld= marſchalls der Kavallerie, Herzogs Louis von Württemberg, zuſammen= geſtellt.

deutsches Kaiserthum zu gründen. Die Schwierigkeiten von Sei=
ten der betheiligten Höfe und die Machinationen Frankreichs hin=
tertrieben die Sache.

Die gegenseitige Gereiztheit machte einen Krieg unvermeidlich.
Im August 1806 hatte der König von Preußen der Kriegspartei
nachgegeben.

Ende September begannen die concentrischen Anmärsche der
französischen Armeekorps aus Südbeutschland gegen Thüringen.

Am 27. September 1806 ließ König Friedrich durch Ordre
an seinen Kriegsminister, den Feldmarschall Herzog Wilhelm von
Württemberg, sämmtliche Feldtruppen mobil machen mit Ausnahme
der Garde und des Regiments v. Romig. Sämmtliche Muske=
tierbataillone führten seit Kurzem die Bezeichnung Regimenter, ohne
daß übrigens an der Zahl ihrer Kompagnieen, ihrer Kopfzahl oder
sonstigen Formation etwas geändert worden wäre.

Fünf Linieninfanterieregimenter, vier leichte Bataillone, drei
Regimenter Reiterei, drei Batterieen wurden sofort auf den Feld=
fuß gesezt und concentrirten sich bei Ellwangen*).

Stärke des ganzen Heertheils: 7100 Mann mit 18 Geschützen.
Eintheilung in zwei Infanteriebrigaden, (Generalmajor von Lilien=
berg und v. Schröber), eine leichte Brigade (Oberst v. Neubronn);
Reiterbrigade unter Oberstlieutenant L'Estocq. Oberkommandant:
Generallicutenant v. Seckendorff.

Am Tag der Schlachten bei Jena und Auerstädt, am 14.
Oktober 1806, verließen die Württemberger ihr Land, um der
großen Armee nachzuziehen**). Während die Württemberger durch
Bayern gegen Hof und Dresden hin in starken Märschen zogen,
hatte Napoleon in raschem Siegeslauf den Kriegsschauplaz und
die Entscheidung der Dinge an die Küsten der Ostsee und die
russische Grenze verlegt. In seinem Rücken blieben die zahlrei=
chen Festungen liegen, mit deren Belagerung des Schlachtkorps

---

*) Das Nähere s. Württembergische Jahrbücher, 1852; Quellenstudien rc.,
64 ff.

**) In der Proklamation des Königs an die abrückenden Truppen ist
eigenthümlicher Weise in vielen Werken (Stablinger, Geschichte des württem=
bergischen Kriegswesens, S. 493; Tagebücher aus den 10 Feldzügen, S. 53)
gleich zu Anfang der Anrede ein Passus weggelassen, der sich sonst hand=
schriftlich und gedruckt findet (Feldzugsakten; Posselt, europ. Annalen 1806,
4), wornach es heißt: „Soldaten! ihr seid bestimmt, gegen einen Feind zu
kämpfen, der euer Vaterland ohne alle Veranlassung bekriegen will und unsere
bisher friedlichen Hütten bedroht." — Sonst gleichlautend. —

sich nicht befassen konnte. Diese Aufgabe fiel insbesondere den Rheinbundstruppen zu. — Bayern und Württemberger hatten sich in Niederschlesien unter Jerome's Kommando zu sammeln, um mit einigen französischen Truppen vereinigt die schlesischen Festungen wegzunehmen und die Hilfsquellen der reichen Provinz für die französische Armee zu sichern.

Ziemlich fünfzig Jahre war es her, daß die Württemberger an der Seite der Oestreicher auf dem nemlichen Schauplaz gegen die Preußen gefochten hatten.

Seit dem Hubertsburger Frieden hatte der Deutsche nicht mehr gegen den Deutschen gekämpft. Erst die unglückselige Zerrissenheit, die partikularistische Selbstsucht der Fürsten wie der Völker hatte es einem fremden, bisher feindlichen, Genius möglich gemacht, den einen Theil des Volks gegen den andern ins Feld zu führen, um endlich über das Ganze nach Willkür schalten und walten zu können.

3n
Schlesien.

Jerome hatte im Ganzen drei Divisionen unter seinem Kommando; zwei aus Bayern, eine aus Württembergern bestehend (Wrede, Deroy, Seckendorff); drei Reiterbrigaden wurden zusammengesezt, darunter die württembergische Reiterei unter dem französischen General Montbrun; die Leitung der gesammten Artillerie übernahm General Pernetty. An französischen Truppen befanden sich beim Korps einige Reiterei und mehrere Abtheilungen Sappeurs und Mineurs; später kamen sächsische und polnische Regimenter dazu.

Die Besazung der schlesischen Festungen und die wenigen außerhalb derselben befindlichen versprengten Korps mögen zusammen gegen 20000 Mann betragen haben.

Der Zustand der Werke, die ganze Armirung und Ausrüstung — Alles war in vernachläßigtem, unfertigem Zustande.*) In dem neuen Generalgouverneur jedoch, dem Flügeladjutanten des Königs, Graf Gözen, hatte die Provinz einen sehr energischen und thätigen Vertheidiger der königlichen Rechte erhalten. — Die Kommandanten der schlesischen Festungen haben sich zu halten, hatte der König am 4. November befohlen, wenn ihnen gleich keine Hilfe gesendet werden könne.

In Niederschlesien, in der Umgegend von Krossen, Züllichau

---

*) Näheres s. Höpfner, der Krieg von 1806 und 1807, IV., 2 ff.

und vor Glogau aufgestellt, hatte Jerome mit seinem Korps zunächst
Fühlung mit dem in Polen stehenden rechten Flügel der großen Armee.
Von hier aus hatte er ganz systematisch die Oder aufwärts zu
schreiten und Schritt für Schritt alle festen Pläze einzunehmen —
Glogau, Breslau, Brieg, Kosel — und endlich sich der östreichi=
schen Grenze zuzuwenden, um schließlich Herr von Schweidnitz,
Neisse, Glatz und Silberberg zu werden. — Eine große Aufgabe
für eine vergleichsweise kleine Armee, wie Jerome sie hatte.
Allein man wußte im französischen Hauptquartier, wie schlecht der
Zustand der meisten Festungen sei und man rechnete mit Sicher=
heit darauf, daß die Kommandanten es nicht aufs Aeußerste kom=
men ließen. Im Allgemeinen war richtig kalkulirt, wie der Erfolg
zeigte. —

Die wenigen Truppenabtheilungen, welche in Schlesien außer=
halb der Festungen zu verwenden waren, suchte der Fürst von An=
halt=Pleß ganz im Einverständniß mit Graf Gözen zu concentri=
ren und zu vermehren, um die Unternehmungen des Feinds aller
Orten zu stören. Die zur Disposition stehenden Mittel reichten
übrigens nie hin, um einen dauernden Erfolg zu erzielen.

Bei jeder Festung begegnen wir regelmäßig dem gleichen
Schauspiel. Leichte Truppen, Reiterei und Jäger mit Kavallerie=
geschützen, nähern sich den Werken. Nach einigem Plänkeln und
kurzer Kanonade ergeht die Aufforderung zur Uebergabe. Das
hatte bei Magdeburg und bei Küstrin entschieden, darum wurde
dasselbe Manöver bei jeder Festung wiederholt. Erfolgte keine
sofortige Kapitulation, so wurden die Werke von den nachrückenden
Infanterieregimentern eingeschlossen; Schanzen und Redouten erstan=
den ringsum; nach längerem oder kürzerem Bombardement pflegten
die Kommandanten zu· kapituliren. In der Regel kam es nicht
zu wirklichen Belagerungsarbeiten oder zum Sturm.

Während der Einschließung war es Aufgabe der Reiterei und
der leichten Infanterie, etwaige Entsazversuche, die durch den Für=
sten von Anhalt=Pleß wiederholt ins Werk gesezt wurden, zu ver=
eiteln, Streifereien feindlicher Parteien zu verhindern, Kontributionen
zusammenzutreiben und für die Verpflegung der Armee zu sorgen.

Dieß der allgemeine Gang der Dinge bei·den Belagerungen
sämmtlicher Festungen der Reihe nach.

Naturgemäß wurde die Belagerung von Glogau zunächst in Vor Glogau
und
Angriff genommen. Diese Festung war schon auf beiden Ufern Breslau

der Oder von den Bayern eingeschlossen, während die Württember=
ger in der Mitte November bei Züllichau standen zur Verbindung
mit Davoust in Polen. Am 17. November mußte General
Lilienberg die bayrische Brigade Sibein vor Glogau ablösen;
Seckendorff folgte mit der Division bis Kuttlau nach, um am
25. November, nachdem die Bayern vollständig gegen Kalisch hin
abgezogen waren, die Belagerung ganz allein zu übernehmen.

Die Festung zählte etwas über 3000 Mann Besazung *), darunter
viele unzuverläßige Leute aus Südpreußen. Der gleiche Uebelstand
scheint übrigens in allen Pläzen stattgefunden zu haben. Ausge=
brochene oder versuchte Meutereien mögen auch die Hauptursache
der am 3. Dezember erfolgten Uebergabe gewesen sein; die Werke
wenigstens hatten dem Bombardement vollständig widerstanden.

Seckendorff erzählt: „die gemeine Mannschaft von der Garni=
son hat sich bei dem Ausmarsche aus der Festung und bei dem
Niederlegen der Gewehre sehr unanständig benommen. Mit Jauch=
zen warfen sie die Gewehre hinweg und zerschlugen die Kolben,
prügelten ihre Unteroffiziere und wollten wieder in großen Haufen
sich in die Stadt verlaufen, so daß man auf sie Feuer geben mußte.'
Der Schmerz der preußischen Offiziere, worunter viele würdige,
gediente Leute sind, war sichtbar. Sie baten mit aufgehobenen
Händen ihre Leute, sich doch im lezten Augenblick noch mit Anstand
zu benehmen, — aber vergebens." Die ganze Besazung wurde
als kriegsgefangen abgeführt.

Der eigentliche Leiter bei den Belagerungsarbeiten und Opera=
tionen der Württemberger war General Vandamme, der von
Jerome dem General Seckendorff im Kommando der Division an
die Seite gegeben war; ein Verhältniß, das nicht wenige Schwie=
rigkeiten mit sich brachte, wie später sich zeigen wird.

Schon während der Belagerung von Glogau hatte die Reiterei
gegen Breslau hin gestreift, wo Graf Gözen durch Einberufung
und Kompletirung der Reservebataillone, durch Aufbieten der kö=
niglichen und Privatförster, seine Streitkräfte zu verstärken suchte,
während in Oberschlesien das Gleiche von dem Fürsten Anhalt=
Pleß geschah.

Vandamme mit den Württembergern zog auf dem linken Ober=
ufer stromaufwärts; die Bayern rückten von Kalisch her; mit ver=

---

*) Vergl. Höpfner 2c, IV., 18.

einigter Macht sollte Breslau eingeschlossen werden.*) In der Festung mit sehr ausgedehnten Werken lagen gegen 6000 Mann. Die Württemberger standen in der Ohlauer Vorstadt, den rechten Flügel an die Oder gelehnt. Vom 10. December an begann sehr heftiges Bombardement gegen die Stadt; am 13. eröffneten die Sappeurs ihre Arbeiten. Napoleon drang sehr auf baldige Einnahme. Ein Sturm war deßhalb auf den Morgen des 23. December anberaumt. In der Ohlauer Vorstadt fanden sich um 4 Uhr Morgens die Stürmenden aufgestellt, zwei württembergische Regimenter voran. Sie waren bestimmt, der eigentlichen Sturmkolonne, drei bayrischen Regimentern, den Weg zu bahnen. Zum Uebergang über den Wassergraben waren tragbare Flöße parat. Allein gerade beim Legen derselben wurde das nächtliche Werk durch Ungeschick den feindlichen Schildwachen verrathen, die Garnison war allarmirt und das ganze Unternehmen vereitelt.

Während Breslau eingeschlossen gehalten wurde, hatte Jerome seine leichten Truppen, insbesondere Reiterei, zur Sicherung auf beiden Oderufern in weitem Umkreis vertheilt. Denn die vereinigten Bemühungen des Grafen Gözen und des Fürsten von Anhalt-Pleß hatten die schlesische Armee wohl um 8—10,000 Mann vermehrt; es verlautete viel von einem nahen Entsatzversuche. Die Generale Montbrun und Minucci wurden daher mit württembergischer und bayrischer Reiterei und einigen Bataillonen nach Strehlen betaschirt, wo sie am 24. December die zusammengerafften preußischen Truppen zurückwarfen und für die nächste Zeit wenigstens unschädlich machten. — Fürst Pleß zog zwar seine geschlagenen Truppen nochmals zusammen, sobald er erfuhr, daß der französische Heerführer, um sich gegen Angriffe von Oberschlesien her zu sichern, bedeutende Kräfte nach Ohlau betaschirt habe. Auf der Straße von Strehlen her rückte er so schnell als möglich, die Stellung von Ohlau westlich umgehend, auf das Belagerungskorps selbst vor. Am 30. December mit Tagesanbruch fiel er mit seiner Reiterei über den württemb. Posten in Oltaschin her, ohne ihn aber vollständig überwältigen zu können. Die Regimenter Lilienberg und Schröder erhielten Zeit, mit ihrer verfügbaren Mannschaft auszurücken, zwei bayrische Bataillone kamen zu Hilfe und gegen Abend

*) Das Nähere über die Besatzung Breslaus s. Höpfner, IV., pag. 49; die der übrigen schlesischen Festungen ebend. pag. 45.

gelang es, den ohnehin vom nächtlichen Marsch sehr ermüdeten Feind zurückzuwerfen. — Bedenklich wäre die Lage geworden, wenn zugleich mit den 5—6000 Mann, die Fürst Pleß zum Entsaz herbeiführte, auch die Besazung der Festung Anstrengungen gemacht und mit einem starken Ausfall den Belagerer zwischen zwei Feuer genommen hätte. Allein Nichts derart geschah; Fürst Pleß mußte sich auf Reisse zurückziehen und Breslau kapitulirte am 5. Januar 1807. Kurze Zeit darauf wurde das Korps Prinz Jeromes als neuntes Armeekorps der großen Armee einverleibt und führte nebenher noch den Titel Armée des Alliés.

Ohne daß Rast gegönnt worden wäre, mußte Vandamme mit der württembergischen Division sofort von dem eroberten Breslau aufbrechen und sich gegen Schweidnitz wenden. Deroy zog nach Brieg, Wrede blieb in Breslau.

Ergänzungs-korps aus dem Königreich. Während der angeführten Ereignisse auf dem Kriegsschauplaz hatte König Friedrich, um sein Kontingent, das auf 12,000 Mann festgesezt war, wenigstens annähernd zu kompletiren, ein Ergänzungskorps von mehr als 3000 Mann zu den Feldtruppen stoßen lassen. Ende Oktober schon war Befehl erlassen worden, das Infanterieregiment Romig auf den Feldfuß zu sezen; ihm schloß sich ein neu errichtetes Füsilierregiment an mit Ersazmannschaften für sämmtliche im Feld befindlichen Abtheilungen. — Am 2. December war das Ersazkorps unter Kommando des Generalmajors von Romig zum Abmarsch parat. Das Infanterieregiment Romig zählte wie die übrigen, schon ausmarschirten Regimenter vier Kompagnieen, jede zu 170 Feuergewehren; jede Kompagnie zählte an Chargen:

1 Feldwebel,
1 Quartiermeister,
10 Korporale,
1 Kompagniechirurgen,
2 Tambours,
1 Zimmermann,
1 Krankenführer.

Das Regiment hat 15 Offiziere, und zwar

1 Kommandeur,
1 Major,
1 Adjutanten,
2 Kompagniechefs,
2 Stabshauptleute,

4 Premierlieutenants,
4 Sekondlieutenants.

Die Geschäfte des Auditors und Regimentsquartiermeisters sind in der Person eines einzigen Beamten vereinigt.

Am 1. Januar 1807 kam General von Romig in Glogau an, nachdem er auf dem Marsch 343 Mann durch Desertion verloren hatt. Die Deserteure seien meist Neuwürttemberger gewesen, welche, durch die starken Märsche auf Wegen, wie man sie sich in Württemberg gar nicht vorstellen könne, maßleibig gemacht, sich durch die Einwohner im Ansbachischen und Sächsischen verleiten ließen. In Glogau war das Regiment Romig noch 737 Mann stark. Trozdem daß Seckendorff wünschte, sämmtliche Regimenter bei der Division zu vereinigen, wurde das Regiment Romig noch einige Zeit in Glogau behalten.

Indessen war Vandamme am 10. Januar 1807 vor Schweid= Schweidnitz und Reiffe: Exceffe. nitz angekommen; mit ihm vier leichte Bataillone, die Regimenter Kronprinz, Schröder, Lilienberg, Herzog Wilhelm, drei Reiterregimenter, zehn Geschütze; Am 20. Januar trafen zwei Kompagnieen von Romig vor Schweidnitz ein; die beiden übrigen hatten unter Major von Mosheim noch in Glogau zu verbleiben.

Die Reiterei hatte die Straßen nach Strehlen und Frankenstein zu beobachten und mit den leichten Truppen Streifereien von Glatz und Silberberg her abzuwehren. Im Uebrigen beschränkte sich die Belagerung auf eine einfache Blokade mit häufigen gegenseitigen Allarmirungen. Erst Anfang Februar kam ein Belagerungspark an, dessen Wirkung es auch zuzuschreiben war, daß am 6. Februar eine Kapitulation zu Stande kam des Inhalts, daß die Festung übergeben werden solle, wenn bis zum 16. desselben Monats kein Ersaz erfolge. Um den Fürsten von Pleß zu verhindern, von der Grafschaft Glatz aus der Festung zu Hilfe zu kommen, wurden bayrische Truppen vereinigt mit württ. Reiterei beordert, von Frankenstein aus das nach Glatz führende Defilee von Wartha anzugreifen, wo es ihnen gelang am 8. Februar eine preußische Abtheilung zurückzuwerfen. — Eine andere Streifpartie wurde durch Generalmajor von Lilienberg bei Friedland genöthigt, wieder auf Glatz zurückzugehen. So mußte sich denn Schweidnitz am 16. Februar 1807 ergeben. Regiment von Seckendorff hatte die Gefangenen nach Dresden zu eskortiren.

Während der bloßen Beobachtung der Festung waren die Trup=
pen in der Umgegend in Kantonirungen verlegt worden, um sich
von den Strapazen, welche die Belagerungsarbeiten im Winter mit
sich brachten, zu erholen. Die Verpflegung war zwar stets eine
sehr reichliche: täglich 1 Pfd. Fleisch, 2 Pfd. Brod, Zugemüse,
1 Quart Branntwein und im Dienst noch eine Zulage. Allein
das Bivouakiren und Marschiren hatte doch seinen Einfluß geltend
gemacht und die kurze Ruhepause, ehe ein neues Object der Thä=
tigkeit vorlag, war sehr erwünscht.

Troz der angeführten guten Verpflegung ließen die Württem=
berger sich fortwährend Gewaltthätigkeiten und Erpressungen zu
Schulden kommen. Generallieutenant von Seckendorff konnte nicht
umhin, seinen Kriegsherrn von einem Zustand in Kenntniß zu sezen,
der die zunehmende Verwilderung kennzeichnet und den Beweis
liefert, wie die Rohheit und Gemeinheit des Haufens das National=
unglück ausbeutete, mit welcher Bereitwilligkeit die eigenen Lands=
leute als Feinde betrachtet wurden. „So angenehm es mir sein
muß, berichtet der General, Ew. K. Maj. das Lob allerhöchstdero
Truppen verkünden zu können, so darf ich doch nicht verschweigen,
daß besonders bei der Kavallerie, die immer in Bewegung und
selten beisammen ist und von der die Leute nicht immer unter Auf=
sicht der Offiziere sein können, sondern sich manchmal selbst über=
lassen werden müssen, eine gewisse Verwilderung einzutreten droht
und eine grenzenlose Habsucht oft sehr arge Excesse und Mißhand=
lung der armen Landleute zur Folge hat. Der nemliche Vorwurf
trifft zugleich auch zum Theil die vier leichten Infanteriebataillons,
die vermöge ihres Dienstes nicht so in Aufsicht bleiben können wie
die Linieninfanterie."*)

Mit Recht hebt der kommandirende General die Leistungen der
Truppen hervor. Die „Tagebücher aus den zehn Feldzügen" S.
69 ff. und S. 77. geben Beispiele davon. Nur Schade, daß Kraft,
Muth und Blut in fremdem Dienst vergeudet wurde.

Von Schweidnitz ward am 18. Februar vom Gros der Divi=
sion der Marsch durchs Gebirge über Waldenburg und Neurode
gegen Glaz hin angetreten. Ein Versuch, diese Festung durch Ein=
schüchterung zur Uebergabe zu veranlassen, mißlang. Die Division

---

*) Die bayrischen Truppen scheinen sich übrigens noch mehr in diesem
Stück hervorgethan zu haben; vergl. Höpfner ꝛc., IV., 61.

zog deßhalb wieder oſtwärts ab über Wartha zur Einſchließung
von Neiſſe. Am 23. war dieſer Platz erreicht. — Die Feſtung
wird durch die Neiſſe in zwei Theile getheilt, auf dem linken Ufer
liegen die Werke ſammt einem verſchanzten Lager ziemlich erhöht
auf dem ſteilen Thalrand; die rechte Seite iſt vollſtändige Niede=
rung. Hier beſchloß Vandamme ſeine Arbeiten vorzutreiben. Der
größte Theil der Truppen ging daher aufs rechte Ufer über; bei
Glumpenau, wo das württemb. Hauptquartier war, wurde eine
Brücke geſchlagen.

Maßnahmen jedoch, welche durch die Beſorgniß erregende
Haltung Oeſtreichs veranlaßt wurden, verwandelten die begonnene
Belagerung in einfache Blokade, während welcher die württ. Divi=
ſion durch Abgabe einer Brigade unter Oberſt von Neubronn zur
Beſazung von Glogau ſehr geſchwächt wurde. Das kühnere
Auftreten der an 6000 Mann ſtarken Beſazung in Ausfällen gegen
das Blokadekorps war die Folge davon. Mitte März wurde die
Diviſion wieder verſtärkt durch die Rückkehr des Regiments Secken=
dorff aus Sachſen und Einrücken von zwei Kompagnieen Romig
von Glogau her. Das ganze Regiment Romig war nunmehr vor
Neiſſe vereinigt; die beiden Kompagnieen, die am 18. März ein=
gerückt waren, hatten jedoch nur eine Stärke von 211 Mann, da
noch viele Kommandos und Detaſchements von Glogau bis nach
Polen hinein ſtanden. — Zu derſelben Zeit wurde zum Schuz
der Blokade ein Deckungskorps unter General Lefebvre bei Fran=
kenſtein mit Front gegen Glatz und Silberberg zuſammengezogen;
außer Bayern ſtanden württemb. Jäger zu Roß und zu Fuß dabei.
Bald darauf rückte Oberſt von Neubronn mit dem größten Theil
ſeiner Brigade von Glogau wieder ein. Dagegen marſchirten am
26. März die beiden Regimenter Seckendorff und Romig ſammt
den Leibchevauxlegers unter Kommando des Oberſten Berndes von
Seckendorff aus dem Lager vor Neiſſe ab, um einen bedeutenden
Geldtransport nach Thorn zu eskortiren.

Von Thorn aus wurde das Regiment Leibchevauxlegers zur Vor Kolberg.
großen Armee gezogen, die beiden Infanterieregimenter hatten ſich
mit dem Korps zu vereinigen, das Kolberg umſchloſſen hielt. Seit
März wurde dieſe Feſtung von Marſchall Mortier mit 7000 Mann
cernirt. In ihr lagen Abtheilungen verſchiedener Regimenter,
Depots und Freiſchaaren, insbeſondere Schills Korps zu Roß und
zu Fuß; durch Ranzionirte und Freiwillige war die Beſazung

allmählich bis auf fast 6000 Mann angewachsen.*) Kommandant
der Festung war Oberst Loucadou, von Ende April an Major
Gneisenau. — Der Platz selbst gehört nicht in den ersten Rang;
die Werke waren großentheils vernachläßigt, die Armirung un=
vollständig.**)

Während des Verlaufs der Einschließung und Belagerung
schuf die Energie Gneisenau's, die Opferwilligkeit der Besazung
und der Bürger die Festung durch Erbauung neuer Werke voll=
ständig um, während von der See her die Waffenrüstung vervoll=
ständigt wurde.

Im Norden ist Kolberg (eine Stadt damals von 4400 Ein=
wohnern***) von der See umflossen, in welche eine kleine Strecke
unterhalb der Stadt die Persante mündet; Stadt und Festung
liegen auf beiden Ufern dieses Flusses. Im Nordwesten den Wer=
ken zunächstliegend ist ein kleiner Forst, die Maikuhle genannt, im
Lauf der Belagerung durch Schanzen verstärkt; im Osten hatte man
begonnen, auf einer kleinen Anhöhe, dem Wolfsberg, eine starke
Redoute zu erbauen, — später zum Ruhm der preußischen Waffen
Grenadierschanze genannt. Südlich der Stadt insbesondere dehnen
sich unmittelbar an den Werken Sümpfe und Moore aus, über
welche nur mit Hülfe von Dämmen zu kommen war. Gegen diese
Front wie gegen die östliche trieben die Feinde hauptsächlich ihre
Belagerungsarbeiten vor.

Oberst Berndes†) rückte am 27. April im Lager bei Kol=
berg ein. Sein Hauptquartier wurde ihm zu Tramm angewiesen,
³/₄ Stunden von Kolberg. Beide Regimenter waren 36 Stunden
lang ohne Stroh und Lebensmittel, trozdem daß ihre Ankunft
sehr zeitig angezeigt worden war. Die Verpflegung ist hier in
Pommern überhaupt bei weitem schmaler als in Schlesien; etwas
Fleisch und Brod, ein wenig Essig und Branntwein, von Zeit zu
Zeit Erbsen. Auch die Offiziere haben nichts Anderes. „Bei dem
kalten Seewind, berichtet Oberst v. Berndes, lagert Alles in Ba=
raken; rechts von uns steht ein polnisches Korps, links Italiener

---

*) Das Nähere s. Höpfner ꝛc., IV., 579 ff.
**) Das Nähere ebend. S. 445 ff.
***) Vergl. Kolberg im Jahr 1807 belagert und vertheidigt; von mehreren
Augenzeugen.
†) Später wurde Generalmajor v. Schröder als Kommandant nach=
geschickt.

und Sachsen. Diese lezteren desertiren sehr häufig, weßwegen sie auch keine Redoute besezen und keine Pikets geben dürfen, und wir Befehl haben, sogleich wenn Einer vorwärts gegen die Festung geht, Feuer auf ihn zu geben; doch braucht man sie als Arbeiter in den Redouten."

Das ganze Blokadekorps, dessen Thätigkeit sich bis jezt auf einzelne Vorpostengefechte, Aufwerfen von Schanzen und gelegentliches Bombardement beschränkt hatte, zählte 4—5000 Mann; durch Ankunft neuer Regimenter verstärkte es sich auf 8000 Mann, über welche General Loison an Mortiers Stelle den Oberbefehl übernommen hatte; später mag das Korps noch stärker geworden sein. Anfangs Mai 1807 zerfiel es in vier schwache Brigaden:

Erste Brigade Oberst v. Berndes:
1. Regiment Polen,
Regiment Seckendorff,
Regiment Romig.

Zweite Brigade Oberst Fontane:
1. italienisches Linieninfanterieregiment,
Infanterieregiment Sachsen-Weimar.

Dritte Brigade Oberst Castalbini:
2. italienisches leichtes Regiment.

Vierte Brigade General Bonfanti:
1. italienisches leichtes Regiment.

Aufgabe der ersten Brigade war die Besezung der französischen Werke Nr. 10 und 12 im Osten von Kolberg gelegen und gegen den Wolfsberg und die Werke vor der lauenburger Vorstadt gerichtet. Ein Vorwärtsbewegen von den Redouten 10 und 12 gegen die Angriffsobjecte hin war eine Strecke weit nur auf Dämmen möglich, bis man auf das sog. Binnenfeld gelangte, das höher liegt und Arbeiten im Boden gestattet.

Wegen des sumpfigen Terrains war der Gesundheitszustand im Lager vor Kolberg durchaus nicht befriedigend; die Spitäler in Tramm und Stettin begannen sich rasch zu füllen.

Bei den Arbeiten und unbedeutenden Gefechten, die mit den noch vor den Werken aufgestellten Vorposten der Preußen vorfielen, hatten beide Regimenter bis zur Mitte Mai nur wenige Verwundete und einige Gefangene. Bis zu diesem Zeitpunkt waren die Angriffswerke hinlänglich verstärkt worden und es war gelungen über den morastigen Grund unmittelbar vor den Schanzen Dämme zu erbauen, die auf das Binnenfeld führten, auf dem der Wolfsberg liegt. Die beiderseitigen Vorposten standen jenseits dieser Dämme auf dem Binnenfeld.

In der Nacht vom 17. auf den 18. Mai sollte die noch nicht ganz vollendete Redoute auf dem Wolfsberg*) angegriffen und genommen werden, um von da aus den eigentlichen Festungswerken näher rücken zu können.

Polen, Italiener und Württemberger, etwa 1600 Mann, stehen unter Kommando des Generals Teulié am Abend des 17. Mai hinter ihren Redouten parat, um sofort im Dunkel der Nacht die Dämme zu passiren und das feindliche Werk anzugreifen. Von den beiden württembergischen Regimentern folgen 450 Mann als Arbeiter. Die Sturmkolonne befehligt Oberst von Bernbes; vom Regiment Romig befinden sich dabei: Oberstlieutenant von Koch, Hauptmann von Bischer, Lieutenant und Adjutant Seybold, Lieutenant Sattler; als Aufsichthabende bei den Arbeitern sind von Romig kommandirt: Hauptmann von Kechler, Lieutenant Klapp.

Zum Angriff ging ein italienisches Regiment auf dem Damm voran, die übrigen Abtheilungen folgten in Rotten. Als der Damm passirt war, ohne vom Feinde gehindert zu werden, wurde in Züge aufmarschirt und rasch gegen die Wolfsbergredoute vorgerückt. In der Nähe der Redoute wurde links deployirt und Württemberger und Italiener drangen mit wüthendem Geschrei zugleich in die Schanze ein.**) — Es war 10½ Uhr Nachts. — In dem halbfertigen Werk stand Premierlieutenant v. Rehden mit 160 Mann. Nach kurzem Kampf mit der blanken Waffe im Innern der Schanze wurde die kleine preuß. Besatzung gefangen oder vertrieben und General Teulié begann sich in dem Kehlgraben festzusetzen, während die nachfolgenden Arbeiter die Brustwehr zerstörten.

In richtiger Würdigung der Wichtigkeit der Redoute formirte Gneisenau in der Festung sofort mehrere Kolonnen, welche theils in der Front, theils in der Flanke die Eingedrungenen fassen und das Verlorene zurückerobern sollten. Von der lauenburger Vorstadt rückte das Grenadierbataillon Waldenfels in Linie vor ohne einen Schuß zu thun und drang mit den Kompagnieen des Centrums, obwohl vom Kehlgraben aus mit einer Salve begrüßt, in die Re-

---

*) Der Graben hatte erst eine Tiefe von 5'; die Brustwehr eine Höhe von 2'; s. Höpfner ꝛc., IV., 599 ff.

**) S. Kolberg im Jahre 1807 von mehreren Augenzeugen, S. 66 ff.

doute ein; die Flügelkompagnieen folgten; im Handgemenge be=
gannen zunächst die Italiener zu weichen und sich auf die Arbeiter
zu stürzen. In die Verwirrung wurden die Württemberger mit
hineingezogen. Die Offiziere gaben sich alle Mühe, die Front wie=
der herzustellen; es gelang ihnen dieß erst jenseits der Schanze,
wo der Feind zum Stehen gebracht und das Gefecht wieder auf=
genommen wurde. Die Dunkelheit der Nacht hatte die Verwirrung
begünstigt und den Wirkungskreis der Offiziere beschränkt. Dazu
kam, daß die pommerischen Bataillone, wie die Württemberger, weiße
Mäntel hatten, was zu vielfachen Verwechslungen führte.

Für General Loison war die Eroberung des Wolfsbergs die
Hauptsache für die nächste Zeit; sie gelang ihm erst am 11. Juni.
Allein Gneisenau hatte schon wieder rückwärts für neue Abschnitte
gesorgt und der geschlossene Waffenstillstand fand die Festung noch
in den Händen der Preußen. Neben Graudenz ein glänzendes
Denkmal.

Nach dem Sturm am 17. Mai fiel den Württembergern noch
die Aufgabe zu, verschiedene neue Belagerungsarbeiten zu decken;
Ende Mai aber wurden beide Regimenter wieder auf den schlesi=
schen Kriegsschauplaz abberufen.

Der Verlust am 17. Mai beträgt bei
    Seckendorff 1 todt; 2 vermißt; 13 verwundet.
    bei Nomig 1 „ 2 „ 19 „

Vor Neiße hatte indessen Vandamme mit der württembergi= Fall von Neiße.
schen Division Mitte April die eigentlichen Belagerungsarbeiten
aufnehmen können und begann die Festung zu bombardiren. Der
Widerstand war jedoch ein ungemein zäher; Stürme von einzelnen
Detaschements führten zu keinem bleibenden Resultat, während die
Nähe von Glatz, wo Graf Gözen Entsaztruppen sammelte, den
Muth ber Besazung aufrecht hielt und sie unermüdlich in Aus=
fällen machte.

Bei Frankenstein war zur Beobachtung der Preußen General
Lefebvre aufgestellt mit Detaschements der Bayern, Württemberger,
Sachsen, Polen und einigen französischen Abtheilungen. Sein Auf=
trag war, den Paß von Wartha zu besezen und die Streifereien
in der Grafschaft Glatz in Schranken zu halten. In glücklichen
Gefechten, vom 13. und 17. April, gelang ihm dieß vollkommen
und für die nächste Zeit wenigstens konnte Neiße auf keinen Entsaz
rechnen. — Bis Mitte Mai dauerte es, ehe Graf Gözen eine neue

größere Operation ins Werk sezen konnte. Die Besazungen von Glaz und Silberberg hatte er auf fast 10000 Mann gebracht. Mit einem Theil davon sollte nun rasch auf Breslau marschirt werden, von dem man erfahren, daß es eine nur sehr geringe Besazung habe. Nach dem erwarteten Erfolg gedachte man den erwachenden Nationalgeist und die Erbitterung in Schlesien zu benüzen und einen allgemeinen Volkskrieg zu organisiren.

Kaum war das preußische Entsazkorps von Silberberg abmarschirt, als Lefebvre bereits Kunde von seinen Absichten erhielt. In Gewaltmärschen warf er sich ihm bei Kanth mit nur 1200 Mann in den Weg und drückte im ersten Anlauf die Preußen durch den Ort auf das rechte Ufer des schweidnizer Wassers. Auf seinem linken Flügel ließen ihn hier die Sachsen im Stich und er mußte sich mit Verlust wieder zurückziehen. Aber auch das preußische Detaschement suchte nun möglichst rasch das Gebirge wieder zu gewinnen. Unterwegs mit Verstärkungen aus Schweidnitz mußte der rastlose Lefebvre es noch einmal zu fassen und zersprengte es vollständig.

Die Wirkungslosigkeit seiner Ausfälle und die wiederholte Vereitlung aller Entsazversuche bewog nun den Gouverneur von Neisse am 1. Juni zu einer Kapitulation in der Art, daß er die Festung übergeben wolle, wenn bis zum 16. Juni kein Entsaz erscheine.

Seit der Einschließung der Festung, 22. Februar, hatte die württembergische Division einen Verlust von 32 Todten und 208 Verwundeten vor dem Plaze. Außer den Verwundeten befanden sich in den Spitälern noch an 500 Kranke und zwar in Striegau*), Ottmachau, Ologau; der Zerstreuung der Kranken und der großen Sorgfalt der Aerzte wird die geringe Sterblichkeit in den Spitälern zugeschrieben.

Seckendorff und Vandamme. Während der lezten Zeit der Belagerung von Neisse war im württembergischen Hauptquartier eine bedeutende Veränderung vorgegangen. — Generallieutenant v. Seckendorff hatte schon früher den sehnsüchtigen Wunsch ausgesprochen, daß er von der Bevormundung durch Vandamme befreit und unter Jerome's unmittelbares Kommando gestellt werden möchte. Vandamme, ein rastlos

---

*) Dieses Spital wurde am 6. Mai von einem Streifkommando aufgehoben und die Kranken — darunter Major v. Moßheim vom Regiment Romig — nach Silberberg gebracht.

thätiger und intelligenter General, besaß schlimme Eigenschaften genug, um ihn bei seinen Untergebenen verhaßt*) und bei den Einwohnern des Landes verabscheut zu machen. — Ueber die Abgränzung der beiderseitigen Befugnisse zwischen dem württembergischen und französischen General mag es zu wiederholten Unannehmlichkeiten gekommen sein. — Die Stellung eines Vasallenstaats brachte gerade diese üble Lage eines kommandirenden Generals mit sich. — Nach den Berichten des Oberstlieutenants Theobald war General v. Seckendorff dem Genuß geistiger Getränke sehr ergeben; dem General Vandamme mochte er aber hauptsächlich zuwider sein, weil er die württembergischen Kriegskommissäre hinderte, den habsüchtigen Plänen des Generals förderlich zu sein. — Vandamme berichtete sofort, der württembergische General sei unfähig, immerwährend betrunken, prostituire sich vor dem ganzen Armeekorps.

Auf derartige Vorgänge hin schickte König Friedrich den Generallieutenant v. Kammrer als Nachfolger Seckendorffs im Divisionskommando nach Schlesien. In Glumpenau am 4. Mai übernahm Kammrer sein Amt. Seine Tagesbefehle schärften der Mannschaft Einhaltung strenger Ordnung und Disciplin ein. — Wenige Tage nach seinem Amtsantritt ließ er zum warnenden Beispiel einen reitenden Jäger, der zu Wiesau bei der Plünderung des Pfarrhauses einen Einwohner erschossen hatte, im Angesicht der ganzen Dorfgemeinde auf dem Platz seiner Unthat füsiliren. Von jedem Regiment waren bei der Exekution Zeugen anwesend*).

Nach erfolgter Kapitulation mußte Vandamme hauptsächlich ^Gegen Glatz. darauf bedacht sein, jeden Entsazversuch unmöglich zu machen. Das Defilee von Wartha beobachtete schon seit einiger Zeit Lefebvre. Für die Württemberger blieb der Weg, der von Reichenstein übers Gebirge her führt, übrig; bei Patschkau wurde deßhalb ein stärkerer Posten aufgestellt.

*) Oberstlieutenant v. Theobald vom württembergischen Hauptquartier berichtet: Vandamme erlaube sich einen rohen, wegwerfenden und nach deutschen Begriffen ehrenrührigen Ton vor der Front gegen Offiziere von jedem Rang. Die trivialsten Ausdrücke, die gröbsten Schimpfwörter strömen bei dem geringsten Versehen, das man sich zu Schulden kommen lasse, aus seinem Mund.

**) Einzelne Abtheilungen, die im Quartier mit Nichts zu befriedigen waren, ließ Kammrer zur Strafe bivouakiren, nachdem die Feindseligkeiten eingestellt waren.

Um mehr Truppen zur Verfügung zu haben, wurden die Regimenter Seckendorff und Romig, von Kolberg her am 10. Juni in Bojanowa angelangt, so schnell als möglich auf Vorspannswagen ins Lager nach Frankenstein gebracht, wo sie am 12. anlangten. — Die Vorsicht erwies sich als überflüssig; Graf Götzen wagte keinen Entsazversuch und Neisse wurde am 16. Juni übergeben.

Glaz und Silberberg standen nunmehr allein noch ungebrochen da. Einer bayrischen Division unter Deroy und der württembergischen war die lezte Arbeit auf dem schlesischen Kriegsschauplaz aufgetragen. Am 17. Juni sezten sich die Kolonnen von Frankenstein aus in Bewegung; die Württemberger auf dem linken Neisseufer, die Bayern auf dem rechten.*) Nach kurzer Kanonade war am 21. Juni die Einschließung vollendet; oberhalb und unterhalb der Festung waren die Flügel der Divisionen durch Brücken verbunden; die württembergische Division lehnte oberhalb Glaz ihren rechten Flügel an die Neisse. — Die Befestigungen des linken Ufers sind durchaus hoch gelegen und schwer zugänglich; auf etwas flacherem Grunde liegen die auf dem rechten Ufer, namentlich das seit kurzer Zeit erbaute von 9 offenen Fleschen eingefaßte verschanzte Lager. Der Umstand, daß diese Schanzen in Eile erbaut, schlecht in der Kehle geschlossen und nicht mit einander verbunden waren, mochte die nächste Veranlassung geben, daß im französischen Hauptquartier sofort ein nächtlicher Sturm auf das Lager beschlossen wurde. Die bayrische Brigade Sibein sammt einiger Reiterei sollte das Lager in der Front angreifen; von der Neisse her hatten die Württemberger zu stürmen. Eine Stunde nach Mitternacht in der Nacht vom 23. zum 24. Mai hatte Generalmajor v. Lilienberg auf dem rechten Flügel des württembergischen Lagers an der Neissefurt parat zu stehen mit dem 1. Fußjägerbataillon, dem 2. leichten Bataillon und den Infanterieregimentern Kronprinz und Lilienberg sammt 600 französischen und württembergischen Reitern. — Alle übrigen Truppen des Lagers blieben in Reserve; unmittelbar an der Furt als nächste Unterstüzung war die Brigade Neubronn aufgestellt, bestehend aus den Regimentern Herzog Wilhelm und Romig.

Um 1 Uhr sezten bayrische und württembergische Sturmkolonnen sich in Bewegung, die Gewehrschlösser umwickelt, damit kein un-

---

*) Das Nähere s. Württembergische Jahrbücher 1852; Quellenstudien ꝛc., pag. 89 ff.

zeitiger Schuß das Unternehmen verrathe. Nach Verfluß einer halben Stunde hatten sie sich dem Lager, ohne daß die Schildwachen es gemerkt hätten, so weit genähert, daß Reiterei und Infanterie zugleich, jene durch die Lücken der Schanzen, diese über die Brustwehren und von den nur mit Zaunwerk versezten Kehlen her zugleich mit Ungestüm einbringen konnten. Nach erbittertem Handgemenge mit Kolben und Bajonnet wurde die Besazung, 2—3000 Mann stark, auf die innern Festungswerke zurückgeworfen.

Begünstigende Momente für die Angreifer waren im vorliegenden Fall außer der Dunkelheit der Nacht noch das hohe Getreide in der Nähe der Schanzen, das schon am Tage vor dem Sturm ein Anschleichen möglich gemacht hatte, und außerdem der Umstand, daß ein kurz vorhergegangener Regen die Gewehre so verdorben hatte, daß nur wenige losgingen. Die Württemberger hatten 14 Mann todt, 4 Offiziere, 160 Mann verwundet, 1 Offizier, 19 Mann vermißt. Der Verlust der Bayern war etwas geringer. Die Feinde verloren nach eigenen Angaben gegen 1000 Mann.

Folge der glücklichen Waffenthat war eine am 24. Juni geschlossene Kapitulation, laut deren sich die Festung am 26. Juli ergeben sollte. — Der am 30. Juni Abends 7 Uhr bekannt gewordene Abschluß der Friedenspräliminarien zwischen Frankreich, Rußland und Preußen kam der Uebergabe jedoch zuvor.

Eine Genugthuung war es in der That für den kommandirenden General, beim Schluß der Feindseligkeiten seinem König noch eine so glänzende Waffenthat melden zu können. Er berichtet: „Von dem Muth, der Entschlossenheit, der Bereitwilligkeit der Mannschaft ist es schwer eine Vorstellung zu geben; ich habe dergleichen noch bei keiner Truppe je gesehen; im Gefecht waren sie wie wüthend und kaum beisammen zu behalten."

Schon bei früheren Gelegenheiten, insbesondere bei der Belagerung von Neisse, und den verschiedenen in freiem Feld gelieferten Gefechten, war es dem General vergönnt gewesen, den Muth und die Unverdrossenheit ganzer Abtheilungen im Gefecht und bei den Arbeiten wie auch ausgezeichnete Leistungen Einzelner seinem Kriegsherrn anzurühmen.

Die Bezeichneten sahen sich durch Verleihung von Orden, Medaillen, Ehrensäbeln, Geldbelohnungen und außerordentliche Beförderung geehrt. Vom Regiment Romig erhielten acht Mann, Unteroffiziere und Soldaten, wegen ihres Verhaltens beim Sturm des Wolfsbergs die Militärverdienstmedaille. Sonstige Auszeichnungen

fielen nicht auf das Regiment, da es weniger als andere Abthei=
lungen Gelegenheit hatte, an ernsten Ereignissen Antheil zu nehmen.

Kantonirun=
gen, innere
Verhältnisse
der Truppe.
Den ganzen Sommer hindurch lag die württembergische Divi=
sion in Kantonirungen in Schlesien (Hauptquartier Reichenbach))
und später in der Mittelmark (Hauptquartier Fürstenwalde), um
einem eventuellen neuen Kriegsschauplaz nahe zu sein. — Uebun=
gen während dieser Zeit zahlreich vorgenommen, namentlich Exer=
ciren im Feuer und Scheibenschießen; von den Linienregimentern
hatte jeder Mann 8 Patronen auf die Scheibe zu verfeuern, von
den leichten Truppen jeder 15 bis 24 Stück. Troz strenger Ueber=
wachung durch die Offiziere wurden auch nach geschlossenem Frie=
den immer wieder Klagen laut über Indisciplin der Leute und
über begangene Excesse.

Fahrlässigkeit in Behandlung des Feuers im Lager, Unrein=
lichkeit und Malproprete wirft der General seinen Mannschaften
wiederholt vor. — Neben den Uebungen war Hauptarbeit die
Herstellung der Montirungen, des Schuhwerks, der Kaskets und
Tschakows.

Der Gesammtabgang, den die württembergische Division in dem
ganzen Feldzug erlitt, beträgt 1191 Mann und 395 Pferde; für
eine einzige Division immerhin bedeutend, wenn gleich von der
ganzen Zahl auf Rechnung der unmittelbaren Einwirkung des
Feinds nur ein verhältnißmäßig kleiner Theil kommt. Die Deser=
tion hatte immer noch großen Antheil am Abgang. Durch sie
gerade wird der Beweis geliefert für die Unnatürlichkeit und Un=
zweckmäßigkeit der bestehenden militärischen Einrichtungen, für die
Verkehrtheit der Staaten in der Stellung unter sich und in ihren
inneren Verhältnissen.

In einer nationalen Armee, die ein ganzes Volk in Waffen
repräsentirt, ist Desertion geradezu undenkbar.

Mit Ausschluß der nachgerückten Ersazmannschaften war die
württembergische Division mit 8225 Mann und 1334 Pferden aus=
marschirt. Vor dem Feind geblieben 123 Mann (4 Offiziere,
20 Unteroffiziere, 99 Mann); auf die Reiterei kommen hievon 26
Mann, Artillerie 12, Linieninfanterie 33, leichte Truppen 52.

An Wunden gestorben: 112 Mann, (2 Offiziere, 5 Unter=
offiziere, 105 Mann).

Krankheiten erlegen sind: 161 Mann. (6 Offiziere, 23 Unter=
offiziere, 132 Mann).

Als Invalid entlassen: 148 Mann.
Desertirt: 426 Mann. — Mit einigen anderen Abgängen
die Summe des oben angegebenen Gesammtverlusts.

Regiment Romig war mit 826 Mann ausmarschirt; todt vor
dem Feind 1 Unteroffizier und 3 Mann, ihren Wunden erlegen 2
Mann, an Krankheit gestorben 4, als invalid abgegeben 2 Mann,
desertirt 1 Unteroffizier, 34 Mann.

Verhältniß der Offiziere unter den Lebenden = 1 : 50;
unter den Gefallenen = 1 : 30.

Auch von den französischen Führern waren die Leistungen der
Württemberger ehrend anerkannt worden. In anderen Beziehungen
sahen diese sich freilich durchaus nicht als gleichberechtigte Alliirte
behandelt; es lag das in der Natur der Sache. — Nur wenig
von der ganzen reichen Beute fiel benen zu, welche sie erkämpft
hatten; das Ganze galt eben als ein Sieg der Franzosen.

Was an Tuch, Schuhen, Gratifikationen an Geld*) durch
Korpsbefehle angewiesen war, konnte von den französischen Verwal-
tungsbeamten nur äußerst schwierig erhalten werden.

Mannschaften, wie Offiziere mußten sich von den fremden Kommandanten und deren Adjutanten viel gefallen lassen. Dazu kommt,
daß nur Wenige im Stande waren, mündlich mit den französischen
Vorgesezten zu verkehren. General v. Kammrer klagt, daß er zum
Zweck mündlicher Verhandlungen mit der Wahl der Individuen
häufig in Verlegenheit sei, daß er fast nur den Oberstlieutenant
v. Theobald verwenden könne.

Erst vor Kurzem war eine Offiziersbildungsanstalt gegründet
worden; seit Aufhebung der Karlsschule hatte nichts Aehnliches
bestanden. Die Abtheilungen hatten sich die Offiziere selbst herangebildet; zahlreicher fremder Abel war unter mächtiger Protektion
eingetreten, der Hof hatte Pagen und Cadeten geliefert; von den
tüchtigeren Kräften des Landes mochten nur wenige Vertreter unter
dem jüngeren Offizierskorps sein.

General v. Kammrer sagt auch, daß er die allerwenigsten
der vorhandenen Subalternoffiziere zu selbstständigen Aufträgen
verwenden könne. — Zwei Offiziere desertirten vor dem Feind;
einige andere wurden auf Antrag der Offizierskorps als unwürdige

---

*) Um Vorschüsse zur Geldverpflegung zu machen, befand sich als Kriegs-
kommissär im württembergischen Hauptquartier der Bevollmächtigte des Hof-
bankierhauses Kaulla, Marx Pfeiffer; der Geldvorrath war übrigens häufig
bis auf wenige tausend Gulden zusammengeschmolzen.

Subjekte entlassen. Die Offizierskorps handelten hier ganz im Sinne des Königs, der alle Verfehlungen mit äußerster Strenge (Kassirung oder Festungsstrafe) rügte.

Um dem wirklich großen Mangel an Offizieren, namentlich bei der Infanterie, abzuhelfen, hatte General Kammrer Vorschläge wegen Promovirung von Unteroffizieren zu machen. Manche von diesen aber glaubten die Ehre wegen der damit verbundenen großen Ausgaben von sich abwenden zu müssen.

So lang das Hauptquartier in Fürstenwalde sich befand, hatte die Division Gelegenheit, den Geburtstag ihres Kriegsherrn in den Kantonirungen zu feiern, am 6. November 1807; dabei in herkömmlicher Weise feierliche Tagwache, Salven, Kirchgang, Festessen und Nachmittags Preisschießen durch das 1. Fußjägerbataillon König mit Tanzunterhaltung sowohl für den gemeinen Mann als die Honoratioren.

Kurze Zeit darauf gelang es den Vorstellungen König Friedrichs, seinen Truppen die Erlaubniß zum Rückmarsch zu erwirken. Er erfolgte über Torgau, Leipzig, Nürnberg; in Ellwangen wurde am 21. Dezember der heimathliche Boden erreicht.

Mit dem Einmarsch ins Königreich wurde zugleich der Anfang gemacht, die Regimenter der Art zu vergrößern, daß sie der schon länger geführten Bezeichnung wirklich entsprachen.

Zunächst bildeten die Depotkompagnieen den Stamm eines zweiten Bataillons; mit äußerster Strenge wurden vom König die noch in östreichischen Diensten stehenden Unterthanen, hoch und nieder, zurückberufen. Das Infanterieregiment vakant v. Romig*) erhielt seine Kompletirung auf zwei Bataillone am 1. Juni 1808; zugleich wurde die Inhaberschaft dem General v. Franquemont verliehen.

Neue Dienstvorschriften. Zu den neuen Formationen kamen umfassende neue Dienstvorschriften und zwar zunächst ein neues Exercirreglement**) eingeführt durch Ordre vom 16. Februar 1809.

Vieles vom alten preußischen Reglement beibehalten, durch Annäherung ans französische verbessert. In den Handgriffen ist Manches geändert; die Chargirung noch immer sehr umständlich;

---

*) General v. Romig war Ende des Jahres 1807 zum Vizepräsidenten des Kriegskollegiums ernannt worden.

**) Exercirreglement für die k. württ. Infanterie, nebst Planen, Stuttgart 1809.

— Lad's Gewehr! Oeffnet die Pfanne! Ergreift die Patrone! Oeffnet die Patrone! Pulver auf die Pfanne! Schließt die Pfanne! Schwenkt's Gewehr zur Ladung! Patrone in Lauf! Ladstock! Lauf! Ort! Schultert's Gwehr! Zum rascheren Laden wird kommandirt: Geschwind chargiren! Peloton fertig! An! Feuer! Ladt!

Jedes Regiment formirt zwei Bataillone, jedes zu vier Kompagnieen, die in zwei Pelotons und vier Züge zerfallen; jeder Zug in zwei Sektionen*). Ein Regiment zählt auf dem Feldfuß: 1 Kommandanten, 2, später 3 Stabsoffiziere, 8 Hauptleute, 8 Premier=, 8 Sekondlieutenants, 1 Regimentsabjutanten, 1 Abjutanten fürs erste Bataillon**) 1 Auditor***), 1 Regimentsquartiermeister, 1 Oberarzt, 1 Bataillonsarzt, 1 Regimentstambour, 1 Bataillonstambour, 1 Profos, 2 Büchsenmacher, 8 Feldwebel, 48 Korporale, 32 Vicekorporale, 8 Fouriere, 8 Chirurgen, 8 Hautboisten, 16 Tamboure, 16 Zimmerleute, 8 Krankenführer, 8 Trainsoldaten, 1200 Soldaten und 35 Offiziersdiener. Zus. 1434 Mann.

In Linie stehen die Bataillone mit 15 Schritten Zwischenraum; die erste Kompagnie des ersten Bataillons ist Grenadierkompagnie. Der Oberst kommandirt das 1., der Oberstlieutenant das 2. Bataillon; die Majore sind ihnen beigegeben. Rangirung für gewöhnlich auf zwei Glieder; doch sollen auch alle Bewegungen in dreigliederiger Stellung durchgemacht werden. Die Hauptleute, Lieutenants und ältesten Unteroffiziere führen die Züge; sämmtliche Offiziere mit Degen bewaffnet, die Unteroffiziere mit Gewehren.

Der Formation und Bewegung der Kolonne ist große Aufmerksamkeit gewidmet. Geöffnete und geschlossene Kolonne auf alle denkbare Weise und nach allen Seiten hin; bei der geschlossenen ist die Distanz der Abtheilungen drei Schritte. Sehr umständliche Kommandos z. B. Bataillon! Rechts rückwärts die Kolonne formirt! Der erste Zug der ersten Kompagnie gibt die Direktion! Im Geschwindschritt vorwärts — Marsch!

Neben der Linie als eigentlicher Schlachtordnung gilt die Kolonne auf die Mitte, colonne couplée, als eigentliche Schlachtkolonne. Kommando: Die kouplirte Kolonne formirt! Der achte und neunte Zug geben die Direktion und machen die Tete! Rechts und links um! Im Geschwindschritt vorwärts — Marsch!

---

*) Im innern Dienst Korporalschaften genannt.
**) Beim 2. Bataillon versieht den Dienst ein kommandirter Offizier.
***) Der Auditor hat als Nebenamt die Aufsicht über die Bagage.

Auch die Kompagniekolonnen erscheinen hier; die vier Züge einer Kompagnie sezen sich auf das Kommando: Kompagniekolon=nen formirt! hinter einander.

Als Vorläufer des späteren Schüzeninstituts mag die Anord=nung gelten, daß bei jedem Exerciren vom Zug 4 Mann als Patrouillenmannschaft oder Plänkler zu kommandiren waren, deren Aufgabe es war, bei allen Formationen und Bewegungen, die aufs Gefecht Bezug hatten, die Deckung zu übernehmen.

Das Plänkeln ist in ein System gebracht. — Die Rotten haben sechs Schritte Abstand, die Leute derselben Rotte einen Schritt. Kommando: Kompagnie! Aus der Mitte bedandirt! Die erste Rotte des dritten Zugs gibt die Direktion, rechts und links um! Im Trappmarsch! Alle möglichen Veränderungen und Bewegungen der Kette sammt Ralliiren vorgeschrieben; zum Angriff Rennen mit Hallo!

Das bald darauf erscheinende Dienstreglement*) ordnet genau Befugnisse und Pflichten jeder Charge, wie den gesammten Dienst im Frieden und im Feld. — Als Honneur findet seit Verschwinden der Hüte kein Abziehen der Kopfbedeckung mehr statt, sondern nur Berühren des Kaskets oder der Holzmüze mit der linken Hand. Viel Altes ist beibehalten. Insbesondere scheint sich die württem=bergische Armee durch Kultivirung der alten Strafarten vor ande=ren ausgezeichnet zu haben.

Das Gassenlaufen besteht noch zu Recht, das Anschlagen des Namens an den Galgen; daneben das Ehrlichmachen. Der Haupt=mann soll als Disciplinarstrafe nicht mehr als 25 Prügel zuer=kennen dürfen.

Feldzug gegen Oesterreich. Als Oestreich, die günstigen Chancen, welche der Krieg in Spanien ihm bot, benüzend, im Anfang des Jahres 1809 einen neuen Krieg gegen Frankreich rüstete, war König Friedrich im Stande, der ersten „Einladung", sein Kontingent fertig zu machen, besser als je vorher zu genügen.

Die zum Ausmarsch bezeichneten Regimenter wurden schon im März 1809 mobil gemacht und 12000 Mann stark Anfangs April

---

*) Ein Auszug „Ueber Pflichten, Rechte und Dienstverrichtungen des ge=meinen Soldaten" als Fragen und Antworten in katechismusartigem Ton ging daraus hervor.

bei Heidenheim zusammengezogen, von wo sie am 11. April auf den Kriegsschauplaz an der Donau abzogen. *).

Die im Lande zurückgebliebenen Abtheilungen waren die Depots aller Waffen, die Infanterieregimenter v. Franquemont und Prinz Friedrich nebst den Garden zu Roß und zu Fuß. Auch ihnen sollte der neue Krieg Beschäftigung bringen.

Wie die Alpen ihre lezten Ausläufer über die jezige Grenze von Württemberg hinausstrecken, so breiteten sich auch die am weitesten gehenden Expeditionen der Aufständischen in Tyrol und Vorarlberg im Sommer 1809 bis in die Niederungen Oberschwabens aus. — Zum Schuz des Landes hatte König Friedrich über die oben aufgezählten Abtheilungen zu verfügen; andere kamen dazu nach Gefährlichkeit der Lage.

Zunächst war die württembergische Grenze von Vorarlberg her bedroht. Als Anhängsel Tyrols machte dieß Land selbst alle Phasen des Tyroler Aufstands mit.

Die Anhänglichkeit Tyrols an das Kaiserhaus, die Abneigung seiner Einwohner gegen die bayrische Regierung und die neue Ordnung der Dinge benüzte die östreichische Regierung, um hier in den Alpen einen Posten vorzuschieben, der die feindlichen Heere in der Donau= und Poebene von einander trennen und von seiner hohen Warte aus weit nach Deutschland hinein den Befreiungsgedanken tragen sollte.

Tyrol und Vorarlberg.

In Tyrol war nur eine schwache Division Bayern unter General Klinger, 4400 Mann, zurückgeblieben, um die wichtigsten Posten besezt zu halten.**) Durch Aufrufe, durch Sendung von Waffen und Geld, durch Führer gehörig vorbereitet, regte sich am 11. April 1809 aller Orten der Aufstand; die schwachen Haufen der Franzosen und Bayern wurden meist gefangen genommen und das ganze Land befreit. Marquis Chasteler, der schon Anfang April mit 9 Bataillonen, 3 Eskadrons an der Grenze gestanden war, übernahm die oberste Leitung in Innsbruck. Nach kurzer Ruhe aber begannen die Feinde von Süd und Nord gegen die Bergfeste anzukämpfen. Durch Zusammenwirken des Marschalls Lefebvre von Salzburg her mit den Generalen Wrede und Deroy sammt den

---

*) Die ausmarschirten Regimenter und Abtheilungen s. Tagebuch aus den zehn Feldzügen der Württemberger, S. 127 ff., und Württembergische Jahrbücher 1853. Quellenstudien über württ. Kriegsgeschichte.

**) Geschichte der Kriege, VIII., 173.

im Etschthal heraufbringenden Kolonnen wurde der größte Theil des Landes Schritt für Schritt bezwungen; am 21. Mai war Innsbruck von Bayern besetzt; der Aufstand zog sich in die entlegenen Thalwinkel zurück. Aber nur, um sich aufs Neue zu stärken. Anfangs Juni war wieder ganz Tyrol in hellem Aufstand und von den Bayern geräumt.

Unter großen Verlusten auf beiden Seiten und mannhaften Thaten gelang es den concentrirten Kräften der Franzosen und Bayern, mit dem 1. August Herren des nördlichen Tyrols zu werden. Noch aber hielten Hofer und Speckbacher sammt ihren Genossen ihre Fahne hoch und nochmals mußte am 14. Aug. Lefebvre aus Innsbruck weichen und sich nach Salzburg zurückziehen. — Ohne Rücksicht auf den längst [seit dem 12. Juli] geschlossenen Waffenstillstand tobte in den Bergen der erbittertste Kampf fort. An den am 14. Oktober zu Wien geschlossenen Frieden wollten oder konnten die aufgeregten Gemüther in Tyrol nicht glauben. Erst Ende November und Anfang Dezember legte ein Thal nach dem andern die Waffen nieder.

Dem Vorgang Tyrols war Vorarlberg Ende April gefolgt. Unter einzelnen Führern zunächst bildeten sich Haufen, die Anfang und Mitte Mai in die offenen Gegenden am Bodensee und an der Iller streiften. Der Fall von Innsbruck bewog auch sie, gegen Ende Mai sich mehr in ihre Berge zurückzuziehen. Wenig Truppen waren zunächst in den angrenzenden Ländern zur Verfügung. Gegen Ende des Mai begannen aber solche am Bodensee und im Illerthal Stellungen zu beziehen. — In der nun folgenden Beschreibung des Kriegs gegen die Vorarlberger soll bis zu diesem Zeitpunkt der erste Hauptabschnitt gehen. — Eine zweite Phase auf dem oberschwäbischen Kriegsschauplatz wird gekennzeichnet durch das Wiederaufflammen des Aufstands im Vorarlberg Anfang Juni und bessere Organisation desselben; Rückzug der württemb., bayr. und französischen Truppen; ihr Verhalten in der Defensive. — Die gleichzeitigen Angriffe auf die Posten der verbündeten Armee. — Mit der Einnahme des nördlichen Tyrols am 1. August nahte für Vorarlberg die dritte und Schlußscene. Ein concentrirtes Vorgehen von Osten und Norden führte zur Besetzung der wichtigsten Ortschaften und minder hartnäckig als die eigentlichen Tyroler ließen sich die Vorarlberger, wiewohl nicht ohne erneute Aufstandsversuche, zur Ruhe bringen.

Wie oben bemerkt, hatten Ende April die Vorarlberger Streifereien ins flache Land begonnen. Einer ihrer Führer, Major
Teimer,*) hatte am 25. April Füssen und die Umgegend von
Kempten heimgesucht; Anfangs Mai wurde derselbe Zug ausgeführt. Nirgends stellte sich eine bewaffnete Macht entgegen.

Erst in den lezten Tagen des April ließ König Friedrich
Truppen nach Süden rücken; es war das Infanterieregiment Franquemont unter Führung seines Obersten von Röder mit einigen
Geschützen. Die ganze Expedition sollte Generalmajor von Koseriz
leiten, dem der Oberst des Generalquartiermeisterstabs von Beulwiz
beigegeben war. Einige Landdragoner kamen als Ordonnanzen
zum Regiment.

Am 4. Mai finden wir Koseriz in folgender Stellung:

Hauptquartier und 2 Kompagnieen vom 1. Bataillon sammt
3 Kanonen in Kißlegg.

1 Kompagnie des 1. Bataillons und 1 Kanone unter Major
von Oberniz in Amtszell.

1 Kompagnie des 1. Bataillons in Neuravensburg.

2 Kompagnieen des 2. Bataillons nebst 2 Kanonen unter
Oberstlieutenant Lalance in Isny.

2 Kompagnieen des 2. Bataillons unter Major von Kellenbach
in Neutrauchburg.

Die Aufständischen aus dem Vorarlberg hatten indessen Bregenz
und Immenstadt besezt; ihre Streifereien wurden neuerdings häufiger.

Ein Korps zum Schuz der bayrischen Grenze hatte sich, meist
aus Depotmannschaften, in Augsburg gebildet unter dem französischen Divisionsgeneral Graf Beaumont. Von hier rückte der
Brigadegeneral Baron Piccard am 15. Mai mit 1800 Mann bis
Kempten vor.**)

Im Vorarlberg begann sich der Aufstand zu kräftigen.
Dreihundert östreichische Soldaten mit einigem Geschüz kamen
aus Innsbruck an. Oestreichische Offiziere organisirten das Ganze;
im Großen zerfallen die Leute in Landsmannschaften und Thal-
schaften, im Einzelnen in Kompagnieen von 220—230 Mann; sie
haben meist graue Röcke mit grünen oder schwarzen Aufschlägen.***)

---

*) Kriegsgeschichte der Bayern unter König M. Joseph von Ed. v.
Bölderndorff und Warabein II., S. 161 ff.
**) Geschichte der Kriege, VIII., S. 220.
***) Der Oberzoller Ostermayer von Isny, der mehrmals von den Auf-
ständischen heimgesucht wurde, sagt von ihnen:

Marquis Chasteler erließ am 8. Mai einen Aufruf an die Vorarlberger; am 9. kamen die Stände in Bregenz zusammen und redeten zum Volk in einer „Proklamation an die freiwilligen Landesvertheidiger in Vorarlberg."

„Nach dem Antrag der K. K. Spezial= und Militärkommission und einem allgemeinen ständischen Abschluß werden dieselben hiemit aufgefordert, sich zur Abwendung der besorglichen Feindesgefahr auf die Sammelpläße Dornbirn, Lauterbach und Weiler zu begeben. Abgeschlossen zu Bregenz auf dem Landtag den 9. Mai 1809."

Als ein Mittel zur Einschüchterung der Aufständischen hatte König Friedrich angeordnet, daß man fleißig die Siegesberichte der großen Armee veröffentlichen solle. Keinerlei Schonung aber dürfe eintreten und keine Unterhandlung, denn es seien Aufrührer gegen ihren Souverain und kein Militär. Durch die Gewalt der Waffen seien die Rebellen zu vernichten.

Um den Streifereien mit konzentrirter Kraft entgegen treten zu können, zog Koseriß am 6. Mai sich zwischen Altdorf und Wurzach zusammen.

Immer kühner und weitergreifend wurden indeß die Züge von Vorarlberg aus. Ueber den Bodensee fuhren sie bis Konstanz, Ueberlingen, Sernadingen und drangen landeinwärts bis Stockach *).

„Es sind meist junge Männer, grün und grau montirt, theils mit Musketen, theils mit Stuzen bewaffnet; auch Spieße führen sie. Die Oberländer, Montafoner und Feldkircher, sind sehr verschieden in Nationaltracht gekleidet. Man schäze sie alle auf 10—12,000 Mann. Ihr Muth wird durch erdichtete Siege der Oestreicher immer mehr angefacht. Ihr Betragen, anfangs etwas unordentlich, ist durch Erlasse ihrer neuaufgestellten Behörden geregelter geworden. Einige Excesse und Diebereien in Isny wurden durch den Major Riedmüller streng bestraft. Sie stehen auf der Linie von Immenstadt über Weitenau bis Bregenz. Ihre Streifereien gehen 4—6 Stunden weit. Ohne sich lange aufzuhalten, ziehen sie sich wieder in die Berge zurück und stellen Vorposten aus. Die Oberländer haben zum Theil ihre Dorfpfarrer bei sich; wenn sie rasten, üben sie sich auch in den Waffen. — Ihre Requisitionen beschränken sich meist auf Lebensmittel. Einzelne Leute sollen ohne Beisein von Offizieren nicht requiriren, sondern ihre Zeche bezahlen."

*) Die Streifen über den Bodensee zu verhindern, hatte Oberst v. Beulwiß Befehl, eine Anzahl größerer Schiffe in Hofen mit leichten Geschüzen zu versehen und die Fahrzeuge der Aufständischen abzufangen. Zunächst befand sich jedoch in Hofen nur ein Plattschiff und ein kleiner Nachen nebst zwei Schiffsleuten, die k. Unterthanen waren. — Später mehrte sich die Anzahl der Schiffe durch bayrische und badische. Lieutenant v. Wickede des Regiments v. Franquemont kommandirte die Flotille. Die Schiffe führten die Numern

Ueberall, namentlich im schwäbischen Oberland, sympathisirten die Einwohner mit den Eindringlingen aus den Gebirgen; das Nachrichtenwesen sehr erschwert. Tettnang, wo eine sehr bedenkliche Stimmung herrschte, mußte entwaffnet werden.

Seine Streitkräfte am Bodensee zu vermehren, ließ König Friedrich den Generalmajor von Scheler mit einer Brigade, bestehend aus dem Infanterieregiment Prinz Friedrich, zwei Eskabrons Grenadiere zu Pferd und zwei leichten Kompagnieen, nach Oberschwaben aufbrechen. Es war dies um so nöthiger, als General Beaumont auf höheren Befehl das Infanterieregiment Franquemont für seine Division verlangte. Am 16. Mai brach Koseritz aus seinen Stationen auf und nach zwei forcirten Märschen traf er am 17. des Morgens in Kempten bei General Piccard ein. Während des Marsches hatte Koseritz einen schwachen Posten der Vorarlberger bei Isny vertrieben und unmittelbar vor Kempten ein Defilee, das er durchziehen mußte, durch 200 Plänkler mit Verlust von einem Verwundeten säubern lassen.

General von Scheler war indessen hinter die Schussen gerückt; sein Hauptquartier in Hofen; auch badische Truppen begannen anzurücken. Piccard sowohl als Scheler warteten auf Befehl zu einer Expedition.

Die Natur des Kriegsschauplazes läßt von Norden her zwei Angriffslinien zu:

1) von Kempten südwärts über Immenstadt, von wo aber die Straße östlich abbiegt, um über Reute ins Innthal zu führen; und

2) vom Ufer des Bodensees über Bregenz das Rheinthal aufwärts gegen Feldkirch.

Immerhin mußten zwei Kolonnen, je weiter sie in Angriffsoperationen vorschritten, auf diesen zwei Wegen mehr und mehr aus aller Verbindung mit einander kommen und jede ist am Ende der Gesammtmacht des Feindes blosgestellt. Wollen sie in strenger Defensive sich halten, so wird ihre Stellung, die Berge im Norden umfassend, eine sehr ausgedehnte und dadurch schwache.

Die Streitkräfte in Oberschwaben.

---

1 — 10; acht derselben waren je mit 2 kleinen Geschützen versehen, zwei führten die Prozen nach. Besazung: 50 Jäger, einige Infanterie und Artillerie. — Schon im Jahr 1799 hatte der Engländer Williams ein bewaffnetes Geschwader auf dem Bodensee, mit dem er von Langenargen aus Ueberfälle und Landungen ausführte. —

Eine Vereinigung, Vordringen auf einer einzigen Straße wäre wohl das Vortheilhafteste gewesen; dem trat aber im vorliegenden Fall der Eigenwille des württembergischen Königs wie des französischen Generals entgegen.

Scheler und Piccard beschränken sich zunächst auf Rekognoscirungen. Hie und da stoßen Patrouillen und Detaschements auf einander. Regiment Franquemont liegt in Kempten in einer Kaserne; jede Nacht hat es 3—400 Mann zum Patrouillendienst zu geben; auf 3—4 Stunden im Umkreis Sicherung; von Morgens 3—9 Uhr steht das ganze Regiment unter dem Gewehr.

Rückzug der Vorarlberger. Auf die Nachricht von der Uebergabe von Innsbruck beginnen die Voralberger am 22. Mai in die höher gelegenen Gegenden zurückzuweichen. Piccard schickt sofort ein Detaschement (1 Komp. Franquemont und 1 Komp. Bayern) nach Immenstadt; eben so wird Füssen besetzt; 500 Bayern, 2. Eskl. franz. Dragoner, 40 Chevaurlegers und 25 freiwillige Förster besezen Weiler, um die Defileen von Staufen und Sonthofen zu bewachen und mit General Scheler in Verbindung zu treten. Dieser hatte Verstärkung von General Beaumont erhalten; Oberst Grouvel mit dem 17. französischen Dragonerregimet (500 Mann stark) und 100 Grenabieren hatte sich in Ravensburg an ihn angeschlossen. Scheler konnte sich nun seinerseits am See ausbreiten und die bedeutenderen Orte besezen in dem Maße, als die Vorarlberger auf die Höhen zurückwichen.

In Lindau wurde am 25. Mai eingezogen und hieher das Hauptquartier verlegt. Die Besezung der übrigen Orte am See ist folgende:

Mörsburg und Konstanz mit 200 babischen Grenabieren und 60 babischen Husaren besezt; Hofen mit 1 Kompagnie von Prinz Friedrich und 1 Sechspfünder; Buchhorn mit 1 Kompagnie von Prinz Friedrich, Lindau mit 1½ Kompagnieen von Prinz Friedrich, 25 Fußjägern, 1 Zug Grenabiere zu Pferd und mehreren Geschützen; Wasserburg mit ½ Kompagnie Prinz Friedrich; Eschach mit 3 Zügen Grenabiere zu Pferd; Reutti mit 1 Komp. Pr. Fr., an den Brücken 50 Fußjäger, Herbrands mit 1 Eskl. franz. Dragoner; Bregenz mit 1 Eskl. franz. Dragoner und 100 franz. Grenabieren; Lautrach mit 1 Eskl.; Dornbirn mit 1 Eskl. franz. Dragoner und 50 Fußjägern.

Diesen vorgeschobenen Stellungen gegenüber verhielten sich

die Vorarlberger vollständig zuwartend. Aber den Pulsschlägen des Aufstands in Tyrol folgend, rüsteten sie sich mit Macht und mehr Umsicht als zuvor. Die nun folgende zweite Periode im vorarlberger Krieg wird darum auch ungleich reicher an kriegerischen Ereignissen sein als die erste.

Während die Bewohner einiger besonders ausgesezter Thäler die Waffen ablieferten, schaarten die Männer im obern bregenzer Wald, im Montafon und bei Feldkirch sich auf's Neue zusammen, um jedem Angriff zu begegnen.

Bei seinen Rekognoscirungen von Dornbirn aus fand Oberst Grouvel wiederholt Zeichen von wiederkehrender Gährung; in Feld= kirch seien 150 M. Oestreicher vom Regiment Lusignan; um sie schaaren sich neue Kräfte mit jedem Tag wachsend.

Oberst Grouvel schreibt an General v. Scheler, er befinde *Vordringen derselben.* sich in bedenklicher Lage, man möge ihn mit Infanterie unter= stüzen. Eigenthümlich ist jedenfalls das Vorschieben so vieler Rei= terei; eigenthümlich ist ferner die Stellung Grouvels zu General v. Scheler und General Piccard. Von beiden nimmt er Befehle an, an beide berichtet er. Und doch betrachtet sich General v. Scheler von Piccard und Beaumont ganz unabhängig, nimmt blos von seinem König Befehle an. Er kann sich nicht entschließen, den franz. Oberst auf seinen vorgeschobenen Stellungen mit aller Kraft zu unterstüzen; er sei nur „zum Schuz der Grenzen des Reichs" aufgestellt; zur Wiedereinnahme des bayerischen Gebiets habe er zunächst nicht mitzuwirken. Diese Auffassung der Dinge zieht sich durch den ganzen Feldzug durch.

Piccard entschloß sich endlich, von Weiler aus Verstärkungen an Oberst Grouvel abzuschicken; am 29. Mai vereinigten sich 400 Bayern unter Major Pillement mit ihm; von Kempten aus mar= schirten drei Kompagnieen Franquemont unter Oberstlieutenant La= lance nach Bregenz. Zugleich traf der Befehl ein, gegen Feld= kirch vorzugehen. Mit den eben eingetroffenen Bayern, einer halben Kompagnie von Prinz Friedrich unter Lieutenant v. Lüzow, 50 Jägern und seinen Grenadieren und Dragonern brach Grouvel am Mor= gen des 29. Mai auf, um über Dornbirn zunächst nach Hohen= embs vorzugehen. Zwischen beiden Orten fand er sich unvermu= thet in Front und linker Flanke angegriffen. Alle Berge zur lin= ken Seite waren mit Aufständischen bedeckt. Lieutenant v. Lüzow sollte den mit Buschwerk bedeckten Berghang säubern, fand sich aber von den Bayern im Stich gelassen und wurde mit 23 M. gefangen; einer Abtheilung franz. Grenadiere erging es nicht bes= ser. Auf der Straße in der Front sollte die Kanone Luft schaffen; allein sie war durchaus nicht zu gebrauchen und Grouvel sah sich genöthigt, auf Dornbirn zurückzugehen. In allen Orten, von nah und fern riefen die Glocken den Landsturm auf. Von Uebermacht gedrängt, konnte der Oberst sich auch in Dornbirn nicht halten, zumal da ein großer Theil der Bayern total betrunken war und die Leute da und dort umfielen. Wie eine Heerde Hämmel, nach Grouvels Ausdruck, wälzten die Bayern sich weiter; durch Nichts waren sie zur Ordnung zurückzuführen.

Der weitere Rückzug führte an die Brücke bei Lautrach. Hier traf General v. Scheler ein, den Grouvel von seinem Vor= haben auf Feldkirch nicht einmal benachricht hatte*). Der General fand die Brücke von württ. Jägern besezt; die Bayern in vollstän= diger Auflösung; die Reiterei nicht im Stande sich zu entwickeln wegen des sumpfigen Terrains zu beiden Seiten der Straße. Wäh= rend Grouvel allmählich von Lautrach über Bregenz weiter zurück ging, traf General v. Scheler an der Laiblach in aller Eile Vor= bereitungen, um die Weichenden aufzunehmen. Rasch war seine Brigade hier an den Uebergängen zusammengezogen.

Das Terrain am Seeufer ist zunächst vollkommen flach, hebt sich etwas landeinwärts, wo im Norden von der Mündung der Laiblach Rebberge sich hinziehen. Zwei Brücken hatte Scheler zunächst zu decken; diejenige, auf welcher die Seestraße beim Bäumle von Bregenz nach Lindau zieht und die weiter nördlich gelegene, die von Herbranz und Weiler bei Riggenbach nach Lin= dau führt. Sein rechter Flügel war an den See gelehnt, sein linker an Riggenbach; Bäumle und Riggenbach mit Jägern und

---

*) General v. Scheler beklagt sich, daß Oberst Grouvel anfangs sehr reservirt und wenig zuvorkommend gewesen; später habe er sich etwas mehr an ihn angeschlossen.

Uebrigens schickt Grouvel an den württembergischen General immer französische Meldungen. Das mag indessen weniger zu verwundern sein als der Umstand, daß der württembergische Oberstlieutenant v. Lalance seine Meldungen stets französisch machte; nach dem, was vorliegt, konnte er allerdings kein Wort deutsch richtig schreiben. Auf den Umgang mit der Mannschaft scheint man verzichtet zu haben. — Im Uebrigen hat die deutsche Schreibweise sich bedeutend verbessert; die vielen Fremdwörter, die Bildungen wie: die Jägers, die Pfeifers u. s. w. sind verschwunden.

Geschützen besezt, die Reiterei zur Seite; zwischen beiden Punkten die Infanterie.

Bis zum Morgen des 30. Mai blieb Scheler in seiner Stellung. Um der württembergischen Grenze näher zu sein*), ging er am 31. hinter die Schussen zurück, Aufstellung von Hofen bis Weingarten. — Oberst Grouvel behielt Lindau besezt mit den drei Kompagnieen von Franquemont unter Oberstlieutenant Lalance sammt den zwei Regimentsgeschüzen, seinen Grenabieren und einer Eskabron Dragoner; die übrigen Eskabronen seines Regiments lagen in Wasserburg, Nonnenbronn, Eschach; die Bayern unter Pillement zogen nach Augsburg ab. — Die Aufständischen waren bis jezt sowohl den Stellungen an der Laiblach als ben an der Schussen gegenüber ruhig geblieben.

In den ersten Tagen des Juni überschreiten die Vorposten der Vorarlberger die Laiblach; jenseits derselben sieht man allmählich ihre zahlreichen Wachfeuer auf den Höhen.

Auch im obern Illerthal bei Immenstadt und Kempten kamen die Bergbewohner wieder in Bewegung; doch wurde nur der Posten Füssen, wo Hauptmann v. Ehrenfeld mit einer Kompagnie von Franquemont und einem Detaschement französischer Dragoner stand, angegriffen, wobei es einige Verwundete gab.

Koseriz beklagt den Umstand, daß der ganze Vorposten- und Patrouillendienst von Kempten aus durch die Württemberger versehen werden müsse; die Bayern und Franzosen, jüngst ausgehoben, seien fast gar nicht zu verwenden; mit unendlicher Langsamkeit gehen die Anstalten der bayerischen Regierung vor sich.

In Uebereinstimmung mit der Rückwärtsbewegung Grouvels und Schelers erhält Piccard am 6. Juni Befehl, von Kempten auf der großen Straße nach Augsburg bis Kaufbeuren zurückzugehen; Kempten soll mit einem Reiterregiment und französischer Infanterie besezt bleiben; nach Füssen und Immenstadt ist zu patrouilliren, das Defilee von Buchenberg zu besezen. Unter Major von Oberniz werden 200 Mann von Franquemont und ein Regiment Reiterei nach Oberndorf und Frankenried verlegt; Oberst v. Röder steht mit 600 Mann von seinem Regiment und 4 Eskabronen in Kaufbeuren.

Am Bodensee waren indeß einige Veränderungen eingetreten. *Devensive Haltung in Oberschwaben.* General v. Koseriz war nebst dem Oberst v. Beulwiz von Kemp-

---

*) Tettnang, Wangen, Leutkirch gehörten noch nicht zu Württemberg.

ten nach Hofen berufen worden, um das Kommando des linken
Flügels der württembergischen Truppen zu übernehmen; General=
major v. Scheler befehligte den rechten Flügel; das Ganze Gene=
rallieutenant v. Phull. — Die Infanterie war durch Nachrücken
von 5 Depotcompagnieen und freiwilligen Jägern *) unter Haupt=
mann v. Bülow vermehrt worden. Die zwei Eskadronen Grena=
biere zu Pferd wurden durch eine Depotschwadron abgelöst. Dazu
kam noch am 11. Juni ein französisches Garbegrenadierregiment.

Unter König Friedrichs eigener Leitung wird zum Schuz der
Grenze eine weitgedehnte Linie von Hofen bis über Leutkirch
hinaus bezogen; die französischen Garbegrenadiere auf dem linken
Flügel zur Verbindung mit Piccard.

Als vorgeschobener Posten dieser Linie kann Lindau ange=
sehen werden, wo nunmehr Oberstlieutenant Lalance mit drei
Kompagnieen von Franquemont, einer halben Kompagnie Jäger,
90 französischen Grenadieren, 40 Dragonern stand; Oberst Grou=
vel war nach Ravensburg abgerückt. — Seit ihrem Vorrücken an
die Laiblach gingen die Vorarlberger damit um, Lindau in ihre
Gewalt zu bekommen. Eine Zuschrift an Lalance von Bregenz
aus sollte zunächst schrecken. Sie lautet: „Herr Kommandant!
Ihre Armee ist in zwei aufeinander folgenden mörderischen Schlach=
ten total geschlagen! sie ist in schnellem Rückzug und Ihren Kaiser,
der nicht mehr bei seiner Armee ist, weiß Niemand u. s. f." **)
Kurz war die Antwort, die Lalance gab: „Das ist eine Sprache
für Feiglinge. Vous pouvez m'attaquer, quand vous voudrez;
je suis toujours prêt à vous recevoir."

---

*) Aus dem niedern Forstpersonal unter dem Hofoberforstmeister v. Bü=
low zusammengezogen.

**) Von Tyrol aus schickte der k. k. Intendant Hormayr seine ermuthigen=
den Aufrufe an die Vorarlberger; alle Bekanntmachungen derart strozen von
Unwahrheiten, sind voll Entstellung der Thatsachen und mit Siegen der
Oestreicher angefüllt. — Ein Aufruf an die Schwaben, zunächst an diejenigen,
welche noch vor Kurzem unter östreichscher Herrschaft gestanden waren, lautet
so: „Edle Schwaben! Die Stimmung eurer leidenden Herzen hat gesiegt:
ihr habt euren Kaiser wieder, der euch liebt als Kinder und dessen Herz im
Verborgenen — von euch getrennt — oft die Thränen eines Vaters über
eure politischen Verhältnisse mit euch theilte." Nach Aufzählung aller Lasten
und Widerwärtigkeiten bei dem neuen Unterthanenverhältniß schließt der Auf=
ruf mit den Worten: „ergreift die Waffen und kommt zu uns." Nirgends
ein Wort von deutschen Bestrebungen und deutscher Begeisterung; rein nur
für die Sache Oestreichs wird geworben.

In der Folge wurden mehrere Allarmirungen und vorüber=
gehende Angriffe auf die alten Stadtbefestigungen versucht.

Gerade um hier sich etwas näher über Stärke und Ab=
sichten der Vorarlberger zu unterrichten, ordnete General von
Phull auf den 13. Juni eine Recognoscirung gegen die
feindlichen Vorposten an der Laiblach an. — Zwei Kolonnen
sollten vorgehen; links gegen die Laiblachbrücke, die von Hörbranz
herführt, zwei Kompagnieen von Prinz Friedrich, zwanzig
Dragoner und Fußjäger; leztere hatten insbesondere die Weinberge
auf der äußersten Linken zu durchstreifen. Rechts, gegen die
Brücke am Bäumle gerichtet, formirte sich eine Kolonne aus
200 Mann von Franquemont, 60 badischen Husaren, kleinen Ab=
theilungen der Jäger und Grenadiere. — Von Lindau ausgehend
traf die Kolonne rechts zuerst auf die feindlichen Vorposten, die in
jedem Haus und jedem Busch sich zu halten suchten. Nach Ver=
fluß einer Stunde, als auch die Kolonne links weiter vorrückte,
wurden die Gegner aufs linke Laiblachufer zurück gedrängt, wo
sie nunmehr in der Stärke von mehreren tausend Mann feste
Stellung nahmen.

In Phulls Absicht lag es nicht, mit seinen unbedeutenden
Kräften weiter vorzubringen. Er trat sofort den Rückzug gegen
Lindau wieder an, unterwegs wiederholt Halt machend, um die
Feinde, welche seinen linken Flügel von den Höhen her zu um=
gehen suchten, in Respekt zu halten. — Seine Verluste gibt er an
auf 1 Todten und 14 Verwundete; die Vorarlberger hätten be=
deutend größere; ein französischer Sergeant hätte allein deren 14
in den Häusern am See niedergemacht. *)

Der württembergische Führer hatte indeß die Ueberzeugung
gewonnen, daß die Gegner stärker seien, als man gewöhnlich an=
nehme und daß die Terrainverhältnisse sie ganz ungemein begün=
stigen. Ueberall, auch wenn sie vom Gebirge herabsteigen, finden
die Vorarlberger sehr durchschnittenes und bedecktes Terrain; Reb=
berge und bewaldete Höhen, überall einzelne Höfe und Häuser=
gruppen.

Das zerstreute Gefecht sollen sie meisterhaft verstehen und im
Dienst der Vorposten alle militärischen Regeln genau befolgen.

---

*) Die Vorarlberger in ihren Angaben geben 7 Todte und 6 Verwun=
dete zu.

Von beiden Seiten wird übrigens vom Gegner behauptet, er habe Todte
und Verwundete auf zahlreichen Wagen aus dem Gefechte bringen lassen.

Da Phull ohnehin von seinem Kriegsherrn den Befehl hatte, Nichts zu unternehmen, was die Feinde reizen könnte, sondern nur die Grenze zu decken, so zog er sich in den nächsten Tagen hinter die Schussen zurück und nahm Stellung von Hofen bis Altdorf, einzelne Posten vor sich.

Die Verbindung mit Lindau und mit General Piccard mußte vollständig aufgegeben werden, um so mehr, als auch in diesen Tagen das französische Grenadierregiment nach Augsburg zu General Beaumont gezogen wurde und König Friedrich das Regiment Prinz Friedrich zurückrief. *)

Statt seiner marschirten fünf Depotkompagnieen an die oberschwäbische Grenze und Landbataillone**) wurden zur Verstärkung marschfertig gemacht.

*) Von Böhmen her durch Franken drohte der Einfall eines östreichischen Korps; zum Schutz des Königreichs zog König Friedrich ein Korps bei Ellwangen zusammen, bestehend aus der Garde zu Fuß, Infanterieregiment Prinz Friedrich, 2 Depotbataillonen, Landbataillon Heilbronn. Hier zeigte sich zwar kein Feind, aber weiter gegen Norden war das jüngst von Württemberg in Besitz genommene Gebiet des deutschen Ordens mit dem Hauptort Mergentheim in vollem Aufstand gegen das Ende des Juni. Um die k. Beamten zu befreien und die Autorität der Krone aufrecht zu halten, mußte rasch und energisch militärischer Zuzug einschreiten. Vergl. Die Württemberger in Mergentheim. — 1818. — Auch in Stockach und Umgegend, wo die Anhänglichkeit an Oestreich immer noch fortlebte und die Gemüther durch Zuschriften und Landungen von Bregenz her erhizt wurden, mußte mit Waffengewalt vorgegangen werden.

**) Schon im Konscriptionsgesetz vom 6. August 1806 war der Dienst in den Landbataillonen vorgesehen. Nach vollendeter Dienstzeit hat der Veteran noch 4 Jahre in den Landbataillonen ersten Aufgebots und 4 Jahre in denen zweiten Aufgebots zu dienen. Jeder Kreis formirt ein Bataillon, das 660 Mann stark und ähnlich formirt ist wie ein Linienbataillon; die Offiziere aus dem Pensionsstand genommen oder aus der Beamtenklasse. — Die Namen der Landbataillone sind: Stuttgart, Ludwigsburg, Heilbronn, Oehringen, Schorndorf, Ellwangen, Kalw, Rottenburg, Rottweil, Urach, Ehingen, Altdorf. — Werden die Landbataillone aufgeboten, so steht der ganze Besitz der Einberufenen unter der Obhut des Magistrats, der ihn in gutem Stand erhalten muß. — Wöchentliche Unterstützung der Zurückgebliebenen aus den Gemeindekassen. — Wenn die Bataillone wieder zurückkehren, sollen die in ihnen Dienenden den ersten Platz haben in der Kirche und bei allen öffentlichen Gelegenheiten obenan stehen. Reyscher, Sammlung der württembergischen Geseze, XIX., 873. 965. 989. Ueber die schlechte Stimmung in den Landbataillonen wird von den Kommandanten zum öftern geklagt, wie bei den Depotabtheilungen über die überhand nehmende Desertion, namentlich unter den Leuten, die ihren Kirchthurm in der Nähe wußten.

Durch das Zurückweichen Phull's kühn gemacht, näherten sich die Vorarlberger der Argenlinie; vorerst hatten sie jedoch nur Requisitionen von Lebensmitteln im Auge. So waren schon am 20. Juni 16 Kompagnieen derselben in Wangen; darunter Knaben von 16 Jahren und Greise von mehr als 60. Auf Lindau versuchten sie einen Handstreich. Morgens fünf Uhr am 20. Juni begannen zwei Kolonnen sich in den benachbarten Orten festzusezen und ihr Feuer auf die Vorposten vor den Werken zu eröffnen. Nachmittags zogen die Meisten wieder ab und Lalance stellte seine Pickete wieder aus; seinen Verlust gibt er auf 4 Verwundete an.

Kurze Zeit darauf, am 29. Juni, führte Major Riebmüller zwei Kolonnen über die Laiblach und drang gegen Tettnang und Langenargen vor. Keine Zusammenstöße, da die vielen Walbungen der Kriegsweise der Gebirgsbewohner ungemein günstig waren namentlich der Reiterei gegenüber. Auch Lindau ward wieder allarmirt und gegen die Stadtmauern ein Dreipfünder aufgeführt; mit dem Abend gingen jedoch die Feinde wieder zurück. Lalance zählte 5 Blessirte; seine Munition wurde ihm durch die Flotille wieder ergänzt.

Ein ähnlicher Ausfall über ihre Vorpostenlinie war der Zug gegen Kislegg und Wolfegg, den die Vorarlberger am 5. Juli ausführten. — Auf dem linken Ufer der Schussen befand sich eine Anzahl Posten und Detaschements, die Feldwachen und Patrouillen gaben, und ihre Unterstüzung in der Schussenlinie selbst fanden. Wolfegg war mit 150 Mann besezt unter Oberlieutenant Hochstetter; eine kleine Abtheilung französischer Dragoner war ihm beigegeben. An 800 Mann, in drei Kolonnen getheilt, näherten sich am 5. Juli um 2 1/2 Uhr Morgens dem Posten. Die Dragoner auf ihren Vorposten wichen sofort zurück; dem Kommandanten blieb nichts Anderes übrig, als sich mit seinen Leuten in die nächsten Häuser zu werfen. Auch diese mußte er nach einer Viertelstunde verlassen, als die Seitenkolonnen drohten, ihn zu umgehen. Der nächste Posten war Bergatreute, wo Oberlieutenant von Laßberg kommandirte. Dieser bezog sofort Stellung auf der Höhe hinter seiner Station und schickte Patrouillen aus, welche auf die aus Wolfegg Zurückweichenden stießen.

In Altdorf stand Generalmajor von Koseriz mit dem Soutien. Auf die erste Nachricht vom Angriff auf Wolfegg schickte er eine Abtheilung Dragoner zur Unterstüzung und ließ die ganze Linie allarmiren. Er selbst erwartete in aller Bälde einen Angriff auf seinen Posten. Allein die Vorarlberger verfolgten nicht einmal bis

Bergatreute und gingen auf Walbburg zurück. In den nächsten Tagen verhielten sie sich vollkommen ruhig. Das Detaschement Hochstetters zählte 3 Verwundete, 17 Gefangene, 5 Vermißte.

Auch in den Stellungen Piccards und Röbers war nichts von Bedeutung vorgefallen. Ein Versuch, den Posten von Immenstadt, wo der französische Oberst Petzi mit 1300 Mann stand, zu nehmen, schlug vollkommen fehl. Noch ehe Röber von Kaufbeuren aus, von wo er mit 500 Mann von seinem Regiment und 300 Reitern aufgebrochen war, auf dem Gefechtsfeld anlangen konnte, waren die Vorarlberger schon zurückgetrieben und Röber ging deßhalb in seine Station zurück. Die ganze folgende Zeit verhielt Piccards Brigade sich vollständig defensiv; Plänkereien und einzelne Rencontres bei Oberndorf und Stetten.

Verstärkungen unter dem König. Der Umstand, daß jezt eben König Friedrich von der Besorgniß wegen eines nahen Einfalls der Oestreicher aus Böhmen durch Franken befreit wurde, erlaubte ihm, seine bisher in Ellwangen concentrirten Streitkräfte nach Oberschwaben zu führen und hier eine stärkere Stellung einzunehmen. Alles jedoch nur in der Absicht reiner Defensive an den Grenzen des Königreichs.

Bis zum 13. Juli sollten alle Truppentheile, in drei Linien hinter einander und in drei Brigaden getheilt, ihre Stellungen bezogen haben.

Der König selbst betrachtete sich nunmehr als Oberkommandanten. Sein Hauptquartier nahm er in Weingarten. Die Reservebrigade unter Prinz Paul stand hier und in Ravensburg, Altdorf, Wolfegg, Leutkirch. Sie bestand aus 4 Eskadronen Garde zu Pferd, 1 Depoteskadron, 1 Bataillon Garde zu Fuß, den Landbataillonen Heilbronn, Stuttgart, Tübingen.

Weiter vorgeschoben war die zweite Linie: Tettnang, Amtszell, Eisenharz, Rohrdorf; in erster Linie waren besezt und hatten in den eben genannten Orten ihre Unterstüzung die Punkte: Wasserburg, Neuravensburg, Wangen, Eglofs, Isny. — Die beiden Brigaden, welche die erste und zweite Linie zu formiren haben, sind kommandirt von den Generalen Scheler und Koseritz und zwar steht unter Scheler der rechte, unter Koseritz der linke Flügel.

Die Brigade Schelers zählt: 1 Bataillon Prinz Friedrich, 1 Bataillon badische Grenadiere, badische Jäger, zwei württembergische Jägerdepotkompagnieen, Garnison Lindau, halbe Kompagnie Scharfschützen von Bülow, Landbataillon Schorndorf, zwei Eskadronen französische Dragoner, 60 badische Husaren, Flotille.

Koseritz hat unter seiner Führung: 1 Bataillon Prinz Friedrich, Depotbataillon *) Boxberg, Depotbataillon Berndes, 2 leichte Depot= kompagnieen, halbe Kompagnie Scharfschüzen von Bülow, 2 Eska= bronen französische Dragoner.

Am 13. Juli waren die bezeichneten Linien ohne Zusammen= stoß mit dem Feinde eingenommen.

Im Einklang mit dem Vorrücken der württembergischen Posten= linie läßt Piccard am 13. Juli seine Avantgarde durch Oberst von Röder nach Kempten führen. Buchenberg, auf der Straße nach Isny gelegen, wird besezt, von hier aus soll zwischen beiden Korps Verbindung hergestellt werden.

Auch in Vorarlberg war man in den lezten Tagen nicht müßig. Der Rechtskonsulent Dr. Schneider, schon von Beginn der Bewe= gung an thätig, wird zum obersten Leiter gewählt. Mit den Füh= rern in Tyrol wird Abrede genommen; Geschüz und Offiziere, einige Truppenabtheilungen kommen von daher. Die militärische Organisation im Innern wird vervollständigt; bei 90000 Einwoh= nern stehen 18000 Mann unter den Waffen **). Sie wollen nicht unthätig auf das Anbringen des Gegners warten, sondern ihn in seinen Stellungen aufsuchen, um im flachen Lande neue Mittel und neue Bundesgenossen zu gewinnen.

In der Mitte des Juli bieten die Unternehmungen der Tyroler und Vorarlberger das Bild vieler, unter sich wenig zusammenhängender Ausfälle auf die Stellungen der Gegner in den Ebenen. — Auf den Höhen und in den Wäldern am linken Argenufer, vorwärts Weiler, hatten zahlreiche Kolonnen der Bergbewohner sich gesammelt. Mit einer derselben, es sollen gegen 1200 Mann gewesen sein, ging Major Riedmiller am 14. Juli in der Früh auf den Posten von Eglofs vor, wo eine Kompagnie leichter Infanterie, 30 Scharf= schüzen und 20 französische Dragoner lagen. Die Wälder be= günstigten das Anschleichen gegen den Posten. Um nicht umgangen zu werden, mußte der Kommandant desselben sich auf seine Unter= stüzung in Eisenharz zurückziehen. Das dort liegende Depotbataillon von Boxberg kam ihm auf halbem Wege entgegen; schon waren gegen 40 Mann verwundet und gefangen. Troz seiner Erfolge erneuerte aber der Feind erst am folgenden Tag den Angriff. Allein jezt eilte

---

*) Um die 5 Depotkompagnieen in 2 Bataillone formiren zu können, wurde die nöthige Mannschaft aus den Landbataillonen ausgezogen.

**) Geschichte der Kriege 2c., VIII., 222.

General von Scheler mit dem badischen Grenadierbataillon und dem zweiten Bataillon Prinz Friedrich von Amtszell gegen Eisenharz zu Hilfe. Er nahm sofort die Weichenden auf und entwickelte sich, das badische Bataillon in vorderster Linie. Mit vollem Spiel ließ er vorrücken und drückte die Vorarlberger von Stellung zu Stellung bis nach Egolfs ins Thal der Argen zurück. Nach kürzester Zeit war der Posten in Egolfs wieder besetzt und der Feind in seinen Wäldern auf dem linken Ufer. Außer einigen Verwundeten hatte General von Scheler einen Offizier todt, und mehr als 20 Mann vermißt.

Während Scheler hier kämpfte, war General von Koseritz in Isny beschäftigt. Dieser Posten, mit einer Kompagnie leichter Infanterie 30 Scharfschützen, 50 Dragonern besetzt, wurde am 15. Juli angegriffen und nur dem raschen Herbeieilen des Bataillons von Bernbes aus Rohrdorf war es zu danken, daß der Posten gehalten werden konnte. Koseritz nahm vor der Stadt Stellung; am 16. Abends hatte er hier einen zweiten Angriff abzuschlagen. Verlust: zwei Todte, darunter ein Offizier, zehn Verwundete.

Mit nicht besserem Erfolg hatten die Vorarlberger um die Posten weiter abwärts an der Argen gekämpft. Am 16. und 17. Juli brangen ihre Kolonnen auf Neuravensburg und Wangen vor. Dort wurden sie durch den Widerstand des Postens und Zuhilfeeilen des Obersten von Nettelhorst von Prinz Friedrich vertrieben; bei Wangen reussirten sie anfangs und drängten die Vorposten gegen die Stadt zurück. Erst als General von Scheler mit französischer Reiterei ankam, wurden die Gegner aus dem offenen Terrain in die Wälder zurückgejagt. Ihrem Versuch, aus diesen wieder vorzubrechen, sezte Scheler die badischen Jäger, das badische Grenadierbataillon und einige Kompagnieen Prinz Friedrich entgegen, denen es gelang, den Feind von einem Wald in den andern zu treiben. Er scheint sich weiter über die Laiblach gegen Bregenz zurückgezogen zu haben. Seine Verluste sollen gerade in diesem Gefecht ziemlich bedeutend gewesen sein; man habe an 60 Gefangene gezählt. General von Scheler zählt seinerseits nur einige Verwundete auf.

Nicht minder glücklich als an der württembergischen Grenze wurden auch im Illerthal von General Piccard die Posten vertheidigt. Dessen Absicht war es zunächst, wie oben bemerkt, von Buchenberg aus eine wirksame Verbindung mit dem General von Koseritz herzustellen. Major von Kellenbach, dessen Unerschrocken=

heit bei dieser Expedition sehr gerühmt wird, rückt daher am 16. Juli mit einem Detaschement von Franquemont nach Jsny, unter fort=während dem Geplänkel mit den Vorarlbergern. General Koseriß ist nicht im Stande, ihm die Hand zu bieten, da er stündlich vor Jsny einen Angriff erwartet. Major Kellenbach kehrt wieder auf seinen Posten in Buchenberg zurück. — Schon am folgenden Tag rücken die Gegner auf Immenstadt vor, werden aber mit Verlust zurückgeschlagen; Regiment Franquemont hat 7 Verwundete; Ma=jor Kellenbach, die Lieutenants Klapp und Naufester werden be=sonders belobt.

Am 19. Juli steht das Regiment mit 600 Mann in Kempten, 200 Mann in Oberndorf, 460 Mann in Lindau.

Aller Orten begannen nun die Vorarlberger auf ihre Höhen und in die entlegeneren Thäler zurückzuweichen. Die lezten Akte des blutigen Drama's in den Alpen Tyrols nahten; in Vorarl=berg wickelte die Sache sich schneller ab.

Die dritte und lezte Periode des Krieges um Vorarlberg ist gekennzeichnet durch Eintreten der Waffenruhe auf allen Punkten des Kaiserreichs mit Ausnahme von Tyrol und Vorarlberg. Am 12. Juli war in Znaym Waffenstillstand geschlossen. In den Bergen aber wurde er so wenig geachtet, wie der später, am 14. Oktober, geschlossene Friede.

Unterwer=fung Vorarl=bergs.

Sobald der Waffenstillstand bekannt wurde, nahm Graf Reisach, königl. bayrischer Generalkommissär des Illerkreises, Ver=anlassung, in einer Proklamation vom 18. Juli aus Memmingen die Vorarlberger zum Niederlegen der Waffen aufzufordern.*)

Zu gleicher Zeit verließ König Friedrich Oberschwaben, das Oberkommando an den Feldzeugmeister Kronprinz Friedrich Wilhelm übergebend; mit ihm zogen seine Garden ab.

Der entschieden ausgesprochene Wille des Königs verlangte, daß alle seine Truppen in strenger Defensive sich halten sollten. Mit derselben Festigkeit, mit der er seine Truppen von Spanien fern zu halten wußte, widerstand er auch dem Ansinnen der fran=zösischen Generale, die Seinigen in die Thäler der Alpen vorzu=führen. Dem Interesse Sr. königl. Majestät sei es durchaus zu=wider, daß allerhöchst ihre Truppen nach geschlossenem Waffenstill=

---

*) Graf Reisach beginnt mit den Worten: „Vorarlberg, einst die Wiege deutscher Treue und Redlichkeit, jezt das abschreckende Beispiel eines treulosen Räubervolks 2c."

stanb zur Eroberung unb Besänftigung königl. bayerischer im Rebellionsstanb befinblicher Provinzen gebraucht werben.

Beaumonts Sache war es, in Uebereinstimmung mit ben Anorb= nungen bes Marschalls Lefebvre, nunmehr auch seinerseits offensiv aufzutreten. Ueber die Scharnitz*) ins Innthal vor= gebrungen, erreichte er über Blubenz unb Felbkirch am 6. August Dornbirn.**) Der Kronprinz ließ durch seine Truppen Bregenz besezen. — Hier war es, wo ber Leiter ber vorarlberger Be= wegung, Dr. Schneiber, nachbem er wieberholt zu unterhanbeln gesucht hatte, sich an ben Kronprinzen Wilhelm auslieferte. Mit Vorbebacht hatte er wohl gerabe biese Persönlichkeit gewählt, ber er seine Sicherheit anvertraute. Der württembergische Kronprinz mag wohl ber Einzige von seinen Gegnern gewesen sein, ber so un= abhängig bachte unb zugleich so hoch stanb an Ebelsinn unb mora= lischem Muth, baß er allen Zumuthungen ber französischen Behör= ben um Auslieferung bes „Rebellenführers" ruhig wiberstanb.

Oberst von Röber hielt inbessen mit ben fünf Kompagnieen seines Regiments, die ihm übrig waren, Kempten besezt. Er hatte ben strengsten Befehl, sich auf keine weitausgehenben Expebitionen einzulassen unb in biefer Richtung bem General Piccarb ben Ge= horsam zu versagen. — Das Regiment Franquemont zählte um biese Zeit 1399 Mann; mit 1420 war es ausmarschirt; es werben angeführt: 2 Kommanbeurs (Oberst unb Oberstlientenant), 2 Ma= jore, 2 Abjutanten, 1 Aubitor (zugleich Regimentsquartiermeister), 2 Oberärzte, 2 Bataillonstamboure, 8 Hautboisten, 1 Profoß; 4 Kompagniechefs, 4 Stabshauptleute, 7 Premierlieutenants, 9 Se= konblieutenants, 8 Felbwebel, 8 Quartiermeister, 76 Korporale unb Vicekorporale, 15 Spielleute, 8 Zimmerleute, 6 Trainsolbaten, 1192 Solbaten; 8 Unterärzte, 8 Krankenführer, 26 Diener; von ber ganzen Summe sinb abwesenb: 470 Mann in Linbau, 213 Mann unter Major von Oberniz in Oberndorf; 57 Mann sinb im Spital. — An Fahrzeugen befinben sich beim Regiment: 1 Munitionswagen für bie zwei Regimentsstücke, 1 weiterer mit In= fanteriepatronen, 2 Stabswagen; 24 Weiber haben die Erlaubniß, mit Verpflegung bem Regiment zu folgen.

Eine bebeutenbe Lücke in ben Stanb bes Regiments riß eine arg mißlungene Expebition. — Sei es, baß Oberst von Röber ben

---

*) Völbernborf, Kriegsgeschichte ber Bayern ꝛc., II., S. 439.
**) Geschichte ber Kriege. VIII., 225.

Befehl des Königs, sich auf keine weiteren Bewegungen gegen das feindliche Bergland mehr einzulassen, nicht erhielt, sei es, daß er die in Rede stehende Expedition für ganz gefahrlos hielt; — er ging auf das Ansinnen ein, ein Detaschement über Füssen hinaus nach Reutti zu schicken, zu einer Zeit, als lokale Aufstände und Ueberfälle nichts Seltenes waren. Major von Obernitz erhielt den Auftrag mit 1 Hauptmann (von Ehrenfeld), 2 Lieutenants (von Aranb und Lindner), 8 Korporalen, 2 Tambours, 100 Mann nach Reutti zu marschiren und ben aus Tyrol zurückkehrenden Franzosen die Hand zu reichen.

In Reutti am Abend des 8. August angekommen, quartierte der Major seine Mannschaft in einer großen Scheune ein. Sein Quartier war baneben; 18 Mann kamen auf Stationswache; 6 Mann gaben außerdem oben, 6 Mann unten im Städtchen Posten; 30 Mann waren zum Patrouilliren bestimmt. Bis ½11 Uhr war Alles ruhig. — Wie sich nachher ergab, hatte sich eine Menge Bewaffneter, als Arbeiter verkleidet, um diese Zeit in die Stadt geschlichen; mit einer württembergischen Patrouille wurden einige Schüsse gewechselt; die Sturmglocken begannen sofort in Reutti und in der Nachbarschaft zu ertönen.

Das Detaschement trat auf den ersten Schuß bei dem Quartier des Majors an; allein bald fielen von allen Seiten Schüsse aus den Häusern; die Truppe wurde vollständig umzingelt und nach einer halben Stunde mußte sie sich ergeben; drei Mann blieben tobt auf dem Plaze; außerdem eine ziemliche Anzahl Verwundeter.

Am Morgen führten die Tyroler ihre Gefangenen weiter in die Gebirge. Einem Theil von diesen gelang es, nach einiger Zeit zu entkommen; Andere wurden aber erst gegen das Ende des Jahres 1809 nach vollständiger Unterwerfung ausgeliefert.

Dieß Unglück mochte den König Friedrich noch ganz besonders veranlassen, den Obersten von Röber mit seinen fünf Kompagnieen von der Brigade des General Piccard abzurufen. Am 16. August war Röber in Wolfegg.

Um diese Zeit marschirt General von Scheler nach Altwürttemberg zurück; in Oberschwaben bleibt nur General von Koseritz mit den Regimentern Prinz Friedrich und Franquemont.

Koseritz hat sein Hauptquartier zunächst in Biberach. Die immer wiederkehrenden Unruhen im Vorarlberg jedoch geben ihm Gelegenheit, Ende April nach Tettnang vorzugehen und Bregenz zu beſezen. — Erſt Mitte Oktober geht Koſeritz von Oberſchwaben ab; ein Bataillon bleibt in Biberach, ein anderes in Stockach und Radolfszell.

Mit Anfang des Jahres 1810 kamen auch die Regimenter, welche in glorreicher Weiſe ſich an dem Zug der großen Armee betheiligt hatten, ins Vaterland zurück. Ihre Thaten, ihre Ver= luſte waren bedeutend größer, als die ihrer Brüder, die am Boden= ſee gekämpft hatten. Es fehlt zwar auch hier von beiden Seiten keineswegs an ſehr detaillirten Beſchreibungen über anhaltendes wüthendes Gewehrfeuer der beiden Gegner auf einander. Von jeder Seite wird dem Gegner fabelhafter Verluſt angerechnet; in Wirklichkeit ſtellt er ſich aber ungemein niedrig; oder ſollten die geringen Verluſtliſten von Seiten der gegen Vorarlberg Verbünde= ten Verwandtſchaft mit den Bülletins vom Kaukaſus und dem ſtereotypen Koſaken haben?

Die guten Bundesgenoſſenbienſte führten dem König eine neue Vergrößerung ſeines Landes zu, welche es zu ſeinem heutigen Be= ſtande abrundete.

Neue Verord-
nungen im
Königreich. Bei Gelegenheit, als Napoleon am 20. April bei Abensberg die Württemberger ins Gefecht führte, hatte er ihnen ins Gedächt= niß gerufen: „Euer König hatte früher nur eine Hand voll Truppen, die man nur als Contingentstruppen anſehen konnte. Ich bin es, der ſeine Staaten ſo vergrößert hat, daß er jezt als eine Macht in Europa erſcheint.“ Und König Friedrich war in der That beſtrebt, eine europäiſche Macht vorzuſtellen.

Streng werden die Begriffe von Ausland und Inland feſtge= ſtellt, und da die Grenzen im Raum ſo gar enge ſind, ſo ſucht man ſie in der Idee aus einander zu rücken. In keinem anderen Lande wohl wird ſo ſtrenge Grenzſperre exiſtirt haben wie in Württemberg, und nicht nur für die Militärpflichtigen, ſondern für alle Einwohner, ganz beſonders für den Adel.*) Jeder Unterthan kann beiſpielsweiſe nur nach eingeholter Erlaubniß vom Oberamt oder Polizeiminiſterium eine vorübergehende Reiſe ins Ausland machen, ſollte ſie auch nur 24 Stunden dauern. —

Nach glücklich geendigtem Kriege mit Oeſtreich befand ſich Napoleon auf der Höhe ſeiner Macht, mit ihm die Reihe ſeiner

---

*) Vergl. Darſtellung des Betragens der württembergiſchen Landſtände S. 175 ff., und Häuſſer, Deutſche Geſchichte, III., 224 ff.
In der zuerſt angeführten Schrift werden auf beinahe 300 Seiten die Zuſtände geſchildert und Beſchwerden zuſammengetragen.

Verbündeten. — Eine neue Konscriptionsordnung sollte für Württem=
berg das zur Disposition stehende Material vermehren. Sie war noch
vor dem Friedensschluß, am 20. August 1809 entworfen worden. —
Eine Hauptneuerung in diesem Geseze ist die Allgemeinheit der
Wehrpflicht mit alleiniger Ausnahme der Standesherrn; weitere
Grundsäze: Der Kriegsdienst muß in eigener Person abgeleistet
werden, Stellvertretung nur durch besondere Erlaubniß möglich;
kein Loosen, sondern die Größe und militärische Tüchtigkeit ent=
scheiden. Alle Männer vom 18. bis 40. Jahre sind der Aushebung
unterworfen. Unter den Tüchtigsten von 18 bis 22 Jahren wird
zuerst gewählt. — Die Kantone sind aufgehoben.*)

    Die Wirkung des Gesezes, das der Regierung Material in
fast unbeschränktem Maße zu jeder Zeit zur Verfügung stellte,
machte sich in der Folgezeit wiederholt geltend, als die Armeen
nach unglücklichen Feldzügen immer und immer wieder vermehrt,
ja vollständig erneuert werden mußten.

    Manchfache Klagen werden über das neue Gesez laut**):
Die Kapitulationen werden nicht eingehalten, Willkür herrsche bei
der Aushebung, Rohheit bei der Behandlung der Rekruten u. A.

    Für die Armee, rein für sich betrachtet, geschah unstreitig sehr
viel; auf ihr basirte ja eben die Bedeutung des Staates. Die
Offiziere hatten, wenn auch nicht eben reichliche Bezahlung, so doch
gutes Avancement; fanden doch neben den Kindern des Landes
noch zahlreiche Ausländer Stellen in demselben Maße als der vom
König unterdrückte Adel vom Dienst sich zurückzog.

    Ein Befehl vom 26. Mai 1811 bestimmte Numern zur Be=
zeichnung der Regimenter; nur diejenigen, deren Inhaber fürstliche
Personen waren, sollten auch in Zukunft den Namen neben der
Numer führen. In Folge dieses Befehls tritt in Zukunft das
Infanterieregiment von Franquemont als Linieninfanterie=
Regiment Nr. 4 auf.

    Die Schule, welche seit einer Reihe von Jahren die Württem= *Nach Ruß-
berger unter bewährten französischen Führern, im Verbande der *land.*
großen Armee durchzumachen hatten, konnte nicht ohne Einfluß
bleiben. Den Meistern ebenbürtig an Kriegserfahrung und
Tüchtigkeit zogen sie im Frühjahr 1812, als Napoleon alle seine
Vasallen gegen Rußland aufrief, zu Felde. Stolzer und glän=

*) Reyscher, Sammlung württembergischer Geseze, XIX., 1004 ff.
**) Darstellung des Betragens der württ. Landstände, S. 159 ff.

zenber als je stand die kleine Armee da; empfindlicher darum auch für jede Zurücksezung.

Was die Württemberger litten und leisteten im Feldzug 1812—1813 in Rußland ist bis aufs einzelne Detail hinaus so ausführlich behandelt worden*), daß eine Lücke hier nicht empfunden werden wird.

Noch ehe die württembergische Division, als 25. der großen Armee dem 3. Corps unter Ney einverleibt, den Feind zu Gesicht bekam, am 16. August 1812, war sie schon unter den dritten Theil ihres Bestandes herabgesunken; später gar konnte nur je ein Bataillon aus einer Brigade formirt werden; über den Niemen zurück kamen von 15,800 Mann wenig mehr als 300. Einzelne kamen später aus den Spitälern und der Gefangenschaft nach.

Von Offizieren war eine verhältnißmäßig viel größere Zahl erhalten geblieben**) als von der Mannschaft. Das erleichterte die Neubildung der Armee.

Denn kaum waren über 15,000 Männer elend zu Grund gegangen, so verlangte Napoleon mit größerer Hast als je die Stellung eines neuen Contingents. Was das Land aufbringen konnte an Mannschaft und Geld, wurde dem fremden Protektor zur Ver=

---

*) Vergl. Suckow, aus meinem Soldatenleben; Martens, vor 50 Jahren; Die Württemberger in Rußland, von einem württembergischen Offizier; Tagebücher aus den 10 Feldzügen der Württemberger u. A.

**) Nach Rußland war das Regiment marschirt mit folgenden Offizieren: Oberst Eugen v. Röder, Oberstlieutenant v. Buhl; Major v. Wallbrunn und v. Lindner; Hauptleute: v. Waldenfels, v. Rotter, v. Lavenstein, v. Laßberg, v. Enzberg, v. Arand, v. Klapp; Premierlieutenants: Baumann (Adjutant), v. Rauchhaupt, Hermann (Adjutant), Poller, v. Mayerhoff, v. Lützow, v. Suckow, Bauer, Kurz; Sekondlieutenants: v. Soden, Wittich, Kuhn, Wächter, Tiebemann, Jakobi, v. Besserer, v. Bär, Erbe; Auditor und Regimentsquartiermeister König, Regimentsarzt Dillenius, Bataillonsarzt Dertinger.

Davon gingen ab:

Oberst v. Röder, noch kurz vor seinem Tode in Wilna zum General befördert; Oberst v. Buhl, in Weichselburg bei Graudenz gestorben; ferner gestorben die Majors v. Wallbrunn und v. Lindner; (der neuernannte Major v. Schaumburg bei Wilna vermißt); Hauptmann Waldenfels krank in Wilna geblieben, Rotter vermißt; v. Laßberg in Königsberg mit erfrorenen Füßen geblieben; v. Lavenstein und v. Arand blieben krank zurück in Wilna; ebenso die Premierlieutenants v. Rauchhaupt und Hermann; Mayerhoff vermißt, soll erfroren sein, v. Lützow vermißt; v. Bauer, Kurz, v. Soden blieben krank zurück in Wilna; Lieutenant v. Wittich soll in Königsberg geblieben sein, Kuhn in Wilna; Jakobi und Tiebemann vermißt; v. Besserer blieb im Spital in Wilna.

fügung gestellt zu dem Ende, um die deutsche Nation niemals zu ihrem Recht gelangen zu lassen.

Auf seinem Zuge gegen Rußland hatte Napoleon nicht allein Stimmung in der Armee. seinen Zweck vollständig verfehlt, sondern es hatte sich auch zu seinen zahlreichen äußeren Feinden ein noch mächtigerer gesellt, — die Abneigung und die Spaltung zwischen den Franzosen und den Hilfsvölkern. Von den deutschen galt das ganz besonders. — Was sie leisteten, wurde selten gebührend anerkannt; im Werth den Franzosen gleich stehend, mußten sie sich immer als Leute niederer Klasse behandelt sehen. Die schlechte Vorsorge, das Spielen mit den Menschenleben hatte Vielen die Augen geöffnet, die bisher, wie leicht denkbar, von kriegerischem Glanze geblendet, voll Begeisterung der Fahne gefolgt waren. Dazu kam der totale Mißerfolg des jüngsten Unternehmens. — Und auf der andern Seite standen Männer ihrer Nation, ihrer eigenen Zunge und predigten weit hinaus in alle Welt ein neues Evangelium in kräftigem Wort*) und wonnigem Lied von neuem Völkerfrühling, vom Aufhören der Knechtschaft, von der Größe und Freiheit der deutschen Nation. Tief durchdrungen von Pflicht und Berufstreue, als Männer und als disciplinirte Soldaten hatten die Württemberger seither auf der Seite der Fremden gefochten; nun aber mögen in mancher Seele Zweifel aufgestiegen sein, manches Herz mag geblutet haben bei dem unnatürlichen Kriege.

Ein Befehl des Königs vom 16. April 1813 ist Beleg dazu: „Se. königl. Majestät haben höchst mißfällig vernommen, daß sich einige Offiziere Ihrer Armee erlaubt, über Kriegsereignisse, Politik und Verhältnisse mit andern Mächten unanständige Aeußerungen laut werden zu lassen. Allerhöchstdieselben wollen solche wiederholt andurch auf das ernstlichste verboten haben und all' und jeden Offizier auf den unbedingten und stillschweigenden Gehorsam gegen die Befehle Sr. königl. Majestät, so ihnen durch ihre Vorgesezten bekannt gemacht werden, verwiesen haben. — Sollte sich der eine oder andere demungeachtet irgend eine Aeußerung erlauben, welche der denen mit Sr. königl. Majestät verbündeten Mächten schuldigen Ehrfurcht zuwiderliefe, so sind die Brigadiers und Commandeurs auf ihre größte Verantwortlichkeit angewiesen, solches un-

---

*) Die Proklamationen und Aufrufe an Fürsten und Völker s. Altenstücke für die Deutschen oder Sammlung aller offiziellen Bekanntmachungen im Krieg 1813.

verzüglich dem commandirenden Divisionär sofort zu melden, welcher angewiesen ist, die als Staatsverbrecher zu Behandelnden in
Ketten an Se. königl. Majestät zurückzusenden, allerhöchst welche
dieselben mit der wohlverdienten Lebensstrafe den Kriegsgesezen
gemäß belegen lassen werden."

Friedrich.

Neue Rüstun-
gen zum Krieg
in Sachsen.Alle zunächst sich aufdrängenden Gefühle werden durch den
neuen Waffenlärm übertäubt. Mit größtem Eifer wird im Königs
reich gerüstet. Die Depots, das Garnisonsregiment, neue Aushebungen schaffen Material, um im Laufe des Winters 1813 die
Regimenter neu aufzurichten.

Ihren ungeheuren Schaden zu decken erhalten die Offiziere
Entschädigungs- und Equipirungsgelder und zwar der Lieutenant
und Stabshauptmann 150 fl., eine neue Uniform und 55 weitere
Gulden zu neuer Equipirung; die höheren Chargen größere
Beträge. *)

Schon am 19. April konnte der Oberkommandant, Generallieutenant Graf Franquemont, mit dem größeren Theil des Contingents aufbrechen [eine Kavalleriebrigade und zwei Infanteriebrigaden Neuffer und Stockmaier.] Eine zweite Kolonne folgte
am 25. und 26. Mai unter Generalmajor von Koch, später von
Döring [Kavalleriebrigade Graf Normann, 4. und 6. Linienre-
giment]. Mit der dazu gehörenden Artillerie im Ganzen 11,617
Mann stark.

Im Offizierscorps des Infanterieregiments Nr. 4 begegnen
wir, wie natürlich, fast lauter neuen Namen**); eine Menge neu-
ernannter Lieutenants aus der Zahl der Kadeten, Unteroffiziere,
Studenten. Das Regiment selbst zog mit vollem Stand zu Feld;

*) Die Wittwen der Unteroffiziere, die an Wunden gestorben sind, erhal-
ten 3—4 fl. monatlich, die der Soldaten 1 fl. 30 kr. — Die Hälfte wird gereicht, wenn der betreffende Unteroffizier oder Soldat an Krankheit gestorben
ist. Reyscher, Sammlung württembergischer Geseze, XIX., 1223.

**) Zum Regimentskommandanten war noch während des russischen Feld-
zugs Oberst Prinz v. Hohenlohe ernannt worden; Oberstlieutenant und Kommandant des 2. Bataillons war Christ. v. Rechler; Majore: K. M. v. Rechler, v. Szymborski: Adjutanten: die Lieutenants Moser und Bonz; Hauptleute: v. Brecht, v. Zeppelin, v. Baumann, v. Tafel, v. Denotti, v. Keller,
v. Klapp, v. Wetherlin, v. Meyerhöfer; Premierlieutenants: Fecht, Streithof v. Hülscher; Sekondlieutenants: Bach, Baumann, Schmid, Kurrer, Hu-
suabel, Frank, Pichler, Wißliszin, Schumann, Blech, Geßler, Hailer.
Tagebücher aus den 10 Feldzügen der Württemberger, II., 305.

1434 Mann und 22 Pferde, zwei Munitionswagen, zwei Stabs=
wagen.

Ein eigenthümliches Licht wirft die geheime Instruktion des
commandirenden Generals auf die Allianzverhältnisse. General
Graf Franquemont hat bei besonderen Kriegsereignissen auch be=
sondere Maßregeln zu ergreifen. Wäre das französische Korps,
dem die Württemberger zugetheilt werden, besonders unglücklich,
muß es sich weit zurückziehen, so soll Franquemont sich gegen die
württembergische Grenze dirigiren; in keinem Fall aber soll er
den Rhein überschreiten.

Den Fall angenommen, daß die Württemberger gezwungen
würden es zu thun, so sollten sich von dem Augenblicke an alle
Offiziere als kriegsgefangen erklären, die Mannschaft aber sei ihrer
Pflichten los und ledig. In Unterhandlungen mit russischen oder
preußischen Heerführern zu treten, das bleibe unter allen Um=
ständen verboten.

Die klug berechnende Vorsorge des Königs sah sich durch die
Ereignisse gerechtfertigt. — Unter nicht ungünstigen Auspicien hatte
indessen Napoleon seinen lezten Feldzug eröffnet, den er auf deut=
scher Erde führte. Vom Schlachtfeld von Großgörschen weg sahen
Russen und Preußen sich Schritt für Schritt weiter ostwärts und
über die Elbe zurückgedrängt.

Als Franquemont mit dem zuerst ausmarschirten Theil des
württembergischen Contingents in den ersten Tagen des Mai von
Naumburg nach Weißenfels marschirte, fanden die Felder sich noch
mit Todten und Verwundeten bedeckt. Rasch folgte Franque=
mont den Siegesspuren Napoleons, um sich mit dem 4. Korps,
dem er zugewiesen war, zu vereinigen. Außer den Württember=
gern zählte dieses die französische Division Morand und die italien.
Fontanelli; das Ganze unter Marschall Bertrand.

An der Schlacht bei Bauzen 20. und 21. Mai, sowie an den
Verfolgungsgefechten, welche die Verbündeten nach Schlesien zu=
rückwarfen, nahmen die Württemberger rühmlichen Antheil.

Unter dem Eindruck der jüngsten Siege hoffte Napoleon auf
einen günstigen Frieden und ging daher am 6. Juni auf einen
Waffenstillstand ein, der bis zur Mitte des August währte. —
Die Truppen beziehen Kantonirungen, und zwar die Württember=
ger zunächst bei Primkenau, später im August bei Baruth in Bran=
denburg. Sehr erwünscht war hier in Baruth am 20. August die
Vereinigung mit der Brigade Döring, die aus dem Regimente

Nr. 4 und Nr. 6 Kronprinz nebst einer Reiterbrigade bestehend am 25. und 26. Mai aus dem Vaterland abmarschirt war.

Mitte Juni bei Leipzig angekommen sah Döring auf Befehl des Herzogs von Padua seine Truppen in mehrere Marsch= und Streifkolonnen zerlegt, welche den Rücken der Armee vor den Anfällen der streifenden Schaaren Czernitscheffs und Lützows sicher stellen sollten.

König Friedrich ist auf die Meldung hievon sehr ungehalten über die Nachgiebigkeit der Generale Döring und Normann gegenüber dem französischen Herzog; die ganze Reputation der k. Armee gehe verloren, zu dem erniedrigenden Dienst von Gensdarmen, zu Streifen und Haussuchungen werden die Truppen verwendet. Dem General Graf Normann wird noch besonders gedroht, ihn als Arrestanten ins Königreich zurückzuführen, wenn er nicht im Stande sei, der schändlichen Wirthschaft in seiner Brigade ein Ende zu machen, den unaufhörlichen Erpressungen und den Plackereien der Einwohner.

Später erhielt Graf Normann eine von der Brigade Döring gesonderte Bestimmung beim 6. Corps; General von Döring selbst hatte bis zu seiner Vereinigung mit Franquemont in Baruth die dessauischen Lande zu besetzen.

Von der Wiedereröffnung der Feindseligkeiten bis zur Schlacht bei Dennewitz. Am 17. August war der Waffenstillstand abgelaufen und nun galt es für Napoleon, dem durch den Hinzutritt Oestreichs erstarkten Bunde mit Anspannung aller Kräfte entgegen zu treten. Er selbst hatte die Absicht, von Sachsen und der Lausitz aus seine Schläge auf Blücher und Schwarzenberg zu führen; eine zweite Armee sollte gegen Berlin marschiren, vor dessen Thoren der Kronprinz von Schweden stand. Hier hoffte Napoleon am sichersten auf glücklichen Erfolg. Den Marschall Oudinot hatte er zum Führer des Heeres gegen Berlin ausersehen mit seinem eigenen Korps, dem Bertrands und dem Reyniers.

Seinem Auftrag gemäß überschritt Oudinot am 19. August die preußische Grenze, um die Linien der Nuthe zu durchbrechen und Berlin zu besetzen. Die württembergische Division blieb vorerst in ihrer Stellung auf den Höhen von Baruth; am 23. sollte sie sich dem vorgehenden rechten Flügel der Armee anschließen und Mittenwalde einnehmen. Schon aber war Oudinot bei Großbeeren zum Rückzug genöthigt worden und die Württemberger gingen deßhalb wieder auf Baruth zurück, vollständig getrennt vom Korps, das gegen Jüterbogk und später gegen Wittenberg zurück wich.

Erst am 27. gelang eine Vereinigung mit Bertrand bei Jüter=
bogk auf dem Weg über Stülpe und Hollbeck, bei welch lezterem
Ort die vorgedrungenen leichten Truppen des Feindes abgewiesen
wurden. Jüterbogk selbst wurde sofort durch Franquemont besezt;
ein Regiment hielt die Stabt, die übrigen Truppen standen nörd=
lich derselben an Weinberge und Walb angelehnt. Der Feind,
Russen und Preußen, der am 28. August die Stellung vor der
Stadt angriff, ging anfangs mit Glück vor und trieb die württem=
bergischen Posten zurück. Erst als die Reiterei den in der Ebene
stehenden Flügel der Verbündeten warf und die württembergische
Artillerie zu wirken anfieng, zog er sich wieder zurück. Das erste
Bataillon des Regiments Nr. 4 war als Artilleriebedeckung auf=
gestellt und zwar der zahlreichen feindlichen Reiterei gegenüber im
Karree; es blieb hier als einziger Offizier in diesem Gefecht Haupt=
mann Tafel dieses Bataillons; im Ganzen betrug der Verlust an
Tobten und Verwundeten gegen 100 Mann.

Um in nähere Verbindung mit seinem Rückhalt Wittenberg
zu treten, ging Oudinot noch weiter bis unmittelbar vor diese
Festung in eine Stellung zurück, welche durch die Punkte Reins=
dorf, Teuchel, Trajuhe, Euper bezeichnet wird. Auf dem äußer=
sten rechten Flügel stanben hier die Württemberger und hatten
wiederholt die Versuche der preußischen Vorhut, ihre Stellung zu
erschüttern, zurückzuweisen. In der Nacht vom 3. auf den 4. Septem=
ber hatte Franquemont die Division Morand im Dorf Euper ab=
zulösen und besezte dieses durch die schwachen Regimenter Nr. 7,
Nr. 9 und 10 unter General Stockmaier, zusammen wenig über
1500 Mann. Bald nach Tagesanbruch versuchte die preußische
Vorhut unter General Dobschütz, der 6 Bataillone und 8 Eskadronen
herbeiführte*), bas Dorf zu nehmen, mußte aber nach mehrstündi=
gem Kampfe bei der hartnäckigen Gegenwehr Stockmaiers davon
abstehen; die Brigade zählte 300 Tobte und Verwundete.

So endete der erste Versuch gegen Berlin. Der zweite sollte Schlacht bei
mit mehr Kraft geführt werden. Der „Bravste der Braven", Dennewitz.
Marschall Ney, war von Napoleon zum Führer ersehen. Alles
sollte der Tapfere mit Einem Schlag wieder gut machen — Groß=
beeren, Katzbach, Kulm.

Sofort ergriff Ney wieder die Offensive und ging am 5. Sep=
tember mit allen drei Armeekorps auf der Straße nach Jüterbogk

---

*) Geschichte der Kriege X b., 23.

vor. Mit den Vortruppen des Feindes hiebei einige Gefechte von
untergeordneter Bedeutung.

Am Abend des 5. lagerte Bertrand bei Neuendorf, Reynier
hinter ihm, Oudinot bei Seyda; zusammen gegen 70,000 Mann.
Allem Anschein nach ohne zu ahnen, wie nahe er der preußisch-
russischen Nordarmee stehe, sezte Ney am Morgen des 6. September seinen Marsch fort. Bertrand war im Begriff, Jüterbogk
rechts zu umgehen. Um diese Zeit stand das Korps von Tauenzien, gegen 12,000 Mann, unmittelbar vor Jüterbogk der Front
Bertrands gegenüber. Bülow bei Eckmannsdorff stand der französischen Armee vollständig in der linken Flanke.

Beim Anrücken des Feindes war es zunächst Tauenziens Sorge,
sich rechts zu ziehen, um mit Bülow in Verbindung zu treten.
Der rasche Anmarsch Bertrands hinderte das und nöthigte ihn
Stellung westlich von Jüterbogk zu nehmen.

Die ganze Gegend ist sanft wellenförmig; der tiefste Punkt ist
Jüterbogk, gegen Eckmannsdorf und Treuenbriezen hin hebt sich der
Boden etwas; in dieser Richtung stand der Kronprinz von Schweden,
Oberbefehlshaber der preußisch-russischen Nordarmee, die mit Ein-
schuß von Tauenzien über 70,000 Mann stark war.

Ein Hauptpunkt, um den das Gefecht vom 6. September sich
drehte, ist Niedergörsdorf, 12,000 Schritt westlich von Jüterbogk
gelegen; südöstlich davon an der Hauptstraße liegt Dennewitz
und weiter östlich Rohrbeck. Ein Bach mit sumpfigen und stark
bewachsenen Ufern, der Agerbach, fließt von Niedergörsdorf über
Dennewitz, Rohrbeck nach Jüterbogk. Er bezeichnet für die Franzosen
eine nach Norden gerichtete Frontlinie. Fast senkrecht auf diese
Linie führt von Niedergörsdorf ein Weg nach Gölsdorf, eine nach
Westen gerichtete Front, von welcher Seite Bülow herkommen
sollte. *)

So wie die Schlacht in ihrem Verlauf sich gestaltete, nahmen
in der That die allmählich ins Gefecht gerückten französischen
Korps die bezeichnete rechtwinklich gebrochene Frontlinie ein; auf
jeder Front wird eigentlich eine Schlacht für sich geschlagen.

Ney scheint mit großer Sorglosigkeit vorgegangen zu sein,
sonst hätte er sich wohl nicht in solcher Nähe zwischen beide preußische Korps einzwängen lassen. — Bertrand passirt Dennewitz.

*) Geschichte der Kriege X b., 137 ff.; Häusser, Deutsche Geschichte, IV.,
326 ff.; Beitzke, Geschichte der deutschen Freiheitskriege, II., 260 ff.

Vor diesem Dorf gegen Norden befinden sich einige mit Busch und Fichtenwald bedeckte Höhen. Hinter ihnen stand Tauenzien mit 11 Bataillonen und 16 Eskadronen. Gegen seine Linie marschirten die Divisionen Morand und Fontanelli zunächst auf, Franquemont blieb noch in Dennewitz; ein Theil seiner Division hatte die Deckung des Gepäcks. Der erste Kanonenschuß fiel um zehn Uhr Vormittags; die Preußen waren im Vorrücken. Als die Linien sich näher kamen, erhielt auch Franquemont Befehl, aus dem Dorf über den sumpfigen Agerbach vorzugehen und nördlich vom Dorfe Stellung zu nehmen. Die württembergischen Bataillone formirten sofort Karree; denn eben hatte Tauenzien, was er an Reiterei entbehren konnte, auf die Franzosen geworfen. Ermuthigt durch die Gewißheit der nahen Hilfe durch Bülow — von rechts her bei Niedergörsdorf hörte man schon die ersten Kanonenschüsse — jagten die tapferen Landwehrreiter die französische Kavallerie in die Flucht und drängten Bertrands ganze Linie nahe an Dennewitz zurück. Die Vierecke der Württemberger wurden nicht angegriffen. Soweit der erste Theil der Schlacht, den Bertrand mit Tauenzien schlug. Eine neue Schlacht war indessen bei Niedergörsdorf zwischen Reynier und Bülow entbrannt, der mit 31 Bataillonen und 32 Eskadronen von Eckmannsdorf herbeigeeilt war. Sämmtliche drei Divisionen von Reynier und ein Theil des Korps von Oudinot hatten in Niedergörsdorf wie auch in Gölsdorf einen außerordentlich hartnäckigen Kampf mit Bülow zu bestehen.

Ney, immer bei Bertrands Korps, wollte sich indessen auf seiner Front — er war hier eigentlich Korpskommandant, nicht Schlachtlenker — die Möglichkeit der Offensive nicht nehmen lassen. Nachdem auf das Zurückgehen der preußischen Reiterei eine Ruhepause und darauf Geschützkampf gefolgt war, ließ er den im Norden von Dennewitz gelegenen Fichtenwald durch Italiener links, rechts durch Württemberger besetzen. General von Spitzemberg mit dem Infanterieregiment Nr. 2 Herzog Wilhelm und dem zweiten Bataillon vom Infanterieregiment Nr. 4 unter Major von Kechler wurde alsbald in den Wald vorgeschickt; als Zwischenposten zwischen ihm und Franquemont stand das Infanterieregiment Nr. 7; später wurde auch dieses in den Wald gezogen. Hier beschränkte sich der Kampf auf Plänklergefecht und Kanonade. Vom zweiten Bataillon des Regiments Nr. 4 war die Kommandeurskompagnie unter Führung des Oberlieutenants Streithof von Hülscher und Lieutenant Blech ausgeschwärmt.

Bei Niebergörsdorf und Gölsdorf machte Bülow, durch Vorstels Brigade verstärkt, Fortschritte troz des hartnäckigsten Widerstandes. Ermuthigt dadurch ging auch Tauenzien seinerseits wieder zur Offensive über. Er rafft seine sämmtliche Reiterei zusammen, die pommerische Landwehrreiterei, die brandenburgischen Dragoner und die neumärkischen Reiter. Durch Fußvolk unterstüzt, wirft er sie dem Feind in Front und Flanke; die Franzosen und Italiener beginnen zu weichen, Alles geht rückwärts; General Spizemberg ist in seiner linken Flanke total entblößt. Rasch läßt er Karree formiren. Aber Artillerie und Infanterie schießen Lücken in die dichten Haufen, die preußischen Reiter sezen hinein, hauen einen Theil zusammen und nehmen den Rest der beiden Regimenter Nr. 2 und 7 gefangen. Nicht besser ergeht es der Plänklerkompagnie des zweiten Bataillons vom Regiment Nr. 4. Sie kann das Karree nicht mehr erreichen und geht so verloren; die übrigen drei Kompagnieen marschiren im Viereck nach Dennewiz zurück. Von diesem Zeitpunkte an ist Ney auf allen Punkten in der Defensive. Nach einem weiteren hartnäckigen Kampf wird Dennewiz von den Preußen erstürmt; Ney geht auf Rohrbeck zurück und kaum vermag er mit Anspannung aller Kräfte die dortige Brücke zu halten. Es war drei bis vier Uhr Nachmittags.

Um diese Zeit hat Oudinot, mit seinem ganzen Korps eingreifend, auf dem äußersten linken Flügel bei Gölsdorf eine günstige Wendung des Gefechts hervorgerufen; allein jezt eben wird er von Ney auf den rechten Flügel gerufen, um bei Rohrbeck das Gefecht herzustellen. Oudinot, durch sein Abziehen auf dem linken Flügel, überließ hier dem Feind allen Vortheil; auf dem rechten kam er zu spät, denn jezt schon riß unter den Truppen, von allen Seiten auf einen Knäul zusammengeworfen, die unseligste Verwirrung ein.

Von Wittenberg abgedrängt wälzten sich die Reste der Divisionen auf der Straße gegen Torgau über Dahme hin. Ein panischer Schrecken ergriff die Truppen, als sie aus dem brennenden Rohrbeck flüchteten. Die Infanterie lief im Trab, die Reiterei suchte bei ihr Schuz und drängte sich in ihre Haufen. Equipagen, Geschüze und Munitionswagen fuhren nach verschiedenen Richtungen im Galopp durch einander. Die Trainsoldaten schnitten die Stränge ab und ließen ihre Wagen, Caissons und Geschüze stehen. Erst die einbrechende Nacht nahm die Fliehenden in Schuz. *)

*) Aus dem Bericht Franquemonts.

Gerade die deutschen Hilfstruppen Napoleons waren es, die noch am meisten Fassung behielten[*]); beim vierten Korps formirten die Württemberger bie Nachhut; stets schachbrettförmig aufgestellt und abwechslungsweise marschirend schloßen die Regimenter oder vielmehr die Reste der Regimenter Nr. 4, 9 und 10.

Ein Schauspiel ganz besonderer Art gab hier der fremde Eroberer der Welt. Während deutsche Männer unter den Waffen standen, fest entschlossen zu sterben ober unabhängig auf ihrem eigenen Boden zu leben, führte er gegen sie die Brüder dieses selben Stamms, in dem zuerst der nationale Gedanke erwacht war.[**]

Jezt sieht der Gewaltige die Truppen aller Nationen, in buntem Gewirre durcheinander geworfen, fliehend vor den Deutschen. — Nur dem sehr lauen und zweideutigen Benehmen des Kronprinzen von Schweden hatte es Ney zu verdanken, daß er in wirksamer Verfolgung nicht vollständig vernichtet wurde. Die Verluste waren in der That ungeheuer; gegen 15000 Gefangene blieben in den Händen der Preußen, Tausende deckten das Schlachtfeld.[***] Franquemont hat von seiner Division allein 2155 Mann verloren an Todten, Verwundeten, Gefangenen und Vermißten; die nächsten Tage vermehrten diese Zahl noch etwas. Von Offizieren sind 9 todt, sämmtlich von Nr. 2 und 7; verwundet sind 6, darunter Hauptmann von Wekherlin und Lieutenant Schuhmann von Nr. 4; gefangen wurden 30 Offiziere.

Morgens 3 Uhr am 7. September in Dahme angekommen, suchten sich die Armeekorps zu sammeln. Erst am folgenden Tag aber gelang dieß, als über Herzberg Däbrichau erreicht war. Der Feind folgte stets auf dem Fuß.

Wie groß die Demoralisation im Heere war, davon sollte noch

Folgen der Schlacht.

---

[*]) Vergl. Geschichte der Kriege X b., 146: „Das grauenvolle Durcheinander wurde nach Außen noch einigermaßen verdeckt durch die sächsische, bayrische und württembergische Infanterie, welche fast allein geschlossen und schlagfertig geblieben war."

[**]) Im Heere Ney's war an Württembergern die Division Franquemont, von Bayern die Division Raglovich bei Oudinot, von Sachsen die beiden Divisionen Lecocq und Sohr bei Reynier und endlich noch zahlreiche Reiterei neben Polen und Italienern. Vergl. Beitzke, Geschichte der deutschen Freiheitskriege, II., 211.

[***]) Die Preußen hatten über 9000 Mann an Todten und Verwundeten. Geschichte der Kriege, X b., 48.

kurz vor Torgau ein schlagender Beweis geliefert werden. Das vierte Korps lagerte am 8. September bei Zwettau, unmittelbar vor einem Damm, der in geringer Breite nach Torgau hinüber= führt. Einige Tausend Reiter, zum Theil Kosaken, sprengten gegen die Stellung; da drängte Alles, von Schrecken und Verwirrung fortgerissen, ohne Gegenwehr zum Damme und´ flüchtete nach Torgau.

Hinter die schützenden Mauern dieser Festung barg Ney zu= nächst seine an Zahl und Muth tief gesunkene Armee. Ruhe und Kantonirungen sollten sie einigermaßen wieder herstellen.

Franquemont schreibt aus dieser Zeit: „Ew. königl. Majestät kann ich nicht bergen, daß ich mich in Verzweiflung befinde. Tief durchdrungen von dem allerhöchsten Befehl und von meinem eige= nen Gefühl, für die königl. Truppen zu sorgen, bin ich in Ver= hältnissen, wo ich es nicht thun kann, da die Mittel zur Erhaltung der Truppen, worunter ich vorzugsweise den Branntwein rechne, auch für theures Geld nicht zu erhalten sind. Die Kräfte der Leute haben so nachgelassen und die gewöhnliche Herbstkrankheit, die Dysenterie, hat so eingerissen, daß täglich an hundert Mann krank gemeldet werden. Die Soldaten haben größtentheils den besten Willen, verhehlen ihre Krankheit, bis sie umfallen und sehen leichen= ähnlich aus. Alles hat das Ansehen, wie es im russischen Feldzug in der Gegend von Liozma gewesen sein soll."

Schon früher wurde geklagt, daß die Verpflegung von Seiten der französischen Behörden ganz mangelhaft sei. Durch Lebens= mittel aus Württemberg, namentlich durch nachgeführten Reis, wurde einigermaßen ausgeholfen. Je größere Truppenmassen sich aber sammelten, desto seltener wurden die Subsistenzmittel. Die Kartoffeln auf dem Feld und Obst bildeten oft das Einzige. Häufig mußten 8 bis 10000 Mann aus einem einzigen armen Dorfe zehren. Dazu die ermüdenden Märsche, kein Holz, kein Stroh im Bivouak; nur wenige Stunden und unregelmäßig Schlaf.

Die Division war so zusammengeschmolzen, daß jedes Regi= ment nur noch ein Bataillon formiren konnte. — Das erste In= fanterieregiment bildete das erste kombinirte Linienbataillon, aus dem Regiment Nr. 4 ging das zweite, aus dem Regiment Nr. 6 das dritte kombinirte Bataillon hervor; die beiden leichten Regi= menter Nr. 9 und 10 schmolzen in ein viertes kombinirtes Bataillon zusammen. Je zwei Bataillone stehen unter einem General, das zweite und dritte unter Döring, das erste und vierte unter Stock=

maier. Die überzähligen Offiziere werden meist ins Vaterland entlassen. An Artillerie werden nur vier Kanonen und zwei Haubitzen beibehalten. Die Reiterei ist bis zur Bedeutungslosigkeit zusammengeschmolzen. — Das Ganze wenig über 1500 Mann stark.

General Franquemont hatte sich schon früher bei seinem Korpskommandanten beklagt, es gewinne den Anschein, als vernachlässige
man die Württemberger grundsätzlich und stelle sie doch auf die
gefährlichsten Punkte, während die Franzosen es sich bequem machen.
Nach einigen ausweichenden Redensarten ließ Bertrand verlauten,
es scheine überhaupt im gegenwärtigen Kriegssystem zu liegen, die
französischen Truppen besonders zu schonen.*)

Die Aufgabe der an der Elbe stehenden Korps war es vor Wartenburg
und Bleddin.
Allem, einen Uebergang von Seiten der Preußen zu verhindern
oder doch zu erschweren. — Die wenig energische Kriegsführung des
Kronprinzen von Schweden ließ keine großen Unternehmungen be-
fürchten. Jetzt aber nahm Blücher die Sache in die Hand, um
auch an der Elbe mehr Leben in die Operationen zu bringen.
Ohne daß Napoleon es ahnte, marschirte er von seinem bisherigen
Kriegstheater rechts ab, die Elbe abwärts, um einen günstigen
Punkt zum Uebergang zu suchen und nach Sachsen einzufallen.
In den letzten Tagen des September wurden bei Elster Ueber-
gangsversuche gemacht, zunächst jedoch nur von ganz unbedeutenden
Streitkräften. Bertrand war dadurch aufmerksam gemacht worden;
er stellte sich mit seinem Korps zwischen Wartenburg und Pretzsch
auf. Am 30. September wurde eine kleine Abtheilung des Feindes vom linken Ufer bei Wartenburg durch eine württembergische
Kompagnie vertrieben. Bertrand schien allmählich der Sache größere Wichtigkeit beizumessen; er concentrirte sein ganzes Korps am
2. Oktober in Wartenburg.

Der Feind hatte indessen emsig und ungestört an der Anlegung von Batterieen und dem Bau zweier Brücken gearbeitet. Die
Stelle ist in der That für einen Uebergang sehr geeignet; daß auf
der anderen Seite auch der Vertheidiger sehr begünstigt ist, scheint
in Blüchers Hauptquartier nicht hinlänglich bekannt gewesen zu
sein.**) — Die Elbe springt in einem Bogen gegen Osten aus;

*) Vergl. auch Häusser, Deutsche Geschichte, IV., 335. Die dort von
Ney angeführte Aeußerung gegenüber von Franquemont findet sich übrigens
in den Berichten dieses Generals nicht.

**) Vergl. Droysen, das Leben des Feldmarschalls Grafen York v. War-
tenburg, III., 104.

an der Ausbiegung liegt das Dorf Elster, dabei die Brücken der Preußen. Der stark ausgehende Bogen bildet eine Halbinsel, auf deren äußerster Spize die Preußen von Elster her das Land betreten mußten. Eine halbe Stunde vom Uebergangspunkt gegen Westen, da wo die Landzunge sich erbreitert, liegt das große Dorf Wartenburg; eine halbe Stunde weiter südlich Bleddin unmittelbar an der Elbe.

Für die Vertheidigung lagen hier alle Bedingungen überaus günstig. Die beiden Ortschaften Anlehnungen der Flügel; das vorliegende Terrain für das Plänklergefecht wie geschaffen, dem Angreifer die Bewegung erschwert. — Die Halbinsel ist größtentheils beholzt, durch Lachen, todte Arme und morastige Stellen schwer zugänglich und in mehrere Abschnitte getheilt. Dämme geben Deckung sowohl in der Nähe des Flusses als unmittelbar bei den Dörfern. Mit der Division Morand besezte Bertrand Wartenburg, Franquemont hatte bei Bleddin Stellung zu nehmen, die Division Fontanelli zwischen beiden rückwärts in Reserve. Das Korps Bertrands zählte wenig über 12000 Mann; in Anbetracht seiner Schwäche wäre es vielleicht gut gewesen, auf der Halbinsel, die sich immer mehr gegen Osten zuspizt, etwas vorzurücken, um eine kürzere Frontlinie zu erhalten; günstige Abschnitte boten sich immerhin, namentlich bei dem Altwasser die kleine Streng.

Franquemont hatte den Befehl sich rein befensiv zu verhalten, aber seinen Posten hartnäckig zu vertheidigen. Demgemäß richtete er sich ein.

Vom Dorfe an, am linken Elbufer lauft ein Damm hin, links von demselben befindet sich ein Altwasser mit buschigem Wald. Die Brigade Döring wurde 1000 Schritt vorwärts vor das Dorf geschickt, Nr. 4 auf dem linken, Nr. 6 auf dem rechten Flügel, diesen an den Damm, jenen an das Altwasser gelehnt; das Ganze gedeckt durch Obstpflanzungen. Vor der Front 4 Geschüze. Unmittelbar vor sich hat Döring eine 600 Schritt breite Wiese, jenseits derselben befindet sich der „hohe Wald", der sich zwischen Bleddin und Wartenburg einschiebt; an dem bewachsenen Elbbamm auf 400 Schritt vorwärts wird von Nr. 6 ein Piket vorgeschoben.

Die übrigen zwei Bataillone hält Franquemont in Reserve, unmittelbar am Dorf, die Reiterei hinter demselben.

Die Meldung Franquemonts über die Schwäche des Postens bei Bleddin und die weite Entfernung vom linken Flügel bei Wartenburg blieb von Seite Bertrands unbeachtet.

In der Früh des 3. Oktober überschritt der Prinz Karl von Mecklenburg, Brigadier in Yorks Korps, die Elbe mit drei Bataillonen. Gegen die Plänkler, die vor Wartenburg standen, vorbringend, mußte er sogleich erkennen, daß mit seinen geringen Kräften hier nichts auszurichten sei; fünf weitere Bataillone folgten. Heftiges Feuer aus Wartenburg empfing sie. Die den Weg zeigenden Bauern erklärten das zunächst liegende Terrain für ungangbar, nur über Blebbin sei Wartenburg ohne Mühe zu erreichen. Jezt, 7 Uhr Morgens, erblickten auch Franquemonts Plänkler den Feind und empfingen ihn wirksam da, wo er aus dem „hohen Wald" heraus treten wollte. Zwei Stunden lang währte das Feuer auf der ganzen Linie der Brigade Döring, ohne daß der Feind einen Finger breit Terrain gewonnen hätte.

Indessen hatte der Angreifer sich wesentlich verstärkt; das ganze Korps Yorks war übergegangen; sechszehn Bataillone standen tiraillirend gegen Wartenburg; elf Bataillone, sieben Eskabronen, dreizehn Geschüze wurden dem Prinzen von Mecklenburg überlassen mit dem Auftrag über Blebbin nach Wartenburg zu bringen. Fünf Bataillone ließ der Prinz als Rückhalt an der kleinen Streng; seine übrigen Streitkräfte führte er auf den in den lezten Stunden vorbereiteten Wegen gegen die Württemberger vor. Die sechs Bataillone folgten sich in Staffeln längs dem Elbdamm, die Artillerie fuhr vor dem Wald auf der Wiese auf und beschäftigte die vier württembergischen Geschüze hinlänglich; unter ihrem Schuz begann sich auch die feindliche Reiterei zu entwickeln. Franquemont hatte allmählich seine ganze Infanterie bis auf zwei Kompagnieen von Nr. 1, die noch das Dorf besezt hielten, ins Gefecht gezogen. Da eine Ablösung nicht möglich war und die Munition auszugehen drohte, so ließ Franquemont seine Lage an Bertrand melden und um Unterstüzung bitten, da der Hauptangriff gegen ihn gerichtet sei.

Bertrand kann keine Unterstüzung schicken; Franquemont, ohne Reserve, kann der Uebermacht nicht mehr Stand halten. In ruhigem, geordnetem Rückzug weicht er gegen zwei Uhr Mittags auf Blebbin zurück*); Nr. 4 hat die Nachhut unter heftigem Feuer.

---

*) Darstellung der Franzosen im Spect. mil. II., vol. VII. livr. 1826. p. 29. 30. 31. Unter Anderem: Les Wurttembergeois disputèrent à peine Bleddin. Aus preußischen Quellen geht dagegen hervor, daß Franquemont troz seiner Schwäche sich von 7 Uhr Morgens bis 2 Uhr Nachmittags vertheidigte. —

Während zwei Kompagnieen von Nr. 1 das Dorf hartnäckig ver=
theidigen, nimmt Franquemont 800 Schritt westlich davon noch
einmal Stellung. Indessen ist auch Wartenburg erstürmt worden
und Franquemont sieht sich von Morand vollständig getrennt. Er
entschließt sich zum Rückzug nach Trebitz, erhält aber Befehl über
Globig zu Morand zu stoßen.

Eine sumpfige Stelle trennt die Württemberger noch von Globig;
das leichte Bataillon mit den Generalen voran geht hindurch; die
Artillerie fährt links um die gefährliche Stelle herum. Auf der
andern Seite des Sumpfes gegen Globig hin steht westphälische
Reiterei; sie soll Franquemont die Hand bieten, wird aber sofort
von den aus Blebbin stürmenden preußischen Husaren über den
Haufen geworfen sammt der wenigen württembergischen Reiterei.
Das leichte Bataillon allein hatte den Sumpf passirt; ebenso die
Artillerie, aber diese an einer ganz andern Stelle. Von den übrigen
Truppen getrennt, fällt sie in die Hände der feindlichen Reiterei.
Das leichte Bataillon formirt Karree und bahnt sich durch die
Schwärme der Husaren den Weg nach Schnellin. Dort sammeln
sich am Abend auch die andern Bataillone. Alle zusammen noch 900
Mann stark; herabgeschmolzen von 9000. An Todten, Verwundeten
und Gefangenen zählte man 500; sieben Offiziere waren verwun=
det. Die Zahl der Todten scheint nicht groß gewesen zu sein, da
die Schützen meist hinter Deckungen standen.

Fürs Gefecht war Franquemonts Division jezt bedeutungs=
los. — Erst am 5. Oktober gelang die Vereinigung mit Bertrand
und Ney. Die nächsten Tage füllten lange, durch Kreuzungen oft
unterbrochene Märsche und manchfach gewechselte Stellungen.
Napoleon hatte seinen Plan noch nicht festgestellt, wie er der nun
vereinigten schlesischen und Nordarmee begegnen sollte, als er auch

---

Droysen, Yorks Leben, III., 113, spricht von dem „„mörderischen Kampfe""
um das Dorf Blebbin. — Geschichte der Kriege X b., 6: „Erschöpft und bei=
nahe ohne Munition vermochten die württembergischen Truppen dem Anbrange
nicht länger zu widerstehen, als der Prinz von Mecklenburg mit 13 Ge=
schützen gegen 4 und 6 zum Theil ganz frischen Bataillonen gegen 4 zusam=
mengeschossene nebst 7 Eskadronen vorrückte." — Der französische Bericht gibt
zu, daß Bertrand das ganz ausgezeichnete Terrain nicht vollständig benüzt
habe, daß die Division Fontanelli zur Unterstüzung zu spät gekommen sei. —
Die zähe Außdauer und der Todesmuth der zu Schlacken geschwundenen
württembergischen Bataillone hätte gerade hier am meisten Anerkennung
verdient.
Vergl. Plotho II., 231.

schon von diesen gegen Leipzig gedrängt wurde. Immer enger
zogen sich um ihn die Kreise und es blieb ihm keine andere Wahl,
als nunmehr sich mit allen seinen Gegnern zugleich zu schlagen, ihm,
dessen Kunst hauptsächlich darin bestand, jeden einzeln für sich zu
verderben.

Am 15. Oktober steht Franquemont mit seinem Häuflein bei
Kleinwelteritz, eine Stunde von Leipzig. Folgenden Tags erhält
er seine Stellung vor dem Gerberthor. Am Abend des 17., als
die Alliirten schon bei Gohlis sich zeigen, werden das Thor und die
nächsten Häuser zur Vertheidigung eingerichtet. In der Nacht sieht sich
jedoch Franquemont durch die Truppen Poniatowski's abgelöst;
er selbst stößt zu General Bertrand, der sein Korps bei Lindenau
sammelt, um am 18. in aller Frühe nach Weißenfels hin aufzubrechen
und der Armee den Rückzug zu bahnen.

Ueber Markranstädt, Lützen wurde Rödern unter unbedeuten=
den Zusammenstößen mit feindlichen Abtheilungen erreicht. Auch
der weitere Marsch über Weißenfels nach Freiburg am 19. und
20. blieb ungehindert; die Württemberger hatten hiebei den Park
des Korps zu eskortiren.

Für Franquemont begannen nun die geheimen Instruktionen,
welche sein König ihm für alle Eventualitäten mitgegeben hatte,
Bedeutung zu erlangen.

Die französische Armee in voller Auflösung wälzte sich dem
Rheine zu. Diesen Strom durfte er unter keinen Umständen über=
schreiten. Ueber Gotha, Erfurt bis Fulda zog er mit der franzö=
sischen Armee seinen Park eskortirend. Hier in Fulda entschied er
sich für die Straße nach Würzburg, gab seinen Park an General
Bertrand ab und marschirte ungehindert den Gränzen des König=
reichs zu. Am 31. Oktober hatten die Reste der Division Mergent=
heim erreicht.

Zwölfter Abschnitt.

1813—1848.

Der Zug gegen Frankreich und die neuen Organisationen.

Kritische Lage im Rhein-bund. Mit dem wachsenden Mißgeschick Napoleons wurde die Lage der Rheinbundsstaaten immer bedenklicher; daß der hohe Protektor sie nicht mehr unter seinen Schuz nehmen könne, wurde mit jedem Tage einleuchtender. An ihm festzuhalten, schien sicherer Untergang; auf die Seite der Alliirten sich zu schlagen, mochte anfangs wenigstens dem Aufgeben der schwer errungenen Souveränetät gleich kommen.

Rußland und Preußen hatten im Frühjahr 1813 zu Kalisch sich verabredet und ihr Programm in Beziehung auf die deutschen Lande festgestellt. Dem zur Zeit oben an stehenden Einfluß der deutschen Partei und der Wirksamkeit Steins im russischen Kabinet war es gelungen, den Plan zur einheitlichen Gestaltung Deutschlands durchzusezen. Alles deutsche Land außer Oestreich und Preußen sollte unter eine Centralverwaltung gestellt werden, die aus russischen und preußischen Bevollmächtigten bestand. Napoleonische Schöpfungen schienen hier nicht sehr respectirt zu werden: alle Besizungen der Fürsten, die sich weigern würden, mit ihren Truppen sich den Alliirten anzuschließen, sollten als Compensationsgegenstände betrachtet werden.*) Das Volk solle man zu den Waffen rufen; Sache der gesammten Nation sei es, den Krieg weiter zu führen bis zur vollständigen Befreiung.

---

*) Häusser, Deutsche Geschichte, 4, 366.

Solches Vorgehen im Sinne des Volkes berührte in Wien
unangenehm. Man war dort der Meinung, Alles solle durch die
Kabinete abgemacht, die Fürsten in ihren Rechten belassen wer=
den.*) Um Oestreich zu gewinnen, ließen Preußen und Ruß=
land Manches an ihren Plänen fallen. Am 9. September endlich
zu Teplitz wurde zwischen den drei Mächten verabredet, daß die
deutschen Staaten als vollständig unabhängig betrachtet werden
sollten. — In Preußen befreundete sich auf dieß hin die deutsche
Partei mit dem Gedanken, Deutschland in zwei Hälften zu theilen,
die nördliche dem preußischen, die südliche dem östreichischen Ein=
fluß zu unterwerfen; der Main sollte die scheidende Linie sein.

Für die kleinen Staaten war nunmehr schon viel gewonnen;
an Oestreich hatten sie einen mächtigen Fürsprecher und Vermitt=
ler in den Kabineten der Großen. Metternich seinerseits sicherte
sich seinen Einfluß auf die innere Politik Deutschlands durch die
an den Höfen der Rheinbundsstaaten erworbenen Sympathieen.
Auf lange Zeit war so die Stimme Oestreichs in der inneren und
äußern Politik Deutschlands maßgebend. Die angestrebte Einheit
war wieder auf unbestimmte Zeit verschoben.

Der Staat, welcher sich zunächst an Oestreich wandte, war
der größte der Rheinbundsstaaten, Bayern. Hier war besonders
lebhaft empfunden worden, wie viel von Jahr zu Jahr in immer
steigendem Maße dem Ehrgeiz Frankreichs zum Opfer gebracht
werden mußte. Sobald die Souveränetät und Integrität des
Staats durch Oestreich verbürgt war, schloß es sich im Vertrag
zu Ried, 8. Oktober, der Sache der Alliirten an. — In Ober=
östreich, an der bayerischen Grenze, hatte Fürst Reuß ein Heer
gesammelt; dieses vereinigte sich nun sofort mit dem Fürsten Wrede,
der mit 33,000 Bayern bei München stand. — Mit im Ganzen
58,000 Mann soll Wrede sich nun der von Leipzig nach dem Main
eilenden französischen Armee entgegenwerfen. Die nächste feind=
liche Grenze ist nach dem neuesten Umschwung natürlich Würt=
temberg; am 20. Oktober gedenkt Wrede sie erreicht zu haben.
Vom 16. Oktober berichtet der württembergische Gesandte am
Münchener Hofe, Bayern würde zwar das württembergische
Land trotz der Aenderung der Verhältnisse niemals feindlich
behandeln, wenigstens nicht ohne die gewichtigsten Gründe; das=

*) Bernhardi, Denkwürdigkeiten aus dem Leben des Grafen Toll,
IV., 35.

selbe glaube man von Oestreich versichern zu können; alle Schwie= rigkeiten aber würde der ungesäumte Beitritt beseitigen. Noch war aber König Friedrich zu diesem keineswegs entschlossen. „Der im jezigen Augenblick durch einen Schwindelgeist verführte . bayerische Hof, äußerte er, könne sich am Ende beigehen lassen, die königl. Grenzen zu insultiren, um die von Montgelas als gewünscht angegebene Ordnung der Dinge herbeizuführen." Es wurde in der That ein Gränzkordon aufgestellt von Kreglingen bis Ellen= berg, doch zugleich die Erklärung abgegeben, daß ein Kriegszustand mit Bayern unmöglich angenommen werden könne.

Der Gränzkordon erhielt auch sofort die Instruktion, beim Herannahen der alliirten Truppen zurückzuweichen, damit jeder Konflikt vermieden werde; unter keinen Umständen sollten von Seiten der Württemberger Feindseligkeiten angefangen werden.

Um sofort wegen Waffenruhe Unterhandlungen anzuknüpfen, wurde an der Grenze General von Neuffer aufgestellt. Nur mit russischen, preußischen oder östreichischen Generalen sollte er ver= handeln. Unter dem Kommando Wredes zog ein Theil seiner Armee am 21. Oktober in Dinkelsbühl ein, dabei befand sich der östreichische General Fresnel. Zu ihm begab sich Neuffer sofort, um den Auftrag seines Königs zu vollziehen. Wrede ließ ihn hart an und verlangte, daß die württembergischen Truppen sich inner= halb zweier Tage mit ihm vereinigen, sonst würde er sofort eine Brigade nach Stuttgart marschiren lassen und Württemberg als Feind betreten; nur die Achtung gegen den König habe ihn ab= gehalten, dieß nicht jezt schon zu thun.*)

Fresnel empfängt den württembergischen General freundlich und gibt den wohlwollenden Gesinnungen des Wiener Hofs Aus= druck. Doch auch der im bayerischen Hauptquartier befindliche k. k. Bevollmächtigte, Ritter Hruby, betont als Hauptsache den so= fortigen Anschluß der württembergischen Truppen an die gute Sache. Der König solle sich deutlich erklären, nur Thatsachen können über= zeugen; man scheine so lange zögern zu wollen, bis keine Wahl mehr übrig sei, dann habe der Beitritt keinen Werth mehr.

General Neuffer war bevollmächtigt, die guten Gesinnungen seines Königs gegen die Alliirten außer Zweifel zu sezen; schon am 3. Oktober habe der König sein Kontingent von Napoleon zu=

---

*) Wrede benüzt hier das Wort Napoleons: wer nicht für uns ist, der ist wider uns.

rückgeforbert und seinen Entschluß geäußert, mit den Mächten in Unterhandlungen einzutreten.

Nach den beruhigenden Versicherungen Hruby's in Dinkels= bühl*) wurde mit Metternich birekt verhandelt und am 2. Novem= ber zu Fulba zwischen ihm und dem württembergischen Minister Grafen von Zeppelin ein Vertrag geschlossen, vermöge dessen der König dem Rheinbunde entsagte und sich verpflichtete, unverzüglich seine Truppen mit denen der verbündeten Mächte zu vereinigen.**)

---

*) On accordera au Roi les mêmes conditions, qu'on a accordé à la Baviere,. c'est à dire la dimension de ses états, et on fera tout ce qui lui sera agréable.

**) Ein Manifest machte dem Volk den Umschwung der Dinge bekannt: Seine Majestät der König von Württemberg haben seit dem am 12. Juli 1806 mit Frankreich abgeschlossenen Vertrage, der den Namen der rheinischen Consöberationsakte erhalten, die in bemselben übernommenen, noch so lästigen und brückenden Verbindlichkeiten auf das Genaueste erfüllt. So groß auch die Aufopferungen waren, welche dem König und seinem Reich angesonnen wurden, so sind solche unweigerlich geleistet worden, auch selbst dann, wann, wie es der Fall Anno 1809, 1812 und 1813 war, die von dem Kaiser von Frankreich übernommene Gegenbedingung der Beschützung des Königreichs ganz außer Augen gelassen wurde. — Nie konnte die Gefahr, so das König= reich bedrohte, größer und näher sein, als in dem lezten Feldzug und doch blieben alle von Sr. Majestät an den Kaiser von Frankreich gerichteten An= suchen, die von allem Militär entblößten Grenzen zu schützen, unbeachtet und unbeantwortet. Die Heere der verbündeten Mächte näherten sich und so be= glaubigten sich Se. Majestät aller mit dem französischen Kaiser genommenen, aus der rheinischen Bundesakte entstandenen Verbindlichkeiten vollkommen entlebigt und berechtigt, aus dieser Verbindung zu treten. In Folge dessen haben S. K. Maj. der König unter dem zweiten November mit sämmtlichen kaiserlichen und königlichen verbündeten Höfen einen Allianztraktat abgeschlossen und dadurch Höchstberselben Sache zu Ihrer eigenen gemacht.

Wenn Se. Majestät nach der Ueberzeugung aller Ihrer guten und ge= treuen Unterthanen in allen Ihren politischen Verhältnissen und getroffenen Verbindungen keinen andern Zweck haben, als die Erhaltung und das Wohl des Staats, so erwarten auch Allerhöchstbieselben von Ihrem Volk, daß es, wie bisher, in seiner Anhänglichkeit und etwa nothwendig werdenden Auf= opferungen sich ausdauernd beweisen werde.

Ein allgemeiner, gesicherter, bauerhafter und der Willkür keines einzel= nen Staats ausgesezter Friede ist der Zweck des kräftigen Strebens der ver= bündeten Mächte.

Diese Hoffnung muß Jeden beleben und für die Last und den Drang des Augenblicks unempfindlicher machen, besonders wenn der biebere Würt= temberger bedenkt, daß er durch die schonende Hand eines Königs geleitet wird, der kein anderes Interesse kennt als das seines Volks.

Stuttgart, den 6. November 1813.

Vorerst sollte der König 12,000 Mann stellen, mit dem Anfang des nächsten Jahrs dieselbe Zahl nachrücken lassen.

Noch ehe Franquemont mit den Resten seiner Division im Lande eintraf, war schon Befehl ergangen, vom 24. Oktober an in aller Eile zwei Infanterieregimenter, ein leichtes Bataillon, ein Reiterregiment und eine Batterie mobil zu machen oder vielmehr neu zu errichten. Schon am 26. Oktober soll abmarschirt werden. Hiezu sind bestimmt die Infanterieregimenter Nr. 4 und Nr. 8 [später erhielt lezteres Regiment die Nr. 7] und ein Bataillon von Nr. 10, sowie das Kavallerieregiment Nr. 2.

Die Offiziere werden aus den schon ins Land zurückgekehrten genommen, von den Depots, von anderen Regimentern. Für das Regiment Nr. 4 wird die Mannschaft ausgewählt aus den Landbataillonen, den Regimentern Nr. 3 und 5 und aus den Depots. Zum Commandanten wird ernannt der seitherige Commandeur des 2. Bataillons von Nr. 2, Oberst von Imhoff; als Commandanten des 2. Bataillons treffen wir den Major v. Watter, früher bei Nr. 8; die weitern Majors sind Klinkowström und Flemming, bisher Hauptleute bei der Garde zu Fuß.*) Jeder Offizier erhielt Equipirungsgelder nach dem Vorgang beim Ende des russischen Feldzugs.

---

*) Das übrige ganz neu zusammengesezte Offizierskorps:
Regimentsadjutant: Lieutenant Oechslen.
Bataillonsadjutant: Lieutenant Grauer.
I. Bataillon.
1. Kompagnie: Hauptmann v. Rottenhof von Nr. 1.
     Sekondlieutenant Reinhardt von Nr. 6.
     Sekondlieutenant Fischer von Nr. 2.
2. Kompagnie: Stabshauptmann v. Auer von Nr. 1.
     Sekondlieutenant v. Dettelbach von Nr. 10
     Sekondlieutenant Pfau von Nr. 6.
3. Kompagnie: Stabshauptmann v. Knörzer von Nr. 1.
     Sekondlieutenant Bischer vom Depot.
     Sekondlieutenant Leuze von Nr. 2.
4. Kompagnie: Stabshauptmann v. Prunschenk von Nr. 6.
     Sekondlieutenant Bach von Nr. 4.
     Sekondlieutenant Jariz vom Depot.
II. Bataillon.
1. Kompagnie: Hauptmann v. Klapp von Nr. 4.
     Sekondlieutenant Paulus von Nr. 4.
     Sekondlieutenant v. Röder vom Kadeten.
2. Kompagnie: Stabshauptmann Maierhöfer von Nr. 4.
     Premierlieutenant Stockmaier von Nr. 2.
     Sekondlieutenant Gebhard vom Depot.

Am 26. Oktober war das neue Regiment Nr. 4, während die kleinen Reste des alten, im Winter vorher errichteten noch nicht einmal die Grenze des Vaterlandes erreicht hatten, wieder vollzählig wie früher mit 1434 Mann aufgestellt. Unter den Offizieren befinden sich 15 Sekondlieutenants, nur 1 Premierlieutenant. — Die türkischen Musiken der einzelnen Regimenter waren schon nach dem russischen Feldzug eingegangen, die Compagnieen hatten dafür einen Tambour mehr und die Grenadiercompagnieen außerdem zwei Pfeifer.

Vier Wagen folgen dem Regiment, je mit vier Pferden bespannt; zwei Stabswagen und zwei Munitionswagen; 70 Patronen sind auf den Mann gerechnet; 40 führt er in der Tasche, 30 sind im Wagen. Zum lezten Mal waren im Feldzug 1809 den einzelnen Regimentern und Bataillonen Geschüze zugetheilt. Die Bezahlung der einzelnen Chargen ist wie früher.

Die schon oben näher bezeichnete zunächst zum Ausmarsch bestimmte Brigade ging unter Commando des Generalmajors von Walsleben am 26. Oktober 1813 nach Heilbronn ab. Auf ihrem Marsch zum Corps Wrede's erreichte sie am 30. Abends Aschaffenburg. Zur selben Zeit stand Wrede unter ungünstigen Verhältnissen dem Feind bei Hanau gegenüber. Er scheint die Trümmer der großen Armee allzusehr verachtet zu haben; der Haufe war freilich aufgelöst, aber was Napoleon selbst an Kerntruppen noch bei sich hatte, war genügend, um dem bayerischen Führer eine theilweise Niederlage beizubringen. Dieser hatte außerdem die beste Zeit verloren, sonst hätte er die französische Armee fassen können in dem Augenblicke, wo sie bei Schlüchtern oder Gelnhausen aus den Defileen der Gebirge trat.

Walsleben hatte bei Aschaffenburg sich an der Brücke zur Vertheidigung einzurichten. Wirkliche Gefahr war für ihn jedoch keine vorhanden, da der Kaiser der Franzosen möglichst schnell den Rhein zwischen sich und seine Gegner zu bringen gedachte.

---

3. Kompagnie: Stabshauptmann v. Baumbach von Nr. 2.
        Sekondlieutenant Schuhmann von Nr. 4.
        Sekondlieutenant Kammerer von Nr. 2.
4. Kompagnie: Quakapitän Haubensack vom Landbataillon.
        Sekondlieutenant Husuabel von Nr. 4.
        Sekondlieutenant Fromm von Nr. 2.
Regimentsquartiermeister Grunbler.
Auditor Hörner.
Oberärzte Bonhöfer und Löffler.

404

Kriegslage
am Rhein.

In den ersten Tagen des November erhielt Walsleben die Weisung, bei Seligenstadt und Dieburg zu kantoniren, von da sich ins badische Oberland zu ziehen. Ueber Weinheim, Durlach war am 16. November Baden erreicht. Die Brigade hatte die Rhein= postirung von Kehl abwärts. Anfangs Dezember wurde sie rund um Kehl her verlegt, dessen Cernirung sie von östreichischen Trup= pen übernahm; sie hatte Posten in Diersheim, Auenheim, Neumühl, Radersweier, Kork, Abelshofen, Sundweier, Marlen, Eckardsweier. Unbedeutende nächtliche Plänkeleien mit der Besazung.

Indessen war Franquemont mit den Reiterregimentern Nr. 3, 4, 5, drei Batterieen, den Infanterieregimentern Nr. 2 und 3, 6 und 7, dem leichten Regiment Nr. 9 und einem Bataillon von Nr. 10 am 19. Dezember*) von Vaihingen aufgebrochen und hatte sich nach fünf Marschtagen am 24. Dezember in Offenburg mit Walsleben vereinigt; sein ganzes Korps zählte hier 13,400 Mann und 2700 Pferde.

Als Napoleon am 1. und 2. November mit den Trümmern seiner Armee eilig über den Rhein zurückgegangen war, trat in den Kabineten der Mächte ein langanhaltendes Schwanken ein, ob der Krieg fortzusezen oder auf Grund des schon Errungenen ein Frie= den zu schließen sei. Die Kriegspartei im russischen und preußi= schen Kabinet drang endlich durch mit dem 1. Dezember. Der Einmarsch nach Frankreich war beschlossene Sache.

Ungeheure Kräfte standen zu dem Zwecke längs des ganzen Rheinstroms bereit. Da waren die Oestreicher auf dem linken Flügel, das böhmische oder große Heer: I. Korps Colloredo, II. Korps Liechtenstein, III. Korps Giulay; ihnen schlossen sich an: IV. Korps Kronprinz von Württemberg, V. Korps Wrede, VI. Korps Wittgen= stein; außerdem Reserven und Garden und zwei leichte Divisionen, deren Aufgabe es hauptsächlich sein sollte, den Rücken zu decken; die in der Bildung begriffenen Truppen eingerechnet: 261,650 Mann mit 736 Geschüzen.**) Das schlesische Heer mit den Korps Kleist, York, Langeron, Sacken hatte eine Stärke von mehr als 90,000 Mann; das Nordheer unter Bülow und Winzingerobe sollte sich durch deutsche Truppen auf mehr als 100,000 Mann verstärken.

---

*) Als weiterer Zuzug gingen aus dem Königreich ab ins Feld am 25. Januar 1814 wie auch am 20. und 24. Februar unter den Generalen Lalance und Spizemberg die Infanterieregimenter Nr. 1, 5, 8, nebst Muni= tionsreserve und die Landregimenter Nr. 2 (Landscharfschüzen), 3, 4, 5, 6, 7, 8, welche die im Feld stehende württembergische Armee auf etwas über 24,000 Mann brachten.

**) Beizke, Geschichte der deutschen Freiheitskriege. III., 29 ff.

Werden jedoch die Truppentheile abgerechnet, welche zur Ein=
schließung der Festungen verwendet wurden und den Rücken der
Armeen und deren Kommunikationen zu decken hatten, so ergeben
sich für den Gebrauch im freien Feld, von Genf bis zur Nordsee
aufgestellt, wenig mehr als 200,000 Mann.

Napoleon hatte dieser Streitmacht im Anfang nur wenige
Reste seiner großen Armee entgegenzusezen, meist Gardetruppen;
alles Uebrige war dem Schwert der Feinde oder dem Typhus er=
legen. Seine neuen Organisationen gingen nicht nach Wunsch
vorwärts; das Land, wenn auch großentheils noch zu Opfern be=
reit, war doch seit einer Reihe von Jahren zu sehr in Anspruch
genommen, um mit einem Male eine große Armee schaffen zu
können; es gelang dem Kaiser troz aller Anstrengungen nie, auch
nur die halb so große Anzahl von Streitern, wie die Verbündeten
hatten, ins Feld zu stellen.

In den lezten Tagen des Dezember 1813 und in den ersten
des Januar 1814 wurde ohne Widerstand der Rheinstrom und die
Grenze Frankreichs überschritten.

Das württembergische Korps, das unter Kommando des Kron=
prinzen Wilhelm das 4. Armeekorps der böhmischen Armee bilden*)
und später durch östreichische Truppen verstärkt werden sollte,
marschirte Ende Dezember von seinen Postirungen bei Kehl rhein=
aufwärts, um bei Märkt unterhalb Hüningen den Rhein zu pas=
siren. Bis zum 5. Januar blieb das Korps in Kantonirungen
zwischen Rhein und Ill, zusammt dem 5. Korps unter Wrede, in=
dem es mit einer Brigade die Besazung von Neubreisach beob=

---

*) Der Kronprinz hatte sein Armeekorps mit folgenden Worten begrüßt:
Offiziere und Soldaten des württ. Korps!
In dem Augenblick, wo ihr in die Reihen der großen alliirten Armee
tretet, ist es meine Pflicht, euch mit dem Zweck dieses Kriegs bekannt zu
machen. Russen, Oestreicher, Preußen und alle Völker Teutschlands sind zu
einem gemeinschaftlichen Zweck verbunden, Europa Ruhe, Teutschland Unab=
hängigkeit zu erkämpfen. Unser König und das Vaterland erwarten von euch
alle nur möglichen Anstrengungen, um diesen heiligen Zweck zu erreichen.
Die größte Eintracht herrsche immer zwischen euch und den Bundesvölkern;
nicht nur der Ruf der Tapferkeit, sondern auch der strengsten Disciplin gehe
immer vor euch her; bedenket stets, der schönste Lohn eines Kriegers erwartet
uns, dem Vaterland Freiheit und Unabhängigkeit zu erkämpfen.
Offenburg, 23. Dezember 1813.

Friedrich Wilhelm,
Kronprinz.

achtete. Einige unbedeutende Zusammenstöße mit kleinen feind=
lichen Abtheilungen fielen in der Rheinebene vor. Am 6. Januar
endlich sollte der Marsch über die vorliegenden Berge ins Innere
Frankreichs beginnen.

Nachdem der Rhein im Rücken der Armee war, standen ihrem
Weitermarsch immerhin noch große Hindernisse entgegen: Die Defi=
leen des Jura und der Vogesen, die vortheilhaften, zum Theil
befestigten Stellungen an deren westlichem Ausgang, die Marne,
Aube und Seine, die zu überschreiten waren.*)

Der erste Plan war, die böhmische Armee unter Schwarzen=
berg, die schlesische unter Blücher jenseits der Defileen etwa an
der Aube zu vereinigen; bis dahin konnte jedes Korps gesondert
vorgehen, da wohl bekannt war, wie weit Napoleon noch in seinen
Rüstungen zurück sei, über wie wenige Kräfte er vorderhand zu
verfügen habe.

Die Reihe der nun folgenden Operationen zerfällt naturgemäß
in vier Perioden. — Die erste Periode wird da endigen, wo die
böhmische Armee im Westen der Defileen aufmarschirt ist und
Fühlung mit der schlesischen erhält, der Zeitraum bis zum 18. Ja=
nuar 1814.

Die zweite Periode wird die Zeit der Offensive von beiden
Seiten enthalten. Der größte Theil der schlesischen Armee hat sich
mit der böhmischen an der Aube vereinigt; Napoleon rückt ihr von
Chalons entgegen; Blücher, zunächst isolirt durch Napoleon aus
Brienne verdrängt, greift ihn bei la Rothiere an, trennt sich
dann von Schwarzenberg, um für sich auf Paris loszumarschiren;
Schwarzenberg seinerseits geht über Troyes an die Seine bis
Montereau und über diese bis Nangis und Provins. Da fällt
Napoleon über seine zersplitterten Posten her und wirft ihn in
die Defensive zurück.

Mit diesem Zeitpunkt, 18. Februar, mag die dritte Periode be=
ginnen. Schwarzenberg zieht sich vor den nachrückenden französi=
schen Korps wieder auf Troyes und an die Aube bei Bar zurück.
Die hier geschlagene Schlacht bringt das nachgerückte französische
Korps zum Stehen.

Mit der Schlacht bei Arcis sur Aube, 20. und 21. März be=

---

*) Näheres s. Das Kommando des Kronprinzen von Württemberg ꝛc.
S. 7 ff.

ginnt von Seiten Schwarzenbergs endlich wieder die entschiedene Offensive, welche in direktem Marsch auf die Hauptstadt durch die Schlacht vor den Thoren endlich zum Ziel führt; vierte Periode.

Das vierte Korps marschirte zunächst am 6. Januar 1814 *Marsch ins Innere von Frankreich.* von St. Croix an der Jll aufwärts, um im Thal der Thurr über Thann und Weiler auf den Kamm der Vogesen zu gelangen; über Boussange und Rupt wurde am 10. Januar Remiremont erreicht. Voraus zogen die Kosaken von Scherbatoff. Das Korps selbst findet sich folgendermaßen eingetheilt:

Vorhut: Generalmajor v. Zeit mit dem Reiterregiment Nr. 4, einer reitenden Batterie, Infanterieregiment Nr. 7; Generalmajor v. Stockmaier mit dem Reiterregiment Nr. 2, einer Batterie und den leichten Infanterieregimentern Nr. 9 und 10.

Gros: Feldzeugmeister Graf Franquemont, Reiterregiment Nr. 3 und 5; Brigade Döring, Infanterieregimenter Nr. 2 und 3; Brigade Prinz Hohenlohe, Infanterieregimenter Nr. 4 und 6. — Jede der beiden leztgenannten Brigaden hatte eine Batterie.

Von östreichischen Truppen war vorerst beigegeben: eine Zwölf= pfünderbatterie und eine Eskabron von Erzherzog Ferdinandhusaren. An die rechte Flanke des Korps sich anschließend marschirte das fünfte Korps unter Wrede über die Gebirge; es hatte jedoch erst einige Tage später den Marsch aus der Rheinebene angetreten; zur Linken findet sich Giulay mit dem dritten Korps, die übrigen östreichischen Abtheilungen hinter ihm. Als nächstes Objekt hat Schwarzenberg die Besezung von Langres und der umliegenden Höhen in Aussicht genommen. Giulay marschirt direkt darauf zu, der Kronprinz hat sich über Bourbonne diesem zu nähern.

In Remirmont angekommen, war in Erfahrung gebracht, daß vom Korps des Marschall Viktor von Nancy aus ein Detaschement von 4000 Mann Infanterie und einigen Eskabronen das benach= barte Epinal besezt halte. Der Kronprinz, um diesen Feind sich nicht in Flanke und Rücken zu lassen, ordnete sofort den Angriff an. Zwei Kolonnen Infanterie, auf den Seiten von württember= gischer Reiterei sowohl als den Kosaken Platows, Scherbatoffs und Kaisaroffs flankirt, drangen am 11. Januar auf beiden Ufern der Mosel gegen Epinal vor. Nur wenige Schüsse fielen in der süd= lichen Umfassung Epinals zwischen den beiderseitigen Plänklern, als General Rousseau, der Kommandant in Epinal, sich gegen Nancy

zurückzuziehen begann. Die Reiterei mit reitenden Batterieen ver=
folgte ihn noch eine Strecke weit und brachte mehrere Hundert
Gefangene ein. Die Württemberger zählten 1 Mann todt und
9 Verwundete.

Nach diesem ersten Erfolg wurde der Marsch zum Anschluß an
das dritte Korps fortgesezt; auf sehr schlechten Wegen wurde am
16. Januar Bourbonne, am 17. Montigny erreicht.

An demselben Tage befand sich Giulay in Langres, wo Mar=
schall Mortier, wohl mehr zur Beobachtung als zu ernsthafter Ver=
theidigung mit 12,000 Mann sich aufgestellt hatte. Bei der An=
näherung so gewaltiger Heeresmassen hatte er sich zurückgezogen.
Die Garden und Reserven sammt den übrigen östreichischen Korps,
soweit sie nicht verwendet wurden, um gegen den in Lyon stehenden
Augereau den Rücken zu decken, waren im Anmarsch auf Langres.

Die Spize Wrebes war im Marsch auf Neufchateau, Wittgen=
stein war noch im Elsaß zurück, aber Blücher hatte Nancy erreicht,
um Schwarzenberg die Hand zu bieten. 130,000 Mann waren
von Langres bis Nancy aufgestellt, verzettelt freilich noch, doch
mußten sie mit jedem Marschtag sich einander mehr nähern. Für
jezt war das Korps des Kronprinzen dasjenige, das am weitesten
vorgedrungen war.

Viel war jedenfalls bis jezt gewonnen: der Rhein und die
Defileen der Gebirge waren ohne allen nennenswerthen Widerstand
passirt worden.

Sobald der Kronprinz erfahren, daß Langres vom Feinde ver=
lassen sei, sezte er seinen Vormarsch nach Chaumont fort. Mortier
hatte seine Vorposten ostwärts von Chaumont auf der großen Straße
bis Biesles vorgeschoben; ihm gegenüber bei Mandres standen
zwei vorgeschobene Eskadronen vom vierten Korps. — In der Frühe
des 18. Januar ließ der Kronprinz seine beiden Avantgardebri=
gaden auf der großen Straße vorgehen und suchte — selbst bei der
Brigade Jett anwesend — dem Feind den Uebergang bei Chaumont
abzuschneiden. Diesem gelang es aber, über Ville aux bois und
Choignes das linke Marneufer zu gewinnen, wo er unter dem Schuz
seiner Artillerie starke Stellung nahm.

Den ganzen Tag über hatte ungemein heftiges Sturm= und
Regenwetter geherrscht; die Infanterie war aufs Aeußerste erschöpft.
Dieser Umstand neben der Aussicht auf baldige Ankunft des dritten
Korps veranlaßte den Kronprinzen, von weiteren Versuchen abzu=
stehen und dieselben erst am anderen Tage vereint mit Giulay

wieder zu beginnen. — Verlust der Württemberger: 10 Mann todt, 34 verwundet, 14 vermißt.

Mortier hielt es nicht für geeignet, das Eintreffen eines weiteren Korps abzuwarten und zog sich auf seine nächste Linie, die Aube, zurück. Am 19. Januar um Mittag kann der Kronprinz in Chaumont einrücken. — Unter dem Vorwand, den Zeitpunkt abzuwarten, bis die schlesische Armee in gleicher Höhe mit der böhmischen angekommen sein würde,*) läßt Schwarzenberg vom 20. Januar an für einige Tage Kantonirungen beziehen. In Wirklichkeit war übrigens schon von vorn herein die Art der Kriegführung von Seiten Schwarzenbergs vollkommen mit der stets unterhandelnden und Frieden suchenden Politik Oestreichs in Verbindung getreten. Mit dem Anfang des nächsten Monats sollte sich zu Chatillon ein Kongreß zusammenfinden, um auf Grundlage einer Grenzregulirung nach dem Bestand vom Jahr 1792 über den Frieden zu unterhandeln. Nur dem Drängen des Kaisers Alexander war es zuzuschreiben, daß während der ganzen fruchtlosen Unterhandlungen die Feindseligkeiten fortgesezt wurden.

Von dem Hauptquartier in Chaumont aus war die württembergische Avantgarde auf der großen Straße gegen Juzennecourt vorgeschoben; General Stockmaier befand sich in Blezy. Zur Linken hatte Giulay seine Vorhut gegen Clairvaux, südlich von Bar sur Aube, vorgetrieben; zur Rechten war Wrede im Anmarsch von Neuschateau. Die genannten drei Korps waren somit ihrer Vereinigung sehr nahe; sie sind es hauptsächlich, die sich neben dem Korps von Kolloredo und den Reserven unter Barclay und Bianchi, an allen Operationen der böhmischen Armee betheiligen.

Mortier hatte sich auf etwa 16,000 Mann verstärkt. Mit seinem Gros hatte er die Brücken bei Bar sur Aube und diejenige oberhalb Fontaine auf beiden Ufern des Flusses besezt; seine Vorhut hielt mit 4 Bataillonen und 4 Eskadronen Colombé les deux eglises da, wo die Straße gegen Osten nach Juzennecourt hin sich bedeutend senkt.

Um sich der Uebergänge über die Aube zu versichern, erhielt das dritte und vierte Korps am 24. Januar von Schwarzenberg die Ermächtigung, die Posten Mortiers anzugreifen. Giulay auf dem linken Ufer der Aube hatte zunächst von Clairvaux gegen die Brücke von Fontaine vorzurücken. Auf dem rechten Ufer läßt der

---

*) Geschichte der Kriege, XII a., 15.

Kronprinz die Brigade Zett auf der großen Straße von Juzennecourt direkt auf Colombé les bru; eglises vorgehen; von demselben
Ausgangspunkt aus sollte Stockmaier mit seiner Brigade durch das
Gehölz von Beauregard nach der Linken gegen Montherie hin durchzubringen suchen, um dann sich wieder rechts wendend bei Villeneuve au; fraines dem Posten von Colombé in die rechte Flanke
und den Rücken zu kommen. Stockmaier fand indeß den vorgeschriebenen Weg durch das Gehölz vollständig ungangbar und war
daher genöthigt, in der Front gegen den Posten von Colombé anzurücken. Nach wenigen Kanonenschüssen verließ übrigens der Feind
seine Stellung und ging gegen seinen Aufnahmsposten bei Lignol
zurück. Ohne weiteren Widerstand wich er auch von hier bis
in seine letzte Linie vor Bar, bei Voigny. Eine Kanonade be-
endigte auf dieser Seite der Aube die Operation. Größere Anstrengungen hatte es Giulay gekostet, von Clairvau; aus gegen die
Brücke von Fontaine vorzubringen. Erst nach wiederholten Angriffen war es ihm gelungen, die linksseitigen Thalhöhen zu gewinnen und den Feind, als schon die Nacht anbrach, aus Fontaine
zu vertreiben. Während der Nacht noch geht Mortier bei Bar
vollständig auf das linke Aubeufer und gegen Troyes zurück; das
vierte Korps nimmt Stellung bei Colombé, die Vortruppen streifen
über Bar zur Aube den Fluß abwärts bis Dienville und Soulaines.

Schlacht bei la Rothiere. Bisher war Napoleon dem eigentlichen Kriegsschauplatz fern
geblieben; jetzt erst, wo die Feinde sich zu concentriren drohten,
übernahm er selbst den Oberbefehl; am 25. Januar trifft er in
Chalons ein. Sofort ist er entschlossen, auch mit unzureichenden
Kräften die Offensive zu ergreifen; das passive Abwarten lag nie
in seiner Natur. Zunächst hat er es auf Blücher abgesehen, der
von St. Dizier mit den russischen Korps von Sacken und Olsuwieff,
Yorck und Langeron zurücklassend, gegen die Aube abgezogen war.
Am 27. Januar war Blücher über Chiffaumont bei Brienne le
chateau eingetroffen; er hatte 30,000 Mann unter seinem Kommando und erwartete den Feind etwa von Vitry oder von Arcis
her. Nun hatte Napoleon, Blücher nachziehend, von St. Dizier
den außerordentlich beschwerlichen Weg durch zusammenhängende
Wälder über Montier en der eingeschlagen und rückte von Osten
und Nordosten gegen Blüchers Stellung bei Brienne vor. Am
29. Januar waren die Franzosen, gegen 40000 Mann, aus den
Wäldern debouchirt. In dem sofort eröffneten Kampf sah sich

Blücher, obwohl er im Besitz der Stadt blieb, genöthigt, noch in der Nacht auf die Vortruppen der böhmischen Armee nach Arçonval, la Rothiere und Brienne la vielle zurückzugehen. Er hatte im Sinn, noch weiter zu weichen bis Bar; nur das persönliche Zureden des Kronprinzen und Giulay's vermochten ihn, auf den Höhen von Trannes Stellung zu nehmen.

Da, wo das Thal der Aube sich zu öffnen beginnt, liegt das Dorf Trannes. Die rechtseitigen Thalhöhen treten hier zum leztenmal nahe an den Fluß heran.*) Flußabwärts von diesen Höhen, gegen Norden, liegt eine ausgedehnte Thalebene, wohl eine Stunde breit; im Osten ist sie wieder von einigen Höhen umsäumt. In dem eben ziemlich durchweichten Thalgrunde liegen die Ortschaften Dienville, la Rothiere, Petit Mesnil und Chaumesnil, lezteres sich an die östlichen Höhen lehnend.

Von Brienne her war Napoleon langsam nachgerückt und fand sich am 30. Januar in Dienville und la Rothiere bis Neuilly und Tremilly hin der Stellung Blüchers gegenüber, der sich vollständig auf die Höhen von Trannes zurückgezogen hatte. Für den bevorstehenden Kampf waren dem Feldmarschall Blücher auch das dritte, vierte und fünfte Korps untergeordnet.**) Am 30. und 31. Januar standen Sacken und Olsuwieff bei Trannes, Giulay hinter ihnen, weiter rechts bei Fresnay und Maison der Kronprinz von Württemberg, an den sich, von Nordosten her marschirend, Wrede anschließen sollte. Russische und östreichische Reserven und Garden standen vorwärts von Bar.

Als auch der Morgen des 1. Februar ohne Lebenszeichen von Seiten Blüchers vorüberging, begann Napoleon schon gegen Brienne hin abzuziehen. Erst um die Mittagsstunde sezten die Angriffskolonnen der Alliirten sich in Bewegung. Napoleon faßte nun von Neuem Fuß mit seinem rechten Flügel in Dienville, seinem Centrum in la Rothiere, seinem linken Flügel in Petit Mesnil und etwas zurückgebogen in Chaumesnil.

Als Angriffsobjekt war für Sacken das Centrum bestimmt, für Giulay der rechte Flügel; der Kronprinz hatte die Aufgabe, Petitmesnil zu nehmen und sich in Chaumesnil mit Wrede, der von Tremilly her vorzubringen hatte, zu vereinigen.

---

*) Beitzle, Deutsche Freiheitskriege, III., 113.
**) Disposition zur Schlacht von Seite Blüchers s. Plotho, III., 113 Ebend. 116 Einführung weißer Armbänder als Erkennungszeichen bei den Verbündeten.

Mit Tagesanbruch am 1. Februar sezt sich das vierte Korps von seinen bisherigen Stellungen bei Maison und Fresnay in Be= wegung, um Eclance zu erreichen, von wo aus es um 12 Uhr Mittags zum Angriff übergehen sollte.

Zunächst vor seiner Front nördlich von Eclance lag der Wald von Beaulieu und la Rothiere, eben jezt durch anhaltendes Thau= und Regenwetter grundlos, von keiner gangbaren Straße durch= schnitten. Der Wald war von den Franzosen leicht besezt. Die Brigade Stockmaier voran, läßt der Kronprinz den Wald durch seine leichten Truppen säubern; die östreichischen Pionniere be= mühen sich, für Geschüz und Reiterei einen Knüppelweg herzurichten. Auf Stockmaier folgt die Brigade Döring *) sammt einem Theil der Reiterei und Artillerie.

Den nördlichen Rand des Waldes gewonnen, ließ der Kron= prinz, was an Infanterie und Reiterei durchgekommen war, auf= marschiren. Gegen Gibrie hin senkt sich zunächst des Waldes der

---

*) Wenige Tage vor der Schlacht waren beim 4. Korps noch eingetroffen= 4 weitere Eskadrons Erzherzog Ferdinand=Husaren und eine östreichische Pionnierkompanie. Zu derselben Zeit war die Ordre de bataille folgender= maßen geändert worden:

Avantgarde.	**Generalmajor v. Walsleben.**	
	Jägerregiment Nr 2, Herzog Louis . . .	4 Esk.
	Erzherzog Ferdinand=Husaren	5 „
	Eine reitende Batterie.	
	Generalmajor v. Stockmaier.	
	Jägerregiment Nr. 9, König	2 Bat.
	Leichtes Infanterieregiment Nr. 10. . . .	2 „
	K. K. Pionniere	1 Komp.
Groß.	**Feldzeugmeister Graf Franquemont.**	
	Generallieutenant Prinz Adam von Würt= **temberg.**	
	Jägerregiment Nr. 4, Prinz Adam . . .	4 Esk.
	Jägerregiment Nr. 5, „ „ . . .	4 „
	Regiment Nr. 3, Kronprinz=Dragoner . .	4 „
	Eine reitende Batterie.	
	Generallieutenant v. Koch.	
Generalmajor v. Döring.	Infanterieregiment Nr. 2, Herzog Wilhelm	2 Bat.
	Infanterieregiment Nr. 3, „ „	2 „
	Infanterieregiment Nr. 7, „ „	2 „
	Zwei Fußbatterieen, darunter eine östreichische zwölfpfündige.	
Generalmajor Prinz Hohenlohe.	Infanterieregiment Nr. 6, Kronprinz . .	2 Bat.
	Infanterieregiment Nr. 4, „ . .	2 „
	Eine Fußbatterie.	

Boden in einen feuchten Grund; jenseits dieser Bodensenkung liegt das Dorf la Gibrie auf einer kleinen Höhe langgestreckt, die schmale Seite den Württembergern zugekehrt. Als einen vorge= schobenen Posten hatte Napoleon dieses Dorf mit drei Bataillonen besezen lassen; einige Schwadronen waren südlich desselben auf= marschirt. Durch das württembergische Jägerregiment zu Pferd Nr. 2 wurden diese sofort vertrieben und Stockmaier ging mit seiner Brigade zum Angriff auf la Gibrie über. Für den Kron= prinzen war der Besiz dieses Dorfes durchaus nothwendig, wenn er mit Sacken, der eben jezt in Nothiere einbrang, auf gleicher Höhe und in Verbindung bleiben wollte. Außer dem Umstand, daß an diesem Tage ein außerordentlich starkes Schneegestöber die Luft verdichte, war der Kronprinz nunmehr etwa 5000 Schritte von Sackens Korps bei Nothiere entfernt; einzelne Waldspizen und Baumgruppen verdeckten den Schauplaz zur Linken. Gelang es ihm, nach Petitmesnil über Gibrie vorzubringen, so war er dem Korps Sackens bis auf 2500 Schritte nahe gerückt und konnte Wrede die Hand reichen.

Im ersten Anlauf gelang es dem General Stockmaier wirklich, die französischen Bataillone aus la Gibrie zu vertreiben. Sie sam= melten sich nordwärts vom Dorfe gegen Petitmesnil hin auf einer Anhöhe, wo auch mehrere Batterieen auffuhren. Von hier aus gingen die Franzosen ihrerseits wieder zum Angriff über und nur den vereinigten Anstrengungen der Brigaden Stockmaier und Döring gelang es, den schon ins Dorf eingedrungenen Feind wieder auf die Anhöhe nordwärts und weiter nach Petitmesnil zurückzuwerfen.

General Stockmaier berichtet über die Vorgänge bis hieher: Morgens 7 Uhr habe seine Brigade Fresnay verlassen und sich mit der Hauptkolonne in Eclance vereinigt, von wo aus die Regi= menter Nr. 9 und 10 die Avantgarde des Korps bildeten. Den Wald auf dem Wege nach la Gibrie habe der Feind mit einigen hundert Mann besezt gehalten. Das zweite Bataillon von Nr. 10 habe er daher abgeschickt, um die linke Flanke gegen diese Plänkler zu decken. Das erste Bataillon von Nr. 9 schlug den geraden Weg nach Gibrie durch den Wald ein. Ein französisches Bataillon, das vor dem Wald aufgestellt war, wurde zurückgetrieben und nun konnte die ganze Kolonne aus dem Wald debouchiren. — Das Jägerregiment Nr. 9 nimmt das Dorf weg, besezt es mit einem Bataillon, wäh= rend das andere links davon in den Baumgruppen steht. In dem Augenblicke fährt der Feind jenseits la Gibrie eine Zwölfpfünder=

batterie auf und läßt mehrere Bataillone unter ihrem Schuß im
Sturmschritt wieder vorgehen, um das Dorf zu nehmen. Ein
Bataillon von Nr. 10 kommt dem bedrängten Jägerregiment zu
Hilfe und Generalmajor v. Döring führt das Infanterieregiment
Nr. 2 herbei. Die Feinde bringen zwar ein, aber in dem lang=
gestreckten Dorf selbst vermögen die Württemberger sich zu halten.
Doch werden sie stark mit Kartätschen beschossen und Stockmaier
bittet um Verstärkung, da die im Dorf engagirten Bataillone sich
beinahe verschossen haben. — Regiment Nr. 7 kommt im Lauf
heran, Stockmaier läßt es rechts und links vom Dorf stürmend
vorgehen; in den Dorfgassen selbst sucht er die Leute zu neuen An=
strengungen anzufeuern. So wurde der Feind gezwungen, das
Dorf zu räumen; er stellte sich zwischen la Gibrie und Petitmesnil
wieder und in Petitmesnil selbst, mußte dieß Dorf aber Abends
5 Uhr verlassen. Die Kavallerie erhielt dadurch Gelegenheit zu
debouchiren, den fliehenden Feind zu verfolgen und die Verbindung
nach rechts und links mit Wrede und Sacken herzustellen.*)

Durch Wegnahme von Petitmesnil hatte das vierte Korps
seine Aufgabe vollkommen gelöst; auf allen übrigen Punkten war
Sacken sowohl als Wrede entschieden im Vortheil; Chaumesnil war
im Besize der Bayern, in den Gassen von la Rothiere wüthete
der Straßenkampf noch bis in die Nacht. Napoleon hatte übrigens
schon lange sich zum Rückzug entschlossen und seine Garden an die
Brücke von Lesmont zurückgeschickt. Im Schuß der Nacht, welche
der Verfolgung bald ein Ziel sezte, sammelte er seine übrigen
Truppen bei Brienne.

Mit etwa 40,000 Mann war er gegen doppelte Uebermacht in
den Kampf getreten; 3600 Mann mußte er an Todten und Verwunde=
ten zurücklassen, gegen 1000 Gefangene und 73 Geschüze fielen in
die Hände des Feinds. Die Verbündeten ihrerseits hatten fast 5000
Mann verloren; die Württemberger zählten 3 todte, 10 verwundete
Offiziere, an Mannschaft 41 Todte, 411 Verwundete, 80 Vermißte.

*) Beim Kampf um Gibrie soll der Kronprinz bei Blücher um Verstärkung
gebeten haben, was zur Folge gehabt habe, daß Streitkräfte dem wichtigsten
Punkt entzogen wurden. Beizle, Geschichte der deutschen Freiheitskriege, III.,
122 ff. Vergl. Geschichte der Kriege, XII. a, 71. — Es scheinen von Kaiser
Alexander dem Kronprinzen wirklich Grenadiere und Kürassiere zu Hilfe ge=
schickt worden zu sein; doch ist nicht aufgeklärt, wo sie während der Schlacht
standen; jedenfalls kamen sie nirgends zur Verwendung und weder der Kron=
prinz noch Blücher wußten etwas von ihnen. — Vergl. Bernhardi, Denk=
würdigkeiten aus dem Leben Tolls, IV., 306.

In der Nacht lag das vierte Korps bei Petitmesnil; die Husaren gaben die Vorposten. — Mit Tagesanbruch am 2. Februar wurde gegen Brienne aufgebrochen und die feindliche Nachhut bis auf die Anhöhe südlich von Lesmont verfolgt. Hier war der Feind im Begriff, aufs linke Aubeufer überzugehen. Durch die starke Stellung auf der Höhe von Lesmont gedeckt, vollzog er es unge= hindert, da der Kronprinz, mit der Reiterei allein vorausgeeilt, keinen ernsthaften Angriff unternehmen konnte. Die Aubebrücke zündete der Feind hinter sich an und hielt sie aus den Häusern am linken Ufer dergestalt unter Feuer, daß es den rasch nach= drängenden Württembergern nicht gelang, sie zu retten.

An demselben Tag zieht Blücher mit seinen Korps gegen Vitry hin ab, um abgesondert von der Hauptarmee längs der Marnelinie zu operiren.

Schwarzenberg mit dem ersten, dritten, vierten, fünften und sechsten Korps folgt in den nächsten Tagen dem zurückweichenden Feinde gegen Troyes. General Franquemont spricht um diese Zeit die Ansicht aus, die Verhältnisse gewinnen allmälig den An= schein, als sei es Ernst, auf Paris zu marschiren und eine Haupt= schlacht zu liefern. Von den Einwohnern sagt er, daß sie unwillig seien sowohl gegen ihre eigene Regierung, die immer Alles auf die Hauptstadt und die Armee, Nichts auf die Provinzen verwendet habe, als auch gegen die fremden Einquartierungen. Das Land ist nicht eben reich und die Verpflegung durch den Wirth war häufig sehr mangelhaft. — Bei dem schlechten Wetter fingen die Schuhe der Soldaten an sehr schadhaft zu werden und unter dem in Holz= schuhen gehenden Landvolk brachten Requisitionen in dieser Richtung nicht viel ein. Eine Folge davon war, daß in der nächsten Zeit bei starken Märschen eine Menge Leute zurückblieb.

Langsam rückte Schwarzenberg dem geschlagenen Feind nach; am 5. Februar findet sich das dritte und vierte Armeekorps zwischen Gerobot und Marolles les Bailly, fünftes Korps bei Vendœuvre, sechstes bei Charmont, die Nachhutstellungen Napoleons bei la Guillotiere und blanches Maisons beobachtend. — Da es durchaus nicht im Plan des französischen Kaisers liegen konnte, sich Schwar= zenberg allein vorzulegen, zog er freiwillig von Troyes ab und bei Nogent über die Seine, um sich auf Blücher zu werfen. Der böhmischen Armee gegenüber blieb nur ein Beobachtungskorps.

Ohne irgend Widerstand zu finden, zog am 7. Februar der

Vormarsch bis zur Seine.

Kronprinz an der Spize seiner Reiterei in Troyes, der alten Hauptstadt der Champagne, ein. Sein Armeekorps erhielt seine Stellung
westlich von Troyes auf der Straße gegen Sens.

Wollte Schwarzenberg weiter gegen Paris vorgehen oder in
den Rücken Napoleons operiren, so standen ihm drei Wege offen,
über Montereau, Bray, Nogent. Um diese wichtigen Uebergangs-
punkte wurde in der Mitte des Februar vielfach gestritten. — Von
Napoleon war Marschall Viktor zurückgelassen worden, um das
Stück der Seine zwischen Nogent und Montereau festzuhalten; er
verfügte übrigens kaum über mehr als 30,000 Mann.

In der Umgegend von Troyes blieb die große Armee eine
Zeit lang unthätig; der weitere Plan ging dahin, die Yonne abwärts zu ziehen und über Fontainebleau die rechte Flanke Viktors
zu umfassen. Am 10. Februar wurde demgemäß das dritte Korps
nach Auxon, das erste nach Villeneuve l'Archeveque verlegt; das
fünfte und sechste sollten den Feind bei Nogent beschäftigen. Der
Kronprinz mit seinem Korps hatte Sens wegzunehmen. In dieser
nach alter Weise befestigten Stadt lag General Alix mit 2400
Mann. Schwarzenberg gedachte noch mehr Truppen hier zu concentriren, allein der Kronprinz hielt sich für stark genug und ging
sofort zum Angriff über.

Mit trockenem Graben und hoher, 4 Fuß dicker Mauer umgeben, war die Stadt immerhin gegen den ersten Anlauf gesichert.
Durch Pallisabirungen und Verrammlungen war die Vertheidi-
gungsfähigkeit erhöht; an der Ringmauer war ein Gerüste ange-
bracht, um über den Rand wegfeuern zu können; Sens zählte
8600 Einwohner. Die anliegenden Vorstädte und Gärten erlaubten
eine gedeckte Annäherung.

Am 11. Februar gegen Mittag vereinigte der Kronprinz das
ganze Armeekorps vor der Stadt, nachdem die Avantgarde schon
Tags zuvor die Vorstädte besezt hatte. Ehe man zum Bresche-
schießen und zum Sturm schritt, wollte der Kronprinz auf den
Rath des östreichischen Obersten Latour den Versuch machen, ob nicht
durch ein anscheinend unbesetztes Kloster, das der Stadtmauer unmittelbar angebaut war, ein Eindringen möglich sei. Den Auftrag
erhielt das Regiment Nr. 4. Oberst v. Imhoff erzählt den Her-
gang so: „Das Regiment erhielt von Sr. Königl. Hoheit unserem
Kronprinzen den ehrenvollen Auftrag, die Stadt Sens wegzunehmen
und sollte zu diesem Zweck das an der Stadtmauer befindliche
Kloster zuerst besezen. Der Eingang zu demselben war durch eine

4—5 Fuß dicke Mauer und hinter derselben durch ein mit Balken
verrammeltes Thor versperrt worden. Erstere wurde durch die
beigegebene kaif. östreichische Pionnierkompagnie, leztere durch dieselbe und die Zimmerleute des Regiments geöffnet. Während dieser
Arbeit wurde das erste Bataillon des Regiments zum Soutien und
in Bereitschaft zum Sturme aufgestellt. Alsbald besezte der Feind
die Stadtmauer und das Kloster und fügte dem Regiment ziemlichen Schaden bei, da er vor unserem Feuer meist gedeckt war.
Sowie die vermauerte Thüre so weit geöffnet war, daß man durch-
kriechen konnte, schickte ich den Lieutenant Kammerer, welcher sich
freiwillig dazu anbot, mit einem Zug zur Besezung und Erbrechung
des inneren Thores voraus und folgte, sowie es erbrochen war,
mit der Grenadierkompagnie nach und alsbald auch die übrigen
Kompagnieen des Bataillons.

Das Kloster wurde erstürmt und durchsucht, jedoch außer einem
Oberstlieutenant vom Generalstab und einem Kapitän nur wenig
Gefangene gemacht, weil der Feind bald das Gebäude verließ; er
wurde in die Stadt verfolgt und durch diese hinaus über die Brücke
gejagt. Leider, jedoch kaum, entging uns der feindliche General,
dem wir auf der Ferse folgten, durch die Schnelligkeit seines Pferds
und weil er die Brücke verrammelte.

Ich ließ aus den der Brücke nahe gelegenen Häusern noch
tirailliren, bis ich Befehl zum Einrücken erhielt. — Bei dieser
Affaire haben auch die neuen Soldaten gezeigt, daß sie Württemberger sind."

Verwundet sind an Offizieren vom Regiment: Stabshauptmann
v. Mayerhöfer, Stabshauptmann v. Knörzer, Sekondlieutenant
Schuhmann. Von der Mannschaft sind 20 todt, 81 verwundet, 3
vermißt. — Die übrigen württembergischen Truppen zählten noch
14 weitere Todte und 77 Verwundete.

Im großen Hauptquartier waren indessen die entmuthigenden
Nachrichten von dem wiederholten Mißgeschick der schlesischen Armee
bei Montmirail, Champaubert, Etoges, Vauchamps eingetroffen
und nur der Einfluß des Kaisers von Rußland war es, der Schwarzenberg bestimmte, etwas zu thun, um Blücher Luft zu machen.
Das fünfte und sechste Korps sollten über Nogent in Napoleons
Rücken marschiren; der Kronprinz hatte von Sens nach Bray abzurücken, das erste Korps nach Pont sur Yonne.

Vom 14. Februar ab hatte Schwarzenberg die Bewegungen
folgendermaßen angeordnet: der rechte Flügel des sechsten Korps

hält Villenoxe besezt, das fünfte Korps marschirt auf Provins, das vierte Korps vereinigt sich mit ihm; auf dem linken Flügel wird Montereau durch das erste Korps besezt, das dritte steht dahinter.

Schwarzenberg in der Defensive; Montereau. Ein energischer Angriff kam jedoch nicht zu Stande; schon am 15. werden um Provins und Donnemarie vom fünften und sechsten Korps Kantonirungen bezogen; das vierte Korps bleibt auf dem linken Ufer der Seine zwischen Bazoches und Montereau. — Das Unglück Blüchers hatte so tiefen Eindruck gemacht, daß Schwarzenberg zunächst Allem aufbot, eine Vereinigung mit der schlesischen Armee herbeizuführen. Zu dem Zweck nahm er in seiner Front eine vollständig defensive Haltung an und war bereit, in den nächsten Tagen auf Troyes und Arcis zurückzugehen. Nur kurze Zeit noch sollten die Seineübergänge gehalten werden, damit Blücher Zeit zum Anmarsch hätte. Das vierte Korps, zu dem jezt auch die östreichische Brigade Schäfer gestoßen war, erhielt die Aufgabe, Montereau zu halten, dem fünften Korps fiel Bray zu, dem sechsten Nogent. Vom ersten Korps standen in Montereau zwei Batterieen, in der Nähe noch vier Bataillone und zwei Schwadronen; der Rest lagerte bei Pont sur Yonne, das dritte Korps bei Sergines.

Napoleon, von seinem Zug gegen die schlesische Armee umkehrend, kam am 17. in Nangis an. In drei Richtungen ließ er von hier seine Kolonnen aus einander gehen; Oudinot gegen Nogent, Macdonald gegen Bray, Viktor mit Gerard gegen Montereau.

Zum Zweck einer hartnäckigen Vertheidigung gegen überlegene Kräfte hat die Stellung vor Montereau entschiedene Nachtheile. — Das Städtchen dieses Namens liegt am linken Ufer der Yonne, da, wo sie in die Seine mündet; auf dem rechten Ufer der Yonne, auf der Landspize zwischen Yonne und Seine liegt eine Vorstadt, eine andere liegt ihr gegenüber auf dem rechten Ufer der Seine. Zwei Brücken verbinden Stadt und Vorstädte mit einander. Das Städtchen hat 4000 Einwohner.

Die ganze Mündungsgegend der Yonne ist vollkommen flach. Die einzige Erhebung liegt ihrer Mündung gegenüber an der Seine, wo sich unmittelbar hinter den Häusern der Vorstadt ein steiler, mit Weinreben bedeckter Bergabhang erhebt. Oben auf dem Plateau liegt Schloß Surville, das die ganze Gegend dominirt. Gegen Norden senkt sich das Plateau sanft. — Von der Vorstadt am rechten Seineufer aus ziehen am Bergabhang zwei Straßen hin, die eine nordöstlich nach Nangis, die andere nordwestlich nach Valence und Melun.

Hier war es Nothwendigkeit, die Vertheidigung vor dem Defilee vorzunehmen. Schloß Surville und das vorwärts auf dem Plateau gelegene Dorf Villaron betrachtete der Kronprinz als seine Hauptstützpunkte. Sehr fatal blieb freilich immerhin der Umstand, daß von der Hauptstellung bei Surville bis zum Defilee selbst nirgends ein Haltpunkt oder Abschnitt zu finden war, ferner daß bei einem etwaigen Rückzug durch die Ungunst und Steilheit des Terrains die Ordnung leicht verloren gehen konnte.

Die neu eingetroffene Brigade Schäfer (drei Bataillone von Zach, zwei Bataillone Colloredo) bekam als ihren Posten Schloß und Park Surville angewiesen, eine Batterie war beigegeben. Auf dem rechten Flügel gegen Courbeton hin, da, wo das Plateau sich senkt, war ein Bataillon vom Jägerregiment Nr. 9 mit einer Batterie aufgestellt. Besonders stark machte der Kronprinz den linken Flügel.

Hier in Villaron, eine Viertelstunde von Surville, stand General v. Stockmaier mit seiner Brigade und einem Bataillon von Colloredo. Er dehnt sich von Villaron links in einem Jägergraben bis zur Straße nach Valence, über diese hinüber in die Weinberge bis ans Seineufer. Eine halbe Batterie steht auf der Straße, die andere halbe in Villaron. Zwischen diesem Dorf und Surville steht als Unterstüzung des linken Flügels General v. Döring mit den Regimentern Nr. 2, 3, 7; zwei Reiterregimenter schließen sich ihm an. — Alle anderen Truppen stehen jenseits der Seine.

Zur unmittelbaren Vertheidigung auf dem rechten Seineufer sind verwendet 7000 Mann Infanterie, 800 Reiter und 26 Geschüze. Zwei weitere Batterieen kommen in ihrer Wirkung noch dazu, die auf des Kronprinzen Aufforderung vom Kommandanten des ersten Korps, General Bianchi, auf dem linken Ufer der Seine, östlich und westlich von Montereau, zur Stüze der jenseits stehenden Flügel aufgestellt wurden.

In der Nacht vom 17. auf den 18. Februar auf die Kunde vom Anmarsch Viktors werden die Vorposten enger um die Stellung herangezogen. Am 18. Morgens 4 Uhr erhält der Kronprinz seine Disposition für diesen Tag. Der Uebergang sollte gehalten werden bis 9 Uhr Abends; später wurde diese Bestimmung dahin modificirt, er solle gehalten werden wenigstens bis zum Abend.

Mit Tagesanbruch erscheint Gerard auf den Höhen von Forges,

nördlich von Surville. Doch bleibt Alles ruhig bis 9 Uhr. Jetzt wendet sich Gerard gegen den linken Flügel, ebendahin Pajol mit zwei Divisionen aus dem Walde von Valence debouchirend. Hier Plänkler= und Kanonenfeuer. Die Uebermacht ist im Begriff in Villaron einzubringen, wird aber durch Herbeieilen Dörings mit dem Bajonnet vertrieben. Der Kronprinz läßt jetzt auch seine Rei= terei auf der Straße gegen Valence vorgehen und unterstützt von einem Bataillon Zach, das der feindlichen Reiterei mit dem Bajonnet auf den Leib rückt, wird diese gegen den Wald von Valence zurückgeworfen.

Es ist jetzt 11 Uhr; bis dahin war der Kronprinz im Stande, seine Aufgabe mit Erfolg zu lösen. Die neu eintretende Wendung wird durch eine kurze Ruhepause bezeichnet. Der Feind hat von Nangis her eine weitere Anzahl Batterieen erhalten und pflanzt diese auf. Bald läuft wieder durch die ganze Linie Plänkler= und Geschützfeuer. Auch gegen den rechten Flügel macht nun der Feind Versuche, die Batterie auf dem linken Seineufer hindert hier sein weiteres Vordringen; denn von Courbeton her ist auch das rechte Ufer ziemlich flach.

Schon ist Napoleon mit weiteren Verstärkungen von Nangis auf dem Schlachtfeld angekommen; das verstärkte Geschützfeuer, das Sammeln starker Kolonnen läßt auf einen Hauptangriff schließen.

Es ist 2 Uhr Mittags und der Kronprinz schickt seinen Ad= jutanten an Schwarzenberg nach Trainel, um zu melden, daß er bei der großen Uebermacht nicht dafür bürgen könne, ob er im Stande sei, sich bis Abends zu halten.

Napoleon hatte indeß vier Angriffskolonnen formirt; Pajol hatte von Valence auf der Chaussee vorzugehen; links von ihm Gerard gegen Villaron, Viktor gegen die Höhe von Surville, eine weitere Kolonne gegen den rechten Flügel. 60 Geschütze leiteten den Angriff ein.

Diesen zu erwarten hielt der Kronprinz nicht für zweckmäßig. 15 seiner Geschütze waren demontirt, die Mannschaft aufs Aeußerste erschöpft. Er ordnet den Rückzug an; zunächst geht die Reiterei und Artillerie zurück und über die Brücke nach Montereau. Die Brigade Schäfer hat das Schloß Surville zu halten, um den übrigen Truppen Zeit zu verschaffen. — Die Bataillone sammeln sich in dicht geschlossenen Kolonnen, um abwechselnd zurückzu= gehen und sich gegenseitig zu decken. Mit dem Beginn dieser Bewegung war die Krisis eingetreten.

Auf der Straße von Valence her stürzt die feindliche Reiterei auf die retirirenden Massen. Die Bataillone können dem Anlauf nicht widerstehen und rennen den Hang hinab der Brücke zu. In der Vorstadt treffen Franzosen, Württemberger und Oestreicher mit einander zusammen unter blutigem Gemetzel. Die Einwohner mischen sich in den Kampf und feuern aus den Fenstern. *) Um etwas Luft zu machen, läßt der Kronprinz das Regiment Nr. 6 von Montereau über die Brücke aufs rechte Ufer hinüber= stürmen, was mit Erfolg geschah und einem Theil der von Sur= ville Herabstürzenden noch Rettung verschaffte.

Der Kronprinz zog sich nunmehr so schnell als möglich aus der Stadt auf die Straße gegen Bray hin; bei Marolles wurde die Infanterie wieder gesammelt. Gefallen waren an diesem heißen Tag: 5 Offiziere, 85 Mann; verwundet 28 Offiziere, 688 Mann; gefangen wurden 39 Offiziere, 1968 Mann; die Brigade Schäfer soll außerdem gegen 2000 Mann verloren haben.

Der Feind unterließ eine nachdrückliche Verfolgung; was bis jetzt nicht im Gefecht gewesen, hatte die Nachwache.

Das Treffen bei Montereau gehört unter die wenigen Zu= sammenstöße in diesem Feldzug, in denen die französische Armee in Ueberzahl auftrat; hier waren nicht ganz 10,000 Mann gegen bei= nahe 30,000 gestanden.

In den nun folgenden Tagen sehen wir die Armee Napoleons durch Montereau aufs linke Seineufer debouchiren; Schwarzenberg weicht seinem ursprünglichen Plan zufolge mit allen seinen Korps gegen Troyes zurück, nur das fünfte und sechste bleibt vorwärts bei Mery stehen, um der anrückenden schlesischen Armee die Hand zu reichen. Blücher trifft auch wirklich am 21. Februar hier ein. Es konnten nun immerhin 200,000 Mann gegen Napoleon ver= einigt werden, aber Schwarzenberg scheint zum vollständigen Rück= zug an die Aube, vielleicht nach Langres, entschlossen. Zwischen dem fünften und sechsten Korps und den Vortruppen Napoleons eine Reihe von Gefechten, deren bedeutendstes bei Mery am 23. Feb= ruar Schwarzenberg veranlaßt, auch Troyes aufzugeben. Das vierte Korps sammt den russisch=preußischen Garden und Reserven finden wir am 21. Februar bei Vandoeuvre, das sechste Korps bei Piney, das fünfte eben aus Troyes debouchirt und mit der Nachhut beauftragt bei St. Parre auf Tertres.

Rückzug Schwarzen-bergs.

*) In der Vorstadt, längs der Straße an der Seine hin, haben die Be= wohner, um Raum zu gewinnen, ihre Häuser, Gärtchen und ummauerten Höfe in den steilen Abhang eingegraben. Hier in diesen Umfriedigungen, von Häusern, Mauern und Felsen umgeben, wurden eine Menge Leute gefangen genommen.

Blücher erhielt von den Monarchen die Ermächtigung, sich mit der aus den Niederlanden vorrückenden Nordarmee zu vereinigen; seine Bestimmung sei fortan, offensiv gegen Paris vorzugehen; Schwarzenberg werde sich weiter zurückziehen und die Erfolge ab= warten, um nöthigenfalls einzugreifen.

Im weiteren Verlauf des Rückzugs passirte am 25. Februar Wrede mit seinem Korps durch Venboeuvre; der Kronprinz blieb stehen und übernahm die Nachhut. Sein Korps hatte in den lezten Tagen bedeutenden Zuwachs erhalten. Einmal war General Lalance mit bedeutenden Verstärkungen am 23. in Venboeuvre eingetroffen. Er hatte das Linieninfanterieregiment Nr. 5 und die Landregi= menter *) Nr. 3, 4, 5, 6 aus dem Vaterland herbeigeführt. Dann wurden östreichische Kürassiere und Grenadiere beigegeben. Die Ordre de bataille des Korps stellt sich um diese Zeit, nachdem die Landregimenter Nr. 3—5 in die Linienregimenter als Augmen= tationsmannschaft eingetheilt worden waren, so:

Avantgarde: Generallieutenant Prinz Adam von Württemberg, zwei Reiterbrigaden, Brigade Stockmaier (s. Gros).

Gros: Feldzeugmeister Graf Franquemont. I. Division: Ge= nerallieutenant v. Koch. Erste Brigade: Generalmajor Prinz Hohen= lohe, Infanterieregiment Nr. 2 und 3, eine Batterie. Zweite Bri= gade: Generalmajor v. Misani, Infanterieregiment Nr. 4 und 5, eine Batterie. Dritte Brigade: Generalmajor v. Lalance, Infan= terieregiment Nr. 6, Landregiment Nr. 6. — II. Division: General= lieutenant v. Döring. Vierte Brigade, Generalmajor v. Stockmaier, Infanterieregiment Nr. 7, 9 und 10, eine Batterie, eine Kompagnie östreichische Pionniere. (Alles von der vierten Brigade mit Aus= nahme des Regiments Nr. 7 bei der Avantgarde.)

Reserve: Feldmarschalllieutenant Graf Nostiz. Grenadierdivi= sion, Generalmajor Trenl: die Bataillone Puthiany, Frisch, Hro= mada, Lany, drei Batterieen. Kürassierdivision, Generalmajor Graf Del= fours: die Regimenter Liechtenstein, Kaiser, Konstantin, Sommariva.**)

Ostwärts von Venboeuvre, bei Magny Fouchard und Maison des Champs nahm der Kronprinz Stellung, um den Uebergang der

---

*) In fünf Kompagnieen wurden diese Regimenter ähnlich wie im Feld= zug 1809 aufgestellt zu je 1035 Mann. Die Kompagnieen mit Qualieutenants, Hilfsoffizieren, versehen. Beim Landscharfschützenregiment Nr. 2 war das erste Glied mit Büchsen bewaffnet; die übrigen Gewehre sollten wenigstens regi= menterweise von gleichem Kaliber sein.

**) Die Brigade Schäfer war zum 5. Korps versezt worden.

Armee aufs rechte Aubeufer bei Doulancourt zu decken. Ohne daß der Feind (es waren die Korps von Oudinot und Gerard) etwas Ernstliches unternommen hätte, folgte er selbst am Abend des 25. Februar über die Brücke nach.

Das Hauptheer Schwarzenbergs sammelte sich bei Colombé les deux eglises; Oudinot ging fast ohne Widerstand bei Doulancourt über die Aube und besetzte Bar; Kaiser Napoleon mit dem Haupttheil seiner Armee rückte von Troyes an die Marne ab Blücher entgegen, der eben die Vereinigung mit der Norbarmee herbeizuführen suchte.

Wieder war es Kaiser Alexander, der energisch auf irgend eine That hinbrängte und dem schmachvollen Rückzug ein Ende machte. Das fünfte und sechste Korps vertrieben den schwachen Feind am 27. Februar vom linken Aubeufer und nöthigten ihn, bis Vendoeuvre zurückzugehen. Der Kronprinz mit dem dritten Korps und seinem eigenen ging an diesem Tage gegen den französischen rechten Flügel aufs linke Aubeufer und besetzte Ferte und Clairvaux. In den folgenden Tagen setzte er seine Bewegung gegen die Seine auf Vitry le croise und Ville sur Arce fort, während der rechte Flügel, fünftes und sechstes Korps, zunächst bei Bar sur Aube lagerte und dann langsam gegen Vendoeuvre und Piney vorging.

Oudinot wich bis Troyes, wo er sich mit Macdonald vereinigte, der jetzt 32,800 Mann unter seiner Führung sah. Trotz seiner Schwäche gelang es ihm am 4. März, fast ohne alle Störung nach Nogent abzuziehen. Schwarzenberg folgte auf Troyes nach und bezog vom 7. März an, wegen des erschöpften Zustands der Truppen zwischen Seine und Yonne Kantonirungen. Auf den Anmarschlinien des Feinds Vorwachen bei Nogent, Bray, Sens, Cerisiers. Das württembergische Hauptquartier in Villeneuve sur Vannes.

Gebot auch die Rücksicht auf die Truppen einige Ruhe, namentlich in einer Jahreszeit, wo die Wege meist grundlos waren, so hätte bei aufrichtiger Gesinnung von Seiten der Oestreicher der Zweck des Kriegs doch entschieden vorgehen müssen, namentlich bei fast dreifacher Uebermacht. Die immer fortgehenden Unterhandlungen schienen dem östreichischen Hofe die Hauptsache, der Krieg mehr eine Last zu sein.

Schon früher hatte Franquemont geäußert: „Die Oestreicher sind friedlich, die Russen kriegerisch gesinnt!" Jetzt, bei dem energielosen Vorrücken gegen Troyes macht er in einem Schreiben aus

Bar sur Seine vom 3. März seinen Gefühlen in folgenden treffen=
den Worten Luft:

„Außer den politischen Fehlern liegen dem Unglück der alliirten
Armee viele militärische zu Grund. Obenan ist hiebei zu sezen das
getheilte Oberkommando der Armee. Blücher ist unabhängig von
Schwarzenberg; die Russen thun, was sie wollen. Soll eine Haupt=
operation ausgeführt werden, so muß Graf Rabetzky erst herum=
reisen, die Russen hiezu zu disponiren. Hierüber geht die beste
Zeit verloren; die Russen und Oestreicher hassen einander. Der
Friede ist Lezterer einziger Wunsch; mitunter ist ihre Bequemlichkeit
eine Haupttriebfeder dazu.

Der unglückliche Gedanke, mit einer siegreichen Armee von der
Offensive plözlich zur Defensive überzugehen und die Armeekorps
zu vereinzeln, um eines nach dem andern preiszugeben, hat dem
französischen Kaiser wieder auf die Beine geholfen.

Ein anderer unverzeihlicher Fehler, der gegen die ersten Regeln
des Kriegs verstößt, war auch der, daß die alliirte Armee, wenn
sie einen Vortheil über den Feind erfochten hatte, immer unterließ,
denselben zu verfolgen. Zufrieden, gesiegt zu haben, ließ man den
Feind ruhig ziehen und verlor ihn aus dem Auge. Man weiß im
großen Hauptquartier nur selten, wo sich der französische Kaiser
befindet.

Da man keine Magazine hat, so ist die Verpflegung der Armee
sehr prekär. Fleisch und Wein ist noch zu haben, Brod und Mehl
sind eine Seltenheit geworden. Die Armee nimmt täglich ab,*)
die erwarteten russischen und östreichischen Reserven kommen nicht
an; die östreichischen Küraffiere, die russischen Garden und die
schwere Kavallerie werden nie gebraucht, sie zehren nur.

Die Hoffnung der Armee beruht gegenwärtig auf dem Feld=
marschall Blücher; man sagt, seine Avantgarde sei bereits zu Meaux.“

Die Ruhepause wurde außer zur Herrichtung des Schuhwerks
und der Kleidungsstücke auch zur endlichen Aufstellung richtiger
Rapporte benüzt, welche Sache bisher vernachlässigt worden war
und auch jezt bei der Abwesenheit mehrerer Kommandeure und
Adjutanten und der großen Entfernung der Bagage, bei der die
Dienstbücher sich befanden und die bis Chaumont, Langres, ja bis
Mühlhausen zurückgegangen war, bedeutende Schwierigkeiten bot.

---

*) Am 1. April zählten die württembergischen Truppen 3885 Kranke und
Verwundete.

Den Nachrichten von der schlesischen Armee zufolge, die in=
dessen bei Craonne, Laon und Rheims geschlagen hatte, glaubte
Schwarzenberg den französischen Kaiser in vollem Rückzug auf
Paris. Er seinerseits hatte die Absicht, sich auf dem rechten Seine=
ufer festzusezen; das vierte und sechste Korps sollten suchen bei
Nogent überzugehen, um, wenn der Feind die Höhen von le Meriot
verlassen habe, dort Stellung zu nehmen; das fünfte Korps hatte
Villenore zu besezen, die Reserven Arcis; auf dem linken Flügel
blieb vorerst das dritte Korps in Sens.—Am 14. März sammelt
sich das vierte Korps bei Fontaine Macon und marschirt gegen
Nogent ab. Am folgenden Tag hier angekommen, findet der Kron=
prinz die jenseits der Seine gelegenen Waldhöhen vom Feind besezt.
Er löste die russischen Posten in der Stadt ab und bestimmte
für den 15. März eine gewaltsame Rekognoscirung der auf dem
rechten Ufer liegenden Vorstadt und der Höhen, um die Absichten
des Feinds zu erfahren. Zu der Ausführung war das Infanterie=
regiment Nr. 4 bestimmt; einem Theil davon war der Uebergang
aufgetragen, ein anderer mit dem Regiment Nr. 5 und einer Bat=
terie sollte zur Unterstüzung dienen. Da die Brücke gesprengt war,
sollte unterhalb der Stadt auf einem hergerichteten Steg und noch
weiter unterhalb auf Pontons übergegangen werden.

Oberst v. Imhoff berichtet den Uebergang über den Steg. —
Am 14. März Nachmittags erhielt das erste Bataillon von Nr. 4
den Befehl, in der Stadt Nogent die Vorposten an der gesprengten
Seinebrücke und längs dem Ufer zu geben. Die feindlichen Posten
standen ganz dicht am jenseitigen Ufer, allein es war von den ab=
gelösten russischen Truppen die Uebereinkunft getroffen, daß ohne
vorher gegebenes Signal nicht gefeuert werden solle. Heute früh
am 15. wurde das zweite Bataillon des Regiments unterhalb der
Stadt aufgestellt. — Ein Appell wurde gegeben zum Zeichen des
Beginns der Feindseligkeiten.

Vom ersten Bataillon gingen nun die Kompagnieen v. Klinkow=
ström und Hauptmann Prunschenk seitwärts der Brücke bei einer
Mühle mit sehr zweckmäßig und schnell geleisteter Hilfe der Zimmer=
leute des Hauptmann v. Arlt über einen Arm des Wassers. Allein
der jenseitige Ueberrest der Brücke war sehr stark verbarrikadirt
und durch nahe gelegene Häuser vertheidigt. Nur durch eine schmale
Treppe, worauf die Leute einzeln gehen konnten, war dahin zu
gelangen. Indeß der Posten wurde standhaft behauptet, bis von
Sr. kön. Hoheit dem Kronprinzen Ordre kam, ihn zu verlassen.

Die beiden Kompagnieen verloren an Todten: Hauptmann Prunschenk, einen Korporal, 4 Soldaten; an Verwundeten zählten sie: Oberlieutenant Baz, Lieutenant Paulus, 13 Mann.

Von der Thätigkeit des zweiten Bataillons gibt Major v. Watter einen Bericht: „Auf höchsten Befehl S. k. H. des Kronprinzen wurde das zweite Bataillon befehligt, unterhalb der Stadt über die Seine zu gehen, um die auf dem jenseitigen Ufer liegende Vorstadt anzugreifen. Dem erhaltenen höchsten Befehl gemäß wurden auf zwei Schiffen, jedes Schiff zu 25 Mann, nach und nach zwei Kompagnieen hinübergeschafft, welche den Feind gleich herzhaft angriffen und die Vorstadt wegnehmen wollten. Dieser muthige Angriff überraschte den Feind so sehr, daß er sich schon von der Vorstadt zurückzog.

Da er in diesem Augenblick aber Verstärkung an Infanterie und Artillerie erhielt, so wurde von S. k. H. der Befehl ertheilt, die beiden Kompagnieen zurückzuziehen und wieder auf das diesseitige Ufer überschaffen zu lassen.

Unerachtet der Ueberlegenheit des Feinds und dessen Terrainvortheile wagte er es doch nicht, diesen Uebergang sehr zu erschweren. — Nach völligem Uebergang zog sich das Bataillon wieder nach Nogent zurück. In diesem Gefecht wurden blessirt: Lieutenant Reinhardt, Husuadel, Jaritz und Röber; von der Mannschaft waren 6 todt, 63 verwundet, 4 vermißt."

Die Batterie auf dem linken Ufer beschoß die Vorstadt bis zur Dunkelheit; in der Nacht zog der Feind ab.

In den nun folgenden Tagen wechselt die Stimmung im Hauptquartier ungemein; bald wird eine Offensive auf dem rechten Seineufer beliebt, bald schlägt wieder die rein befensive Haltung durch.*) Das vierte Korps hat von Nogent zurück halbwegs bis Troyes zu gehen, das dritte steht bei Troyes, das sechste bei Mery, das fünfte bei Arcis.

Für den 19. und 20. März war bestimmt, daß der rechte Flügel, das fünfte Korps, bei Arcis aufs rechte Aubeufer gehen sollte, die Garden und Reserven hinter ihm aufgestellt; das dritte, vierte und sechste Korps haben sich in Troyes zu sammeln und über Vendoeuvre in die Stellung von Trannes abzurücken, das fünfte Korps folgt, die Aube aufwärts ziehend.

Eine durchgehende Veränderung nach manchen vorhergegangenen

---

*) Vergl. Geschichte der Kriege, XIII., 18 ff.

Schwankungen erfuhren die ausgegebenen Dispositionen am 20. März auf die Nachricht hin, daß der Feind bei Plancy aufs linke Aubeufer übergegangen sei.

Napoleon selbst rückte von Plancy gegen Arcis vor und hatte um die Mittagszeit Torcy le grand besezt und sich um Arcis concentrirt. Der heftige Anfall Wredes an diesem Tage vermochte nicht, ihm seine Vortheile zu entreißen. Das dritte, vierte und sechste Korps von Troyes her wurden möglichst schnell entboten; doch war es Nacht, bis von diesen Truppen Premierfait erreicht war. Mit dem Morgen des 21. März schloßen sich die genannten Korps dem linken Flügel Wredes an, was zur Folge hatte, daß die Stellung Napoleons vor Arcis mit einem Defilee hinter sich von doppelter Uebermacht vollständig umfaßt war.

Napoleon durfte in seiner Lage sich Glück dazu wünschen, daß Schwarzenberg sich lange nicht zum Angriff entschließen konnte. Am 21. gegen Mittag fing die französische Armee an über die Aube aufs rechte Ufer zu gehen und gegen Vitry hin zu marschiren. Erst einige Stunden später sah sich Schwarzenberg veranlaßt, einige Truppen auf den zurückgebliebenen Rest zu werfen, der dann, ziemlich in Unordnung gebracht, der vorangegangenen Armee über die Brücke nachfolgte.

So war es also den östreichischen Diplomaten im Generalsrock nicht gelungen, sich aus der Sphäre der großen Operationen durch weiteren Rückzug zu retten. Der Feind selbst nöthigte zum Schlagen und jezt endlich schien er gefaßt zu sein — der einzig richtige Plan, alle schwebenden Fragen und Unterhandlungen zu einem wünschenswerthen Ende zu bringen — der Plan, unverrückt auf Paris zu marschiren. Der Wille des Kaisers Alexander war hiebei von großer Bedeutung.

Der Marsch nach Paris konnte in verschiedener Weise bewerkstelligt werden. Das Natürlichste wäre wohl gewesen, wenn eine der beiden verbündeten Armeen, etwa die näherstehende von Schwarzenberg, das Heer Napoleons bei St. Dizier beobachtet und beschäftigt hätte, indeß die andere Armee ohne Weiteres Paris selbst hätte besezen können. Oder wäre auch der Plan denkbar gewesen, vor Allem mit vereinten Kräften Napoleon vollends zu vernichten und dann erst auf die Hauptstadt loszugehen. *Entschiedene Offensive und Marsch nach Paris.*

In den nächsten Tagen nach der Schlacht bei Arcis schien Schwarzenberg der französischen Armee folgen zu wollen; er hatte bei Vitry am 24. März das vierte, fünfte und sechste Korps concentrirt. Seltsamerweise wurde aber in dem sonst so bedächtig handelnden Hauptquartier gerade jetzt der kühnste Plan von allen gefaßt, die Armee Napoleons zu ignoriren und mit beiden Heeren nach Paris zu ziehen. Napoleon stand so im Rücken der Verbündeten, ihm gegenüber war als Phantom der großen Armee General Winzingerode mit 10—12,000 Pferden zurückgelassen.

Ein wahres Drängen und Rennen nach der Hauptstadt trat nun ein; Blücher sollte nicht die Ehre haben, vor Ankunft der Monarchen mit der böhmischen Armee den letzten Schlag zu thun. Ein feierlicher Moment mag es gewesen sein, als am Morgen des 25. März die Spitzen der Feldzeichen von allen Abtheilungen gegen Paris gerichtet wurden. Das vierte und sechste Korps marschirten voran; mit der Reiterei von beiden eröffnete der Kronprinz den Zug auf der Straße von Vitry über Sommesous nach Sezanne.

Zu derselben Zeit, als hier der Marsch westwärts angetreten wurde, zogen auf der gleichen Straße die Korps von Marmont und Mortier in entgegengesetzter Richtung, um mit dem Kaiser in St. Dizier sich zu vereinigen. Daß sie sofort auf den Vortrab der großen Armee stoßen würden, davon hatten die Marschälle am Morgen des 26. März keine Ahnung. — Zwei Meilen westlich von Vitry bei Casle stieß ihre Vorhut schon auf die Reiterei des Kronprinzen, der sofort mit allen verfügbaren Truppen an Reiterei und Artillerie die Franzosen aus ihren Stellungen bei St. Croix und Sommesous vertrieb. Westlich von diesem Ort auf einem Höhenrücken zu beiden Seiten der Straße war das Gros beider Korps zur Aufnahme der Vortruppen aufgestellt. — Das Eintreffen russischer Reserven und die wirklich glänzenden Leistungen der verbündeten Reiterei trieben den Gegner durch das Defilee von Conantray bis hinter la Fere Champenoise zurück, welche Stellung er gegen Abend dem immer übermächtiger werdenden Feinde gegenüber ebenfalls räumen mußte. Die 16 Schwadronen württembergischer Reiterei sammt der reitenden Artillerie zeichneten sich ganz besonders aus. In Conantray und Fere Champenoise lagerte in der Nacht das Fußvolk.

Fast parallel mit der böhmischen Armee marschirt in diesen Tagen Blücher auf dem südlichen Ufer der Marne; bei Trilport geht er aufs nördliche über, um hier die große Straße auf Paris zu gewinnen. Um sich mit ihm zu vereinigen, läßt Schwarzenberg über Sezanne, Moeurs, Crecy gegen Meaux marschiren, wo am 29. März, das sechste Korps voran, ihm folgend die jetzt vorgezogenen Garden und Reserven und darauf das vierte Korps, aufs rechte Marneufer übergegangen wird.

Die französischen Streitkräfte, die zur Vertheidigung der Hauptstadt verfügbar waren, zwischen 20 und 30,000 Mann, hatten sich indessen unter Marmont und Mortier zusammengezogen und kantonirten östlich und nördlich von der Stadt.

Bei Meaux waren 130,000 Mann von beiden Heeren vereinigt; 30,000 Mann unter Wrede und Sacken blieben zur Deckung des Rückens zurück; 100,000 marschirten am 30. März gegen die Hauptstadt. *)

Von Nord und Ost sollte der Angriff erfolgen, zwischen Marne und Seine auf einer Front von etwa zwei Meilen. — Auf dem rechten Flügel der Verbündeten an der Seine völlig ebenes Terrain bis zum Montmartre im Norden der Stadt; im Süden des Durcqkanals ein ausgedehntes Plateau mit steilen Abstürzen, zahlreichen Dörfern, Landhäusern, Gärten und Weinbergen; südlich von diesem der Wald von Vincennes an der Marne. Vom Montmartre bis zur Marne ohne Zweifel dem Vertheidiger höchst günstiger Boden. Nördlich vom Durcqkanal, auf dem rechten Flügel, sollte die schlesische, südlich vom Kanal im Centrum und auf dem linken Flügel die böhmische Armee wirken.

Schon Morgens 8 Uhr hatten die russischen Garden bei Pantin und Romainville das Gefecht eröffnet, waren zwar auf das Plateau vorgedrungen, hatten aber noch nichts Entscheidendes erreicht. Der Erfolg auf den beiden Flügeln war abzuwarten.

Auf dem linken Flügel war der Kronprinz Morgens um 4 Uhr von Annet mit seinem Korps aufgebrochen und hatte über Neuilly den östlichen Rand des Waldes von Vincennes bei Nogent erreicht. Zwischen diesem Ort und Fontenay bildete er zwei Angriffskolonnen, die eine rechts Brigade Stockmaier, die andere links Hohenlohe; Misani und Lalance in Nogent als Reserve.

Seine Aufgabe war es, den Wald von Vincennes, die Ortschaften St. Maur und Charenton wegzunehmen und dann über St. Mande in Paris einzudringen.

Ohne nennenswerthen Widerstand bringt Stockmaier um 10 Uhr

*) Und zwar: 52—55,000 Russen, 22,000 Preußen, 15,000 Oestreicher, 10,000 Württemberger.

Morgens in den von einer hohen Mauer umfaßten Wald von Vin=
cennes ein, sendet ein Bataillon rechts ab zur Beobachtung des
Schlosses und marschirt selbst links gegen St. Maure. — Zwischen
der Marne und dem Waldrand war Hohenlohe vor diesem Dorf
angelangt; den vereinten Anstrengungen gelang es troz heftigen
Geschüz= und Gewehrfeuers, den Feind daraus zu vertreiben. Vom
Wald von Vincennes aus und am Marneufer hin rückten beide
Kolonnen gegen Charenton. Hier fanden sie höchst lebhaften Wider=
stand; der Ort war mit Pfahlwerk umgeben, die Brücke nach Alfort
zum Sprengen vorbereitet und der Tambour jenseits der Marne
stark besezt. Um 4 Uhr Nachmittags wurden übrigens die Würt=
temberger auch von Charenton und dem Brückenkopf in Alfort Meister.

Sobald hier auf dem linken Flügel Hoffnung war, den rechten
des Feindes zu umfassen, drangen auch im Centrum und auf dem
rechten Flügel beim Montmartre Russen und Preußen mit erneuter
Kraft zum Sturme vor. Gegen 4 Uhr Nachmittags waren alle
Stellungen und die Höhen rund um Paris im Besize der Verbün=
deten; zu ihren Füßen lag die Stadt.

Eine Konvention mit der provisorischen Regierung hemmte
hier die Waffen. Die Verbündeten blieben zunächst vor den Bar=
rieren.

Vom vierten Korps lagerten Misani und Lalance in Nogent,
Hohenlohe in Charenton, Stockmaier in St. Maur; von St. Mande
aus schob die württembergische Reiterei ihre Vedetten bis an die
Eingänge von Paris.

Höchste Zeit war es in der That gewesen, das Hauptlager
der Feinde in die Gewalt zu bekommen. — Napoleon, der fand,
daß er im Rücken der Verbündeten nur Luftstöße gegen Winzinge=
rode thun konnte, suchte so schnell als möglich über Fontainebleau
Paris zu erreichen. Seine Anwesenheit hätte sicher einen viel
hartnäckigeren Kampf hervorgerufen. Allein ehe er die Stadt
erreichte, erfuhr er am 30. März Abends 11 Uhr in Juvisy die
Konvention und die ganze Lage der Dinge. Ein Rückzug hinter
die Loire schien seiner Umgebung das Einzige, was übrig blieb.

Am lezten Tag des Monats März, nachdem der Konvention
zufolge alle französischen Truppen die Stadt verlassen hatten, sah
Paris die Monarchen von Rußland und Preußen mit allem kriege=
rischen Pomp in seine Mauern einziehen. Wohl am längsten von
allen Hauptstäeten des Kontinents hatte diese Stadt keinen Feind
mehr beherbergt.

Von Seiten der württembergischen Truppen hatte sich an dem Triumphzug nur das Infanterieregiment Nr. 5 zu betheiligen, da die Abjustirung der übrigen Truppen nicht von der Art war, um sie den Parisern in vortheilhaftem Licht erscheinen lassen zu können. Napoleon seinerseits schien noch nicht allen Hoffnungen entsagt zu haben; er hatte in Fontainebleau seine Truppen gesammelt und war im Begriff, am 3. April Abends gegen Paris aufzubrechen. Gegen diese Drohungen hatten die Korps der Verbündeten schon am 2. April zwischen Lonjumeau, Juvisy und Athis südlich von Paris Stellung genommen. Das 4. Korps finden wir bei Athis, nachdem es von Charenton durch die Vorstadt St. Antoine und über die Brücke von Austerlitz auf der Straße gegen Korbeil abmarschirt war. — Zu ernstlichem Schlagen kam es jedoch nicht; der größte Theil der Marschälle und der Nation hatte den alten Führer verlassen und seine Schwungkraft lahm gelegt.

Sofort nach ihrem Einzug war von den Souveränen erklärt worden, daß sie weder mit Napoleon noch mit einem Glied seiner Familie unterhandeln wollten; das Schicksal des Kaisers und seiner Dynastie war hiedurch bestimmt und die unbedingte Thronentsagung Napoleons am 11. April war das Ende so langjährigen Kriegsgetümmels und so vieler Leiden der Völker.

Bis zum 9. April blieb das 4. Korps in seiner Stellung bei Athis; später in Kantonirung in den Departements der Aube und Yonne. Der Stand der württembergischen Truppen war ziemlich herabgeschmolzen; die Strapazen und starken Märsche zu Ende des Monats März hatten die Spitäler ganz ungewöhnlich gefüllt. — „Die Infanterie, schreibt Franquemont vom 1. April, hat viel durch Trainiren verloren, trozdem daß man die Vorsicht brauchte, unter einem strengen Stabsoffizier immer zwei Kompagnieen hinter der Kolonne marschiren zu lassen. Mehrere sind auf dem Marsch gestorben. Die französische Regierung hatte Anstalten getroffen, daß alle Pferde und Wagen aus der Gegend, durch die marschirt wurde, weggeführt waren. So konnte kein Kranker nachgeführt werden, man mußte sie gerade liegen lassen und es ist zu befürchten, daß sie von den Bauern todtgeschlagen werden, denn diese scheinen von ihrer Regierung dazu autorisirt zu sein."

In der Schlacht bei Paris hatte das Korps noch 19 Todte,

126 Verwundete, 26 Vermißte gehabt; um diese Zeit lagen 3885 Kranke und Verwundete in den Spitälern, die von Seiten des württembergischen Kommissariats in Langres, Sens, Troyes Paris und andern Orten errichtet waren.

Mit dem Einrücken in Kantonirungen hatten die dem 4. Korps zugetheilten östreichischen Truppen sich von diesem getrennt. Feldzeugmeister Franquemont scheint nicht der beste Freund der östreichischen Armee gewesen zu sein; er schreibt in diesen Tagen: „Wenn der glänzende Erfolg dieses Feldzugs den Kaiser Alexander zu neuen Kriegen reizt, so wird er den ersten gegen Oestreich führen, da er die beste Gelegenheit hatte, den schlechten in dieser Armee herrschenden Geist kennen zu lernen."

Einen Zuwachs erhielt in dieser Zeit der Ruhe das Korps durch Eintreffen des Generals v. Spitzemberg, der am 20. Februar in Stuttgart mit dem Leibinfanterieregiment und den Landregimentern Nr. 2, 7 und 8 abmarschirt war. *)

Auch die in verschiedenen Städten des westlichen Frankreichs bis jetzt zurückgehaltenen gefangenen Offiziere und Mannschaften trafen allmählich beim Korps wieder ein. — Nicht ohne Interesse sind die Beschreibungen, welche insbesondere die bei Montereau gefangenen Offiziere über die Behandlung von Seiten der Franzosen gaben. Glücklich seien diejenigen gewesen, welche in der Gefangenschaft dem Marschall Grafen Bertrand oder dem General Delort, früher Stabschef bei jenem im Feldzug 1813, begegnet seien. Von diesen ritterlichen Männern seien die Württemberger gegen Mißhandlungen und Plünderungen von Seiten des gemeinen Haufens geschützt worden**). General Delort habe den Gefangenen die größten Lobsprüche über ihr Verhalten bei Montereau gemacht und Marschall Bertrand den Offizieren auf eine sehr delikate Weise ein beträchtliches Anlehen aufgenöthigt. „Der Marschall Lefebvre dagegen hat sich auf seine gewöhnliche gemeine Weise benommen: er hat nicht nur mit deutschen Kanaillen um sich geworfen, sondern auch durch allerhand Lügen Soldaten und Bauern aufgehetzt. ***)"

---

*) Früher, noch vor der Schlacht bei Bar sur Aube war Oberst v. Bartruff mit einem Bataillon des Linieninfanterieregiments Nr. 8 eingetroffen, das sofort dem leichten Regiment Nr. 10 einverleibt wurde.

**) Eine große Anzahl der Gefangenen war rein ausgeplündert und bis aufs Hemd ausgezogen worden. So geschah es auch mit den Kranken und Verwundeten, die bei dem Rückzug Ende Februar im Spital Troyes zurückgelassen werden mußten.

***) Der nachmalige Oberst v. Bequignol erzählt von dem Durchzug der

Bis zur Mitte Mai blieben die Württemberger in ihren Stand=
quartieren; am 15. dieses Monats schlugen sie in sechs Kolonnen
den Weg zur Heimath ein, dessen Grenze sie am 7. Juni erreichten.
Ueberall begrüßte das Volk die Heimkehrenden mit besonderer
Freude; äußerst freigebig war der Kriegsherr mit Auszeichnungen
aller Art.

Die Mannschaft der Landregimenter wurde theils nach Hause
entlassen, theils in die Linie gesteckt. Bei dieser selbst Unteroffiziere
und Soldaten, soweit der Dienst es zuließ, auf unbestimmte Zeit
beurlaubt. Der Friedensstand findet sich auf 12000 Mann fest=
gesezt.

Der kriegerische Geist, der aller Orten wehte, und der Vor= Milit. An-
ordnungen zu
gang anderer Staaten hatte mit dem Anfang des Jahres 1814 Hause.
militärische Anordnungen und Rüstungen ins Leben gerufen, die
wenigstens auf dem Papier eine ganz respektable Macht vorstellten.
Durch Dekret vom 7. Januar 1814 sollten nicht weniger als
110000 Mann Infanterie und 2000 Reiter als Landsturm im König=
reich aufgestellt werden. Alle Tüchtigen waren einzureihen; die Gebil=
deteren gaben die Chargen ab; Bewaffnung der Infanterie mit
langen Piken; besondere Uniform war nicht erforderlich; ein gelbes
Band um den Arm sollte den Wehrmann auch im Arbeitsanzug
kenntlich machen. Das Ganze fand sich in Divisionen, Brigaden,
und Bataillone eingetheilt nach Aemtern und Bezirken.*)

---

bei Montereau Gefangenen durch Paris: „Am 21. Februar wurden wir durch
Paris nach Versailles transportirt. An der Barriere Charenton übernahm
uns ein Detaschement Infanterie und Kavallerie von der Nationalgarde, welche
uns durch die Vorstadt S. Antoine — unter Vortritt von 20 Tambours —
an dem Portal St. Denis vorbei über die Napoleonsstraße, Vendomeplatz, bei
den Tuilerieen und der Admiralität vorbei bis an die Champs elisés eskortirte.
Das pariser Volk, vornehm und gering, war sehr neugierig uns zu sehen, dabei aber
auch äußerst artig. Es dachte Niemand daran, uns auch nur mit Worten oder
mit Spott zu insultiren, wie früher geschehen, vielmehr brachten sie unsern
Soldaten zu essen und zu trinken; auch gaben mehrere Frauenzimmer man=
chen Soldaten, die sie besonders interessirten, Geld; das letztere wollten sie
sogar einigen Offizieren aufbringen."

*) Beispielsweise so:
1. Division, Divisionär der penf. Generallieutenant v. Hayn.
1. Brigade, Landvogtei am obern Neckar; Brigadier Generalmajor
E. v. Hügel; 9 Bataillone, und zwar:

Die viel zu hoch angesezte Zahl, die Unzweckmäßigkeit der Bewaffnung, der Mangel an jedem kriegerischen oder politischen Schwung sowie an geeigneten Führern waren Umstände, welche ein nennenswerthes Resultat hier ebenso wenig zu Stande kommen ließen als bei der im Frühjahr 1815 befohlenen Aufstellung einer Landmiliz von 64000 Mann.

Von größerer Bedeutung war ein neues Rekrutirungsgesez, eingeführt durch Dekret vom 17. Februar 1815. An Stelle der bisherigen Auswahl nach der Größe wurde das Loos gesezt; im Militärmaß wurde auf 5 Fuß 6 Zoll (württ. Dezimalmaßstab) herabgegangen. Jeder Unterthan ist militärpflichtig mit Ausnahme der Standesherren, der Staats- und Hofdiener, Kandidaten der Theologie, geprüften Lehrern u. A. S. Reyscher, Samml. der württ. Geseze XIX. 1285 ff.

Juden und Wiedertäufer können sich um 400 fl. loskaufen. Ferner bestimmt § 19.: „In besonderen Fällen ist es gestattet, einen Ersazmann für sich einzustellen. Diese Vergünstignng wollen Wir zunächst Edelleuten, einzigen Söhnen und besonders wohl= habenden Individuen zu Statten kommen lassen." Als Einstands= summe sind 500 fl. an die Kriegskasse mit Ausschluß jeder Privat= übereinkunft zu hinterlegen.

Dienstzeit: Infanterie 8 Jahre; berittene Waffen 10 Jahre. Beginn der Pflichtigkeit mit dem 18. Lebensjahr, jedoch in der Regel erst vom 20.—25. ausgehoben.

Feldzug 1815. Mit dem Ende des Jahres 1814 hatten die Diplomaten und Bevollmächtigten aller Länder sich in Wien zusammengefunden, um die geschaffenen Verhältnisse in ein europäisches System zu bringen und für alle Zeiten zu ordnen. Die Machtverhältnisse der einzel= nen Staaten sollten hier geregelt werden, die Beziehungen der

---

Bataillon Balingen, Kommandant Kammerherr von Ulm.

    „   Ebingen, Kommandant Oberamtmann Gollher.

    „   Oberndorf, Kommandant Hauptmann der Ouvrierkompagnie.

    „   Schramberg, Kommandant v. Bobmann.

    „   Rottweil, Kommandant Regierungsrath Glocker.

    „   Spaichingen, Kommandant Leopold v. Enzberg.

    „   Altingen, Kommandant v. Pach.

    „   Tuttlingen, Kommandant Oberforstmeister v. Gaisberg.

    „   Friedingen, Kommandant Honorius v. Enzberg.

9 Bataillone.

Staaten unter sich und die der Fürsten zu den Völkern. Die Mächte waren eben im Begriff, über alle die schwebenden Fragen und ungelösten Probleme sich ernstlich zu entzweien, als ihr alter Feind, von Elba in sein Kaiserreich zurückkehrend, sie wieder in Eintracht zusammentrieb. — Auf dem Rückmarsch aus Frankreich im Frühjahr 1814 hatte Feldzeugmeister Graf Franque= mont bei Betrachtungen über die Stimmung des Landvolks die Aeußerung gethan: „Der Geist, den ein großer Theil der Ein= wohner Frankreichs zeigt, ist von der Art, daß von ihnen Alles zu befürchten steht und die neue Regierung wird nöthig haben, alle Klugheit und Energie aufzubieten, um das Volk im Zaum zu halten." — Ein Jahr darauf starrte Frankreich wieder von Waffen und im Juni 1815 hatte Napoleon wieder über 250000 Mann im Felde zu verfügen.

Die gemeinsame Gefahr trieb alle Mächte Europas, groß und klein, zu rascher That. Von der Küste des Mittelmeers bis zur Nordsee sammelten sich die Kämpfer den Grenzen Frankreichs gegenüber; auf dem äußersten rechten Flügel in Belgien die Briten und Preußen; am Oberrhein die Oestreicher mit ihren süddeutschen Bundesgenossen; das Centrum am Mittelrhein sollten die im An= marsch begriffenen Russen ausfüllen; in der Poebene rückten östrei= chische Truppen vor.

Am Oberrhein war Schwarzenberg Oberkommandant. Seine ganze Armee erreichte die Stärke von 230000 Mann und zerfiel in vier Armeekorps und eine Reserve. Leztere sammt dem ersten und zweiten Korps bestand aus östreichischen Truppen, das vierte haupt= sächlich aus Bayern unter Wrede, das dritte unter dem Kron= prinzen von Württemberg aus 18000 Oestreichern, 8300 Hessen und 20766 Württembergern.

Von württembergischer Seite waren es ziemlich dieselben Ab= theilungen, welche schon 1814 im Feld gestanden waren.*) Ende

---

*) Das Infanterieregiment Nr. 4 finden wir mit folgenden Offizieren 1. Bataillon: der Regimentskommandant Oberst v. Imhoff, Major von Gaupp vom Regiment Nr. 7 (Major v. Klinkowström war zum Generalquartier= meisterstab versezt); Adjutant Premierlieutenant Oechslin; Hauptleute: v. Keller, v. Mayerhöfer; Stabshauptleute: v. Häußler, v. Stockmaier; Premierlieute= nants: Bach, Chr. v. Fischer, Leutze, v. Fromm; Sekondlieutenants: v. Grauer, Hebra, Schöttler, Bofinger; function. Lieutenant Rieß.
2. Bataillon: Oberstlieutenant v. Wiesenhütten von der Garde zu Fuß (Major v. Watter war zum Regiment Nr. 6 versezt worden); Major v. Rot=

Mai hatte das dritte Korps im Großherzogthum Baden sich ge=
sammelt und hielt die Rheinstrecke von Kehl abwärts bis zur Mün=
dung der Pfinz besezt. — Erst der Sieg bei Waterloo gab am
Oberrhein den Anstoß, die Grenze von Frankreich zu überschreiten;
bei Rheinfelden und Basel hatte der linke Flügel der Armee
Schwarzenbergs, das erste und zweite Korps, den Rhein zu passi=
ren; das dritte und vierte als rechter Flügel sollten bei Germers=
heim und Mannheim übergehen. Vom württembergischen Korps
blieben unter General v. Stockmaier drei Landregimenter, ein
hessisches und ein östreichisches Bataillon zurück, um zur Blockirung
der Festungen im Elsaß verwendet zu werden.

Am 23. und 24. Juni bei Germersheim aufs linke Rhein=
ufer übergegangen, ließ der Kronprinz zunächst Landau durch eine
Brigade einschließen; mit den übrigen Truppen marschirte er selbst
gegen die Linien von Weißenburg, um über Hagenau nach Straß=
burg vorzugehen. — Im Elsaß stand mit etwa 25000 Mann Ge=
neral Rapp, der in Gefahr kam, durch die Uebermacht vollständig
von seiner Rückzugslinie ins Innere von Frankreich abgeschnitten
zu werden. Denn während von Norden her der Kronprinz an=
marschirte, ihn festzuhalten, wurde er im Rücken von Wrede
umgangen, der auf Nancy rückte, indeß ein östreichisches Korps
von Basel her Remiremont zu erreichen suchte.

Die weißenburger Linien wurden nicht vertheidigt; erst bei
Sulz stießen die Vortruppen des dritten Korps auf den Feind, der
sich sofort auf seine Unterstüzung nach Surburg zurückzog; hier am
Surbach und am Selzbach für den Kronprinzen günstige Gefechte
am 25. Juni. Ohne Widerstand wird Hagenau besezt. Ehe aber
Rapp sich vollständig in die Werke von Straßburg einschließt, will
er noch einen Versuch machen, sich in freiem Felde zu halten. Die
Nationalgarde besezt die Wälle, mit allen Linientruppen, etwa
22000 Mann, rückt er aus und nimmt vor der Festung Stellung,
den rechten Flügel an die Ill gelehnt, den linken auf den Höhen
von Mundolsheim, das Centrum bei Suffelweihersheim. Mit
Glück griff der Kronprinz ihn hier am Nachmittag des 28. Juni
an und warf durch die hessische Division zunächst seinen linken

tenhof (Major v. Flemming war zur Garde zu Fuß versezt worden); Haupt=
leute: v. Klapp, v. Auer; Stabshauptleute: v. Haubensack, v. Reinhardt;
Premierlieutenants: v. Hufnabel, Pfau, v. Kammerer; Sekondlieutenants:
Fischer, Gebhardi, Hopfen, o.k, Enchelmaier, v. Umgelter.

Flügel und hierauf seinen rechten und das Centrum durch die
Württemberger bis unter die Kanonen von Straßburg zurück. In
der vom Feind verlassenen Stellung blieb das dritte Korps mit
dem Hauptquartier zu Nendenheim bis zum 5. Juli.

An diesem Tage wurde es durch das zweite Korps abgelöst,
um selbst den Marsch ins Innere Frankreichs antreten zu
können. — Am 3. Juli war zwar schon Waffenstillstand geschlossen
worden, allein die verbündeten Mächte hatten die Absicht, diesmal
die Wiederherstellung der alten Ordnung unter den Schutz ihrer
Heere zu stellen und diese noch eine Zeitlang innerhalb der Grenzen
Frankreichs zu belassen.

Am 7. Juli hatte der Kronprinz Luneville erreicht; über
Chaumont, Troyes auf der vom Feldzug 1814 her wohlbekannten
Straße ward weiter nach Autun und Nevers marschirt; Kantoni-
rungen in den Departements Nievre und Allier.

Erst in der Mitte Oktober wurde in sechs Kolonnen der Rückmarsch ins Königreich angetreten. Doch blieb noch, bis zum Jahr
1818, eine Brigade von 5000 Mann (Infanterieregimenter Nr. 2.,
3. und 8. und das Reiterregiment Nr. 4. mit einer Batterie) als
Okkupationstruppe in Frankreich zurück. *)

Die übrigen Abtheilungen hatten, sowie jede Kolonne vom
Feld einrückte, in der Nähe von Freudenthal Revue vor dem König.
Am 18. November wurde hier das Regiment Nr. 4. besichtigt und
rückte dann sofort in seine Garnison Ulm ab, die es mit dem Regiment Nr. 7. bezog. Die übrigen Garnisonen des Landes waren:
Stuttgart, Ludwigsburg, Hohenasperg, Heilbronn, Eßlingen, Win-
nenthal, Kirchheim und Nürtingen. **)

Die in die Heimath zurückkehrenden Truppen fanden in mancher Beziehung ganz neue politische Verhältnisse vor. — Da waren
durch Uebereinkunft der Monarchen die deutschen Zustände geregelt
worden. — Die Entwürfe Steins und anderer Patrioten, welche
die Einigung Deutschlands anstrebten, waren dem Einfluß Oestreichs
und den Sonderinteressen gegenüber längst ein überwundener

*) Das Verzeichniß der seit 1800 ausmarschirten und gebliebenen Offiziere
und Mannschaften s. Beilage Nr. 27.

**) Die drei letzteren nur vorübergehend. Im Jahr 1811 und in den
nächstfolgenden finden sich als Garnisonen: Stuttgart, Ludwigsburg, Eßlingen,
Heilbronn, Mergentheim, Ulm, Ehingen, Schorndorf, Gmünd, Ellwangen,
Krailsheim, Ravensburg, Rottenburg, Neuenstadt, Rottweil, Vaihingen, Helden-
heim, Hohenasperg.

Standpunkt. Im schneidendsten Gegensaz zu ihnen stand die im Sommer 1815 vereinbarte deutsche Bundesakte (erste Sizung des Bundestags am 5. Nov. 1816), welche auf der einen Seite die Souveränetät der einzelnen Staaten sicher zu stellen und auf der andern doch den kleineren Staaten Mitteleuropas einigen Halt zu geben suchte. Die neue Centralgewalt war recht geeignet, durch ihre kühle Behandlung aller Fragen und durch die Langsamkeit ihres Geschäftsgangs alle ins Leben gerufene Gefühle und mancherlei Erregungen in Deutschland zu paralysiren; für die nächsten Jahrzehnte wird durch sie eine Stabilität in allen politischen Verhältnissen verbürgt. —

Die Völker sollten für die Bereitwilligkeit und Opferfreudigkeit, mit der sie ihre Kräfte den Fürsten zur Verfügung gestellt hatten, ständische Verfassungen und Antheil an der Regierung erhalten. In den meisten Staaten wurde dies im Lauf der Zeit durchgeführt.

In Württemberg hatte König Friedrich schon zum März 1815, um jeder Pression von Außen zuvorzukommen, Stände einberufen, mit denen er sich über eine Verfassung zu einigen gedachte.

Allein der Streit mit den zähen Elementen, dem widerspenstigen Adel und den stumpfen und eigensinnigen Altständischen zog sich so lange hin, daß König Friedrich den Abschluß nicht mehr erlebte. Er starb 30. Oktober 1816. — Ein ganz anderes Ansehen schien unter dem neuen König Wilhelm die Sache zu gewinnen. *) „Er war der Mann, auf den in Deutschland Jedermann sah, wenn irgendwo in Gesellschaft oder Presse der Seufzer nach einer strafferen deutschen Einheit fiel, wenn für eine höchste Stelle der weiseste und kräftigste der Fürsten gesucht wurde. Schönere Auspicien begleiteten selten einen Thronwechsel wie diesen. Die ganze Physiognomie des Landes änderte sich im Augenblick. Die neue Regierung begann mit der gänzlichen Beseitigung des unsinnigen alten Hofprunks, mit gründlicher Linderung der gegenwärtigen, mit dem Vorbau gegen künftige Noth, mit ernstlicher Abstellung des Jagdunwesens u. s. f."

In der Verfassungsfrage ging aber auch die Geduld des neuen Königs zu Ende gegenüber dem Mißtrauen und der Versessenheit der altständischen und feudalen Rabulisten. Erst am 25. Sept. 1819 kam eine Vereinbarung über den neuen Verfassungsentwurf

---

*) Gervinus, Geschichte des neunzehnten Jahrhunderts, II., 476.

zu Stande, der in manchen Stücken hinter dem früheren zurück=
blieb, nachdem die Presse des Auslandes aus den Reden und Ab=
stimmungen in den lezten Jahren seltsame Eindrücke von dem störrigen
Eigenwillen und der politischen Rohheit der Schwaben bekommen hatte.
Schon vor dem Abschluß .der Verfassung, durch Dekret vom
22. April 1817, war der Bestand der gesammten königlichen Armee
einer durchgehenden Umänderung unterworfen worden.

Die Infanterie sollte künftig aus zwei Divisionen in vier Brigaden (jede Brigade hat eigene Musik) und acht Regimentern *Neorganisa-tion des Militärs.* bestehen. Das Infanterieregiment Nr. 4 erscheint nunmehr als ach t e s
Jnfanterieregiment und wird formirt aus dem seitherigen
Regiment Nr. 4 und den Kompagnieen v. Brand, v. Hoffmann,
v. Stablinger und v. Rosezky des leichten Regiments Nr. 10. Außer
den acht Regimentern bestanden noch zwei Garnisonskompagnieen.*)
Die Zahl der königl. Abjutanten wurde auf 9 herabgesezt, die
der Generale auf 19; die der Offiziere bei der Jnfanterie von 370
auf 190, die Ueberzähligen sahen sich aggregirt. Der komplete Stand
eines Regiments zu Fuß soll 1400 Mann betragen; bei der Fahne
präsent sind wenig über 300; der ganze präsente Stand 6931
Mann **).

Die allgemeinen Grundsäze, auf welchen künftig die Wehr=
anstalt des Königreichs beruhen soll, sind in einer Verordnung
vom 7. März 1818 ausgesprochen: „der Militärpflichtige soll durch
die Dienstzeit so wenig als möglich belästigt und in seinen bürger=
lichen Verhältnissen so kurz als möglich unterbrochen, - dessen un=
geachtet aber, wenn auch nicht die ganze waffenfähige Bevölkerung,
doch der größtmögliche Theil derselben in den Waffen geübt, dabei
der Aufwand möglichst beschränkt und hiedurch die Vortheile des
stehenden Heeres mit denen der Landwehr vereinigt werden."
Auf diesen Grundsäzen basirte das Rekrutirungsgesez vom
7. August 1819.***) — Das stehende Militär wird durch Aushebung

---

*) Reyscher, Sammlung der württembergischen Geseze, XIX., 1377.
**) Bei seinem Regierungsantritt hatte König Wilhelm vorgefunden:
24 Bataillone, 24 Schwadronen, 6 Batterieen; 2 Feldmarschälle, 1 General=
feldzeugmeister, 1 General der Jnfanterie, 11 Generallieutenants, 21 General=
majore, 6 General=, 8 Flügeladjutanten des Königs u. s. f. Vergl.
Württemb. Jahrbücher, 1821, 76 ff.
***) Reyscher, Sammlung württembergischer Geseze, XIX., 1542 ff., und
Württemb. Jahrbücher, 1821, 68 ff.

ergänzt, soweit freiwilliger Eintritt nicht hinreicht. Die Anzahl der alljährlich auszuhebenden Mannschaft wird verfassungsmäßig bestimmt. Die Militärpflicht beginnt mit zurückgelegtem 20. Lebensjahr. Befreit sind die standesherrlichen Familien, Studirende, geprüfte Provisoren, Kränkliche, Gebrechliche, unter dem gesezlichen Maß Befindliche, einzige Söhne unter gewissen Bedingungen.

Der Oberrekrutirungsrath repartirt das Kontingent auf jeden Amtsbezirk. Die Einzureihenden werden hier durch das Loos bestimmt.

Kleinstes Maß: 5 Fuß, 5 Zoll württembergisches Dezimalmaß. Dienstzeit: bei allen Waffengattungen sechs Jahre. — Präsenz: so lange als zur militärischen Ausbildung nothwendig ist.

Jeder zur Einreihung Bezeichnete kann einen Mann für sich einstellen; Einstandssumme: 400 fl. Gegen ungehorsam Abwesende Verlängerung der Dienstzeit — im Fall, daß sie eingeliefert werden — um ein bis drei Jahre.

Ueber Landwehr ist nur bestimmt, daß zu ihr alle Waffenfähigen, die nicht im stehenden Heer dienen, von 20 bis 30 Jahren gehören; sie könne in Kriegszeiten aufgeboten werden.

Nach Verfluß der großen legislatorischen Periode vom Jahre 1816 bis 1820 findet sich fast ein vollkommener Stillstand durch mehrere Jahrzehnte. — Erstmals wurde das vereinbarte Rekrutirungsgesez einer Revision unterworfen im Jahr 1828 und am 10. Februar dieses Jahrs ein neues Rekrutirungsgesez erlassen, das von dem seither bestehenden nur in der Bestimmung über einzelne Befreiungen wegen Familienverhältnissen abwich.

Etwas tiefer griff eine zweite Revision ein, welche das Gesez über die Verpflichtung zum Kriegsdienst vom 22. Mai 1843 im Gefolge hatte. — Die Verbindlichkeit zum Kriegsdienst ist festgesezt vom zurückgelegten zwanzigsten Lebensjahr bis zum zweiunddreißigsten. Davon sechs Jahre im aktiven Heer, sechs weitere in der Landwehr ersten, zweiten und dritten Aufgebots. Nähere Bestimmungen über die Verwendung der verschiedenen Aufgebote und wer zu jedem derselben zu rechnen sei. — Was schon auf früheren Landtagen zur Sprache gekommen war, die Aufhebung des Privilegiums sämmtlicher Studirenden, wurde jezt angenommen: mit Ausnahme der zum Kirchendienst Bestimmten sind alle Studirenden zu einjährigem Dienst im activen Heer verpflichtet. *)

---

*) Reyscher, Sammlung württembergischer Geseze, XIX., 1952 ff., und 2007 ff. Vergl. Korpsbefehl vom 20. Februar 1844.

Hand in Hand mit den von einem ganz neuen Geiste getra=
genen organisatorischen Gesezen ging die Umformung der mili=
tärischen Rechtspflege. — Die neuen Militärstrafgeseze vom 20.
Juni 1818 sind in einem der Zeit entsprechenden humanen Geist gehal=
ten; die Spießruthenstrafe ist ganz abgeschafft und weiter verordnet,
daß die sonstigen körperlichen Züchtigungen nur als Nothmittel oder
als Strafe für solche Vergehen, die eine niedrige Gesinnung ver=
rathen, angewendet werden sollen. — Die am 27. September 1818
publizirten Kriegsartikel sind ein Auszug davon.

In Beziehung auf den ganzen Militärhaushalt fand die Re= Militär=
haushalt;
Conscrip=
tion; For=
mation.
gierung Grundzüge vorgezeichnet in den Rücksichten auf die mög=
lichste Schonung der Kräfte des Landes und in den Anforderungen
des Bundes. Jene Rücksichten wurden insbesondere von den Land=
ständen betont, während die Regierung ihrerseits den Anträgen
auf Verminderung des Standes und Aenderung der Formation
gegenüber sich auf die Bundesforderungen berufen mußte.

Die Kriegsverfassung des deutschen Bundes nach den Be=
schlüssen vom Jahr 1821 und 1822 war nicht von der Art, daß
sie den einzelnen Ländern allzugroße Lasten auferlegt hätte.*)
Als Hauptkontingent war für jeden Staat 1 Procent der Be=
völkerung von 1819 bestimmt, als nächster Ersaz ½ Procent und
als Verstärkung oder Reserve ⅓ Procent; jedoch stets nur die
streitbare Mannschaft gerechnet. — Für die Bereithaltung im Frie=
den treten bedeutende Erleichterungen ein: bei der Infanterie darf
beurlaubt werden bis auf den sechsten Theil der eingeübten Mann=
schaft und auf zwei Dritttheile der Unteroffiziere; für die Reserve
sind nur die Kabres aufzustellen.

Vier Wochen nach dem Aufruf von Seiten des Bundes soll
das Hauptkontingent vollständig zur Verfügung des Bundesober=
feldherrn sein; an seine Stelle im Lande tritt sofort das Ersaz=
kontingent und zehn Wochen nach dem Aufruf muß die Reserve
aufgestellt und formirt sein.

Den Bundessäzen zufolge hatte Württemberg im Hauptkontin=

---

*) Die Kriegsverfassung des deutschen Bundes 2c., Frankfurt 1853.
Ursprünglich lag es in der Absicht der deutschen Großmächte, für die
Heerbildung viel bedeutendere Säze aufzustellen; so für das Hauptkontingent
sammt Ersaz 3 Prozent der Bevölkerung. Den Bemühungen der Kleinstaaten
gelang es, die Vorschläge herabzustimmen bis auf die oben engegebenen Säze.
Vergl. Gervinus, Geschichte des neunzehnten Jahrhunderts, VII., 128.

gent 13,955 Mann zu stellen, als Erjaz 2327 und als Reserve 4652 Mann, zusammen 20,934 Mann; als erste Division des achten Armeekorps. Zur Aufrechterhaltung des Standes war bei sechs=jähriger Dienstzeit mit Rücksicht auf den natürlichen Abgang eine jährliche Aushebung von 3000—4000 Rekruten nothwendig.

In den ersten Jahren nach Publizirung des Rekrutirungsge=sezes vom Jahr 1819 machte sich durch die darin enthaltene Herab=sezung der Dienstzeit ein ganz bedeutender Ausfall geltend; es war daher in diesen Jahren eine Aushebung von 4300 Mann noth=wendig. Diese Zahl wurde jedoch schon 1824 auf 3775 herabge=sezt und 1828 des weiteren auf 3500.

Daß das neue Militärgesez von der Bevölkerung als keine allzugroße Last betrachtet wurde, zeigt die stetige Abnahme der bei der Aushebung ungehorsam Abwesenden. Im Jahr 1820 sind es deren 643; 1821 deren 399; 1829 nur noch 60. Die meisten Abwesenden hatten die Oberämter Mergentheim, Maulbronn, Tü=bingen, Ludwigsburg; die wenigsten Tettnang.

Die Zahl der Militärpflichtigen betrug

im Jahr 1826 13,620 Mann.
„ „ 1827 13,313 „
„ „ 1828 14,679 „
„ „ 1829 15,129 „

Die Zahl der Tüchtigen stellt sich so:
im Jahr 1826 5,490 Mann.
„ „ 1827 5,183 „
„ „ 1828 5,842 „
„ „ 1829 6,124 „

Die Bevölkerung des Königreichs betrug 1827: 1,535,403 Seelen.

Die Präsenz des Infanteristen berechnete sich immer nur auf den sechsten Theil seiner Dienstzeit, also ein Jahr ;zu größeren Uebungen wurde er auf einige Wochen wieder einberufen. Im Jahr 1823 finden sich 7446 Mann präsent, also etwa ½ Procent der Be=völkerung; der Kriegsstand ist festgestellt auf 22,384 Mann.

Abgesehen von den Gesezen finden sich in der ersten Regie=rungsperiode König Wilhelms eine Menge Verordnungen, die sich mehr auf Aeußerlichkeiten, Aenderungen in der Formation u. A. beziehen. Schon 1817 werden die Benennungen Kompagniechef, Stabshauptmann u. f. f. ersezt durch Hauptmann erster und Hauptmann zweiter Klasse; ferner die Bezeichnungen Obermann und Rottenmeister eingeführt. Ein Korpsbefehl vom 8. Septbember

1841 hebt den Rangunterschied zwischen Hauptleuten erster und zweiter Klasse auf und führt statt Unterlieutenant die Bezeichnung Lieutenant ein; ebenso die Titel Oberfeldwebel und Feldwebel.

Um dem §. 20 der näheren Bestimmungen der Kriegsverfassung des deutschen Bundes nachzukommen, wornach etwa der zwanzigste Theil des Fußvolks aus Jägern oder Schützen bestehen soll und zugleich um eine Unteroffiziersschule zu haben, wurde 1822 bestimmt, daß in jeder Kompagnie von jedem Jahrgang zehn Mann als Schützen ausgebildet werden sollten. Sie hatten eigene Offiziere und Unteroffiziere.

In demselben Jahr wurden die Bataillonsadjutantenstellen durch Unteroffiziere besetzt.

Der Stand eines Regiments stellt sich um diese Zeit so:

Durchschnittlicher Friedensstand:

1 Kommandeur.	4 Hauptleute 1. Kl.
2 Bataillonskommandeure.	4 „ 2. Kl.
1 Regimentsadjutant.	4 Oberlieutenants.
2 Schützenoffiziere.	4 Unterlieutenants.
1 Regimentsquartiermeister.	8 Oberfeldwebel.
1 Oberarzt.	16 Feldwebel.
2 Bataillonsadjutanten.	8 Quartiermeister.
1 Stabsquartiermeister.	48 Obermänner.
4 Unterärzte.	16 Rottenmeister.
1 Regiments- } Tambour.	2 Tambourrottenmeister.
1 Bataillons- }	22 Tamboure.
1 Profos.	80 Schützen.
1 Büchsenmacher.	320 Soldaten.
	555 Mann.

Dazu kommen im Feld:

1 Major.	32 Obermänner.
1 weiterer Stabsquartiermeister.	16 Zimmerleute.
4 Unterärzte.	160 Schützen.
1 Büchsenmacher.	640 Soldaten.
10 Trainsoldaten.	8 Krankenführer.
4 Oberlieutenants.	881 Mann, was den vollen Stand
4 Unterlieutenants.	des Regiments auf 1430 Mann bringt.*)

Nach Befehl vom 13. Mai 1817 soll das Bataillon nur noch eine Fahne statt der bisherigen zwei führen; die überzähligen ins Arsenal abgegeben. Die jährlichen Kosten eines Infanterieregiments belaufen sich auf 80,000 fl.; das ganze Militärbudget in den Jahren

---

*) Bezahlung der einzelnen Stellen s. Beilage Nr. 28.

1820—23 stellt sich auf 2,274,669 fl., etwa 1 fl. 30 kr. auf den Kopf der Bevölkerung.

Von der heiligen Allianz geleitet und überwacht wickelten die Geschicke der kleinen Staaten sich in Ruhe ab, ohne alle tiefer gehenden Reformen, welche meist die Folgen großer Erschütterungen zu sein pflegen. Auch in den dreißiger Jahren war jeder bedeutenden politischen Bewegung, welche aus der Julirevolution oder aus der Aufregung wegen der Polen sich herleiten konnte, noch rechtzeitig vorgebeugt worden.

Erst die Ereignisse des Jahres 1840, als Thiers mit einem europäischen Krieg drohte, vermochten den Bundestag soweit aus seinem Halbschlummer aufzurütteln, daß er Anordnungen für eine eventuelle Kriegsbereitschaft traf und eine einheitlichere Organisation des Bundesheeres anstrebte.*) — Durch Beschluß vom 24. Juni 1841 wurde festgesezt, daß der volle Kriegsstand an Offizieren schon im Frieden aufgestellt, daß ein Sechstel der Mannschaft bei der Infanterie stets präsent sein müsse und hierunter die Rekruten nicht mitbegriffen sein dürfen. Für Bereithaltung der Kadres von Ersaz und Reserve finden sich verschärfte Bedingungen. Zur Kontrole sollen in Zukunft Inspektionen der Kontingente von drei zu drei Jahren statt finden.

Die angeführten Beschlüsse hatten in Württemberg bedeutende Reorganisationen im Gefolg. Bisher stand bei der Kompagnie blos ein Hauptmann und ein Lieutenant; von nun an sollte sie einen weiteren Offizier zählen;**) die Präsenz wurde von 12 Monaten auf 18 erhöht. Die jährliche Rekrutenquote wurde auf 4000***) Mann erhöht, um für Ersaz und Reserve hinlänglich ausgebildete Mannschaft zu haben; die Friedenspräsenz soll 7990 Mann betragen.

Der Kriegsstand eines Regiments wird erhöht und so normirt:

1 Regimentskommandant.	2 Verschickungsoffiziere (nur im Feld).
2 Bataillonskommandanten.	
1 Regimentsadjutant.	1 Regimentsquartiermeister.
2 Schüzenoffiziere.	1 Regimentsarzt.

---

*) Auch die schon früher verhandelte Befestigung von Ulm wurde jezt beschlossen. Vergl. Württemb. Jahrbücher, 1843, 124 ff.

**) In Folge davon wurden 24 bisher aggregirte Lieutenants eingetheilt und 40 neue creirt.

***) Von 1845 an wieder auf 3800 Rekruten vermindert, troz einer nicht unbedeutenden Bevölkerungszunahme.

2 Bataillonsadjutanten.	16 Feldwebel.
1 Stabsfourier.	8 Fouriere.
4 Unterärzte.	80 Obermänner.
1 Regiments- ⎫	43 Rottenmeister.
1 Bataillons- ⎬ Tambour.	2 Tambours 1. Kl
1 Profos.	22 Tambours.
1 Büchsenmacher.	16 Zimmerleute.
8 Hauptleute.	24 Scharfschützen.
8 Oberlieutenants.	456 Schützen.
8 Lieutenants.	1040 Soldaten.
8 Oberfeldwebel.	1765 Mann.

Im Dienst befanden sich im Jahr 1843 im Ganzen 428 Offiziere und zwar: 5 Generallieutenants, 7 Generalmajors, 21 Obersten, 18 Oberstlieutenants, 12 Majore, 122 Rittmeister und Hauptleute, 135 Oberlieutenants, 95 Lieutenants und 13 aggregirte Lieutenants gegen 386 Offiziere im Jahr 1830. — Das bisher sehr niedrig gehaltene Budget wurde nun selbstverständlich nicht unbedeutend erhöht.

Ein Jahr vor den angeführten Aenderungen der Formation, hatte der König durch Verordnung vom 1. Januar 1840 als ein Erinnerungszeichen für die im Anfang des Jahrhunderts im Krieg geleisteten Dienste eine Kriegsdenkmünze gestiftet. Im Ganzen erhielten 26,058 Veteranen das Denkzeichen und zwar hatten von diesen mitgemacht:

Den Feldzug:	Mann:	Den Feldzug:	Mann:
1793	60	1814	14024
1794	137	1815	14319
1795	444	Einen Feldzug hatten mitgemacht	10905
1796	274	Zwei Feldzüge „ „	9796
1799	470	Drei „ „ „	3878
1800	2048	Vier „ „ „	971
1805	1874	Fünf „ „ „	275
1806	1805	Sechs „ „ „	128
1807	1883	Sieben „ „ „	62
1809 in Oestreich	3091	Acht „ „ „	33
1809 in Vorarlberg	2313	Neun „ „ „	6
1812	1281	Zehn „ „ „	2
1813	4929	Elf „ „ „	2

Ueber die Art der Bewaffnung der Infanterie sei Folgendes bemerkt. Das Feuergewehr mit Steinschloß war durch viele Jahrzehnte hindurch ganz unverändert geblieben, ohne daß die Technik durch neue Erfindungen und Verbesserung des Alten die Militärbudgets der einzelnen Staaten irgendwie belastet hätte. Erst seit dem Jahre 1829 hatte man in Württemberg mit dem Perkussionsgewehr Versuche gemacht; 1831 war zuerst das 6. Infanterieregiment mit der umgeänderten Waffe versehen worden; ein Jahrzehnt war aber erforderlich, bis die ganze Infanterie damit ausgerüstet war. Die im Jahre 1841 aufgestellten 24 Scharfschützen des Regiments wurden mit zwölfzügigen Büchsen nach Wild bewaffnet.

Reich war die Zeit an Hervorbringung von Dienstvorschriften aller Art, welche die Verhältnisse im Großen regeln und im Einzelnen die Ausbildung der Truppe und deren ordnungsmäßigen Dienst erleichtern sollten. Obenan steht hier die allgemeine Kriegsdienstordnung, ausgearbeitet in den Jahren 1824—1844. Außerdem sind anzuführen: Vorschrift für den inneren Dienst der Infanterie vom 15. Januar 1818 und die Exercirvorschrift für die Infanterie vom 3. November 1818*); Vorschrift für Verhalten des Soldaten vom 6. April 1839; provisorische Exercirvorschrift vom 7. Februar 1848; Schießvorschrift für die Scharfschützen vom Dezember 1847.

Das unter König Friedrich 1805 errichtete Kadeteninstitut wurde 1817 wieder aufgelöst, weil bei der reducirten Armee der Ausfall auf eine Reihe von Jahren durch überzählige Offiziere gedeckt war. — Um aber hinreichend gebildete und militärisch erzogene Offizierskandidaten zur Disposition zu haben, wurde durch Dekret vom 16. Januar 1821 die „Anstalt für Offizierszöglinge" errichtet und mit dem Generalquartiermeisterstab in Verbindung gebracht; 20 Zöglinge in vier Altersklassen. Lehrgegenstände sind: Religion und Moral, Logik und Anthropologie, reine und angewandte Mathematik, physikalische, politische und mathematische Geographie und Statistik, ältere und neuere Staatengeschichte, vaterländische Geschichte, deutsche Sprache, französische Sprache, Artilleriewissenschaft, Feldbefestigung, Elementar- und angewandte Taktik, topographisches Zeichnen, militärische Gymnastik, Exerciren, Scheibenschießen, Fechten, Voltigiren, Reiten, Schwimmen. **)

Eine weitere Pflanzschule für künftige Offiziere wurde in dem am 26. April 1823 errichteten Institut der Regimentsoffizierszög-

---

*) Der erste Theil enthält die Formation eines Regiments in Schlachtordnung, der zweite die Soldatenschule, der dritte die Zugsschule, der vierte die Bataillonsschule und als Anhang zerstreute Fechtart, der fünfte Theil die Linienbewegungen.

**) Das Nähere s. Reyscher, Sammlung württembergischer Geseze, XIX., 1637 ff.

linge (in jedem Bataillon einer) eröffnet. Eine Vorprüfung bedingt die Aufnahme bei den Regimentern, eine Hauptprüfung die weitere Beförderung. Sie werden der Sorgfalt der Regimentskomman= banten besonders empfohlen. Weitere Bestimmungen für das neu gegründete Institut enthält ein Korpsbefehl vom 1. April 1829. Die Zahl der Zöglinge der Offiziersbildungsanstalt in Lud= wigsburg wurde 1834 auf 15 in drei Lehrkursen beschränkt; mit dieser Anstalt sahen sich die Regimentszöglinge insofern in Verbindung gebracht, als eine gemeinsame Konkursprüfung aller Bewerber um Offiziersstellen festgesezt wurde. Dieselbe fand erstmals im Novem= ber 1837 statt. Prüfungsgegenstände: Anthropologie, Logik, philo= sophische Moral, Naturrecht, mittlere und neuere Geschichte mit besonderer Rücksicht auf deutsche Geschichte, vaterländische Geschichte; physikalische und politische Geographie, Statistik; Mathematik und zwar Arithmetik und Algebra, Geometrie, Stereometrie, ebene und sphärische Trigonometrie, mathematische Geographie, Mechanik; Physik, Chemie; deutsche und französische Sprache; Militärgeschäfts= styl; Artilleriewissenschaft, Befestigungskunst, Elementartaktik; topo= graphisches Zeichnen, Aufnehmen; militärische Dienstvorschriften; Gymnastik, Excerciren, Fechten, Reiten.

Durch die Vermehrung der Kadres im Jahre 1841 erschien auch eine Erweiterung der Offiziersbildungsanstalten geboten. Die Anzahl der Zöglinge wurde im August 1845 auf 40 festgesezt in vier Klassen.*) Mit dieser Vermehrung hängt die Bestimmung zusammen, daß in Zukunft die erledigten Stellen zu zwei Dritt= theilen aus der Offiziersbildungsanstalt in Ludwigsburg zu besezen seien. Betreffs der Anforderungen an die Regimentszöglinge war im Jahre 1842 eine neue Verordnung erschienen. —

Eine Maßregel der Sparsamkeit war es ohne Zweifel, daß die Regimenter in den Garnisonen, welche sie nach Beendigung des Kriegs mit Frankreich bezogen hatten, möglichst lange belassen wurden. Erst im Jahre 1833 trat ein allgemeiner Garnisonswech= sel ein. Bis dahin war das 8. Regiment zusammen mit dem 7. in Ulm verblieben. Beide Regimenter kamen nun sammt dem 4. Infanterieregiment, das von Heilbronn einrückte, Anfang und Mitte November 1833 nach Stuttgart. Das 7. und 8. Infanterieregi= ment bildeten von jezt ab die erste Brigade der ersten Division.

---

*) Die nähere Organisation, Bedingungen der Aufnahme u. s. f. s. Rey= scher, Sammlung 2c., XIX., 2874 ff.

Ein zweiter Garnisonswechsel führte im Juli 1842 das 8. Regiment nach Heilbronn.

In der Zeit bis nach dem zweiten Garnisonswechsel hatte das Regiment öfters seine Kommandanten gewechselt. — Am letzten Tage des Jahres 1819 wurde Oberst von Imhoff zum 4. Infanterieregiment versetzt; von da her kam Oberst von Seeger zum 8. Regiment. Der neue Kommandant erschoß sich wenige Tage darauf; zum neuen Regimentschef wurde nun ernannt der Oberst Karl Christoph von Seybold vom 4. Infanterieregiment. Als dieser im Herbst 1831 zum Generalmajor vorrückte, trat an seine Stelle der bisherige Bataillonskommandant und Oberstlieutenant im Regiment Ernst von Meisrimmel. Schon drei Jahre später sah auch dieser sich mit dem Kommando einer Brigade betraut; für ihn wurde der Bataillonskommandant und Oberstlieutenant von Imthurn zum Regimentskommandanten befördert.

Dreizehnter Abschnitt.

1848—1849.

Die Bewegungen der neuesten Zeit.

Die tiefe Ruhe, welche der deutsche Bund seit mehr als drei Allgemeine Zustände. Jahrzehnten unter dem Schuz der Großmächte genoß, hatte selbstverständlich eine ernste Thätigkeit der Truppen in dieser Periode ausgeschlossen. Die gewohnten Uebungen und Geschäfte wurden in Württemberg kaum unterbrochen durch die von Zeit zu Zeit wiederkehrenden größeren Manöver im Herbst.

Auch das Jahr 1830 mit seinen mancfachen Erregungen in Frankreich, Polen und Deutschland ging für das große Ganze fast spurlos vorüber; ein etwas erhöhter Mannschaftsstand, einzelne Erecutionskommandos waren die einzigen Folgen von wirklichen oder befürchteten Ruhestörungen.

Indessen war das politische Leben in Deutschland keineswegs eingeschlummert. Mit Aufmerksamkeit waren namentlich in den Kleinstaaten die nationalen und freiheitlichen Bestrebungen anderer Völker beobachtet worden. Der immer höher steigende Grad von politischer Bildung in den konstitutionellen Staaten stellte dringender und dringender die Forderung nach politischer Einheit, Größe und Freiheit Deutschlands. In allen Ständen, in allen Schichten der Gesellschaft sprach sich eine unendliche Sehnsucht nach einem einigen Vaterland aus.

Für den von der Februarrevolution ausgegangenen Stoß war der Boden in Deutschland darum auch viel empfänglicher als je vorher bei ähnlichen Vorgängen. Zugleich aber trat noch eine andere Kraft, mächtig herangewachsen, hinzu; — die der revolu-

tionären Umsturzpartei. Ihr war es in den lezten Jahren ins=
besondere noch gelungen, über ganz Europa hin ihr Nez zu wer=
fen und an allen Orten ihren Zwecken vorzuarbeiten.

Sie war es, welche in den großen nationalen Aufschwung den
kommunistischen Zug warf und so die zu erreichenden Ziele ver=
rückte. Das Aufraffen der Nation war für sie nur ein Mittel für
ihre Parteizwecke. Die Gemeinschädlichkeit dieser Partei blieb
nicht verborgen. Aber gerade der Umstand, daß sie an eini=
gen Orten zum Märtyrer wurde, daß man sie mit aller Macht
einzudämmen suchte, gab ihr Gelegenheit, sich als die wahre
Vertreterin der Volksrechte aufzustellen und unter diesem Namen
mehr als je Propaganda zu machen. — Auch von den hochdenken=
den Schwärmern für Deutschlands Einheit und Größe ließ Man=
cher sich in ihr Lager verlocken. Sie riß bei zunehmender Er=
hizung der Gemüther die Presse und die Stimmen auf dem Markte
an sich und war nahe daran ihre Schreckensherrschaft mit den Re=
miniscenzen aus der ersten französischen Revolution zu befestigen
und auszudehnen.*) .

So gehen durch die ganze deutsche Bewegung, in den einzelnen
Staaten und Kammern wie im Parlament, stets zwei Strömungen
neben einander her, die radikale und die nationale, leztere häufig
in den Schatten gestellt und übermannt, weil ohne Rückhalt in
den meisten Regierungen sowohl als in dem unterwühlten Volke,
beide zu Zeiten in einander übergehend und daher verschwommen.

Die ersten Folgen des von Frankreich im Februar 1848 ge=
gegebenen Anstoßes waren Adressen, Petitionen und Demonstrati=
onen, womit man die Regierungen nachgiebig machen und ein=
schüchtern wollte. Bei all diesem Wesen viel Uebertreibung, viel
Unverstand, viel eitles, hohles Treiben in Reden, Schriften und
Zusammenkünften.

Unter diesen Umständen war es von dem besten Eindruck auf
die Besonnenen, als König Wilhelm am 2. März so zum Volke in
Württemberg sprach**):

„Württemberger! Die großen Weltbegebenheiten, deren Wir=
kungen für unser Land sowie für unser großes gemeinschaftliches
Vaterland noch nicht zu übersehen sind, haben die größte Aufre=
gung hervorgebracht. In diesem entscheidenden großen Augenblick

*) Vgl. hierüber Häusser, Denkwürdigkeiten zur Geschichte der badischen
Revolution, 97 ff.
**) Vgl. die Broschüre: Württemberg in den Jahren 1818 u. 1849. S. 4.

spricht euer König zu Seinem treuen Volk. Bewährt auch jetzt wieder euren echt deutschen Karakter, fest in dem Vertrauen in die göttliche Vorsehung, deren Allmacht und Weisheit das Schicksal der Völker lenkt, treu gegen eure Regierung und Verfassung, die eure Rechte und Eigenthum beschüzt; Ruhe, Ordnung und Gehorsam vor dem Gesez ist die heiligste und nothwendigste Pflicht. Reichen wir unsern deutschen Brüdern die Hand; wo unserem Vaterlande Gefahr droht, werdet ihr Mich an eurer Spize sehen. Segen unserem Vaterland, Heil und Ruhm für ganz Deutschland."

An demselben Tage war es, daß eine Gesammtadresse die Wünsche des Landes zusammenfaßte: „Berufung eines deutschen Parlaments, Geschworenengerichte, volle und unbedingte Preßfreiheit, Recht sich öffentlich zu versammeln und zu besprechen, gesezliche Gleichheit aller religiösen Bekenntnisse, gleichgerechte Besteurung, Bodenbefreiung, kräftige Entwicklung der handelspolitischen Macht Deutschlands, Wehrhaftmachung des Volks."

Die bedrohten Regierungen hielten es für das Klügste die Häupter der Bewegung in ihr Interesse zu ziehen und gaben sich ganz den liberalen Konstitutionellen hin, um mit ihrer Hilfe wenigstens der Demokraten Herr zu werden.

Daß in Württemberg dem Liberalismus und den berechtigten Einheitsbestrebungen Rechnung getragen wurde, durfte nach den vom König ausgesprochenen Ansichten als natürlich erscheinen. Nach der Ernennung eines neuen Ministeriums (Römer, Pfizer, Duvernoy, Goppelt) am 9. März folgte eine Koncession der andern. Ein Gesez vom 1. April 1848 führte die Bewaffnung des Volks ein. In sämmtlichen Gemeinden des Landes sollen Bürgerwehren errichtet werden; alle volljährigen Staatsbürger bis zum 50. Lebensjahr sind zum Eintritt verpflichtet mit einzelnen im Art. 18 näher bezeichneten Ausnahmen. Jede Bürgerwehr hat zur Oberleitung einen Verwaltungsrath, die Ausrüstung ist aus eigenen Mitteln zu bestreiten; die Offiziere werden von den Wehrmännern gewählt. — Eine Kommission zur Organisation der Bürgerwehr ließ noch im April eine Exercirvorschrift erscheinen. Dieser folgten in Bälde weitere Dienstvorschriften, Anordnungen über Regelung des Verhältnisses von Bürgerwehr und Linie, Uniform, Auszeichnungen, Tragen der deutschen Kokarde.*) Die Bürger-

---

*) Schon am 9. März 1848 hatte der Bundestag als Konzession an die

mehr selbst zeigt sich von Anfang an versunken in spießbürgerliche Gleichgiltigkeit oder eiteln Prunk; endlich war sie auch eine den Wühlern für ihre Umtriebe sehr erwünschte Vereinigung.

Die radikalen Volksvereine waren nicht der Ansicht, mit diesen und anderen liberalen Institutionen sich zu begnügen und das Weitere im Verein mit den anderen Staaten auf gesezlichem Wege in Frankfurt zu erreichen. Die einmal in Fluß und ins Rollen gerathene Masse immer weiter zu treiben und immer mehr zu überstürzen, war ihre Hauptaufgabe; die Aufrichtigkeit der Regierungen zu verdächtigen und die Monarchie gehässig zu machen, war ihre Beschäftigung. Mit leicht verständlichen Gemeinpläzen und einer Phraseologie, die aus den unedelsten Bildern sich zusammensezte, wußten sie die Gemüther zu erhizen und wohlgemeinte Bestrebungen abzuschwächen. Der überhand nehmende Nothstand kam hier zu Hilfe. — Die Regierungen ihrerseits sahen sich von allen Seiten angefeindet, bei Oestreich, bei Preußen keine Hilfe, im niederen Volke der Glaube wankend gemacht oder schon geschwunden, der Mittelstand eingeschüchtert und ohne Energie. Die gegen demagogische Umtriebe geübte Konnivenz, das Kokettiren mit den Ansichten der Demokraten wurde der Regierung als Schwäche und Haltlosigkeit ausgelegt und machte sie in den Augen der Umsturzmänner vom reinen Wasser verächtlich, während manche Treugesinnte dadurch verwirrt wurden. Es konnte nicht fehlen, daß der Monarchie der Boden mehr und mehr unter den Füßen schwand.

In Heil-
bronn ist
S. ... u. Bei solchem Zwiespalt hat das Militär stets die schwierigste Stellung. Niemand entging der allgemeinen Bewegung und so mußte sie natürlich auch den Soldaten ergreifen. Nun hätte diese Bewegung im militärischen Körper freilich ihr Gegengewicht finden sollen. Daß dieß nicht vollkommen der Fall sein konnte, leuchtet ein, wenn die Verhältnisse näher betrachtet werden. — Aus Sparsamkeit und anderen Gründen hatte man seit lange auf ein wirkliches stehendes Heer verzichtet; das Gehässige, leicht Angreifbare der Konskription hatte man beibehalten, daneben aber auch alle Mängel des Milizwesens sich zu eigen gemacht. Die kaum ein Jahr dauernde Präsenz ließ den Offizier mit seiner Mannschaft niemals vollkommen vertraut werden und Einfluß auf sie gewinnen;

Reformbestrebungen die deutschen Reichsfarben angenommen. Vgl. Menzel Gesch. der lezten 40 Jahre, II., 193. In Württemberg wurden durch Korpsbefehl vom 18. Febr. 1851 die deutschen Farben wieder abgelegt.

auf der andern Seite war in der kurzen Zeit eine militärische Durchbildung und Gewöhnung unmöglich, während der Soldat durch die Annehmlichkeiten des bestehenden Systems verwöhnt wurde. Weder ein nationaler noch ein militärischer Geist konnte sich bilden, fern lag der Gedanke an den ernsten Dienst.*)

So war der Soldat mit dem ersten Tage, wo ernstere Anforderungen an ihn herantraten, unzufrieden und damit allen Einflüsterungen und Agitationen zugänglich um so mehr, als er stets unter seinen nächsten Landsleuten sich herumtrieb. — Manche an sich unbedeutende Mängel des Dienstes wurden von den Demagogen benützt, um den Soldaten seiner Fahne zu entfremden und so wurde es endlich in einer Reihe von Staaten dahin gebracht, daß einzelne Truppenkörper in Haufen von wüthenden Proletariern verwandelt wurden, verachtet von allen Gutdenkenden und mißbraucht von den Demagogen zur Durchführung der eigennützigsten Zwecke. Denn bei den Soldaten war es nicht der Abfall von einer Sache und das begeisterte Ergreifen eines andern hohen Ziels, sondern einfach ein Abstreifen aller zusammenhaltenden Bande, ein vollkommener Zerfall der bewaffneten Macht.**) — So zunächst in Baden, welchen Zuständen übrigens die in andern deutschen Staaten zum Theil sehr ähnlich sahen.

In seiner Garnison Heilbronn, wo das 8. Infanterieregiment schon seit Jahren lag, war es ganz besonders den verschiedensten Künsten der Verführung ausgesezt. Die Stadt hatte sich rückhaltsloser fast als jede andere in die neue Bewegung gestürzt, das vereinzelte Regiment war in dem Maße mit den Bewohnern verwachsen, daß sich der Einfluß sofort geltend machen mußte, wenn nicht ganz besondere Maßregeln dem entgegenarbeiteten. Hieher wären besonders zu rechnen: stramme und gerechte Oberleitung, selbstthätiges Durchgreifen ohne Furcht vor Verantwortung, rationelle und hinlängliche Beschäftigung oder endlich Koncentrirung im Lager.

Schon Ende Februar wurde befürchteter Störungen halber der gewöhnliche Winterstand erhöht durch Einberufung von 50 Mann per Kompagnie. Am späten Abend traf der Befehl zu dieser Maßregel in Heilbronn ein. An die nächstgelegenen Aemter gingen

---

*) Deutsche Vierteljahrsschrift, II., 139. unter der Abhandlung: Die Ursachen der Meuterei und der Zerfall des großh. badischen Truppenkorps.

**) Ebend. 157.

sofort Eilboten ab; ein beurlaubter Soldat sagte es dem andern; noch in der Nacht und vom frühen Morgen des andern Tags an zogen die Einberufenen in die Kaserne. Gewiß ein gutes Zeichen für den Geist der Mannschaft.

Bald sollten die Einwirkungen der total durchwühlten Bürgerschaft sich geltend machen. Man zog die Leute in die Schenken; man schlug ihnen vor, Petitionen aufzusetzen gleich den andern Ständen; zu hart sei die Behandlung, zu karg der Sold, Rechte und Pflichten seien zu ungleich vertheilt. — Gewiß ließ Mancher hier sich zu ordnungswidrigem Treiben hinreißen, während er im Stillen nichts Anderes wünschte als in Urlaub zu gehen und die Tragweite der Verhältnisse nicht ermessen konnte. Von oben herab mochte die Bierhauspolitik und das maßlose Treiben der Winkelpresse unterschäzt werden.

Die Unruhen, welche in der allernächsten Zeit im benachbarten Baden und in den hohenlohe'schen Landen unter den erwerbslosen Arbeitern und den grundpflichtigen Bauern ausbrachen, führten einen Theil der Kompagnieen aus der Garnison. — Am 10. März Abends 11 Uhr wurde Hauptmann Kammerer mit einer Kompagnie nach Oberkessach auf Wagen abgeschickt. Es ging das Gerücht, 800 bewaffnete Bauern nähern sich von Mosbach her der württembergischen Grenze. Auf bringendes Ansuchen der Behörden folgte am andern Tag Oberstlieutenant von Göz mit zwei weiteren Kompagnieen. Je eine Kompagnie liegt nunmehr in Jartfeld und Möckmühl, je eine halbe in Wibbern und Olnhausen.

Zu besserem Schuz der Landesgrenze rückte Generalmajor von Baumbach an mit dem siebenten Infanterie- und dem zweiten Reiterregiment, welche eine Postenkette durch alle Oberämter der Nordwestgrenze zogen. Nirgends jedoch wurde Widerstand gefunden. — Während im eigenen Lande eine Exekution der andern folgte, hatte Württemberg auch zu der — ohne großen Widerstand vollzogenen — Unterdrückung der Aufstandsversuche und revolutionären Einfälle im badischen Oberland sein Kontingent gestellt. Zu den verschiedenen Beobachtungskorps waren unter Generallieutenant von Miller und Generalmajor von Baumbach abgegangen: acht Bataillone, acht Schwadronen und 10 Geschüze.

Alle Vorbereitungen wurden für eine weitere Mobilmachung getroffen; bis jezt war der Feldstand noch nicht angenommen, doch sollte jede Kompagnie auf 150 Schüzen und Soldaten einberufen; die nöthigen Unteroffiziere sind zu ernennen und Chargen für die

Depotkompagnieen zu bezeichnen. Zum Haupt= und Feldkontingent sind bestimmt: 1., 4., 5., 6., 7., 8. Infanterieregement, 1., 2., 4. Reiterregiment und 28 Geschüze; die übrigen Truppen zur Reserve.*) Um das von Stuttgart nach Baden abgegangene fünfte Re= giment zu erſezen, erhielt das achte Regiment am 10. April Be= fehl, nach Stuttgart abzumarſchiren. Kurz vorher war durch Ge= neralmajor von Baumbach das Regiment auf die Verfaſſung beeidigt worden; nach den Worten: „getreu und redlich bienen“ war der Eidesformel einzufügen: „die Verfaſſung gewiſſenhaft wahren und den Geſezen gehorſam zu ſein.“ — Am 9. April hatte der Kom= mandant der württembergiſchen Reiterdiviſion, Generallieutenant Prinz Friedrich von Württemberg, das durch den Rücktritt des Markgrafen Wilhelm von Baden erledigte Kommando des achten deutſchen Armeekorps übernommen.

Von Stuttgart waren verſchiedene Exekutionskommandos durch das Regiment zu geben; ſo nach Nagold, Neuhauſen, Pfalzgrafen= weiler zur Verhütung von Ruheſtörungen und Waldfreveln.

Hier in Stuttgart war es auch, wo bei den verſchiedenen Ab= theilungen der Garniſon während der Pfingſtfeiertage Ausſchrei= tungen vorkamen, welche zu Auditoriatsunterſuchungen wegen Meu= terei Veranlaſſung gaben. — Es war natürlich, daß die Volks= vereine gerade in der Hauptſtadt eine rege Thätigkeit entfaltete

---

*) Ausrüſtungsgelder werden feſtgeſtellt und zwar für
einen Lieutenant . . . . . 100 fl.
„ Hauptmann . . . . 150 „
„ Stabsoffizier . . . 200 „
„ Oberſt . . . . . . 250 „
Feldzulagen monatlich für
einen Lieutenant . . . . . 15 „
„ Hauptmann . . . . 20 „
„ Stabsoffizier . . . . 30 „
„ Oberſt . . . . . . 40 „
Für jedes anzuſchaffende Pferd 200 fl.
An Mundportionen ſollte erhalten:
Der Lieutenant 2
„ Hauptmann 3
„ Stabsoffizier 4
„ Oberſt : 5
Die Mannſchaft erhielt bei Quartierverpflegung 3 kr. täglich Löhnung.
Zwei Kreuzer von der Löhnung wurden zur Quartiervergütung geſchla=
gen, welche in Württemberg 18 kr., in Baden 20 betrug. Das Kleinmontirungs=
geld wurde für den Feldſtand von 2 auf 4 kr. erhöht.

und die Soldaten nicht aus den Augen ließen. Dazu kam die Aufregung wegen der Wahlen zur Nationalversammlung in Frankfurt. — Die gemäßigte Mehrheit der Erwählten zeigte deutlich den Willen des Volks, die Throne zu schützen und in Eintracht den großen Bau der deutschen Einheit aufzuführen. Ein hoher Zug ging durch alle deutsche Gaue; stolze Hoffnungen auf die Zukunft, glänzende Erinnerungen an die alte Größe des Vaterlandes begegneten sich. Doch neben all dem Hohen, Edlen der Kaiserschwärmer und der Nationalgesinnten das häßliche Parteigezänke und unfruchtbare Redeübungen, bis endlich aller Schminke baar die radikale Umsturzpartei ihr Haupt erhob und einen Theil des Volks und der besser Gesinnten mit sich fortriß.

Mit Berücksichtigung der Vorgänge in Stuttgart und der radikalen Strömung im Lande hätte man nicht thun sollen, was am 26. Mai geschah; man hätte das Regiment nicht wieder nach Heilbronn, auf den alten vertrauten Boden, versezen sollen.

Katastrophe.

Nach dem Wiedereinrücken in Heilbronn am 26. Mai gab es nun für die Soldaten der Aufrufe und materiellen Aufmunterungen in den Volksversammlungen genug, sich den republikanischen Bestrebungen anzuschließen, Petitionen einzureichen, sich an Demonstrationen und Krawallen zu betheiligen. — Die ärgsten Schreier werden verhaftet; da zieht mit einzelnen demoralisirten Soldaten der Pöbel vor die Kaserne, mit lautem Geschrei und trozig die Freilassung der Gefangenen fordernd.

Die Schwierigkeit der Lage für den Kommandanten ist nicht zu verkennen. So gar viel hatte man den großen Schreiern aus dem Volke nachgegeben; sollte er hier mit allen ihm zu Gebot stehenden Mittel gegen dieß gehätschelte Volk einschreiten? Er war es dem bessern Theile seiner Truppe schuldig, ihren Namen sich selbst und ihre Arme dem Kriegsherrn zu erhalten. Eine entscheidende That hätte hier retten können.

Nach derartigen Vorgängen wurde am 16. Juni ein Hauptmann des Regiments vom Oberst ans Kriegsministerium nach Stuttgart abgeschickt, um über den Zustand der Mannschaft und die Stimmung in der Stadt Heilbronn eingehenden Bericht zu erstatten. Der neue Divisionskommandant*), Generallieutenant von

---

*) Beim Antritt seines Kommando's hatte er an die Offiziere die Ansprache gerichtet: „Eine Mobilmachung nach so vielen Friedensjahren hat ihre unvermeidlichen Schwierigkeiten; für den Truppengebrauch sind neue Vor-

Miller, begab sich sofort an Ort und Stelle und hörte am 17. Juni persönlich von Deputationen — fünf Mann per Kompagnie — in der Kaserne die Beschwerden und Wünsche der Mannschaft ab. Das Regiment verhielt sich vollkommen ruhig; nur gegen Aufläufe der Bürgerschaft hatte der General die in und bei Heilbronn kon= zentrirte Kolonne, bestehend aus dem vierten Infanterieregiment, einem Bataillon des siebenten, dem zweiten Reiterregiment und einer Batterie, zu verwenden.*)

Der Entschluß, das Regiment der einmal vergifteten Atmo= sphäre zu entziehen, scheint bei dem Divisionär von vorn herein festgestanden zu sein. Am 18. wurde demnach in Heilbronn ab= marschirt und am 19. bezog das Regiment die Thalkaserne in Ludwigsburg. Allen Anzeichen zu Folge scheinen auf dem Marsch in die neue Garnison nicht diejenigen Maßregeln beobachtet wor= den zu sein, welche ein Umsichgreifen der Gährung am besten hätten dämmen können. Bei der Annäherung an Ludwigsburg ließ man es geschehen, daß Soldaten aller Waffengattungen aus der neuen Garnison sich unter die Mannschaft mengten und sie als Brüder in radikalem Sinn und als erwünschte Helfer begrüßten. Nun sollten Versammlungen gehalten werden unter Vorsitz der allerun= fähigsten Schreier. Diese hatten sich Nichts zu eigen gemacht, als die platten Ausdrücke des ordinärsten Wühlerthums; die Soldaten hatten sich gewöhnt, mit solcher Speise gefüttert zu werden und gedankenlos, wie die Menge ist, glaubten sie fast blindlings allem dem, was der Volksmann auf seiner Tribüne preisgab. Vernünf= tiges Nachdenken, ruhiges Erwägen war einmal bei sehr Vielen verloren gegangen und so wurde nun begierig den pathetischen Tiraden ge= lauscht; auf der einen Seite sei Nichts als Mühe und Noth, schlechte Be= handlung und Bezahlung, auf der andern Freiheit, Ueberfluß, Selbst= wahl der Offiziere; keine harten Strafen stehen hier dem freien Willen entgegen. — Der Gang der Ereignisse, das immerhin noch

---

schriften gegeben worden (— eine prov. Exerzirvorschrift wurde eben einge= übt —); für die Truppenbehandlung stellt die neue Zeit Forderungen, deren Beachtung und Ausführung als so sehr abweichend von den bisherigen Nor= men Manchem schwer fallen dürfte. — Was von uns verlangt wird, habe ich hier angedeutet; um es leisten zu können, bedarf es unser Aller höchste An= strengung; es bedarf insbesondere derjenigen hohen militärischen Tugend, welche der Würde der eigenen Stelle Nichts vergebend, den Werth einer jeden andern anerkennend, mit Kraft und Mäßigung wirkt und handelt, einzig im Interesse des Berufs."

*) Württ. Jahrbücher, 1849, 145.

feste Auftreten der Regierung ersparte den württembergischen Sol=
daten, daß ihnen von den Demagogen selbst die Augen geöffnet
wurden. Schlimmer ging es in Baden. Als hier endlich das Mi=
litär durch alle erdenklichen Mittel seiner Pflicht entfrembet war
und vollständig übertrat in die Dienste der Demokratie, da warfen
die Führer plözlich die Maske ab. „Was ich vor Allem verlange,
das ist Gehorsam; ohne völlige Unterordnung kein Kriegsheer.“
„Alle Vergehen gegen militärische Disciplin und Suborbination
werden nach der vollen Strenge des Kriegsgesezes bestraft.“*) So
lauteten natürlich die Geseze der Anführer auch im anberen Lager,
aber erst, nachdem man der Solbaten sicher war.

Die Höhle unb das Hauptquartier des Wühlerthums in Lubwigs=
burg war das Wirthshaus zum Stern; erst am 23. Juni wurde den
Mannschaften der Besuch verboten. — Indessen war nach dem Einmarsch
in Lubwigsburg rasch ein Ereigniß dem anbern gefolgt. — General=
lieutenant von Miller, der als königlicher Kommissär zur Aufrecht=
erhaltung der Ordnung mit den ausgedehntesten Vollmachten ver=
sehen war, erließ am 21. Juni eine Bekanntmachung wegen der
zahlreichen Volksversammlungen.

Wie allen Staatsbürgern bleibe auch den Solbaten das Recht,
unbewaffnet an Volksversammlungen Theil zu nehmen, doch bleiben
Versammlungen an öffentlichen Orten zur Besprechung von Dienst=
angelegenheiten verboten. Erlaubt sind Vereinigungen zu lezterem
Zweck nur nach vorhergegangener Anzeige in geschlossenen Lokalen.
An bemselben Tage wurde ein Unteroffizier des 8. Regiments, der
Haupturheber aller orbnungswidrigen Auftritte, in die Kanzlei=
kaserne, wo das 7. Regiment lag, in Arrest gebracht. Durch
Trunk aufgeregt, durch Reben erhizt, strömten zunächst die Gesin=
nungsgenossen des Verhafteten zusammen, Andere wurden in der
Aufregung mit fortgerissen, Bürger unb schlechte Subjecte aus an=
bern Abtheilungen gesellten sich dazu. Alles eilte vor das Thor
der Kanzleikaserne, in wilder Aufregung die Befreiung des Ge=
fangenen verlangend. Aber wacker stand das 7. Regiment; General=
lieutenant v. Miller war sofort auf dem Plaz. — So war denn
unter den Augen des Divisionärs das größte militärische Ver=
brechen verübt von einem zuchtlosen Haufen, der durch Lügen ver=
leitet unb gänzlich verblenbet des solbatischen Karakters sich ent=
äußert hatte. Es that noth, ein Exempel zu statuiren.

---

*) Häusser, Denkwürbigkeiten zur Gesch. der bad. Revolution, 453.

Im mittleren Hof des Schlosses hatte am Morgen des 22. Juni das 8. Regiment ohne Gewehr sich zu versammeln. Feierliche Stille und ernste Stimmung in den Reihen. Jetzt erst mochte Manchem der ganze Ernst der Lage, die Tragweite des seitherigen bubenhaften Treibens, die ernste Pflicht des Mannes und des Soldaten deutlich werden.

Während das Regiment im Schloßhof vor dem Divisions= kommandanten versammelt war, wurden in der Kaserne die Ge= wehre weggenommen und in das Arsenal gebracht. Von der Mannschaft selbst wurden die Schuldigen, theils vorher schon ge= kannt, theils von Vorgesezten und Kameraden angezeigt, heraus= gezogen und auf den Hohenasperg in Sicherheit gebracht. War das Verfahren hart, so war der Eindruck um so wohl= thätiger. Als am folgenden Tag das Regiment auf den Arsenal= plaz beschieden wurde, wo die abgenommenen Gewehre in Pyra= miden zusammengestellt waren, ging gewiß eine Wandlung mit den Allermeisten vor in dem Augenblick, als mit dem Kommando zum Ergreifen die Hand sich wieder nach der Waffe ausstreckte und die Ehre des Mannes und des Soldaten wiederhergestellt war.

Personalveränderungen vollendeten die Umgestaltung des Re= giments. Am 24. Juni wurde dem Oberstlieutenant Reinhardt des 3. Infanterieregiments das Kommando übertragen.

Indessen war die deutsche Bewegung in nationalem Sinn ihren Weg weiter gegangen. Troz des Widerspruchs und Grimms von Seiten der Demokraten wurde am 28. Juni zum Verweser des deutschen Reichs der Erzherzog Johann, selbst unverantwortlich, mit verantwortlichem Ministerium ernannt. Am 11. Juli hielt er seinen Thriumpheinzug in Frankfurt und am folgenden Tage der Bundestag seine lezte Sizung, indem er seine Gewalt nunmehr auf den Reichsverweser übertrug. Unselig für die neue Centralge= walt aber war von Anfang an die Gereiztheit zwischen den Par= teien, das Drohen der Umsturzmänner und die schlechte Stimmung mit den Großmächten. *Befestigung der nationa= len Bewe= gung.*

Das Tragen der deutschen Kokarde, das Schmücken der Landes= fahnen mit deutschen Bändern war in Württemberg schon durch höchste Entschließung vom 15. Juli eingeführt worden. *) Der

*) Andere Geseze und Verordnungen aus derselben Zeit: Vollständige Aufhebung der Prügelstrafe, Anrede mit Sie statt mit Er. — Um alle

6. August war beſtimmt, die Truppen noch näher mit ihrer natio=
nalen Aufgabe und ihrer neuen Kriegsherrſchaft bekannt zu machen.
Auf Befehl des Reichskriegsminiſters ſollten in allen deutſchen
Garniſonen auf den gleichen Tag Paraden abgehalten und die
Huldigung für den Reichsverweſer unter Verleſung des Aufrufs
an das deutſche Volk abgenommen werden. Demzufolge wurde in
Ludwigsburg am Sonntag den 6. Auguſt, Morgens 7 Uhr, auf
den Exercirplaz ausgerückt; jede Abtheilung bildete ein Viereck für
ſich; der Aufruf wurde verleſen und zum Schluß der Reichsver=
weſer mit dreimaligem Hoch und dreimaliger Batterieentladung
geehrt. Die Anſprache an die Truppen lautete: „Die National=
Verſammlung zu Frankfurt, gebildet aus Abgeordneten aller Stämme
unſeres großen Vaterlandes, hat durch Beſchluß vom 28. Juni für
ganz Deutſchland eine proviſoriſche Centralgewalt aufgeſtellt und
dieſe unter dem vollen Beifall aller Fürſten und Völker in die
Hände des Erzherzogs Johann von Oeſterreich als Reichsverweſers
niedergelegt. — Ihm iſt zunächſt die Oberleitung der ganzen be=
waffneten Macht Deutſchlands übertragen. Er hat die vollziehende
Gewalt zu üben in allen Angelegenheiten, welche die allgemeine
Sicherheit und die Wohlfahrt des deutſchen Bundesſtaats betreffen,
in ihm begrüßen wir das erſte ſichtbare Zeichen der deutſchen Ein=
heit, der deutſchen Kraft. Den Reichsverweſer in dieſer hohen
Würde zu verehren, ſind wir hier verſammelt und mit uns am
heutigen Tage, ſoweit die deutſchen Fahnen wehen, Hunderttauſende
unſerer wackeren Brüder und Waffengenoſſen. Mit gerechtem
Stolze treten wir in dieſem Augenblick, mit Allen gleichberechtigt,
wie gleich verpflichtet, feierlichſt in das mächtige Heer des deut=
ſchen Volkes ein. — Ein Band der Einigkeit, des Vertrauens, der
Zuverſicht umſchlingt uns fortan, — aber ebenſo auch ein Band
des Gehorſams und der Treue.

Soldaten! ſo laßt denn die heiligſte Sorge eines Jeden unter
uns ſein, daß — wie ſeither — ſo auch künftig die württember=
giſchen, nun auch mit den deutſchen Farben geſchmückten Banner,
wo immer ſie ſich auch zeigen, zu den geachtetſten und ruhmreich=
ſten der deutſchen Nation gezählt werden mögen, daß wahre Krieger=
ehre, die da beſteht in Achtung vor dem Geſez, in muthvoller, auf=
opfernder Hingebung für das Wohl des Vaterlands, in unver=

Zuſchriften und Petitionen militäriſchen Inhalts zu begutachten, wurde im
Kriegsminiſterium eine Kommiſſion niedergeſezt.

brüchlicher Treue gegen den angestammten König, den Württem=
berg zu seinen besten Regenten, Deutschland zu einem gefeierten
Helden zählt, — daß diese Kriegerehre stets eine Heimath in un=
seren Herzen finde! — Vernehmt nun den Aufruf, den der Reichs=
verweser an das deutsche Volk erlassen hat:

Deutsche! Eure in Frankfurt versammelten Vertreter haben
mich zum deutschen Reichsverweser erwählt. — Unter dem Zurufe
des Vertrauens, unter den Grüßen voll Herzlichkeit, die mich über=
all empfingen und mich rührten, übernahm ich die Leitung der
provisorischen Centralgewalt für unser Vaterland.

Deutsche! Nach Jahren des Drucks wird euch die Freiheit voll
und unverkürzt. Ihr verdient sie, denn ihr habt sie muthig und
beharrlich erstrebt. Sie wird euch nimmer entzogen, denn ihr wer=
det wissen, sie zu wahren.

Eure Vertreter werden das Verfassungswerk für Deutschland
vollenden. Erwartet es mit Vertrauen. Der Bau will mit Ernst,
mit Besonnenheit, mit ächter Vaterlandsliebe geführt werden; dann
aber wird er dauern, fest wie euere Berge.

Deutsche! Unser Vaterland hat ernste Prüfungen zu bestehen,
sie werden überwunden werden. Eure Straßen, eure Ströme wer=
den sich wieder beleben, euer Fleiß wird Arbeit finden, euer Wohl=
stand wird sich heben, wenn ihr vertrauet eueren Vertretern, wenn
ihr mir vertraut, den ihr gewählt, um mit euch Deutschland einig,
frei und mächtig zu machen.

Aber vergeßt nicht, daß die Freiheit nur unter dem Schirm
der Ordnung und Gesezlichkeit wurzelt. Wirkt mit mir dahin, daß
diese zurückkehren, wo sie gestört wurden. Dem verbrecheriichen
Treiben der Zügellosigkeit werde ich mit dem vollen Gewichte der
Geseze entgegentreten.

Der deutsche Bürger muß geschüzt sein gegen jede strafbare
That. — Deutsche! Laßt mich hoffen, daß sich Deutschland eines
ungestörten Friedens erfreuen werde. Ihn zu erhalten, ist meine
heiligste Pflicht. — Sollte aber die deutsche Ehre, das deutsche
Recht gefährdet werden, so wird das tapfere deutsche Heer für das
Vaterland zu kämpfen und zu siegen wissen."

Als Mißton in die hohe Stimmung jener Tage fiel die Nach=
richt, daß in den größeren Staaten den Anordnungen der Reichs=
gewalt in keiner Weise nachgekommen werde, daß also das ein=
müthige Huldigen von Hunderttausenden deutscher Krieger zum
mindesten bloße Redefigur war. Von Anfang an zeigte sich die

Ohnmacht der neuen Gewalt nach Innen, während die wenige Be=
achtung, die sie im Ausland fand, durchaus nicht zu ihrer Hebung
beitragen konnte. *)

**Nach Schles-
wig-Holstein.** Als das nächste Object zur Bethätigung neu erwachter deut=
scher Kraft erschien die Befreiung von Schleswig-Holstein. Der
im deutschen Volk tiefgewurzelte Rechtssinn und ein gewisser ro=
mantischer Zug hatten den verlassenen Bruderstamm zum Lieblings=
kinde der Nation erkoren, all sein edles Dulden und Kämpfen, all
seine Bestrebungen waren mit seltener Wärme ergriffen worden.
Hohe Worte fielen, aber meist blieb es bei Worten.

Um auch ohne Preußen die deutschen Ansprüche durchsezen zu
können (bisher hatten in Schleswig-Holstein nur preußische Trup=
pen und solche des 10. Armeekorps gefochten), wurde am 31. Juli
von Reichsministerium ein Bundesheer aufgeboten. Man zählte hiebei
besonders auf die süddeutschen Staaten. Eine kombinirte Division
sollte unter Kommando des Generallieutenants von Miller zusammen=
gestellt werden. — Bis zum 18. August muß Alles marschfertig
sein. Von württembergischer Seite wird zur Theilnahme eine Feld=
brigade unter Generalmajor Graf Wilhelm von Württemberg be=
stimmt und zwar:

6. Infanterieregiment.
8. Infanterieregiment. **)
2. Reiterregiment.
3. reitende Batterie.
Munitionsreserve.
Pionnierabtheilung.
Aufnahmsspital.
Feldbäckerei.
Feldgensdarmerie.

In Allem 4938 Mann, 1161 Pferde.

Am 14. August konnte Generallieutenant v. Miller sein Kom=
mando übernehmen. Wenige Tage darauf wurde in Ludwigsburg
durch den Kronprinzen Musterung abgehalten und den Truppen
folgender Tagesbefehl bekannt gemacht:

„Soldaten! Ihr seid berufen, an der Seite eurer Kameraden
aus allen Gauen des großen Vaterlandes für eine deutsche Ange=
legenheit zu kämpfen.

---

*) Menzel, Geschichte der lezten 40 Jahre, II., 257.
**) Feldetat s. Beil. Nr. 29.

Eure württembergischen Brüder beneiden euch um diese Aus=
zeichnung; die Augen von ganz Deutschland sind auf euch gerichtet.
Ihr werdet den Erwartungen, welche euer König, welche euer
Bundesfeldherr, welche die deutsche Nation von euch hegen dürfen,
entsprechen. Ihr werdet euch würdig zeigen eurer ehrenwerthen
Bestimmung, würdig des Waffenruhms, der stets unzertrennlich
war von den württembergischen Fahnen.

Meine besten Wünsche begleiten euch in die weite Ferne und
es wird mir zur besonderen Befriedigung gereichen, euch nach
glücklich vollendetem Feldzug ruhmbedeckt in die Heimath zurückkehren
zu sehen."

Korpskommandant, Generallieutenant
Prinz Friedrich von Württemberg.

In sechs Kolonnen war am 21. August und den folgenden
Tagen von Stuttgart und Ludwigsburg aufzubrechen, um die ganze
Division in den ersten Tagen des Oktober bei Altona konzentriren
zu können.

1. Kolonne, Pionniere und Artillerie.
2. Kolonne, Brigadestab und ein Bataillon des 8. Regiments,
   Aufbruch am 22. August; am 25. in Mannheim, am 26.
   in Köln, am 28. und 29. mit der Eisenbahn nach Har=
   burg, am 30. nach Altona.
3. Kolonne, ein Bataillon des 8. Regiments.
4. „ „ „ „ 6. „
5. „ „ „ „ 6. „
6. „ 2. Reiterregiment,

marschirt über Heidelberg, Frankfurt und Kassel.

Wegen des Wassertransports von Mannheim nach Köln waren
Verträge mit der Düsseldorfer Dampfschifffahrtsgesellschaft und dem
Mainzer Schleppdampfschifffahrtsverein abgeschlossen. — Die In=
fanterie sollte in den Passagierbooten in 14 Stunden von Mann=
heim nach Köln befördert werden; für den Mann wurden 2 fl.
bezahlt, für ein Pferd 14 fl., für einen Wagen 20 fl.

In den ersten Tagen des September fand sich die württem=
bergische Feldbrigade in Altona und Umgegend vereinigt mit Aus=
nahme der reitenden Batterie und des zweiten Reiterregiments, die
noch im Marsch begriffen waren.

Divisionsstab
Brigadestab
1. Bat. des 6. Regts.
} Altona.

Pionniere in Ottensen.
2. Bat. des 8. Regts. in Wandsbeck.
1. „ „ 8. „ „ Altrahlstedt.
2. „ „ 6. „ „ Kirchsteinbeck.

Die badischen und hessischen Truppen*) der kombinirten Division waren vormarschirt auf den Straßen gegen Kiel und Jtzehoe.

Zugleich mit der Ankunft in Holstein war auch der zu Malmoe abgeschlossene Waffenstillstand durch den Oberbefehlshaber, General der Kavallerie v. Wrangel, bekannt gemacht worden.

Lag es bei näherer Betrachtung der Dinge auch klar zu Tage, daß Preußen bei seinem Eingehen auf den Waffenstillstand, bei dem Preisgeben aller errungenen Vortheile, einem übermächtigen äußeren Druck hatte weichen müssen,**) so war doch in den Herzogthümern wie im ganzen Reich die Aufregung über das Geschehene eine ganz ungeheure. Die Umsturzpartei bemächtigte sich sofort der Stimmung; Deklamationen gegen die von den Fürsten verrathene Sache waren an der Tagesordnung. In Frankfurt und an andern Orten wurden von der Menge Barrikaden errichtet, im badischen Oberland fand ein neuer Aufstand statt. Alles während der Septembertage. Ueberall erlag freilich die Demokratie, aber nur um so verbissener und energischer wurde ihr Haß gegen alles Bestehende; bei jeder Gelegenheit war sie zu neuen Versuchen bereit.

Nach Freiburg. Das Verbleiben einer größeren Anzahl von Reichstruppen in den Herzogthümern hatte nunmehr keinen weiteren Zweck. Nachdem am 12. September General Wrangel bei Wandsbeck Musterung abgehalten hatte, begannen die Truppen am 17. ihren Rückmarsch über Hamburg und Hannover***). Zurück blieb nur eine kombinirte Brigade und zwar:

1 Bataillon Württemberger (2. Bataillon des 8. Regiments unter Major v. Stiefel).

---

*) Badische Truppen: 5 Bataillone und 1 Batterie.
   Hessische „ 2 „ „ 1 „
**) Vgl. Baudissin, Geschichte des schleswig-holsteinischen Kriegs, 257 ff.
***) Die reitende Batterie und das 2. Reiterregiment erhielten am 6. und 7. September in Dransberg und Meinberg während ihres Marsches Befehl zur Umkehr und wurden, als sie am 8. September Friedberg und Heppenheim erreicht hatten, zur Verstärkung der Garnison nach Frankfurt berufen; das Nähere s. Starklof, Gesch. des k. württ. 2. Reiterregiments, 675 f.

1 Bataillon Badener.

2 Schwadronen Hanseaten und eine hessische Batterie.

Major v. Stiefel mit 3 Kompagnieen wurde nach Rendsburg verlegt; eine Kompagnie verblieb vorerst in Altona; im Ganzen war das Bataillon 820 Mann stark; den Ueberschuß über diese Summe hatte es an das 1. Bataillon abgegeben. — Dieses unter Kommando des Oberstlieutenant v. Martens sammt dem Regiments= stab hatte am 24. September Hannover erreicht, als vom Reichs= ministerium der Befehl einlief, die im Rückmarsch begriffene Division des 8. Armeekorps habe sofort mittelst Eisenbahnen und Dampf= schiffen in aller Eile nach dem badischen Oberlande abzurücken. Am 26. September war über Minden Köln erreicht; von hier per Dampfschiff am folgenden Tag nach St. Goar; am 28. und 29. Marsch nach Mainz und von hier mit Eisenbahn und Dampf= schiffen über Mannheim, Heidelberg nach Freiburg. — Auf dem weiten Transport war es für die Truppen sehr beschwerlich ge= wesen, daß sie, spät Abends in den Hauptstationen angelangt, noch mehrstündige Märsche machen mußten, um in die nächsten Dörfer verlegt zu werden. So in Minden, Köln, Bonn. — Bei den Wasser= und Landtransporten waren reiche Erfahrungen gesammelt worden in Benützung von Eisenbahnen und Dampfschiffen. — Die Vortheile zusammenhängender Bahnlinien bei lokalen Aufständen zum Hin= und Herwerfen von Truppenkörpern stellten sich hier aufs Evidenteste heraus. —

Struve, der mit seinen Freischaaren in Lörrach die Republik ausgerufen und im Oberland als Diktator geschaltet hatte, wurde vom badischen Generallieutenant von Hoffmann bei Staufen in die Flucht geschlagen, seine Schaaren zersprengt und er selbst gefangen. — Den Truppen des 8. Armeekorps, die sich in den ersten Tagen des Oktober bei Freiburg sammelten, blieb nur die Aufgabe, die Bevölkerung zu überwachen und die Grenze zu beobachten.

Von württembergischer Seite stieß im Laufe des Oktober zu dem Beobachtungskorps das 4. Infanterieregiment. Das ganze Korps unter Generallieutenant v. Miller (Chef des Generalstabs: Oberstlieutenant v. Wiederhold) mit dem Hauptquartier zu Freiburg bestand nunmehr aus folgenden Abtheilungen:

Württembergische Brigade.

G. M. Graf Wilhelm v. Württemberg.

4. Infanterieregiment.

6. Infanterieregiment.

1. Bataillon vom 8. Regiment.
2. Reiterregiment.
3. reitende Batterie.
Pionnierabtheilung.
Badische Brigade.
G. M. v. Gayling.
6 Bataillone.
4 Schwadronen.
1 Fußbatterie.

Im Seekreis. Ende Oktober wird das Hauptquartier nach Donaueschingen verlegt. Der württembergischen Brigade fällt der Seekreis zu, der badischen der Oberrheinkreis. — Das Bataillon Martens hatte seine Stationen am 2. Oktober in Staufen, Krotzingen, Kirchhofen gehabt; später in Auggen, Schliengen, Müllheim. Gerüchte von Freischaarenzusammenzügen an der französischen Grenze, bei Hüningen und Fort Louis, geben Veranlassung zu erhöhter Ueberwachung. Landungspläze, Brücken und Wege mit Posten besezt; in einander greifender Patrouillengang zwischen den einzelnen Stationen; Besezung der Bahnhöfe und Beobachtung der aus dem Gebirg führenden Wege.

Am 12. Oktober liegt das Bataillon in Kiel, Kandern, Tannenkirch, Egringen; einige Zeit später nach Lörrach und Säckingen abmarschirt; Anfangs November kommt das Bataillon nach Waldshut mit der Aufgabe, durch Posten und Patrouillen die Schweizergrenze zu beobachten, insbesondere die Strecke Kleinlaufen — Jestetten. Am 23. November wird es hier durch das 6. Regiment abgelöst und kommt in Kantonirungen in die Nähe von Donaueschingen. — Zur Beschäftigung und gründlichen Durchbildung der Mannschaft wird außer dem Dienst von Wachen und Patrouillen noch täglich theoretischer und praktischer Unterricht abgehalten.

In dieser Zeit war es auch, daß die Strafurtheile der wegen meuterischer Umtriebe und sonstiger subordinationswidriger Handlungen auf Hohenasperg in Untersuchung Befindlichen bekannt gegeben wurden. Bei dieser Gelegenheit redete Oberst v. Reinhardt das anwesende Bataillon so an: „Wir Alle wollen, wie dieß schon, seitdem ich an der Spize des Regiments zu stehen die Ehre habe, geschehen ist, auch fernerhin durch unser ganzes Betragen beweisen, daß uns kein Regiment in der Treue gegen unseren angestammten König, das Vaterland und in einem ächt soldatischen Geiste übertreffen folle. — Haben wir diese schöne Aufgabe unabläffig vor Augen, dann haben wir auch das Recht zu sagen, daß Jeder von uns stolz darauf sein dürfe, dem achten Regiment anzugehören." Anfangs Januar 1849 finden sich die württembergischen Truppen bedeutend dadurch reduzirt, daß jede Kompagnie auf 150 Mann beurlaubt. Zu derselben Zeit wird von Donaueschingen abmarschirt und das 4. Regiment in seinen Stationen Konstanz, Wollmatingen, Markelfingen abgelöst. Später findet sich das Bataillon Martens in Hüfingen und bald darauf in Lenzkirch, Neustadt, Löffingen, wie denn sehr häufige Wechsel in den Kantonirungen vorgenommen wurden.

Am 24. Februar erhielt die Kolonne des Obersten v. Rein= hardt (dem Bataillon Martens war noch eine Schwadron des 2. Reiterregiments und ½ Batterie beigegeben) Befehl, über Böhren= bach, Hornberg, Steinach nach Offenburg zu marschiren, das am 28. erreicht war. Dringend hatten die badischen Behörden um Truppen gebeten, denn überall fanden wieder Bewegungen in republikanischem Sinn statt. Die Gesinnung der Bevölkerung zeigte sich unter Anderem auch in der ganz besonders unfreundlichen Aufnahme. — Zur Lösung der zugefallenen Aufgabe wurde der ganze Rayon Offenburg, Kehl, Rheinbischofsheim, Achern durch mobile Kolonnen unter Aufsicht gehalten.

In Freiburg wurde indessen der Prozeß gegen Struve vor den Affisen vorbereitet; man besorgte Unruhen und koncentrirte deßhalb eine größere Truppenmasse in und bei Freiburg. Am 13. und 14. März rückte Oberst v. Reinhardt dahin ab und trat dort unter die Befehle des badischen Generals v. Gayling. Stete Schlag= fertigkeit der Mannschaft ist angeordnet, ausgedehnter Patrouillen= dienst durch die ganze Umgegend. — Anfangs April marschirt das Bataillon wieder in den Seekreis nach Villingen und Umgegend.

Nicht nur in Baden, im ganzen übrigen Deutschland war der Gährungsprozeß weiter geschritten und hatte stets neue Nahrung gefunden. Mit gespannter Aufmerksamkeit wurden die Verhand= lungen in Frankfurt verfolgt. Endgültiger Abschluß der Reichsver= fassung stand hier auf der Tagesordnung. — Drei Wege schienen offen zu stehen, Deutschland zu konstituiren: die Rückkehr zu den alten bundestäglichen Verhältnissen, die Einigung Deutschlands unter preußischer Führung mit Ausschluß Oestreichs oder endlich die deutsche Republik, wie die Radikalen sie anstrebten.

Die Reichs= verfassung.

Der zweite Vorschlag, Preußens Führung, hatte schon von Anfang an die meisten Stimmen und gerade die Bestgesinnten für sich. Als Opposition gegen sie schaarten sich einzelne Vertreter dynastischer Interessen, der Stammesvorurtheile und konfessionellen Gegensäze zusammen*), denen die Radikalen sich anschlossen. Denn die Demokratie, die in der deutschen Bewegung stets nur ein Mittel für ihre Zwecke gesehen, täuschte sich darüber nicht, daß die Konstituirung eines monarchischen Gesammtdeutschlands auf den Grundlagen gesezlicher Freiheit und nationaler Befriedigung der Schluß der Revolution und die Vernichtung ihrer Hoffnungen sein müsse. Mit richtigem Instinkte stellte sie sich, ohne Rücksicht auf früher Verheißenes, sowohl in Frankfurt als in den Ständekammern der einzelnen Staaten auf die Seite der Gegner der Nationalen. Wie mächtig dieser Zuwachs wirkte, wie er selbst die leitende Partei aus ihren Bahnen drängte, wurde bald offenbar.

Unter allen erdenklichen Schwierigkeiten und Chicanen wurde das Verfassungswerk zu Ende geführt. Aber auch die Maßregel, daß der äußersten Linken bedeutende Koncessionen gemacht wurden, brachte nur eine geringe Majorität zu Stande. Bei der vielfachen Opposition gegen dieses endlich verkümmert zum Ziel geführte Werk der Reichsverfassung war es natürlich, daß König Friedrich Wilhelm IV. von Preußen Bedenken trug, aus den Händen der Revolution die deutsche Kaiserkrone anzunehmen. Mit dem am 3. April gefaßten Entschluß des Königs war die deutsche Bewegung mit Einem Male auf ganz andere Wege geleitet.

Oestreich zog sich vom gemeinsamen Werk zurück; Preußen nahm nunmehr nach Ablehnung der Krone und der Verfassung eine feindliche Stellung zur Nationalversammlung ein; seinem Beispiel folgten die Regierungen in Bayern, Sachsen, Hannover. Mehr als je gewann nun die Linke Boden. Deutlich sei es jezt für Jedermann, an wem das Einigungswerk gescheitert sei; die widerstrebenden Fürsten müsse man zwingen, die Verfassung anzunehmen; überall sollen die Märzvereine das Volk zu den Waffen rufen.

Schon früher hatten die Demokraten den Namen und die Ehre Preußens in den Schmuz gezogen. In der Bundesfestung Mainz war das preußische Militär auf alle Weise beschimpft und

---

*) Häußer, Denkwürdigkeiten zur Geschichte der bad. Revolution 228 ff. Radowitz, gesammelte Schriften, II., 64 ff.

genedt worden, während man dem öftreichifchen fchmeichelte. Nun=
mehr wurden vollends alle Vorurtheile der Südbeutfchen gegen die
Norbbeutfchen hervorgewühlt und der preußifche Name mit Ver=
läumbungen und Verlezungen überhäuft. Allein Preußen war im
Innern wieder gewaltig erftarkt und mächtig genug, feinem Namen
Geltung zu verfchaffen. Mächtiger freilich als je war auch die
Demokratie, feitdem fie auf ihre Fahnen „Kampf für die Reichs=
verfaffung" fchrieb und einen fcheinbaren Rechtstitel für fich hatte.

In biefen bewegten Tagen erließ der Reichsverwefer folgenden
Tagsbefehl an die im Reichsdienft ftehenden Truppen:

„Deutfche Krieger! Ein unglückfeliger Streit über die Reichsver=
faffung ift in Deutfchland ausgebrochen. Alle wahren Freunde des Va=
terlanbs vereinigen bereits ihre Kräfte für den Zweck, daß die Löfung
biefes Streits auf gefezlichem Wege und nicht burch einen Krieg von
Brübern gegen Brüder erfolge. Nur eine Partei, welcher es nicht
um die Verfaffung, fondern um andere, verwerfliche Zwecke zu
thun ift, bedient fich des Verfaffungsftreits als eines Vorwanbes,
um Angriffe gegen Gefez und Ordnung zu richten, Zerrüttung
und Bürgerkrieg über Deutfchland zu verbreiten. Gegen biefe
Partei gilt es, den Frieden und das Glück des theuren Vater=
landes, den Wohlftanb und Erwerb feiner Bürger muthig zu
fchirmen.

Deutfche Krieger! Die Sicherheit des gefammten beutfchen
Vaterlanbs ift eurer Ehre anvertraut. Alle Verfuche, euch in eurer
Pflicht wankend zu machen, werdet ihr mit Verachtung von euch
weifen. Während in biefem Augenblick eure fiegreichen Waffen=
brüder in herzlicher Eintracht feftgefchloffene Reihen gegen den
äußern Feind bilden, werdet ihr auch gegen den innern Feind
einig fein. Wenn Anarchie und Verwilderung es wagen follten,
das Haupt zu erheben, dann werdet ihr durch die That beweifen,
daß die unerfchütterliche Treue, der fefte Muth und die brüberliche
Eintracht des beutfchen Heers das mächtige Schild find, welches
das theure Vaterland gegen jede Gefahr, fie komme woher fie
wolle, fiegreich zu fchirmen vermag.

Frankfurt a. M. 12. Mai 1849.

Der Reichsverwefer Erzherzog Johann."

Schon Anfangs Mai hatte das Reichsminifterium befchloffen,Nach Frank-
die Garnifon von Frankfurt zu verftärken; ein Anfinnen in diefer Bergftraße.
Richtung war an den Reichsgeneral v. Miller im babifchen Ober=

land ergangen. Zum sofortigen Abgang nach Frankfurt bestimmte dieser das 1. Bataillon des 8. Regiments und das 2. des 4. Regiments, Oberstlieutenant v. Hayn, beide Bataillone als kombinirtes Regiment unter Oberst v. Reinhardt vereinigt. Am 7. Mai bricht der Oberst von Villingen auf; am folgenden Tag geht es von Emmendingen mit der Bahn nach Sachsenhausen; Dislokation.des Bataillons v. Martens:

Stab und 3. Kompagnie — Oberrad,
2. Kompagnie — Niederrad,
1. und 4. Kompagnie — Neu=Isenburg.

Von Freiburg aus die Eisenbahn benützend, folgte das Bataillon v. Hayn nach und wurde in Langen und Sprenblingen einquartiert. Beide Bataillone hatten die Bestimmung, bei einem entstehenden Krawall in Sachsenhausen sich zu sammeln und den übrigen in Frankfurt garnisonirenden Truppen als Unterstützung zu dienen. — In Frankfurt fehlte es nicht an Reibereien zwischen Civilisten und Soldaten; die Demokraten suchten das Militär der Kleinstaaten gegen die Preußen aufzuhezen; Traktamente in den Wirthshäusern, lärmende Auftritte in den Straßen boten den kleineren Kontingenten alle Gelegenheit, sich in den Augen der Preußen zu blamiren.

Wirkliche Gefahr jedoch drohte auf anderer Seite. In der Rheinpfalz und in Baden war die Revolution siegreich zum Ausbruch gekommen und drohte, die Grenzen zu überschreiten. Am 13. Mai wurde die großherzogl. hessische Division deshalb mobil gemacht*) und unter den Befehl des Reichskriegsministeriums gestellt. Zur Verstärkung ging am 17. Mai das kombinirte Regiment nach Lorsch und Heppenheim ab; mit dem 4. hessischen Infanterieregiment bildete es eine Brigade unter Generalmajor v. Wachter. Der ganze Kordon zur Sicherung der Provinz Starkenburg dehnte sich von Mainz über Großgerau, Nohrheim, Biblis, Lorsch, Heppenheim, Fürth gegen Erbach hin und stand unter Kommando des großherzogl. hess. Generalmajors v. Schäffer=Bernstein; in Griesheim, Darmstadt, Zwingenberg sammelten sich Reserven.

Die revolutionären Elemente, die in der Pfalz und in Baden die Herrschaft an sich gerissen hatten, ließen es nicht daran fehlen, durch die Presse und einzelne Flugschriften auf die Treue der an

---

*) Kehrer, Ereignisse und Betrachtungen während der Verwendung der großh. hess. Division in den Jahren 1848 und 49; S. 194 ff.

der Bergstraße versammelten Truppen einzuwirken. So stammte eine Zuschrift aus Worms: „Soldaten! Brüder! Die Scheidewand zwischen Soldat und Bürger ist niedergestürzt; in ganz Deutschland schaart sich Bürger und Soldat ohne Unterschied der politischen Ansicht um das Panier der Reichsverfassung, die bereits von den meisten Regierungen Deutschlands und auch von der unseren anerkannt und durch das Regierungsblatt als zu Recht bestehend veröffentlicht ist. Ihr seid schon dadurch verpflichtet, die Reichsverfassung zu schützen; in wenigen Tagen werdet ihr darauf beeidigt werden.

Brüder! nach einem Gerüchte sollt ihr nach der Main-Neckarbahn beordert sein, um dieselbe zu bewachen, damit preußische Soldaten auf dieser Eisenbahn nach Ludwigshafen gebracht werden können. Ihr wißt, was die Preußen dort zu thun haben. Sie sollen gegen die wackeren Pfälzer ziehen, die zum Schuze der Reichsverfassung sich erhoben haben. Das können und dürfen wir nicht dulden. Die Reichsverfassung muß uns Allen ein Heiligthum sein, wir dürfen den Verräthern an der Sache der deutschen Nation keinen Vorschub leisten. Eure Eltern und Brüder, ganz Deutschland rechnet auf euch, daß ihr keinen Zuzug aus Preußen duldet. Ihr kennt eure Pflicht gegen das Vaterland und seine Verfassung, ihr werdet thun, was an euch ist.“

Worms den 15. Mai 1849.

Unsern herzlichen Brudergruß zum Schlusse.

Der Bürgerausschuß.“

Ganz ähnlich lauteten die zahlreichen Stimmen aus Baden. Dem schönen Geschlecht wurde gar der Aufruf in den Mund gelegt:

„Ihr habt geschworen, dem Vaterlande zu dienen gegen äußere Feinde, aber nicht das Herz des eigenen Vaterlandes, die friedlichen Gauen der eigenen Heimath mit dem Blute seiner Söhne, eurer Brüder zu färben. — Wohlan denn, deutsche Jünglinge und Männer! hört das Gelübde deutscher Frauen, welches in heiliger Vaterlandsliebe wir gelobt:

Nie werden wir dem unsere Hand am Altare reichen, dessen Hand von dem Blute seiner deutschen Mitbürger befleckt wurde.

Nie werden wir mit dem unsern häuslichen Heerd theilen, der mit Feuer und Schwert dieses unser Heiligthum zerstört hat.

Nie werden wir dem einst in treuer Liebe nahen, dessen feindliche Waffen Unglück und Verderben über die deutschen Gaue gebracht haben.

Hört, deutsche Jünglinge, unsern Schwur, und des Himmels
Vergeltung treffe uns, wenn wir dieses Gelübde nicht halten.

Sämmtliche Frauen und Jungfrauen des
Königreichs Württemberg."*)

Daß es sich nicht gerade um Bekämpfung und Verwüstung
friedlicher Gaue handle, zeige die weitere Betrachtung.

Die Dinge in Süddeutschland, namentlich in Baden. Nirgends wohl in ganz Deutschland war man den Wünschen und Beschlüssen der Nationalversammlung in dem Maße nachgekommen als in den meisten Staaten des Südens. Ohne Vorbehalt hatte am 25. April 1849 König Wilhelm von Württemberg die Reichsverfassung angenommen.**) Unter allen Ländern aber ging Baden mit den Institutionen in liberalem Sinn am weitesten vor. Gerade wegen dieser weitgehenden Koncessionen wurden vielleicht die Umtriebe der revolutionären Volksvereine von den gebildeten Klassen und von den Regierenden für ungefährlich angesehen.

Der Karakter und die Art der Bearbeitung waren in Baden keine anderen als überall sonst; allein sie fanden dort am meisten Boden und Ausdehnung, während bei den kleinstaatlichen Verhältnissen es an Gelegenheit fehlte, die übersprudelnden Kräfte auf große Ziele hinzuleiten.

Mehr als anderswo verwandten in Baden die Volksmänner Mühe und Geld auf die Bearbeitung des Militärs. Die zügellose Presse erging sich in den maßlosesten Ausdrücken. Kurz nach den Aufstandsversuchen im Sept. 1848 finden sich Flugschriften wie diese:***) „An die elenden Brudermörder und an die braven republikanisch gesinnten Soldaten in Baden." Diejenigen, welche bei Staufen gekämpft hatten, wurden so angeredet: „Auf euch Alle

---

*) Kehrer 2c., S. 172.
**) Württemberg in den Jahren 1848 u. 1849. S. 115. — Andere Gesetze waren schon früher erlassen:
Aufhebung der Befreiung der Standesherren von der Kriegsdienstpflicht, den am 27. Dezember 1848 publizirten Grundrechten des deutschen Volks entsprechend; ferner:
Aufhebung der Stellvertretung durch Gesetz vom 1. April 1849 (15. November 1850 übrigens wieder eingeführt).
Nach dem Beschluß der Nationalversammlung vom 15. Juli 1848, daß die Streitmacht auf zwei Prozent der Bevölkerung zu erhöhen sei, wurde ein Theil der Landwehr ersten Aufgebots zur Verfügung des Kriegsministeriums gestellt.
***) Häusser, Denkwürdigkeiten zur Geschichte der bad. Revolution. 163 f.

komme der Fluch des Volkes, und wie ein Gespenst soll das Elend des Volks euer Gewissen verfolgen und nicht ruhen, bis euch die Qual getödtet hat. Jeder Bissen Brodes, den ihr esset, sei ein Gift, das euch die Seele im Leibe zerstöre. Nicht eine bloße Redensart soll dies sein. Weib, nimm Arsenik und Blausäure und vergifte ihnen ihre Speisen und Getränke. Mann, greif zu Dolch und Schwert und kehre es in ihren Eingeweiden um! Das Volk wird einst eine schreckliche Rache nehmen an euch Elenden. Sobald einer von diesen schlechten Vater- oder Brudermördern wieder zurück in seine Heimath kommt, so schießt ihn nieder, ihr braven Bürger, bei Tag oder bei Nacht und Nebel, wie ihr die beste Gelegenheit habt. Die Zeit wird kommen, wo an jedem Baum des Feldes einer von euch verfluchten Vater- und Brudermördern hängen wird. Das sagen wir euch, ihr Hundeseelen, ihr Hundesoldaten, ihr Vater- und Brudermörder."

An den „republikanisch gesinnten" Soldaten wird diese Rede gerichtet: „Schießt die Hunde, eure Offiziere, todt und wählet euch selbst eure Offiziere. Viele von euch haben mehr militärische Kenntniß als diese Lausbuben. Sobald einmal Republik ist, werden in kurzer Zeit viele von euch, von den gemeinen Soldaten, schnell nicht blos bis zum Offizier, sondern selbst bis zu den Generalen hinaufsteigen, wie in den neunziger Jahren der französischen Republik geschehen ist. Euer Fahneneid, worin ihr Treue dem Fürsten geschworen habt, zu welchem ihr aber gezwungen worden seid, ist null und nichtig und nur ein Schafskopf wird ihn halten. Mit den republikanischen Soldaten müßt ihr eure Plane machen, wie von den andern die Kanonen und Gewehre können genommen werden. Nur ein Narr wird noch diesen feigen Buben, den Offizieren, Gehorsam leisten. In Wien und Ungarn gingen ganze Regimenter republikanisch gesinnter Soldaten zum Volke über. Den Latour und Lamberg haben sie aufgehängt und mehrere Generale und Offiziere erschossen und so müssen wir es machen mit unsern Ministern, Generalen und Offizieren."

Dieß Appelliren an die gemeinsten Leidenschaften des Menschen, dieß Großziehen des Kannibalismus mit vollständigem Uebergehen hoher und begeisternder Ideen ging fort, bis die scheußlichen Auftritte vom 11. bis 13. Mai 1849 den Verführern die Frucht ihrer Aussaat zeigten. Mit gewissenloser und gedankenloser Blasphemie hatten sie Alles, was dem Soldaten erst seinen Werth verleiht, in den Staub getreten und sich so selbst für ihre Zwecke das In-

strument, mit dem fie ihre Herrschaft behaupten wollten, derart
verdorben und demoralisirt, daß auch nach Zuhilfenahme fremder
Führer in der Stunde der Noth Nichts mit ihm auszurichten war.
Die so gehätschelten braven Bürger, die in den Himmel erhobenen
Volkswehren, die meineidigen Soldaten, alle verließen ihre neue
Sache, sobald die Anforderung von Selbstverläugnung und Auf=
opferung an sie herantrat. Als Bürger, als Soldaten und als
Männer sündigten sie auf beiden Seiten. — Die schon oben ange=
führten Uebelstände, welche die allzu kurze Uebungszeit im Gefolge
hatte, gelten insbesondere auch für Baden. Anderes kommt noch
dazu;*) so die Unzufriedenheit eines Theils der Mannschaft über
die Aufhebung des Einstandswesens, die Mißstimmung über die
Beförderung einer beträchtlichen Anzahl von Unteroffizieren zu
Offizieren. — „Die Wühler benützten das aus der ersten franzö=
sischen Revolution wirksame Verführungsmittel der Selbstwahl der
Offiziere. Sie gewannen dadurch diejenigen Unteroffiziere, welche
sich Hoffnung machten, in die ihren Kameraden mißgönnten Stellen
gewählt zu werden; den Soldaten aber boten sie dadurch Gelegen=
heit, sich an dem einen oder andern mißliebigen Offizier zu rächen,
die verhaßte Disciplin der bisherigen Offiziere abzuschütteln und
in den selbstgewählten Offizieren, die auch von ihnen wieder ab=
gesezt werden konnten, Führer zu erhalten, unter denen sie machen
durften, was ihnen gut dünkte.“
    Die Vergleichung mit den neben dem stehenden Heer errich=
teten Bürgerwehren ließ dem Soldaten die Selbstwahl der Offi=
ziere noch plausibler erscheinen.
    Die in der lezten Zeit vielfach geschworenen Eide mochten
Manchen verwirren und die Kraft ihrer Verbindlichkeit abschwächen.
— Alles trieb die Soldaten rückhaltslos den Wühlern in die
Hände, so daß endlich den Führern die Leitung gänzlich entrissen
war. **) —
    Die systematische Bearbeitung zeigt sich in dem Umstand, daß
überall, wo badische Truppen lagen, an der Schweizergrenze wie
im Unterlande, in Lörrach und Freiburg fast in demselben Mo=
ment wie in Bruchsal, Rastatt und Karlsruhe der Ausbruch er=
folgte. In wenigen Tagen war Alles vollendet; die Landesver=
sammlung in Offenburg, am 13. Mai, stürzte vollends die Monar=

---

*) Deutsche Vierteljahrschrift, 1850, II., 130 ff.
**) Ebend. S. 155 f.

chie und die Ereignisse in Karlsruhe zwangen den Großherzog, die
Regierung und die Mehrzahl der Offiziere nebst vielen Beamten
zur Flucht. *)

Die Regierung, das Heer, die Festung Rastatt, das ganze
Land befand sich in den Händen der Umsturzpartei, an deren Spitze
sich Brentano mit der provisorischen Regierung befand. Enges
Bündniß wurde mit der Rheinpfalz geschlossen, wo die Republika-
ner ebenfalls zur Herrschaft gelangt waren. — Im badischen Oberland hatte General v. Miller sich auf das württembergische Gebiet
zurückgezogen, um hier die Grenze gegen das Eindringen des revolutionären Geistes zu schützen und seine Truppen vor der gefährlichen, Ansteckung drohenden Nähe zu retten.

Möglichst große Ausbreitung und Befestigung der Revolution
in ganz Süddeutschland mußte nun naturgemäß die erste Aufgabe
der obersten Leiter in Baden sein. Von Paris aus wies Mieroslawski
auf Hessen hin und auf Schwaben, wo Stuttgart und Reutlingen
Stützpunkte geben würden. Aber an rasches energisches Handeln
dachte jetzt Niemand. Da war Keiner, weder im Heer noch in der
Regierung, der wie in den Zeiten der französischen Revolution
alle Anderen nach einem einzigen großen Ziele mit sich fortgerissen
hätte. — In eitler Machtbesoffenheit ruhten die Führer auf ihren
Lorbeeren; das Bürgerthum war nicht eben auf weitere Opfer ver-
sessen und die Armee, wenn anders eine verwilderte, bluttriefende,
allen Zusammenhangs ledige Bande diesen Namen verdient, war
im Augenblick wenigstens nicht zu gebrauchen. — Die Meisten
mochten verwundert sein ob des Ernstes der Lage, den man in
bubenhaftem Treiben heraufbeschworen hatte.**) „So lange die
Arbeit der Revolution sich auf Worte und auf blinden Lärm beschränkte, so lange es galt, die Konventskommissäre und die Wohl-
fahrtsausschüsse in blasser Kopie nachzuahmen, so lange es genügte,
Allarm zu schlagen oder einen kleinen und kleinlichen Terrorismus
gegen einzelne Mißliebige auszuüben, so lange reichte die Kohorte
aus, die man sich als Revolutionsarmee groß gezogen hatte. Aber
zu einem nachhaltigen und opferbereiten Widerstand war die Mehrzahl nicht geschaffen. Die Wirthshauspolitik, die Klubphraseologie
und das Katzenmusikantenthum reichten lange nicht hin, eine ver-
zweifelte Revolutionsschaar zu erziehen. Nur die Wenigsten ahnten,

---

*) Vrgl. Häusser, Denkwürdigkeiten zur Geschichte der badischen Revolu-
tion. S. 272 ff.
**) Ebend. S. 361.

welch ein verhängnißvoller Schritt geschehen war, als man das
Banner der Revolution entfaltete, und welche Kräfte des Widerstandes durch diesen Schritt hervorgerufen wurden. Wie Viele
dagegen gaben sich dem Glauben hin, mit der gewohnten Partei-
phrase, dem Heckerlied und der gemüthlichen Anarchie auf breitester
Grundlage ließe sich die Revolution in Saus und Braus hindurch
jubiliren."

Erste Zusam-
menstöße an
der Berg-
straße. Die nächsten Feinde der Revolution waren die an der Berg-
straße unter dem Reichsgeneral v. Peuker zusammengezogenen
Truppen. Ihrer Mehrzahl nach waren es hessische Truppen und
auf ihr Entgegenkommen rechnete der badische Kriegsminister Eich-
feld und der bald nach ihm ernannte Sigel mit Sicherheit. Die
Vorfälle vom 24. bis 30. Mai aber bei Oberlaudenbach *) und
Heppenheim belehrten sie eines Andern und stellten die Treue und
Tapferkeit der Hessen außer allen Zweifel.

Gegen das Ende des Monats Mai hatte Peuker 7200 Mann
unter seinem Kommando vereinigt und zwar das 2., 3., 4. großh.
hessische Infanterieregiment mit einigen Schwadronen und Geschützen
in Lorsch, Heppenheim, Bensheim, Zwingenberg, Erbach; das
1. Infanterieregiment, der Rest des Chevauxlegersregiments und
der Artillerie in Darmstadt. Oberst v. Reinhardt mit dem kombinirten württembergischen Regiment befand sich seit dem 26. Mai
in Gernsheim am Rhein und hatte außer diesem Hauptort noch
besezt die Ortschaften: Schwanheim, Hähnlein, Fehlheim, Lang-
waden, Rodau, Biebesheim, Kleinrohrheim. Seinem Kommando
unterstand ferner das 3. Bataillon vom nassauischen 1. Regiment.
— Zwei hessische Geschüze trafen ebenfalls in Gernsheim ein und
wurden hier am Landungsplaz der Dampfschiffe aufgestellt. —
Eine Landung vom linken Ufer aus wurde befürchtet, wo Blenker
mit seinen Freischaaren sich ausbreitete und Worms besezt hielt.
— Durch Wegnahme von Worms sollte die Gefahr aus dieser
Richtung beseitigt werden. Die Nacht vom 28. zum 29. Mai war
für das Unternehmen bestimmt.

Am Abend des 28. sollte ein Bataillon des 1. hessischen Regiments in Gernsheim eintreffen und hier mit 1½ Schwadronen,
4 Geschüzen und 2 württembergischen Kompagnieen den Uebergang
beschleunigen, um Morgens 3 Uhr auf der Straße von Mainz

---

*) Rehrer, Ereignisse und Betrachtungen ꝛc. S. 158 ff.

her vor Worms einzutreffen. — Die zwei württembergischen Kompagnieen unter Oberstlieutenant v. Martens hatten zunächst die
Bestimmung, den Hessen als Rückhalt zu dienen und zu dem Zweck
die Fähre bei Rheindürkheim zu besezen.

Während hier, auf dem linken Ufer des Rheins, noch vor
Tagesanbruch Worms angegriffen werden sollte, stand eine andere,
etwa gleich starke Kolonne von Lorsch her rückend gegenüber von
Worms auf dem rechten Ufer, um von hier aus durch Geschüz-
feuer, eventuell durch Uebersezen, den Angriff zu unterstüzen. —
Griffen alle Anordnungen wohl in einander, wurde die Nacht be-
nüzt, so war ein Abschneiden der Freischaaren wohl ausführbar.
— Eigenthümlicherweise aber trafen die Hessen aus Darmstadt erst
Nachts elf Uhr auf dem Sammelplaz in Gernsheim ein, das
Uebersezen nahm drei Stunden in Anspruch, der Marsch nach
Worms erforderte ebenfalls noch mehrere Stunden; — so mußte
aus einem Ueberfall ein offener Angriff werden. Allein diese Even-
tualität wartete Blenker nicht ab.

Die Kolonne von Lorsch her war zur festgesezten Stunde gegenüber von Worms aufgestellt und begann nach vergeblichem Warten
auf die Angriffskolonne endlich ein Geschüzfeuer, was die Insurgenten veranlaßte, sofort Worms zu verlassen.*) — Die rasch
übergesezten Truppen fanden die Stadt leer und so war der eigentliche Zweck des Unternehmens verfehlt, doch war soviel erreicht,
daß den an der Bergstraße vordringenden Badenern die Unterstüzung Blenkers fehlte.

Bei Weinheim hatte Sigel von der Linie das 3., 4. und das
Leibinfanterieregiment zusammengezogen nebst den Volkswehren
von Baden, Offenburg und Lahr, einem Dragonerregiment und
12 Geschüzen; die Vorhut stand schon am Abend des 29. Mai bei
Laudenbach; Reserven sammelten sich in Heidelberg; ein Seiten-
betaschement ging rechts nach Fürth ab.

Am 30. Morgens rückte Sigel gegen Heppenheim; seine Vorhut
wurde aber hier durch Geschüzfeuer in Unordnung zurückgeworfen.
Ein hessisches Bataillon, einige Geschüze und Reiterabtheilungen
folgten den Badenern über die Grenze durch Laudenbach nach
Hemsbach, wo Sigel sich sammelte und wieder sezte.

Trozdem, daß der größte Theil der gegen Worms verwendeten
hessischen Truppen sofort zurückgerufen wurde, konnte General

---

*) Corvin, aus dem Leben eines Volkskämpfers. III., 227.

v. Schäffer im Umkreis einer Stunde kaum 4300 Mann konzentriren, um dem Feind wirksam nachzusezen. Die Natur des bisherigen Defensivsystems mit dem weitgedehnten Kordon war nicht geeignet, einem energischen Vorgehen des Feindes erfolgreichen Widerstand entgegenzusezen. Zum Angriff auf Hemsbach gelingt es dem General v. Schäffer, drei Bataillone, einige Schwadronen und acht Geschüze zu vereinigen. Wiederholt werden seine Angriffe auf das Dorf abgeschlagen, endlich dieses aber doch durch die vereinigte Thätigkeit der Infanterie und Artillerie genommen. Der Rückzug der Badener, mehr und mehr in regellose Flucht ausartend, ging zurück bis Heidelberg.*)

Die Hessen hatten verloren: 9 Todte, darunter 2 Offiziere; 43 Verwundete, wobei 1 Offizier.

Der Eindruck dieser Gefechte war auf beiden Seiten ein ganz ungeheurer und für die folgenden Ereignisse maßgebender. — Die Badener sahen klar, daß sie sich mit den Sympathieen der Hessen verrechnet hatten, daß sie nunmehr energisch bekämpft werden würden. Der lose Zusammenhang, der Mangel an Disciplin und Vertrauen rief schon jezt die traurigsten Erscheinungen hervor,**) während das Heraustreten aus der zuwartenden Haltung und der Beginn ernster Thätigkeit auf der andern Seite das Pflichtgefühl und den Eifer erhöhte. Jezt war der Augenblick, wo ein Mann sich an die Spize der badischen Truppen stellen und sie wieder zu ihrer Pflicht zurückführen konnte; jezt war dem Reichsgeneral die Möglichkeit geboten, rasch über den Neckar nachzubringen und die Revolution in ihren Hauptsizen zu bekämpfen. Allein Peucker hielt sich für dieses Unternehmen noch nicht für stark genug und war entschlossen, das Einrücken des preußischen Korps in die Linie abzuwarten.

Die badischen Truppen und ihre Gegner. In der nächsten Folgezeit begnügte man sich von badischer Seite, die Neckarlinie möglichst vertheidigungsfähig zu machen und Abtheilungen hinter derselben zu koncentriren. An der Bergstraße einzelne Streifereien von untergeordneter Bedeutung. In der Pfalz wurde Germersheim bedroht und Landau eingeschlossen.

Die Schlappen an der Bergstraße, das langsame Vorgehen in

*) Einzelne Kämpfer liefen vom Schlachtfeld per Eisenbahn bis nach Karlsruhe. Corvin 2c. III. 240.

**) Häusser, Denkwürdigkeiten zur Geschichte der badischen Revolution. 480 ff.

der innern Organisation der Streitkräfte, ließ den Mangel an militärischer Intelligenz im republikanischen Lager deutlich hervor= treten.*) Die provisorische Regierung stand deshalb auch schon längere Zeit in Unterhandlung mit einzelnen hervorragenden Glie= dern der polnischen Emigration. Schon im Lauf des Monats Mai waren mehrere Polen aus Frankreich in die badische und pfälzische Armee eingetreten und hatten Führerstellen übernommen. Nach längeren Verhandlungen kam am 9. Juni als oberster Befehlshaber Mieroslawski aus Paris in Karlsruhe an, um am folgenden Tag in Heidelberg aus den Händen Sigels das Kommando zu über= nehmen. Es geschah dies unter sehr ungünstigen Auspicien. Bei Kreuznach sammelten sich zwei preußische Divisionen, um die Pfalz zu säubern; das Korps unter General Peucker verstärkte sich täg= lich und hinter ihm zog sich ein preußisches Armeekorps zusammen. Die von Mieroslawski stets angerathene bewaffnete Propaganda war schwach betrieben worden und endlich ganz mißglückt. Eine erst nach Gestaltung ringende Revolutionsarmee auf die Defensive zurückgeworfen, war an und für sich ein Nachtheil.

Den Zustand der Armee schildert Mieroslawski in seinem Bulletin aus Mannheim den 13. Juni so:**)

„Die Gesammtzahl der Truppen beläuft sich auf 20,000 Mann, aber nur zwei Drittel davon können zum Kampfe verwendet wer= den und höchstens die Hälfte ist im Stand, eine geregelte Schlacht zu liefern; zu dieser Kategorie gehören 10 Linienbataillone, 24 be= spannte Geschütze, 10 Schwadronen Dragoner von sehr zweifelhafter Gesinnung und 2 oder 3 Volkswehrbataillone, die gut genug in= struirt und ausgerüstet sind, um unter dem feindlichen Feuer keine Verlegenheiten zu bereiten. Die übrigen Abtheilungen der Volks= wehr sind zwar im Allgemeinen von glühendem Patriotismus be= seelt, taugen aber dennoch vorderhand höchstens dazu, befestigte Stellungen zu bewachen und durch ihre zur Offensive unfähige Masse die Dislokationen unserer eigentlichen Truppen zu maskiren.

---

*) „Eitelkeit und Ehrgeiz trieben ihr Spiel und Jeder trachtete nur dar= nach, sich einen recht guten Platz zu verschaffen." Corvin, III, 231. Dem entsprach die Sorglosigkeit bei den Regierungsbehörden. „Die Minister und Diktatoren suchten sich einander in den Gasthöfen und Restaurationen auf und dort oder auf der offenen Straße wurden die Regierungsgeschäfte abgemacht." Ravaux, Mittheilungen über die bad. Revolution, 120.

**) Berichte des Generals Mieroslawski über den Feldzug in Baden. Bern 1849. S. 2 ff.

Bei der Feldartillerie sind Material und Personal vortrefflich, die Munition dagegen ist gänzlich unzureichend. Die Linieninfanterie ist entschlossen, vollkommen exercirt und ausgerüstet, aber sie hat in Folge der unlösbaren Verwirrung im Offizierskorps allen organischen und taktischen Zusammenhang verloren. Die Bataillone sind nur noch ein zufälliges Agglomerat von guten Soldaten, ohne gemeinschaftlichen Namen, ohne Hierarchie und ohne Verantwortlichkeit. Es muß eine ganze militärische Organisation wiederhergestellt und festgesezt werden."

Dies Urtheil eines vielerfahrenen Volksführers über den militärischen Werth der Volkswehren, von denen man die Rettung Deutschlands erwartete, und der durch alle Künste der Demagogie in eine zuchtlose Bande von Proletariern verwandelten Liniensoldaten ist gewiß sehr beachtenswerth.

Er fährt fort: „Bekanntlich ist die bewaffnete Macht der Pfalz nur in der Meinung vorhanden. — Ich komme zu spät, um die gefährliche Lage abändern zu können. Schon morgen vielleicht werden wir eine entscheidende Schlacht annehmen müssen, ohne daß weder das pfälzische Korps, noch die Reserve und hauptsächlich die bespannte Artillerie, die ich von Karlsruhe requirirt habe, zu uns stoßen können. Alles, was ich für die Befestigung unserer Stellung zu thun vermag, besteht darin, daß ich alle unsere Streitkräfte auf wenigen, sehr nahe bei einander liegenden Punkten versammle, um den größern Theil derselben dem ersten Angreifer entgegen zu führen.

Demgemäß habe ich im Centrum alle längs der hessischen Grenze zerstreut liegenden Abtheilungen gegen Schriesheim und Heidelberg zurückgeführt; auf dem rechten Flügel habe ich die Volkswehren des Obersten Becker gegen Ebersbach und Neckargemünd hin konzentrirt; auf dem linken Flügel habe ich Alles in Mannheim zusammengezogen, mit einer einfachen Vorhut in Käferthal. Zwischen Mannheim, wo der Oberstlieutenant Mercy kommandirt, und Heidelberg, wo ich den Generaladjutanten Sigel zurückgelassen habe, behaupten wir mit Macht die Brücke von Ladenburg und das Städtchen. Auf diese Art sind wir in den Stand gesezt, in einem halben Tage 10,000 Mann und 20 Geschüze auf einen beliebigen Punkt am Rhein oder Neckar zwischen Philippsburg, Mannheim und Neckargemünd zu schaffen, ohne die Widerstandspositionen übermäßig zu schwächen, welche wir auf beiden Seiten dieses Winkels, dessen Spize Mannheim bildet, für die Dauer inne haben."

Wenige Tage später, als die Truppen schon in den Kampf eingetreten waren, führte der Oberbefehlshaber eine Eintheilung der ganzen Linie und der Volkswehren mit Einschluß der pfälzischen Streitkräfte in sechs mobile Divisionen je zu etwa 4000 Mann durch. *)

Auch auf der andern Seite, jenseits des Rheins und Neckars, gingen die Rüstungen zum entscheidenden Kampf neben bedeutenden Verstärkungen vorwärts. Schon am 8. Juni hatte das kombinirte Regiment unter Oberst v. Reinhardt seine Stellungen in und um Gernsheim verlassen, um nach Kirschhausen, Erbach und Heppenheim verlegt zu werden; es war mit einigen hessischen und nassauischen Truppen zur Vorhut bestimmt. — Vom 14. Juni ab ist die Ordre de bataille des Neckarkorps, wie jezt die Reichstruppen genannt wurden, folgende: **)

Korpskommandant: Generallieutenant v. Peucker.

Vorhut in Heppenheim und Umgegend. Generalmajor Wachter. Kombinirtes württembergisches Infanterieregiment. Großherzogl. hessisches 2. Infanterieregiment. Zwei Kompagnieen mecklenburgische Jäger. Zwei Schwadronen hessische Chevauxlegers. Sechs Geschütze. Pionnierbetaschement.

Gros in Bensheim und Umgegend. Generalmajor Schäffer-Bernstein. Erste Brigade. Oberst v. Weitershausen. Großherzogl. hessisches 1. Infanterieregiment. Großherzogl. hessisches 4. Infanterieregiment. Eine Schwadron mecklenburgische Dragoner. Vier Geschütze.

Zweite Brigade. Oberst v. Wizleben. Großherzogl. mecklenburgisches Grenadierbataillon. Großherzogl. mecklenburgisches Musketierbataillon. Ein bayrisches Jägerbataillon. Ein Bataillon vom hessischen 3. Infanterieregiment. Eine Schwadron mecklenburgische Dragoner. Vier Geschütze.

Reserve in Auerbach und Umgegend. Generalmajor v. Bechtold. Ein Bataillon vom königl. preußischen 38. Infanterieregiment. Herzogl. nassauisches kombinirtes Infanterieregiment. Ein Bataillon vom kurfürstl. hessischen 3. Infanterieregiment. Frankfurter Linienbataillon. Zwei Schwadronen großherzogl. hessische Chevauxlegers. Zwei Schwadronen großherzogl. mecklenburgische Dragoner. Sechs Geschütze.

---

*) Ebend. S. 14.
**) Beiheft zum Mil. Wochenblatt, 1849, S. 24 und Kehrer ꝛc., S. 193 f.

Außerdem ein Seitendetaſchement unter Oberſt Weiß im Obenwald: ein Bataillon, eine Schwadron, zwei Geſchüze.

Das ganze Neckarkorps ſtark: 17,939 Mann.

Als nächſter Rückhalt ſammelte ſich hinter ihm das zweite
preußiſche Korps Gröben, 15,083 Mann, während das erſte Korps
Hirſchfeld, 19,382 Mann ſtark, durch die Rheinpfalz gegen die
Uebergänge Ludwigshafen und Germersheim vordrang.

So geſchickt die Aufſtellung Mieroslawski's gewählt war und
ſo richtig die Art ſeiner Vertheidigung, ſo mußte er doch der feinb-
lichen Uebermacht gegenüber unzweifelhaft unterliegen, wenn der
Plan des Prinzen von Preußen gelang, ihn in der Front am Neckar
feſtzuhalten und ihm über Germersheim und von der württembergiſchen Grenze in Flanke und Rücken zu kommen.

Die Ent-
ſcheidung. Den 15. Juni hatte Peucker zum Angriff auf die babiſche
Poſtenlinie beſtimmt. Seine Diſpoſition aus dem Hauptquartier
Zwingenberg vom 14. Juni lautet: „Das Neckarkorps bricht morgen den 15. Juni früh aus ſeinen Kantonirungen auf, um die
babiſche Grenze zu überſchreiten, Hirſchhorn und Weinheim zu
nehmen, je nach eingehenden Nachrichten weitere Unternehmungen
auszuführen, die ſich entgegenſtellenden Inſurgenten zu ſchlagen
und nach Umſtänden Bivouaks auf babiſchem Gebiet zu beziehen.
Zu dieſem Behufe wird das Detaſchement unter Oberſt Weiß um
ein Bataillon verſtärkt, welches der General von Schäffer-Bernſtein
von den ihm untergebenen Truppen dahin abrücken laſſen wird.
Mit dieſer Verſtärkung vereint, wird Oberſt Weiß Hirſchhorn zu
nehmen ſuchen und dieſen Uebergangspunkt angemeſſen beſezen.
Die Hauptaufgabe dieſes Kommandos iſt, den heſſiſchen Obenwald
zu ſchüzen (wozu die nachfolgenden Truppen vom Main ebenfalls
beitragen werden), ſowie die beſonderen Umſtände für ſeine Hand-
lungsweiſe maßgebend bleiben.

Die Truppen der Avantgarde unter General Wachter gehen
vor Tagesanbruch nach Birnheim vor, um von hier aus wo möglich die Inſurgenten in Käferthal zu überraſchen. Von der Reſerve werden die Reiterei und zwei reitende Geſchüze der Vorhut
als Soutien folgen und zu dieſem Behufe vor Tagesanbruch nach
Birnheim abmarſchiren, wo die Vereinigung zu bewirken ſein wird.
Die übrigen Truppen des Gros unter General v. Schäffer-Bernſtein, die Reſerve unter General v. Bechtold, brechen dergeſtalt
aus ihren Kantonirungen auf, daß ſie um 10 Uhr früh eine ver-

deckte Stellung nördlich von Heppenheim einnehmen. Das Gros wird hierauf sogleich zur Eroberung von Weinheim vorgehen. Die Reserve folgt. Die Bagage darf erst beim Abmarsch der Truppen zur Requisition der Pferde avertirt werden und bricht drei Stunden nach dem Abmarsch der Truppen nach Bensheim auf, wo dieselbe bespannt bleibt und weitere Befehle erwartet. Ich werde gegen 9 Uhr in Heppenheim sein.

Der kommandirende General v. Peucker."

Ließ schon die in so allgemeinen Ausdrücken abgefaßte Disposition Vieles zu wünschen übrig, so war bei dem verderblichen Auseinanderziehen aller Streitkräfte ein entscheidender. Erfolg in der That nicht zu hoffen. Während des 15. Juni wurde zwar auf der ganzen Neckarlinie von Hirschhorn bis Mannheim gefochten, aber stets nur von einzelnen Detaschements ohne Zusammenhang und ohne Nachdruck. —

In der Nacht vom 14. zum 15. zog General v. Wachter, zu dessen Vorhutbrigade noch vier Schwadronen und zwei Geschüze gestoßen waren, alle seine Truppen bei Virnheim zusammen. Das kombinirte Regiment unter Oberst Reinhardt hatte Morgens 1 Uhr von Heppenheim seinen Marsch über Lorsch, Hüttenfeld nach Virnheim angetreten. Um 8 Uhr ging das Detaschement gegen Käferthal vor, von dem man wußte, daß es von den Badenern besezt war. — Während das Dorf rekognoscirt wurde, nahm General v. Wachter zu beiden Seiten der Straße Stellung und zwar Bataillon Martens mit zwei Geschüzen und einer Schwadron auf dem rechten Flügel, Bataillon Hayn im Centrum auf der Straße, fünf Schwadronen mit den übrigen Geschüzen auf dem linken Flügel, das hessische zweite Infanterieregiment in Reserve.

Der Feind wartete keinen wirklichen Angriff ab. Sobald die Schwadronen zu beiden Seiten von Käferthal vorgingen, verließen die Badener (drei Bataillone, vier Schwadronen) das Dorf und gingen gegen Mannheim zurück. Die Infanterie Wachters war noch zu entfernt, seine Geschüze hatten bei schon sehr ermüdeter Bespannung im hohen Korn der Reiterei nicht folgen können*) und so war dieser allein der Angriff auf die retirirende Infanterie und das Verfolgen überlassen. Die Angriffe blieben ohne Resultat und als die verfolgenden Schwadronen aus der Fabrik Wohlgelegen mit Geschüzfeuer begrüßt wurden, zogen sie sich auf Käferthal zurück, das

---

*) Beiheft zum Mil. Wochenblatt, 1849, 25.

indeſſen von der Infanterie beſezt war. Das kombinirte Regiment ſtand vorwärts des Dorfs.

Sobald die Feinde ſahen, daß Wachter an ein weiteres Vor: gehen nicht denke, ſezten ſie ſich wieder und rückten mit be: deutenden Verſtärkungen aus Mannheim unter Oberſtlieutenant Tobian gegen Käferthal ¦vor. General v. Wachter, der auch eine Bedrohung ſeiner linken Flanke von Hebbesheim her fürchtete, trat ſofort den Rückzug nach Virnheim an. Tobian folgte durch den Wald von Atzelhof und machte, aus dieſem bebouchirend, Miene, Virnheim anzugreifen, als die Truppen hier eben mit Austheilen von Lebensmitteln beſchäftigt waren. Es kam jedoch nur zu einem Plänklergefecht, in dem heſſiſche und württembergiſche Schüzen den Feind in gehöriger Entfernung zu halten wußten. Bataillon Hayn hatte hiebei einen Verwundeten, Martens deren zwei; ſämmtlich leicht. — Es wurde die Bemerkung gemacht, daß die Badener viel zu hoch und auf zu große Entfernungen ſchoſſen. — Die Heſſen zählten elf Verwundete, meiſt bei den Chevauxlegers. Abends ſechs Uhr traf auch die Reſerve in Virnheim ein. Beide Gegner blieben die Nacht über in ihren Stellungen.

Nicht günſtiger als auf dem rechten Flügel ſtellte ſich die Lage im Centrum. Oberſt von Wißleben war mit einem Theil ſeiner Brigade bis Ladenburg vorgedrungen, hatte im erſten An: lauf das Städtchen eingenommen und kämpfte bis zum Abend um den verbarrikadirten Uebergang. Allein ohne Unterſtüzung gelaſſen und von Schriesheim her in ſeiner linken Flanke durch eine neue Kolonne angegriffen, ſah er ſich mit Einbruch der Nacht genöthigt, nach Hebbesheim zurückzugehen. Hier vereinigte er ſich mit den zu ſeiner Unterſtüzung abgeſandten zwei Bataillonen.

Auf dem äußerſten linken Flügel Peuckers war es dem Oberſt Weiß nicht gelungen, die hanauer Turner aus dem alten Schloß in Hirſchhorn zu vertreiben. — Die Nacht vom 15. zum 16. Juni fand die Reichsarmee in ihren Stellungen zu Virnheim, Hebbes: heim, Großſachſen, Beerfelden.

Wer des Tages von Heppenheim und Hemsbach gedachte, der mußte zugeben, daß die Inſurrektionsarmee ſeither viel an innerem Halt und an Energie gewonnen hatte. Um ſo mehr konnte jezt Mieroslawski daran denken, einen kräftigen Schlag auf Peucker zu führen, ehe Gröben zu ſeiner Hilfe anrücke. War am Neckar Luft gemacht, ſo konnten die Badener ſich mit ganzer

Kraft auf den Prinzen von Preußen stürzen, der in jenen Tagen von Ludwigshafen und Germersheim her drohte.

Am Morgen des 16. zwischen 5 und 6 Uhr begannen die Badener ihre Bewegungen an der Bergstraße; ihnen stand hier nur die Brigade Weitershausen entgegen. Bald sah sich diese in ihrer linken Flanke auf den Höhen bedroht und aus Großsachsen und Hohensachsen vertrieben.*) Nur durch das rasche Anrücken Witz=lebens von Hebbesheim her in des Feindes linke Flanke gelang es, ihn wieder auf Schriesheim und Ladenburg zurückzuwerfen.

Ein weiteres Vorrücken und Verfolgen wurde von Peucker nicht beliebt; in Weinheim nahm das Gros Stellung, die Vorposten bei Großsachsen. Der Verlust betrug gegen 100 Mann.

Vom Neckar ab wurde die Aufmerksamkeit Mieroslawskis in den nächsten Tagen auf die Lage der Dinge am Rhein gerichtet. Die Preußen hatten schon am 15. Juni Ludwigshafen besezt, scho=ben die pfälzischen Streitkräfte vor sich her und bereiteten einen Uebergang vor. — Der badische Führer war sich bewußt, daß der Besiz von Germersheim ihnen einen solchen vollständig sicher stelle. Seine Absicht ging vor Allem dahin, von Heidelberg aus sich mit allen verfügbaren Truppen auf den Punkt zu werfen, wo der Prinz von Preußen mit dem ersten Korps übergehen würde.

„Sobald die drei Punkte von Knielingen, Mannheim und Heidelberg durch die drei Divisionen von Sznayde, Mercy und Becker gesichert sind, hat sich der Rest der Armee auf das erste Zeichen bereit zu halten, in Massen an den Ort zu marschiren (wo er immer sei), an welchem die Preußen über den Rhein sezen wollen." **)

Der Ring zog sich indessen immer enger um die badische Armee. Am 19. war Gröben in Darmstadt und traf Anstalten die Reichsarmee in ihren Postirungen abzulösen, damit Peucker der Verabredung gemäß links durch den Odenwald abziehen und am 21. Juni den Neckar überschreiten könnte, während Hirschfeld am gleichen Tag den Rhein zu passiren und über Wiesloch mit Peucker in Verbin=dung zu treten hatte. — Von keinem Korps wurde indessen die fest=gesezte Zeitfolge eingehalten. Hirschfeld ging schon am 20. Mor=gens bei Germersheim über den Rhein***), um an diesem Tage

---

*) Beiheft zum Mil. Wochenblatt, 1849, 30 ff.
**) Ebend. 34.
***) Beiheft zum Mil. Wochenblatt, 1850, 45 ff.

noch das bis jezt nur schwach vom Feind besezte schwierige Defilee von Rheinsheim mit geringeren Opfern zu passiren. Dadurch wurde Mieroslawski zu früh auf die Gefahr aufmerksam und ein Entkommen aus der gefährlichen Umschlingung war ihm am Ende um so mehr möglich, als Peucker erst am 22. statt am 21. den Neckar passirt hatte und auf Einsheim rückte.

Dem Uebergang der Preußen am Morgen des 20. Juni stand in der Thats Nichts entgegen. Das Beobachtungsdetaschement unter Mniewski, das den ersten Widerstand zu leisten bestimmt war, zog sich in kopfloseſter Weise zurück.[*]

Die 2., 3. und 4. Division des preußischen Korps schlugen sofort den Weg nach Bruchsal ein, die erste Division, Hannecken, hatte von Philippsburg den Rhein abwärts zu rücken. — Für Mieroslawski war jezt der Augenblick zur Ausführung seines Planes gekommen. In der Nacht vom 20. zum 21. konzentrirte er alle verfügbaren Truppen bei Hockenheim. Nachtmärsche und die Eisenbahn führten hier zwischen 10 und 11,000 Mann zusammen und zwar 9 Bataillone Linie, 8 schwache Bataillone Volkswehr, 10 Schwadronen Dragoner und 20 Kanonen.[**] Ihnen zunächst stand die Division Hanneckens, 6½ Bataillone, 4 Eskadronen, 8 Geschüze[***] Die Nacht über hatte Hannecken bei Wiesenthal bivouakirt, die drei anderen Divisionen hatten ihr Lager bei Graben.

Kaum war Hannecken am Morgen des 21. aus seinem Lager aufgebrochen, seine Vorhut hatte eben Waghäusel erreicht, als er sich der ganzen Hauptmacht Mieroslawski's gegenüber sah. Nach längerem Gefecht war die preußische Division gezwungen, gegen Mittag auf Philippsburg zurückzuweichen. Erst das Erscheinen des Generals Brun mit frischen Kräften bei Wiesenthal stellte das Gefecht wieder her und hatte die regellose Flucht der Badener gegen Alt- und Neulußheim zur Folge. —

Untergang der Revolution. Wenn Raschheit und Energie mit innigem Zusammengreifen jezt von Seite der Preußen und der Reichsarmee das Errungene verfolgten, so konnte die Revolution in kürzester Zeit bezwungen sein. Troz der wirren Auflösung aber ließ der Mangel an

---

[*] Mittheilungen über die badische Revolution von Raveaux, 96 ff.
[**] Mieroslawski, Berichte ꝛc., 16.
[***] Beiheft zum Mil. Wochenblatt, 1850, 50 ff. wo in zahlreichen Detailberichten über die folgenden Ereignisse eine ganz ins Einzelne gehende Erzählung enthalten ist.

aller Thatkraft den geschlagenen Babenern noch einen Weg zur Rettung wenigstens für den Augenblick. Am 20. war die Brigade Wachter, früher Vorhut, jetzt Reserve, in Weinheim von dem zweiten preußischen Korps unter Gröben abgelöst worden und folgte nun dem Gros der Neckararmee, die unter Peucker schon am 19. gegen Fürth und Beerfelden aufgebrochen war. Am 21. wurde der Neckar bei Zwingenberg von der Vorhutbrigade des General Bechtolb überschritten. Erst am 22. aber vereinigte sich das ganze Korps im Bivouak bei Aglasterhausen.

Während des ganzen Tags am 22. Juni hatte sich von Heidelberg her der Strom der instinktmäßig auf der einzig möglichen Straße zurückweichenden Revolutionsarmee ergossen: Linie, Volkswehr, Fuhrwesen, zahlreicher Generalstab, Alles unter einander ohne Ordnung, ohne Zusammenhalt unter tumultuarischen und meuterischen Auftritten.

War Peucker im Stande rasch die Rückzugslinie des Feindes zu durchschneiden, so war Mieroslawski verloren. Keine Unternehmung der Art geschah. — Die Truppen des Neckarkorps waren allerdings durch die forcirten Märsche im Odenwald stark mitgenommen, es brauchte Zeit bis die nöthigen Subsistenzmittel beschafft waren; der wahre Grund des Nichtvordringens scheint aber in der vollständigen Unkenntniß über die Lage des Feindes gelegen zu sein. Die Verbindung mit Hirschfeld war noch nicht aufgefunden und auf zuverläßige Nachrichten in dem revolutionirten, von Lügengerüchten erfüllten Land war nicht zu rechnen.

Vierundzwanzig Stunden blieb Peucker in seinem Lager stehen, während Mieroslawski in aller Hast die Murglinie zu erreichen suchte. Mit dem Abend des 23. Juni brach Peucker auf und zog langsam auf der Straße über Eppingen gegen Durlach hinter den Babnern her.

Am 25. und 26. Juni sammelte Mieroslawski die Reste seiner Armee, es mochten noch 16000 Mann sein, auf dem Glacis von Rastatt und hielt Musterung über sie ab. Hier bei der Armee, war sie auch noch so demoralisirt, war noch nicht Alles verloren; das bewies sie in den nächsten Tagen. Aber im Lande selbst war der politische Rausch im Verfliegen und die frühere Begeisterung ganz dahin, sobald Selbstaufopferung und Selbstthätigkeit als unabweisbare Anförderungen an den einzelnen Bürger herantraten. Die Presse, die Regenten und Dictatoren Babens gaben sich zwar alle Mühe, durch die plattesten Lügen den Muth aufrecht zu er-

halten*). Bald war ein preußisches Armeekorps sammt dem Prin=
zen der Gefangenschaft nahe, bald gingen ganze Abtheilungen über,
bald sollten die Schweizer, die Ungarn, die Franzosen sich energisch
der Sache Badens angenommen haben.

Eine Reihe von Gefechten entspann sich am 23., 24. und 25.
bei Ubstadt, Neudorf und Bruchsal zwischen den Preußen und der
pfälzischen Armee, welche den Auftrag hatte, die Bergstraße so
lange gegen das Vordringen des Feindes zu halten, bis Mieros=
lawski sich hinter ihr weggezogen haben würde. Am 25. wurde
die Nachhut Mieroslawski's aus Durlach verdrängt und gleich dar=
auf Karlsruhe besezt.

Jezt galt es, Mieroslawski's Stellung an der Murg auf allen
Seiten anzugreifen. Auf dem linken Flügel war sie stark durch
Rastatt, auf dem rechten im Gebirge durch natürliche Terrainver=
hältnisse begünstigt. Dort hatte das erste preußische Korps anzu=
greifen, hier das Neckarkorps unter Peucker.

Nach allen Berichten**) hatte seither bei den leitenden Behörden
in Baden die Ansicht geherrscht, als würde Württemberg unter
allen Umständen fortfahren, seine neutrale Stellung zu bewahren,
sein Gebiet nicht von der Reichsarmee betreten lassen und so einen
Stüzpunkt für den rechten Flügel abgeben. — Um inneren Unruhen
zu begegnen und die Grenze zu schüzen, hatte Generallieutenant
von Miller sich allerdings beim Ausbruch der Revolution aus Baden
auf württembergisches Gebiet zurückgezogen. Indessen hatte der
Konflikt der Regierung mit dem Rumpfparlament, zu Stuttgart
die Stellung zu der Revolution klar zu Tage treten lassen; von
Neutralität konnte unter diesen Umständen keine Rede mehr sein. —

Peucker hatte die Aufgabe, durch das Albthal über Herrenalb
und Loffenau den rechten Flügel des Feindes zu umgehen, um am
30. bei Dos den Insurgenten im Rücken zu stehen.

Von den Höhen des Dobel brach Peucker am Morgen des
29. Juni gegen Gernsbach auf. — Die feste Position bei diesem
Städtchen***) bot dem Feind große Vortheile. Die Häuser der
linken Murgseite waren stark besezt, die ungangbar gemachte Murg=
brücke dem directen Feuer entzogen und durch Artillerie vertheidigt;

---

*) Raveaux x., 100.
**) Vgl. Raveaux x., 28 und Kehrer, Ereignisse und Betrachtungen x.
S. 233. Ueber die Lauheit und Thatlosigkeit der Schwaben, die doch die
höchsten Worte gemacht, klagt Raveaux bitter. S. 71.
***) Beiheft zum Mil. Wochenblatt, 1850, 127 ff.

die steile Höhe oberhalb der Stadt über dem Babhaus verschanzt und ebenfalls, wie die Abhänge der Höhen mit Schützen garnirt.

Zum Angriff formirte sich die Vorhut unter Generalmajor von Bechtold in drei Kolonnen; der rechten Flügelkolonne folgte als Unterstüzung die Brigade Weitershausen, der Mitte die Brigade des Obersten Reinhardt (ein Bataillon großh. hessischen dritten Infanterieregiments, großh. hessisches zweites Infanterieregiment, kombinirtes württembergisches Regiment, eine Schwabron großh. hessischer Chevaulegers, vier Geschüze).

Um die Mittagszeit begann der Kampf und endete um 5¼ Uhr mit der Einnahme der Stadt durch die Reichstruppen.*)

In voller Auflösung floh Mieroslawski's rechter Flügel gegen Kuppenheim und Dos hin. Sein linker Flügel und das Centrum hatten am 28., 29. und 30. bei Steinmauern, Oetigheim, Bischweier, Oberweier, Winkel und Kuppenheim tapfer gegen die Angriffe der beiden preußischen Korps gefochten, ohne aber irgend welche Vortheile in den Händen zu behalten.

Rückte Peucker rasch nach, so konnte er, über Baden marschirend, den Flüchtigen bei Dos den Weg verlegen. Allein die Verfolgung wurde keineswegs kräftig fortgesezt und so konnte sich im Lauf des 30. Juni der ganze Troß von aufgelösten Truppenkörpern, Bagage und Kriegsmaterial aller Art sammt den zahlreichen Gesezgebern, Regenten und Ministern nach Offenburg flüchten.

Sammt einem Theil ihrer Führer plündernd, durchzogen die einzelnen Haufen der Revolutionsarmee das Oberland. Einzelne ergaben sich den nachrückenden preußischen Truppen, die Mehrzahl trat auf das Gebiet der Schweiz über.

Mitte Juli war das ganze badische Land von den preußischen Truppen und von dem Reichskorps besezt. Lezterem hatten sich die bis zum Tage von Gernsbach neutralen Truppen des württembergischen Observationskorps angeschlossen.

Am 2. Juli brach Peucker von Dos und Baden auf, um über das württembergische Gebiet den Seekreis zu gewinnen. Nächster Zweck war Entwaffnung der Einwohner und Beibringung der versprengten Freischärler. — Bataillon Martens kam nach Stockach zu liegen; Bataillon Hayn nach Aach. Am 12. August erhielten beide

---

*) An dieser Stelle, wie auch in dem zunächst Folgenden fehlen dem Verfasser offizielle Anhaltspunkte und Berichte, welche eine Detailerzählung ermöglichen würden.

Bataillone vom Generalkommando der Reichsarmee Befehl, ihre Garnisonen wieder zu beziehen. — Das erste Bataillon des achten Regiments erreichte über Mengen, Buchau, Laupheim seine neue Garnison Wiblingen; Bataillon Hayn marschirte nach Stuttgart. Ende desselben Monats wurde das Reichskorps aufgelöst und General Peucker seines Kommando's entbunden.

Die Truppen des württembergischen Observationskorps waren schon Ende Juli wieder aus Baden zurückgezogen worden.

Mit Ausgang des Jahres 1849 befand man sich in Deutschland überhaupt, wie in jedem einzelnen Staate, vollständig wieder auf dem Standpunkt der Verhältnisse vor den Bewegungsjahren. Die Koncessionen, im Drang der Umstände gemacht, wurden soviel möglich wieder beseitigt und in dem erbitterten Kampf gegen die revolutionären Gewalten gingen das berechtigte Einheitsbestreben und der große nationale Aufschwung fast vollständig verloren.

In Schleswig. Während im Süden den Reichstruppen und in ihren Reihen dem kombinirten württembergischen Regiment die traurige Aufgabe des Bürgerkriegs zugefallen war, war es dem in Holstein zurück= gebliebenen zweiten Bataillon des achten Infanterieregiments ver= gönnt, mit Truppen aus fast allen Gauen Deutschlands in den Kampf einzutreten, der so gern als der wahrhaft volksthümliche, als der heilige betrachtet wurde.

Bei der unendlichen Schwäche und Zerrissenheit Deutschlands war es eine natürliche Erscheinung, daß die fremde Diplomatie sich längst der Streitfrage zwischen Deutschland und Dänemark be= mächtigt hatte. Und nicht zum Nachtheile Dänemarks. Noch mehr gedachte das unternehmende Inselvolk zu gewinnen durch Erneu= rung des Kampfes und thatsächliche Unterstützung von Seiten der russischen und skandinavischen Freunde. — Am 22. Februar kün= digte die Regierung in Kopenhagen darum den Waffenstillstand von Malmöe. Zu Land, wie zur See war Dänemark zum Kampfe gerüstet. Unter General Bülow standen 30,000 Mann im Feld. In Alsen die eine Hälfte, die andere in Jütland. An der Ostküste sollte die Flotte wirksame Diversion machen. —

Als im Herbst 1848 der größte Theil der Truppen des achten Armeekorps aus Holstein nach dem badischen Oberland abgezogen war, hatte das Bataillon Stiefel mit drei Kompagnieen Garnison in Rendsburg bezogen, die fünfte blieb bis zum 18. Oktober in Altona, an welchem Tage sie ebenfalls nach Rendsburg abmarschirte.

Während des langdauernden Garnisonsdienstes in den größe=
ren Städten der Herzogthümer fehlte es bei der verschiedenartigen
Zusammensetzung der Truppen, bei der strengen Kritik, welcher die
Politik und insbesondere der Tag von Malmoe unterzogen wurde,
nicht an erregten Auftritten und Reibereien zwischen den Truppen-
abtheilungen selbst und zwischen diesen und den Einwohnern. Der
Oberbefehlshaber der deutschen Reichstruppen in den Herzogthümern,
General von Bonin, war genöthigt, für Wiederholungen eine
Strafe von dreitägigem Bivouakiren ohne Holz und Stroh in
Aussicht zu stellen. Dem württembergischen Bataillon sprach er
über das bewiesene musterhafte Verhalten seine volle Anerken=
nung aus *).

Allen Haber aber brachte der neue in Aussicht stehende Kampf
zum Schweigen. Mit dem lezten Tage des Monats März hatten
die neuen Feindseligkeiten zu beginnen. Die schleswig=holsteinsche
Armee war auf mehr als 12,000 Mann gebracht worden; sie
brannte vor Begierde an der Spize der Deutschen zu marschiren.
Die in den Herzogthümern stehenden Reichstruppen (Bataillon
Stiefel, erstes Bataillon vom vierten badischen Regiment, eine großh.
hessische Batterie, zwei Schwadronen hanseatischer Dragoner) wur=
den zunächst in eine Reservebrigade unter Führung des Kommandanten vom badischen Bataillon, Oberstlieutenant Porbeck, zusam=
mengestellt.

Das Reichsministerium entwickelte eine ungewohnte Thätigkeit.
Den meisten Staaten wurden Kontingente zur Aufstellung zugetheilt;
im Ganzen sollten 80,000 Mann gegen Dänemark marschiren.
Zum Oberkommandirenden wurde der preußische General von
Prittwiz ernannt. Alle Staaten mit Ausnahme Oestreichs kamen
dem Rufe der Centralgewalt willig nach. Unter den besten Au=
spicien wurde der Kampf begonnen. Am 24. März übernahm
Prittwiz den Oberbefehl.

Schon am 14. März war das Bataillon Stiefel aus Rends=
burg abmarschirt, und lag eine Zeit lang in und um Flensburg.
Vor Beginn der Feindseligkeiten redete es der Kommandant so an:

„Soldaten! Der Tag, an welchem die Feindseligkeiten mit
Dänemark beginnen, ist erschienen. Nach einer 34 jährigen Ruhe
unserer Waffen sollen sie nun den Streit entscheiden helfen.

Fern von der Heimath sind wir zuerst berufen, für das große

---

*) Würt. Jahrbücher 1849, 136.

beutſche Vaterland zu kämpfen und zu den alten Lorbeeren der württembergiſchen Krieger noch neue hinzuzufügen.

Wenn ich mich der Ueberzeugung getroſt überlaſſe, daß ihr durch Muth, Tapferkeit und Ausdauer euch auszuzeichnen ſtreben werdet, ſo darf ich die Verſicherung hinzufügen, daß ich mir's zur Aufgabe gemacht habe, mit allen meinen Kräften für euer leibliches Wohl zu ſorgen.

Nun mit Gott in den Kampf!

> Seid behutſam auf der Wacht;
> Seid ein Wetter in der Schlacht."

Flensburg den 27. März 1849.

Bataillonskommandant Major Stiefel.

Am 5. April ließ Prittwitz ſechs hannover'ſche Bataillone, das württembergiſche und das badiſche Bataillon unter General von Wyneken ins Sundewitt einrücken, um die schleswig = holſteiniſche Armee abzulöſen, deren nächſte Aufgabe weiter im Norden lag. *)

Ein bekannter Kampfboden war das Sundewitt. Die Terraininformation, die Kultur, die vielfach zerſtreut liegenden Höfe und Häuſergruppen hatten der Zähigkeit und Erbitterung auf beiden Seiten ſtets Gelegenheit zu blutigen Kämpfen gegeben; der Name „Blutloch" war noch vom vorigen Jahre her bekannt.

Kaum hatten die Hannoveraner am 6. April ihre Bewegung vorwärts begonnen, als die Dänen von den Düppler Schanzen aus zum Angriff übergingen. Troz der däniſchen Uebermacht wurde das Dorf Ulderup von den Hannoveranern erſtürmt; die Dänen gingen bis Satrup zurück und ſammelten ſich wieder. Württemberger und Badenſer ſtanden noch in Reſerve (Bataillon Stiefel hatte in den lezten Tagen in Hoſtrup, Feldſtadt und Schweirup theils in Quartieren gelegen, theils bivouakirt). Beim erneuten Angriff der Dänen war es Wyneken unmöglich, ſich gegen die Uebermacht länger zu halten; die Bataillone von Baden und Württemberg mußten zur Deckung ſeines Rückzugs vorrücken. Es war drei Uhr Nachmittags. Die Kompagnieen des Bataillon Stiefel ſcheinen, wenigſtens zum Theil, vereinzelt ins Geſecht bei Ulderup und Auenbüll gekommen zu ſein. — Beſondere Verdienſte um die Deckung des Rückzugs erwarb ſich das badiſche Bataillon. **)

---

*) Geſch. des ſchleswigholſteiniſchen Kriegs von Baudiſſin, 375 f.

**) Altonaer Merkur, Morgenzeitung Nr. 173 vom 13. April 1849: „Wohl hatten die Badener mit einem ſechsfach überlegenen Feinde zu kämpfen und haben ſich beſonders an dieſem Tage Lorbeeren erworben, indem ihre Stel-

Bei dem immer stärkeren Andrängen des Feinds, der insbesondere viel Artillerie ins Gefecht brachte, wurde der Rückzug in voller Ordnung nach Baurup angetreten. Verlust der Reichstruppen: 196 Mann an Todten und Verwundeten. — Vom Bataillon Stiefel waren elf Mann verwundet, darunter vier schwer (acht Mann von der fünften, zwei Mann von der siebenten, ein Mann von der achten Kompagnie); ein Scharfschütze war verwundet in feindliche Gefangenschaft gerathen; vermißt wurde der Verschickungsoffizier Lieutenant Wundt.

In den nächsten Tagen nach dem Gefecht bei Ulberup rückten Bayern, Sachsen und Kurhessen im Sundewitt ein und hatten bis zum 15. April nach einer Reihe von Kämpfen die Schanzen von Düppel erstürmt.

Badener und Württemberger erhielten Befehl nach Eckernförde zu marschiren, um hier mit der Reservebrigade des Herzogs Ernst von Koburg-Gotha (Bataillon Reuß, Meiningen, Gotha) vereinigt zu werden. Am 12. April rückte Bataillon Stiefel in Eckernförde ein, wo acht Tage vorher der großartige Kampf zwischen der dänischen Flotille und den schleswig-holsteinischen Strandbatterieen sammt der nassauischen Feldbatterie die deutsche Tapferkeit ins glänzendste Licht gestellt hatte.

Bewachung des Ufers von Kappeln südwärts bis gegen Kiel war Aufgabe der Brigade der Herzogs Ernst. Bei einem Allarm hatte das Bataillon Stiefel speziell die Aufgabe, den Südtheil der Stadt Eckernförde zu besezen und die Südschanzen zu decken. Mitte April sah es sich in die Ortschaften Windeby, Westerthal, Wilhelmsthal, Marienthal, Hoffnungsthal und Friedenthal verlegt. Am 22. Juni wurde das Bataillon nach Kiel und Umgegend gezogen. — Von den großen Operationen blieben die Württemberger so ausgeschlossen; Sicherungsdienst, Beziehung von Stellungen am Meeresufer, Plänkeln und Excerciren füllten die Zeit aus.

Bonin mit seinen Schleswig-Holsteinern war indessen voll edeln Muths den Feinden nach Norden entgegengeeilt. Als Hemmschuh für alle Operationen folgte mit der preußischen Division der Ober-

---

lung ihnen vorzugsweise Gelegenheit dazu bot; brave Pflichterfüllung von Seiten der Württemberger aber hat große Gefahr von der ganzen Truppenabtheilung, die der Oberstlieutenant Porbeck kommandirte, abgewandt." — Das hier kämpfende badische Bataillon war neben zwei Dragonerschwadronen die einzige badische Truppe, die sich nicht am Aufstand betheiligte und in der Folgezeit nicht aufgelöst wurde.

befehlshaber General von Prittwitz. Troz der bedeutenden Ueber=
zahl auf Seite der Teutschen wollte es niemals gelingen — sei's
Unfähigkeit, sei's Gebundenheit durch die Politik —, den Dänen
eine Macht entgegenzustellen, welche einen nachhaltigen Schlag hätte
führen können.

Die Niederlage Bonins vor Friedericia am 6. Juli beschleu=
nigte die Absichten Preußens, das am 10. Juli zu Berlin Waffen=
stillstand mit Dänemark schloß. Auch in diesem Vertrage ist der
Ausdruck jener Richtung zu finden, welche durch die nothwendig
gewordene Bekämpfung der revolutionären Elemente hervorgerufen
worden war und allmählich auch dem nationalen Streben feindlich
entgegentrat.

Der Rück-marsch. Die Reichstruppen rüsteten sich zum Abmarsch; nur 6000
Preußen nebst 2000 Schweden sollten Schleswig besezt halten.

Durch Befehl vom 24. Juli wurde der Verband der Divisionen
und Brigaden aufgehoben. — Am 31. Juli sezte das Bataillon
Stiefel, wegen andauernder Krankheit des Kommandanten, der
vorausgereist war, jezt von Hauptmann Frost befehligt, nach Har=
burg über und erreichte am gleichen Tage mit der Eisenbahn Han=
nover. Ueber Düsseldorf, Köln, Mannheim war am 9. August
Zuffenhausen erreicht. — Nachdem Se. Majestät der König am
11. auf dem Excercirplaz in Kannstadt Musterung über das Ba=
taillon gehalten hatte, sezte es seinen Marsch fort und bezog am
13. seine Garnison Wiblingen.

Sofort wurde per Kompagnie bis auf siebenzig Mann vom
Oberfeldwebel abwärts beurlaubt.

Mit dem dritten und siebenten Regiment bildete nunmehr das
achte die zweite Brigade. Die ganze Infanterie in eine Division
unter Kommando des Generallieutenants von Miller vereinigt.

Durch Korpsbefehl vom 21. August wurden dem Regiment viel=
fache Auszeichnungen für Verdienste im Feld zu Theil. Als Feld=
züge sollten gelten der Zug Peuckers gegen die badischen Insur=
genten und die Expedition nach Schleswig; die Auszeichnungen
trafen somit das ganze achte Regiment und das zweite Bataillon
vom vierten Regiment.

Die silberne Militärverdienstmedaille erhielten vom ersten Ba=
taillon des achten Regiments:

brei Unteroffiziere,

ein Zimmermann;

vom zweiten Bataillon des achten Regiments:

vier Unteroffiziere,

ein Schütz;

vom zweiten Bataillon des vierten Regiments:

vier Unteroffiziere,

ein Soldat.

Unter die übrigen Regimenter und Abtheilungen*), welche keine förmlichen Gefechte mitgemacht hatten, wurde eine Anzahl von silbernen Civilverdienstmedaillen vertheilt.

---

*) Außer dem 8. Regiment und dem 2. Bat. des 4. Regiments erhielten in der Folge noch Kriegsdenkmünzen die 6. Komp. des 6. Regiments und ein Zug des 1. Regiments, welche Abtheilungen sich unter Kommando des Hauptmann Lipp am Gefecht bei Dossenbach betheiligt hatten.

Vierzehnter Abschnitt.

Der Antheil am Feldzug 1866 und Schluß.

Vorgänge bis zum Jahr 1866. Hatte in den Jahrzehnten nach den Befreiungskriegen das Bestreben in allen Staaten vorgeherrscht, die Bedürfnisse fürs Militär zu verringern, so ist dagegen von der Februarrevolution und den Ereignissen, welche sie im Gefolge hatte, die Periode zu rechnen in der allerseits die militärischen Machtverhältnisse gesteigert und auf die Höhe gebracht wurden. Der wieder zur Herrschaft gelangte Bonapartismus und seine Bestrebungen gaben die nächste Veranlassung. — Hinter den Anstrengungen der Großmächte blieb der deutsche Bund immerhin noch weit zurück, doch verfügte er durch Bundesbeschluß vom 10. März 1853 die Vermehrung der Kontingente um $1/6$ Prozent der Bevölkerung. Daneben wurde die Präsenz der Infanterie auf $2\frac{1}{2}$, im Minimum auf 2 Jahre festgesezt.

Folge dieses Beschlusses war in den Einzelstaaten natürlich Erhöhung des Budgets und der jährlichen Rekrutenquote sammt Aenderungen in der Formation.

Schon seit 1852 findet sich in Württemberg die Zahl der jährlich Auszuhebenden von 3800 auf 4000 erhöht. Seit Anfang 1855 wurden zur Verfügung des Kriegsministeriums weiter gestellt die Exkapitulanten der beiden lezten Jahre und die nicht exercirte Mannschaft der zwei jüngsten Altersklassen.

Die Ausgaben fürs Militär betrugen in stetiger Weise wachsend:

$1851/52$	. . . . .	2370588 fl. 4 kr.
$1855/56$	. . . . .	2761812 fl. — kr.
$1859/60$	. . . . .	3210974 fl. 33 kr.

bei einem Staatsaufwand von beziehungsweise 12205015 fl. 24 kr., 12976681 fl. 10 kr. und 13503622 fl. 6 kr.

Finanzielle Besserstellung sämmtlicher Chargen und Mannschaften nach Maßgabe der veränderten Lebensmittelpreise trug wesentlich mit zur Erhöhung der Ausgaben bei. — Die Verwicklungen welche der Krieg im Orient auch für die Staaten Mitteleuropas besorgen ließ, veranlaßten den Bundestag, durch Beschluß vom 8. Februar 1855 für sämmtliche Kontingente Kriegsbereitschaft anzuordnen.

Die Infanterieregimenter erhielten im März 1855 eine neue Formation *) und zwar:

1 Regimentskommandant.		1576 Soldaten.
2 Bataillonskommandanten.		1 Auditor.
1 Regimentsadjutant.		1 Regimentsquartiermeister.
2 Bataillonsadjutanten.		1 Regimentsarzt.
2 Schützenoffiziere.		2 Bataillonsärzte.
1 Stabsfourier.		8 Unterärzte.
1 Regimentstambour.		1 Profos.
1 Kapellmeister.		2 Büchsenmacher.
16 Musiker.		8 Krankenführer.
1 Bataillonstambour.		48 Offiziersdiener.
2 Bataillonsfouriere.		1 Wagenmeister.
8 Hauptmänner.		24 Trainsoldaten.
8 Oberlieutenante.		2055 Mann.
16 Lieutenante.		
8 Oberfeldwebel.		Fahrzeuge: Pferde:
24 Feldwebel.		1 Stabsgepäckwagen 2
8 Fouriere.		1 Musikwagen. 2
96 Obermänner.		4 Munitionswagen 24
48 Rottenmeister.		3 Requisitenwagen 6
24 Tamboure.		2 Offiziersgepäckwagen 8
16 Signalbläser.		2 Ambulancen mit zwei berittenen Führern 4
16 Zimmermänner.		Reservezugpferd 1
80 Schützen.		11 Fahrzeuge. 47 Pferde.

Das Regiment in 2 Bataillone und 8 Kompagnieen eingetheilt.

In demselben Jahre wurde regimenterweise die Bewaffnung mit Miniegewehren großen Kalibers durchgeführt (Gewehrraketen seit dem Jahr 1852), nachdem eine Reihe von Versuchen vorhergegangen war. Die wildschen Büchsen der seitherigen Scharfschützen

---

*) Sonstige Aenderungen von Bedeutung in der hieher gehörigen Periode sind die organisatorischen Bestimmungen für das Offiziersbildungswesen vom 5. Febr. 1852, 4. April 1853 und 29. Sept. 1855, welche sämmtlich darauf hinzielen, auch bei erhöhtem Bedürfniß den an Offizieren nöthigen Bedarf durch die Kriegsschule und zwar schließlich durch diese allein liefern zu können. 3. Sept. 1851 Empfang neuer und zwar fliegender Fahnen; im März desselben Jahrs Regimentsmusiken statt der bisherigen Brigademusiken aufgestellt.

ebenfalls in Miniegewehre umgewandelt; in Folge der gleichmäßigen Bewaffnung das Scharfschützen= und Schüzeninstitut verschmolzen und wesentlich nur als Pflanzschule für Unteroffiziere bestimmt. In den Regimentern Verwaltungsoffiziere aufgestellt; die Stellen der Bataillonsabjutanten mit Offizieren besezt. — Die Neuerungen vollendete eine mit dem Jahr 1857 erschienene revidirte Exercir= vorschrift.

In der neuen Gestaltung konnten die Regimenter aufgestellt werden, als der lombardische Krieg im Frühjahr 1859 eine Mobi= lisirung der Bundeskontingente herbeiführte. —

Das 6. Infanterieregiment hatte am 1. Oktober 1856 seine Garnisonen Wiblingen und Ulm verlassen und hatte mit dem ersten Bataillon die Kanzleikaserne in Ludwigsburg, mit dem zweiten den Hohenasperg bezogen; am 18. November 1857 war auch das zweite Bataillon nach Ludwigsburg verlegt worden.

Der Kommandant, welcher das Regiment in den Jahren 1848 und 1849 geführt hatte, Oberst v. Reinhardt, war am 26. Sep= tember 1850 zum Generalmajor und Kommandanten der 2. In= fanteriebrigade befördert worden; zum neuen Oberst wurde ernannt der seitherige Bataillonskommandant im 7. Infanterieregiment, v. Landauer; nach seiner Pensionirung im September 1857 folgte ihm im Kommando der bisherige Oberstlieutenant v. Hegelmaier des Regiments. —

In Uebereinstimmung mit Preußen und den übrigen Bundes= staaten wurde im April 1859 erhöhte Kriegsbereitschaft mit Auf= stellung der Kadres angenommen. Der ganz ungewöhnliche Bedarf an Offizieren mußte großentheils durch Herbeiziehung bürgerlicher Elemente gedeckt werden; das für kurze Zeit ins Leben gerufene Institut der Regimentskadeten sollte weiteres Material liefern.

Kurz vor dem Ausmarsch war das Feldkontingent mit schwarzem Lederwerk versehen worden. Anfang Mai wegen des er= höhten Mannschaftsstands Beziehen von Kantonirungen in der Nähe der Garnisonen; am 20. Juni Abmarsch aus denselben und Ver= legung in weiten Quartieren in der Nähe von Heilbronn und Oehringen.

Im Anschluß an die übrigen Kontingente des 8. Armeekorps und an das 7. wurden Vorbereitungen getroffen, am Oberrhein eine Beobachtungsarmee aufzustellen. Der am 8. Juli zu Villa= franca geschlossene Waffenstillstand und der am 11. desselben Mo= nats folgende Friedensschluß kamen jedoch weiteren Maßnahmen zuvor. Am 14. Juli Rückmarsch in die Garnisonen und Annahme des Friedensstands.

Noch vor dem Einmarsch war die ganze Formation der Infanterie dadurch geändert worden, daß durch Ausziehung je einer Kompagnie aus jedem Regiment zwei Jägerbataillone aufgestellt wurden. Zunächst verringerte sich hiedurch von selbst der Feldstand jedes Regiments; im Anschluß hieran durch höchste Entschließung vom 19. März 1860 die zweigliedrige Stellung als normale eingeführt. *)

Um statt der ungeübten Landwehr mehr schlagfertiges Material zur Verfügung zu haben, wurde bei den Landständen eine jährliche Aushebung von 4600 Rekruten von 1861 an durchgesezt. Aus dem gleichen Grunde wird ein Theil der Landwehrpflichtigen zu Waffenübungen in der Dauer von sechs Wochen einberufen.

Das Militärbudget war im Jahr 18⁶³/₆₄ auf 3540997 fl. gestiegen bei einem Staatsbedarf von 16239688 fl.

Die Regierung Karls I., am 25. Juni 1864 seinem Vater in der Regierung nachgefolgt, schien unter den friedlichsten Vorzeichen zu beginnen, als schon im folgenden Jahre die gegensäzliche Behandlung der Prätendentenfrage in den Elbherzogthümern die Stellung der beiden deutschen Großmächte verschärfte und einen Konflikt herbeizuführen drohte.

Das Appelliren Oestreichs an die holsteinische Ständeversammlung und die auf dieß hin am 10. und 11. Juni 1866 ausgeführte Besezung Holsteins durch General Manteuffel führte den endlichen Bruch nothwendig herbei. Am 11. Juni folgte die Abstimmung in

---

*) Weitere Veränderungen:
Unmittelbar nach dem Einmarsch durch höchste Entschließung vom 8. Nov. 1859 das Kompagniesystem für die Ausbildung bestimmt. Vom Jahr 1861 erfolgte nach und nach die vollständige Bewaffnung mit dem Miniegewehr kleinen Kalibers mit cylindrischen Ladstöcken. Der Krieg von 1859 und die neue Taktik der Franzosen übte den Einfluß, daß überall dem Plänkeln und der raschen Bewegung viel Aufmerksamkeit geschenkt wurde. Abänderungen der Exercirvorschrift und ein kurz vor dem Ausmarsch 1866 festgestelltes neues Reglement suchten den Anforderungen an freien, zwanglosen, verschiedene Kombinationen zulassenden Truppengebrauch gerecht zu werden. Die Errichtung eines 3. Jägerbataillons im Okt. 1865 hatte zur Folge, daß das ganze Schüzeninstitut in seiner ursprünglichen Benennung und Bestimmung verschwand. Als Unteroffizierskandidaten treten nunmehr die Soldaten 1. Kl. auf.

Frankfurt, welche wegen Bruchs des Bundesfriedens mit 9 gegen 6 Stimmen Exekution gegen Preußen erkannte und die Aufstellung aller Kontingente anordnete. —

Der nothwendige Gang der Ereignisse hatte in den lezten Jahrzehnten eine neue Kryſtalliſation und Konſolidirung aller Nationalitäten angebahnt, nur der Deutſche fand ſich überall niedergehalten, geſpalten und vom Auslande bevormundet. — In den Bewegungsjahren hatte die Demokratie nicht Macht genug — weder moraliſche noch materielle — gezeigt, um die widerſtrebenden, centrifugalen Elemente zuſammenzutreiben und ein einiges Deutſchland herzuſtellen. Und Macht gehörte vor Allem zu dieſem Werk. Ihr Kredit war in den lezten Jahren unendlich geſchwunden. Preußen dagegen hatte ſeine Hilfsmittel nach allen Richtungen in großartigem Maßſtab vermehrt; ſeine Regierung war ſich bewußt, daß ſie über bedeutendere Streitkräfte verfügen könne, als jede andere Macht entgegenzuſtellen im Stande war.

Seit dem Jahr 1813, wo nach Steins Plan der Anfang damit gemacht worden war, Deutſchland unter Preußens Führung zu einigen, hatte dieſe Macht auf ihre Zeit gewartet. Damals hatten Oeſtreich und Frankreich das Einigungswerk geſtört; heute fühlte ſich Preußen ſtark genug, das mit einem Schlage zu vollenden, was dem jahrelangen Treiben der Demokratie nicht gelungen war. Zunächſt mußte der Einfluß Oeſtreichs, von jeher je nach Bedürfniß mit den partikulariſtiſchen Intereſſen, dem Ultramontanismus und der Demokratie verbündet, aus Deutſchland verdrängt werden; das ſtand von vorn herein feſt. —

Unter gegenſeitigen Friedensverſicherungen waren die Rüſtungen beider Großſtaaten in den lezten Monaten fortgeſezt worden; die Höhe, welche ſie Mitte Juni erreicht hatten, machte ſchon an ſich einen Austrag der Sache zur Nothwendigkeit.

Die Mächte zweiten und dritten Rangs waren mit mehr oder weniger Eifer den Großmächten in Aufſtellung von Truppen gefolgt, die allermeiſten von ihnen theils durch hergebrachte Sympathieen, theils aus einem an ſich natürlichen Erhaltungstrieb der Sache Oeſtreichs zugezogen.

Durch höchſten Befehl vom 13. Juni wurde das württembergiſche Feldkontingent zuſammengeſezt und zwar als eine Diviſion:

Diviſionskommandant: General- I. Infanterie-Brigade, General-Malieutenant von Hardegg. jor von Baumbach:

1. Infanterieregiment R. D.,
5. „ „ R. R.,
1. Jägerbataillon.
II. Infanterie-Brigade, General-Major von Fischer:
2. Infanterieregiment,
7. „ „
2. Jägerbataillon.
III. Infanterie-Brigade, General-Major von Hegelmaier:
3. Infanterieregiment,
8. „ „
3. Jägerbataillon.
Im Hauptquartier: 1 Stabskom-

pagnie, eine Abtheilung Feldgens-barmerie.
Reiter-Brigade: 14 Schwadronen.
Artillerie: 6 Batterieen à 8 Geschütze, (nämlich 3 gezogene Hinterladungs-Sechspfünder, 1 gezogene Vorderla-bungs-Vierpfünder, 2 glatte Zwölf-pfünder-Batterieen).
Munitionsreserve.
Pionnierkorps.
3 Sanitätszüge.
Feldspitäler.
Proviantwesen.

Das 8. Infanterieregiment hatte, nachdem Oberst v. Hegel-maier zum Generalmajor ernannt worden war, in der Person des Obersten v. Reitzenstein am 8. April 1865 einen neuen Komman-danten erhalten.

Mit der Feldaufstellung war die Zusammensezung einer weiteren Feldkompagnie per Bataillon angeordnet. — Am 15. Juni war das Regiment auf den Feldfuß gesezt in der Stärke von 1786 Mann und zwar:

41 Offiziere und Beamte.
141 Unteroffiziere.
59 Spielleute.
1545 Rottenmeister und Soldaten.
1642 Streitbare.

144 Nichtstreitbare.
1786 Mann.

Eingetheilt in 2 Bataillone und 10 Kompagnieen; die Kom-pagnie zählt:

1 Hauptmann.
1 Oberlieutenant.
1 Lieutenant.
1 Oberfeldwebel.
2 Feldwebel.
1 Fourier.
8 Obermänner.
4 Rottenmeister.
2 Tamboure.
2 Signalbläser.

2 Zimmermänner.
136 Soldaten 1. und 2. Kl.
161 Streitbare.

1 Unterarzt.
1 Verbandträger.
4 Verwundetenträger.
3 Diener.
9 Nichtstreitbare.
170 Mann im Ganzen.

Das Bataillon in der Stärke von
811 Streitbaren
65 Nichtstreitbaren
876 Mann
führte mit sich:
zwei sechsspännige Munitionswagen, einen vierspännigen Offi-

zier=gepäckwagen, einen zweispännigen Handwerkswagen, einen zwei=
spännigen Arzneiwagen. Beim Regimentsstab noch drei zwei=
spännige Wagen. —

Während des 16. Juni liefen in Darmstadt und Stuttgart
Nachrichten ein, welche die Lage von Frankfurt als eine sehr be=
drohte erscheinen ließen. Am gleichen Tage erhielt die 3. Infanterie=
brigade, großentheils in der Nähe der Garnison in Kantonirung
liegend, Befehl zur Marschbereitschaft. Noch ehe die nöthigen Vor=
bereitungen mit Umsicht und Ruhe getroffen werden konnten, er=
folgte in der Nacht vom 16./17. der Befehl zum sofortigen Aufbruch
der 3. Brigade,*) um mit der Eisenbahn nach Frankfurt oder in
dessen Nähe verbracht zu werden. Truppen des 8. Armeekorps,
zunächst hessische und württembergische, sollten zum Schuz der Bun=
deshauptstadt koncentrirt werden.

Am 17. Juni Morgens 10 Uhr war das 1. Bataillon des 8.
Regiments auf dem Bahnhofe in Ludwigsburg verladen; Abends
7 Uhr kam es in Frankfurt an. Die übrigen Abtheilungen der
Brigade, zu der auch noch das leichte Artilleriebataillon und das 4.
Reiterregiment Königin Olga stießen, waren zum Theil schon einige
Stunden früher in Ludwigsburg abgegangen, hatten aber in der
Nähe von Darmstadt Kantonirungen bezogen. So war das 1.
Bataillon des 8. Regiments die erste württembergische Truppe,
welche den Brigadegeneral an der Spize in die alte Hauptstadt
des deutschen Reichs einzog. — Mit dem lauten Jubel der Be=
völkerung, die voll froher Hoffnungen die auf den ersten Ruf her=
beigeeilten Schwaben einziehen sah, kontrastirte gar seltsam die
Langsamkeit und Engherzigkeit der Behörden in Behandlung und
Unterbringung der Truppen.

Am 18. war die ganze Brigade (5000 Mann) in und um
Frankfurt vereinigt; am 19. übernahm der neuernannte Korps=
kommandant, Prinz Alexander v. Hessen, General der Infanterie,
sein Kommando und hielt auf dem Frankfurter Exercirplaz über
die Infanterie und Artillerie der Brigade Musterung ab.

Das Gerücht sagte von 16 bis 20,000 Mann Preußen, die
bei Wetzlar stünden und Frankfurt bedrohten. In der That hatte
auch dort General Beyer meist aus Truppen, die sonst zu Festungs=
besazungen bestimmt sind, eine Division zusammengestellt. Doch

---

*) Statt des 3. Jägerbataillons wurde, weil näher bei der Hand, das
1. Jägerbataillon der Brigade zugewiesen.

scheint man im preußischen Hauptquartier recht wohl gewußt zu haben, wie wenig man in Süddeutschland noch an den Ernst der Lage glaubte, wie weit man in den Rüstungen zurück war, wie wenig Vorbereitungen getroffen waren, um rasch vom Friedens= auf den Kriegsfuß übergehen zu können. General v. Beyer kehrte dem 8. Armeekorps den Rücken und marschirte auf Kassel, um dieses zu besezen und mit Manteuffel zu cooperiren. Ein am 22. von Prinz Alexander nach Gießen entsendetes Streifkorps fand keine preußischen Truppen mehr in jener Gegend. — Am 26. Juni ging die 2. Brigade von Stuttgart nach Frankfurt ab; in den ersten Tagen des Juli folgte die erste.

In Frankfurt begannen sich die Badenser zu sammeln; in den Ortschaften westwärts die Hessen; bei Höchst die Nassauer, welche mit einer östreichischen Brigade vereinigt, dem 8. Armeekorps zugetheilt wurden; zwei kurhessische Schwabronen kamen dazu; das übrige kurhessische Kontingent zur Besazung von Mainz verwendet.

Um in Frankfurt Plaz zu machen, bezog am 21. Juni die 3. Brigade Kantonirungen zwischen Main und Nidda, Hauptquartier Bornheim. Von hier am 25. weiter in die Wetterau vorgeschoben um Friedberg.

Zu der normalmäßigen Stärke des 8. Korps traten noch Vereini= gungsver= suche mit dem 7. Korps Oestreicher, Kurhessen, Nassauer; es bestand aus 4 Divisionen:

I. Division Württemberg Generallieutenant v. Hardegg;
II. „ Baden Generallieutenant Prz. Wilh. v. Baden;
III. „ Großherz. Hessen Generallieutenant v. Perglas;
IV. „ Nassau=Oestreich Feldm.=Lieutenant Neipperg;

in Allem 46½ Bataillone Infanterie, 36 Eskabronen, 134 Ge= schüze — 46000 Mann.

Das 7. Armeekorps, Bayern, zählte 40000 Mann mit 136 Geschüzen.

Ende Juni fehlten übrigens beim 8. Korps noch eine würt= tembergische und eine badische Brigade, welche in den ersten Tagen des Juli sich anschloßen.

Am 29. Juni hatte Prinz Karl von Bayern den Oberbefehl über beide Armeekorps als westdeutsche Bundesarmee übernommen.

Zugleich war eine Konzentrirung vorwärts verabredet worden und zwar bei Hersfeld, um von hier aus wirksam die Hannoveraner unterstüzen zu können.

Am 30. Juni hatten die Operationen zu beginnen; am 7. Juli sollte die Vereinigung erreicht sein. —

Bei den nun beginnenden Bewegungen sind vor Allem die Hemmnisse, welche sich allen Operationen immer wieder in den Weg stellten, wohl ins Auge zu fassen. Besonders ist hier hervorzuheben das an sich natürliche Bestreben, die Staaten, welche ihr Kontingent zum Armeekorps gestellt hatten, durch dieses zu decken; ferner das Verlangen des Bundestags nach ausreichendem Schutz. Ueberdieß wurden nach den ersten trüben Nachrichten von den einzelnen Regierungen Unterhandlungen angeknüpft, welche man nicht durch ernste Ereignisse stören wollte.

Am 2. Juli war über Hungen Grünberg erreicht (8. Regiment in Niederohmen.) Die Kapitulation der Hannoveraner am 29. Juni war eben bekannt geworden. — Im Lauf der Operationen gegen die Hannoveraner hatte sich indessen unter General v. Falkenstein aus den Divisionen Göben, Beyer und Manteuffel die Mainarmee gebildet in der Stärke von 45000 Mann, 97 Geschützen. Der Name schon deutete ihr das Operationsfeld an.

Falkensteins rasches Vorbringen gegen das 7. Armeekorps auf der Straße von Vacha, Geysa, Hünfeld auf Fulda veranlaßte den Prinzen Karl, die Vereinigung mit dem 8. Korps nicht vorwärts bei Hersfeld, sondern vielmehr bei Fulda anzustreben. Daher Rechtsabmarsch des 8. Korps auf der Straße von Ruppertenrod über Ulrichstein nach Lauterbach; am 5. Juli dieses erreicht; 8. Regiment in Lauterbach und Angersbach.

Ein Telegramm von Prinz Karl an den Kommandanten des 8. Armeekorps sezte am Morgen des 5. Juli diesen von den weiteren Maßnahmen in Kenntniß:

„Wegen des allseitigen Vorbringens der preußischen Kolonnen über die Werra ist eine Vereinigung des 7. und 8. Korps nördlich der Rhön nicht mehr thunlich; ich werde deßhalb auf die Höhe Neustadt-Bischofsheim zurückgehen und stelle an das 8. Armeekorps die Anforderung, sich in gleicher Höhe zu halten und möglichst rasch die Verbindung über Brückenau und Kissingen herzustellen. Unmöglich, weitere Maßnahmen jezt schon zu treffen. Am 7. stehe ich auf der Höhe von Neustadt.

gez. Prinz Karl von Bayern,
Feldmarschall."

Ueber Schlüchtern sollte nun in den nächsten Tagen Brückenau gewonnen werden; deßhalb Abmarsch am 6. in südlicher Richtung

auf Grebenhain und Freiensteinau. Die Preußen marschirten an
diesem Tage auf Fulda; am folgenden Tag vereinigte sich hier die
ganze Mainarme, jezt vollständig als Keil zwischen dem 7. und 8.
Armeekorps mit der Freiheit, gegen jedes von beiden gesondert zu
operiren, freilich aber auch der Gefahr ausgesezt, bei weiterer Fort=
sezung der eingeschlagenen Richtung und einigem Unternehmungs=
geist von Seiten der beiden Prinzen durch bedeutende Uebermacht
zwischen zwei Feuer genommen zu werden. —

In der Nacht vom 5. auf den 6. Juli erreichten den Prinzen
Alexander die Nachrichten über die am 3. geschlagene Schlacht von
Sadowa. Die ganze Lage erschien jezt in anderem Licht. Der
Bundestag drang aufs Neue auf ausreichenden Schuz für seinen
Siz. Die Wirkung war, daß der Korpskommandant unter Aufge=
ben jeder demnächstigen Vereinigung mit dem 7. Korps die Main=
linie Hanau=Frankfurt zu gewinnen suchte. Von den betheiligten
Regierungen scheint dieser Schritt gutgeheißen worden zu sein.

Während das 8. Armeekorps am 8. Juli über Büdingen und
Düdelsheim in der Richtung auf Hanau marschirte, von den Bayern
und vom Feinde also vollständig abgewendet, hatten die Preußen
mit einer Division Schlüchtern erreicht; vom 8. Korps wurde hier
Nichts mehr angetroffen und Falkenstein wandte sich daher mit
ungetheilter Kraft gegen die Bayern. Am 9. war er in Brückenau.
Die Bayern standen jezt auf der Linie Neustadt = Hammelburg.
— Das 8. Korps war an diesem und dem folgenden Tag
konzentrirt in und um Hanau (I. Division Hanau und Geln=
hausen, II. Division Vilbel, III. Division Bornheim und Bergen,
IV. Division Frankfurt und Rödelheim.).

Das Einzige, was von Prinz Alexander zur Unterstüzung der
Bayern unternommen wurde, war ein kurzer Vorstoß am 11. Juli
auf der Kinzigthalstraße bis Salmünster, ohne daß hier vom Feind
etwas von Bedeutung angetroffen worden wäre. Schon war die
bayerische Armee nach den unglücklichen Gefechten an der Saale
am 10. Juli gegen Schweinfurt zurückgewichen; die preußische
Armee war bereit ihr dorthin zu folgen.

Das 7. und 8. Korps standen somit getrennt durch einen
Zwischenraum von 12 Meilen. Falkenstein hatte vollkommene Freiheit
des Handelns; ein Befehl aus Berlin wies ihn auf die Besiznahme
möglichst vielen Landes hin, um bei den nahen Unterhandlungen
einen großen Besizstand in die Wagschale werfen zu können.

Frankfurt schien hier von besonderer Wichtigkeit. Falkenstein ließ deßhalb die bayerische Armee unbeschäftigt bei Schweinfurt stehen und marschirte auf der Spessartstraße mainabwärts gegen Aschaffenburg.

Auf der andern Seite hatte den Kommandanten des 8. Armee= korps seine Isolirtheit und der Befehl des Prinzen Karl bewogen, eine neue Vereinigung mit dem 7. Korps anzubahnen. Sie sollte etwa bei Würzburg ausgeführt werden. Am 12. und 13. Juli wurde die III. Division nach Aschaffen= burg zur Besezung dieses wichtigen Uebergangs abgeschickt. In der Nacht zum 14. folgte die östreichische Brigade Hahn nach. Zur nächsten Unterstüzung stand die 1. Division zu Gelnhausen, Langen= selbold, Rückingen. Am Nachmittag des 13. Zusammenstoß zwischen der hessischen Brigade Frey und den Vortruppen der Division Göben bei Laufach. Die sich hier entwickelnden weiteren Gefechte am Abend des 13. und die erfolgte Wegnahme Aschaffenburgs am Morgen des 14. machten für das 8. Korps zum Zweck einer in Franken auszuführenden Vereinigung mit dem 7. Korps eine andere Marschrichtung und zwar durch den Odenwald nothwendig.

Rückzug an die Tauber. Die III. Division und die Brigade Hahn sahen sich am 14. in Babenhausen von der hieher entsendeten II. Division aufgenom= men. Auf einer bei Großsteinheim geschlagenen Schiffbrücke folgte die I. Division im Laufe desselben Tages aufs linke Mainufer nach, nachdem die erste Brigade, bis Alzenau zur Unterstützung der bei Aschaffenburg stehenden Oestreicher und Hessen vorgerückt, bei der schlimmen Wendung der Dinge Befehl zum Umkehren erhalten hatte. Stellung des 8. Korps am Abend des 14.*) Juli: Hauptquartier Dieburg; II. Division und ein Theil der III. bei Babenhausen, Brigade Hahn bei Hergertshausen, I. Division und ein Theil der III. auf der Straße Steinheim, Weißkirchen, Froschhausen.

Die preußischen Divisionen marschirten, ohne sich zunächst um das 8. Korps weiter zu bekümmern, auf Frankfurt; am 16. Einzug hier. Die bayerische Armee zog sich vom 14. an gegen Würzburg hin, stand am 20. hier und in Marktheidenfeld, Remlingen, Hettstadt.

Für das 8. Korps waren die Wege durch den Odenwald von der Natur vorgezeichnet; auf der Mainthalstraße zogen die Badener

---

*) Am gleichen Tag hatte Prinz Karl Waffenstillstandsanträge an Ge= neral v. Falkenstein gelangen lassen, war aber von diesem dahin beschieden worden, daß er bereit sei, mit dem 7. Korps zu unterhandeln, nicht aber mit dem 8., worauf die Feindseligkeiten ihren Fortgang nahmen.

und die Brigade Hahn; mitten durch den Odenwald über Großumstadt, Höchst, König die Württemberger und Hessen; über Pfaffenbeerfurt endlich die Naffauer.

Am 18. die entschiedene Richtung ostwärts gegen die Tauber eingeschlagen. Dieser Abschnitt war am 20. Juli erreicht. Stab der I. Division Großrinderfeld; 1. Brigade Großrinderfeld und Umgebung; 2. Brigade Grünsfeld und Dittigheim; 3. Brigade Tauberbischofsheim und Hochhausen. — II. Division zwischen Hundheim und Wertheim; III. Division zwischen Harbheim und Miltenberg. Brigade Hahn bei Lauda und Gerlachsheim, Brigade Roth bei Buchen; Reservereiterei und Artillerie bei Wallbürn. —

Am 19. schon waren die beiden Korpskommandanten zu einer Besprechung in Tauberbischofsheim zusammengetroffen; von bayerischer Seite wurde eine gemeinschaftliche Operation durch den Odenwald auf Frankfurt vorgeschlagen, von der andern Seite die Richtung durch den Spessart auf Aschaffenburg und Hanau in Anregung gebracht; geltend wurde hiebei besonders gemacht, daß es einen üblen Eindruck auf die Truppen des 8. Korps machen müsse, denselben mühevollen Weg durch eine ausgefressene Gegend, den sie eben gekommen, wieder zurückzumachen. — Die Marschrichtung durch den Spessart wurde endlich von beiden Kommandanten beliebt; am 28. wollte man in Aschaffenburg sein.

Die Divisionen im Tauberthal lagen indessen einige Tage ruhig in Kantonirungen und im Bivouak. Nähere Koncentrirung der Brigade Hegelmaier in Bischofsheim, indem das 8. Infanterieregiment am 21. von Hochhausen nach Bischofsheim gezogen wurde, um hier auf dem rechten Tauberufer gegenüber der Stadt und nahe der Brücke auf dem dortigen Wiesengrund Bivouak zu beziehen. Hier war es auch, wo am 22. Juli Seine Majestät der König das Regiment besuchte und sichtlich erfreut war über das durchgängig gute Aussehen der Leute.

In der Heimath mochten wohl über die ausgestandenen Strapazen übertriebene Gerüchte gehen. Es ist wahr, daß der Mann sich an eine ihm bis jetzt vielfach fremde Lebensweise gewöhnen mußte. Im Vogelsberg (am 2. Juli war das 8. Regiment in Niederohmen, am 3. und 4. in Ruppertenrod und Stumpertenrod, am 5. in Lauterbach und Angersbach, am 6. in Grebenhain, am 7. in Ober= und Unterfoßbach, am 8. in Düdelsheim) hatten mancherlei Umstände zusammengewirkt, um den Marsch zu einem beschwerlichen zu machen. Bei der Armuth der Bewohner und der

Beschränktheit ihrer Häuser konnte der Soldat, der häufig den ganzen Tag über im Regen marschirt war, kaum Unterkunft und dürftiges Essen erhalten. Die Anhäufung bedeutender Truppenmassen machte häufig eine Belegung von unscheinbaren Häusern bis zu 40 und 50 Mann nöthig.

Mit dem Eintritt in die fruchtbare Ebene bei Hanau (9. Juli Mittelbuchen, 10. Hanau, 11. und 12. Langenselbold) hatte die Mannschaft des Regiments sich bald wieder erholt. Am 13. erstes Bivouak bei Rückingen; von hier auf dem Marsch durch den Oden= wald starke Hize; häufiges Bivouakiren meist auf Wiesen, Ver= pflegung durch das Lebensmittelfuhrwesen *). (14. Bivouak bei Weiß= kirchen, 15. bei Großumstadt, 16. Quartier in König, 17. in Kirch= brombach, 18. in Amorbach, 19. Bivouak in Wallbürn, 20. Quar= tier in Hochhausen, 21. Bivouak in Tauberbischofsheim). —

Wo nach den Debouchéen aus dem Odenwald die Straßen bei Hundheim, Harbheim, Walldürn das Plateau erreichen, dehnt sich bis über den Main hinüber eine weite, meist fruchtbare Mu= schelkalkebene, im Allgemeinen leicht gewellt, mit Feldern und einzelnen Waldstücken bedeckt. Flußrinnen mit ihren Seitenthälern zerschneiden vielfach die Ebene in einzelne Abschnitte. Vor allem springen als markirte Rinnen das Tauberthal in die Augen mit seinen Zuflüssen von Ost und West; das Mainthal weiter im Osten und das Erfathal vorwärts in der Nähe der Ausgänge des Oden= walds. Die ganze Landschaft ein Terrain mit seinen Spalten und Abschnitten ebenso geeignet zu einem hinhaltenden Vertheidigungs= gefecht, wie auf der Höhe zu einer großen Entscheidungsschlacht.

Es schien auch in der That hier die Entscheidung fallen zu sollen; denn ehe noch das 7. und 8. Korps ihre gemeinschaftlich verabredete Operation gegen Aschaffenburg beginnen konnten, wollte es ihr unglücklicher Stern, daß der rasch nachrückende Feind sie noch getheilt antraf und demzufolge vereinzelt in einer Reihe von Gefechten schlagen konnte.

Bis zum 20. Juli hatten sich die Preußen in und um Frank= furt koncentrirt gehalten und bedeutende Verstärkungen an sich ge= zogen; mit Zurücklassung von Beobachtungs= und Besazungsmann= schaften konnte die Mainarmee am 20. Juli ihre weiteren Opera= tionen in einer Stärke von 52 Bataillonen Infanterie, 1 Bataillon

---

*) Pro Tag und Mann: 2 Pfund Brod, 1/2 Pfund Fleisch, 1,5 Pfund Reis oder Aehnliches, Salz, Pfeffer, 1,2 Schoppen Wein. — Uebrigens konnte nicht immer die volle Portion gefaßt werden.

Jäger, 29 Eskadrons, 121 Geschüzen, 2 Kompagnieen Pionniere, in Allem über 50,000 Mann, beginnen. Für den nach Böhmen abberufenen General v. Falkenstein hatte General v. Manteuffel den Oberbefehl übernommen; an besten Stelle trat im Divisions= kommando General Flies.

Am 21. begann die Mainarmee ihren Vormarsch durch den Odenwald; am 22. war Göben in Michelstadt, König und Ger= sprenz, Flies in Laudenbach, Beyer hinter ihm. Den folgenden Tag sezte Göben seinen Marsch nach Amorbach fort, Flies hatte über Nassig nach Wertheim zu ziehen, in seiner rechten Flanke ein Detaschement von zwei Bataillonen, einer Eskadron und zwei Ge= schüzen auf dem Wege gegen Hundheim.

Schon am 22. hatten die badischen Vortruppen die Nähe des Feindes gespürt; die zweite Division war auf dies hin näher um Hundheim koncentrirt worden; die dritte Division erhielt Befehl, auf den Höhen von Schweinberg Stellung zu nehmen. Als Re= plipoften für die zweite Division hatte die Brigade Hegelmaier am Morgen des 23. beim Wolferstetter Hof Stellung zu nehmen. Um 11½ Uhr stand die Brigade in enger Sammelstellung bei dem Punkt, wo die Straßen nach Harbheim und Hundheim sich trennen.

Im Laufe des Nachmittags hörte man ab und zu den Kano= nendonner des Gefechts, das sich durch den Zusammenstoß des rechten Seitenbetaschements von Flies mit der badischen Aufstellung bei Hundheim ergeben hatte.

Die auf badische Aufforderung hin von der Brigade Hegelmaier angebotene Unterstüzung und der — von dem an der Spize stehenden 1. württembergischen Jägerbataillon mit lautem Jubel aufgenommene — Befehl zum Vormarsch wurde durch Gegenbefehl des eben bei der Brigade eintreffenden Korpskommandanten rückgängig gemacht. Gegen Abend verstummte das Feuer bei Hundheim; die Badener bivouakirten bei Külsheim; auf der linken Flanke bei Schweinberg standen die Nacht über die Hessen, im Centrum beim Wolferstetter Hof die Brigade Hegelmaier. Die preußischen Divisionen rückten bis zum Abend des 23. auf Amorbach=Wällbürn, Neunkirchen und Miltenberg vor.

Ernsten Widerstand auf den Höhen des linken Tauberufers schien der Prinz von Hessen nicht zu beabsichtigen. Sein Opera= tionsbefehl für den folgenden Tag sucht eine koncentrirte Stellung auf dem rechten Tauberufer herbeizuführen und zwar erste Division als Vorhut, die Ortschaften Impfingen und Bischofsheim besezt, **Treffen bei Tauber-bischofsheim.**

das Gros hinter den Höhen des rechten Ufers; die zweite Division hat Hochhausen, Werbach und Werbachhausen zu besetzen; die dritte Division lagert in und um Großrinderfeld; die vierte bei Paimar; Hauptquartier in Großrinderfeld; die zweite und dritte Division sind als Schlachtkorps zu betrachten, die vierte als Reserve.

Am Vormittag des 24. Juli hatten die dritte Division, die Brigade Hegelmaier und die Reserverreiterei die Brücke von Bischofsheim zu passiren, um die angewiesenen Stellungen zu erreichen.

Das Tauberthal zeigt sich, wie schon oben gesagt, als eine tief ausgegrabene Rinne mit sehr markirten Ränbern, die durch Seitengewässer und Seitenspalten manchfache Gestaltungen annehmen. — Die Thalsohle ist unterhalb Bischofsheim gegen 1000 Schritt breit, oberhalb schmaler. — Der linke Thalhang steigt sehr steil von der Sohle auf und erhebt sich im Imberg und Stammberg zwischen fünf= und sechshundert Fuß über das Thal. Südlich von beiden Bergen zieht das steil eingeschnittene Thal des Brehmbachs von Königheim nach Tauberbischofsheim; in ihm führt ein Weg. Die Hauptstraße von Wallbürn aber senkt sich zwischen dem Imberg und Stammberg nach Bischofsheim herunter. — Die steilen Hänge sind mit Reben bepflanzt, auf der Höhe Waldstücke, dazwischen Fruchtfelder.

Ehe die Straße von Wallbürn her den Eingang von Bischofsheim erreicht, führt sie unter dem hier 15—20 Fuß hohen Bahndamm durch, um durch die gewundenen Straßen des Städtchens am östlichen Ausgang die Tauber zu überschreiten.

Der Bahndamm zieht am Fuß des linken Thalhangs hin und würde in Verbindung mit der Umfassung, den Gärten und dem Kirchhof eine längere Vertheidigung wohl gestatten, wenn nicht die ganze Aufstellung von den Höhen eingesehen und beherrscht wäre. Die Tauber, den östlichen Rand der Stadt begrenzend und auf dem linken Ufer von einer Promenade begleitet, ist ungefähr 18 Schritte breit und nur an wenigen Stellen so tief, daß ein Durchwaten unmöglich wäre. Die Tauberbrücke ist solid und schön von Stein gebaut. Die auf ihr hinüberführende Straße theilt sich auf der Sohle des rechten Ufers dreifach; südwärts führt sie im Thal nach Mergentheim, nordwärts ebenso nach Wertheim, gegen Nordosten, den Höhenrand ersteigend, nach Würzburg.

Weniger steil als die Höhen des linken Ufers steigen die Hänge auf dem rechten an. Sie senken sich mehr in einzelnen Absätzen und Terrassen zur Sohle hinab. In senkrechter Linie über das Thal gemessen erhebt sich hier auf dem rechten Ufer gegenüber vom Imberg der Kützberg, südlich von diesem der Edelberg, beide etwa 100 Fuß niedriger als die Höhen des linken Ufers. Vom Kützberg auslaufend legt sich vor den Edelberg noch eine etwas niedrigere Höhe hin, der Hammberg, vom Edelberg durch eine Einsenkung getrennt. Die nach Süden gekehrten, steil abfallenden Hänge des Hammbergs und Edelbergs werden von den weiter südlich gelegenen Höhen durch eine tief eingeschnittene Schlucht getrennt, welche in der Nähe der Brücke, oberhalb derselben, ins Tauberthal mündet. Nahe dem Ausgang dieser Schlucht liegt die Lorenzkapelle und weiter abwärts, der Brücke zu, eine Ziegelhütte.

Die Straße nach Würzburg läuft von der Tauberbrücke sanft ansteigend an dem Westhang des Hammbergs hin, um zwischen Kützberg und Edelberg weiter zu führen. An ihr liegt, 600 Schritte von der Brücke entfernt, die Rektorskapelle. Unmittelbar an der Brücke befinden sich einige Gebäude mit Gärten, Hecken und niederen Umfassungsmauern umgeben. Die Bebauung und Bewachsung ist ähnlich wie auf dem linken Ufer, doch findet sich neben Weinpflanzungen der sanfteren Hebung des Bodens entsprechend mehr Fruchtfeld vor. —

Um 1 Uhr Mittags hatte die erste Division ihre Stellung vollständig bezogen. Erste Linie: zweite Brigade, und zwar 2. Regiment, 1 Eskadron, 2 Geschütze Bischofsheim; 7. Regiment, 2. Jägerbataillon, 6 Geschütze, 1 Eskadron Impfingen. Hinter dem Hammberg in der Einsenkung die zweite Linie und zwar auf dem rechten Flügel 1. Brigade, auf dem linken 3. Brigade (diese in der Reihenfolge von rechts nach links: 3. Regiment, 8. Regiment, 1. Jägerbataillon); 2 gezogene Sechspfünderbatterieen vor den Brigaden auf der Höhe des Hammbergs aufgepflanzt.

Bischofsheim selbst war mit 7 Kompagnieen besetzt; 3 Kompagnieen befanden sich als Reserve auf dem rechten Ufer, hier auch die Eskadron und zwei Geschütze.

Es war halb zwei Uhr, als die Spitzen des Feinds auf der Höhe des Imbergs erschienen. Die Division Göben hatte ihren Marsch von Hardheim nach Wolferstetten fortgesetzt und dirigirte nun die Brigade Wrangel auf Bischofsheim, die Brigade Weltzien auf Hochhausen und Werbach, während die Brigaden Kummer und Treskow sich in Eiersheim als Reserve koncentrirten.

Auf eine Entfernung von mehr als 3000 Schritt begann das Feuer der preußischen Batterie Coster gegen die auf dem Hammberg aufgestellten Geschütze. Zu gleicher Zeit wurde die Umfassung

von Bischofsheim durch das 1. Bataillon des 6. westphälischen In=
fanterieregiments Nr. 55 in Verbindung mit 2 Kompagnieen
2. westphälischen Infanterieregiments Nr. 15 angegriffen; 2 wei=
tere Kompagnieen waren links betaschirt zur Verbindung mit der
auf Hochhausen rückenden Brigade Weltzien. Das 2. Regiment in
Bischofsheim sah sich besonders auf seinem rechten Flügel gedrängt;
zugleich wurde der Kommandant benachrichtigt, daß er in seiner
rechten Flanke mit Umgehung bedroht werde (es mochten hier wohl
die gegen Hochhausen betaschirten zwei Kompagnieen gemeint sein).
Die Rücksicht auf den gefährdeten Abzug über die Brücke bewog
zum Aufgeben Bischofsheims. Zwei Kompagnieen sezten das Feuer
gegenüber der Brücke noch fort, während das Regiment sich durch
die südlich des Hammbergs gelegene Schlucht zurückzog. Die
Preußen hatten indessen die Häuser und die Promenade auf dem
linken Ufer besezt.

Hier mag es am Plaze sein, eine Uebersicht über die gegen=
seitigen Stärkeverhältnisse zu geben. — Das preußische Infanterie=
regiment zählt drei Bataillone, das dritte ist Füsilierbataillon, jedes
voll in der Stärke von 1025 Mann in vier Kompagnieen, jede
rund 250 Mann stark.*) — Ein württembergisches Infanterie=
regiment hatte zwei Bataillone, jedes mit 811 Streitbaren, einge=
theilt in fünf Kompagnieen, die voll mit 161 Mann ins Gefecht
gerückt sein würden. Es folgt, daß drei württembergische Kom=
pagnieen noch nicht einmal so stark waren, als zwei preußische;
vier preußische Bataillone waren immer noch um etwas stärker
als fünf württembergische; zwei württembergische Regimenter waren
um weniges stärker als ein preußisches. — Zur Beurtheilung des
Folgenden sind gerade diese Verhältnisse maßgebend.

Während der erzählten Vorgänge in Bischofsheim standen die
beiden Brigaden hinter dem Hammberg vollkommen gedeckt; die
Geschosse der Batterie Cöster flogen über die Einsenkung weg in
den Westhang des Edelbergs, während die Batterieen Faber und
Marchthaler das Feuer wirksam beantworteten. — Vom Kamm des
Hammbergs aus ließ sich das ganze vorliegende Terrain beherr=
schen; zwischen der Eingangs erwähnten Schlucht und der würz=
burger Straße ziehen verschiedene mehr oder weniger tiefe Hohlwege
hin; wurden diese durch Plänkler besezt, so konnte mit Hilfe der
Artillerie jedes Debouchiren aus Bischofsheim gehindert werden.

---

*) Preußische wie württembergische Bataillone rückten aus natürlichen
Gründen nicht mit der vollen normalmäßigen Stärke ins Gefecht.

Als jedoch das 2. Regiment aus der Stadt wich, wurde, wie es scheint, zu seiner Aufnahme das 2. Bataillon des 5. Regiments über den Hammberg hinab gegen die Brücke beordert. In Bischofsheim hatten sich aber die Preußen bereits zu hartnäckiger Vertheidigung eingerichtet. Von den sechs Kompagnieen hatten drei die Lisiere besetzt, drei blieben in Reserve. Beim Herannahen geschlossener Massen trat sofort eine in Reserve gehaltene Kompagnie hinter den deckenden Häusern auf die Brücke vor. In Kolonne mit Halbzugsfront formirt gab sie Schnellfeuer ab halbzugsweise, indem immer die vorderen Halbzüge niederfielen, während die hinteren über sie wegschossen. Die Wirkung auf die ganz ohne Deckung heranstürmenden Massen war eine furchtbare. Es wurden in dieser Weise der Vorstoß des 2. Bataillons 5. Regiments wie auch der des kurz darauf nachgeschickten 1. Bataillons desselben Regiments abgewiesen.

Bei diesen wie bei allen folgenden Angriffen auf die Brücke ist zu bemerken, daß die Bewegung im feindlichen Feuer immer 600 Schritt betrug, bis die Teten die Rektorskapelle, die Lorenzkapelle oder die Ziegelhütte erreicht hatten, wo der Kugelregen dann so dicht zu werden anfing, daß die geschlossenen Massen stutzten, zumal da sie eigentlich keinen Feind vor sich sahen, während die Plänkler bei einzelnen Oertlichkeiten und Terraingegenständen Schutz fanden. In aufgelöster Form waren auch die Bataillone im Stand, sich einigermaßen zu decken, während bei den Preußen jeder einzelne Mann hinter vollständiger Deckung mit Ruhe feuern konnte und die Reserven jederzeit bereit waren, aus ihrer Deckung vorzubrechen und volle Salven abzugeben.

Die Kräfte des Feinds in Bischofsheim scheinen bis dahin überschätzt worden zu sein. Erst nachdem der Vorstoß des 5. Regiments abgeschlagen war, trafen in Bischofsheim die zwei weiterer Bataillone des Regiments Nr. 55 ein; hinter die Stadt rückte das Bataillon Lippe; es waren jetzt somit vier Bataillone und zwei Kompagnieen zur Verfügung. Zur Unterstützung des 5. Regiments wurden um 3 Uhr das 3. Jägerbataillon und ihm folgend das 2. Bataillon des 1. Regiments den Hang abwärts gegen die Brücke geschickt. Mit Hurrahruf erreichte das 3. Jägerbataillon die Umfassung der Gärten auf dem rechten Ufer und war bereit, die Brücke zu stürmen, erlitt aber zu bedeutende Verluste, als daß es, dem heftigen Schnellfeuer gegenüber, diese Absicht hätte ausführen können.

Etwa gleichzeitig erhielt die britte Brigade Befehl, zwei Ba taillone vorzuschicken. Das 1. Bataillon des 3. Regiments wurde daher in eine Aufnahmsstellung über den Kamm in den nächsten Hohlweg vorgeschoben und das 1. Bataillon des 8. Regiments erhielt Befehl, gegen die Brücke vorzurücken. Lezteres Bataillon stand in Kompagniekolonnen hinter dem Hammberg, die 1. Kompagnie war zur Plänklerkompagnie bezeichnet. Das 2. Bataillon blieb vorerst noch in der Sammelstellung, um etwas später im Anschluß an das erste Jägerbataillon gegen die Lorenzkapelle vorzugehen.

Kaum hatte das Bataillon seine deckende Stellung verlassen und den Hang überschritten, als die ersten Kugeln einzuschlagen begannen. Sofort nach dem Ueberschreiten des Kamms war die Plänklerkompagnie (Hauptmann Reinhardt) ausgeschwärmt und hatte sich in den nächsten Hohlweg geworfen, um hier das Feuer zu beginnen. In der Mitte der Kette befand sich der Kommandant des Regiments, Oberst v. Reizenstein, welcher sein erstes Bataillon auf diesem Waffengang begleiten wollte. — Nur kurzer Halt der Plänkler im Hohlweg; schon folgte im Laufschritt das Bataillon fest geschlossen nach, an der Spize den Kommandanten, Oberstlieutenant v. Greiff. Den Hang mit Verwundeten und Todten bestreuend, waren die vier geschlossenen Kompagnieen in der Nähe der Rektorskapelle angekommen. Das Bestreben, in den ziemlich seichten Straßengraben Schuz vor dem verheerenden Feuer zu finden, löste einigermaßen die bis jezt beobachtete Ordnung. Die Plänklerkompagnie zog sich etwas weiter links der Brücke zu; ihr folgte die 9. Kompagnie (Oberlieutenant Ammann); beide schlossen sich an die Plänkler des 3. Jägerbataillons und des 5. Regiments an und hielten einige Zeit die Brücke unter Feuer.

Haben schon die Preußen in allen ihren Berichten die Bravour der württembergischen Truppen ehrend erwähnt, so ist hier besonders der Plaz und hier ist es Pflicht, ein Denkmal für die Gefallenen zu sezen. Mit Bereitwilligkeit und Selbstverläugnung folgten die Mannschaften dem Rufe ihrer Führer aus der schüzenden Stellung in die Sphäre der Gefahr; mit Ruhe und Unverdrossenheit hielten sie im Feuer aus; voll feurigen Eifers wurde der Lauf nach der zu stürmenden Brücke begonnen. — In den Schenkel getroffen niederstürzend, hört der Oberlieutenant Fleischmann der 1. Kompagnie, wie einer seiner Plänkler seine Kameraden durch den Ruf ermuntert: „Jezt gibt es einen Bajonnetangriff; die Tornister herunter, daß wir besser fechten können!" Schnell ist dies geschehen und

eben fo fchnell geht es der zu ftürmenden Brücke zu. — Hinter
fchlechter, ungenügender Deckung hielt mancher Schüße wacker aus,
um Schuß auf Schuß dem Feind, deffen Vorhandenfein er kaum
an den Rauchwölkchen, die aus Dächern, Fenftern und hinter Bäu=
men aufftiegen, erkennen konnte, zu antworten. Einer von biefen
Schützen (Solbat Schleicher der 10. Kompagnie) — es ereignete
fich bies beim Vorgehen des 2. Bataillons des Regiments — ftand
lange hinter dem Kreuz an der Weggabelung bei der Lorenzkapelle
auf erhöhtem Standpunkt, ohne weitere Deckung und ruhig die
ihm zugereichten Gewehre abfeuernd; er hatte das Glück, nicht ge=
troffen zu werden, obgleich manche Kugel in dem Kreuz einfchlug
und gar viele vorbeipfiffen.

Um 4 Uhr erhielten das 5. Regiment und bas 3. Jäger=
bataillon, die bis bahin am meiften eingebüßt hatten, Befehl zum
Zurückgehen. Einzelne Plänklergruppen, die in beckenden Stellungen
fich weit vorgewagt hatten, blieben zurück und mifchten fich unter
die anderen Abtheilungen.

Der Brücke gegenüber ftanden die 1. und 9. Kompagnie des
8. Regiments mit der 5. und 10. des 2., weiter rückwärts drei
weitere Kompagnieen des 8. Regiments, ein Bataillon des 1. Re=
giments, Refte bes 3. Jägerbataillons und 5. Regiments, zufammen
eine Streitkraft, welche den um biefelbe Zeit in Bifchofsheim fteh=
enden vier Bataillonen nicht gleichkam.

Balb nach 4 Uhr gingen gegen den rechten feindlichen Flügel
das 1. Jägerbataillon und bas 2. Bataillon des 8. Regiments in
der tiefen Einfenkung füblich vom Hammberg vor. Die 10. Kom=
pagnie, als Plänkler vorgezogen, fezte fich bei der Lorenzkapelle,
gefolgt von der 6. Kompagnie als Unterftüzung. Das heftige
Feuer des Feinbs, welches hier in die Enge der Schlucht gerichtet
war, gab Anlaß, die gefchloffenen Bataillone hinter die Umbiegung
der Schlucht zurückzunehmen und nur die Plänklerkompagnieen noch
vornen zu belaffen. Es entftand nun hier auch ein ftehendes
Feuergefecht, bis Befehl zur Sammlung der Brigade erging.

Unter dem Schuz feiner Plänkler auf dem linken Ufer war
der Feind mit vier Kompagnieen über die Brücke gegangen und
hatte bie auf dem rechten Ufer liegenden Gebäube fammt der Gar=
tenlifiere befezt. Während das Feuer der beiberfeitigen Plänkler
hier ununterbrochen fortbauerte, war die feindliche Artillerie etwa
um 4½ Uhr zum Schweigen gebracht worden; die württember=
gifche richtete nun ihr Feuer hauptfächlich auf die von feindlichen

Plänklern besezten Häuser und Gärten; eine Pause im Feuergefecht wurde dadurch herbeigeführt. Etwas später erhielten die noch vor= wärts des Hammbergs stehenden Bataillone Befehl zum Rückmarsch; hinter dem Kamm wurde in der alten Ordnung gesammelt. Ein= zelne Gruppen von Plänklern verschiedener Abtheilungen sezten ihr Feuer noch längere Zeit fort.

Zur Ablösung der ersten Division hatte der Korpskommandant die vierte von Paimar vorbeordert, welche allmählich in die Stell= ungen einrückte und das mit dem Abend weniger hizig werdende Gefecht übernahm.

Die dritte Brigade zog sich, nachdem ihr auf eine auf das Stehenbleiben abzielende Anfrage der nochmalige Befehl zum Rück= marsch gegeben worden, in der Einsenkung südlich vom Edelberg bis an den Rand des Walds „im Forst" zurück. Um 9 Uhr Abends war die Division im Bivouak vor Großrinderfeld ge= sammelt. Es waren jedoch bei Bischofsheim noch Plänkler in ver= einzelten Gruppen in den verschiedenen Hohlwegen den Preußen gegenüber geblieben, welche entweder das Signal zum Sammeln überhört hatten oder aus ihrer sehr exponirten Stellung des starken rückwärts einschlagenden Feuers halber nicht mehr zurückgehen konnten und nun das Gefecht auf eigne Faust durch Fortsezen des Feuerns noch eine geraume Zeit unterhielten. Ein Theil dieser Mannschaften wurde von den Preußen gefangen genommen; den Rest führte der Lieutenant Schmezer der 1. Kompagnie des 8. Re= giments während der Nacht zur Division zurück.

In Impfingen hatte General v. Fischer die westliche und nörd= liche Front des Dorfs besezt; seine 6 Geschüze standen rückwärts auf der Höhe. Um ½2 Uhr begann der Geschüzkampf mit den jenseits aufgefahrenen feindlichen Batterieen und währte bis 4 Uhr, um welche Zeit die württembergische Batterie genöthigt wurde abzu= fahren. Auch nachdem Hochhausen und Werbach von den Baden= sern aufgegeben war, hielt sich der General noch bis ½8 Uhr auf seinem Posten, um die rechte Flanke der Division nicht preiszugeben.

Der Gesammtverlust der Württemberger betrug nach den da= maligen Angaben: 6 Offiziere und 54 Mann todt, 19 Offiziere und 433 Mann verwundet, 2 Offiziere und 176 Mann vermißt.*) — Eine ziemliche Anzahl Verwundeter hatte man dem Feind über=

---

*) Auf das 8. Regiment treffen hievon 5 Todte, 106 Verwundete, 33 Vermißte, zusammen 144 Mann, die zu ⅘ dem 1. Bataillon angehören.

laffen müffen, da es bei dem anhaltenden Feuer troz vieler Selbft-
aufopferung und treuer Anhänglichkeit Einzelner nicht möglich ge-
wefen war, alle Geftürzten in Sicherheit zu bringen.

Die preußifche Brigade Wrangel, 7 Bataillone ftark, hatte
16 Mann todt, 10 Offiziere, 97 Mann verwundet, 3 Mann vermißt. Durch das von ihr fo oft zur Anwendung gebrachte Schnellfeuer wurde ein ungeheurer Munitionsverbrauch herbeigeführt; die
in erfter Linie ftehende Mannfchaft verfeuerte ihre Chargirung
mehrmals; es mußten immer frifche Patronen zugetragen werden;
im Ganzen follen 125—130,000 Stück verfchoffen worden fein.

Die badifche Divifion war nach kurzem Widerftand in Werbach
auf Ober- und Unteraltertheim zurückgegangen; die dritte Divifion
wurde vom Korpskommando nach Wenkheim beordert.

Während am Abend des 24. das achte Korps die angegebenen Rückzug.
Stellungen inne hatte, ftand das fiebente Armeekorps bei Remlingen,
Uettingen, Würzburg, Roßbrunn, Marktheidenfeld. Beide Korps
hatten fich noch immer nicht an einander angefchloffen, was ins-
befondere feinen Grund darin haben mag, daß man im bayerifchen
Hauptquartier den Feind vom Speffart her erwartete. — In der
Nacht vom 24. auf den 25. Juli hatte die vierte Divifion ihre
Stellung gegenüber Bifchofsheim verlaffen und war erft unmittel-
bar vor Großrinderfeld wieder aufgeftellt worden.

Mit dem Morgen des 25. Juli ging das ganze achte Armeekorps auf der großen Straße gegen Würzburg zurück. Die würt-
tembergifche Divifion raftete bis Mittag beim Baierthaler Hof, dann
wurden die erfte und dritte Brigade, als am Gefecht Tags zuvor
am meiften betheiligt, als Referve bis Kift zurückgenommen.

Der Reft des Armeekorps bezog am Nachmittag eine Stellung
bei Gerchsheim, wurde hier von der Divifion Göben (23 Bataillone, 14 Eskadronen, 43 Gefchüze ftark) angegriffen und trat mit
Einbruch der Nacht feinen Rückzug gegen Würzburg hin an.

Bei dem Forfthaus Irtenberg ftellte fich General v. Fifcher
mit dem erften Bataillon des zweiten Regiments, dem zweiten
badifchen Grenadierbataillon und einem Theil des heffifchen Schüzen-
bataillons dem Feind nochmals und deckte den Rückzug durch den
Wald; um ½11 Uhr Nachts rückte er in das Bivouak von Kift ein.*)

*) Das 2. Infanterieregiment hatte hier 4 Mann verwundet, 4 vermißt;
das 7. hatte 1 Mann verwundet, 2 vermißt; die Artillerie 1 Offizier todt
und 6 Mann verwundet.

Die erste Division hatte in der Nacht vom 25. auf den 26. Juli die Nachhut bei Kist; die übrigen Divisionen zogen sich näher an Würzburg heran. Die Erschöpfung aller Truppen war groß. — Am 23. früh war man nach Wolferstetten abmarschirt; daselbst Nachts sehr spät mit Abkochen fertig geworden (der Mann ½ Pfd. Brod, ½ Pfd. Fleisch, ½ Schoppen Wein).

Für den 24. wurde von dem improvisirten Brigadelebensmittel= fuhrwesen per Mann ½ Pfd. Brod, 1 Schoppen Wein und Kaffee gefaßt. Das Abkochen Mittags war durch den Angriff der Preußen verhindert und Abends im Bivouak konnte erst nach Mitternacht gegessen und etwas Kaffee für Abend und Morgen vertheilt werden.*) Am 25. sah es also mit dem Essen schlecht aus. Kaum waren gegen 10 Uhr Nachts die nicht sehr reichlich vom Lebensmittelfuhrwesen gefaßten Nahrungsmittel verzehrt, als schon wieder aufgebrochen wurde. Am 26. kein Frühstück nach beschwerlichem Nachtmarsch. Erst hinter dem Main konnte wieder abgekocht werden. —

Während das achte Korps gegen Würzburg zurückwich, waren zwei Divisionen der bayerischen Armee einzeln bei Helmstadt ge= schlagen worden und der Mainarmee war es gelungen, die beiden sich schon so nahe stehenden Korps nochmals zu trennen.

Schon um Mitternacht wirbelte durch das Bivouak bei Kist die Tagwache; der Rückmarsch auf Würzburg sollte in der Reihen= folge: erste, dritte, zweite Brigade angetreten werden, welch leztere die Arrieregarde bilden sollte.

In drei Reihen neben einander schob auf der einen Straße gegen Würzburg sich der ganze Troß des Korps, Artillerie und Reiterei fort. Kaum gelang es der Infanterie unter hundertfachen Stockungen sich durchzuwinden.

Als man sich etwa um 6 Uhr früh Höchberg näherte, kam der Befehl vom Korpskommandanten zur Besezung dieses Punkts und des Nikolausbergs. Die erste Brigade sollte das Dorf besezen, die beiden andern zur Seite Stellung nehmen.

Die dritte Brigade suchte links vorzukommen, erstieg die Höhen am Zeller Wald und konnte sich durch den jezt noch viel mehr drängenden Train auf der Würzburger Straße erst mit dem achten Regiment und dem Jägerbataillon wieder herüber auf den Nikolaus= berg durchwinden, als vom Divisionskommando der Befehl zum Rückzug über den Main eintraf.

---

*) Zu Gunsten der Verwundeten verzichteten die Truppen auf den weni= gen vorräthigen Wein.

Das achte Regiment, welches sich auf der Höhe des Nikolaus=
bergs eben aufgestellt hatte, erhielt vom Korpskommando direkt den
Befehl zum Abmarsch über die Brücke bei Heidingsfeld. Es bezog
enge Quartiere in dem gastlichen Randersacker und vereinigte sich
in der Frühe des 27. mit der Brigade im Bivouak vor Gerbrunn.

Am gleichen Tage war die bayerische Armee nach tapferer Gegen=
wehr bei Roßbrunn und Hettstadt gezwungen worden, aufs rechte Main=
ufer überzugehen und zunächst bei Würzburg Lager zu beziehen. Jezt
war sie endlich erreicht, die Vereinigung des siebenten und achten
Armeekorps, aber freilich unter sehr ungünstigen Verhältnissen.

Die lezten Erfolge der Preußen, die Unterzeichnung der Frie=
benspräliminarien mit Oestreich, mußten auch auf dem westdeutschen
Kriegsschauplaz nothwendig Unterhandlungen zwischen beiden Geg=
nern herbeiführen. Der lezte Schuß im deutschen Kriege fiel, als
Göben am Nachmittag des 27. mit seiner Feldartillerie die Marien=
feste beschoß, wobei ein Magazin in Brand gerieth.

Zunächst hatte Manteuffel nur Vollmacht, mit dem siebenten
Korps zu unterhandeln, doch trat mit dem 28. Juli gegenüber
allen einzelnen Kontingenten faktischer Waffenstillstand ein.

Aufs Neue schien die Lage eine äußerst drohende zu werden,
als General v. Manteuffel auf ein Telegramm hin, das ihm volle
Freiheit des Handelns bis zum 2. August ließ, in der Frühe des
31. der bayerischen Armee den Waffenstillstand kündigte; dem achten
Armeekorps gegenüber sei dieß gar nicht nöthig, da mit diesem
keine Waffenruhe vereinbart sei. Demzufolge hatten am 1. August
die Feindseligkeiten zu beginnen. — Bei dem Ernst der Lage zog
der Prinz von Hessen sofort sein Korps in Gefechtsstellung zusam=
men; großentheils durch Nachtmärsche ausgeführt; vierte Division
in Willanzheim, dritte in Bergtheim, erste in Gollhofen und Gollach=
ostheim. — Nach lezterem Ort zog das achte Regiment aus seinen
Stationen Gaukönigshofen und Rittershausen in finsterer Nacht,
bei strömendem Regen, um hier in vereinigter Brigade das lezte
Bivouak zu beziehen.

Durch Ueberlassung Würzburgs an die Preußen wurde übri=
gens für das siebente Korps die Waffenruhe wieder hergestellt;
zum Schuz für das nun ganz in der Luft stehende achte Korps
wurde bayerische Reiterei zwischen dieses und die Preußen gestellt.

Die Unterhandlungen mit den Kontingenten des achten Korps
scheinen sich hauptsächlich dadurch verzögert zu haben, daß Man=
teuffel Befehl hatte, noch möglichst viel Land zu okkupiren; nament=

lich sei auch württembergisches Gebiet zu besezen. In Ausführung dieses Befehls war noch am 1. August in Mergentheim und Umgebung ein Theil der Division Göben eingerückt.

Am gleichen Tag kam der Waffenstillstand mit der ersten und dritten Division zu Stande, nicht aber mit den norddeutschen Kontingenten. Von der in der Nacht inne gehabten Stellung an der Gollach wurde am 1. August in Quartiere weiter südwärts abgerückt gegen Burgbernheim hin (achtes Regiment in Ohrenbach). — Erst am 3. August wurde der geschlossene Waffenstillstand den Truppen bekannt gemacht, etwas weitere Quartiere wurden bezogen und am gleichen Tage die bis dahin stets noch geladenen Gewehre abgefeuert. — In Wirklichkeit war der Bürgerkrieg nun beendigt. *)

Im weiteren Verlauf des Rückzugs gegen Süden sollte die Richtung auf Nördlingen eingehalten werden. Weitere Marsch-

*) Nach den neuesten Erhebungen beträgt der Verlust der ganzen württembergischen Division:

Abtheilung.	Gefallen.		Verwundet.		Vermißt.		Zusammen.	
	Offiziere	Mannschaft.	Offiziere	Mannschaft.	Offiziere.	Mannschaft.	Offiziere.	Mannschaft.
Generalstab . .	1	—	—	—	—	—	1	—
Artillerie . . .	1	1	—	14	—	1	1	16
1. Reiterregiment	—	—	1	7	—	—	1	7
4. „ „	—	—	—	2	—	—	—	2
1. Infanteriereg.	—	3	—	46	—	6	—	55
2. „	—	3	2	40	—	8	2	51
3. „	—	2	2	23	—	—	2	25
5. „	3	13	4	151	—	18	7	182
7. „	—	1	—	14	—	1	—	16
8. „	—	5	4	104	—	14	4	123
1. Jägerbataillon	1	5	—	41	—	—	1	46
2. „	—	—	—	2	—	—	—	2
3. „	1	2	7	60	—	16	8	79
Feldjäger . . .	—	—	—	1	—	—	—	1
Zusammen:	7	35	20	505	—	64	27	605

Von den Schwerverwundeten starb noch ein großer Theil in den Spitälern (vom 8. Regiment allein 20 Mann). So beläuft sich die Zahl der in Wirklichkeit gestorbenen Offiziere auf 12, darunter vom 8. Regiment Lieutenant Gerard, bei Bischofsheim durch ein Granatstück zum Tode getroffen und im Spital zu Großrinderfeld wenige Tage nachher gestorben. Zwei Offiziere und 68 Mann (darunter 14 vom 8. Regiment) wurden nach geschlossenem Frieden aus der Gefangenschaft ausgeliefert. Die jezt noch als vermißt Aufgeführten sind als gefallen anzunehmen.

quartiere in Rothenburg und Schillingsfürst, Feuchtwangen, Unter=
ampferach, am 7. August in Dinkelsbühl. Noch während dieses
Tages traf von Stuttgart der allerhöchste Befehl ein, sofort mit der
Division über die württembergische Grenze nach Ellwangen zu mar=
schiren, um in Bälde die Truppen hinter die Demarkationslinie
Bruchsal, Stuttgart, Nördlingen zu bringen. Hiemit war der Ver=
band des achten Armeekorps vollends aufgelöst; der Prinz von
Hessen legte am 8. August sein Kommando nieder.

Hinter der im Waffenstillstand bezeichneten Demarkationslinie **Schluß.**
angelangt, marschirten die einzelnen Abtheilungen ihren Garnisons=
orten zu, um dort oder in der Umgegend oder endlich in den Lagern
von Albingen und Urach Unterkunft zu finden, bis der gewöhnliche
Friedensstand wieder angenommen werden konnte.

Die zur Stuttgarter und Ludwigsburger Garnison gehörigen
Abtheilungen defilirten am 16. August auf dem Schloßplatz in Stutt=
gart vor Sr. Maj. dem König, der mit ungetheilter Aufmerksam=
keit und Theilnahme die Schicksale seiner Truppen verfolgt hatte.

Am folgenden Tag zog das erste Bataillon des achten Regi=
ments in Ludwigsburg ein; das zweite war schon Tags zuvor ins
Lager nach Urach abgegangen. Bis jedoch auf den Friedensstand
beurlaubt wurde, hatte das erste Bataillon weite Quartiere um
Kornthal zu beziehen, die es am 26. August wieder verließ, um
in die Garnison einzurücken.

Während des Kantonements um Kornthal, am 20. August,
wurde die Brigade auf dem kleinen Exercirplatz in Ludwigsburg
zusammengezogen, um hier aus den Händen Sr. Maj. des Königs
die Auszeichnungen für die im Feld Verdientesten entgegenzunehmen.
Das Regiment wurde hier geehrt durch Verleihung des Militär=
verdienstordens an den Regimentskommandanten. Drei Offiziere
(die Kommandanten der ersten und neunten Kompagnie und ein
Zugskommandant der ersten) erhielten die goldene Militärverdienst=
medaille. An Unteroffiziere und Mannschaft wurden verliehen: 6
goldene und 18 silberne Militärverdienstmedaillen. *)

In den während des Monats August mit den süddeutschen
Staaten erfolgten Friedensschlüssen wurden vollends die großen
Resultate des Bürgerkriegs festgestellt. — War es von vorn herein

---

*) Von der Mannschaft wurden ins Ehreninvalidenkorps aufgenommen:
5 Mann; mit Landinvalidengehalt entlassen: 28 Mann.

den preußischen Staatsmännern und Heerführern als eine gebiete=
rische Nothwendigkeit erschienen, Oestreich von der Verbindung mit
dem deutschen Nationalstaat auszuschließen, so trat jezt die ebenso
großartige Anforderung an die deutsche Großmacht heran, die
übrigen, nach Auflösung des Bundes frei für sich stehenden Staaten
durch ein einheitliches Band zusammenzuhalten.

Im norddeutschen Bund wurde dieser Zweck am vollständigsten er=
reicht. Mit dem Süden besteht zur Zeit nur eine Verbindung nach der
volkswirthschaftlichen und militärischen Seite hin. — Gerade aber in der
gemeinschaftlichen Freiheit des Verkehrs und der Industrie, in der
immer weiter schreitenden Einigung und Stärkung der nationalen
Streitmacht sind die Hauptfaktoren einer unlösbaren Einheit zu suchen.
Was in den süddeutschen Staaten an militärischen Neuerungen
seit Beendigung des Bürgerkriegs durchgeführt wurde*), Alles
arbeitet auf immer größere Annäherung an den norddeutschen Kern
der Gesammtstreitmacht. Dieser Annäherung kann auch der einzelne
Stamm sich unmöglich auf die Länge entziehen, so sehr sich auch
die Demokratie in Verbindung mit der unsaubern Gesellschaft, die
sich ihren Bestrebungen angeschlossen hat, Mühe geben mag, eine
Entfremdung zwischen Nord und Süd herbeizuführen und die Wunde
ungeheilt zu erhalten. Daß der Theil der Demokratie, an dem
die Lehren der Geschichte nicht ohne Wirkung vorübergehen, der
neuen Gestaltung der Dinge seine Sympathieen zuwendet, ist eine
natürliche Erscheinung. Hier erscheint das einmal Gewonnene zu
großartig, das Ziel zu hoch und ehrwürdig, als daß die Lust ent=
stehen könnte, es darum anzufeinden und zu zerstören, weil es mit
andern Mitteln, als die früher von der Demokratie beliebten es
waren, erreicht worden ist.

Was die Denker und Helden vom Anfang dieses Jahrhunderts
als den Beruf Preußens in Deutschland erkannten, es ist im großen
Ganzen erfüllt. Für die weitere Fortführung und Ausbauung bürgen
die Leistungen der deutschen Armee, die Einsicht der tonangebenden
Staatsmänner und der gesunde Sinn des deutschen Volks. Diesen
gesunden Sinn des Volks zu erhalten, auszubilden und immer mehr
zu kräftigen, ist insbesondere Aufgabe des mit neuer Kraft lebendig
gewordenen Nationalgefühls und der größten militärischen Errun=
genschaft aus den jüngsten Tagen — der allgemeinen Wehrpflicht.

*) Exerzirreglement, Bewaffnung und neues Kriegsdienstgesez nach
preußischem Muster.

Beilagen.

Verzeichniß.

Kriegskosten

von der Landschaft bezahlt 1682—1739.

1682/83 97,968 fl.
1683/84 157,470 fl.
1684/85 142,083 fl.
1685/86 119,725 fl.
1686/87 120,998 fl.
1687/88 104,441 fl.
1688/89 270,324 fl.; darunter Kontribution 180,000 fl.
1689/90 183,771 fl.
1690/91 404,709 fl.; darunter für Landmiliz 115,848 fl.
1691/92 1,234,898 fl.; darunter für Winterquartierkosten 944,186 fl.
1692/93 1,260,308 fl.; darunter für Winterquartier 631,560 fl.
1693/94 676,746 fl.; darunter Kontribution 150,703 fl.
1694/95 514,411 fl.; dabei Kontribution 206,853 fl.
1695/96 850,578 fl.; dabei Kontribution 58,469 fl.; für Winterquartier 244,849 fl.
1696/97 522,554 fl.; dabei Kontribution 181,002 fl.

1701/2 297,715 fl.
1702/3 477,223 fl.
1701/4 627,317 fl.
1704/5 1,030,588 fl.
1705/6 831,015 fl.
1706/7 1,083,857 fl.
1707/8 2,179,821 fl.; darunter Kontribution 963,506 fl.
1708/9 912,148 fl.
1709/10 410,725 fl.
1710/11 372,907 fl.
1711/12 423,799 fl.
1712/13 471,820 fl.
1713/14 554,269 fl.
1714/15 489,863 fl.

1732/33 316,614 fl.
1733/34 338,894 fl.
1734/35 460,965 fl.
1735/36 556,853 fl.
1736/37 455,194 fl.
1737/38 532,996 fl.
1738/39 242,290 fl.

Beilage Nr. 2. (Seite 9.)

Ausrüstungsartikel und Preisverzeichniß.

1716.

An Kleidung, Ausrüstung und Bewaffnung erhielt der Neuangeworbene:
1 Rock, 1 Kamisol, 1 Halstuch, 1 Hut, 1 Paar Hosen, 1 Hemb, 1 Paar
Strümpfe, 1 Paar Schuhe, 1 Kittel, 1 Schnappsack, 1 Paar Streifstrümpfe,
1 Kuppel, 1 Degen, 1 Patrontasche, 1 Flintenriemen, 1 Flinte.
Bezahlt wurde für Rock, Kamisol, Hosen, Halstuch zusammen 13 fl. 20 kr.
(im Akkord bei Kaufmann Muth in Vaihingen), für 1 Kittel 1 fl. 8 kr., 1
Hemb 1 fl. 8 kr., 1 Darnister 40 kr., 1 Paar Streifstrümpf 30 kr., 1 Hut
50 kr., 1 Paar Strümpf 45 kr., 1 Paar Schuh 1 fl. 16 kr., 1 Patrontasche
2 fl. 30 kr., 1 Kuppel 40 kr., 1 Degen 1 fl. 52 kr., 1 Flintenriemen 16 kr.
(die Flinte war bei der Landschaft aus dem Vorrath angewiesen), 1 Stabs-
offiziersschärpe 76 fl., 1 Hauptmannsschärpe 49 fl., 1 Lieutenantsschärpe 29 fl.

Beilage Nr. 3. (S. 11.)

(Siehe am Schluß.)

Beilage Nr. 4. (S. 45.)

Bewerbungsschreiben.

Durchlauchtigster Herzog!
Gnädigster Fürst und Herr!

Ew. höchstl. Dchl. werden schon mit Mehrerem gnädigst vernommen haben, welchergestalten der unter dero allhier seienden löblichem Regiment gestandene Grenadierhauptmann Ober bei gestern vorgewehtem Sturm todt geblieben, mithin abermahlen eine Kompagnie- und Hauptmannsstelle vakant worden seie. — Wann dann nun ich schon bei dreißig Jahren die hohe Gnade habe, in Ew. höchstl. Dchl. Diensten zu stehen, da ich bei Aufrichtung des hornischen Regiments mich engagirt, und nunmehr auch bei diesem löblichen Regiment schon zwölf Jahre Oberoffizier und bereits der älteste Lieutenant bin, sonsten auch meine Dienste nach meiner Schuldigkeit allezeit dergestalten versehen, daß alle meine vorgesetzten Herrn Stabsoffiziere ein sattsam Begnügen gegen mir darüber bezeugt, wobei mir auch zu meiner größten Consolation gereicht, daß Ew. höchstl. Dchl. bei sich ereignenden Aperturen auf die Anciennete gnädigst zu reflectiren gesinnt sind, und überdieß mir gnädigst anbefohlen, daß wann die Tour bei bevorstehendem Avancement mich treffen würde, ich mich bei Höchsterlaucht denenselben gehorsamst melden solle; — Als unterfange mich anjetzo, unterthänigst anzuflehen, Ew. höchstl. Dchl. geruhen, mir diese erledigte Kompagnie in allen Gnaden zu conferiren und mich in Ansehung meiner langwierigen Dienste in meinem Alter annoch zu erfreuen; — wovor ich meinen letzten Blutstropfen mit alle Tage neu werdender Pflicht und Treu zu Dero Diensten widme und mein Leben darin mit größten Freuden sacrifiziren werde, als der ich in Getröstung gnädigster Willfahr mich zu Ew. höchstl. Dchl. hoher Huld gehorsamst empfehle und mit unterthänigster Devotion ersterbe

Ew. höchstl. Dchl.

unterthänigst gehorsamster Knecht
Peter Wehrlin, Lieutenant.

Beilage Nr. 5. (S. 74.)

Durchlauchtigster Herzog!
Gnädigster Fürst und Herr!

Es hätte mir auf dieser Welt nichts Erfreulicheres widerfahren können, als da der Herr Oberstlieutenant von Streithorst bei seiner glücklichen Ankunft mit den Rekruten mir die trostreiche Versicherung gegeben, wie daß Ew. hochfftl. Dchl. meine Wenigkeit in Dero hoher Gnade zu erhalten noch nicht ermüdet sind, sondern vielmehr mich bei erstem vacirenden Kapitänsplatz vor Andern gnädigst zu bedenken verheißen.

Gleichwie mir nun solche gnädigste Zusage zu meiner sonderbaren Consolation gereicht, und mich deßwegen höchst glückselig schätze: also unterfange mich auch, inmittelst meine unterthänigste Danksagung abzustatten und hingegen mein Leben zu Dero hochfftl. Diensten zu offeriren, wie dann mein Sinn und Gedanken nur dahin gerichtet, meine ganze Armuth, welche leider in nichts Anderem als Leib und Blut besteht, für Ew. hochfftl. Dchl. aufzuopfern und mithin in unterthänigstem Respect zu leben und zu sterben als

Ew. hochfftl. Dchl.

unterthänigst verpflichtet gehorsamster
Friedr. Christian von Sparr,
Lieutenant.

Lager bei Semlin,
27. Juni 1718.

Beilage Nr. 6. (S. 75.)

Marschroute

für das löbl. Alt Württembergische Regiment zu Fuß, welches nach Ordre des kommandirenden Herren Generallieutenants Hchffl. Dchl. von hier nacher Peterwardein und Futal nacher Italien aufgebrochen, nimmt seinen Marsch wie folgt:

Von Futal, allwo es 3 bis 4 Tage Brod faßt in der Gegend Glossan.

Von Glossan in die Gegend zwischen Palanka und Kereßztur.

Von dort in die Gegend Bukin; nimmt zu Bacs abermals auf 2 bis 3 Tage Brod bis Bukovar, sezt bei Novosello über die Donau und marschirt gegen Bukovar.

Von Bukovar, allwo es wieder auf 1 bis 2 Tage faßt, in die Gegend von Trpina.

Von Trpina nach Esseg.

Von Esseg, allwo es auf 5 bis 6 Tage Brod faßt geht es zu Esseg über die Drau und marschirt in die Gegend von Darba.

Von Darba in die Gegend von Baronivar.

Dann über Baronivar in die Gegend von Sikloš.

Von Sikloš gegen Szigeth, allwo es auf 6 Tage Brod bis Legrad faßt, marschirt von Szigeth in die Gegend Istvandy.

Von da in die Gegend Babocza.

Von Babocza in die Gegend Bresnicz.

Von Bresnicz in die Gegend diesseits der Drau unweit Legrad.

Zu Legrad faßt das löbl. Regiment abermals 5 bis 6 Tage Brod und marschirt in der Murinsel in die Gegend von Radkersburg.

Notanbum. Weilen übrigens fast nicht möglich, daß das Regiment bevorderst von Esseg aus in einem Marsch von Ort zu Ort hiervorstehendermaßen gelangen könne, so ist auch keineswegs die Intention dahin gefaßt, noch weniger die Meinung, daß es sich just an besagtem Ort lagern, den geringsten Unfug allborten verüben, oder sonsten einigen Vorspann und Beiführung der Fourage erzwingen soll; sondern selbes hat während dem Zug jedesmal einen Offizier voraus zu schicken, welcher durch das Land die Stationen zur Kampirung, wo es sowohl wegen des an der Hand bedürftigen Wassers und Holz, als nothwendige Fourage am bequemlichsten wäre, in dortiger Gegend ausstecken muß.

Kais. Generalkriegskommissariat Amts Feld Substition.
Belgrad den 19. Juli 1718.

— — —

Beilage Nr. 7. (S. 77.)

(Siehe am Schluß.)

— — —

Beilage Nr. 8. (S. 84.)

Marschroute

für das Kaif. Alt Württembergische Infanterieregiment von Cremona
nach Neapolis.

20. Dezbr. 1718 bis 23. Febr. 1719.

Von Cremona den	14. Jan. Pesaro.	5. Narni.
20. nach Busetto.	15. Fano.	6. Oftricoli.
22. S. Donino.	16. Rasttag.	7. Rasttag.
23. Rasttag.	17. Sinigaglia.	8. Civita Castellana.
24. Crocetta di Parma.	18. Fiumicino.	9. Regnano.
25. Maggione.	19. Rasttag.	10. Rasttag.
26. Rasttag.	20. Camurano.	11. Castel novo.
27. Rubiera.	21. Rasttag.	12. Monte rotondo.
28. Castel franco.	22. Recarati.	13. Rasttag.
29. Rasttag.	23. Macerata.	14. Tivoli.
30. Lavino.	24. Rasttag.	15. Palestrina.
31. S. Lazaro.	25. S. Severino.	16. Rasttag.
1. Jan. 1719, Rasttag.	26. Rasttag.	17. Valmontone.
2. Castel S. Pietro.	27. Camerino.	18. Anagni.
3. Imola.	28. Serravalle.	19. Rasttag.
4. Rasttag.	29. Rasttag.	20. Frosinone.
5. Faenza.	30. Cafe nove.	21. Ceprano.
6. Forli.	31. Foligno.	22. Rasttag.
7. Rasttag.	1. Februar, Rasttag.	23. Marsch ins Königr.
8. Cesena.	2. Spoleto.	Neapel.
9. Savignano.	3. Terni.	
10. Rasttag.	4. Rasttag.	

Beilage Nr. 9. (S. 91.)

(Siehe am Schluß.)

Beilage Nr. 10. (S. 111.)

Gratulationsschreiben.

Durchlauchtigster Herzog!

Gnädigster Fürst und Herr!

Die Veränderung der Jahreszeit erinnert mich nun auch wiederum meiner unterthänigsten Pflicht, vermöge welcher Ew. hochfstl. Dchl. ich vor die mir im abgewichenen Jahr so vielfältig erzeigten hohen Gnaden hiemit gehorsamst Dank erstatte, und zu diesem angetretenen neuen Jahr in aller Unterthänig= keit gratulire, aus devotestem Herzen wünschend, daß der grundgütige Gott Ew. hochfstl. Durchl. zur steten Konsolation dero ganzen hochfstl. Hauses und zur Erquickung aller Unterthanen und treugehorsamsten Knechte nicht sowohl dieses, als noch unzählig viele folgende Jahre hindurch bei vollkommener Pros= perite erhalten, mit allem hochfstl. Flor und Aufnehmen beglücken, und in Summa alle diejenigen Wünsche, welche Höchsterlaucht denenselben auf den heutigen Tag zugedacht werden, zu einer trostreichen Erfüllung bringen wolle. Wo= bei an Ew. hochfstl. Dchl. mein unterthänigstes Bitten ergehet, Sie geruhen, mich als einen dero geringsten aber dabei devotesten Knechte, gleichwie bishero also auch noch fernerhin in der milbfürstl. Gnade zu hegen, der ich mir vor das größte Glück schätze, wann ich zu dero Diensten meinen letzten Blutstropfen zu consecriren die erwünschte Gelegenheit habe ꝛc.

Ew. hochfstl. Dchl.

Kantonnement bei Messina,
1. Jan. 1720.

Unterthänigst gehorsamster Knecht
de Heldenbrand,
Oberster.

Beilage Nr. 11. (S. 143.)

Auszug

aus der Verpflegungsordonnanz für Haus- und Kreistruppen in Kraft vom 1. März 1722 an.

	monatliche Gage		Quartiergeld
Oberst	65 fl.	— kr.	5 fl.
Oberstlieutenant	„ „ 30 „	— „	„ 3 „
Major *)	„ „ 22 „	30 „	„ 2 „
Regimentsquartiermeister	„ „ 24 „	— „	„ 4 „
Regimentsfeldscheer	„ „ 15 „	— „	„ 3 „
Adjutant **)	„ „ 6 „	— „	
Hautboist	„ „ 12 „	— „	
Regimentstambour	„ „ 6 „	— „	
Profos	„ „ 10 „	— „	

Grenadiere.

	monatliche Gage		Quartiergeld
Hauptmann	46 fl.,		5 fl.
Aggreirter Hauptmann	„ „ 28 „		„ 4 „
Lieutenant	„ „ 22 „		„ 3 „
Feldwebel	„ „ 7 „ 12 kr.	und eine Brodportion	
Führer	„ „ 5 „ 21 „	„ „ „	
Fourier	„ „ 5 „ 21 „	„ „ „	
Feldscheer	„ „ 5 „ 21 „	„ „ „	
Korporal	„ „ 4 „ 44 „	„ „ „	
Tambour	„ „ 4 „ 7 „	„ „ „	
Gefreiter	„ „ 4 „ 7 „	„ „ „	
Grenadier	„ „ 3 „ 30 „	„ „ „	

Füsiliere.

	monatliche Gage		Quartiergeld
Hauptmann	40 fl.,		5 fl.
Aggreirter Hauptmann	„ „ 24 „		„ 3 „
Lieutenant	„ „ 18 „		„ 3 „
Fähndrich	„ „ 15 „		„ 2 „
Feldwebel	„ „ 6 „ — kr.	und eine Brodportion	
Fourier	„ „ 5 „ 15 „	„ „ „	
Feldscheer	„ „ 4 „ — „	„ „ „	
Korporal	„ „ 4 „ — „	„ „ „	
Tambour	„ „ 3 „ 30 „	„ „ „	
Gefreiter	„ „ 3 „ 20 „	„ „ „	
Gemeiner	„ „ 3 „ — „	„ „ „	

Vom Feldwebel an abwärts wird monatlich abgezogen:

für große Montur .... 45 kr.
„ Regimentsunkosten ... 3 „
„ -Bedengeld ..... 3 „

Der Fourier erhält monatlich 30 kr. Zulage für Schreibmaterialien aus den Regimentsunkosten.

*) Bei den drei Stabsoffizieren kommt noch die Hauptmannsgage dazu.
**) Dazu noch das Traktament als Lieutenant oder Fähndrich.

Beilage Nr. 12. (S. 157.)

Patent

des Generalmajors Marquis de Portugal.

Von Gottes Gnaden Carl Friedrich, Herzog zu Württemberg — voller
Titel — fügen hiemit zu wissen: Nachdem Wir in gnädigste Betrachtung ge=
zogen, was gestalten Unser fürstlich vormundschaftlicher Obrister und Kom=
mandant des weiland kaiserlichen württ. Leibregiments zu Fuß, Marquis An=
toine be Portugal, Conte be la Puebla, Uns und Unserem Fstl. Haus schon
geraume Jahre her dergestalten gute und ersprießliche Dienste geleistet, daß
Wir barob nicht nur seine in Kriegssachen acquirirte besondere Erfahrenheit,
auch jedesmal bezeugte treue Vigilanz und Diensteifer zu Unserem gnädigsten
Gefallen abnehmen können, sondern auch dadurch bewogen worden sind, solche
hinwiederum mit allen fürstlichen Gnaden zu erkennen und denselben zu Un=
serem Fstl. vormundschaftlichen wirklichen Generalmajor, wie hiemit geschiehet,
gnädigst zu beclariren und zu recipiren. —

Als ergehet hierauf an alle hohe und niedere Kriegsoffiziere, hin und wie=
der liegende Kommandanten, auch gemeine Soldaten zu Roß und Fuß, wie
ingleichen sonsten männiglich, weß Standes, Würden und Wesens die sind,
Unser resp. dienstfreundliches, auch günst= und gnädiges Ersuchen und Begeh=
ren, sie wollen: den Unserigen aber befehlend, sie sollen Ihn, Unsern General=
major Marquis de Portugal rc., in solcher Qualität und Rang nicht nur für
sich erkennen und respectiren, sondern auch daran sein, daß selbiger von den
denenselben Untergebenen, auch sonsten männiglich darnach traktirt und respec=
tirt werden möge. Welches Wir in solcherlei und anderen Occasionen bei einem
jeden Standesgebühr nach zu beobachten erbietig sind: die Unserigen aber
verrichten hieran Unsern gnädigsten Willen und Meinung.

Gegeben unter Unserer eigenhändigen Subscription und fürgebrucktem Se=
kretinsiegel. Stuttgardt den 7. Dez. 1740.

Beilage Nr. 13, (S. 158.)

Offizierskorps der Garde zu Fuß
und deren Bestand im Sommer 1746.

Regimentsstab.

Generalmajor von Werneck.
Oberstlieutenant von Uxkull.
Major von Romann.
Regimentsquartiermeister Becht.
Lieutenant und Adjutant von Werneck.
Auditor Miller.
Supernumerärer Hauptm. von Pöllnitz.
Regimentsfeldscheer.
8 Hautboisten.
1 Regimentstambour.
1 Profos.

Leibkompagnie.

Kapitain Wolf.
Premierlieutenant de Gorcy.
Sekondlieut. von Reizenstein.
    „   von Zischwitz.
1 Premierfeldwebel.
1 Fourier.
1 Freikorporal.
4 Korporals.
5 Spielleute.
2 Fourierschützen.
1 Feldscheerer.
82 Gemeine.
101 Mann.

Generalskompagnie.

General von Werneck.
Aggr. Kapitain von Bock.
Premierlieutenant von Zülow.
Sekondlieutenant von Marschall.
97 Mann.
101.

Oberstlieutenantskompagnie.

Oberstlieutenant von Uxkull.
Aggr. Kapitain von Larisch.
Premierlieut. von Schleicher.
Sekondlieutenant; von Rackenitz.
97 Mann.
101.

Majorskompagnie.

Major von Romann.
Aggr. Kapitain von Kettenburg.
Lieutenant von Phull.
Lieutenant von Werneck.
97 Mann.
101.

Plessen'sche Kompagnie.

Hauptmann von Plessen.
Premierlieutenant von Schönfeld.
Sekondlieutenant von Plessen.
97 Mann.
100.

Schönfeld'sche Kompagnie.

Hauptmann von Schönfeld.
Premierlieutenant von Zorn.
Sekondlieut. von Lintersdorff.
97 Mann.
100.

Auf 6 Monate Erforderniß der Garde zu Fuß an Gage, Monturgeld, Brodportionen: 27155 fl.

Beilage Nr. 14. (S. 163.)

Bezahlung des Militärs im Jahr 1750.

Oberst	70 fl. — kr.	⎫	
Oberstlieutenant	33 „ — „	⎬ Stabsgage.	
Premiermajor .	24 „ — „	⎪	
Sekonbmajor .	21 „ — „	⎭	

Hauptmann . . .	45 fl. — kr.				
Lieutenant . . .	21 „ — „				
Fähnrich	17 „ — „				
Feldwebel	5 „ 15 „	1 fl. — kr. Fleischgeld,	1 Brobportion.		
Führer	4 „ 30 „	1 „ — „	„	1	„
Fourier	4 „ 30 „	1 „ — „	„	1	„
Korporal	3 „ 15 „	1 „ — „	„	1	„
Tambour	2 „ 45 „	— „ 30 „	„	1	„
Gefreiter	2 „ 45 „	— „ 30 „	„	1	„
Gemeiner	2 „ 15 „	— „ 30 „	„	1	„

Beilage Nr. 15. (S. 167.)

Summarische Tabell

über

diejenige zu der Landesdefension beschriebene Mannschaft
in Anno 1740 von 18—30 Jahren.

	Ledig.	Verheirathet.		Ledig.	Verheirathet.
Klosterämter.			Böblingen	475	247
Abelberg	248	95	Brackenheim	327	189
Alpirsbach	330	136	Bulach	18	10
Anhausen	87	20	Brenz	52	13
Blaubeuren	174	50	Calw	307	146
Bebenhausen	229	123	Cannstadt	467	299
Denkendorf	48	33	Dornhan	26	13
Dertingen	116	61	Dornstetten	273	106
St. Georgen	224	46	Ebingen	45	64
Herbrechtingen	3	1	Freudenstadt	64	34
Herrenalb	43	5	Gochsheim	42	25
Hirsau	107	51	Gomaringen	46	15
Königsbronn	145	44	Göppingen	622	306
Lorch	207	70	Güglingen	149	80
Lichtenstern	22	9	Heidenheim	465	155
Maulbronn	585	317	Herrenberg	365	200
Merklingen	150	74	Heubach	40	17
Murrhardt	45	47	Heimsheim	30	10
Reichenbach	70	21	Höpfigheim	21	10
			Hornberg	319	119
Städte und Aemter.			Hohenkarpfen	42	7
Altensteig	158	82	Kirchheim u. T.	547	335
Backnang	208	142	Lauffen	153	125
Balingen	446	280	Leonberg	431	250
Beilstein	153	77	Liebenzell	85	42
Besigheim	96	69	Ludwigsburg	178	113
Bietigheim	107	78	Markgröningen	162	109
Blaubeuren	253	80	Marbach	430	198
Bottwar	91	45			

	Ledig.	Verhei-rathet.		Ledig.	Verhei-rathet.
Möckmühl	119	45	Sulz	134	75
Munbelsheim . . .	25	29	Tübingen	768	394
Münsingen	185	47	Tuttlingen	397	182
Nagold	244	144	Urach	929	470
Reiblingen	36	33	Vaihingen	216	162
Neuenbürg	317	148	Waiblingen	231	116
Neuenstatt	118	42	Weinsberg	311	127
Nürtingen	204	197	Wenblingen	32	15
Reussen	240	116	Wilbberg	171	129
Pfullingen	187	108	Wildbad	22	20
Genkingen	24	9	Winnenden	256	137
Rosenfeld	241	130	Welzheim	46	27
Sachsenheim	52	47	Weiltingen	46	26
Schorndorf	938	358	Winnenthal	14	11
Sinbelfingen	65	37	Heilbronn (unter Unter-		
Steußlingen	29	9	eisisheim)	12	9
Stuttgart St. . . .	159	213	Westheim	2	5
Stuttgart Amt . . .	571	395			

Summa lediger Mannschaft . 17867
verheiratheter 9305
—————
27172 Mann.

Beilage Nr. 16. (S. 168.)

Auswahldekret.

Von Gottes Gnaden
Carl Friedrich, Administrator und Oberbevormunder ꝛc.

Unsern Gruß zuvor, Lieber Getreuer!

Demnach Wir bei denen noch immer anhaltenden gefährlichen Kriegszeiten einer Nothdurft zu sein erachten, zur Beschützung der Gränzen Unseres vormundschaftlichen Herzogthums und Behauptung der von einem hochlöbl. Schwäbischen Kreis ergriffenen Neutralität, die hochfürstlichen Haustruppen mit einer weiteren Anzahl von tüchtiger Mannschaft unverzüglich zu vermehren: — Als gelanget Unser gnädigster und zumalen ernstlicher Befehl an Dich, aus dem Dir gnädigst anvertrauten Stabt und Amt, mittelst des sonst gewöhnlichen Loosens oder Spielens, aus der unverheiratheten Mannschaft von 18 — 30 Jahren inklusive eine Anzahl von . . . . . Mann auszuwählen, von denenselbigen wie sie das Loos treffen wird, ... sogleich aber anhero nacher Stuttgart in die Kaserne zu schicken, die Uebrigen . . . . . aber auf jeden Fall also fertig und bereit zu halten, damit sie seinerzeit ohne weiteres Loosen alsgleich können abgeschickt werden.

Damit nun in diesem zu dem alleinigen Besten des Landes abzweckenden Auswahlswerk, sowohl dem öfter verspürten Unwillen und Ungehorsam derer Unterthanen, als der Partheilichkeit und Nebenabsichten der Mittelspersonen, so viel an uns ist, kräftig vorgebogen und Alles in seine billige Ordnung und Maß eingeleitet werde: — als hast Du Dir folgende Spezialpunkte zu einer beständigen Norm dienen zu lassen und von denen in keinem Wege abzuweichen.

1) ꝛc.

6) Es sollen von der Auswahl nicht ausgenommen, sondern mit den übrigen dem gemeinen Wesen eben sowohl auch nützlichen Professionen, Künsten und Handwerken gleich gehalten und ins Loos gezogen werden: die Söhne, Gesellen und Knechte der Salpetersieder, der herrschaftlichen Kastenknechte, Herrenküfer, herrschaftlichen Metzger, herrschaftlichen Meier, der Schultheißen und Anwälte, der Schulmeister und Meßner.

Stuttgart den 15. Mai 1742.

Beilage Nr. 17. (S. 168.)

Auswahldekret.

Von Gottes Gnaden Karl, Herzog 2c.

..... da zu völliger Kompletirung Unserer zur Defension Unserer herzog=
lichen Lande auf den Beinen habenden Regimenter Uns noch eine Anzahl
Mannschaft abgehet, welche Wir nicht besser als durch Unsere eignen Landes=
kinder, denen das Wohl ihres Vaterlands am nächsten zu Herzen gehen muß,
zu ersezen wissen; — Als gedenken wir in eigener höchster Person annoch eine
Auswahl vorzunehmen; Ihr habt dahero in dieser Conformität mit der in dem
Euch gnädigst anvertrauten Amt befindlichen jungen Mannschaft vom 16. Jahr
an, Euch gleich lezthin, den .... in .... einzufinden.

Wir versehen uns gänzlich zu euch, daß Ihr diese Unsere landesväterliche
gnädigste Vorsorge und Willensmeinung Euren Untergebenen auf eine solche
deutliche Art vorzubringen wissen werdet, damit Unsere Absicht vollkommen er=
füllt und ein Jeder nach seinen Pflichten dem nachzukommen wissen möge, was
die Geseze und seine Schuldigkeit erfordern.

Auch wollen Wir, daß die in dem Euch gnädigst anvertrauten Oberamt
befindlichen Pferde vom dritten Jahr an, exclusive der ganz blinden, lahmen
und gänzlich untüchtigen, auf eben selbigen Tag und Stund gleichwie die
junge Mannschaft in loco sein sollen.

Daran beschiehet Unser gnädigster Will und Meinung und Wir verbleiben
Euch in Gnaden gewogen.

Stuttgart den 14. Mai 1759.

Beilage Nr. 18. (S. 179.)

Subsidienvertrag mit Frankreich.

1757.

Da des Herzogs zu Württemberg hochsſtl. Dchl. sich verbindlich gemacht, des Königs Majestät ein' Korps von 6000 Mann Infanterie zu
überlassen und solches zum Dienst Ihro Majestät oder dero Alliirten, welche
Sie im Reich haben oder bekommen werden, auf beschehene Requisition marschiren zu lassen, Ihro Königl. Majestät dagegen die Aufstellungskoſten, Unterhalt und Sold für dasselbe sowohl zu Friedens- als Kriegszeiten zu bezahlen
übernehmen: als sind dahero die beiderseitigen resp. Königl. und herzogl.
Minister folgender Punkten halb übereingekommen:

1) Daß das Korps Truppen, welches des Herrn Herzogs Dchl. auf Ansuchen des Königs Maj. zu allerhöchst dessen Dienst oder dero so jetzig- als
künftigen Alliirten, wo es die Nothdurft erheischen wird, überlassen wollen,
aus 5 Regimentern bestehen solle, jedes zu 1200 Mann und zu 2 Bataillons
jedes von 600 Mann, welche wohl montirt, mit gutem Gewehr versehen, wohl
equipirt und mit der benöthigten Anzahl Offiziers nach der am Ende dieser
Convention angehängten Liste, auch allen anderen Erfordernissen, wie es bei
den württembergischen Truppen gewöhnlich, versehen sein, auch wenigstens der
halbe Theil aus alten fürstlichen Truppen bestehen solle.

2) Daß besagtes Korps Truppen zum Beweis der wirklichen Aufstellung
an dem bestimmten Ort vor den Kommissariis Sr. Königl. Maj. und dero
Alliirten die Musterung passiren, nicht weniger zu Anfang und zu End jeder
Kampagne neuer Dinge von den Kommissariis des Königs und dero Alliirten,
in dessen Dienst die Truppen überschickt werden, ingleichen so oft Ihro Maj.
sonsten deren Zustand zu wissen verlangen, gemustert werden solle.

3) Daß Ihro Majestät, sobald Sie des Herzogs Dchl. requirirt haben
werden, die 6000 Mann aufzustellen, gehalten seien, Ihro Dchl. die Aufstellungs-
gelder, und nach und nach für Sold, Verpflegung, Unterhalt und all andere
Kosten, wie solche Namen haben mögen, so zu Friedens- als Kriegszeiten, die
hienach spezifizirte Summe zu bezahlen, und damit hierunter kein Zweifel ent-
stehe, so ist zwischen des Königs Maj. und des Herrn Herzogs Dchl. ausdrück-
lich verabredet worden, daß Ihro Königl. Maj. auf 1000 Mann Infanterie
vor deren Aufstellung, nehmlich für die Anwerb-, Montir-, Equipir- und Be-
waffnungskoſten, ein für allemal die Summe von 48328 Gulden teutsch Geld,
sobald Ihro Dchl. zu Aufstellung dieser Truppen Befehl ertheilen werden, zu
bezahlen sich verbinden, daß ferner Ihro Maj. für den Sold, Verpflegung und
Unterhalt der sämmtlichen 6000 Mann zu Friedenszeiten und für alle andern

ordinären und extraordinären Unkosten, Gratifikationen, Geschenke und dgl., was solche Namen haben und unter was für einem Vorwand solche gefordert werden könnten, die in nachstehenden Artikuln stipulirte Kosten alleinig aus= genommen, alljährlich die Summe von 64,473 fl. teutsch Geld auf jegliche tausend Mann von was für Rang selbige sein mögen bezahlen und diese Summe durch deren Kommissarium, sowie die Soldaten der Zeit und Anzahl nach an= geworben und aufgestellt sein werden, entrichten lassen wollen, und wann das ganze Korps nach dem bestimmten Numero völlig komplett sein wird, alsdann solle gedachte Summe der 64,473 fl. teutsch Geld in 12 gleiche Termine zer= theilt und von Monat zu Monat gleichfalls durch den Königl. Kommissarium bezahlt werden, jedoch dergestalten, daß derselbe für jeden Mann, welcher nach denen vornehmenden Musterungen an dem kompletten Stand fehlen wird, mo= natlich 3 fl. in Abzug bringe. Daß nicht weniger Se. Königl. Maj. in Kriegs= zeiten, sowohl Sommers als Winters für Sold, Verpflegung und Unterhalt und für alle ordinären und extraordinären Unkosten, Gratifikationen, Geschenke u. dgl., wie selbige Namen haben und unter was für einem Vorwand solche gefordert werden könnten, die in folgenden Artikuln stipulirten Kösten alleinig ausgenommen, alljährlich auf 1000 Mann Infanterie, inkl. des großen und kleinen Regimentsstabs und aller Offiziers, von was für Rang selbige sein mögen, die Summe von 78507 fl. teutsch Geld bezahlen wollen, welche Summe in 12 gleiche Termine eingetheilt und ebenfalls von Monat zu Monat durch den Königl. Kommissarium abgetragen werden soll, welches von dem Tag an zu rechnen, an dem jedes Bataillon aus seiner Garnison ausrücken wird, um zu derjenigen Armee zu stoßen, wo es Dienste leisten solle: von welcher Summe der 78,507 fl. teutsch Geld jedoch gedachter Kommissarius für jeden Mann, der nach den vornehmenden Musterungen an dem kompletten Stand fehlen wird, monatlich $3\frac{1}{2}$ fl. abzuziehen hat.

4) Auf den Fall das verlangte Korps Truppen in die Kampagne zu gehen hat, solle selbiges nicht anders als auf vorgängige Requisition des Königs sich auf den Marsch begeben und in allen Fällen der alleinigen Disposition des Königs überlassen bleiben, besonders in dem Fall, wann Ihro Maj. gewillt wären, solches aus den Diensten eines Alliirten in die eines andern Alliirten treten zu lassen; da übrigens Ihro Königl. Maj. zur Feldequipage auf 1000 Mann Infanterie inkl. des großen und kleinen Regimentsstabs und sämmtlicher Offi= ziers, von was Rang selbige sein mögen, ein für allemal die Summe von 5751 fl. teutsch Geld bezahlen lassen wollen.

5) Was die Rekruten betrifft, so wollen Ihro Maj. der König des Herrn Herzogs Dchl. alljährlich auf 1000 Mann für die Rekrutenwerbung, zu Frie= denszeiten 1200 fl teutsch Geld und zu Kriegszeiten ebenfalls auf 1000 Mann 2000 fl. bezahlen lassen: in außerordentlichen Fällen aber und bei erlittenem Verlust in Belagerungen, Schlachten, Treffen und anderen Kriegsvorkommen= heiten, so durch glaubwürdige, von den Königl. Kommissarien verifizirte Attestata zu erweisen, wann der Verlust bei einem Regiment à 1200 Mann, sich auf 100 bis 200 Mann erstreckt, wollen Ihro Maj. gedachten Truppen Monat auf den kompleten Stand, und wann der Verlust von 2 bis 300 Mann stark ist, 3 Monat, von 300 bis 400 Mann, 4 Monat, von 400 bis 500 Mann 5 Monat und von 500 bis 600 Mann 6 Monat auf den kompleten Stand be= zahlen lassen; und wann etwa der Verlust sich noch höher als 600 Mann be=

liefe, so solle von Ihro Maj. in vorbemeldter Proportion die Bezahlung des kompleten Stands geschehen, jedoch so, daß unter solchem Belauf die Anwerbung besagter Rekruten, deren Versehung mit Gewehr, Montir-, Equipirung, kleine Montur und überhaupt Alles, was unter diesen Benennungen verstanden werden kann, begriffen und mit der Bedingung, daß ermeldte Truppen längstens im sechsten Monat nach dem erlittenen Verlust wieder vollzählig sein sollen.

6) Anbelangend die völlige Montirung des gedachten Korps inkl. der kleinen Montur und Alles was zur Montir- und Equipirung vom Haupt bis auf die Füße gehört, unter was Namen es sein möge, wollen Ihro Maj. der König alle 3 Jahr zu Friedenszeiten und alle 2 Jahr zu Kriegszeiten die Summe von 20,000 fl. teutsch Geld auf 1000 Mann, welche Montirung 3 Jahr nach der beschehenen Aufstellung zu rechnen ist, bezahlen lassen; wohl verstanden jedoch, daß des Herrn Herzogs Dchl. an Ihro Maj. den König wegen der Kleidung des gesammten großen und kleinen Regimentsstabs und sämmtlicher Offiziers, von was Rang diese sein mögen, Nichts zu prätendiren, da selbige herkömmlicher Weise sich ihre Uniformen von ihrer Gage anzuschaffen haben.

7) Wann besagte Truppen außer Diensten gelassen werden, so wollen Ihro Maj. der König ihnen extraordinarie einen monatlichen Sold zur Gratifikation abreichen lassen.

8) Betreffend den Generalstab von gedachtem Korps, so solle selbiger aus einem Lieutenant General, 1 Generaladjutanten, 1 Sekretario und 1 Kommissario bestehen, und Ihro Maj. wollen für solchen Generalstab, jedoch allein während dem Krieg wie es herkömmlich, monatlich 345 fl. teutsch Geld für den Lieutenantgeneral, 15 fl. für den Generaladjutanten, 60 fl. für den Sekretarium, 60 fl. für den Kommissarium, 75 fl. für die Wägen des Generalstabs bezahlen lassen. Außer welchen Posten, so zusammen 555 fl. teutsch Geld ausmachen, des Herrn Herzogs Dchl. an den König weiter im Geringsten Nichts wegen besagten Generalstabs, weder für ordinäre noch für extraordinäre Kösten noch alle andere dahin sich qualifizirende Erfordernisse, wie solche Namen haben mögen, zu prätendiren haben sollen.

9) Verbinden sich des Herrn Herzogs Dchl. mittelst der in vorstehenden 4 Artikuln stipulirten Summen gedachtes Korps nach jeglicher Kampagne wieder durchgehends in vollzähligen und guten Stand zu stellen und dießfalls zu keiner Zeit und unter was Vorwand es sein möge an Ihro Maj. den König etwas Weiteres zu fordern, es sei für Rekrutirung, Verlust durch Sterben, Ausweichung, Verwundung, Krankheiten oder Lazarethkosten, Quartier, Brod und anderen Unterhalt, wie solcher Namen haben möge, Montir-, Equipirung oder kleine Montur, wie solche auch verstanden werden möchten, Anschaffung des Gewehrs und Kriegsmunition, von was Gattung sie auch sein möge, Fourage, Wägen, Winterquartier und all andere Schadloshaltung, Gratifikationen, Geschenke, Marschkosten, überhaupt alle ordinäre und extraordinäre Auslagen und Kriegsköhsten, wie sie heißen mögen, und unter was Vorwand solche gefordert werden könnten, gestalten es bei denen in vorstehenden Artikuln stipulirten Summen sein Genüge haben und darunter alle Kösten ohne Ausnahme verstanden sein sollen.

10) Ihro Maj. der König versprechen anbei, Sorge zu tragen, daß dero

Alliirter, in deſſen Dienſt dieſes Korps gebraucht werden ſolle, ihnen das Brod und übrige Lebensmittel nebſt der Fourage für die Offiziers, in der nehmlichen Proportion und Preis, wie es ſeine eigenen Truppen bekommen, anſchaffen laſſen möchte, und des Herrn Herzogs Dchl. verbinden ſich hinwiederum ſol= chenfalls auf Ihrer Seiten, dero Truppen auf keinem andern Weg als durch beſagten Alliirten mit Brod, Lebensmittel und Fourage verſorgen zu laſſen; da übrigens die dießfallſigen Koſten von des Herrn Herzogs Dchl. zu beſtreiten ſind, ohne daß hierunter an Ihro Maj. den König die geringſte Schablosshal= tung präbentirt werden könnte, wie dann Ihro Dchl. ſich mit denen in gegen= wärtiger Konvention durch vorſtehende Artikul denenſelben verwilligten Sum= men gänzlich begnügen.

11) Wann durch einigen Verglich, Friedensſchluß oder Waffenſtillſtand, Ihro Maj. der König oder dero Alliirter, in deſſen Dienſt dieſe Truppen ge= ſchickt worden, derſelben nicht mehr von Nöthen haben, oder der König aus einer andern Urſach für gut finden ſollte, ſelbige anderwärts oder gar nicht mehr zu gebrauchen, ſo wollen des Herrn Herzogs Dchl. nach vorherig dieß= falls von dem König an Sie beſchehenen Geſinnen die ſchleunigſte Ordre er= theilen, daß gedachte Truppen ſich ohnverweilt auf den Marſch nach dem Ort ihrer Beſtimmung begeben: und beſonders in dem Fall, wann des Herrn Her= zogs Dchl. von dem König benachrichtigt werden, daß Ihro Maj. mehrbeſagte Truppen länger in ihrem Sold zu behalten nicht vor gut finden, die nöthige Ordre ſtellen, daß ſie ſich auf den Marſch begeben, und ihre Retour längſtens in der Zeit von Einem Monat, von dem Tag an zu rechnen, da des Herrn Herzogs Dchl. davon avertirt worden, bewerkſtelliget werde. Da ſodann Ihro Maj. nicht mehr gehalten ſein ſollen, Etwas vor beſagte Truppen zu bezahlen, ſobald ſelbige wieder in das Württembergiſche eingerückt ſein werden, wohingegen des Herrn Herzogs Dchl. freiſtehet, ſelbige alsdann außer Dienſten zu laſſen, mit dem Vorbehalt jedoch, daß die von dem König in dem ſiebenten Artikul dieſer Kon= vention gethane Zuſage, mehrgedachten Truppen im Fall deren Verabſchiedung noch einen monatlichen Sold extraordinarie reichen zu laſſen, dadurch keines= wegs aufgehoben ſein ſolle.

12) Gegenwärtige Konvention ſoll in Einem Monat, von dem Tag an zu rechnen, da ſolche unterzeichnet worden, oder wo möglich bälder ratifizirt werden.

Zu Urkund deſſen haben wir, die Miniſter Ihro Königl. Maj. und des Herrn Herzogs hochfſtl. Dchl. gegenwärtige Konvention unterſchrieben und mit unſeren angeborenen Petſchaften beſiegelt.

So geſchehen Stuttgardt den 30. Martii anno Eintauſend ſiebenhundert fünfzig und ſieben.

Mqs. de Montciel.   F. R. Baron de Wallbrunn·

vdt. Carl H. z. W.

Verzeichniß

der Köpfe, aus welchen ein Infanterieregiment, so des Herrn Herzogs hochfstl.
Dchl. Ihro Königl. Maj. in Frankreich überlaffen, beftehen folle:

Regimentsftab:
1 Oberfter.
1 Oberftlieutenant.
2 Oberftwachtmeifter.
2 Adjutanten.
1 Regimentsquartiermeifter.
1 Auditor.
1 Feldprediger.
1 Regimentsfeldfcheerer.
1 Regimentstambour.
6 Hautboiften.
1 Wagenmeifter.
1 Profos.

2 Grenabierkompagnieen,
jebe von:
1 Hauptmann.
2 Premierlieutenants.
3 Sekonblieutenants.
1 Feldwebel.
1 Fourier.
1 Feldfcheerer.
4 Korporals.
2 Fourierfchützen.
2 Tambours.
2 Pfeifer.
81 Grenabiers.
100 Köpfe.

10 Musketierkompagnieen,
jebe von:
1 Hauptmann.
1 Lieutenant.
1 Fähnbrich.
1 Feldwebel.
1 Fahnenjunker.
1 Fourier.
1 Feldfcheerer.
6 Korporals.
2 Fourierfchützen.
3 Tambours.
8 Gefreite.
74 Gemeine.
100 Köpfe.

Nota: Bei jebem Regiment befinben fich noch 3 bis 4 Sekonblapitains,
welche bei ben Stabskompagnieen angeftellt find.

Beilage Nr. 19. (S. 180.)

Die Patrioten Württembergs mit allen reblich Gesinnten sind verbunden, bei löblicher Landschaft eine Anerinnerung wegen der gegenwärtigen betrübten Umstände zu thun, darinnen sich das liebe Vaterland befindet, da der Landes= und Gewissensfreiheit, der theuren evangelischen Religion das Messer schon an die Kehle gesetzt ist, da die Landschaft selbst schon wanket und das von dem kaiserl. Gesandten angezettelte Souveränetätsproject wirklich in Wien vollends ausgearbeitet wird. Es ist dieses Project nicht zu leugnen und mehr als ge= wiß; dann nicht nur der Rest der karl=alexandrischen Entwürfe, der churpfäl= zischen und durlachischen Vorschläge, sondern hauptsächlich die wienerischen Kunstgriffe sind der Fuß und Triebfeder an dem Werk. Man hat dieß Orts richtige Copeyen von aller Korrespondenz und wann man auch dieses nicht hätte, so sind doch genug Zeugnisse vor unseren Augen. Man betrachte nur:

1) den Eifer für Wien und die gewiß nicht umsonst aufgewandte große Kosten, da mehr als 100,000 Thlr. den Subsidiengeldern be propriis haben müssen zugesezt werden; das geschieht nicht in Wind um Nichts willen, da dazu keine Verbindlichkeit vorwaltet.

2) die Menge Ausländer als Offiziers, die Bettler sind und mit ihrer Menge Schulden die Unterthanen ruiniren; zwar sind einige Landeskinder da= runter, aber nur zum Schein, denn es sind immer zehn Fremblinge gegen ein Landeskind.

3) den katholischen kommandirenden General, den Werneck, einen andern Remchingen,

4) die Ausführung aller Kostbarkeiten und Ausleerung der Schlösser.

5) eine Regimentsdeputation, welche leichter aufzuheben als ein von langer Zeit gegründetes Geheimrathskollegium, und dadurch unkräftig wird.

6) die erstaunlichen Geldaufnahmen durch Beamte, wozu kein Fundus zur Wiederbezahlung vorhanden und wodurch das Vaterland arm und ent= kräftet wird, weil Alles vor dasselbe hinauskommt.

7) die Aufhebung vieler Beamtungen, wovon die Glieder der Familien gelebt, die jetzund, da sie ohnehin arm sind, sich selbst vollends untereinander aufzehren müssen und also in Zukunft Sklaven werden sollen.

8) die Wiener Reise.

9) die verstoßene Gemahlin als unsere Glaubensgenossin gegen eine ka= tholische Maitresse.

10) die Ausziehung der besten Leute aus den Kreisvölkern.

11) die kostbar pensionirten Fremblinge.

12) die versagte Bezahlung der Schuldforderungen der Landesbewohner, Bürger und Familien.

13) die fremden Subsidien und Verkaufung der Landeskinder.

14) selbst die Hofparthei der Landschaft.

35

15) die schmeichelnden, pflichtvergessenen und wider Recht und Landesnuz gegebenen Rathschläge gott- und gewissenloser Räthe.

16) die grausame, unbarmherzige und vorsäzliche Verwüstung so vieler angebauter Felder und Weinberge der armen Unterthanen mit Parforcejagden, Ueberlandhezen, Manövres und viel dergleichen mehr. — Dieses sind unumstößliche Beweisthümer der Gefahr und des nahen Umsturzes unserer Verfassungen, Geseze, Verträge, Religion, Freiheiten und Gerechtsame. Aber Gott lebet noch 2c.

Es vereinige sich also die wohllöbliche Landschaft mit den redlich Gesinnten und steure den Greueln und der Tyrannei.

Die Häuser der Tyrannen sollen in Rauch aufgehen und wüste liegen und ihr Blut ein Opfer unserer Freiheit werden. Umsonst denkt ihr euch dann zu retten und zu schüzen; ihr seid viel zu unmächtig dazu, denn die mächtige Unterstüzung ist nicht ferne. Soviel zur Nachricht. — Hiermit Gott befohlen. —

T. die Getreuen des Vaterlandes.

Beilage Nr. 20. (S. 180.)

(Siehe am Schluß.)

Beilage Nr. 21. (S. 192.)

Wohlgeborener, insonders hochzuehrender Herr Oberstlieutenant und Geheimber Kriegsrath.

Euer Wohlgeboren solle zufolge der unterm 14. Dezember a. pr. und 6. April h. a. immediate ergangenen hochfstl. gnädigen Befehle, sowohl von denen wegen der Deserteure Beifahung gemachten Anstalten als auch von dem Erfolg in der Refrutenwerbung den Rapport gehorsamst erstatten. — So viel nun die Beifah= und Attrapirung derer Deserteurs und die zu jenem Be= huf in dießseitigem Amt und Stadt gemachten Anstalten betrifft, so habe ge= horsamst anzuzeigen, daß wie in dem sub dato 1. Jan. h. a. erstatteten An= ordnungsberichten allbereits mit Mehrerem angezeigt worden, nicht nur, sobald entweder durch die Stückschüsse oder sonsten von einer vorgegangenen Desertion die Anzeige geschieht, alle Passage, Schlupfwinkel, Nebenwege und dergleichen Orte alsgleich mit hinlänglicher Mannschaft und einem zugegebenen Obmann besetzt, und wann keine Nachricht von der Beifahung einlauft, durch neue Mann= schaft, je von 6 zu 6 Stunden die Ablösung erfolgt und mit der Besetzung solcher Posten 24 Stunden lang continuirt, demnach auch diese von besonders bestellten Vorstehern von Zeit zu Zeit visitirt und oftmalen noch weiter von mir selbsten, so viel mir meine anderweitigen Amtsgeschäfte nur immer Zeit verstatten, auf dem Amt aber von denen Schultheißen bald dieser, bald jener Posten, ob sie in ihrer Hut die nöthige Vigilanz bezeugen, untersucht werden. Ueber all dieses aber die in den nächstherumliegenden Dorfschaften ein= quartierten Husaren während dem Allarm ebenmäßig die besetzten Posten be= suchen und dieselben wegen ihres Gewehrs und sicherer Wachsamkeit probiren, so daß mithin dieß Orts alle nur ersinnliche Mittel mit möglichster Sorgfalt angewendet werden, wie dann auch bei all solchen vorgenommenen visitatio= nibus weder von mir selbsten noch von denen visitatoribus noch auch von denen Husaren sich auf keine Art noch Weise einige Nachläßigkeit bei denen Wachten zu Tage gelegt hat. Und auch außer der Allarmzeit wird, sowohl in allhiesiger Stadt als auf dem Amt nicht nur durch zwei angeordnete Männer so in als außer der Stadt beständig, so Tag als Nacht patrouillirt, sondern es werden auch außer der Allarmzeit u. s. f

Betreffend aber auch die Werbung der Refruten, so sind meine Anstalten also vorgekehrt, daß die Wächter und Thorwarte von der Stadt mir alle sich einfindenden fremden Handwerks= und andere dergleichen Bursche vor= führen müssen, welche in allhiesige Stadt kommen, die ich sodann auf alle ersinnliche Weise zur Annehmung Kriegsdienste zu encouragiren trachte. Es pflegen sich aber, weilen allhier weder eine Landstraße noch ein starkes Com= mercium von Handwerkern ist, sehr wenige einzufinden, und wann auch jeweilen dergleichen kommen, so sind solche mehristentheils in dem Meß zu klein, oder aber geben sie gemeiniglich vor, daß, wann sie zu Kriegsdiensten Lust hätten, sie sich an denen Grenzorten oder wie vielfältig geschieht, wann sie von Stutt=

gart oder Ludwigsburg hieher kommen, daß sie allorten sich hätten en=
rolliren laffen.

Deffen ohngeachtet wird benen sich etwa einfindenden tüchtigen Perfonen
noch weiter in dem Wirthöhaus, wo sie die Einkehr nehmen (da solche zwar
mehrentheils, wann sie wahrnehmen, daß ihnen nachgefezt wird, sich wiederum
eiligst auf den Weg machen) durch bestellte tüchtige Rathöverwandte und Bür=
ger, die befonders zu Werbern bestellt find, nachgefezt und diefelben auf alle
nur mögliche Weife zur Annehmung Dienste zu commoviren gefucht.

Nicht zu gebenken, daß folche fowohl in der Stadt als auf den Amtöorten
angeordneten Werber bei allen Kirchweihen, Tänzen, Feiertagen, Märkten und
dergleichen Gelegenheiten fowohl denen einheimifchen als fremden lebigen
Burfchen in Schilb= und Gaffenwirthöhäufern, auch fonsten nachgehen und sie
zur Annehmung Kriegödienste encouragiren müffen. — Ich bin bahero ganz
untröstlich, daß all folcher gemachten und mit immer möglicher Sorgfalt be=
folgenden Anordnungen ohngeachtet um der fchon allegirten Hinderniffe willen
jedannoch meinen Eifer in Anwerbung derer Rekruten nicht werkthätiger gegen
Sereniffimo in Unterthänigkeit an den Tag zu legen im Stande mich befinde ꝛc.

Den 6. Nov. 1758.　　　Euer Wohlgeboren
　　　　　　　　　　ganz gehorfamster Diener
　　　　　　　　　　Rath und Vogt zu Marbach
　　　　　　　　　　　　　Ambler.

An den Oberftlieutenant Rieger.

Beilage Nr. 22. (S. 194.)
Kriegsartikel von 1758.

Art. 1. Demnach alles Glück, Segen und Gedeihen von Gott dem Allmächtigen, als der rechten und einzigen Brunnquell alles Guten, herrühret,
und Keiner seinem Herrn mit wahrhafter Treue zugethan ist, wann er nicht
Gott von Herzen fürchtet und liebt, so soll ein jeder Soldat und wer sich sonst
bei den Regimentern, Bataillons und Korps aufhält, sich eines christlichen
und gottseligen Lebenswandels befleißigen, alles ärgerlichen Lebens sich enthalten, bei dem öffentlichen Gottesdienst fleißig einfinden, sich des Mißbrauchs
des allerheiligsten Namens Gottes und seiner Sakramente durch Fluchen und
Schwören oder verbotene Teufelskünste, Zaubereien, Festmachen u. dgl. bei
schwerer Strafe gänzlich enthalten.

Art. 2. Ein jeder Soldat soll zuvörderst Sr. herzogl. Dchl. als seinem
Oberhaupt und Kriegsherrn getreu, hold, gehorsam und gewärtig sein, Hoch-
dieselben gebührend respectiren und ehren, Dero und des gesammten Korps
Nuzen und Wohlfahrt, so viel an ihm ist, befördern, dagegen Schaden und
Nachtheil abzuwenden suchen, und sich in keiner gefährlichen Berathschlagung
finden lassen, vielmehr, wann er davon etwas erfährt, sofort ansagen und nicht
verschweigen, bei Strafe Ehre, Leibes und Lebens.

Art. 3. Nächst diesem ist jeder Soldat verbunden, gesammten Generals,
auch Stabs- und Oberoffiziers, sie seien von demselben oder einem andern
Regiment, mit allem gebührenden Respect zu begegnen, sich ihren Befehlen
auf keinerlei Art zu widersezen und sie als diejenigen anzusehen, von deren
Wink und Befehl er alleinig dependiret und nächst Gott und Sr. herzogl. Dchl.
ihnen allein zu gehorsamen und zu folgen hat, so lieb ihm seine Ehre, Leib
und Leben ist.

Art. 4. Welcher Soldat sich aber unterstehen sollte, derer Ober- und
nach Gelegenheit derer Unteroffiziers Amtskommando sich entgegen zu sezen,
es sei auch nur mit unanständiger Gebärde, Worten und Raisoniren, derselbe
soll nach Beschaffenheit des Beleidigten und der Umstände mit 36maligem
Gassenführen durch 300 Mann bestraft; wer aber gar zu dem Ende seinen
Degen entblößen oder mit seinem Gewehr drohen würde, ohne Gnade arkebusirt werden.

Art. 5. Alle Schlägereien, Händel und Zänkereien werden bei Strafe
des Gassenführens verboten und soll jeder Soldat seine Waffen nur zur Noth
und Gegenwehr gebrauchen. Wer aber dawider handeln und vorsäzlich seinen
Kameraden, er sei Unteroffizier oder Gemeiner, damit verlezen und beschädigen
oder gar entleiben wird, soll durch ein Kriegsrecht Umständen nach an Leib
und Leben gestraft werden.

Art. 6. Gleichwie ein jeder Soldat ein guter Christ und ehrlicher Mit=
bürger sein solle, so muß sich ein Jeder der gemeinen Laster sorgfältig ent=
halten, Niemanden, er sei in Garnison oder im Feld, auf dem Marsch oder
sonsten, beleidigen u. s. w., berauben, plündern, viel weniger Jemand nach
dem Leben trachten, oder gar umbringen, bei Leib= und Lebensstrafe.

Art. 7. Und da sich ein Soldat vornehmlich mit seinem Kameraden wohl
vertragen, und ihn als seinen besten Freund lieben solle, so wird sich Keiner
gelüsten lassen, Jemand zu einem vorsäzlichen Duell auszuforbern und soll ein
solcher, wann eine Entleibung vorgehet, ohne Kriegsrecht zum Strang ver=
urtheilt, die gefährlichen Verwundungen aber Umständen nach mit Festungs=
arbeit bestraft werden.

Art. 8. Alles Spielen mit Karten, Würfeln oder sonsten wird bei Strafe
des Gassenführens verboten und soll Jeder gehalten sein, wo er weiß, daß
gespielt wird, solches sogleich gehöriger Orten anzuzeigen.

Art. 9. Zur Arbeit, es sei im Feld oder Garnison, muß der Soldat sich
willig und zu rechter Zeit einfinden und die ihm anbefohlene Arbeit ohne
Murren und nach seinen besten Kräften vollziehen; wer sich aber darwider
sezen wird, solle Leib= und Lebensstrafe zu gewarten haben.

Art. 10. Wer die Wache versäumt oder trunken darauf kommt, oder auf
der Schildwache schläft, solle hart bestraft, wer aber gar von seinem Posten
vor dem Feind weggehet, ehe er abgelöst wird, alsbald arkebusirt, und wann
es nicht vor dem Feind geschieht, mit 30maligem Gassenführen bestraft werden.

Art. 11. Kein Soldat muß sich dem wachthabenden Offizier oder Unter=
offizier, sie seien von Sr. herzogl. Dchl. oder fremder Potentaten Truppen,
wann sie mit einander auf Kommando stehen, in Verrichtungen, dazu er kom=
mandirt wird, widersezen, noch sich sonst ungebührlich erzeigen, bei Strafe des
Gassenführens, auch Umständen nach Leibs und Lebens.

Art. 12. Zum Marsch und zum Kommando auf die Sammelpläze muß
jeder Soldat sich zu rechter Zeit einfinden, Zugordnung richtig halten, von
seiner Abtheilung sich nicht absentiren, oder dahinten bleiben, bei Strafe
Gassenführens. — Wer aber auf dem Marsch eine Viertelstunde ab= oder seit=
wärts, besonders daß er mit dem Gesicht sich zurücke kehrt, betroffen wird und
dazu keinen Urlaub, noch andere redliche Ursach erweisen kann, soll als ein
Deserteur bestraft werden.

Art. 13. Welcher Soldat, es sei in Schlachten, Stürmen, Scharmüzeln
oder bei was Gelegenheit es wolle, vor dem Feind zuerst die Flucht nimmt,
und seinen Posten, Schildwach oder andere Herrendienste verläßt, ehe und
bevor er seine Pflicht und Schuldigkeit rechtschaffen erwiesen, solle, wann man
seiner wieder habhaft wird, sonder alle Gnade arkebusirt werden.

Art. 14 Welcher Soldat aber gar vorsäzlich und meineidiger Weise da=
von gehet, es sei auf dem Marsch, im Feld oder Garnison, desselben Name
soll an Galgen geschlagen, und so er ein Landeskind, sein gegenwärtiges und
künftiges Vermögen unwiderruflich konfiscirt, und wann er wieder ertappt
wird, mit dem Strang vom Leben zum Tode gebracht werden, ihme auch dar=
unter Nichts zu Statten kommen, er mag mit Gewalt zu Kriegsdiensten ge=
nommen, von Andern zur Desertion verführt worden, oder erst zum erstenmal
desertirt sein.

Art. 15. Es soll auch jeder Soldat, wann ihn ein anderer zur Desertion verleiten will, oder auch nur davon mit ihm spricht, oder ihm sonsten von einer vorseienden Desertion Etwas zu Ohren kommt, solches allsofort dem nächsten Ober= oder Unteroffizier anzeigen und dafür eine Belohnung, dagegen aber eine harte Strafe zu gewarten haben, wann er solches verschweigen und überwiesen würde, daß er Wissenschaft davon gehabt und es nicht geoffenbaret habe.

Art. 16. Kein Soldat solle mit dem Feind mündlich oder schriftlich korre=spondiren, noch demselben die Losung offenbaren, bei Lebensstrafe.

Art. 17. Alle verdächtigen Rottungen, Zusammenkünfte, Berathschlagungen über leichtfertiges Vorhaben sind bei Leib= und Lebensstrafe verboten, auch sollen deren Anstifter und Urheber allsofort ohne alle Gnade verurtheilt und exequirt werden.

Art. 18. Welcher Unteroffizier oder Gemeiner sich mit einer Weibsperson ohne Vorwissen seines Oberoffiziers, ehelich versprechen sollte, soll auf zwei Jahre begrabirt, und ein Gemeiner mit zehnmaligem Gassenführen bestraft, die Weibsperson aber ins Zuchthaus condemniret, auch solche Zusagen, wann sie gleich eidlich geschehen, oder das Frauenmensch geschwängert wäre, null und nichtig erklärt, im Fall aber die priesterliche Kopulation wirklich vor sich gegangen, die vorgesezte Strafe verdoppelt werden.

Art. 19. Jeder Soldat soll sich mit dem Quartier, so ihm angewiesen wird, begnügen lassen, seinen Wirth, Wirthin und deffen Kinder und Gesinde nicht übel traktiren; in den Kasernen Nichts ruiniren, auf Feuer und Licht alle erforderliche Sorgfalt haben, und weder durch sich noch die Seinigen einigen Schaden geschehen lassen.

Art. 20. Welcher Soldat sein Gewehr, Waffen und Kleidung, auch alles Andere, was zur Herrenmontirung gehört, wegwirft, muthwillig verderbt, ver=kauft, versezt oder aufs Spiel bringt, soll das erste= und zweitemal mit Gassen=führen, das brittemal aber am Leben bestraft werden.

Art. 21. Jeder Reiter soll sein Pferd wohl in Acht nehmen, das em=pfangende Futter nicht veruntreuen, verderben oder zu sonst anderem Gebrauch anwenden, sein Sattel und Zeug, auch übrige Equipage in gutem Stand erhalten und auf die Konservation seines Dienstpferdes all ersinnlichen Fleiß anwenden, maßen davon sein Leib und Leben, Ehre und Reputation abhanget.

Art. 22. Welcher Soldat Schulden ohne Vorwissen seiner Offiziers machen wird, soll mit harter Strafe angesehen werden.

Art. 23. Alle Diebereien und Einbrüche sollen ohnnachläßig an Leib und Leben gestraft werden; wer aber seinem Kameraden Etwas entwenden wird, es sei so gering es wolle, soll aufs schärffste, Umständen nach, durch ein Kriegs=recht bestraft werden.

Art. 24. Jeder Unteroffizier und Gemeiner solle verbunden sein, wann ihm auf der Straße, in Städten oder Dörfern ein Unterthan seinen Paß ab=fordert, solchen willig ihm vorzuweisen, und bei schwerer Strafe solches nicht verweigern, vielweniger diejenigen, so ihm den Paß abfordern, mit harten Worten oder gar Schlägen anlassen.

Art. 25. Da der Sold oder das Brod nicht allemal richtig und zu rechter Zeit folgen könnte, sollen jedannoch die Truppen ihre Dienste willig und ohne einiges Murren leisten, und gewärtig sein, daß ihnen Alles, so nach gehaltener Abrechnung sich finden wird, gut gethan werden solle.

Art. 26. Da Se. herzogl. Dchl. vernünftige und wohlgesittete Soldaten haben wollen, so wird besonders ihnen das ohnmäßige Trinken untersagt, welches die Leute dem Vieh gleich macht, und sie also des großen Vorzugs, so die Menschen vor den Thieren voraus haben, nehmlich der Vernunft, beraubet und zu Unmenschen macht. Wer also sich besäuft, soll das erstemal mit sechsmaligem Gassenführen, die anderemal aber mit härterer Strafe angesehen, und wann er wider Vermuthen sich nicht davon bessert, mit ewiger Festungs= arbeit belegt werden.

Art. 27. Wie denn auch, wann Einer betrunkener Weise ein Verbrechen begeht, die Trunkenheit ihn nicht entschuldigen, sondern vielmehr die ordinäre Strafe verdoppelt werden solle.

Art. 28. Uebrigens soll ein jeder herzogl. würtembergischer Soldat eines rechtschaffenen Wandels sich befleißigen, aller ohnanständigen Worte und Werke sich enthalten, allen Geboten, so ihm von seinen Offiziers und Unteroffiziers ertheilt werden, ohne darüber zu räsoniren, auf das pünktlichste nachkommen und unverbrüchlichen Gehorsam leisten, auch sich in all seinem Thun und Lassen so bezeugen, wie es einem ehrliebenden, treuen, braven und rechtschaffenen Soldaten gebühret und eignet. —

Den Artikeln folgt eine kurze Erklärung des Eides; darauf dieser selbst: Ich N. N. schwöre und gelobe zu Gott, dem Allmächtigen, einen leiblichen Eid, daß ich Sr. herzogl. Dchl. zu Würtemberg, es sei in was Occasionen, und an welchen Orten es immer wolle, getreu, willig und gehorsam dienen, und sowohl denen vorgelesenen und von mir wohl verstandenen Kriegsartikeln, als auch andern Befehlen, ohnumschränkten Gehorsam leisten, von dem Regiment und Trupp, wobei ich bin und sein werde, mich niemalen entfernen und in all und jeden Stücken mich so bezeugen will, wie es einem fleißigen und getreuen, auch gehorsamen und rechtschaffenen Soldaten gebührt und wohl ansteht. So wahr mir Gott helfe durch seinen Sohn unsern Erlöser Jesum Christum an dem Tag des jüngsten Gerichts zum ewigen Leben. — Amen.

Angehängt ist den Kriegsartikeln die Kompetenz der einzelnen Leute für Geld und Naturalverpflegung:

Bei der Garde zu Fuß erhält beispielsweise vom Feldweibel ab jeder Mann alle drei Jahre:

1 tuchenen Rock benebst einem tuchenen Surtout (lezterer bloß bei der Garde, nicht aber auch bei den Infanterieregimentern),
1 tuchen Kamisol, bestehend in zwei Vordertheilen und einem Hintertheil,
1 Paar lederne Hosen,
1 Hut,
1 Paar weiße Stiefeletten,

1 Paar schwarze Stiefeletten,
1 Paar Strümpf,
1 Paar leinwandene Hosen,
1 kameelhaaren Halsband,
1 Haarband,
1 Paar Wadenfutter,
1 „ Schuhe,
1 „ Schuhschnallen,
2 Hember.

Alle Jahr empfängt jeder Garde:
1 Paar Kamisolvordertheil,
2 „ Schuh,
2 „ Schuhsohlen,
3 Hember,
3 Oberhember mit Manschetten,
1 Paar schwarze Stiefeletten,
3 „ weiße „
3 „ weiße Hosen,
2 „ Strümpfe,
2 Haarbänder,
2 Halsbünder,
1 Paar Wadenfutter,

Bei den Infanterieregimentern wird vom einzelnen Mann von allen diesen Artikeln kaum die Hälfte empfangen.

Von der Löhnung wird dem Mann Nichts, weder für große noch für kleine Montirung, abgezogen.

Die Preise einzelner Stücke werden folgendermaßen angegeben:

1 Oberhemd mit Manschetten . . . 1 fl. 9 kr.
1 Unterhemd . . . . 1 fl. 8 kr.
1 Paar leinene Hosen . . . . . 36³/₄ kr.
1 „ weiße Stiefeletten . . . . 34¹/₈ kr.
1 „ schwarze „ . . . . 25⁵/₈ kr.
1 härenes Halsband . . . . . . 8 kr.
1 Zopfband, Haarband . . . . . 4 kr.
1 Paar Schuhe . . . . 1 fl. 16 kr.
1 „ Sohlen . . . . 24 kr.
1 „ wollene Strümpfe . . . . 32 kr.

Offizierskorps des Infanterieregiments v. Hügel
im Jahr 1796,
sammt Angabe der jährlichen Bezüge. —

Chef.

Generalmajor v. Hügel, Kommandant der Festung Hohenasperg und Kommandeur des herz. Militärordens.

Kommandeur.

Generalmajor v. Nau, Ritter 2c. 1620 fl.

Stabsoffiziere.

Oberst v. Beulwiz, Ritter 2c. 1620 fl.

Oberstlieutenant v. Zobel, Ritter 2c. . . . . . 1000 fl.

Oberstlieutenant v. Perglas, Ritter 2c. . . . . . 1020 fl.

Oberstwachtmeister v. Scipio, Ritter 2c. . . . . . 900 fl.

Adjutanten.

Hauptmann Weizel . . . 300 fl.

„ Bleibel . . . 300 fl.

Regimentsquartiermeister.

Hauptmann Rheinwald . . 600 fl.

„ Schweikhardt . 600 fl.

Auditore.

Hauptmann Betulius . . 360 fl.

„ Hahn . . . . 360 fl.

Regimentschirurgus.

Dr. Morstadt . . . . . 360 fl.

Hauptleute.

v. Hoven, Ritter 2c., mit Oberstwachtmeisterspatent 720 fl.

Bilfinger, Ritter 2c., mit Oberstwachtmeisterspatent 720 fl.

v. Seiffertiz, Ritter 2c. . . 720 fl.

Groos . . . . 720 fl.

v. Schröder . . . . . . 720 fl.

v. Romann . . . . . . 720 fl.

v. Wischitten . . . . . 720 fl.

Stabshauptleute.

Stumppe . . . . 360 fl.

v. Heller . . . . 860 fl.

Berndes . . . . 360 fl.

Premierlieutenants.

Simanoviz, m. Hptmannspat. 300 fl.

v. Reizenstein dto. 300 fl.

v. Etzdorff . . . . . . 300 fl.

v. Lehsten . . . . . . 300 fl.

v. Welling . . . . . . 300 fl.

v. Döring . . . . . . 300 fl.

v. Röder I. . . . . . . 300 fl.

v. Mosheim I. . . . . . 300 fl.

v. Röder II. . . . . . . 300 fl.

Sekondlieutenants.

v. Dernbach . . . . . . 288 fl.

v. Bruselle I. . . . . . 288 fl.

v. Gültlingen . . . . . 288 fl.

v. Wolffskeel . . . . . 288 fl.

v. Bruselle II. . . . . . 288 fl.

v. Varnbüler . . . . . 288 fl.

v. Irmtraut . . . . . . 288 fl.

Dürr . . . . 288 fl.

Stumppe . . . . 288 fl.

Schmid . . . . 288 fl.

v. Misani . . . . . . 288 fl.

Glaser . . . . 288 fl.

Lohbauer . . . . . . 288 fl.

Stockmaier . . . . . . 288 fl.

Notter . . . . 288 fl.

v. Mosheim II. . . . . 288 fl.

Seeger . . . . 288 fl.

v. Beulwiz . . . . . . 288 fl.

v. Reischach . . . . . 288 fl.

v. Röder III. . . . . . 288 fl.

Beilage Nr. 24. (S. 260.)

Samstag ben 16. Juli 1796.

Nach eingegangenen Nachrichten sind heute die kaiserlichen Vorposten in und um Weilerstadt zurückgebrängt worden, die Franzosen sind dagegen eingerückt und ihre Vorposten sollen in der Gegend von Magstadt stehen, so daß sie unserer Stadt um ein Beträchtliches näher sind.

Sonntag ben 17. Juli.

Heute Mittag 11 Uhr ging ein Theil der Kinsky'schen Chevauxlegers unter Kommando des Obristen von Stipschütz hier durch, nachdem sie auf der Höhe des Hasenbergs ein Piket zurückgelassen. Auch hier in der Stadt blieb ein Kommando von 150 Mann, welches Einige eine Sauvegarde nannten, wahrscheinlich aber gleichfalls ein ausgestelltes Piket der Kaiserlichen war; solche bivouakirten auf der Planie. Abends 8 Uhr kam die Nachricht, daß die kaiserlichen Pikets sich weiter zurückgezogen und die französischen Vorposten nun in der Nähe des Schattenwirthshauses sein sollen.

Montag den 18. Juli.

Gegen 11 Uhr Mittags wurde das hier stehende kaiserliche Piket von einem Theil Kinskychevauxlegers und einem Theil Waldnerbragoner abgelöst; auch war Prinz Alexander hier. Mittags 1 Uhr sah man von der Stadt aus die auf der Höhe des Hasenbergs stehenden Pikets der Kaiserlichen sich zurückziehen, auch wurde das Feuern aus großem und kleinem Gewehr immer lebhafter. Um 2 Uhr zogen sich die Kaiserlichen näher an die Stadt und die Höhe des Hasenbergs wie die dabei liegenden Weinberge waren voll Franzosen. Um halb 3 Uhr waren die Kaiserlichen und Franzosen in der Nähe des Hofrath Bär'schen Weinbergs stark hinter einander; die Kaiserlichen zogen sich immer mehr gegen die Stadt. — Um 3 Uhr; das Geplänkel dauert beständig fort und wurde von Viertelstunde zu Viertelstunde stärker. Die Kaiserlichen zogen sich endlich in die Stadt durch das Rothbildbthor herein und stellten sich wieder auf dem Postplatz. Die Franzosen kamen ihnen auf dem Fuß nach und nun hatten wir in unserer Stadt ein vollkommenes Vorpostengefecht, welches auf dem Post= und Spitalplatz, dem Graben, der Post= und unserer Straße am heftigsten war.

So wenig angenehm dieß Schauspiel vor unsere Stadt sein konnte, so zeigten sich doch Neugierige und Unvorsichtige genug, die sich zu lang auf der Straße verweilten, so daß ein hiesiger Einwohner, ein Bäcker, todtgeschossen und ein junger Mensch, Namens Breitschwert, im Schenkel blessirt wurde, der, da ihm die Pulsader abgeschossen war, eine Stunde nachher starb. In mehrere Häuser in den benannten Straßen wurde geschossen, doch zum Glück ohne Schaden 2c.

Um 4 Uhr. — Mit dem Glockenschlag waren die Franzosen Herren unserer Stadt und die Kaiserlichen ganz daraus verdrängt. Die Tirailleurs, die ersten Franzosen, die wir in unserer Stadt sahen, bezeugten vielen gutmüthigen Bürgern, die ihnen auf Verlangen Wein und Brod gaben, ihren Dank durch Abnahme ihrer Uhren, Börsen, Schnallen u. dgl., welches diese und andere mehr Vorsicht lehrte. Um 5 Uhr zogen sich immer mehr Franzosen an Kavallerie und Artillerie durch unsere Stadt, die den Kaiserlichen immer mehr nachsezten, bis solche in der Gegend der Galgensteig und des Hirschbads (Andrée=Bad) hizig hinter einander kamen; die Kanonade war heftig gegen 6 Uhr. Um halb 7 Uhr wurden viele Blessirte und mehrere Gefangene herein=gebracht, die in die Spitäler der Seil= und Rothbildthorkaserne gelegt wurden; um 8 1/2 Uhr ließ solche nach und ein Theil der Truppen und der komman=dirende General St. Cyr kamen zurück; jener logirt im Hause des Präsidenten v. Taubenheim.

Dienstag den 19. Juli.

Früh um 8 Uhr. — Die heutige Nacht war der Ankunft der neuen Gäste zufolge natürlich nicht ruhig; die Meisten lagen in den Straßen, besonders dem Graben; Viele suchten sich auch, eben nicht auf die höflichste Manier, in den Häusern einzuquartieren; mit Vielen hatte man Ursache nicht unzufrieden zu sein, gegen Andere konnte man auch billige Klagen führen.

Um 9 Uhr zog der größte Theil von denen hier über Nacht gewesenen Gästen gegen Kannstadt zu, so daß unsere Garnison sehr gering war.

Um halb 10 Uhr wurde sie schon um ein paar tausend Mann vermehrt, welche den Heerbweg herunterkamen.

Abends um 7 Uhr. — Diesen ganzen Tag fiel weiter nichts Merkwür=diges vor, ein beständiges Ab- und Zumarschiren der Franzosen, hie und da ein Kanonenschuß; doch wurde durch die angekommenen Gäste das Brod hier sehr rar, so daß es beinahe bei jedem Beckerladen Verdruß gab. Auf Be=gehren der Franzosen war heute Lilla und Ballet.

Donnerstag den 21. Juli.

Morgens um 7 Uhr. — Die heutige Nacht war zum Erstaunen ruhig; es war stiller, als es sonst üblich war; diesen Morgen um 3 Uhr marschirte schon ein Theil der Franzosen Kannstadt zu.

Um 8 Uhr. — Eben komme ich von dem Thurm, wo ich freilich ein bis jezo unbekanntes Spektakel sah; ich konnte von da mit Hilfe meines Fern=glases die ganze Affaire bei Kannstadt und Berg übersehen, wozu der helle Himmel mir sehr günstig war. Eine detaillirte Beschreibung kann ich hier unmöglich geben, da die Zeit und Umstände es nicht erlauben. In Berg brannte es stark.

Um halb 2 Uhr. — Seit einer halben Stunde werden viele Blessirte her=eingebracht; sie schienen meistens durch grobes Geschüz verwundet.

Um 4 Uhr. — Die Kaiserlichen haben in Folge des Gefechts Berg ver=lassen und sollen bei Kannstadt über den Neckar sein; die Franzosen haben Berg besezt und wir können wieder Gebrauch von unseren Mühlen machen, welches höchst nöthig gewesen, da heute beinahe kein Brod mehr zu haben war. Milch und Butter war nicht mehr zu bekommen.

Um 6 Uhr. — Die Franzosen sollen auch die Vorstadt von Kannstadt besezt haben.

Um 8 Uhr. — Ein Theil der Blessirten soll heute nach Leonberg und Kalw geschickt werden. — Heute auf Begehren der Franzosen die Zauberflöte.

Freitag den 22. Juli Morgens.

Die heutige Nacht war ruhig. Diesen Morgen marschirte ein Theil der Garnison gegen Scharnhausen, Kemnath, Ruith und in die Gegend, wo die

Kanonade heftig soll gewesen sein. Prinz Alexander soll dort gestanden sein; es wurden viele Blessirte eingebracht.

Nachmittags 3 Uhr. — Kannstadt zu wurde wenig geschossen. Die wirklich hier in Garnison liegenden Generals sind:

Le Général en chef — Moreau,

    „   „   de division — St. Cyr,

    „   „   „   „   — Taponnier,

l'Adjutant Général — Houëhl,

    „   „   — Grand Jean,

    „   „   — La Marque.

Doch kommen stündlich mehrere an; daher meine Angabe nie ganz richtig sein kann. Ebenfalls um 3 Uhr zogen 2500 Mann, meist Kavallerie, zum Akademiethor und die Eßlinger Steig wieder hinauf.

Abends um 7 Uhr. — Seit einer Stunde hört man keinen Schuß mehr. Angekommene Kavalleristen und Offiziers suchen Quartier; Alle gehen bis jetzt vorbei; ein großes Glück bei wirklicher Zeit.

Samstag den 23. Juli.

Um 4 Uhr. — Ueberall starke Einquartierung, sonst Nichts von Bedeutung. — Auf heute Abend wieder die Zauberflöte.

Um 7 Uhr. — Eingegangenen Nachrichten zufolge sind die Franzosen nun auch im Besize von Kannstatt und drücken immer weiter vor. Stündlich kommen mehrere Generals an, deren Namen mir noch unbewußt sind, Desaix ist unter ihnen. Die meisten ansehnlichen Häuser sind von ihnen zu Quartiers genommen.

Um halb 9 Uhr sind viele östreichische Kriegsgefangene hier eingebracht worden; sie mußten in der Garnisonskirche über Nacht bleiben.

Sonntag den 24. Juli.

Die heutige Nacht war wieder sehr ruhig. — General Lamarque ging heute in aller Früh weg, kommt aber heute Abend wieder; doch wird seiner Aeußerung nach sein Aufenthalt von kurzer Dauer sein. Bis jezt hält er die beste Ordnung, so daß wir nicht im Geringsten zu klagen Ursache haben.

Mittags 11 Uhr. — So eben kommt die Nachricht, daß gestern Nachmittags 200 Tirailleurs betrunken nach Scharnhausen gekommen sind, die ohnerachtet der vom General Regnier ausgestellten Sauvegarde das schöne Schloß rein plünderten, Alles, was nicht mitgenommen werden konnte, als Lustres, Trumeaux, Marmortische, zerschlugen; alles Geflügel, das im Garten war, brachten sie um, nachdem sie den Büchsenspanner Kemmler gebunden und sechs andern Jägern und einem Husaren die Gewehre abgenommen hatten. Endlich kam ein Offizier, aber zu spät.

Nachmittags 3 Uhr.

Heute ist wieder Komedie und nach dem Ball in Glasers Kafehaus, von den Franzosen veranstaltet; auf Morgen ist die Zauberflöte wieder bestellt; wehe der Theaterkasse! jede Vorstellung kostet 400 fl. und die Franzosen verlangen jedesmal einige hundert Freibillets zc.

Beilage Nr. 25. (S. 309.)

Verpflegungsetat des Reichskontingents-ergänzungskorps

im Jahr 1800 und 1801.

	Monatliche Gage		Feldzulage	Tägliche Portionen	Tägliche Rationen
	fl.	kr.	fl.		
Kommandirender General ..	400	—	80	15	18
Brigadegeneral	250	—	50	9	10
Infanterie.					
Kommandeur	166	40	40	6	7
Stabsoffizier	116	40	30	6	7
Adjutant	35	—	20	2	8
Bataillonschirurg	35	—	10	2	2
Bataillonstambour	12	—	—	1	—
Profos mit Knechten	12	—	—	3	—
Kapellmeister	25	—	5	1	—
Hautboist	14	—	—	1	—
Pfeifer	4	30	—	1	—
Kapitän	90	—	20	3	2
Premierlieutenant	35	—	11	2	1
Sekondlieutenant	33	—	10	2	1
Feldwebel	12	—	—	1	—
Kadet	9	30	—	1	—
Fourier	11	—	—	1	—
Chirurg	15	—	—	1	—
Unteroffizier	9	—	—	1	—
Gemeiner (Zimmermann, Tambour, Büchsenmacher) ...	4	—	—	1	—
Fourierschütz, Diener	4	30	—	1	—

Vom Feldwebel abwärts monatlich 30 kr. Kleinmontirungsgeld. — Die Brodportion ist zu 4 fl. monatlich veranschlagt; außerdem wird gereicht auf den Mann monatlich 2 fl. Fleischbonifikation. Die Kommandos erhalten das Groß- und Kleinmontirungsgeld, Reparaturkosten, Bataillonsunkosten, Medikamentengeld.

Beilage Nr. 26. (S. 335.)

Verpflegung 1805.

Dienstgrade	Monatliche Gage fl.	kr.	Feldzulage fl.	Portionen	Rationen
Kommandeur	125	—	40	6	7
Major	85	—	30	6	7
Adjutant	29	—	20	3	2
Auditor und Reg.-Quartiermstr.	50	—	20	3	2
Regimentsarzt	30	—	10	2	2
Regimentstambour	10	—	—	1	—
Profos sammt Jungen	10	—	—	3	—
Büchsenmacher	2	30	—	1	—
Hautboist	10	—	—	1	—
Kompagniechef	75	—	20	2	2
Stabshauptmann	50	—	20	2	2
Premierlieutenant	29	—	11	1	2
Sekonblieutenant	28	—	10	1	2
Feldwebel	10	—	—	1	—
Quartiermeister	9	—	—	1	—
Korporal	7	30	—	1	—
Kompagniechirurg	15	—	—	1	—
Tambour	2	45	—	1	—
Zimmermann	2	30	—	1	—
Krankenführer	3	30	—	1	—
Knecht	3	—	—	1	—
Offiziersdiener	2	30	—	1	—
Gemeiner	2	30	—	1	—

Beilage Nr. 27. (S. 437.)

Verzeichniß

der vom Jahr 1800 bis 1815 aus Württemberg ausmarschirten und gebliebenen Offiziere und Mannschaften.

	Ausmarschirt:		Verlust:	
	Offiziere	Mannschaft	Offiziere	Mannschaft
1800 . . .	56 / 116	3122 / 4337	. . 8	. 1200
1806—7 . .	297	11793	. . 11	. 420
1809 . . .	326 / 230	12829 / 9609	19 / 2	530 / 45
1812—13 .	383 / 342	14964 / 11327	166 / 32	. 19073
1813—1814	622	23599	. . 21	. 4078
1815 . . .	547 / 95	20988 / 8012	. . 10	. 677

Beilage Nr. 28. (S. 443.)

Verzeichniß
des Gehalts der einzelnen Stellen 1820.

	Jährl. Gage	Rationen
Generallieutenant	4500 fl.	6
Generalmajor	3600 fl.	4
Regimentskommandeur . .	2400 fl.	3
Bataillonskommandeur . .	1800 fl.	2
Hauptmann 1. Klasse . . .	1200 fl.	—
„ 2. „ . . .	900 fl.	—
Oberlieutenant	600 fl.	—
Unterlieutenant	480 fl.	—
Regimentsquartiermeister	7—900 fl.	—
Regimentsarzt	6—900 fl.	—.

		Portionen
Stabsquartiermeister . . .	180 fl.	1
Unterarzt	180 fl.	1
Oberfeldwebel	144 fl.	1
Feldwebel		1
Quartiermeister	120 fl.	1
Bataillonstambour		1
Profos		1
Obermann	96 fl.	1
Rottenmeister	48 fl	1
Tambour	36 fl.	1
Schütz	42 fl.	1
Soldat	36 fl.	1

Vom Stabsquartiermeister (jezt Regimentsstabsfourier genannt) abwärts täglich 1 Kreuzer Kleinmontirungsgeld bis zum 1. April 1819; von da ab täglich 1³/₅ Kreuzer. Von den täglichen 6 Kreuzer Löhnung erhielt der Soldat 3 Kreuzer baar, 3 Kreuzer legte er zur Menage ein.

Im Jahr 1836 erhielten die 40 ältesten Lieutenants Dienstalterszulagen von 60—120 fl. Schon zwei Jahre früher waren die bisher den einzelnen Kommandanten verabreichten Extra= und Reparaturgelder einer Kommission zur Verwaltung überwiesen worden, damit das Interesse des Dienstes ganz vom Privatinteresse getrennt bleibe. Die Schwadrons= und Batteriekomman= danten erhielten dafür eine feststehende Entschädigung.

Beilage Nr. 29. (S. 462.)
Feldstand 1848.

Chargen	Diener	Gehalt und Löhnung	Feldzulage	Rationen	Portionen
		fl.	fl.		
1 Oberst	2	2400	480	4	5
2 Bataillonskommandeure à .	1	1800	360	3	4
1 Regimentsadjutant	1	600	180	3	2
2 Schützenoffiziere à	1	600	180	—	2
2 Verschickungsoffiziere à . .	1	600	180	2	2
8 Hauptleute à	1	9—1200	280		3
8 Oberlieutenants à	1	600	180	—	2
8 Lieutenants à	1	480	180		2
		täglich			
2 Bataillonsadjutanten à . .	—	24 kr.	—		1
1 Stabsfourier		30			1
1 Regimentstambour		24	—	—	1
1 Bataillonstambour		20			1
8 Oberfeldwebel à	—	24	—	—	1
10 Feldwebel à		20			1
8 Fouriere à		20			1
80 Obermänner à		16	—		1
48 Rottenmeister à	—	12			1
2 Tambour 1. Klasse à . . .		12	—		1
22 „ 2. „ à . . .		6			1
48 Scharfschützen à		8			1
432 Schützen à		6			1
16 Zimmerleute à		5			1
1040 Soldaten à		5			1
		fl.			
1 Auditor	1	900	240	2	2
1 Regimentsquartiermeister . .	1	900	240	2	2
2 Oberärzte à	1	6—900	240	2	2
		täglich			
8 Unterärzte à	—	30 kr.	—		1
1 Profos		20			1
2 Büchsenmacher à		8			1
8 Krankenführer à		8	—		1
37 Diener à		5			1
1 Wagenmeister		16			1
17 Trainsoldaten à		6			1

1835 Mann, 84 Dienstpferde, ein zweispänniger Stabsgepäckwagen, zwei sechs-spännige Munitionswagen, drei zweispännige Requisitenwagen, zwei vierspännige Offiziersgepäckwagen, 2 Ambulancepferde, ein Reservepferd, ein Reitpferd.

Register.

Berichtigungen.

Seite 53, Linie 13 (v. o.) lies Nachwache st. Nachtwache.

" 103, " 1 (v. o.) " Messina st. Meissna.

" 194, " 2 (v. u.) " Beilage Nr. 21. st. Beil. Nr. 22.

" " " 1 (v u.) " " Nr. 22. st. " Nr. 23.

" 218, " 6 (v. u.) " " Nr. 22. st. " Nr. 23.